天一閣藏寧波地區石刻史料集録

民國卷

劉曉峰　沈芳漪　朱瑩毅　編著

浙江省哲學社會科學規劃冷門絶學重點支持課題
“天一閣藏寧波歷代石刻史料整理與研究”（22LMJX06Z）成果

天一閣重修落成訪得是圖工細難以奏刀爰屬袁建人寅楷為一本
復補作閣南亭榭圖並勒之石乙亥六月貞群題記　李良椋刻
天一閣圖
鄞范氏天一閣藏書之富甲于海內閣之
尤有精意宜其歷劫巍然也同治庚午余來修鄞
志幸得登覽又十三年獲觀此圖犹如重叩嫏嬛矣
圖為湖北頤平視君所作凡二幀一為全圖一為閣南
亭榭視君名永清精於暇擅西學故鈎勒之工細入毫
芒蓋名筆云光緒壬午四月廿九日會稽孫德祖彥清識
民國二十四年七月大暑節慈谿馮貞群孟顓錄

天一閣圖石刻

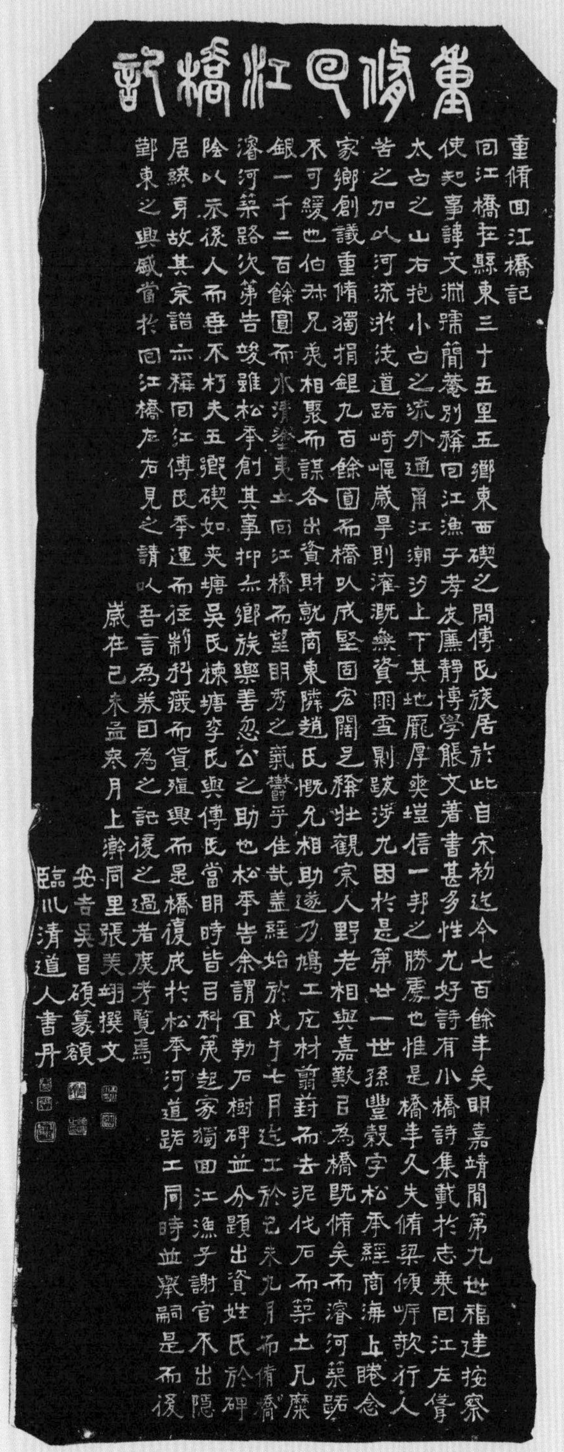
重脩回江橋記

重脩回江橋記

回江橋在縣東三十五里五鄉東西硤之間傅氏族居於此自宋初迄今七百餘年矣明嘉靖間第九世福建按察使知事諱文淵號簡菴別稱回江漁子孝友廉靜博學能文著書甚多性尤好詩有小橋詩集載於志秉回江左偏太白之山右抱小白之流外通甬江潮汐上下其地厖厚爽塏信一邦之勝處也惟是橋年久失脩梁傾岍欹行人苦之加以河流淤淺道路崎嶇歲旱則灌溉無資雨雪則跋涉尤困於是第廿一世孫豐穀字松年經商海上睠念家鄉創議重脩獨捐銀九百餘圓而橋以成堅固宏闊之稱壯觀宗人野老相與嘉歎以為橋既脩矣而濬河築路不可緩也伯叔兄弟相聚而謀各出資財就商東隣趙氏慨允相助遂乃鳩工庀材翦葑而去泥伐石而築土凡糜銀一千二百餘圓而水清塗夷立回江橋而望明秀之氣鬱乎佳哉蓋經始於戊午七月迄工於己未九月而脩橋濬河築路次第告竣雖松年創其事抑亦鄉族樂善急公之助也松年告余謂宜勒石樹碑並分題出資姓氏於碑陰以示後人而垂不朽夫五鄉硤如夾塘吳氏棣塘李氏與傅氏當明時皆以科第起家獨回江漁子謝官不出隱居終身故其宗譜亦稱回江傅氏季運而往制科廢而貨殖興而是橋復成於松年河道路工同時並舉嗣是而後鄞東之興盛當於回江橋左右見之請以吾言為券因為之記後之過者庶考覽焉

歲在己未孟冬月上澣同里張美翊撰文

安吉吳昌碩篆額

臨川清道人書丹

重修回江橋記

安心頭陀法相
曾熙題
慈喜頭陀像讚
居禪悅天入懽喜
地天上乘願人間

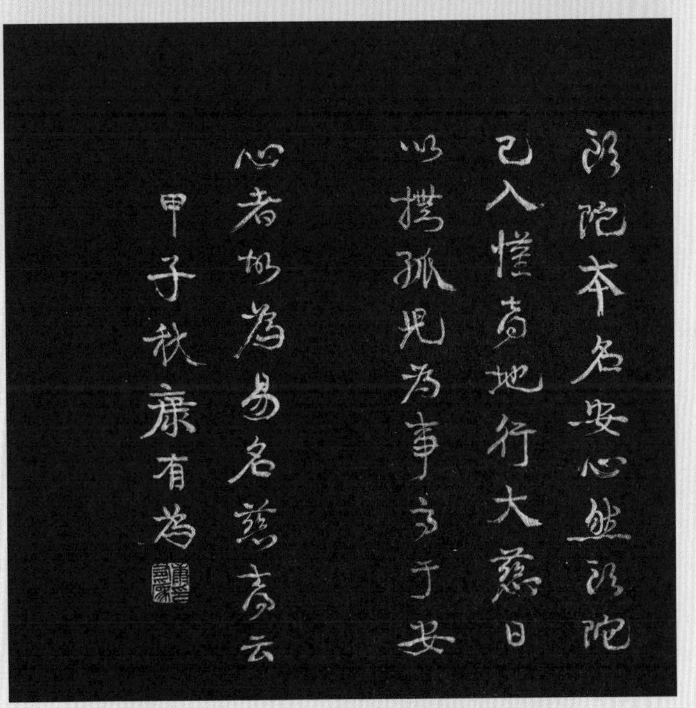
頭陀本名安心然頭陀
已入懽喜地行大慈日
以攜孤兒為事方于安
心者故為易名慈喜云
甲子秋康有為

安心頭陀像刻

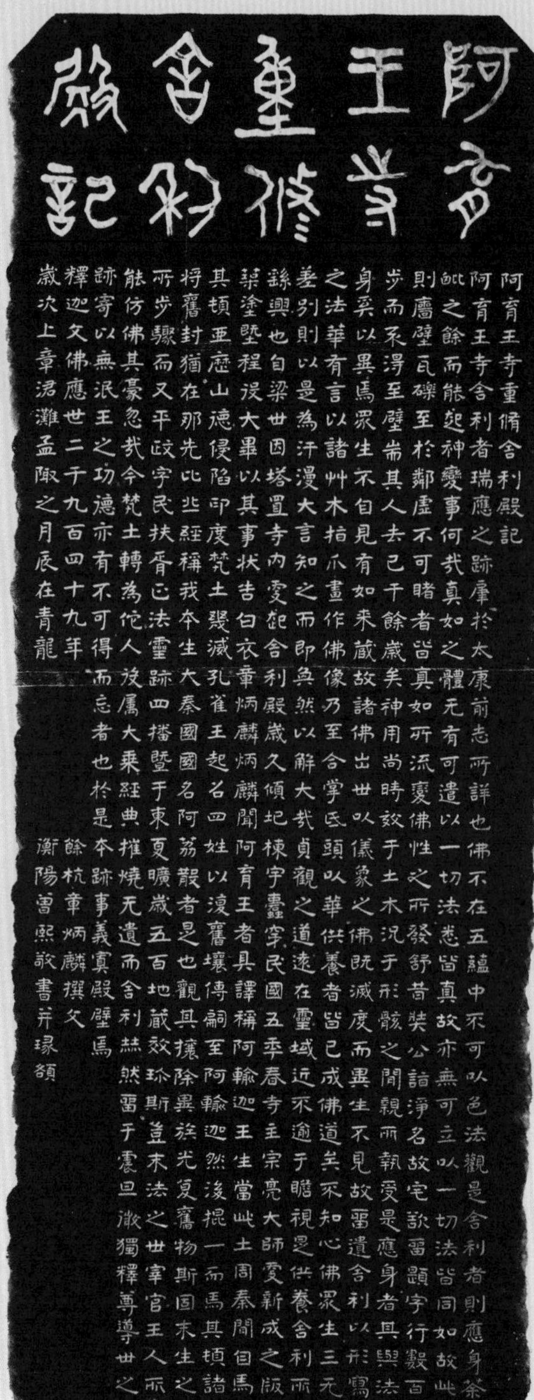

阿育王寺重修舍利殿記

阿育王寺重脩舍利殿記
阿育王寺舍利者瑞應之跡肇於太康前志所詳也佛不在五蘊中不可以色法觀是舍利者則應身荼
毗之餘而能起神變事何哉真如之體无有可遺以一切法悉皆真故亦無可立以一切法皆同如故此
則廧壁瓦礫至於鄰虛不可睹者皆真如所流變佛性之所發舒昔裴公詣淨名故宅欲留題字行數百
步而不得至壁崩其人去已千餘歲矣神用尚時效于土木況于形骸之間親而執愛是應身者具與法
身奚以異焉眾生不自見有如來藏故諸佛出世以儀象之佛既滅度而異生不見故留遺舍利以形寫
之法華有言以諸艸木指爪畫作佛像乃至合掌氐頭以華供養者皆已成佛道矣不知心佛眾生三无
差別則以是為汗漫大言知之而即奂然以解大哉貞觀之道遠在靈域近不逾于瞻視是供養舍利而
繇興也自梁世因塔置寺內更起舍利殿歲久傾圮棟宇蠹穿民國五季春寺主宗亮大師更新成之版
築塗塈程役大畢以其事狀告白衣章炳麟炳麟聞阿育王者具譯稱阿輸迦王生當此土周秦間自馬
其頓亞歷山德侵陷印度梵土幾滅孔雀王起名四姓以濅舊壤傳嗣至阿輸迦然後掍一而馬其頓諸
將舊封猶在那先比丘經稱我本生大秦國國名阿荔散者是也觀其攘除異族光夏舊物斯固未生之
所步驟而又平政字民扶胥正法靈跡四播塈于東夏曠歲五百地藏效珍斯益末法之世宰官王人示
能仿佛其豪忽哉今梵土轉為佗人役屬大乘經典摧燒无遺而舍利赫然留于震旦澈獨釋尊導世之
跡寄以無泯王之功德亦有不可得而忘者也於是本跡事義寘殿壁焉
釋迦文佛應世二千九百四十九年　餘杭章炳麟撰文
歲次上章涒灘孟陬之月辰在青龍　衡陽曾熙敬書并篆額

阿育王寺重修舍利殿記

儒行童先生墓表

同縣張原煒敬撰
吳興沈尹默敬書
吳縣汪東篆額

門下士童生第德經明而行脩自少漸擩家教視聽言動衷乎正比長矣未嘗一日愆常度也前年秋自蜀中貽書來述其大父清太學生貴和先生行狀屬為樹墓之文予諾之未有以報也今歲八月又以請則為次章較於蒿先生諱書禮貴和其字居鄞東之童谷方清季葉士汩於科第功利風骨益隤矣先生為學獨壹以闢邪存誠為本隱處童谷數十年足不出戶庭不皇計名利不與流俗人同趨以此律己亦以教子孫子孫習而化之迮於久弗衰第德狀言大父教人不務為速化自先君子成諸生一試於鄉不售歸則告之曰窮達命也富貴不可希若勉之矣它日即幸獲乙科於旁郡補一校官足矣第德四歲王父抱於懷授以孝經翌年入塾誦春秋左氏傳每夜歸必令背誦一日中所習書無一躓字乃已如是以為常比少長所以期望之者厚然其勉第德出處一如所以勉先子者家居於書無所不讀喜瀏覽稗官小說晚歲病目眚命家人坐几旁奏誦之嚴於邪正之辨痛斥某說部尤力某說部者出名士手其書汗漫數萬言而以一夢結之清乾嘉間尤盛行自薦紳先生學士大夫罔不家置而戶誦矣王父獨曰此導婬之書耳其為害匪直洪水猛獸比而猥云足以警醒世其誰信之漢武好神仙司馬相如奏大人賦諷之帝讀之飄飄有淩雲氣游天地間意以武帝之雄才大略相如之主文譎諫猶無當也況其下焉者乎蓋夙所持論如此其它行誼亦無不皆然第德狀如是昔孟子論儒士嘗曰窮則獨善其身達則兼善天下獨善者非顓顓為一身計已也非忘情民物之謂也巖居穴處之士闇然躬行視若與人世無與然一言一行賓萌之視聽集焉卒其所沾被頑者於以立懦者於以廉世衰道微移風易俗之效往往不在上而在下窮達不同其善之及人一也先生以宣統二年十一月廿五日告終家衖春秋六十有二配氏施子一士奇縣學生員女二適太學生朱積光縣學生杜遇春孫男五第錦第德第穀第周第肅女孫三適杜培榮葉昌鏘朱錦瑞曾孫男十一中壽祖安祖讓祖樞祖康大中慎中孚中宜中時中明中曾孫女八適謝文鍠段錚餘未字其葬在塘頭鄉傳廬頭之原自先生歿至今三十餘年里中人言家法之善者必首童氏諸長老及見者咸言先生在日門以內聲無譁凡樗蒲博塞之具毋敢入其家游閑僧道及里中諸亡賴見先生至輒逡遁辟去其威重如此然則先生一身其繫乎風俗人心之重豈淺尠哉

中華民國三十有五年二月吉日上石

儒行童先生貴和墓表

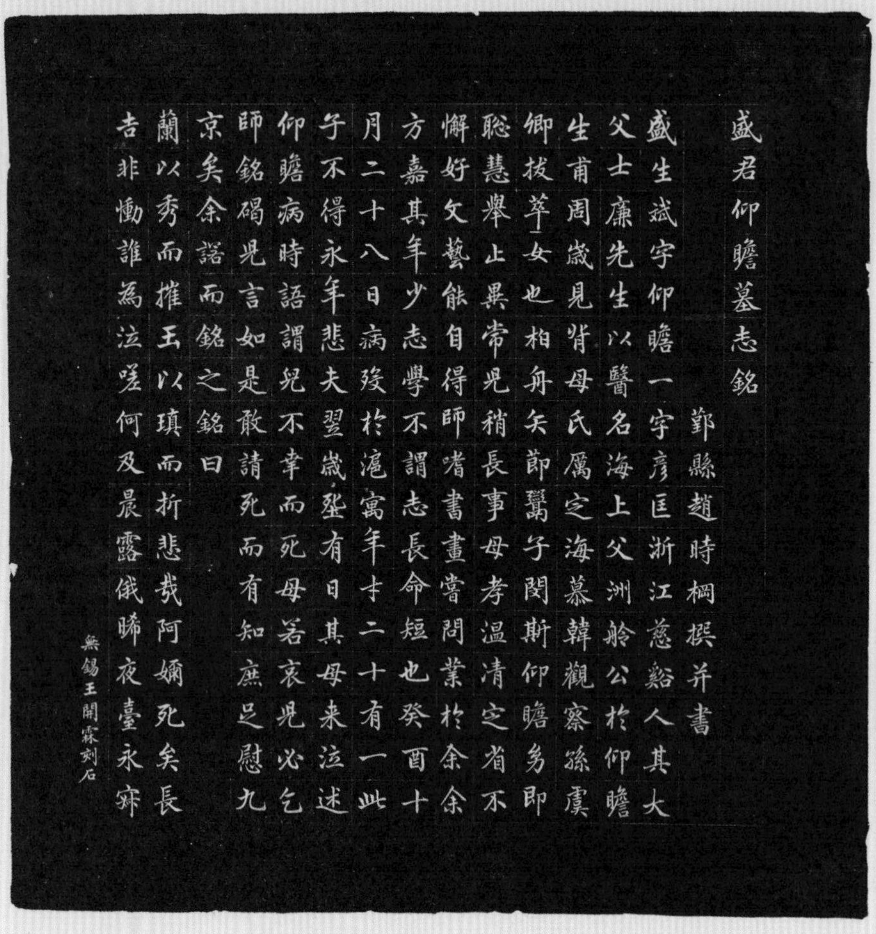

盛君仰瞻墓志銘
鄞縣趙時棡撰并書
盛生斌字仰瞻一字彥匡浙江慈谿人其大
父士廉先生以醫名海上父洲舲公於仰瞻
生甫周歲見背母氏厲定海慕韓觀察孫虞
卿拔萃女也柏舟矢節鞠子閔斯仰瞻多即
聰慧舉止異常兒稍長事母孝温清定省不
懈好文藝能自得師嗜書畫嘗問業於余余
方嘉其年少志學不謂志長命短也癸酉十
月二十八日病歿於滬寓年才二十有一此
乎不得永年悲夫翌歲窆有日其母来泣述
仰瞻病時語謂兒不幸而死母若哀兒必乞
師銘碣兒言如是敢請死而有知庶足慰九
京矣余諾而銘之銘曰
蘭以秀而摧玉以瑱而折悲哉阿嬭死矣長
吉非慟誰為泣嗟何及晨露俄晞夜臺永寐
無錫王開霖刻石

盛君仰瞻墓誌銘

序 言

天一閣碑帖收藏始於創始人范欽，至今已有五百餘年歷史，在中國碑帖收藏史、金石學史上均有重要地位。五百餘年的歷史並非風平浪静、世世太平，這期間多有天災人禍，閣藏碑帖聚而有散，散而復聚，見證著數代人對文化的堅守、接續與使命。

一、天一閣碑帖收藏的歷史及影響

天一閣碑帖收藏歷史可以較爲明晰地呈現爲四個時期，即嘉萬時期、乾嘉時期、咸豐時期與民國至新中國時期。

嘉萬時期是天一閣碑帖收藏的初創期，奠定了閣藏碑帖的地位、規模及影響。創始人范欽雖以藏書爲後世所知，但關於其藏書的具體行爲却鮮有文獻記載，而其碑帖收藏則稍可彌補這一遺憾。從范大澈《碑帖紀證》中可知，范欽不僅藏有諸多稀見珍稀拓本，而且還在其轄區傳拓碑刻並贈送他人。此外，他亦與書賈沈復魁等有碑帖往來。[1] 范欽的碑帖收藏在當時就已得到利用，蔡貴易翻刻蘇軾所書阿育王寺《宸奎閣碑銘》便是一例。碑後題云：

> 四明阿育王寺，故有宸奎閣，不知毀自何年。寺西折數十武，即妙喜泉，相傳沉碑在焉。余抵四明，命僧索之水中，乃得唐范的書《常住田碑》一通。其陰則有宋張無垢撰《妙喜泉銘》。數百年舊跡，一旦軒露，良亦有數哉！後從范東明司馬譚及蘇長公閣記，司馬家藏有長公舊刻。余爲欣然，命林生芝雙鉤上石，以補阿育闕典。長公書流播甚多，獨此筆法遒勁，有歐顔風，故願與海内操觚者共寶焉。萬曆乙酉（1585）冬孟，郡守温陵蔡貴易識。[2]

---

〔1〕（明）范大澈撰:《碑帖紀證》，四明叢書本，第 24 頁。

〔2〕（宋）蘇軾撰並書:《宸奎閣碑銘》，明萬曆年間重刻本，天一閣博物院藏。

從中可知，郡守蔡貴易正是據范欽所藏舊拓予以重刻。除了收藏碑帖之外，范欽亦參與當時的撰碑、書碑乃至組織刻碑刻帖活动。從記載來看，范欽至少撰寫過八篇碑文，仍傳世的有《寧波府鼇復學山碑》《重修梅墟江塘記》；傳世所書碑刻則有《贈通議大夫兵部右侍郎兼都察院右僉都御史慕庵屠公偁暨配淑人王氏陳氏合葬墓誌銘》；傳世摹刻之作則有《天一閣帖》九種，其中既有以書法爲主的《千字文》，又有書法、紀事兼具的《厎柱行》等。范欽的碑帖收藏行爲並非毫無緣由，實際上，嘉萬年間的寧波存在著以豐坊、范欽、范大澈爲代表的碑帖鑒藏群體。〔1〕如果詳細考察，可以發現他們對碑帖的收藏各有不同，豐坊的書法研習、范欽的經史之用、范大澈的碑帖鑒藏，使得此一群體成爲研究明代碑帖鑒藏的重要切入點。這也爲天一閣的碑帖收藏奠定了趣味、知識、流通等諸多條件。

乾嘉時期是天一閣碑帖整理並進入學術史的興盛期。自范欽去世後，天一閣的書規更爲森嚴，其與學界的交往也逐漸減少，至康熙十二年（1673）黄宗羲登閣後方有改善，而對其所藏碑帖的重新發現則要遲至乾隆年間的全祖望。全氏對此發現甚爲喜悦，很快便將所見告知好友——浙派篆刻鼻祖丁敬，這便是傳至今日的《天一閣碑目記》。《記》中云：

《天一閣書目》所載者，祇雕本、寫本耳。予之登是閣者最數，其架之塵封，衫袖所拂拭者多矣。獨有一架，范氏子弟未嘗發視，詢之，乃碑也。是閣之書，明時無人過而問者，康熙初，黄先生太沖始破例登之。於是，崑山徐尚書健菴聞而來鈔。其後登斯閣者萬徵君季野，又其後則馮處士南畊，而海寧陳詹事廣陵纂《賦匯》亦嘗求之閣中，然皆不及碑。至予乃清而出之，其拓本皆散亂，未及裝爲軸，如棼絲之難理，予訂之爲目一通，附於其書目之後。〔2〕

從記載來看，全祖望雖有編纂碑目之志，但最終未能成行。黄定衡曾有詩云："後來鮚埼翁，萬卷恣漁畋。碑目亦倡始，似非意所專。請觀遺集中，評跋餘精研。"〔3〕雖然全氏碑目未能傳世，但在其《鮚埼亭集》却有精彩評跋。

乾隆五十年（1785），鄞縣知縣錢維喬聘請錢大昕作爲總纂編撰《鄞縣志》，〔4〕這也爲他登閣觀書賞碑創造了條件。乾隆五十二年（1787），錢大昕再次赴鄞修志。《年譜》載："范

〔1〕朱珊、劉曉峰撰：《嘉萬年間寧波地區的碑帖鑒藏》，故宫博物院院刊，2021（06），第36—43頁。
〔2〕（清）全祖望著、朱鑄禹集注：《鮚埼亭集外編》中册，上海古籍出版社，2011年，第1069頁。
〔3〕（清）黄定衡撰：《觀天一閣新編碑目》，《四明清詩略》卷十四，中華書局鉛印本，1930年，第23頁。
〔4〕（清）錢維喬撰：《（乾隆）鄞縣志》序，續修四庫全書本，第1頁。

上舍懋敏招登天一閣，觀所藏金石刻，因爲撰《天一閣碑目》二卷。”[1] 此碑目是目前天一閣傳世最早的碑帖目録，共收録碑帖七百二十餘通，由錢大昕作序。序中云：“此書出，將與歐、趙、洪、陳並傳，葦舟可謂有功於前人。而考證精審，俾先賢搜羅之苦心不終湮没，則予與芑堂不無助焉。”[2] 文中提到的“芑堂”，是指金石學家張燕昌。此時，張燕昌正寓居天一閣摹刻宋拓石鼓文。此後，他又爲阮元摹刻此本書丹。正是緣於二人的摹刻，天一閣所藏北宋拓本石鼓文成爲此後石鼓文研究中最重要的版本。得益於全、錢、張等學人的編目、摹刻，天一閣所藏碑帖成爲乾嘉金石學中的重要一員。黄定衡（活動於乾嘉年間）、何紹基（1799—1873）、馮登府（1783—1841）、沈子惇（活動於道光年間）、顧燮光（1875—1949）等人，都曾借碑目對天一閣所藏碑帖予以考論。其中，馮登府的論述最具代表性，其論述堪稱范氏所藏碑帖進入乾嘉金石學家視野的重要總結：

> 碑目多歐、趙、洪、黄未見者。其最顯者如漢《趙囷令》《劉熊》《侯成》《王純》《郭有道》諸碑、梁陶真隱《舊館壇碑》，皆與《華山》相匹，而嘉靖以前之本，爲今所無者，亦足珍貴……孫淵如《訪碑録》取鄞縣范氏拓本，自漢至宋元幾二百種，皆天下無雙本也。首列《西嶽華山碑》，爲錢東壁攜去，後歸竹汀詹事，詹事贈儀徵阮公，有唐太和、宋元豐王子文、李衛公題跋，爲各本所無，阮公曾翻刻於揚州。又載宋劉球《隸韻》十卷，八分書石刻，注正書，首有劉球表一道，今秦敦夫刻是書，表已缺。又《紀原》一卷，亦劉球著，石刻無年月。[3]

文中提到孫星衍所撰《寰宇訪碑録》，有近二百種取自天一閣所藏。《劉熊碑》《西嶽華山廟碑》等名碑在清代的廣泛流傳、深入研究亦與天一閣碑帖收藏有著密切關係。實際上，天一閣的碑帖收藏在范欽之後有一定的流動性，文中提及的《西嶽華山廟碑》正是范氏從全祖望手中所得，後又流出天一閣。當然，現在已是故宫博物院的鎮館之寶。

這種興盛局面並未持續多久，至咸豐年間則受到滅頂之災，咸、道之際堪稱天一閣碑帖收藏的劫難期。咸豐十一年（1861），太平天國軍隊攻佔寧波城，范氏族人爲躲避戰火不得不進山避難，天一閣藏書、碑帖被嚴重毁壞。趙之謙《劉熊碑跋》云：

---

〔1〕（清）錢大昕編，錢慶曾校注：《錢辛楣先生年譜》，《十駕齋養新録》，光緒二年刻本，浙江圖書館藏，不分卷，第31頁。

〔2〕（清）錢大昕：《潛研堂文集》卷二五，清嘉慶十一年刻本，浙江圖書館藏，第2頁。

〔3〕（清）馮登府撰：《石經閣金石跋文》，《石刻史料新編》第2輯，19册，新文豐出版公司，第14187頁。

自咸豐辛酉，賊據郡城，閣中碑版盡爲台州遊民取投山澗，爛以造紙。迨鄞人亦有聞而急求者至，則澗水已墨矣。[1]

光緒十年（1884），薛福成出任寧紹台道。其任職不久便組織人員編訂《天一閣見存書目》，目後附有《天一閣見存碑目》。其注云：

閣中碑本十不存一，編以爲目，不復成卷，因附於末。[2]

準確地説，目中僅録 26 種。這與錢大昕編目時所見的七百二十餘通已不可同日而語。然而，天一閣所樹立的碑帖收藏傳統却在此後不斷得到重建，從而形成新的收藏格局。

從民國開始，天一閣的碑帖收藏陸續得到擴充。至今日，天一閣所藏碑帖達四千餘種，六千六百餘件 / 套，雖在拓本年代上不及原藏碑帖珍貴，但仍有重要的遺産價值。因此，這一時期可視作天一閣碑帖收藏的重建期。先是，民國二十年（1931），馬廉因其妻在籍患病，遂趕回故鄉。照顧妻子之餘，其亦留心古磚收藏。一年左右的時間，馬廉便收集到二千餘枚，在此基礎上完成《鄞古磚目》。隨後，“馬廉悉贈所藏古磚數百枚於天一閣，閣中特闢一室顔曰‘千晉齋’以儲藏之，俾供後人摩挲”。[3] 這是咸豐兵燹後，天一閣在金石碑帖收藏上的首次重建。再是，民國二十四年（1935），天一閣寶書樓維修工程竣工，尊經閣遷入基本完成，但因尊經閣内有歷代碑石，雨淋日曬，漸已剥蝕，遂議定將碑刻遷入天一閣加以保護，這便是明州碑林的最初形貌。如今，碑林共收集自唐代至民國碑刻共計 173 方，成爲寧波的一部石頭史書。新中國成立後，隨著天一閣私家藏書樓性質的改變，其碑帖收藏的渠道更爲廣泛。鄞縣通志館的移贈，楊氏清防閣、朱氏別宥齋、馮氏伏跗室的捐獻以及天一閣人的購買徵集，使天一閣碑帖收藏的昔日輝煌逐漸重現。

二、民國時期寧波地區碑帖的由來與價值

隨著閣藏碑帖的重新建構，其收藏特點亦愈發明顯。這其中，内容豐富、體系完整的近千種寧波地區歷代碑刻成爲重要組成部分。此批碑帖能够集中保留，主要得益於原鄞縣通志館。通志館最早設於民國時期，但真正完成其修志使命則要到 20 世紀 50 年代。1951 年 9

〔1〕（清）趙之謙跋：《劉熊碑跋》，《天一閣宋拓劉熊碑雙鉤本》，中華書局，1921 年，第 29 頁。
〔2〕（清）薛福成撰：《天一閣見存書目》卷末，光緒刻本，天一閣博物院藏，第 45 頁。
〔3〕（民國）馬廉撰：《鄞古磚目・序》，稿本，天一閣博物院藏。

月，鄞縣通志館併入寧波市古物陳列所（天一閣），其所保存碑碣拓片亦隨之移贈。《鄞縣通志》記云：

民國二十二年，鄞志設館，例訪金石，其已見舊志者不復搜索。鄞縣文獻會及馮氏伏跗室所弆藏者亦貢諸館，邑中嗜古者間亦齎贈館。復資遣碑工跋涉山川、捫蘿剔蘚以訪求之。至二十五年夏鄞邑適開文獻展覽會，爰出其所儲，整理陳列，計稱爲漢石者一，唐石三，宋石四十四，元石二十四，明石一百六，清石六百十八，今世所鎸者一百七十七，都九百七十三種……旋抗日戰起，志事中輟，金石一門稿尚未完。迄三十六年，志復繼續編印。由馮君孟顓仔肩整補金石志稿，乃增補二十六年以後所建新碑暨舊所漏採者各若干種，其都數已達千三百種，而摩崖、楹聯、亭柱、橋梁皆不與列耶。[1]

從中可知，修志人員爲了完成金石一門，不僅利用了鄞縣文獻委員會、伏跗室所藏碑帖，而且還派碑工跋涉訪求，從而爲後人留下了此批石刻文獻。《鄞志》對於碑帖的利用，主要集中於《歷代碑碣目録》。此部分是以目録爲主，附有少量全文。因此，大量碑碣内容爲當代學人所未見，特别是此後由於各種原因，原來大量碑碣或失或壞，故而所存碑帖更顯珍貴。此卷爲寧波地區歷代碑碣中的民國部分，共收録 227 種，包含教育、宗教、墓誌、社會治理、圖像石刻等十多個類别，從不同角度呈現出其在研究寧波地域文化中的重要性。在此擇其一二，予以論述。

天一閣以藏書聞名遐邇，其對寧波藏書文化的影響亦顯而易見。以本卷爲例，即收有著名藏書家張壽鏞《約園記》、清防閣主人楊臣勳墓表、伏跗室主人自撰壽藏記等諸多與藏書、讀書相關的石刻。這其中吴湖帆所書的《永愛樓記》後有秦潤卿跋，跋云："緬懷先德，心嚮往之，惜故址失治，復舊彌難。辛未秋，就宅傍築抹雲樓，藏書數架，樹梅百本，迎養老母，長承色笑。"從中可見甬人藏書傳統的繼承與發展。除了藏書傳統外，寧波亦是佛教聖地，素有東南佛國之稱。至民國，更有寄禪、圓瑛等諸多名僧。本卷中與佛教相關的石刻多達 50 種。《寧波佛教孤兒院碑》不僅顯示了佛教與教育的結合，亦顯示了民國時期寧波佛教與海外佛教的互動。碑文中記録了院董事傅宜耘爲孤兒發願南行，途中與新加坡轉道上人相識、皈依並先後兩次籌得一萬四千餘銀元善款的經歷。碑後還刻有捐款諸君子姓名，從而爲

〔1〕（民國）陳訓正、馬瀛：《鄞縣通志・文獻志》，寧波出版社，2006 年，第 2085 頁。據駱兆平先生考證，實際所存拓片共計八百八十五種。

甬上佛教添一美談。正如碑文中所云“我南海普院山與南洋普陀寺雖重洋如咫尺，孤兒院其慈航也”。相對於佛教的慈悲，爲社會治理所制定的條約禁規則顯得較爲嚴肅。本卷中此類碑碣涉及社會生活的多個層面，從財産糾紛到行業約定，乃至村鎮鄉約均有涉及。《鄞縣知事永禁藥魚告示碑》雖名爲禁止藥魚，實際上對今天的生態建設、人民健康仍有啓發。文中記録云：

每届夏秋兩季，見有不肖漁户將最劇烈之茳子即巴豆，磨舂取汁，傾入河中。魚蝦螺蚌之類，即時俱斃。彼即撈取向市中售賣。窮苦鄉人貪其價廉，争相購食，不知毒入魚腹之中，易致腐餒。茳子又瀉痢之劇劑，間接入人之腹，即生疫癘。且官河之水爲各村十餘萬人所汲飲，藥毒散漫水中，鄉人飲之，爲害尤烈。一經傳染，遂至蔓延，故疫癘發生多在夏秋，非爲無因。是藥魚爲名，藥人其實。俊寶等見藥魚之害，與人民生命有絶大關係，環叩出示永禁。〔1〕

此外，這些碑帖也是解讀今日城市文化遺産的重要依據。寧波靈橋是一代寧波人的集體記憶，亦是當時最大的現代工程。《申報》記載了靈橋落成時的典禮盛況，但對於建設始末則未提及。本卷所收《重建靈橋碑記》《建橋勞績者之姓名及事實》《當地長官題名碑》《靈橋題名碑》四篇碑文，則詳細記載了建橋的過程、人員、費用、時間及規模等詳細信息。由於原碑已不存，故而成爲今日瞭解這一文化遺産的重要參考。

這些碑刻的另一重要價值，則體現在其所撰、所書者多爲名家聖手。這其中有吴昌碩、何維樸、陳三立、康有爲、鄭孝胥、曾熙、章炳麟、李健、褚德彝、于右任、劉承幹、沈尹默、馬一浮、余紹宋、黄侃以及寧波當地名人張美翊、陳修榆、王禹襄、陳訓正、馮幵、趙時棡、張壽鏞、張琴、高振霄、錢罕、蔣中正、陳寶麟、沙孟海、童第德等。沈尹默是近代書壇大家，其書法斷縑尺楮，人争寶之。難能可貴的是，本卷中不僅有其書丹刻石的《鎮海劉君咸良墓表》，而且還有書丹但未刻石的《儒行童先生貴和墓表》，從而爲全面認識其書法藝術、書法傳播乃至書丹與刻石之關聯提供了重要史料。沙孟海是近代寧波書壇最重要的標志性人物，其書法的地域影響亦是顯而易見。本卷收入與沙孟海有關的作品共計十七件，有其所書的《櫟亭記》，有其所撰的《大咸鄉澹災碑記》，有其書並撰的《王方清墓誌銘》等等是全面認識沙孟海其人其書的重要視角。此外，值得一提的是，石刻工匠在完成一件石刻作品中頗爲重要，近年來漸成學界熱點。本卷所收作品中，有刻工名者 57 種，其中鄞縣李良

〔1〕《鄞縣知事永禁藥魚告示碑》，民國鄞縣通志館拓片，天一閣博物院藏。

棟（17種）、鄞縣項崇聖（14種）、吴縣周梅谷（5種）、鄞縣周澄（2種）、甬上耕玉齋（2種）、無錫王開霖（2種）、山陰吴隱（2種）。此外，還有杭州俞遜、吴縣支慈庵、鄞縣周埜、錫山張石友等15人各刻一種。由此可見，當時寧波地區不僅有李良棟、項崇聖等較爲出名的本地刻工，亦有蘇州、無錫、紹興等地的刻工活躍於此，從而爲研究民國江南刻工的技藝、活動、師傳等提供了重要素材。

鑒於此，天一閣同仁蓄整理之心久矣。此次整理能够順利完成，除編著者的努力外，還得益於天一閣博物院莊立臻院長、饒國慶副院長等院部領導的大力支持以及占旭東先生、章國慶先生、陳麗萍女士、鵬宇先生的幫助與指導。此外，出版社曾曉紅主任、王赫老師亦多有付出。在此，深表感謝。

因編著者學識有限，書中如有紕漏，懇請方家指正。

目　录

凡　例

一、本書收録天一閣博物院藏民國時期寧波地區碑石墓誌拓片、拓本，總計二百二十七種。

二、凡與民國時期寧波地區歷史文化緊密相關、具有一定史料價值者，均予以收録。另有《約藏記》一種，原碑位於杭州，因誌主張壽鏞爲寧波人，且於寧波鄉邦文獻的編纂刊刻有重大貢獻，因此一併收録。

三、所録碑石墓誌基本上以時代爲序排列。碑石斷代以立石時間爲準，凡年月泐失或碑上無紀年者，依據民國《鄞縣通志》等文獻記載、拓片題簽及碑文内容判斷其大致年代，並列於相應年份末尾，無法斷代者置於最後。

所定篇名，凡舊志著録者從之，次從碑版中標題，餘皆編者所加。

四、本書釋録，爲便於閱讀，簡體字及較爲生僻的異體字統一改成規範繁體字。

五、每篇碑文後有“按語”，簡要説明碑石原存地點、館藏拓片或拓本尺寸、碑文的行格、書體等。若碑石内容、書法等有特殊之處，也一併説明。

六、對於原碑漫漶不清、剥落不存或拓片闕失，儘量查照方志、名人文集、家譜等相關文獻補出，外加方框以示區别，並在按語中説明。無法補出的碑字，則用“□”符號代替，或括注“下闕”。碑文中别字、訛字以“（ ）”注出，並以“〔 〕”括注正確文字。篆額、篆蓋亦額外標注。

七、除了個别品相差、碑字漫漶不清的碑拓外，均配相關圖像。

重建余氏宗祠及添建女祠捐款題名碑

維我余氏，自南宋觀文第學士魯國公由昌國遷鄮，厥後子姓蕃衍，世爲鄞人，而我家廟由是始建。閲今六百餘年，雖經前人屢屺屢葺，並未擴充基址，且地處低窪，門面臨河，常有水潦爲患。余忝居宗長，目擊先靈式憑之所，卑濕湫隘，心殊戚戚，默念力不從心，勢難提倡。歲辛亥蒸嘗之期，率諸子侄參拜畢，余告以前衷，當蒙盛煜慨助千金，爲之提倡，而世高、茂彩、茂銓、茂炬等均出資佽助。族之尚義者，亦量力解槖。爰於是歲八月中澣，命世高、茂彩等董其事，興工庀材，添建女祠。經營方始，適值武漢起義，當是時也，邑里咸受影響，誠恐蔓延，兹工不臧，徒助罪戾。幸世高、茂彩諳練有才，不辭勞瘁，出資填付，勸募循循。歷八閲月，至民國元年二月告竣。至今祠宇巍然，焕乎一新。是舉也，若諸子姪等之踴躍從事，未始非我先人之默佑耳。維我後人，繼繼承承，世守不替云爾。

民國元年二月，裔孫章賚謹識。

資助芳名開列於左録。

按：碑原在余徐鄉余隘。高68釐米，寬106釐米。碑文楷書，共25行，滿行17字。

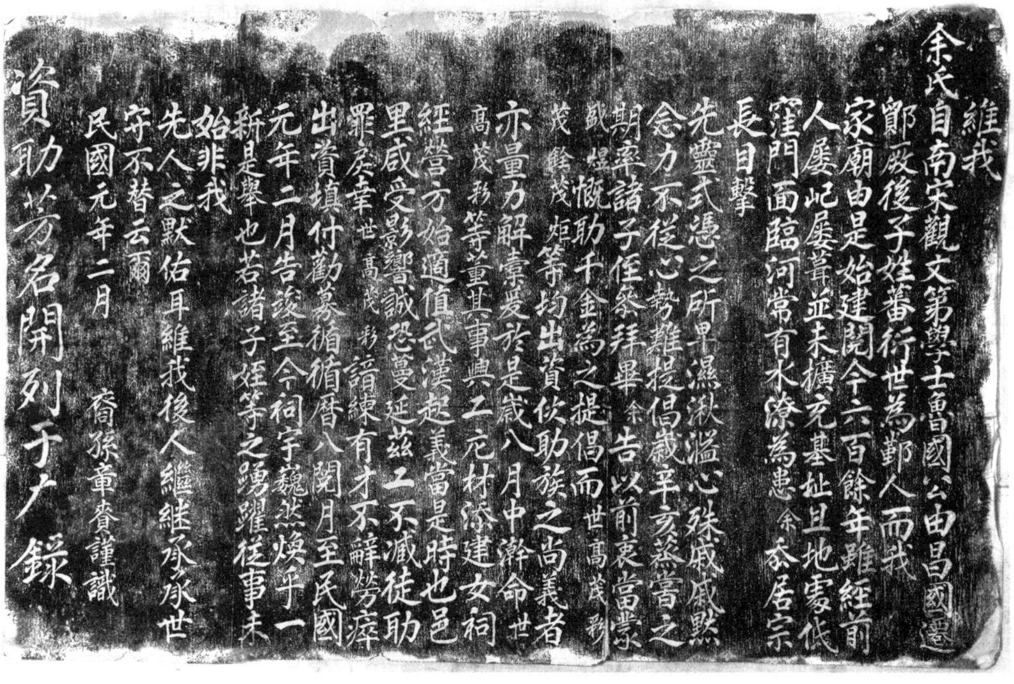

鄞縣知事公布天童寺重整條規告示碑

鄞縣知事江爲給示曉諭事。據天童寺住持敬安稟稱：切天童寺係歷朝敕建叢林，向爲四明之古刹、浙東之名山，載在志乘，疊經前清道府縣署給示保護，誠官紳士商暨各國洋人游覽之勝地，海内僧衆安禪傳戒之精藍也。但其間興廢迭更，嗣緣住持奉行不力，以致百弊漸生，勢將廢隳。自敬安接任住持以來，舉凡寺中一切事務重新寔力整頓，興革利弊。一面將舊有章程參酌損益，因時制宜，悉心籌畫，會同兩序僧衆擬定條規十二則，於光緒三十二年間稟蒙前寧波府喻任核准，給示勒石諭禁。旋因住持任滿辭職，又蒙前府縣諭慰留任。各在案。伏思住持一席，責任煩重，乃敬安自顧軽材，常虞隕越。惟有持事認真，力圖整頓。所幸數年以來，常住興盛，僧侶倍多，尚皆恪守規律。第當此民國成立伊始，正諸事改革之秋，惟恐不明禮義之僧人，摇惑誤會，希圖更張，抑或便私抗違等情，勢必牽動全局，敗壞舊規，咎將焉歸。一再籌議，若不先事防維，稟懇保護，另頒示諭，何以儆僧衆而杜後患。兹經敬安就原定條規擬加二則，録呈清摺，爲亟先行具稟。伏叩俯賜核明改正，另行給示曉諭遵守，以昭鄭重。等情。據此，除稟批示外，合再給示曉諭，爲此示仰閤寺僧衆一體知悉，自此次給示之後，凡該寺内大小一切事宜，務須悉照後列條規永遠遵守，以杜弊端。倘有抗違情事，定即提案移究，不稍寬貸。其各懔遵毋違，切切！特示。

計開條規十四則：

一、住持期滿，應邀請各退院與兩序公議。齒德俱尊、宗教皆通者，或在本寺久住、熟識常住規法、能領衆坐香行道者，或在諸方參學有得、行解相應者，均可保籤。若才德超群、衆所欽仰者，即可公請主席，不必籤卜。若多人資格相等、難分優劣者，即於韋馱神前籤卜爲定。新住持入院，祗於齋堂設如意齋一次安衆。監院當備齋，請前住持及班首、書記陪新住持於方丈受齋。其進院改至四月十五後，半月爲期，以便季頭結賬，免上下首互混不清，諸多不便。此後永爲定例。

一、議籤如年未四十及滿四十，才識平常，本常住既未久住，諸方坐香叢林又未參學，其外緣雖足，内德不充，不能闡揚宗教，垂範後學，亦不准入保下籤。如强保籤出，入院後許衆稟逐，保者嚴懲。以住持非人，必至破法背道，敗壞常住。如有能於議住持大事，以大義力争不避權勢者，或有緊要重務，能赴難出力者，常住均待以特别優禮，以示鼓勵。

一、住持三年太促，難期整頓，此後以六年爲期。如住持世縁不順，或年老多病難領衆者，不拘年限，許隨時告退。倘住持假公濟私、藐示毁規，不坐香行道，有負住持名義，許衆僧通白班首，鳴序板於客堂，公同斥退，但不許輕舉妄動。如挾嫌報怨，所指不寔，即當反坐，重責出院。

一、常住以宏道爲重，春時坐禪，夏季講經，秋冬加香打七，不可更改，違者即爲斷絶慧命。此住持分内之事，責無旁貸，勿任職事苟圖安逸，有損常住道風，辜負學者。

一、退院名位既尊，不當與衆籤卜。如常住彫敝，欲期整頓，非某退院不可者，即由兩序公請再入主席。平日常住有事邀請，即當按期入山，秉公爲衆。如邀請不至，不得背生論議。或退居本寺，不得剃度開房。圓寂後，所有錢物俱歸常住，與徒眷無涉。其剃度法派徒眷有在常住住者，不得恃勢有犯清規，違者倍罰，不服者出院。如係法徒，則請該退居追繳法卷。住持在位，不得在寺付法，退院後亦不准濫付，有辱祖庭。

一、都監、監院責任匪輕。都監或有監院陞請，或退居與班首熱心常住者亦可充之。此職上輔常住，下佐監院。而監院須因果分明，戒律嚴肅，有應變調衆之才，方稱其任。此職乃總理闔寺大綱，事務紛繁。都監可代管銀錢，以分其勞。管賬宜用二人，以杜私弊。一副寺管總清，一典賦管流水。副寺由典賦陞者，最爲合宜。若副寺不善寫算，則加一典賦代管總清。凡銀錢出入，每月一結，開列清單，呈住持查核。住持、都監、監院、副寺、知賓均可隨時查閲各賬有無遺悮。如典賦不服查閲，定有情弊，不待季頭即宜更换。所有水陸經懺出息，除各項開銷外，提十分之一爲住持衣鉢之資，其餘均歸常住，以備荒歉歲修等用。住持、職事不准私取，違者倍罰出院。前住持存款及儲穀會、保安會公項，後住持不准提用。如欲修造，宜先籌有寔款存於庫房，然後白衆興工。倘山向不利，則宜從緩，住持不得執拗，貽害常住。如房屋坍塌，凡小修其價約百圓者，監院即白住持。大修當與住持、首領共議，住持、監院俱不得擅專，違者罰。如住持好大喜功，不聽衆諫，用虧存款，不准祖堂入位，其法派子孫永遠不准主席。凡住持期滿，由兩序將其功過載入萬年簿，以警來者。

一、庫客二寮須和衷共濟，有利均分，不宜厚薄。一年兩季告香，無論大小。執事或請或退，亦一年兩季爲限，俱遵住持約束。一寮之中，不可多安同鄉，恐其樹立黨羽，挾制常住。凡剃度法派兄弟以及徒眷，不准同寮充職，不許在寺内收剃度、付法及皈依弟子，違者出院。如有不守清規、擾害常住、造言滋事、糊紅貼白者，查出重責出院，永遠不准挂單銷假。平時無事，亦不准與各房頭往來，違者罰。

一、房僧係退院子孫，宜恪守清規，不得干預常住公事，保人入籤，充當權職，與常住通門出入。常住竹木，除茅柴供薪外，不得擅砍。如有盗砍竹木、隱瞞田山、强取竹筍及酗酒賭博者重罰。亦不准在天王殿外、上明堂、伏虎亭，或自搭棚擺攤，或租人分利，恐藏匪人，滋生事端，違者稟究。

一、房僧有守道清修者，常住宜以優禮相待，不得歧視。平時宜休戚相關，慶吊通禮。

如房僧有絶嗣者，應由常住選擇妥僧入房續派，以奉香火，惟不得奪其産業。如欲收中年出家者爲徒，當白常住，互相查訪其人，確係身家清白、真心爲道，方許披剃。此防奸人溷跡，彼此受害。前下房智寬、上房啓照兩案，均足爲前車之鑒，故不得不慎。如日後房僧産業有與常住毗連欲出售者，宜先儘常住受業。至各房地基寸土皆由常住分出，不得賣與外人。各房除舊有寮舍外，亦不得於本山另造房屋、更立門户，違者稟究。若外來游僧及在常住犯事出院者，各房均不許容留同住，免生是非，有失和好，違者議罰。倘有地棍欺侮房僧，常住宜出爲理論，不得坐視。各房有佛事經懺向常住職事請僧酧應者，不得抬價。如常住有盜賣産業者，亦准房僧指寔稟究，互相策勵，保護常住。

一、本寺歷蒙前清道府縣給示保護，向無山主、董事名色，有事由住持偕兩序僧衆出名具稟，不許僧會、僧綱及地棍人等干預寺事。惟往來僧衆多少難定，向蒙官廳免造門牌。如挂單者，先驗明衣鉢、戒牒、行李，查問來歷清白，方准掛單。倘日後有形跡可疑之人，由住持稟案送究，違者稟請懲治。

一、青龍崗、伏虎亭、古山門一帶古木，係莊嚴道路，培植風水，曾蒙示諭，永禁砍伐，違者稟究。其餘各處樹木、柴薪、竹筍，亦不准居民强砍偷掘，違者議罰，不服者鳴保送究。

一、施主來山祈福、修建佛事，宜齋戒清潔，不可飲啖葷腥，致瀆佛天，以招罪戾。凡香客見顧，蔬筍淡薄，各宜原諒。

一、常住山場，除衆僧之普同塔外，惟許曾經本寺充當住持者，方可建塔造墳，向例不准售與外人營造墳墓，以杜後患。查前明萬曆間，因遭洪水，片瓦無存。寺既無主，遂致葉家山一帶多被勢豪强佔造墳。至前清康熙間，控經地方官斷價，一律贖回，各姓立有退據，載於常住老萬年簿，並蓋有前府鈐印。此後永遠遵守，不得再有侵奪私賣情事。如有抗違，稟官究罰。

一、各殿堂寮房大衆，除老病公務外，一律上殿過堂，隨衆坐香出坡，不准私立厨灶，私造飲食，違者出院，執事徇情、知而不舉者重罰。

民國元年五月　日給，前住持敬安請示，現主持浄心同兩序大衆立石，十三齡童子傅宜任敬書。

按：碑在天童寺佛殿西長廊。高175釐米，寬94釐米。碑文楷書，共31行，滿行90字。

鄞縣知事江　為

民國元年五月　日給前住持敬安請示現任持淨心仝兩序大衆立石　三聆董子傳宣住敬書

敬安和尚冷香塔碑陰

寄公自湘中來主天童且十一年，歲庚戌，公年六十，將自營塔院，余爲相地於寺左青龍岡。既成，環植梅花，顔曰“冷香”。壬子冬，公爲教北上，示寂於法源寺。初，余每訪公輒雨，公贈余有“十度遊山九不晴”句。及喪歸山，陰雨之中忽放霽色，可知名山位置，天許高人。謹書塔陰，以志支許之契云。鄞顧釗元琛甫題。

按：碑在天童寺外塔院。高 49 釐米，寬 22 釐米。碑文行楷，共 6 行，每行 19—22 字不等。

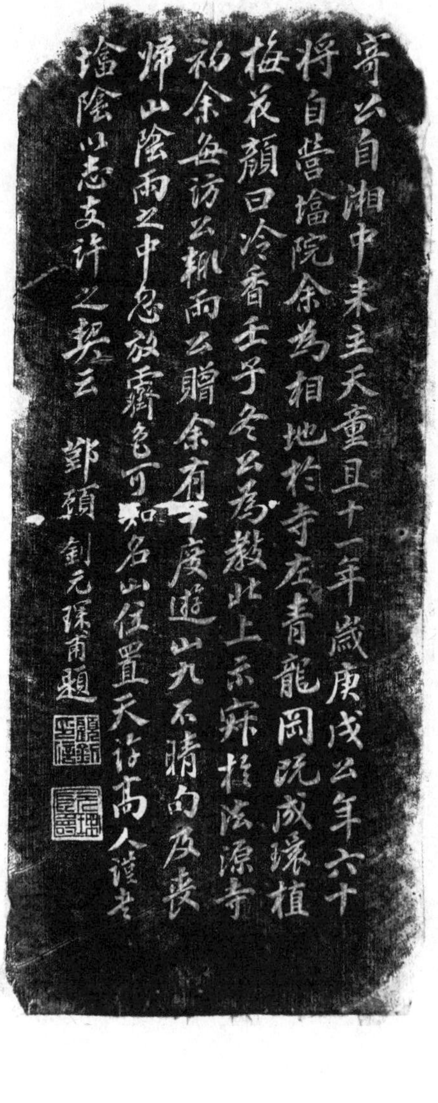

方繼善墓誌銘

清授通奉大夫方君墓志銘（篆蓋）

清授通奉大夫方君墓誌銘

慈谿楊魯曾撰文　道州何維樸書丹　陽湖汪洵篆蓋

君諱繼善，原名義章，字子謙，又字黼臣，浙江鎮海縣人。先世自鳳浦嶴遷柏墅邨，遂稱柏墅方氏焉。曾祖元祚，祖亨學。父仁照，字潤齋，生平多義行，邑志有傳。君少聰慧，讀書恒驚其儕輩。年十五，棄儒習計然策，左右厥考，億則屢中。潤齋公病於滬，君日夕侍湯藥，衣不解帶。公歿，扶櫬返里門，喪葬皆盡禮。復侍季父性齋公至滬，恢張先業，家益隆隆起。及性齋公卒，君以一身綜理商業，酌盈劑虛，執牛耳盟。歲恒一二歸，必携時食及諸要需進庶母朱太淑人，以博歡心，事之如所生，歿而哭盡哀。其事諸父諸母皆循禮法，鄉黨無閒言。先世急公好義，君更擴而大之。邑人續修縣志及建鯤池、崇正兩書院，皆出鉅金，爲邑人倡。甲申、乙酉間，中法搆釁，海防戒嚴。踰數年，黄河決口，輸饟振災，動逾鉅萬金。如廣仁堂之收暴露、錫類局之施棺槥、清節堂之恤嫠、福幼局之種痘、育嬰堂之拯溺，以及濬河渠、修橋梁、遇寒施衣、遇疫施藥，類此者不勝舉，亦不必舉也。其犖犖大者，則如甲戌間滬上四明公所一事。四明公所者，爲吾郡五縣一廳停寄旅櫬之所，初燬於紅巾之亂，潤齋公重建而拓大之，性齋公復賡續而經理之者也。其地毗連法租界，爲法人所垂涎者非一日矣。二公歿，君董其事，而法人謀穿叢葬地闢馬路，君召集各董密議築籬以隱杜之，爲法人偵悉，乃於翌日鋪沙砌石，爲先發制人之計。郡人之在滬者憤激謀抗拒，多爲法人所傷斃，勢洶洶，幾釀巨禍。君謁蘇松太道沈公秉成，得以其事詳督撫，籲總理衙門，始奉諭有各清界限等語，謀始寢，蓋距起事之日已五年矣。至戊戌五月，法人又欲侵奪公所地，君攖喘疾不能出，連日書札往返，與旅滬同鄉籌抵禦，後檢得昔年總理衙門與法領事完結公所成案，上之官，法人無以難焉。君自奉儉觳，飲食服御如寒素，或招宴飲，謝不往。居恒嘗手一編不輟，精岐黄家言，三黨有貧不能延醫者，君爲處方，輒奇驗。風鑑、堪輿諸書，靡不流覽，重刻胡墨莊先生《毛詩後箋》，以惠後學。闢精舍數楹，儲書萬餘卷，延名師課諸子誦讀其中。其家訓以儉樸律己、忠厚待人爲宗旨，其他嘉言懿行有不可殫述者。君以前清輸饟功由國學生捐光禄寺署正，議敘鹽運司運同，加四級，晉道銜，加一級，授通奉大夫，賞戴花翎。光緒二十四年戊戌九月十六日卒，年五十有六。娶鄭氏，封夫人，後君四年卒，年六十。簉室張氏。子四：長積鈺，出繼伯兄幼鹿公後；次啓新；次積鎔；次培源。

女六，屠用鏄、蘇達材、李厚礽、費聲初、袁綱維、陳信中，其壻也。孫男四：傳沅、傳澐、傳濬、傳溱。距君歿十有五年爲中華民國元年，喆嗣積鈺等合葬君於鄞南崇法寺岡望龍橋之側，以魯曾固知君深者先期走謁銘。銘曰：

其智圓，其行方。其孝友，施於有政，而聲名震懾乎遐荒。丹山岌嶫，赤水環流。有幽斯窀，崇法岡修。扶輿蜿蟺，鬱乎松楸。望氣者知爲君子之首邱也。

山陰吴隱鐫。

按：墓原在崇法寺岡（今祖關山）望龍橋側。蓋高39.5釐米，寬47.5釐米；誌高40釐米，寬96.5釐米。誌文楷書，共50行，滿行21字。

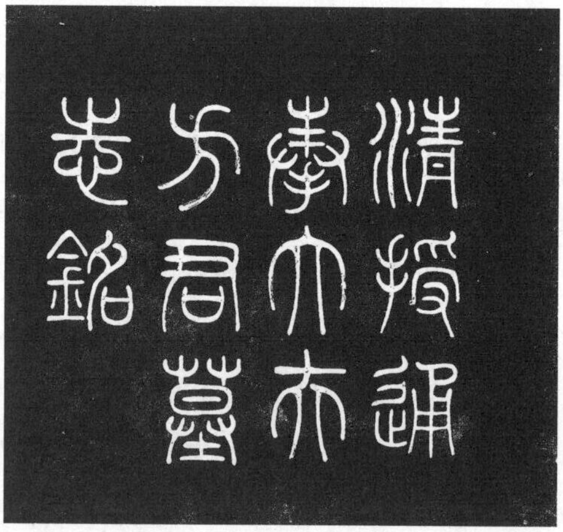

清授通奉大夫方君墓志銘

東吴文武殿天燈會碑記

天燈會碑記

古者設立路燈，以明黑夜風雨之際，使行人往來庶無虞焉。試思關聖殿前爲東吴之要道，大街之衝衖，此處（下缺）商集同志先行出資創建，顧使永遠，必須勸募，兹蒙諸大善士樂善好施，慨然濟助，業經捐有或□□□（下闕）□用款。爰登開帳，豎碑勒石，以垂百世而供公覽。

計開：

趙王氏長壽助洋六元。俞蔡氏濟香助洋伍元。俞禮言助洋伍元。俞禮本助洋伍元。俞元初助洋伍元。俞蘭生助洋伍元。俞式梓、俞式慈、陳宜壽、楊美全、高隘李姓、張裕泰、俞陳氏，各助英洋貳元正。

陳徐氏、王史氏聖妙、傅徐氏　各助洋貳元。李有木、阿萊、芳洲、西方寺、永濟庵、白雲寺善連、何詩櫟、趙□□，各助洋貳元。

俞沈氏、俞張氏、俞薛氏、曹承生、曹普密、錢世良、俞阿如、趙小東、陳徑來、陳明才、陳三善、陳徑農、陳味三、董學禮、俞張氏、俞周氏、俞施氏、俞阮氏、俞顧氏、俞陳氏、俞趙氏、俞陳氏、俞李氏、俞傅氏、俞陳氏、俞袁氏、俞久皋、陳福生、陳何氏、陳邵氏、陳王氏、陳丁氏、陳徐氏、陳徐氏、陳徐氏、陳俞氏、陳俞氏、陳俞氏、俞屠氏、俞張氏、俞史氏、趙美友、陳張氏、陳王氏、陳周氏、陳翁氏、陳胡氏、陳史氏、徐俞氏、陸俞氏、傅俞氏、陳薛氏、陳蔡氏、陳王氏、俞傅氏、俞陳氏、趙李氏、童陳氏、王邱氏、李陳氏、忻陳氏、張陳氏、周陳氏、史陳氏、史陳氏、史王氏、王陳氏、王史氏、俞陳氏、俞史氏、陸朱氏、徐葉氏、張王氏、汪史氏、李吴氏、李袁氏、趙張氏、趙李氏、趙俞氏、趙沈氏、趙胡氏、趙王氏、陳徐氏、陳俞氏、趙俞氏、董何氏、王躬□、王永浩、俞陳氏、俞屠氏、陳史氏、王童氏、趙胡氏、李張氏、鍾錢氏、鍾俞氏、俞□□、王□□、俞□□、俞□□、俞□□、俞□□、俞□□、胡□□、周□□、陳□□、趙□□、鍾□□、□□□、鍾□□（下闕）

置田乙坵，坐落本村趙宗祠之傍，土名抱坵，量計業貳畝四分，内連大小業四分正。

民國二年元月，衆姓敬立。

按：碑原在東吴文武殿。高111釐米，寬62釐米。碑文楷書，右側題字3行，每行存字不等；左側題名存10列。下部殘缺。

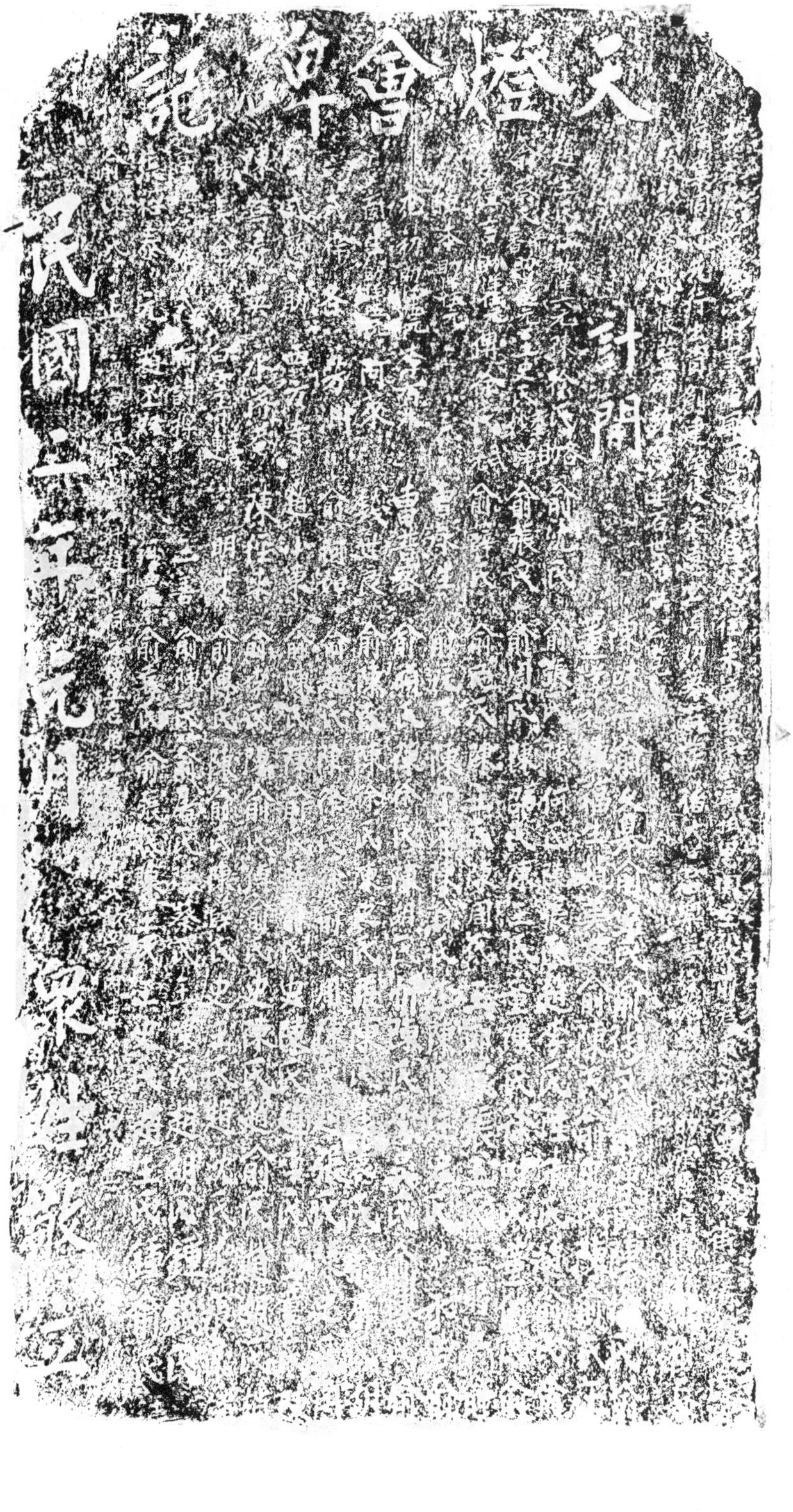

五雲禪寺茶會田碑

中華民國癸丑夏月穀旦開烈於後

立永賣大業田契。□□等今因乏用，情願祖遺長孫民田壹坵，坐落土名係虞字號，量計壹畝四分八釐，情願出永賣五雲寺住持祖修茶會爲業。三面議明，面計永賣價，大業田價英洋九拾元正，其洋當日收歸正用。自賣之後，任從開割過户，輸量管業，不得祖執。其田並無房親、叔伯、兄弟、子侄亂言有分，業不重疊抵當，價非利債準（執）〔折〕，其田並諸般違礙，如有等情，但是得價者自行理直，不涉出錢人之事。此係兩願，各無異言。今欲有憑，立此永賣大業民田契存照。

計開：

其田四址：東址高堪，南址高堪地，西址路，北址大路高堪爲界。上首契無檢，日後儉出古之用，併照。

張氏壽蓮助洋八元，張氏妙秀助洋七元，信女李陳氏助洋六元，李門袁氏善哉助洋五元，李植芬助洋五元，李門俞氏助洋五元，李張氏宏源助洋五元，桂錢氏心生助洋五元，張桂氏永生助洋五元，馬董氏福月助洋五元。

□俞氏普慈助洋五元，李善法助洋五元，李樂氏增壽助洋三元，李陳氏金福助洋三元，李馬氏善定助洋三元，占李氏長貴助洋三元，陳張氏助洋三元，董陳氏助洋三元。

張元□助洋三元，李陳氏助洋三元，李陳氏照林助洋三元，俞陳氏善道助洋三元，王陳氏福壽助洋三元，邵氏福貴助洋三元，邱鄭氏助洋三元，馬俞氏助洋三元。

邱氏宗悟助洋三元，邱陳氏助洋三元，馬邵氏助洋三元，馬陳氏妙蓮助洋三元，張成高助洋三元，李張氏佛緣助洋二元，李樂氏福壽助洋二元。

李吴氏願生助洋貳元，林李氏廷安助洋貳元，李虞氏照林助洋貳元，李陳氏念林助洋貳元，袁安聖助洋貳元，李桂氏心善助洋□，閔氏浦號助洋一元，蔣氏福壽助洋一元。

樂王氏祥壽（下闕），樂謝氏福（下闕），樂杜氏金（下闕），王俞氏妙香（下闕），夏林氏□□洋（下闕），夏□氏忠悟一（下闕）邱氏妙香一（下闕）周氏福田一元（下闕）。

五雲禪寺住持永根（畫押）。

按：碑原在沙堰河頭五雲寺。高129釐米，寬76釐米。碑文楷書，共21行，滿行29字。下部殘缺。

中華民國癸丑夏月[illegible]開列於后
立永賣大業田契[illegible]今因乏用，情愿祖遺長[illegible]民田壹坵，坐落
土名係虞字號，量計壹畝四分八厘，情愿出永賣五雲寺住持祖修[illegible]會
為業。三面議明，面計永賣價大業田價英洋九拾元，其洋當日收
足。立賣之後，任從開割過戶，輸糧管業。[illegible]
伯兄弟子侄異言。有分業不重疊抵當[illegible]
有等情，但是得價者自行理直，不涉出錢人之事。此係兩愿，各無異言。今欲
有憑，立此永賣大業民田契存照。
計開
其田四址：東址高堪，南址高堪，西址路，北址大路為界。[illegible]
捨田[illegible]
五雲禪寺[illegible]

清徵士郎范邦周墓誌銘

清贈徵仕郎國學生范君墓誌銘（篆蓋）

清贈徵仕郎國學生范君墓誌銘

君諱邦周，字衮美，國學生。鄞西范氏故右族，宋明以來代有聞人。祖懋忠，父上庾，母唐孺人。兄弟三人，君居長，出嗣世父上庠後。八歲就學，讀書具神解，無何，以貧輟學。嘗從石工役，一日崖崩，死者數十人，而君獨得脱。尋執業市肆，肆遭火，簿籍燼焉，君就所記憶籍之，無少差。主人異其能，使主出内，於是君生十五年矣。二十以後，坐賈揚州，垂四十餘年，任俠，好周人急，商旅被惠者衆。於其歸，攀挽餞送，不絶於道，以仁得衆，庶近之矣。精醫術，爲人治疾輒愈。光緒二十四年四月十六日卒於家，春秋六十有九。配氏陸、氏丁，生子一，賡治，附貢生，中書科中書。妾氏蔡。孫二，長輅，次軾。君卒之明年，賡治葬君邑東鄉櫟斜山麓。銘曰：

崖崩石破天不死，宜有聲施發英瑋。懷奇勿泄隱於市，置君何等問天咫。子子孫孫必繁祉，我銘昭之百世俟。

宣統五年相月，同縣舊史官陸廷黻撰。

同縣項崇聖鎸。

按：墓原在鄞縣東鄉櫟斜山麓。蓋高45釐米，寬44.5釐米；誌高49釐米，寬48釐米。誌文楷書，共16行，滿行22字。

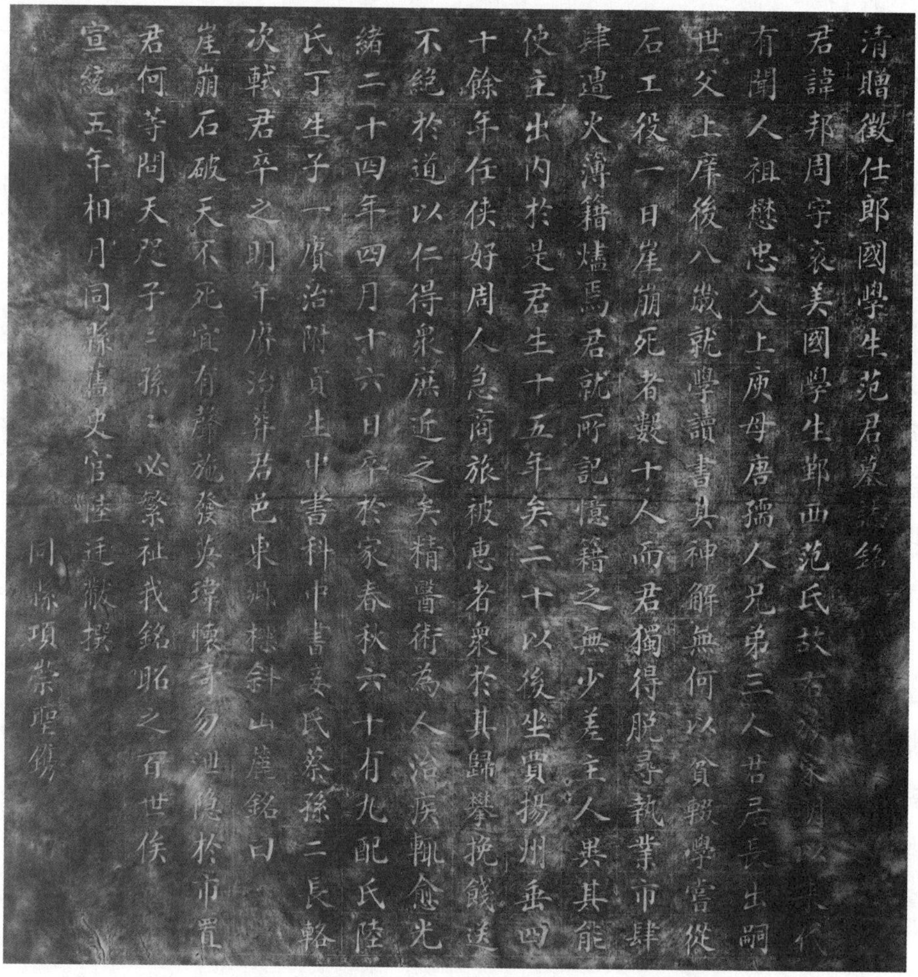
清贈徵仕郎國學生范君墓誌銘
君諱邦周字裒美國學生鄞西范氏故[illegible]代
有聞人祖懋忠父上庚母唐孺人兄弟三人君居長出嗣
世父上庠後八歲就學讀書具神解無何以貧輟學嘗從
石工役一日崖崩死者數十人而君獨得脱尋執業市肆
肆遭火簿籍燼焉君就所記憶籍之無少差主人異其能
使主出內於是君生十五年矣二十以後坐賈揚州垂四
十餘年任俠好周人急商旅被患者衆於其歸舉挽錢送
不絶於道以仁得衆庶近之矣精醫術爲人治疾輒愈光
緒二十四年四月十六日卒於家春秋六十有九配氏陸
氏丁生子一賡治附貢生中書科中書妾氏蔡孫二長輅
次軾君卒之明年賡治葬君邑東[illegible]斜山麓銘曰
崖崩石破天不死寘有聲施發英瑋懷奇勿泄隱於市賈
君何等悶天畀子之孫之必繁祉我銘昭之百世俟
宣統五年相月同縣舊史官陸廷黻撰
同縣項崇聖鐫

鄞西蘇氏祠堂記

蘇氏祠堂記（篆額）

古制，卿大夫薦於廟，士、庶人薦於寢。後世祭室或稱家廟，或稱宗祠，宗祠即寢也。今有擁厚資，廣田宅，華堂峻宇，曲室洞房，靡勿周至，春秋佳日，賓從游讌，列席數行，杯盤豆（下闕）佽助然後得而竣事。倘其心未誠，雖遷延數十年，或未可知，豈遂能觀厥成哉？而子嘉不因難（下闕）

按：拓本高 23 釐米，寬 24 釐米。碑文楷書。

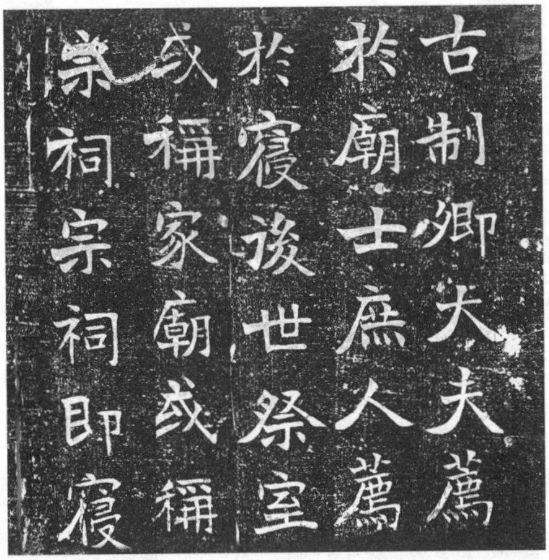
古制卿大夫薦於廟士庶人薦於寢後世祭室或稱家廟或稱宗祠宗祠即寢

也今有擁厚資廣田宅華堂峻宇曲室洞房靡勿周至春秋佳日賓從遊讌列席數行杯盤豆

歡[illegible]然後得而議事倘其心未識雖遷延數十年或未可知豈遂能觀厥成哉[illegible]子嘉不[illegible][illegible]

元琛小學校記

元琛小學校記

鄞縣知事沈祖綿撰　鄞縣地方檢察廳長袁鍾祥書　董成斯校者汪啓鵬

昔陸士龍述鄮民俗，以爲榮辱既明，禮節甚備，恭謹篤慎，敬愛官長。今鄞縣蓋兼晉鄮治，讀其文，竊心嚮往之，以爲浙東之鄒魯也。民國紀元之歲，祖綿奉令治鄞。既涖事，喜其民生繁庶，俗尚樸厚，家《詩》户《書》，彬彬然稱君子。今雖去晉之世已遠，而其風猶古，何也？曰：歷代興學造士之效致之。有宋王文公爲鄞令，尊禮王鄞江先生。時始建學，因請杜石臺先生爲師，教養縣子弟。慶曆、淳熙，大儒輩出，流風餘韻，久而不泯。自明迄今，皆能效法先正，各就鄉族興學。志乘所載里族學塾，班班可考。教育之善，風俗之厚，所由來也。我國自甲午以後，國勢日削，士大夫競言學校，以期挽回世運，鄞人設學尤多。邑西桃源鄉有河靖埠，與縣治一水相通。民習農田，室少殷阜，鄉中子弟求其能識字知算者，不可多得。邑人顧君元琛以其先人邱墓所在，不忍其鄉之人長此晦塞，乃捐資興學，買田五十畝以爲延師之資。里人德之，名其校曰“元琛”。地故有仿月亭，爲行人憩息之所。築樓其上，以爲講堂。翼以廊廡，繚以周垣，登樓以望，鳳嶴鶯湖，歷歷在目。山水明秀，發爲靈奇。異日弦誦之聲，洋洋入吾耳者，何莫非元琛之力耶。抑祖綿更有進者，生而爲父兄不能教其子弟者，亦屢屢矣。高資富厚，出其餘財以教其族、其鄉之子弟，尚義之士，不多覯焉。若元琛者，論其産不過中人之資，其於河靖埠之居民，又非宗族鄰里之相關，不過以先人邱墓所在，慨出巨資設校施教，使其地無不學之人，斯可謂義矣。使人人能以元琛之心爲心，將見一邑一鄉無地無學，教育既普及而愚不肖者鮮矣。元琛名釗，以商起家，好義尚氣，爲吾杭人而居鄞者也。

按：碑原在河盡埠頭。高186釐米，寬83釐米。碑文楷書，共17行，滿行40字。

元琛小學校記

鄞縣知事沈祖緜撰
鄞縣地方檢察廳長袁鍾祥書
董成斯校者汪啟鵬

昔陸士龍述鄮民俗以為榮辱既明禮節甚備恭謹篤慎敬愛官長今鄞縣蓋兼晉鄮治讀其文竊心嚮往之以為浙東之鄒魯也民國紀元之歲祖緜奉令治鄞既涖事喜其民生繁庶俗尚樸厚家詩户書彬彬然稱君子今雖去晉之世已遠而其風猶古何也曰歷代興學造士之效致之耳宋王文公為鄞令尊禮王鄞江先生時始建學因請杜石臺先生為師教養縣子弟慶歷湻熙大儒輩出流風餘韻久而不泯自明迄今皆能效法先正各就鄉族興學志乘所載里族學塾班班可考教育之善風俗之厚所由來也我國自甲午以後國勢日削士大夫競言學校以期挽回世運鄞人設學尤多邑西桃源鄉有河靖埠與縣治一水相通民習農田室少殷阜鄉中子弟求其能識字知算者不可多得邑人顧君元琛以其先人邱墓所在不忍其鄉之人長此晦塞乃捐資興學買田五十畝以為延師之資里人德之名其校曰元琛地故有做月亭為行人憩息之所築樓其上以為講堂翼以廊廡繚以周垣登樓以望鳳嶴鶯湖歷歷在目山水明秀發為靈奇異日弦誦之聲洋洋入吾耳者何莫非元琛之力耶抑祖緜更有進者生而為父兄不能教其子弟者亦屢屢矣高資富厚出其餘財以教其族其鄉之子弟尚義之士不多覯焉若元琛者論其産不過中人之資其於河靖埠之居民又非宗族鄰里之相關不過以先人邱墓所在慨出巨資設校施教使其地無不學之人斯可謂義矣使人人能以元琛之心為心將見一邑一鄉無地無學教育既普及而愚不肖者鮮矣元琛名釗以商起家好義尚氣為吾杭人而居鄞者也

寶幢公禁死孩掛樹碑

本墩爲行人通衢，向日屢有死孩掛在樹上，以及羊穢氣等物，殊於衛生有礙。自修之後，毋得將該墩爲藏垢納汙之所，爲此勒石，諸祈鑒願。

民國三年三月　日，寶幢樂俊寶、陸安邨等重修。

按：碑原在寶幢常春橋。高98釐米，寬61釐米。碑文楷書，共4行，滿行19字。

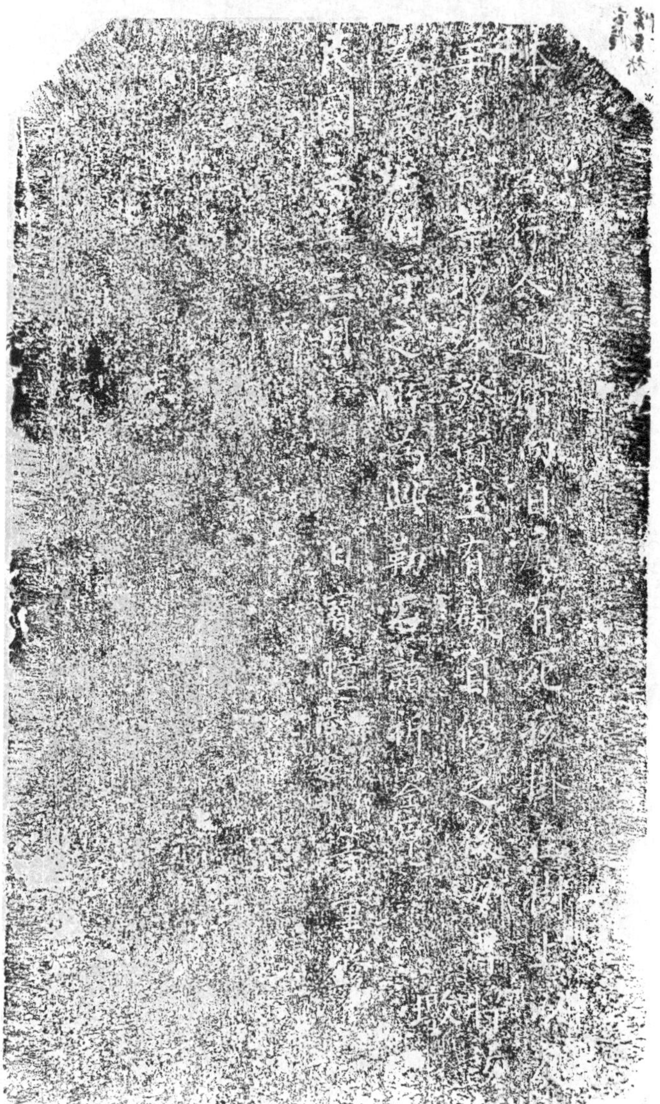

高嘉兼鹽梅鄉上王河泗匯兩村訂立改良農業簡章呈請立案告示碑

治本會

鄞縣公署布告第八十三號

案據高嘉兼鹽梅鄉自治委員毛佑清稟稱，據鹽梅鄉農民周永法、王由能、王恒順、王吉裕、王桂茂、王阿江、王慈才、王慈功、王慈寶等前來具陳請書稱，農民等住居梅墟上王河、泗匯等處地方，素無農會。各農户所雇傭工失足落水，妄遭屍屬藉端索詐，累至傾家，以及鵝鴨上田踐踏春花、偷竊植物、竊宰耕牛等項，貽患無窮。鄉人生計以農田收穫爲大宗，社會習慣藉官廳示諭爲標準，爲此妥定章程，陳請轉呈知事核准，迅賜示諭，勒石永禁，以維農務而除農害等語。計鈔粘鹽梅鄉上王河、泗匯兩村改良農〔業〕簡章一紙，此叩求核准出示，以除農害，實爲公便，等情前來。據此，即經將所訂改良農業簡章酌加修改，以便遵守，合行布告該鄉農民人等一體知悉，其各遵照後開簡章辦理，毋違。切，此布。

計開鹽梅鄉上王河、泗匯兩村改良農業簡章：

一，本章程辦事地點以前新城廟境下上王前河、泗匯以及山下等處爲限。

一，兩村中計分金、石、絲、竹、匏、土、革、木八柱，各姓公舉柱首一人，共同遵照簡章辦理，不得干涉外事，違則斥換。

一，凡境内各農户雇用男女工人，遇有因公失足落水不測等事，由事主給發屍屬喪葬洋銀三十元，歸屍屬自行棺殮，不得藉端需索。倘有訛詐，由各柱首稟官核辦。

一，兩村内各農户所畜耕牛，如遇瘟疫而死，報由柱首擇地掩埋，不准私自宰剥，以防傳染而妨衛生，違由柱首稟官嚴辦。

一，兩村各農所種田畝，當秧苗萌芽、稻花結實之際，不准鵝鴨上田畜牧。倘有故違，互相驅逐，不聽者報由柱首稟官懲治。

一，各農户田地中種植春花、瓜果、蔬菜、豆麥、稻草等物，須互相守望，協力保管，如竊賊被獲，小則議罰，大則稟辦。

一，兩村内各農户所有船車、農具以及耕牛等項，須互相保護，不得任意竊奪或因私損壞，違者小則處罰，大則由柱首稟官懲辦。

中華民國三年五月　日，知事蕭鑑。

按：碑原在鹽梅鄉前新城廟。高152釐米，寬68釐米。碑文楷書，共18行，滿行47字。

治本會
鄞縣公署布告
中華民國三十年五月

乘石廟募助琉璃會燈碑記

勒石

竊念乘石廟僻處江濱，棟宇雖甚狹隘，而神靈赫濯，久爲居民所崇祀。祠下百餘家大半貧寒，故於廟中之供養器具，往往缺而未備。里有義嫗李張氏者，膝下無人，一貧如洗，然性佞佛，樂善不倦。居恒無事，嘗入廟中而諷經焉，自朝至夕，拜跪不休。每至日晡，常怏怏以神前無長明燈爲憾。於是奮然自任，日往來於富家巨室，力爲捐募，越十餘年始積番，置大業民田叁畝肆分，新製長明神燈一座，迄今燈焰輝煌，徹夜不滅。李嫗之功，不亦偉乎？其田坐落甬東十圖，土名蟹椿河内，除墳基一穴，量計實田叁畝叁分零，立有印契一紙。李嫗自念年邁無兒，日後恐遭遺失侵吞諸弊，情願將此文契出推與董等收藏。嗚呼！吾輩久居祠下，仰荷神庇，急公行善，曾不若一老嫗之見義勇爲，不滋愧歟？爰述數語泐石，以誌其功德。後有好善如李嫗者，誠吾輩所厚望焉。

民國三年六月　日，董事楊�堂謹誌。

按：碑原在草馬路乘石廟。高144釐米，寬68釐米。碑文楷書，共14行，滿行30字。

勒石

竊念乘石廟僻處江濱棟宇雖甚狹隘而
神靈赫濯久爲居民所崇祀祠下百餘家大半貧寒故於廟中之供養器具往
往缺而未備里有義媪李張氏者膝下無人一貧如洗然性信佛樂善不倦
居恒無事嘗入廟中而諷經焉自朝至夕拜跪不休每至日晡常怏怏以
神前無長明燈爲憾於是奮力自任日往來於衆家上竭力爲捐募越十餘年
始積番置大業民田叁畝肆分新製長明
神燈一座迄今燈熖輝煌徹夜未滅李媪之功不亦偉乎其田坐落甬東十啚
土名蟹椿河内除墳基一穴量計實田叁畝叁分零立有印契一紙李媪自
念年邁無兒日後恐遭遺失侵吞諸弊情願將此文契出推與董等收藏爲
此吾輩久居祠下仰荷
神庇急公行善曾不若一老嫗之見義勇爲不滋愧歟爰述數語泐石以誌其
功德俾有好善如李媪者誠吾輩所厚
望焉
民國二年　六月　日董事楊鈞堂謹誌

米棧商米工短班合議會協議工價合同呈請給示勒石告示碑

鄞縣公署爲出示曉諭事。案據米棧商司年、致和、聚和等二十三家暨合義會短班總柱首童書耀、東柱陳有金、南柱宋餘生、西柱鄔全卿、北柱張阿振、催柱樓倫英等先後具禀到署，均稱短班做米工價，現經雙方協議訂立合同證據。每年分爲寒暑兩期，暑天自舊曆四月初一日起至九月三十日止，每工計小洋叁角銅元拾貳枚，寒天自舊曆十月初一日起至次年三月三十日止，每工計小洋叁角銅元叁枚，另加每工善捐大洋五釐，全年一律，嗣後永不增減，各無異言。所有關内糙米由棧商經手者，准歸短班照舊專做，不向機廠去軋。至關外糙米，如由短班過篩，亦不得向機廠去軋。各棧商倘有私行去軋者，即將該棧革出同行。各短班再有滋事罷工者，即將該短班拔籌出會，以後不許戳名做工。各柱首若推諉不理，准由棧商自由招工，不得争執。誠恐日久玩生，爲亟公叩仁憲，示諭勒石，以垂久遠，而免滋擾等情。據此，除批示外，合行示仰各棧商暨各短班、各柱首知悉。自此次協議之後，務須一律遵守議定各節，毋得再有違異情事。其各凛遵，切切。特示。

中華民國三年九月三十日，知事蕭鑑。

按：碑原在後塘街忠靖王廟。高136釐米，寬61釐米。碑文行楷，共12行，滿行40字。

鄞縣公署　為
出示曉諭事：案據米棧商同年、致和、聚和等二十三家[illegible]
宋餘生、西柱鄔全卿、北柱張阿猴、傑柱樓倫英等[illegible]
立合同記據，每年分為寒暑兩期，暑天自舊曆四月[illegible]一日起[illegible]
寒天自舊曆十月初一日起至次年三月三十日止[illegible]
全年一律，嗣後永不增減，各無異言。所有關內糙米由[illegible]
至關外糙米，如由短班過餅，亦不得向棧脈去[illegible]
再有滋事罷工者，即將該短班拔籌出會，以後不許[illegible]
不得爭執。誠恐日久玩生，為亟公叩仁憲示諭勒石以垂久遠[illegible]
各棧商暨各柱班、各柱首知悉：自此次協議之後，務須一律遵守[illegible]
遵，切切特示。
中華民國[illegible]年九月三十日　知事蕭鑑

袁綱鎔墓誌銘

清誥授通議大夫袁君墓誌銘（篆蓋）

清誥授通議大夫袁君墓誌銘

同邑洪輔暘撰文　鎮海陳修榆書丹　錢塘吴士鑑篆蓋

君諱震，譜諱綱鎔，字甄夫，號菁圃，鄞縣袁氏。曾祖永椿，祖宏世，有隱德，皆不仕。考承祖，邑庠生，因君貴贈中議大夫。君性謹厚，生十年而孤，母周淑人撫之成立，善承母志。以家計命就甬上權子母，然手不釋卷，闤闠非所好也。復習舉業，中光緒元年乙亥恩科舉人。君篤於家學，與從兄士穎校刊先世正獻公《絜齋集》，並搜羅事實，邑紳彙請大吏入奏得旨，從祀文廟，吾鄞千百年來曠典也。歲丁亥選錢塘教諭，既就職，數爲學憲所器重。嘗進書百餘種以資掌故，供《輶軒續録》之采選，徵文考獻，風化兼端。請撥公款，捐齋俸，修文廟，增禮器，士紳大洽。稽察敷文、崇文、紫陽書院，寒暑不懈。兼署海寧學正、新城及本學訓導，大府書勳計加六級，記功者六，記大功者四，以二次俸滿保洊知縣，以屢辦賑出力議叙内閣中書、直隸州州同、安徽補用直隸州知州、加三品銜、賞戴花翎。在錢塘十九年，謝病歸，杭人頌焉。君雅好藏書，善本得數萬卷，尤嗜宋元明學案及先正有用諸書，手鈔凡數十種。告歸二年，光緒三十三年九月二十六日卒，年六十有二。配余氏、陳氏，子家濂，女適王，皆余出。孫傳棟、傳樑、傳樾，曾孫忠煒。家濂能世其家，熟輿圖，通中西算術。歲甲寅十月初八日卜葬於句章鄉烏金碶之原，以行述來請銘。銘曰：

乙亥同榜，袁范比鄰。余往參焉，花嶼昏晨。袁君勤恪，雅度恂恂。公車偕赴，家塾咨詢。宦游湖山，人倫師表。梓里偶還，離多會少。廣文官冷，旁搜遠紹。福地洞天，風高雲杳。辭疾言歸，無雪當閑。握手無幾，永訣隕涕。世變新奇，吾道陰翳。生存驚噩，君幸先逝。有子傳經，孫曾接迹。高閣儲書，珍藏手澤。溪水瀠洄，金碶幽宅。餘慶綿延，視銘斯石。

民國三年九月吉旦上石，群玉主人刻。

按：墓在句章鄉（今海曙區洞橋鎮上水碶村）烏金碶之原。高30釐米，寬108釐米。誌文楷書，共40行，滿行16字。

清誥授通議大夫袁君墓志銘

清誥授通議大夫袁君墓誌銘
同邑洪輔暘撰文
鎮海陳脩榆書丹
錢塘吳士鑑篆蓋
君諱震譜諱綱鎔字甄夫號菁圃鄞縣袁
氏曾祖永椿祖宏世有隱德皆不仕考丞
祖邑庠生因君貴贈中議大夫君性謹厚
生十年而孤母周淑人撫之成立善承母
志以家計命就甬上權子母然手不釋卷
闤闠非所好也復習舉業中光緒元年乙
亥恩科舉人君篤於家學與從兄士穎校
刊先世正獻公絜齋集拜掞羅事實邑紳
彙請大吏入奏得旨從祀　文廟吾鄞千
百年來曠典也歲丁亥選錢唐教諭既就
職數為學憲所器重嘗進書百餘種以資
掌故供輶軒續錄之采選徵文孝獻風化
兼端請撥公款捐齋俸備　文廟增禮器
士紳大洽稽察敷文崇文紫陽書院寒暑

不懈兼署海甯學正新城及本學訓導大
府書勳計加六級記功者六記大功者四
以二次俸滿保游知縣以屢辦賑出力議
叙內閣中書直隸州州同安徽補用直隸
州知州加三品銜賞戴花翎在錢塘十九
年謝病歸杭人頌為君雅好藏書善本得
數萬卷尤睹宋元明學案及先正有用諸
書手鈔凡數十種告歸二年光緒三十三
年九月二十六日卒年六十有二配余氏
陳氏子家濂女適王皆余出孫傳棣傳操
傳樾曾孫忠煒家濂能世其家孰興圖通
中西算術歲甲寅十月初八日卜葬於句
章鄉烏金碶之原以行述來請銘銘曰
乙亥同榜袁范比鄰余往來焉花嶼晨
夕君勤恪雅度恂恂公車偕赴家塾咨詢
宦游湖山人倫師表梓里偶還離多會少
廣文官冷旁掞遠紹福地洞天風高雲杳
辭疾言歸無雪當閑握手無幾永訣涕
世變新奇吾道陰翳生存殪盡君幸先逝
有子傳經孫曾接迹高閣儲書珍藏手澤
溪水潔洄金碶幽宅餘慶緜延視銘斯石
民國三年九月吉旦上石　犀玉主人刻

重修柏墅方氏宗祠記

重修柏墅方氏宗祠記（篆額）

方氏世稱六桂堂。舊譜相傳，唐昭宗朝有諱廷範者，歷宰閩三邑，有惠政，卜居莆田刺桐巷。子六人並登進士第，時以六桂稱之。其後七傳而至宋太廟齋郎右正言，諱軫，以鄞令，家於慈谿鳴鶴山，復由鳳浦嶴遷柏墅村。源遠流長，世系可考，因仍以六桂名其堂，所以述祖德、示後人也。當同治初年，大難既平，人民安樂。柏墅嗣裔起家商業，以貲雄於海上。於是性齋翁諱基，與其從兄仰喬翁諱喬，率其房從議建宗祠，立集鉅貲，剋期竣事。昭穆有序，祭拜有時，美哉輪奐，嘉貽載遠，事具吾甬張子騰少宰家驥碑記。迄今幾五十年，風雨所侵，金碧漸敓。癸丑至日，宗房長與柱首等會祭於祠堂，建議重修。於是十三世孫積鈺陳述本生庶祖母朱太夫人遺命，出其儲貲，獨任其事，鳩工庀材。始於今年春二月，竣於秋八月。凡用銀一千百圓有奇，黝堊髹漆，焕然一新，榱桷几筵，井然燦列。將卜日致祭於堂，以落成之，而囑余爲重修之記。按《曲禮》“君子將營宫室，宗廟爲先”，《中庸》“春秋修其祖廟”，蓋營之固不容後，而修之亦必以時，皆所謂禮也。抑嘗考之，《春秋》書夫人風氏，《傳》以爲僖公之母、莊公之妾，而《魯頌・閟宫》之詩美僖公能復周公之宇而作，乃推本於“魯侯燕喜，令妻壽母”，於《詩》又有徵矣。朱太夫人爲潤齋翁諱仁照之側室，黼臣翁諱義章之庶母，青年守志，白首撫孫。而積鈺感念恩勤，承命勿忘，卒以蓄積之遺爲修除祠堂之用，則斯舉也合乎《詩》《禮》之所云，不可以無記也。爰述始末而證之於經，著爲斯文，俾刻石焉。世有考古之君子，庶幾韙吾言乎。

歲在甲寅季秋月，鄞張美翊撰，道州何維樸書。

按：碑原在鎮海柏墅村。高185釐米，寬85釐米。碑文楷書，共16行，滿行35字。

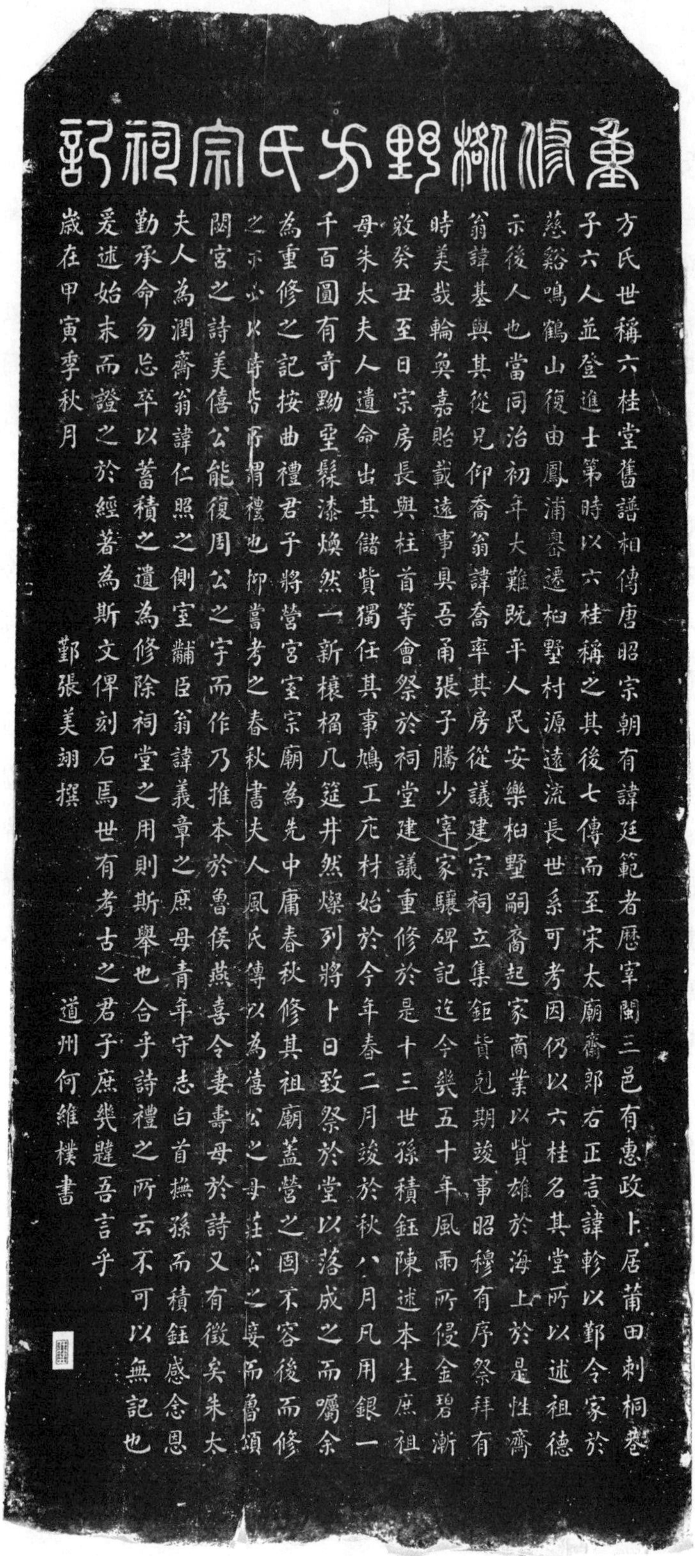

重修柏墅方氏宗祠記

方氏世稱六桂堂舊譜相傳唐昭宗朝有諱廷範者歷宰閩三邑有惠政卜居莆田刺桐巷
子六人並登進士第時以六桂稱之其後七傳而至宋太廟齋郎右正言諱軫以鄞令家於
慈谿鳴鶴山復由鳳浦譽遷柏墅村源遠流長世系可考因仍以六桂名其堂所以述祖德
示後人也當同治初年大難既平人民安樂柏墅嗣裔起家商業以貲雄於海上於是性齋
翁諱基與其從兄仰喬翁諱喬率其房從議建宗祠立集鉅貲剋期竣事昭穆有序祭拜有
時美哉輪奐嘉貽載遠事具吾甬張子騰少宰家驤碑記迄今幾五十年風雨所侵金碧漸
敝癸丑至日宗房長與柱首等會祭於祠堂建議重修於是十三世孫積鈺陳述本生庶祖
母朱太夫人遺命出其儲貲獨任其事鳩工庀材始於今年春二月竣於秋八月凡用銀一
千百圓有奇黝堊髹漆煥然一新榱桷几筵井然爍列將卜日致祭於堂以落成之而屬余
為重修之記按曲禮君子將營宮室宗廟為先中庸春秋修其祖廟蓋營之固不容後而修
之亦必以時皆所謂禮也抑嘗考之春秋書夫人風氏傳以為僖公之母莊公之妾而魯頌
閟宮之詩美僖公能復周公之宇而作乃推本於魯侯燕喜令妻壽母於詩又有徵矣朱太
夫人為潤齋翁諱仁照之側室黼臣翁諱義章之庶母青年守志白首撫孫而積鈺感念恩
勤承命勿忘卒以蓄積之遺為修除祠堂之用則斯舉也合乎詩禮之所云不可以無記也
爰述始末而證之於經著為斯文俾刻石焉世有考古之君子庶幾韙吾言乎
歲在甲寅季秋月　鄞張美翊撰　道州何維樸書

普濟亭捐款題名碑

普濟亭碑

忻門徐氏福全、許微照、許門忻氏合蓮、鄭門忻氏金妙助洋壹佰元，繆順發助洋陸拾元，陳有權助洋三拾元，王門金氏心賢助洋念四元，楊門金氏雙壽助洋念四元，張金富助洋念元，忻成鴻助洋拾伍元，包芳□、文楷助洋拾伍元，陳守祥助洋拾貳元，李守榮助洋拾貳元，史悠生助洋拾貳元，陳門李氏助洋拾貳元，茅氏壽怡助洋拾貳元，張門徐氏蓮法助洋拾貳元，林門朱氏德福助洋拾貳元，曹門錢氏静定助洋拾貳元，錢門王氏静清助洋拾貳元，比丘尼真善助洋拾貳元。

朱氏惟量助洋三拾五元，□□□助洋拾五元，陳大奎助洋拾元，陳門孫氏助洋拾元，史門錢氏金道助洋拾元，周林旺助洋拾元，朱阿榮助洋七元，戴氏善根助洋七元，金宏燦助洋六元，金宏斌助洋六元，史洪來助洋六元，舒門悦見助洋六元，孫氏静清助洋六元，錢門張氏福海助洋六元，張門忻氏静富助洋六元，王門錢氏静德助洋六元，史門凌氏善根助洋六元，李門陳氏慧風助洋伍元，莊門張氏助洋伍元，錢禮能助洋伍元，鄭門柳氏助洋伍元，史門忻氏助洋五元。

金氏阿岳助洋五元，鄭金濤助洋伍元，錢信仁助洋伍元，張仁相助洋伍元，忻記相助洋伍元，林仁榮助洋伍元，鄭崇仙助洋伍元，袁榮芳助洋伍元，余如槐助洋伍元，張小善富助洋伍元，協順勝記助洋伍元，戴門徐氏助洋伍元，莊門張氏助洋伍元，曹門高氏助洋伍元，勵門葛氏助洋伍元，徐氏静修助洋伍元，施氏全□助洋伍元，許氏茂森助洋伍元，徐氏全福助洋伍元，史氏清道助洋四元，孫氏惟梅助洋四元，畢琳房助洋四元。

陳忠定助洋五元，忻寶廷助洋四元，徐寶玉助洋四元，鄭阿五助洋四元，史門鄭氏助洋四元，金門忻氏助洋四元，陸門盧氏助洋四元，忻氏妙善助洋四元，鄭氏桂馥助洋四元，比丘尼常德助洋四元，畢門凌氏助洋四元，五屬公廠助洋四元，戴氏定瑞助洋四元，袁氏法榮助洋四元，徐氏静芳助洋四元，施氏修蓮助洋三元，楊阿定助洋三元，胡耀定助洋三元，徐甫才助洋三元，袁阿銀助洋三元，忻玉法助洋三元，陳門金氏助洋四元。

孫瑞泰助洋三元，應利房助洋三元，陳氏修德助洋三元，史庠蔽助洋三元，史久昌助洋三元，裘氏助洋三元，史光林助洋三元，聚康莊助洋貳元，通泰莊助洋貳元，晉恒莊助洋貳元，陳安房助洋貳元，陳生順助洋貳元，史門鄭氏後福助洋貳元，樓高房助洋貳元，鄒生記助洋貳元，恒源莊助洋貳元，成豐莊助洋貳元，慎長莊助洋貳元，生生莊助洋貳元，豫康莊助洋貳元，錢門孫氏助洋貳元，畢三福助洋三元。

袁門王氏助洋貳元，曹門戴氏助洋貳元，周門戴氏助洋貳元，鄭門戴氏助洋貳元，鄭門王氏助洋貳元，袁門邱氏助洋貳元，袁永瀛助洋貳元，朱世表助洋貳元，陳教房助洋貳元，施信房助洋貳元，忻自榮助洋貳元，陸公房助洋貳元，陳茂房助洋貳元，陳信雲助洋貳元，陳信浩助洋貳元，林阿銀助洋貳元，畢丁全助洋貳元，畢丁國助洋貳元，畢阿慶助洋貳元，畢阿根助洋貳元，錢門周氏助洋貳元。

忻寶廷助洋貳元，周學房助洋貳元，周蘭堯妻助洋貳元，袁氏福緣助洋貳元，李氏珠鳳助洋貳元，楊氏静慶助洋貳元，胡氏善慧助洋貳元，錢氏福全助洋貳元，戴氏善貞助洋貳元，戴氏聚寶助洋貳元，王祥生助洋貳元，王阿華助洋貳元，戴小福助洋貳元，徐忠信助洋貳元，袁榮坤助洋貳元，朱善木助洋貳元，忻信法助洋貳元，徐阿世助洋貳元，林順雲助洋貳元，王君陽助洋貳元，陳門金氏助洋貳元。

褚明富助洋貳元，鄭氏佛緣助洋貳元，錢氏祖慶助洋貳元，□氏安樂助洋貳元，陸氏妙音助洋貳元，忻氏静茂助洋貳元，趙氏良緣助洋貳元，蔡門月福助洋貳元，張門褚氏助洋貳元，王門邵氏助洋貳元，唐門林氏助洋貳元，李門鄭氏助洋貳元，鄭門項氏助洋貳元，應門李氏助洋貳元，曹門李氏助洋貳元，曹門萬氏助洋貳元，曹門孔氏助洋貳元，項榮貴助洋貳元，葉德權助洋貳元，□厚生助洋貳元，應五馥助洋貳元。

史孝福、余誠彩、史阿倫、何榮韓、曹紀林、褚光良、鄭崇耀、李依心、曹厚泉、鄭春茂、汪氏妙餘、王門禪寶、陳門史氏、袁門戴氏、錢門孔氏、金門張氏、李門錢氏、鄭門應氏、忻門戴氏、李元豐、金會唐、史門華氏（下闕）

民國四年二月吉立，釋子雪雲叩募。

按：碑原在横街普濟亭。高 164 釐米，寬 77 釐米。碑文楷書，上下 9 列，每列 18—22 行，下部殘缺。

普濟亭碑
民國四年二月吉立
釋子雪雲叩募

重修天童寺選佛場坐禪七記

重修天童選佛場坐禪七記

浄心禪師自卓錫天童訖今垂三十年，英聲茂實，蜚騰僧俗。余今夏出宰鄞邑，師來相晤，布衲芒鞵，艱苦卓絶，談言亹亹，忘形投契。其冬，因察勘森林苗圃過天童，直沙門打七坐禪，師執警策，躬爲之倡。説法既訖，浼余爲衆講演。余不諳内典，所言良不中肯綮，然挑水打柴都是佛事，故聞者亦不余訶，於是隨喜禪堂，參入法會。余固有緣人，而浄師則謂選佛場之記，非余莫屬也。

天童開山往夐不述，自清康熙之末以迄道光中葉，百有餘年，其間住持名號，紀載闃焉無聞，遑論佛法。迨普洽住持以後，稍稍彰著，然成例三年更代，輒視方丈如傳舍，雖欲舉廢，爲事至難。洎光緒之初而寺院頽壞，梵唄無聞，幾乎榛莽霧露，滿目蒼凉矣。夫鎡基待時，方策布政，自來成事罔不由人，不容以勢拘，不可以數諉也。乃有退居廣昱、監院幻人先後繼起，改整寺規，舉浄禪住持，嬗聯六稔，歲時所積，成效漸彰，然猶未具莊嚴璀璨之觀也。嗣是西峰上人、寄禪和尚及浄師主席，夫而後松閣芝楣、珠纓寶絡與赤水丹山相輝映，闡揚法教，提倡宗乘，加香打七，粲然具備。此三老者，如鼎三足，缺一則仆，天童中興之局，自斯奠定，殆所謂有因無緣即不生歟？乃若志願堅凝，經營慘淡，犖犖始末有足稱者。光緒丁亥，浄師行腳至天童爲維那，見禪堂欹漏、荆棘侵闌、雪雨叢集，慨發宏願，募貲修建。既鳩工庀材，又見維那寮有放參桶諸物，詢諸耆舊，是寄禪所置，旋即還湘，蓋欲創坐長香而未果也。浄師心慕之，遂立志踵成其事。庚寅夏，寄禪南邁，過天童，與浄師一見如故，眉毛撕結之緣自此始，談坐禪七，道合志同。顧雲蹤判地，因緣未至，不能强也。壬辰秋，禪堂工竣，浄師以坐香策進因循不果行。然禪堂落成，鴻規大啓，固知天童坐禪七之必興，且將自浄師始也。

癸巳春，浄師以四載維那，區區素志竟不獲償，慨然行腳蒞於金山。西峰宿昔與浄師同志，濱行，留簡西峰，以謂“因緣時至，脱上人主天童，某必重來，共成兹業”。丙申春，西峰籤出，矢踐前約，一再敦促浄師還山。西峰主持於先，浄師維護於後，肇自是年八月起長香，結冬坐二七，從此每日爲香十四枝，長年不輟，加香打七，行之三載。西峰期滿，退歸蘆皐，坐香新規戛然中廢。浄師時亦隱居藏閣，喟歎而已。衆議欲挽頽綱，非寄禪不可。時寄禪方掌長沙上林寺，本願天童爲坐香門庭也，欣然受請。入寺之初，即邀浄師爲監院，决議恢復香規。己亥七月，再集法衆起坐長香，結冬打七，過夏講經，歲以爲常，自是十餘年來，禪誦不絶。寄禪圓寂，浄師住持，一循舊制，如水傳器，點滴不漏。雖其間異論時起，不無阻撓，賴師堅持，緒用弗墜，則知法門成一事，固自不易也。寄禪爲余髫年交，燃指神悟，世號八指頭陀，聲華滿海内，好爲詩文，余嘗戲稱爲“名士和尚”。今與浄師交，見其開山種樹、薺粥辛劬，則又號爲苦行頭陀。盤桓松關，俯仰今昔，誠願後之人繼述浄師，一如浄師之繼述寄禪，則禪堂之幸已。是爲記。

中華民國四年十一月廿八日，興武將軍行署秘書、知浙江鄞縣事、五等文虎章、五等嘉禾章、棠蔭章、少大夫京兆陶鏞撰並書。李良棟、項崇聖刻。

按：碑在天童寺禪堂。高102釐米，寬62釐米。碑文楷書，共4列，每列22行，滿行12字。

天童寺選佛場坐禪銘

選佛場坐禪銘

禪堂中，苦用功。勿因循，究己躬。行住參，坐卧窮。西來意，教外宗。金剛圈，栗棘蓬。任吞跳，古家風。唯此事，佛生同。劫可壞，渠不鎔。學瑞巖，喚主翁。惺惺照，寂寂通。共出入，不相逢。凝然定，豁然空。泯知解，絶羅籠。到恁麽，莫放鬆。一聲囫，萬德融。無面貌，號大雄。祖師道："汝學心地法門，如下種子。我説法要，譬彼天澤"，故云"心地含諸種，普雨悉皆萌"。余不揣陋劣，摭拾諸祖遺意，仿寒山子三字韻作坐禪銘，以爲初學心地法門者之一助。若明眼人前，當付之一笑。時在民國四年乙卯歲仲冬月上澣，如幻子浄心識於天童丈室，古董吴乾夔梅庵甫書。

按：碑在天童寺禪堂走廊。高 44 釐米，寬 52 釐米。碑文楷書，共 16 行，滿行 16 字。

選佛場坐禪銘
禪堂中苦用功勿因循究己躬行住參坐
卧窮西来意教外宗金剛圈栗棘蓬任吞
跳古家風唯此事佛生同劫可壞渠不鎔
學瑞巖喚主翁惺惺照寂寂通共出入不
相逢凝然定豁然空泯知解絶羅籠到恁
麽莫放鬆一聲囫萬德融無面貌號大雄
祖師道汝學心地法門如下種子我説
法要譬彼天澤故云心地含諸種普雨
悉皆萌余不揣陋劣摭拾諸祖遺意倣
寒山子三字韻作坐禪銘以爲初學心
地法門者之一助若明眼人前當付之
一笑時在
民國四年乙卯歲仲冬月上澣
如幻子浄心識於天童丈室
古董吴乾夔梅庵甫書

閩幫商人修築江心寺前磡埠填款題名碑

我八閩江心寺及閩棧固有餘地，昔時閩船衆多，原留爲閩船修理船具之用。近今輪船大興，帆船幾絶，而寺前之地一任江潮剥削，誠有高岸爲谷之虞。於是，同鄉集議，僉以爲若不就速興築，恐有滄桑之變，更無底止，固有之地坍塌不堪，爰就各幫鳩資興築，以垂久遠。兹將各幫所填款目及工料開列於後。

温陵糖幫一股，填洋壹百九拾叁元叁角叁分叁釐；

温陵深滬幫一股，填洋壹百九拾叁元叁角叁分叁釐；

温陵陳江幫一股，填洋壹百九拾叁元叁角叁分叁釐；

興安幫一股，填洋壹百九拾叁元叁角叁分叁釐；

厦門幫一股，填洋壹百九拾叁元叁角叁分叁釐；

福州幫益興號半股，填洋九拾六元六角六分七釐；

温陵漁幫半股，填洋九拾六元六角六分七釐。

各幫共填洋壹千壹百六拾元。

包築石磡，洋九百六拾貳元；

重修道頭，洋壹百元；

閩棧門前塗地填高，洋叁拾四元；

江心寺門前塗地填平一半，洋四拾八元；

立碑工料，洋拾六元。

共計工料，洋壹千壹百六拾元。

民國五年陰曆四月　日吉旦。

按：碑原在江心寺。高 143 釐米，寬 93 釐米。碑文楷書，共 14 行，右側 5 行爲題記，滿行 24 字；左側 8 行爲題名，分上下 2 列。

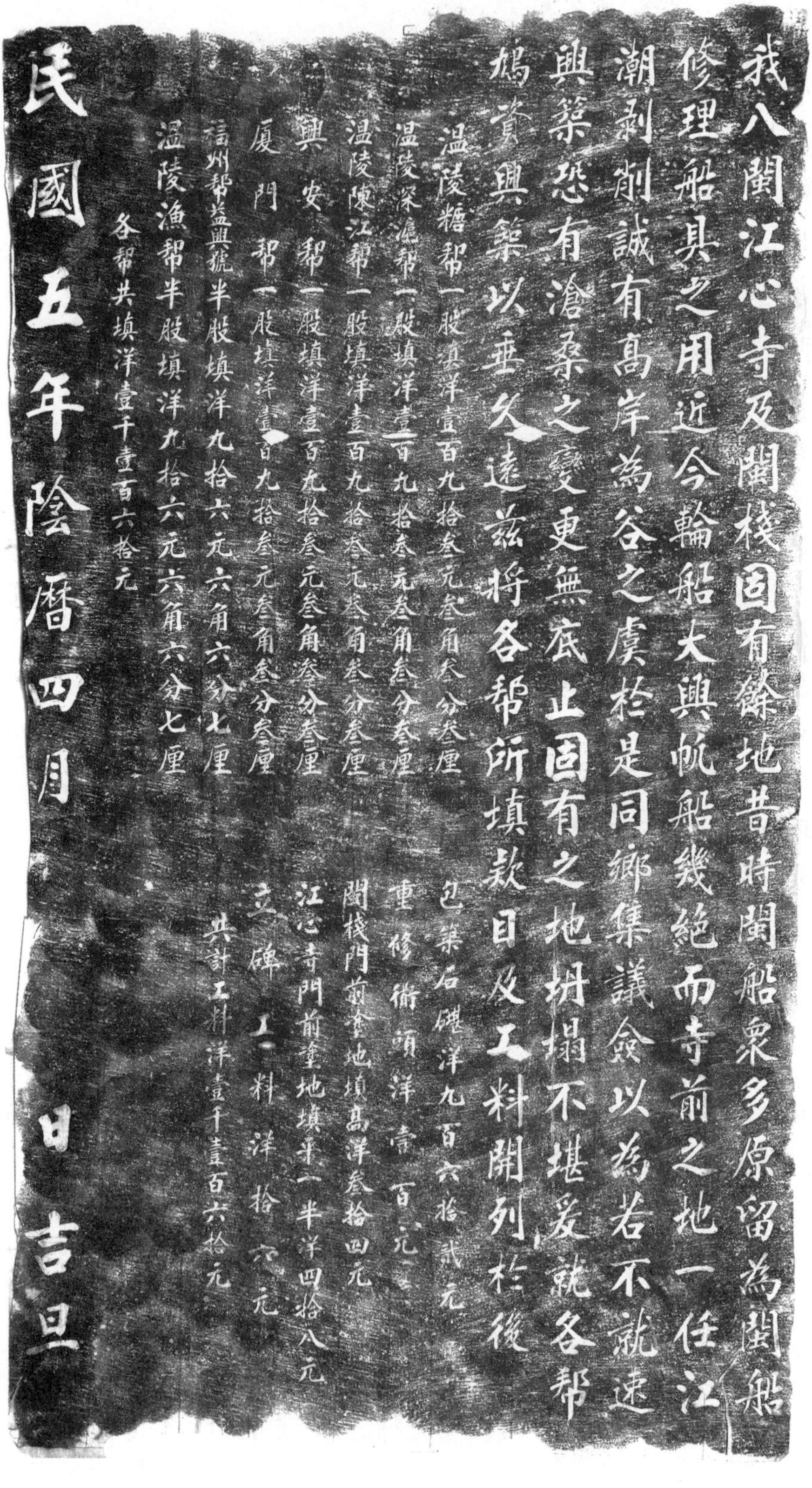

我八閘江心寺及閘棧固有餘地昔時閘船衆多原留為閘船修理船具之用近今輪船大與帆船幾絕而寺前之地一任江潮刷削誠有高岸為谷之虞於是同鄉集議僉以為若不就速興築恐有滄桑之變更無底止固有之地坍塌不堪爰就各帮鳩資興築以垂久遠茲將各帮所填款目及工料開列於後

溫陵糖帮一股填洋壹百九拾叁元叁角叁分叁厘
溫陵深滬帮一股填洋壹百九拾叁元叁角叁分叁厘
溫陵陳江帮一股填洋壹百九拾叁元叁角叁分叁厘
興安帮一股填洋壹百九拾叁元叁角叁分叁厘
廈門帮一股填洋壹百九拾叁元叁角叁分叁厘
福州帮益興號半股填洋九拾六元六角六分七厘
溫陵漁帮半股填洋九拾六元六角六分七厘
各帮共填洋壹千壹百六拾元

包築石磡洋九百六拾貳元
重修衕頭洋壹百元
閘棧門前墊地填高洋叁拾四元
江心寺門前墊地填平一半洋四拾八元
立碑工料洋拾六元
共計工料洋壹千壹百六拾元

民國五年陰曆四月　日吉旦

天童山寺記游詩石刻

天童山寺紀游

垂垂太白下諸天，兜率琳宫入四禪。宦味淡宜僧作友，酒情濃與佛無緣。七層塔影懸朝旭，半嶺松濤捲暮煙。望海雲龍方作勢，又添波浪出山泉。

民國五年四月京兆陶鏞留題

冷香塔院瞻寄禪大師遺像感賦

清光緒己丑、庚寅間，余讀書湘潭縣之昭潭書院，師爲西禪寺沙彌。寺院鄰近，時相從，爲弈棋、角抵之戲。師去玄武湖，余侍任澧州，一别遂三十年。遺像長髯偉人，幾不識，余亦垂垂老矣。寺堂聯："問誰具正法眼？向義興未結茅庵，太白未爲童子以前，識得蒼山真面目；願我發菩提心，於南海曾謁普門，西湖曾參靈隱而後，來尋黄檗老頭陀。"上聯師撰，而未有以對。長沙蕭太史榮爵過天童，足成書之。八指頭陀馬上馱禪，皆師本事。

憶得湘潭兩少年，朅來止尺隔人天。天心劫戰玄黄後，山面真窺太白前。八指江南來説偈，一行馬上去馱禪。溪梁誰送言歸客，回首松關隱暮煙。

民國五年四月，京兆陶鏞在東甫稿。

放羊蓬詩

民國五年四月，余知鄞縣事，奉令察勘苗圃，過天童，方丈浄心導觀放羊蓬，作詩紀之。

國初以來重林政，學校種植爲專科。清明創爲植樹節，勳章令典名嘉禾。浩穰利源號天府，點綴風景莊山河。天童東南古名勝，放羊側嶺逾嵯峨。其山帶温脈膏沃，赭廢可惜牛羊過。浄心大師發弘願，樹人樹木防蹉跎。荒邱小試起死術，光明立放一刹那。畦蕹本榆良吏治，詎同生活殊優婆。誅茅躬鋤犯霧露，苗牀藝圃區陂陀。初試紅薯歲大穫，香滿香積厨中鍋。大材曰章續拓殖，檜柏西麓杉東坡。果采千種竹萬个，環以薜荔縈藤蘿。當春繽紛放花葉，髣髴天雨曼陀羅。山僧習勞鍥不舍，早出星笠歸煙簑。憑岡磊石築茅屋，可藉休息資巡邏。放羊蓬名一何質，三字深刻如崖磨。饗農有類郵表畷，安樂無匹行吟窩。尋山得泉泉趵突，竹笧引致輸清波。烹茶一碗沁心鬲，流連光景抒吟哦。風翻葉瀾山勢動，穿林布韈粘青莎。梵音鐘磬起蘭若，前峰遠答聞樵歌。行行眼前生意滿，拈花不覺雙鬢皤。桃源風景恍身遇，與師談笑紅生渦。憶勘農墾到長白，林海奇瓌神所訶。恒沙百千萬年物，人蹤罕至藏鵰窠。我嚴封禁人斤斧，兵糧扼歎齎鄰俄。甲午熸師增一敵，韓亡俄挫天僭瘥。從兹豆剖南北滿，槎蘖利又攘東倭。鴨江年年飄木柹，珍瑰柳塞輸明駝。仇酋豈僅一長白，南循閩桂西岷嶓。鄧林榆塞到處是，青蒼觸目如蒲荷。大都孱夫擁天寶，何怪攫奪來群魔。桑榆今收景未晚，願弭牆鬩包干戈。老生常談興實業，此術療國醫華陀。造林兩字在吾國，已足致富無求他。師感吾言進一解，爲政正不在言多。先師二十里松事，圖舉此廢謀僧珈。物由心造况有物，圓功立誓佛釋迦。揶揄沮撓兩不顧，駑馬十駕蟻粒馱。胼胝春秋垂十度，遂有根柢繁枝柯。篳路千艱自藍縷，風月一聽人婆娑。辨土務適燥濕性，審時勿戾陰陽和。汰種留良必精選，程工佈令毋煩苛。忌飾外觀侈急效，磨礱慘淡如玉磋。迴思步步悉荆棘，詎易言成一氣呵。側聞官中苗圃令，平亭計畫無偏頗。方外不知新學説，聊述甘苦供研摩。

京兆陶鏞在東甫稿。

李良楝、項崇聖同刻

按：碑在天童寺返照樓。高63釐米，寬100釐米。分上下2列，上列30行，下列48行。

慈福禪寺琉璃勝會捐資題名碑

慈福禪寺

觀音大士座前募捐琉璃勝會田腳四畝，坐落三都五圖，土名笆下。衆姓芳名開列於後。

毛□章、鄭氏修清、翁氏蓮福、屠氏德蓮、劉氏善緣、張氏宗英、沈氏蓮法、童氏安寧、淡氏善應、李門邱氏、沈在受、邱維英、毛祥善、邱芳初。

沈長林、沈全富、邱嘉秀、邱文和、卓永潔、邱衡珊、李德雲、姜蓮賚、邱安法、陸成甫、馬慶福、王芝裕、邱雲生、邱祥元。

邱鴻源、忻氏濟盈、王氏福慶、湯氏蓮定、陳氏善德、戴氏福壽、陳門夏氏、胡氏善梁、金門盧氏、毛氏善福、邱門毛氏、邱門王氏、邱門方氏、邱門趙氏。

邱門胡氏、殷氏佛信、陳氏静秀、陳氏苗根、沈門邱氏、邱門錢氏、李氏慶利、邱門陳氏、邱門李氏、胡氏蓮慧、邱氏蓮香、陳氏善慶、邱門項氏、邱門王氏。

葉門邱氏、郭氏苗緑、邱門王氏、陳門殷氏、陳門邱氏、陳門馬氏、鮑氏友法、邱氏福壽、錢氏亭福、張氏修蓮、鄭門夏氏、戴氏全福、陳氏蓮福、陳門崔氏。

陳氏苗全、王門邱氏、邱氏善蓮、王門陳氏、李門王氏、沈氏雙福、李門陳氏、徐門林氏、沈氏忠通、鄭門殷氏、鄭門林氏、陳氏全福、陸氏浄庭、董氏浄全。

邱門胡氏、胡門邱氏、胡門夏氏、汪氏善蓮、李氏福慶、陸氏全成、吴氏善雲、邱氏苗法、邱門范氏、邱氏福壽、陳氏秀福、邱門許氏、邱門陳氏、樂氏善福。

邱氏善法、邱氏蓮福、張氏蓮福、范氏忠苗、張門陳氏、胡門善圓、陸氏忠秀、邱氏善智、王門邱氏、邱氏善蓮、王門邱氏、李氏善謂。

民國五年林鐘月　日，慈大房募捐　吉立。

按：碑原在邱隘慈福寺。高 150 釐米，寬 54 釐米。碑文楷書，分 8 列，每列 12—15 行。

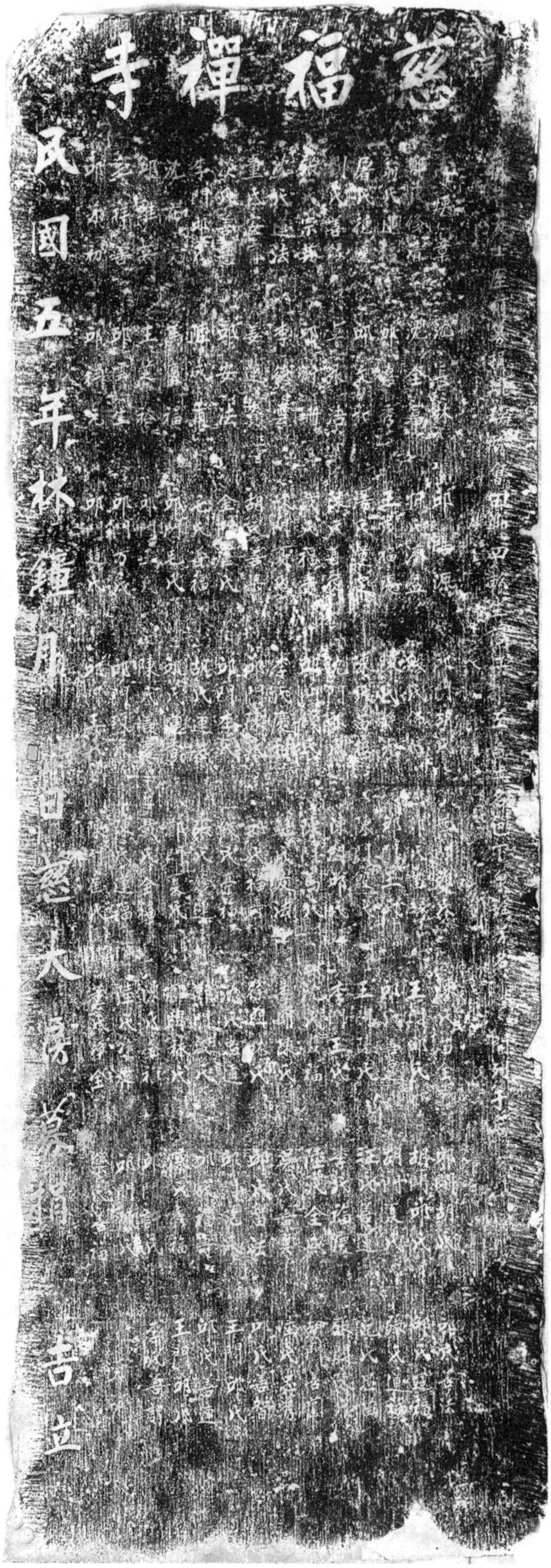
慈福禪寺
民國五年林鍾月

慈谿馮聾公生壙志

慈谿馮聾公生壙志

鄞張美翊撰　同邑胡炳藻書

聾公，慈谿馮氏，名紹勤，字松亭，號樵琴，晚失聰，因以爲號焉。曾祖朝景，祖鳳洲。父鈺，字厚齋，潛德弗耀，利其嗣人。君少好讀書，長而通知經史大義。當時谿上結社會文，多閎駿淵雅之士，先後掇取科第以去。獨君聲華闇淡，無以異於人。久之，始以光緒癸巳舉於鄉。既而由内閣中書改官衢州常山縣學教諭，月課諸生，資以膏火。掌教隣邑之萃文書院，師法安定湖州、朱子鹿洞，分門而講求，量材而指導，常山士風爲之一變。論者謂君所成就，不後於炳炳同學諸子云。初，封翁厚齋府君久客京師，君事祖母洪太孺人，先意承志，嘗刲臂以療疾。嗣以母周太孺人春秋高，則家居侍奉，不復遠游。封翁所交有京旗貴人，知君棄官歸，致書招之，亦謝不往。既遭喪，則治祭營葬，盡禮盡哀，而君遂終身不出矣。家鄉諸事如濬濠造橋、募民團、籌平糶，以及學校醫院，皆提倡而助成之。邑城隍廟列於祀典，君與族人創議修葺。落成之日，迎神致祭，禮之所在，有舉莫廢，君子韙焉。昔者孟子慨於世衰道微，邪説暴行之作，而亟於正人心。蓋以人心不正，則無禮無學，賊民斯興，時變有不可知者矣。遜國以來，生民之禍，日以加甚，獨吾郡所屬少安，禮教風俗尚維持於不敝，則如君爲人，誠無媿於古之鄉先生已。君生咸豐五年乙卯二月十有三日。配董氏，繼王氏、何氏，側室錢氏。子忠攽、忠歇、忠敷、忠敦。孫六人。今歲冬十月，自營生壙於邑西五婆湖之上南嵒，來書屬余製銘，其詞曰：

宋徐仲車，性至孝而失聰。東坡、山谷歌詠其事，謂有獨行之風。卓哉吾友，谿上聾公。不特行近，而病亦同。念陵谷之已變，謀兆域以長終。葛蒙蘞蔓，不樹不封。遠而望之，鬱鬱蔥蔥。尚乘化歸盡之有待，先賦詩酌酒於其中。

歲在丙辰孟冬月之吉刻石。

按：墓原在五婆湖上南嵒（今屬寧波市江北區）。高 46 釐米，寬 114 釐米。碑文楷書，共 41 行，滿行 16 字。

項公斌卿墓記

項公斌卿墓記

公姓項氏，諱忠華，字斌卿。世居鄞城，明季遷定海。康熙乙未，耿藩搆禍，偕兄忠德奉父行祖公遷鄞東打網嶴，遂家焉。孝弟力田，守先人忠厚之訓，一鄉稱長者。生康熙　　十一月初二日午時，卒雍正　　三月二十日午時。配張孺人，生康熙丙辰二月初五日巳時，卒乾隆戊辰三月十六日戌時。子二，長信治，嗣兄忠德；次信洽。信治，字朝安，生康熙甲申八月十四日戌時，卒乾隆乙未三月廿四日申時。配　氏，生　　月　日　時，卒　　月　日　時。子一，義倫。

信洽，字朝榮，克服先疇，爲項氏肇興之祖。生康熙辛卯七月初三日申時，卒乾隆庚子九月三十日子時。配李孺人，生康熙庚寅正月初六日寅時，卒乾隆辛丑五月初一日寅時。子四：義發、義强、義剛、義毅。道光己丑歲，合葬公於宅南前漕之東原。信治、信洽附葬於塋之左右。墓田一畝八分有奇，即以租入供墓祭，永爲項氏先壟。墓坐卯向酉兼乙辛。越八十八年丙辰歲，曷孫世澄、世瀛重建碑碣，以昭來兹。歲在丙辰黄鐘月，曷孫世澄、世瀛敬立。

湘陰左孝同書。

按：碑原在東鄉打網嶴。拓片其一高 63 釐米，寬 195 釐米；其二高 62 釐米，寬 198 釐米。碑文楷書，共 47 行，滿行 8 字。

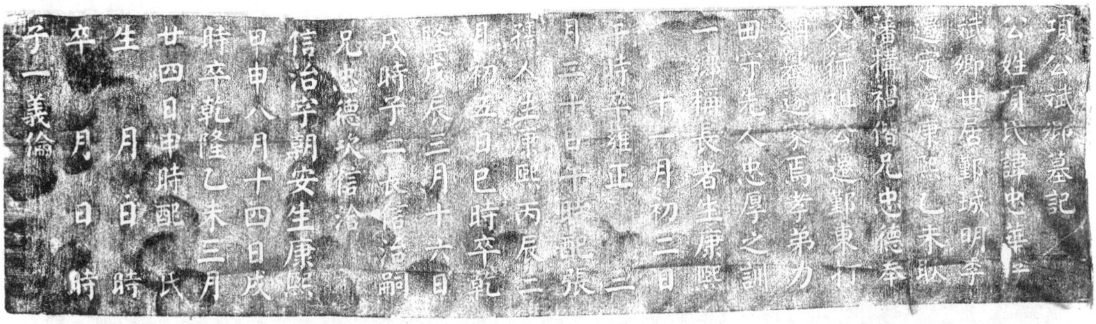
項公試卿墓記
公姓項氏諱忠華字
試卿世居鄞城明季
遷定海康熙乙未歲
潘橋祖倫兄忠德奉
父衍袓公遷鄞東打
網嶴遂家焉孝弟力
田守先人忠厚之訓
一鄉稱長者生康熙
十一月初三日
午時卒雍正二
月三十日午時配張
孺人生康熙丙辰二
月初五日巳時卒乾
隆戊辰三月十六日
戌時子二長信治嗣
兄忠德次信治
信治字朝安生康熙
日申八月十四日戌
時卒乾隆乙未三月
廿四日申時配 氏
生 月 日 時
卒 月 日 時
子一義倫

信治字朝榮克服先
疇為項氏肇興之祖
生康熙辛卯七月初
三日申時卒乾隆庚
子九月三十日子時
配李孺人生康熙庚
寅正月初六日寅時
卒乾隆辛丑五月初
一日寅時子四義發
義強義剛義毅道光
己丑歲合葬公于宅
南前漕之東原信治
信治附葬于塋之左
右墓田一畝八分有
奇即以租入供墓祭
永為項氏先壟墓坐
卯向酉兼乙辛越八
十八年丙辰歲曾孫
世澄世瀛重建碑碣
以昭來茲
歲在丙辰黃鍾月
曾孫 世澄 世瀛 敬立
湘陰左孝同書

項君錦三墓表

項錦三先生墓表（篆額）

湘陰左孝同題額

項君錦三墓表

同縣高振霄撰并書

君歿後十有七年，而其子世澄始克營葬於祖塋之旁，馳狀於余，請爲表墓之文。余讀之也審，乃爲文，[以][書]之石。君諱仕陞，原名時春，字錦三，姓項氏。其先世自永嘉遷鄞，遂爲鄞人。項氏之居鄞也有二：一爲縣西錫風山，一爲縣東打網嶴。君即打網嶴之項也。曾祖諱義毅，祖諱永才。父諱承大，始以懋遷起家，業於杭州。君幼失怙，孺慕哀切，儼若成人。粵匪變起，杭城再陷，功緦之親殉者二十八人，家産盡燬。君經喪亂後，慨然思有以自奮，乃棄儒書而服賈，有聲闤闠間，克承先志，稱中興焉。君天性篤厚，孝友藹如。兄弟二人，伯氏理先業於杭州，耗折甚巨，罄所有不足以償債。君乃變祖産爲代償，由是家業遂中落，其行義足以敦薄俗而挽澆風，居恒待人以忠恕，訓子弟以孝義，一鄉翕然稱爲長者。以光緒二十六年卒於里第，春秋五十有三。配吴氏，子三人，世澄、世瀛、世洽，世洽早卒。孫二，隆勳、隆霖。綜君之世，家業兩嬗，世澄復能繼起，以亢其宗。語曰“不於其身，於其子孫”，信哉！民國五年丙辰歲冬十一月之吉。

按：碑原在東鄉打網嶴。高 47 釐米，寬 104 釐米。碑文楷書，共 26 行，滿行 16 字。

天童寺弘法泉銘

弘法泉銘并序

謹按寺志載，此泉甃自密雲悟祖，在大殿之後，法堂之下，澇不盈，暵不涸，先未有名。清初，世祖篤信佛乘，召密祖門人山翁入都，問佛法大意，應對稱旨，賜山翁以弘覺之號，錫天童以弘法之額。山翁還山，遂以寺之名而名泉，用昭恩澤，泉之名於是乎顯焉。迄今垂三百餘稔矣。惜當時僅用亂石堆砌，不甚堅牢。年湮代遠，坍入池中，兼之浮垷淤塞，雖有泉之名而無泉之用也久矣。予於前清光緒丙午間，住庫司充都監之執，念密祖慘淡經營，手濬此泉，一旦湮没，深爲可惜，殊非保存古蹟之道。適承修大殿餘暇，自行捐資並募緇素，共成善舉，由是鳩工庀材。先將泉中淤塞淘汰浄盡，然後選以石條，駁砌泉畔，傍鋪石砐，圍以鐵欄。泉中餧養金鱗，藉資點綴，屈指又十易寒暑矣。嘗聞游人云，泉中金鱗每值盛暑流金之時，苦無隱身之所，有失庇護之法。今冬，予重捐資購石，於泉中立假山一座，山下空硐無障，便魚游潛，以助觀魚者之興。工既竣，並述其巔末如此。銘曰：

謂法即泉，謂泉即法。法乎泉乎，出自本源。涓涓愛水，汩没有情。將塞其流，當浄厥心。心浄土浄，人蠲法蠲。蕩滌愛垢，唯法唯泉。分泉分法，總未通達。泉法不二，方稱弘法。弘不自弘，因法而弘。法不自法，因弘有法。弘也法也，度生寶筏。盡未來際，幽顯咸洽。人能弘法，非法弘人。以法名泉，豈曰無因。雖名弘法，無弘法者。有法可弘，白雲萬里。

民國五年丙辰歲仲秋月，住山樵者浄心識。

鄞縣吴乾夔由粤東官廨書寄。

《宏法泉銘》者，天童主持浄心禪師自撰也，因泉而畜魚，因魚而搆山石，空其下以庇魚。禪師之仁恩及物，可謂周矣。余來四載，曾爲太白游。禪師苦邀余重往，不果踐約，書此爲志，以俟異日。

時在民國五年仲冬月，錢唐孫寶瑄敬跋於甬江榷署。

浄心禪師濬宏法泉，爲竟密祖志也，然而魚得其所矣。天機活潑，超軼塵俗，浄心豈凡僧哉？後之人觀夫錦鱗游泳，勿僅僅以泉石點綴忽之。

中華民國五年仲冬，知鄞縣事錢塘祝紹箕附識。

按：碑在天童寺佛殿後牆。高47釐米，寬104釐米。碑文楷書，共38行，滿行20字。

天童寺金魚池禁放害魚碑

本金魚池禁放烏龜、黃鱔、鰍魚、鰻魚、烏鱗一切雜魚等，均有咬食金魚之害，故此禁放，違者罰。

按：碑在天童寺宏法泉東。高124釐米，寬48釐米。碑文楷書。

何公啓綸墓記

清贈奉政大夫何公墓記

世姻姪陳康瑞撰　姻再姪錢罕書

公諱啓綸，字芝舲，恩貢生，邑志有傳。曾祖諱漣，祖諱超，父諱鉞。本生父諱炳，附貢生，候選訓導。訓導公生四子，公其仲子也。好聚書，每得一書，輒披覽不倦。尤嗜古玩彝鼎碑版，收藏甚富。精醫理，常以方藥濟人。雅愛才，見聰穎子弟，獎成之，不遺餘力，課子亦如之。邑志稱其“督責綦嚴”，蓋中嚴而外寬也。

公卒於光緒九年正月二十一日，年五十有八。以子貴，贈奉政大夫、花翎、同知銜、江西新喻縣知縣。配秦宜人，後公十八年以十二月八日卒，年七十有六。生子廖祥，光緒丙子舉人，仕江西新喻縣知縣。女五，其適長錢、次馮、次袁、次羅、次馮。

新喻君字菁卿，又字晉琴，廖祥其諱也。自幼穎異，年十一能作文，尤工，制舉業，試即冠其曹，旋入邑庠，食廩餼，文名躁甚，從學者屨滿户外。既領鄉薦，累試春官不第，援例授江西新喻縣知縣，調署貴溪縣知縣。君蒞新喻日，以民好械鬬，甫下車，諄諄勸諭，民漸感化。俗强悍，抗不輸糧，前令某募勇健數十人，躬率下鄉以威脅之，徵糧如額。君至，反其所爲，曰：“毋擾吾民也。”然國課亦完。他如革吏胥陋規，增書院膏火，捐廉育嬰，事具邑志附傳。其調貴溪也，值亢旱，日徒步數十里禱雨，既雨而病，遂卒。君言論風采傾動一時，其爲文邕容華貴，人皆以翰苑才目之。乃一登賢書，屢遭屏斥，至爲縣令，膺繁劇，盡瘁以歿，任不稱其才，才不竟其施，悲夫！卒年四十有一，光緒十八年七月十四日也。聘妻洪氏，以同治十年五月二日卒。娶盛氏，以民國六年實夏正丁巳歲三月十七日卒，贈封宜人。子育傑，清邑庠生，肄業京師大學，嗣資遣游學英吉利，畢業返國，宣統三年廷試最優等，授翰林院編修。女三：長適裘，次適錢，次適錢。

君卒後二十六年，育傑以其祖贈公及君合葬於邑東花嶼湖外碁傅家山，育傑謂不可無勒辭墓門，乃述其事略，請余爲之記。

中華民國六年夏正丁巳律中蕤賓之月。

按：墓原在花嶼湖外碁傅家山（今屬寧波市江北區）。高66釐米，寬160釐米。碑文楷書，共41行，滿行16字。

梅墟五豐會公訂保護農業簡章呈請給示勒石告示碑

五豐會勒石

鄞縣公署布告第壹壹〇號

爲布告事。案據公民沈詔聞、朱全炳、朱全高、沈連生、邵茂來、李誠榮、陸信順稟設五豐會，公議會規，呈請給示前來。當經令交該區自治委員會集紳耆詳加討論切實呈奪，去後。旋據覆稱，遵經集議，所有簡章第五條經費一項，現已修正，餘無窒礙等語。復經本知事核閱該簡章第六條，仍有未妥，指令再行詳議修改。兹據呈送簡章到署，查該會既經該區自治委員及近地紳耆詳議，尚無窒礙並一再修正，簡章自應准予立案給示。爲此抄附簡章，布告該鄉農民主、佃人等一體知悉，爾等須知設會原爲保護農業起見，務宜互相遵守，不得違抗，致干未便。特此佈告。

計開五豐會簡章：

第一條　命名。國以農爲本，農以食爲天。國民之食皆出於農，而農尤賴夫歲。故時五穀豐登，人民得以粒食，此本會命名之意也。

第二條　宗旨。本會結聯團體，爲保護農業起見，凡我農人僱用佃工，難免無不測等事，一經事出，彼此視若秦越，殊非鄉田同井親親之至誼，故本會以患難相顧、維持治安爲宗旨。

第三條　會所。以本境梅墟廟爲會所。

第四條　職員。本會公舉正辦事一員、協理二員、會計一員，均各盡義務。有事，船川等由會内給發。

第五條　經費。開辦費由各會友公出，預積公費，會内友布種田畝抽捐，不及會外。每畝捐洋五分。現擬試辦五年爲限，如限内公積充足，即行停止。倘五年内所收捐款，其出息不敷體恤費，應仍行分開會公議，稟請展限。其捐積之洋，公舉殷實之户存放生息，毋得各執偏見。每年陰曆三月十二日，會計員應將年中收付帳目懸示廟内。如數有不符，辦事員即行查察，毋得徇私。

第六條　規則。（1）各農户佃工倘有失腳落水等情，本會議决每名給以體恤洋三十元，給發屍親，取其領狀存會。若以急病身亡，會内衹給洋十五元，本業主應出五元，合成二十元，以示體恤。如查係業主威逼，本會不敢預聞。（2）屍親如不服理，挾衆敲詐，該業主報告辦事員，召集會友理論，若仍不服，稟官究辦。（3）各農户佃工如有半途歇工，歸還餘支，若無端生事，藉圖抵賴，業主亦可召集會友理論。（4）盜賣耕牛或剥皮售利，查有著落，將該匪與串賣者稟官究辦；偷竊農具與偷稻偷草與盜研車盤、蔭木以及春花雜物，當場拿獲或查有實據，除追還原贓外，稟官究辦。（5）第四條所載偷盜等項，有人通風報信，本會酬謝洋二元。如係本會内友偷盜，先行出會除名，再照前條所定稟官究辦。

正會長沈詔聞，協理陳瑞安、邵順高，東堡會長朱全高、朱全炳，徐孝慶，朱昌琳、朱炳生、朱阿品、朱阿林、朱寶保、朱春生，朱全興、朱定來、朱貴生、朱阿仁、朱增榮、朱渭泉，南堡會長沈蓮生、邵茂來，邵繼生、沈名來、沈宸生、沈麟生、沈根發、邵全高，西堡會長李誠榮、陸信順，陳東生、陳賢安、陳寶宏，沈名振、沈賡颺、沈金來，陸阿楝、陸信德、陸乾惠、陸金水，李昭安、李金發、李貽鴻、李吉慶。

中華民國六年七月　日，知事王理孚。

按：碑原在梅墟廟。高221釐米，寬91釐米。碑文楷書，共26行，滿行64字。

五豐會勒石
鄞縣公署布告第壹百□□號
中華民國六年七月 日知事王理孚

天童寺重修法堂兼濬二泉記

重修法堂兼濬二泉記

鄞東太白山天童寺者，晉義興禪師結茅此山，感天童下侍，故名也。殿後有法堂，殿堂間有泉。明崇禎乙亥，密雲禪師所濬。相傳澇不溢，暵不涸，始甃之而未有名。清順治己亥，密祖弟子山翁禪師奉敕入覲，召對稱旨，賜寺額曰“弘法”。因以寺之名名泉曰弘法泉，蓋以紀恩遇云。

乾隆丙子，法堂燬於火。嘉慶辛未，敏庵禪師重建，迄今百餘年矣，巍然竦峙，久弗修。光緒丙戌，浄心禪師駐錫兹山，法堂前後榛莽，不可嚮邇。堂前第二臺，原名曬經臺，康熙庚申山曉禪師所築，亦久不曬經，惟曬穀。遇曬穀時，偶一薙除，輒復蓬蒿没人。堂後雜蒔園蔬，尤蕪穢不治。禪師募緣，先葺法堂而新之，光緒己酉春事也。堂之四週，以財力弗繼中輟。

民國紀元癸丑冬，工寮火延及下房。古松堂西澗水管暴裂，源不能達，賴取弘法泉水始灌息之，遂有戒心，復濬二泉，以備不虞。二泉者，一出堂後東北隅，初施工，清流涓涓，先成一泉，復從西北隅更穿一泉，而成雙眼，縱廣各六尺，深四尺，四方護以石，如小沼。上用石欄圍之，其外蔓草叢雜，乃和水泥，界成行列，植花卉其間，以供游人憩息。堂前曬經臺亦鋪水泥，周遭設以鐵欄，兼作曬穀用。自兹蠲污剔垢，稱清浄佛場矣。

夫佛者，漢言覺也，將以覺悟群生也。《漢書·郊祀志》稱“西方有神名佛”，是佛爲神體之最尊者也。雖然神心也，心神也，亦佛也。《管子·心術篇》云：“虚其欲，神將入舍，掃除不絜，神乃留處。”所謂神，即西方之佛也。佛性，人人同具，惟去不浄乃見。中國心學家知之，無以名，名曰神。佛氏雖云“不垢不浄”，然其教人修浄土，先清浄其心，即是佛土，與中國之心學家同。佛氏雖曰“浄穢平等”，地獄、天宫同爲浄土，然此惟學大乘之一超直入者能之。其他學佛之人，不得不先别浄穢，非獨清浄其心也。即修持之地，亦必擇清浄無塵雜者居焉，而供養三寶以事佛也，尤不敢不謹。天童寺者，深藏名山，衆峰縈抱，古木蓊鬱，泉池澄泓，其爲清浄地也無疑矣。獨其中法堂以歲久失修，前後荒穢，而堂後昔年又爲菜圃灌溉不潔之物所污，雖曰佛心平等，必不是嫌，而事佛者坐視弗問，毋乃鄰於不謹之咎乎？兹幸得浄心禪師力爲葺之，且蕩滌一新，而鑒於救災之義，兼濬二泉，以永護此名山寶刹，功德閎且遠矣。豈惟游憩之人愛悦清浄，即我佛亦必曰：汝衆生，欲清浄其心者，當與是清浄其地同。

今者禪師適號浄心，既竣其功，囑余爲記。余既叙其事之顛末，而又不憚闡發其義。俾後之覽者，毋忘禪師之深衷焉。

時在民國六年夏正十月下浣，浙海關監督孫寶瑄記，吴平黄庭軌書。

按：碑在天童寺禪堂。高 109 釐米，寬 62 釐米。碑文楷書，分上下 4 列，每列 19—20 行。

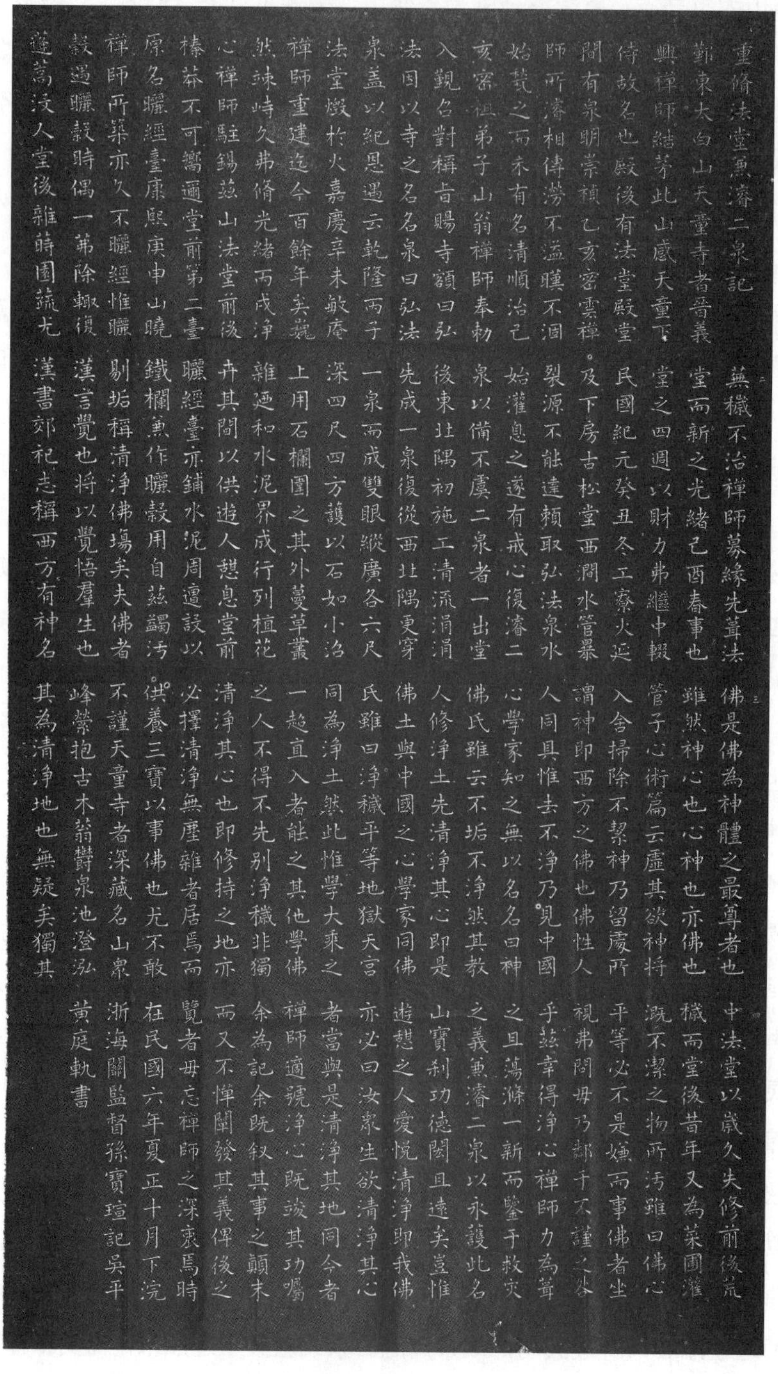

鄞縣知事禁止報買新舊漲地及堆棄垃圾告示碑

勒石永禁

鄞縣公署布告

爲勒石嚴禁事。照得江河湖蕩漲地禁止報買，經省議會議决，咨由省長公布有案。前因清理鄞慈鎮三縣官營産事務所誤賣甬東一圖濱江廟前漲塗，士紳出而争阻。本知事以該地沿江一帶，歷經官廳示禁堆積垃圾及侵佔建築，以保水利，載在志乘，班班可考。呈奉省長令行清理官産處取銷原買執照，發還原價銀，並咨行水利委員派員來甬測勘，呈覆該處，實於水利大有關係。奉省長指令，應由縣設法疏濬，嚴加取締。嗣後臨江一帶，無論新舊淤漲，一律禁止報買，由縣勒石永禁，以保水利等因。奉經本知事轉行城自治委員遵辦去後，兹據該委員趙家蓀業已就地籌款，將該處漲地疏濬完畢。誠恐日後再有朦買情事，合行勒石嚴禁，仰闔邑人民一體遵照。嗣後凡有沿江一帶，無論新舊淤漲之地，一律不准報買，就地居民亦不得堆棄垃圾，致使淤塞，妨害水利，慎勿故違，致干重究，其各懔遵。切切！

中華民國六年十一月六日，知事王理孚。

按：碑原在濱江廟口。高160釐米，寬64釐米。碑文楷書，共13行，滿行40字。

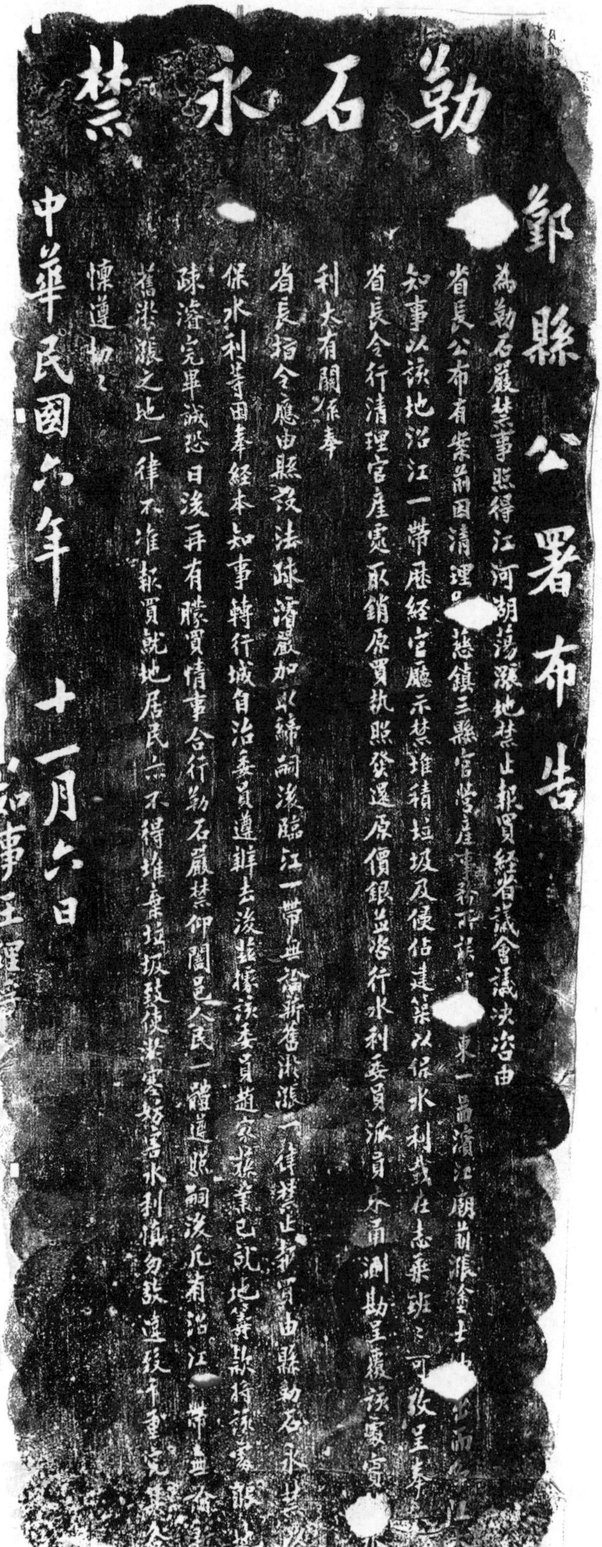

勒石永禁

鄞縣公署布告

為勒石嚴禁事照得江河湖蕩漲地禁止報買經省議會議決咨由
省長公布有案前因清理鄞慈鎮三縣官營產事務所將□東一帶濱江廟前漲塗士紳出而爭江
知事以該地沿江一帶歷經官廳示禁堆積垃圾及侵佔建築以保水利載在志乘班班可考呈奉
省長令行清理官產處取銷原買執照發還原價銀並咨行水利委員派員來甬測勘呈覆該處實與水
利大有關係奉
省長指令飭由縣設法疏濬嚴加取締嗣後臨江一帶無論新舊漲塗一律禁止報買由縣勒石永禁以
保水利等因奉經本知事轉行城自治委員遵辦去後茲據該委員趙家蓀稟已就地籌款將該處漲地
疏濬完畢誠恐日後再有朦買情事合行勒石嚴禁仰闔邑人民一體遵照嗣後凡有沿江一帶無論新
舊漲塗之地一律不准報買就地居民亦不得堆棄垃圾致使漲塞妨害水利慎勿故違致干重究其各
懍遵切切

中華民國六年十一月六日　知事王理孚

陳君依仁墓表

陳君依仁墓表

同縣楊敏曾撰　錢罡書　鄞趙時㭎篆額

清光緒季年，政府迫於衆議，下詔豫備立憲，於是各縣有城鎮鄉自治之設。而吾邑金川鄉於自治未設以前，已集資創公益社，實得風氣之先。陳君依仁先後被舉爲社長，旋復推任議員者再，諸所建議，悉系一鄉利害，遠近偁之。逮自治解散，而鄉政措施仍一切引爲己任，卒以勤事，歾於中華民國三年甲寅六月十九日，春秋四十有九。

君諱鴻逵，原名懿順，字依仁，一字達九。先世自明由奉化遷居慈谿金川鄉之官橋。曾祖大榜，祖應。考士芳，任俠好義，嘗捐己田百餘畝，以濟族之窮無告者。妣李氏、葉氏。君，葉出也。兄弟三人，君最少。君五歲喪母，伯兄、仲兄又相繼逝，洎君考捐館舍，内外之事，悉集於君身。由是勉節哀痛，綜覈公私，一以先人爲法，檢量出入，銖積寸纍，垂三十年，公家之産增於舊者以倍。

君年二十四，以文學受知南陽潘公，既爲家督，遂絶意進取焉。君考故精天算，嘗以授冢孫訓正，至是君益命訓正推衍其緒，曰："先人以門業付余，負荷艱鉅，日不暇給，家學之紹，責在汝矣。"訓正瞢於治生，君爲處庀家事，一不以問，其後訓正卒以文章發聞州里，君之力也。

君天性肫篤尤厚，故舊業師袁君劼甫以應試卒於武林，君涕泣持其喪歸。中表葉源深客死蕪湖，魏品懷客死義寧，君皆遠道犇赴，俾得返柩於家。類此者亡慮數十事，由是行誼爲鄉里所推重，凡事不決者，得一言，皆折服以去。而建議開濬官橋浦，俾附近鐵軌經過之地不致以北面群山下注之水遇潦無泄，其利賴尤無窮云。蹟君平生，大率鄉里稱善人者之所爲，初無殊絶之行可驚襮於世者。然天下之治亂起於縣，縣之治亂起於鄉，苟得實心任事如君者，落落然參錯於其間，其所以銷隱患而宣治化者，於人心風俗之繫，夫豈細哉！宜乎深識之士聞君卒，無不爲之悼歎也。

君配柳，先君十年卒。側室羅。子男七：訓恩，出繼仲兄後，余壻也；訓懋，前殤；訓慈；訓恕；訓忞；訓惠；訓愿。女子子七：長適陸思圻，次適馮幵，次適翁祖望，次未字，次字董，次字馮，次未字。訓忞以下及季女皆羅出。

君卒之三年，訓恩將葬君於其村之東山，以馮幵所撰行述請余爲文，表其墓。余習於君久，又申之以昏姻，義不獲辭，爰按狀略述梗概，俾歸揭諸阡。

按：墓原在官橋村東（今屬餘姚市）。高81釐米，寬122釐米。碑文楷書，共23行，滿行34字。

陳君依仁墓表　同縣楊敏曾譔錢罡書鄞趙時棡篆額
清光緒季年政府迫於衆議下詔豫備立憲於是各縣有城鎮鄉自治之設而吾邑金川
鄉於自治未設以前已集資辦公益社實得風氣之先陳君依仁先後被舉為社長旋復
推任議員者再諸所建議悉系一鄉利害遠近偁之逮自治解散而鄉政措施仍一切引
為己任卒以勤事殁於中華民國三年甲寅六月十九日春秋四十有九君諱鴻逵原名
懿順字依仁一字達九先世自明由奉化遷居慈谿金川鄉之官橋曾祖大榜祖應孝士
芳任俠好義嘗捐己田百餘畝以濟族之窮無告者妣李氏葉氏君葉出也兄弟三人君
最少君五歲喪母伯兄仲兄又相繼逝洎君考捐館舍内外之事悉集於君身由是勉節
哀痛綜覈公私一以先人為法檢量出入銖積寸纍垂三十年公家之產增於舊者以倍
君年二十四以文學受知南陽潘公既為家督遂絕意進取爲君考故精天算嘗以授㓜
孫訓正至是君益命訓正推衍其緒曰先人以門業付余負荷艱鉅日不暇給家學之絕
責在汝矣訓正疏於治生君為處厖家事一不以問其後訓正卒以文章蜚聞州里君之
力也君天性肫篤尤厚故舊業師袁君劼甫以應試卒於杭林君涕泣持其喪歸中表葉
源深客死蕪湖魏品懷客死義寧君皆遣道舁赴俾得返櫬於家賴此者亡慮數十事由
是行誼為鄉里所推重凡事不決者咨一言皆折服以去而建議開濬官橋浦俾拊近鐵
軌經過之地不致以北面群山下注之水遇潦無泄其利賴尤無窮云蹟君平生大率鄉
里偁善人者之所為初無殊絕之行可驚駭於世者然天下之治亂起於縣縣之治亂起
於鄉苟得實心任事如君者落落然参錯於其閒其所以銷隱患而宣治化者於人心風
俗之繫夫豈細哉宜乎深識之士聞君卒無不為之悼歎也君配柳先君十年卒側室羅
子男七訓恩出繼仲兄後余壻也訓懋前殤訓慈訓恕訓念訓惠訓愿女子子七長適陸
思圻次適馮圻次適翁祖望次未字次字董次字馮次未字訓僉以下及季女皆羅出君
卒之三年訓恩將葬君於其村之東山以馮圻所撰行述請余為文表其墓余習於君久
又申之以昏姻義不獲辭爰按狀畧述梗概俾歸揭諸阡

阿育王寺母乳泉石刻

母乳泉

謹案《摩耶經》云：釋迦如來將入涅槃，先昇忉利天爲母説法。佛敕文殊往白佛母摩耶夫人。摩耶聞報，歡喜踊躍，乳自流出，謂審是我子悉達多者，當令乳汁直至口中。語畢，乳汁涌出如白蓮華，便入佛口。摩耶見已，即與文殊俱趣歡喜園中。母子相見，聞説法已，得須陀洹果云。今鄮山舍利塔後涅槃臺前，有泉涌出，冬夏不絶，甘白如乳。因以“母乳”二字名之，冀佛家兒孫飲水思源，無忘報恩之義云爾。

戊午歲佛涅槃日，慈谿錢三照題跋，奉化江五民書字

按：碑在阿育王寺。高48釐米，寬161釐米。碑文隸書，共15行，滿行13字。右側篆書大字“母乳泉”。

大新城廟新轎會收付賬目碑

今將新轎會收付賬目等開列於後：

收陳生財助洋一百四拾元。

收林蘭亭助洋一百四拾元。

收徐正甫助洋一百四拾元。

收戚世蕚助洋一百四拾元。

收張庭梅助洋七拾元。

收張正彩助洋七拾元。

收朱孚明助洋七拾元。

收王麟賚助洋五拾元。

收老會什物計洋念元。

付轎殼工料洋一百拾八元。

付漆轎工料洋五拾元。

付轎頂衣洋拾一元七角□

付鑞器洋拾三元四角□

付神椅轎橙洋四元。

付轎杠夫衣等洋念元。

付玻璃洋二元六角。

付鐵板洋四元。

付門簾衣洋二元。

付柳板桶木洋六元八角八分。

付雜項工目等洋五元三角四十

付申水洋拾七元。

付字砍連開字漆洋拾二元。

共付工料洋二百六拾七元。

除收付過揭丈洋五百七拾三元。

民國七年六月　日立，各會友啓。

按：碑原在梅墟。高60釐米，寬120釐米。碑文楷書，共26行，滿行14字。

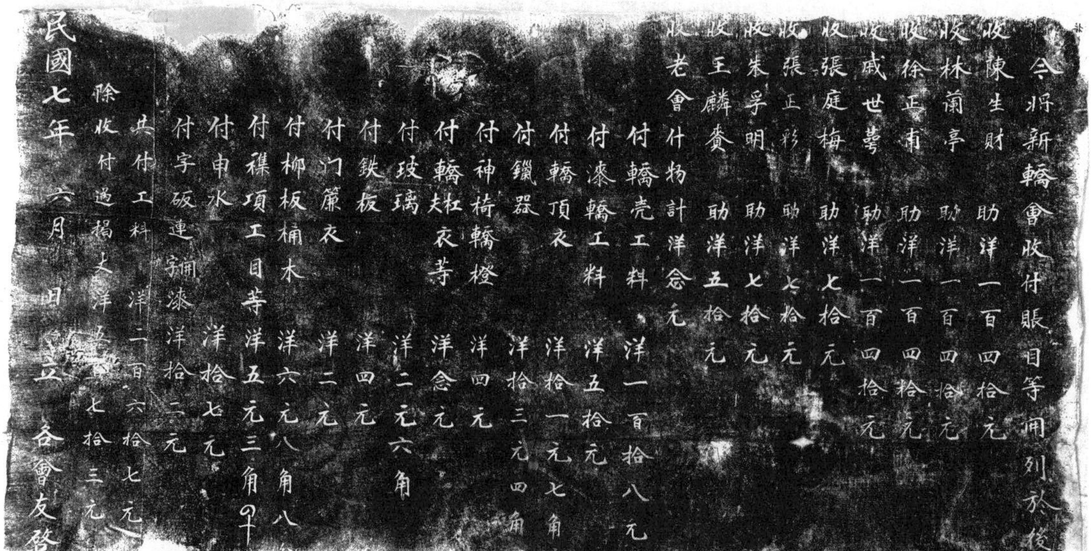

天童寺重修羅漢寮記

應真古蹟

天童寺重修羅漢寮記

丙辰七月，德閎渡補陀落伽山，皈命三寶，還道天童。天童，故禪宗五山之一。西晉義興祖師結茆於此，太白下侍化身童子，因名太白，又名天童。自唐以來，始以精藍，蔚成大刹。歷朝累賜“㻏瓏”“天壽”“景德”“弘法”諸名。明洪武中，册定爲“天童寺”。今時緇白十方來者以義祖開山異應，唯知有天童，罕知有他賜名也。既入寺，禮佛菩薩竟，謁净心禪師於奎焕樓下。師遍導隨喜，一一道場，寶樹、祇林，無有盡際。尋經丈室後，登涉高原，廣袤三百餘尺，幽曠平衍，境隔塵俗。上有虚室，凡十八楹。德閎啓白請示名緣，師言是所傳羅漢寮也。在昔密祖中興，以西澗爲北山諸水所匯，近寺疇畦資以灌溉者不下數十頃。方議疏濬，程工有日矣，忽有十八頭陀行者行腳投止，掛錫雲堂，祖言下相契，不覺及濬澗事，諸行者曰：“是猶反手耳。請假丈室後肘膝地，容安坐具於中，一夕當有以報。”祖如其言。唯聞畚挶之聲登登許許，静夜四徹，林谷相應。詰旦趨視，則澗原已達，而諸行者不知所往矣。衆大驚嘆，知爲十八應真聖衆游戲人間，神通顯現，即於曩夕坐處建室十八楹，以存靈蹟，而西澗亦稱羅漢溝云。德閎聞已，歡喜讚歎，還復白師，既諸聖衆應化此山，必使沙界有情，咸共瞻禮，所當嚴飾寶相，兼述勝緣，普告方來，起彼深信。師言：“誠如子説，心藏久矣。方予始至，覩此堊垣塵閣，因陋就簡，湮鬱不彰，輒用悲愴。密祖初規已不可考，今榱且敝而基且陧矣，懼遂傾陊，重增罪過，夙謀拓而新之，更摹竹禪長老十八畫像刻石供養。惟是繼住以來，歲有興築，財力殫敝，無爲之繼，當順機緣圓成斯果，弗敢强也。”明年冬，師自山中廣書，言羅漢寮將揆日更新矣，此中大有感應，不可不記，子與有緣，其爲載筆以補舊志之闕。蓋自德閎之行也，師重感其言，至形寤寐，疇昔之夜，夢登羅漢寮，瞻顧之頃，見十數僧伽先已在室，談笑晏然，眉宇奇古。諦審之，初不相識。師趨近作禮問訊，答曰：“來住新舍耳。”問功德主安在，曰：“至矣”。問答方終，蘧然而覺。旦日未中，侍者白客至，自言曾姓子祥名，一見伏拜，出懷中金釧七事、葉子金二裹，云重二十二兩，是亡婦李氏遺物，疾革囑捨寺中，以四兩營齋供，建懺儀。餘十八兩，但得方便，隨緣修福，乞師主之。師觸前夢，即以告客，客大喜悦曰：“四大海水，始於一滴，是戔戔者，其導原耶？機之所兆而數應焉，諸聖衆加被之矣。”師念客所捨金，一與夢合，是諸聖衆俱已降住，乞募衆緣，豈能久待？乃經紀財費，先於常住中節其所羡，而補其所不足，庀徒經始，數月而成。德閎受書，薰盥諷誦，五體投地，謹述顯應因緣，如右所記。復自思維，《大集經》云梵天王等白佛，若人爲世尊聲聞弟子造塔寺處，當永守護，令離一切諸難怖畏。又菩薩有四不退法，終不退轉無上菩提，一者見塔廟毀壞，當即修治，具如《華嚴經》説。共和改元，鼎革之交，三乘金湯失其外護，波旬猜妒，大法陵夷，不絶者如縷。浙中諸山法脈多祖天童，當清之季，寄禪禪師由苦行三昧，游息智光，大唱文字般若，一時宰官長者、乘宿慧業，皈依尊信，遍於海内。今師一味本分，深入如幻行門，外不奪於境風，内不動於魔惱，慘澹經營，百工咸理，倒空瓶盋，不私鍼芥，門庭振起，前無弗及。諸大聖衆，應緣顯化，兩度示現，上揆密祖，心燈相續，爲是願力即夢即覺，爲是心相非假非空。諸聖衆所爲護念所爲證知者，成就莊嚴，如是如是。德閎翹勤恭敬，重作禮讚而説偈言：

我時聞如是，法住記所説。佛世大弟子，十八阿羅漢。夙承佛教敕，付囑無上法。令携諸眷屬，分住各洲界。隨所應可度，受供遍十方。若有發心者，咸獲殊勝果。人壽六十歲，刀兵諸劫起。諸聖時暫隱，正法亦隨滅。至壽百歲時，劫滿又一期。諸佛轉法輪，三寶住世間。爾時諸聖衆，還復來人中。化度無量衆，作諸饒益事。如是壽漸增，極至七萬歲。化緣已周遍，始辭入滅度。乃至八萬歲，慈氏佛下生。國界時嚴浄，常住安隱處。有情勝果報，陳之不能盡。今此閻浮提，已值減劫初。殺業方熾盛，冤嗔互殘害。三災五火起，如惡義果聚。如來所懸記，一一悉徵驗。彼歐西國土，根性尤剛强。躭著天趣故，不能離六欲。獨此震旦衆，往昔因差勝。衆苦所纏偪，微已知厭離。自轉昔業力，根緣日益顯。是諸大聖衆，感應不思議。應化住此山，聖蹟兩示現。調伏諸衆生，起彼深信心。請以大神力，轉此一大劫。長短假名時，減盡便還增。即於刹那間，令成過去世。佛及諸聖衆，於無央億劫。永永不滅度，亦無滅度者。我以歡喜心，方便説勝緣。密祖爲加持，今師親作證。一名一句身，一一無盡際。願以此功德，普及法界海。永息諸苦輪，同證菩提智。

釋迦如來應世二千九百四十五年戊午夏六月穀旦，三寶弟子永康應德閎謹記，信士會稽程鵬謹書，四明項崇聖謹刻。

按：碑在天童寺羅漢堂。高177釐米，寬69釐米。碑文行楷，分上下6列，每列24—25行。

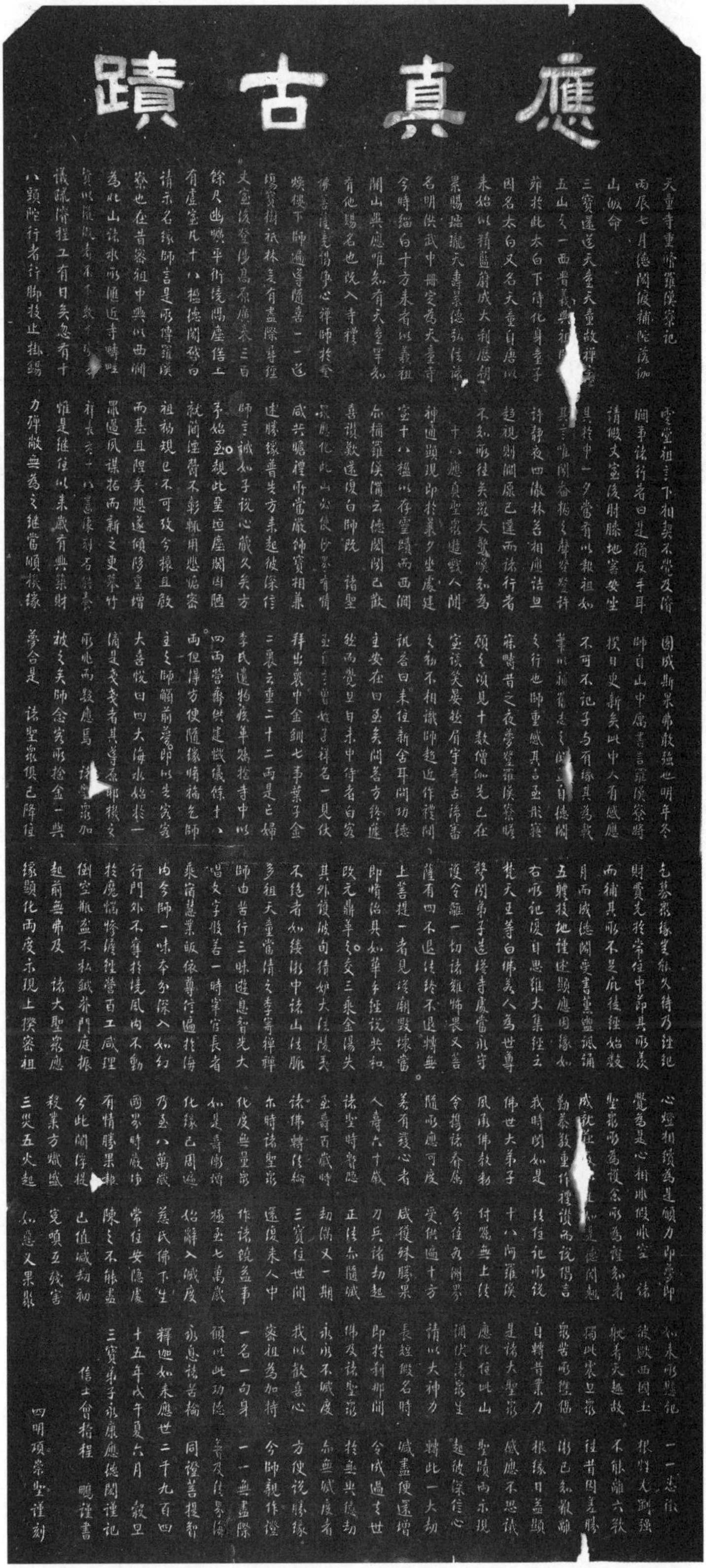

應真古蹟

天童寺重修羅漢堂記

丙辰七月德閣復補陀洛伽山假命三寶還送天童天童故禪窟五山之一西晉義興祖[illegible]節於此太白下侍化身童子因名太白又名天童自唐以來始以精藍蔚成大剎歷朝累賜璿璣天壽景德弘法等名明洪武中冊定為天童寺今時緇白十方來者以義祖開山與應唯知有天童罕知有他賜名也既入寺禮佛菩薩竟揖淨心禪師於登瀛寶樹祇林竟有盡際尋徑煥樓下師遍導隨喜一一送丈室後登僧寮原廢三百餘尺幽曠平衍繞閣座倍上有虛室凡十八楹德閣啟白請示名緣師言是所傳羅漢寮也在昔密祖中興以西側為此山諸水所匯近寺畤哇資以[illegible]議疏濟捏工有日矣忽有十八顆陀行者行腳杖止掛錫靈山祖言下相契不覺及備瞷事諸行者曰是猶反手耳請假丈室後肘勝地寄安坐且於中一夕當有以報祖如其言唯聞畚梮之聲登許許靜夜四徹林谷相應詰旦趨視則閣原已還而諸行者不知所往矣眾大驚嘆知為十八應真聖客遊戲人間神通顯現即於其夕坐處建室十八楹以存靈蹟而西閣亦稱羅漢備云德閣閣已歡喜讚歎遂復白師既諸聖應化此山如使沙界有情咸共瞻禮所當嚴飾寶相兼述勝緣普告方來起彼深信師言誠如子說心藏久矣方予始至○觀此壘垣塵閣幽陋就簡湮替不彰輒用悲悵密祖禍規已不可改今椽且敝而基且陋矣懇遂傾修重增眾過風謀拓而新之更募竹祥表[illegible]十八聖像刻石供養惟是繼住以來歲有興築財力殫敝無為之繼當順機緣圓成斯果弗敢辭也明年冬師自山中寓書言羅漢寮將擇日更新矣此中大有感應不可不記子與有緣其為載筆以補舊志之闕[illegible]自德閣之行也師重感其言至飛雜蘇嘻昔之夜夢登羅漢寮時頃之頭見十數僧伽先已在室談笑晏然眉宇奇古諦審之初不相識師趨近作禮問訊客曰來住新舍耳問功德主安在曰至矣問客方終遂然而覺旦日未中侍者白客至[illegible]言曾姓子祥名一見伏拜出衷中金剛七事葉子金二襄之重二十二兩是亡婦李氏遺物疾革時捨寺中以四兩營齋供建懺儀餘十八兩但得方便隨緣隨喜師主之師觸前夢即以告客客大喜悅曰四大海水始於一滴是衣者其等[illegible]耶機之所兆而數應焉諸聖眾加被之矣師念客所捨金一與夢合是諸聖眾俱已降住乞募眾緣並餘久待乃鉅紀財賈先於常住中節其所羨而補其所不足俟經始數月而成德閣受書董盥諷誦五體投地謹述顯應因緣如右所記復自思維大集經云梵天王等白佛言人為世尊聲聞弟子造塔寺處當永守護令離一切諸難怖畏又言菩薩有四不退法終不退轉無上菩提一者見塔廟毀壞當即修治具如華手經說共和改元鼎革之。交三乘金陽失其外護彼向猜妒大法陵夷不絕者如縷崇中諸山法脈多祖天童當清之季寄禪禪師由苦行三昧遊息智光大唱文字般若一時宰官長者乘宿慧業皈依尊信遍於海內今師一味本分深入如幻行門外不奪於境風內不動於魔惱修復經營百工咸理倒空瓶盂不私錙銖門庭振起前無弗及諸大聖眾應緣顯化雨度示現上拶密祖心燈相續為是願力即夢即覺為是心相非假非空諸聖眾所為設念所為證知者成就莊[illegible]如是德閣勉勤恭敬重作禮讚而說偈言

我時聞如是　往住祀所說
佛世大弟子　十八阿羅漢
風雨佛教勅　付囑無上法
令攜諸眷屬　分住於洲界
隨所應可度　受供遍十方
若有發心者　咸獲殊勝果
人壽六十歲　刀兵諸劫起
諸聖時聲隱　正法亦隨滅
至壽百歲時　劫濁又一期
諸佛轉法輪　三寶住世間
亦時諸聖眾　還復來人中
化度無量眾　作諸饒益事
如是壽增極　極至七萬歲
化緣已周遍　始解入滅度
乃至八萬歲　慈氏佛下生
國界時嚴淨　常住安隱處
有情勝果報　陳之不能盡
今此閻浮提　已值減劫初
殺業方熾盛　蔑噴互殘害
三災五火起　如意又果報
如來所懸記　一一悉依[illegible]
彼歟西國土　根性人剛強
耽著天趣故　不能離六欲
獨興衰旦暮　往昔因差勝
眾苦所煎逼　將已知歆鄙
自轉昔業力　根緣日益顯
是諸大聖眾　感應不思議
應化住此山　聖蹟兩示現
調伏諸眾生　趣彼深信心
請以大神力　轉此一大劫
長短殺名時　減盡便還增
即於剎那間　令成過去世
佛及諸聖眾　於無典長劫
永永不滅度　亦無滅度者
我以歡喜心　方便說勝緣
密祖為加持　今師親作證
一名一句身　一一無盡際
願以此功德　普及法界海
永息諸苦輪　同證菩提智

釋迦如來應世二千九百四十五年戊午夏六月　穀旦
三寶弟子永康應德閣謹記
信士會稽程　鵬謹書
四明項榮堂謹刻

濟衆亭記

濟衆亭記

鄞縣東錢湖當陶公山之麓，渡湖者趾錯於道，候渡者露立於壖，而無以蔽烈日、避風雨。曹君蘭彬念行者之困，用獨力捐金錢建亭於湖側。既成，縣人便之，咸頌曹君之好義，曹君抑然不敢居其名。有知曹君者曰：“此曹君事親之孝也。其母李太夫人樂善若天性，見義若己責。而曹君昆仲所以承歡者，非徒服勞色養而已，必就太夫人耳目所及、他人所不及爲者，殷然引之以爲己任，太夫人顧而樂之，則爲之十日歡。蓋曹君非以是爲沽名市德之舉，特其先意承志之洋溢無涯，旁見側出而不自覺者也。”閩人鄭孝胥聞而賢之，乃名其亭，而爲之記。戊午七月。

按：碑原在東錢湖曹家山亭。高189釐米，寬84釐米。碑文楷書，共10行，滿行24字。

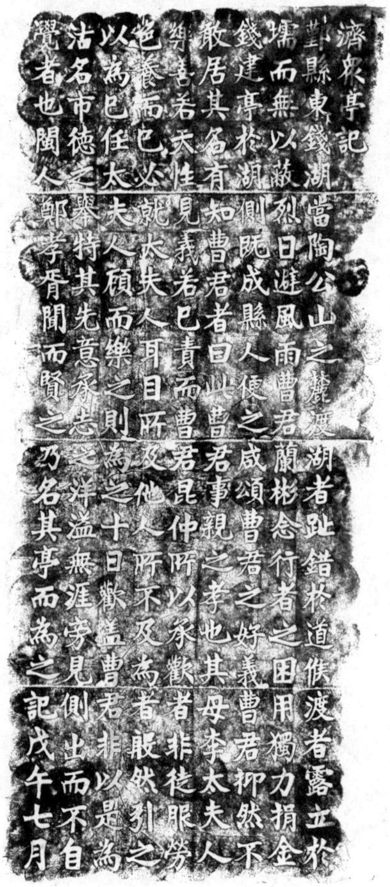
濟衆亭記
鄞縣東錢湖當陶公山之麓渡湖者趾錯於道候渡者露立於
壖而無以蔽烈日避風雨曹君蘭彬念行者之困用獨力捐金
錢建亭於湖側既成縣人便之咸頌曹君之好義曹君抑然不
敢居其名有知曹君者曰此曹君事親之孝也其母李太夫人
樂善若天性見義若己責而曹君昆仲所以承歡者非徒服勞
色養而已必就太夫人耳目所及他人所不及爲者殷然引之
以爲己任太夫人顧而樂之則爲之十日歡蓋曹君非以是爲
沽名市德之舉特其先意承志之洋溢無涯旁見側出而不自
覺者也閩人鄭孝胥聞而賢之乃名其亭而爲之記戊午七月

五鄉碶長安施材會募款施材呈請給示勒石告示碑

鄞縣公署布告第八六號

爲出示布告事。案據公民傅松年、何梅軒、陳聯芳、傅裕經、傅惪予、傅洪水、傅元卿、傅小山、傅曉峰、傅綏初、傅顯光、傅子章、傅松鶴、傅炳奎等呈稱：竊民等經商上海，睠念家鄉，每見縣城及商市繁盛之處，慈善團體多有施材之舉，而鄉村散處則罕有所聞。商等世居五鄉碶及附呈各處，因思鄉中貧苦之家猝遭新喪無以爲殮，寡婦孤兒苦於無告。此仁者所宜動心，實里人當爲援手。爰不揣棉薄，募集銀圓六千元爲基金，全以子金供施材之用，並在就近懸田地方建造材廠，定名曰“五鄉碶長安施材會”，擬訂章程，推舉董事。此時先立基礎，將來再謀擴充。惟是善事業，非經官廳保護，不足以昭慎重而謀安全，爲此具呈粘附章程，呈請核准立案，並出示曉諭，嚴禁地方無賴之徒藉端滋擾及捏故圖騙，俾善舉進行免有阻礙等情。據此，除批示外，合行出示布告，仰該處鄉民人等一體知悉。爾等須知，施材會係屬善舉事務，地方宜尊重視之，不得藉端滋擾，妨害善舉。且查該會經費既由該公民募集基本金，以子金供施舍之用，尤不容無恥之徒捏故圖騙，爲此示曉諭：自示之後，如有不法棍徒，或藉端滋擾，或捏故圖騙，一經告發，或由本公署查出，定即立予嚴辦，勿謂言之不預也。其如凛遵毋違，切切！特此布告。

中華民國七年八月　日，知事陳伯驎。

浙江寧波警察廳布告第三四號

爲布告事。案據公民傅松年、何楳軒、陳聯芳、傅裕經、傅惪予、傅洪水、傅元卿、傅小山、傅曉峰、傅綏初、傅顯光、傅子章、傅松鶴、傅炳奎等呈稱：竊商等經商上海，睠念家鄉，每見縣城及商市繁盛之處，慈善團體多有施材之舉，而鄉村散處則罕有所聞。商等忝居五鄉碶及附近各處，因思鄉中貧苦之家猝遭新喪，無以爲殮，寡婦孤兒苦於無告，此仁者所宜動心，實里人當爲援手，不揣棉薄，募集銀圓六千元爲基金，專以子金供每年施材之用，並在就近懸田地方建造材廠，定名曰“五鄉碶長安施材會”，擬訂章程，推舉董事。此時先立基礎，將再謀擴充。惟是善舉事業，非經官廳保護，不足以昭慎重而謀安全。爲此，具呈粘附印刷章程，懇請廳長俯賜察核，准予立案，並出示曉諭，嚴禁地方無賴之徒藉端滋擾及捏故圖騙，俾善舉進行免有阻礙，並附簡章一扣等情前來。據此，除批示呈及簡章均悉，該公民等募集鉅款，創辦施材慈善事業，足徵急公好義，洵堪嘉尚，應准予立案，並候出示保護可也，簡章存等因掛發外，合行布告，爲此示仰該處居民人等一體知悉：爾等須知該公民等募集鉅款，創辦施材事業，實屬急公好義，慎弗藉端阻撓及捏故圖騙，致礙進行。倘敢故違，定即查拿，從嚴究辦，其各凛遵，切切。此布。

中華民國七年八月十三日，廳長嚴師愈。

按：碑原在莊穆廟。高218釐米，寬86釐米。碑文行楷，共20行，滿行70字。

天童寺寄禪禪師冷香塔銘

寄禪禪師冷香塔銘

甬上蹇道人撰文　臨川清道人書丹

師諱敬安，字寄禪，湘潭黄氏子。父宣杏，母胡氏夢蘭而生。自幼岐嶷，不喜茹葷。甫髫齔，失怙恃，家貧，爲人牧牛。一日，見籬落白桃華爲風雨所敗，戚然動出世之意。投湘陰法華寺東林和尚出家，從南岳賢楷律師受具，参岐山恒志禪師教外之旨，既而遍游江浙諸刹，駐四明最久。在阿育王寺司洒埽，充知客，就舍利殿禮懺，苦行精修，然左手兩指供佛舍利，因號“八指頭陁”。光緒初，天童叢林漸以不振，退院廣煜、監院幻人邀師與議，陳之當道，爲立規勒石，遂充天童副寺。旋謝去，開法於衡州羅漢寺。歷主南岳上封、大善，寧鄉溈山，長沙神鼎、上林諸寺，所至莫不以宏法利生爲主。歲光緒壬寅，天童首座幻人率僧衆公請師由上林重蒞兹寺。至則大鬯宗風，百廢具舉，夏講冬禪，靡有虚歲，宗徒翕然來歸者衆。其後，僧教育會、佛教總會爲之設，皆以師主其事。護法衛道，一身任之。師貌奇偉而口吃，性伉爽無城府，能忍辱負重無少畏。其初不解世諦文字，作書非篆非隸，後忽有悟。好爲詩，殫精苦思，推敲至廢寢食，久而益進。當代耆宿通人，如湘中郭伯琛侍郎、王益吾學士，皆激賞之，爲叙刻其詩，而江右陳散原、閩中鄭海藏兩徵君，樂與唱和，爲方外交。至其秉性之摯，遇事之勇，慈悲捄世，普度群生，則合於六度萬行利生之旨，誠佛門龍象也。改革而後，東南名山古刹岌岌不保。師過余，言之出涕，謂將入都請命。既北行，士大夫見者懽喜讚歎，傾動遐邇。未及十日，示寂於京師法源寺，實壬子十月二日，世壽六十有二，僧臈四十有五。法源寺嗣法弟子道階等爲治喪事，奉龕南歸。先是，師就天童青龍崗自營塔院，環種梅華，顔曰“冷香”，復自爲銘。嗣席浄心爰於是年十一月九日，啓塔藏真，永資供養禮也。著有《語録》二卷，《八指頭陁詩集》十卷、《續集》二卷，《白梅華詩》一卷，《文集》二卷。論者謂天童自明季密雲禪師以臨濟第三十世開法兹山，六坐道場 ，號稱中興。後二百八十餘年，惟師能繼其盛。烏呼！如師者於法宜銘。銘曰：

蔚彼南岳，鍾毓靈秀，振禪宗兮。惟師篤生，能仁所授，稱大雄兮。耿耿太白，卓錫東來，主天童兮。以詩悟禪，妙想天開，極靈通兮。滄海横流，佛門擁護，罔怨恫兮。大慈大悲，捨身救世，以此終兮。冷香如雪，万樹梅華，塔當中兮。製詞刻石，昭示幽遐，傳無窮兮。

歲在戊午仲秋之月，住持浄心立石。項崇聖、李良楝刻。

按：碑在天童寺。高 145 釐米，寬 71 釐米。碑文隸書，分上下 5 列，每列 20 行，滿行 8 字。

寄禪禪師冷香塔銘
甬上寒道人撰文
臨川清道人書丹
師諱敬安字寄禪湘
潭黃氏子父宣杏母
胡氏夢蘭而生自幼
岐嶷不喜茹葷甫髫
齔失怙恃家貧為人
牧牛一日見籬落白
桃華為風雨所敗感
然動出世之意投湘
陰法華寺東林和尚
出家從南岳賢楷律
師受具參岐山恒志
禪師教外之旨既而
遍遊江浙諸刹駐四
明最久在阿育王寺
司洒埽充知客就舍
利歷禮懺苦行精脩
然左手兩指供佛舍
利自號八指頭陀光
緒初天童叢林漸以
不振退院廣煜監院
幻人邀師與議陳之
當道為立規勒石遂
充天童副寺旋謝去
開法於衡州羅漢寺
歷主南岳上封大善
寧鄉溈山長沙神鼎
上林諸寺所至莫不
以宏法利生為主歲
光緒壬寅天童首座
幻人率僧衆公請師
由上林重蒞茲寺至
則大興宗風百廢具
舉夏講冬禪靡有虛
歲衆徒翕然來歸者
衆其後僧教育會佛
教總會之設皆以師
主其事護法衛道一
身任之師貌奇偉而
口吃性忱爽無城府
能忍辱負重無少畏
其初不解世諦文字
作書非篆非隸後忽
有悟好為詩殫精苦
思推敲至廢寢食久
而益進當代耆宿逸
人如湘中郭伯琛侍
郎王益吾學士皆激
賞之為叙刻其詩而
江右陳散原閩中鄭
每藏兩徵君樂與唱
和為方外交至其秉
性之摯遇事之勇慈
悲救世普度群生則
合於六度萬行利生
之旨誠佛門龍象也
改革而後東南名山
古刹岌岌不保師過
余言之出涕謂將入
都請命既北行士大
夫見者懽喜讚歎傾
動遐邇未及十日示
寂於京師法源寺寓
壬子十月二日世壽
六十有二僧臘四十
有五法源寺嗣法弟
子道階等為治喪事
奉龕南歸先是師就
天童青龍崗自營塔
院環種梅華顏曰冷
香塔自為銘嗣席淨
心爰於是季十一月
九日啟塔藏真永資
供養禮也著有語錄
二卷八指頭陀詩集
十卷續集二卷白梅
華詩一卷文集二卷
論者謂天童自明季
密雲禪師以臨濟第
三十世開法茲山六
坐道場稱中興後
二百八十餘季惟師
能繼其盛焉呼如師
者於法宜銘銘曰
蔚彼南岳鍾毓靈秀
振禪宗兮惟師篤生
能仁所授稱大雄兮
耿耿太白卓錫東來
主天童兮以詩悟禪
妙想天開燃靈通兮
滄海橫流佛門擁護
閔怨惘兮大慈大悲
捨身救世以光終兮
冷香如雪万樹梅華
塔當中兮製詞刻石
昭示幽遐傳無窮兮
歲在戊午仲秋之月
住持淨心立石

鄞縣知事公布天童寺議舉住持規法告示碑

奉憲泐石

鄞縣公署布告第九六號

爲出示布告事。案據天童寺住持僧净心及兩序首領僧等稟稱：竊天童寺舊有條規，先經前住持僧敬安擬增二則，於民國元年五月稟請江前縣長核明改正，給示曉諭遵守，當蒙批准給示，永遵在案。至元年十月，敬安逝世北京，由本寺兩序首領大衆公舉净心繼席，恪遵教典，式仰前徽，領衆焚修，罔敢疏懈。惟念住持更代，雖有舊章，而選任名賢尤宜慎之又慎，庶免滋生弊竇。因集兩序首領詳加討論，續擬規則數條，期昭周密。中有引申舊章者，有補舊章未逮者，有詮釋舊章而免誤會者。雖視前略有增潤，而旨趣則一，並未逾越範圍之外。準此，謹遵内務部所定管理寺廟條例，並參酌本寺舊規，徵諸衆意，公同修訂妥善，理合繕開清摺，具稟呈送，仰祈鑒核，俯准立案，給示勒石，俾資遵守等情，附呈議舉住持規法清摺前來。據此，除批示准予備案外，合行出示曉諭，仰該寺僧等一體遵照毋違，切切。所有規條列後，特此布告。

計開議舉住持規法：

竊聞國有法度，家有典型，猶公輸之規矩準繩，舍之而未必中也。矧乎住無數僧伽之叢林，能無一定之規制耶？蓋遵舊制者爲常經，順時宜者爲權變，固必因勢利導，庶免頑梗不化之誚也。天童常住更换住持，向規由現住持先期邀請各退居臨寺，會同首領、執事，保舉戒行具足、道德兼備者數人，於韋馱神前卜籤爲定。雖則法良意美，無奈久則弊生，舉籤者薰蕕並進，致有賢不肖雜糅，諸多窒礙。後經幻人首座倡議，若有才德兼優者，直由兩序公請主席，不必卜籤，寄禪和尚即由公請主席者也。迨壬子秋，寄公圓寂北京，噩耗傳回，無人主持院事，各退居亦皆物化。時净職司都監邀請班首、執事至客堂，擬舉寺内外數人，以籤卜之。誰知衆心仍以公舉爲定，不料净當其選，自愧才德棉薄，難勝其任。及兩序具書公請，時力辭至再，衆以大義相責："寄公靈柩南歸，兼之戒期逼邇，處處需人辦事，豈可久延無主耶？"始汗顔就位，勉任其艱。比維更换住持，乃關常住之隆替。公舉公請，唯期衆望之咸孚，手續正當，無可訾議。其或意見參差，所舉不能一致，則仍用卜以決疑，庶免紛争。二法並存，相劑爲用。但舊衹一卜，難免僥倖，兹則慎之又慎，酌定三卜，往制不悖，神鑒亦昭，至正至公，内外自能信服矣。謹同兩序續擬規則數條開列於後：

一，謹遵内務部製定管理條例第九條"各寺住持之傳繼從其習慣"，又二十六條"更换住持應由該寺僧衆自行選舉”。天童乃選賢十方叢林，自應恪遵部例，由本寺僧衆公舉，不受外界干涉。况叢林規制以合寺大衆爲主體，兩序首領即主體之代表。選舉主權遵從習慣，由退居及現住持、兩序首領公舉公請入院。

一，萬一公請難定須用籤選時，然舉籤主權仍爲退居及兩序首領。被舉之人，寺内現前大衆、寺外諸山長老一律均等。兹酌定内外合舉四人爲限，於韋馱神前卜出三次者爲當選，始由兩序具書恭請入院。

一，公請無定期，如或選籤，仍照二月半舊例。先一日，住持請退居、班首、執事至方丈茶話討論選籤秩序。翌日，知客請住持、退居、班首及各寮書記齊集客堂，以現住持爲議長，表明選籤大意。若無現住持即推退居，退居亦無人即就班首中公推一人爲議長。

一，議長發言，須先申明江前縣長核准勒石規條所定住持資格，必須年滿四十、宗説兼通，能説法、開導後學、領衆坐香行道，生平無有遺議者爲合格。其選舉權照第一條規定，不得以寺外團體等名目侵越主權，須由兩序首領照合格者舉出，復由議長舉監察員二人一一審查，付衆表决。如所舉人數不止四人，再用投票法定其去留，以票多者四人爲合格，方得入籤。此次卜出當選一人，餘籤不得作爲候補，至下次必須重選，方能有效。因恐其人始勤終怠，不堪再選。

一，寺中兩籤老規，都監、監院共一籤，班首共一籤，籤出，彼此互相推讓，反多延悮。此後唯就兩序中合格者指名舉出，以免推讓。寺外兩籤但取合格者，無分法派畛域。天童係十方常住，並非法眷門庭。

一，選舉住持及住持應守規則、應享權利，均以江前縣長核准規條。住持六年爲期，惟選舉者必深諳被選者之資格是否與立案相符，如不合格不必舉出，免滋衆議，損人名譽。

一，退居一人法嗣中或有堪入選者多人，每次舉選只舉一人，不得多人並舉。又現住持法嗣中或有入選者，亦在下次方舉。此二事之規定係防微杜漸，恐十方常住變爲一方之弊也。

一，現住持衹有提議取决之權，不得加入公舉人數。倘衆人公舉不足推現住持舉時，方可有選舉權。所舉之人亦須審查，付衆表决，以符公意。

一，此條例因憲公請有窒礙時，須用簽卜之法，以防争論。若有德望清高、衆心悦服者，仍循前例，公請一人，俾歸直捷而免周折。

民國六年丁巳秋，住持净心同兩序首領等公擬請示勒石。

中華民國七年九月　日發，知事陳伯驧。

按：碑在天童寺佛殿。高164釐米，寬68釐米。碑文楷書，共22行，滿行82字。

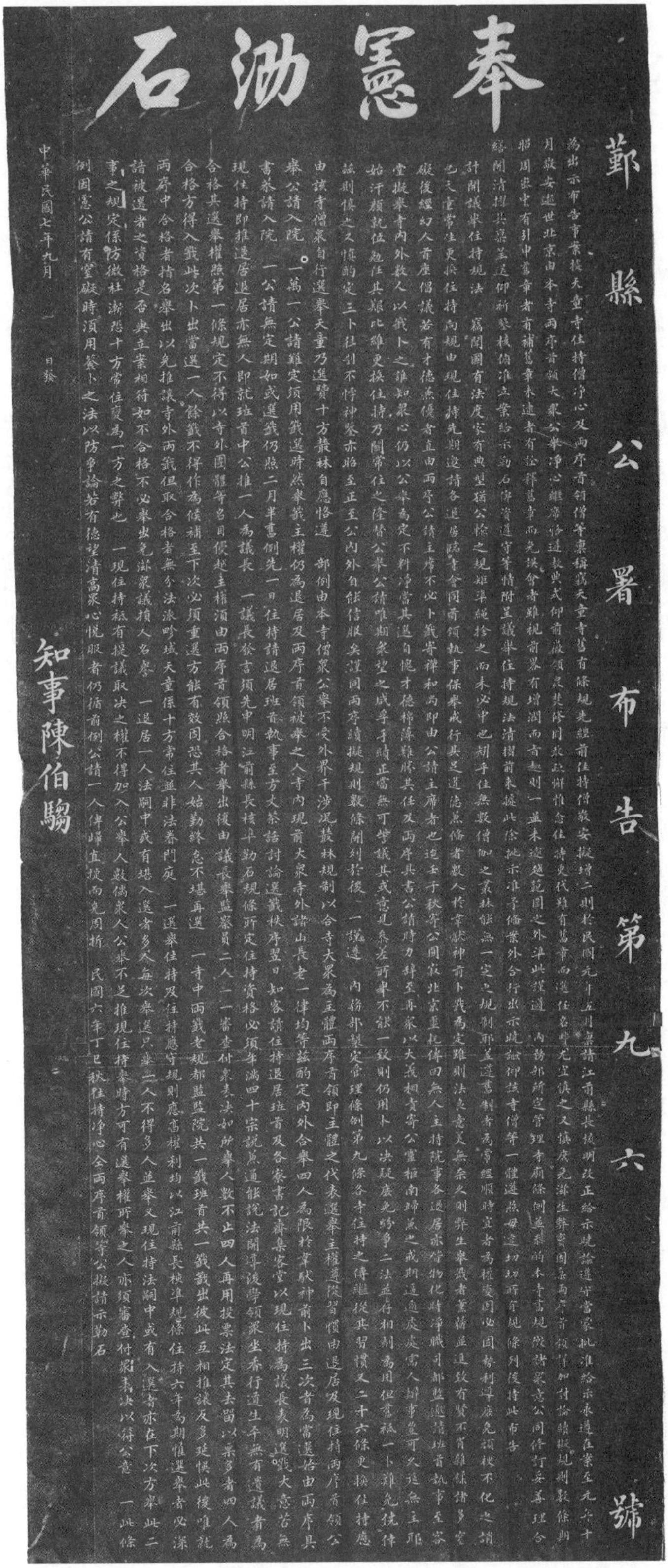

奉憲泐石

鄞縣公署布告第九六號

為出示布告事案據天童寺住持僧淨心及兩序首領僧等稟稱竊天童寺舊有條規先經前住持僧敬安擬增二則於民國元年五月稟請江前縣長核明改正給示曉諭遵守當蒙批准給示永遠在案至元六十月敬安逝世北京由本寺兩序首領大衆公舉淨心繼席修述叢典式仰前徽領衆其修同衆政懈惟念住持更代雖有舊章而選任名實尤宜慎之又慎庶免滋生弊竇因集兩序首領詳加討論續擬規則數條與昭周密中有引申舊章者有補舊章未逮者有詮釋舊章而免誤會者雖視前略有增潤而宗旨則一並未逾越範圍之外準此謹遵內務部所定管理寺廟條例並參酌本寺舊規徵諸衆意公同修訂妥善理合繕閱清摺具稟呈送仰祈鑒核備准立案給示勒石俾資遵守等情附呈議舉住持規法清摺前來據此除批示准予備案外合行出示曉諭仰該寺僧等一體遵照毋違切切所有規條列後特此布告

計開議舉住持規法　竊聞國有法度家有典型猶公輸之規矩準繩捨之而未必中也剎乎住無數僧伽之叢林能無一定之規制耶蓋遵舊制者為常經順時宜者為權變因心因勢利導庶免積枝不化之誚也之宜常住更換住持向規由現住持先期邀請各退居臨寺會同前領執事保舉戒行具足道德兼備者數人於韋馱神前卜鬮為定雖則法良意美無奈久則弊生舉鬮者黨羽並進致有賢不肖雜糅諸多窒礙後經幻人首座倡議若有才德兼優者直由兩序公請主席不必卜鬮寄禪和尚即由公請主席者也迨壬子秋寄公圓寂北京靈柩傳回無人主持院事各退居亦皆物化時淨職司都監邀請班首執事至客堂擬舉寺內外數人以鬮卜之誰知衆心仍以公舉為定不料淨當其選自愧才德棉薄難勝其任及兩序具書公請時力辭至再衆以大義相責寄公靈柩南歸萬之成期通過處處需人辦事豈可久延無主耶始汗顏就位勉任其艱比維更換住持乃關常住之隆替公舉公請唯期衆望之咸孚手續正當無可訾議其或意見參差所舉不能一致則仍用卜以決疑庶免紛爭二法並存相劑為用但舊稱一卜難免徒伴疏則慎之又慎酌定三卜往引不悖神鑒亦貽至正至公內外自能信服矣謹同兩序續擬規則數條開列於後

一謹遵　內務部製定管理條例第九條各寺住持之傳繼從其習慣又二十六條更換住持應由該寺僧衆自行選舉天童乃選賢十方叢林自應恪遵　部例由本寺僧衆公舉不受外界干涉況叢林規制以合寺大衆為主體兩序首領即主體之代表選舉主權遵從習慣由退居及現住持兩序首領公舉公請入院

一萬一公請難定須用鬮選時然舉鬮主權仍為退居及兩序首領被舉之人寺內現前大衆寺外諸山長老一律均等茲酌定內外合舉四人為限於韋馱神前卜出三次者為當選始由兩序具書恭請入院

一公請無定期如或選鬮仍照二月半書例先一日住持請退居班首執事至方丈茶話討論選鬮秩序翌日知客請住持退居班首及各寮書記齊集客堂以現住持為議長表明選鬮大意苟無現住持即推退居退居亦無人即就班首中公推一人為議長

一議長發言須先申明江前縣長核準勒石規條所定住持資格必須年滿四十宗說兼通能說法開導後學領衆坐香行道生平無有遺議者為合格其選舉權照第一條規定不得以寺外團體等名目侵越主權須由兩序首領照合格者舉出後由議長舉監察員二人

一審查付衆表決如所舉人數不止四人再用投票法定其去留以票多者四人為合格方得入鬮此次卜出當選一人餘鬮不得作為候補至下次必須重選方能有效因恐其人始勤終怠不堪再選

一寺中兩鬮老規都監監院共一鬮班首共一鬮鬮出彼此互相推諉反多延悞此後唯就兩序中合格者指名舉出以免推諉寺外兩鬮但取合格者無分法派吟域天童係十方常住並非法眷門庭

一選舉住持及住持應守規則應高權利均以江前縣長核準規條住持六年為期惟選舉者必深請被選者之資格是否與立案相符如不合格不必舉出免滋衆議損人名譽

一退居一人法嗣中或有堪入選者多人每次舉選只舉二人不得多人並舉又現住持法嗣中或有入選者亦在下次方舉此二事之規定係防微杜漸恐十方常住變為一方之弊也

一現住持祇有提議取決之權不得加入公舉人數偶衆人公舉不足推現住持舉時方可有選舉權所舉之人亦須審查付衆表決以符公意

一此條例因憲公請有窒礙時須用籤卜之法以防爭論若有德望清高衆心悅服者仍循前例公請一人俾歸直捷而免周折

民國六年丁巳秋住持淨心全兩序首領等公擬請示勒石

中華民國七年九月　　日發

知事陳伯騶

姜家隴公民禁止隴東隴西兩橋橋帶繫放牛羊及堆積污穢雜物呈請給示勒石告示碑

永遠示禁

浙江寧波警察廳布告第五十五號

爲布告事。案據公民王佐宸、姜康禄等禀稱，姜家隴地方有隴東、隴西兩橋，年久失修，傾坍異常，對於水陸交通殊形危險。由本村旅滬商民姜君忠汾熱心公益，獨資修建，委公民等爲橋工董事，曾於去年八月間，禀請鄞縣王前知事出示保護在案。包工完竣，惟橋連鄉村，屢有不肖農愚於橋帶之中時繫牛羊及堆疊污穢雜物情事，若不禁除，殊於水陸交通、公衆衛生兩有妨礙等情。據此，除批示外，合亟布告，仰該處居民人等一體知悉。須知該公民等興修隴東、隴西兩橋，原爲公衆利便起見，該處就近居民慎弗於該兩橋離橋帶三丈以内繫放牛羊及堆積污穢雜物等類阻礙交通。倘敢抗違，定即提究不貸，其各凛遵，切切。此佈。

中華民國七年十二月　日，廳長嚴師愈。

按：碑原在姜家隴。高110釐米，寬55釐米。碑文楷書，共12行，滿行25字。

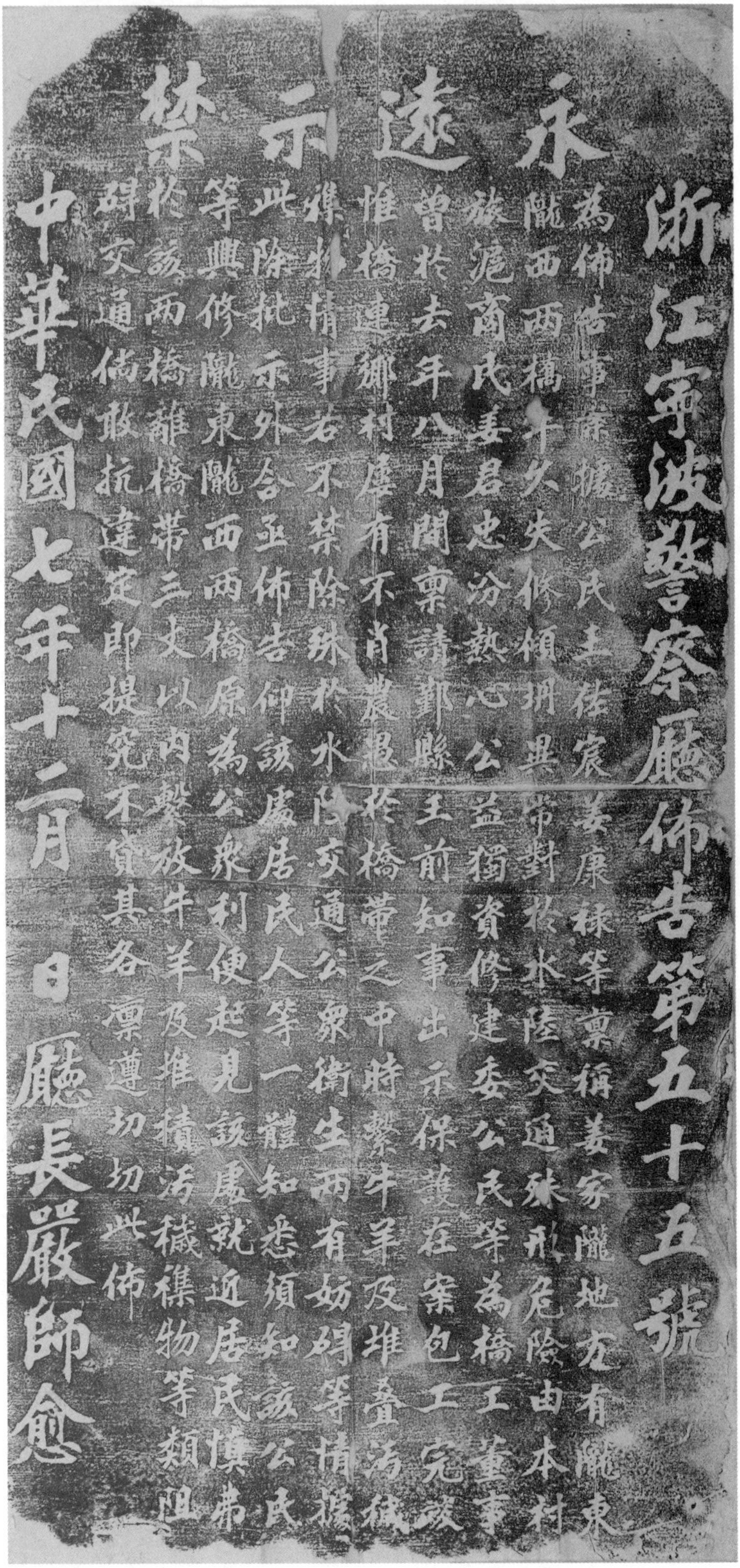
永遠示禁

浙江寧波警察廳佈告第五十五號

為佈告事案據公民王佐宸姜康祿等稟稱姜家隴地方有隴東隴西兩橋年久失修傾圯異常對於水陸交通殊形危險由本村旅滬商民姜君忠汾熱心公益獨資修建委公民等為橋工董事曾於去年八月間稟請鄞縣王前知事出示保護在案包工完竣惟橋連鄉村庸有不肖農民於橋帶之中時繫牛羊及堆疊污穢雜物情事若不禁除殊於水陸交通公衆衛生兩有妨碍等情據此除批示外合亟佈告仰該處居民人等一體知悉須知該公民等興修隴東隴西兩橋原為公衆利便起見該處就近居民慎弗於該兩橋離橋帶三丈以内繫放牛羊及堆積污穢雜物等類阻碍交通倘敢抗違定即提究不貸其各凜遵切切此佈

中華民國七年十二月　日　廳長嚴師愈

陳秉耐先生墓誌銘

清贈修職郎陳先生墓識名（篆蓋）

陳秉耐先生墓誌銘

慈谿楊敏曾文　錢罕書並篆蓋

君諱安煦，字昜喃，亦曰秉耐。陳氏先世，當宋寧宗朝有諱昌者，自嘉興來仕四明，遂家焉，故世爲鄞人。曾祖志爽，配胡氏。兼祧曾祖志道，配孫氏。祖恭紳，配丁氏。本生祖恭維，配丁氏。考順桂，鄉飲介賓，覃恩上壽。前清庚戌，以孝子旌表，配殷氏。旌孝公生子二，君其長也。君生而夙慧，嗜讀書，以家貧，弗克竟學，入慈谿某藥肆習業。勞苦之事皆躬親之，歷久勿懈，以是人器重之，年甫冠即擢任經理。君既主肆事，暇即留意於岐黄之學。時家叔父潁人先生搜集方書，晨夕研究，君時時過從，討論不倦。業既成，人有患病求治者，爲立方下藥，必再三審慎而出之，藥品必和平中正，無偏峻者。蓋君天性謹厚，業雖專精，常存欿然不自信之心，絶不敢以自欺者欺人也。生平混迹市肆，而擇交不苟，與同邑胡仰之、梅友竹及叔父穀人先生情好尤密，無一日不相見，見即流連不忍别。性嗜飲，人招飲輒赴，醉後諧譚間作，使人傾聽忘倦。竟以酒疾，卒於清丙申歲，年五十六。配童氏，早卒，無出。繼室楊氏，性賢淑，先君卒。君方壯盛，遂勿再娶。子二：長祥慶；次祥翰，邑庠生，北京大學豫科畢業，清己酉歲奏獎舉人、學部實業司司務，現供職鹽務署。女三人：長適邑庠生蔡和鏗，次適鍾世瑾，三適蔡協曜。孫五人：鼎壽、冕壽，祥慶出；彝壽、爵壽、鬯壽，祥翰出。民國七年，合葬於沙葉河頭俞家池之原，坐寅向申兼艮坤。祥翰嘗從余游，狀事實，以誌銘之文見屬。君家於鄞，生平足迹未嘗離慈。余早歲識君，家叔父招君飲，間亦與陪末座，故知君特詳。忽忽四十年，家叔父早逝，而君繼之，老成都盡，而余亦頹然老矣。悵前塵之若夢，幸繼起之有人，執筆書此，蓋不勝黄壚之感已。銘曰：

以術濟世，身胡不壽。有藴不施，克昌厥後。生客谿上，死正首邱。谿水如故，魂或來游。

山陰吴隱鎸。

按：墓原在沙葉河頭俞家池之原（今屬鄞州區五鄉鎮沙堰村）。墓蓋高53釐米，寬52釐米；誌高53釐米，寬52釐米。誌文楷書，共26行，滿行25字。

清贈修職郎陳先生墓誌名

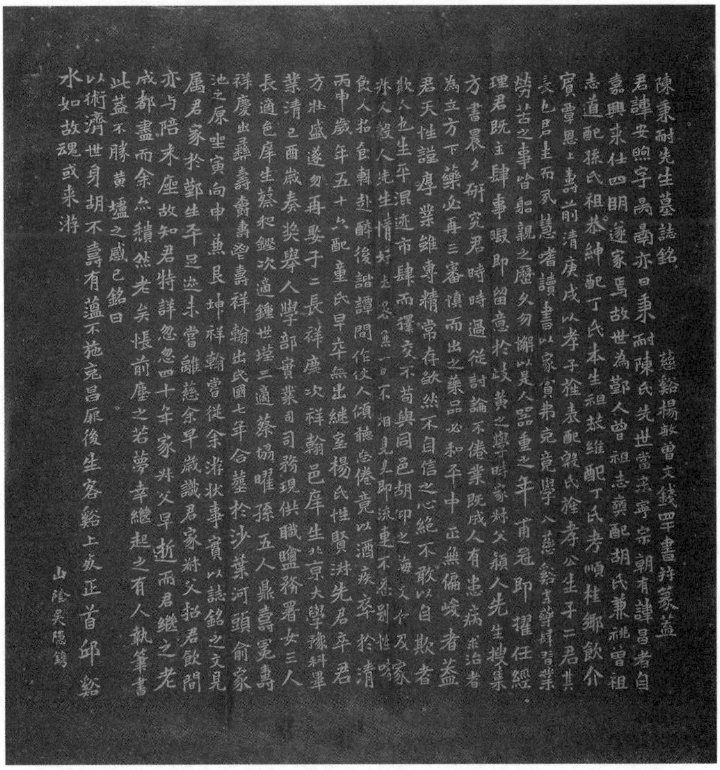

陳秉耐先生墓誌銘　慈谿楊敏曾文錢罕書并篆蓋
君諱安煦字禹南亦曰秉耐陳氏先世當宋寧宗朝有諱昌者自
嘉興來仕四明遂家焉故世為鄞人曾祖志藥配胡氏兼祧曾祖
志道配孫氏祖恭紳配丁氏本生祖恭維配丁氏孝順桂鄉飲介
賓覃恩上壽前清庚戌以孝子旌表配殷氏旌孝公生子二君其
長也君生而夙慧耆讀書以家貧弗克竟學入慈谿費綽青習業
勞苦之事皆躬親之歷久勿懈以是人器重之年甫冠即擢任經
理君既主肆事暇即留意於岐黃之學時家叔父穎人先生搜集
方書晨夕研究君時時過從討論不倦業既成人有患病求治者
為立方下藥必再三審慎而出之藥品必和平中正無偏峻者蓋
君天性謹厚業雖專精常存欿然不自信之心絕不敢以自欺者
歟人也生平浪迹市肆而擇交不苟與同邑胡叩之海文仝及家
叔父毅人先生情好甚篤無一日不相見見即流連不忍別性嗜
飲人招飲輒赴醉後諧譚間作使人傾聽忘倦竟以酒疾卒於清
丙申歲年五十六配童氏早卒無出繼室楊氏性賢淑先君卒君
方壯盛遂勿再娶子二長祥慶次祥翰邑庠生北京大學豫科畢
業清己酉歲奏奬舉人學部實業司司務現供職鹽務署女三人
長適邑庠生蔡和鏗次適鍾世瑾三適蔡協曜孫五人鼎壽寬壽
祥慶出彝壽齋壽譽壽祥翰出民國七年合葬於沙葉河頭俞家
池之原坐寅向申兼艮坤祥翰嘗從余游狀事實以誌銘之文見
屬君家於鄞生平足迹未嘗離慈余早歲識君家叔父招君飲間
亦与陪末座故知君特詳忽忽四十年家叔父早逝而君繼之老
成都盡而余亦積然老矣悵前塵之若夢幸繼起之有人執筆書
此蓋不勝黃壚之感已銘曰
以術濟世身胡不壽有蘊不施克昌厥後生客谿上歿正首邱谿
水如故魂或來游
山陰吳隱鐫

阿育王寺重修舍利殿碑

阿育王寺重修舍利殿碑（篆額）

阿育王寺重修舍利殿碑記

慈谿陳邦瑞撰　邑人高振霄書　湘陰左孝同篆額

四明阿育王寺舍利殿，國朝以來垂三百年，凡兩經修葺，康熙間寺僧海覺主其事，同治間寺僧法化董其役。逮國變後，棟宇朽蠹，行就傾圮，寺僧宗亮、源龍復爲營治，猶前志也。殿五楹，覆以黄琉璃瓦，其崇五丈三尺有奇，倍其數，去二以爲廣，去三以爲修。經始於丁巳，迄己未三月而蕆事，歷時兩期，土木之工費萬計，礱石髹漆及他費稱足而加贏焉。殿中設龕以安舍利，旁列塗金塔，及石塔座後肖佛涅槃像。塔前夾以阿育王、利賓菩薩像，左右隅設韋將軍、穢迹金剛、禺僧各一軀，兩壁砌十六尊者石畫。殿後植娑羅樹兩本，鑿潭引泉，泓然而清者，佛母乳也。布置規畫，皆極思致。廓而新之，有加於舊。夫廢興者時也，生滅者理也；附於物者，不能有興而無廢；綴於形者，不能有生而無滅；審矣。陵谷之易處也，桑海之改步也，以至家國朝市罔不然，而何有於殿宇？五行之迭運也，四時之推敚也，以至飛潛動植罔不然，而何有於軀體？抱大智慧、大靈感者知其然，故剗削六根、解脱五蘊，而揭妙諦曰空。惟空也故無有恐怖，無有煩惱，無有嗔怒。一切妄念，杜絶萌牙。當其興時已作廢想，當其生時已具滅觀。所謂夢幻泡影露電，皆如來之真實義也。然如是説，則舍利又何以名哉？夫身相不可見，如來以身相見，如來即非如來。舍利者，身相之示現也，是則凡言舍利，即非舍利。佛本於無，而舍利根於有，是則有舍利即非佛。而閎其堂構，輝以金碧，復作何説？如言佛不滅，何以有涅槃？佛既有滅時，何有於舍利？阿育王之以功德共燿於震旦也，非以躳造八萬四千塔而崇舍利哉？其於義乎何居？曰：否，不然。佛無滅時，可滅者血肉也，不滅者靈明也，是以形滅而舍利存。佛無色相，衆生不能於無色相處見佛，是以示衆生以色相，即示衆生以非色相，故於舍利發揮，其歷於萬劫，阿僧祇劫常存不滅之目，以覺世界一切含靈，使皆因漸入頓，因頓入圓，涕泣了解，歡喜讚歎而不能自已也。

四明舍利緣起，前人類能言之，具詳載籍。曰阿育王者，著所自也。舍利始未有殿，殿之作記者多略。語曰“興絶世、舉廢國”，傳曰“有其舉之，莫敢廢也”。天下之大，關繫之重，有廢絶而不修者多矣，何獨於一殿宇之微，視爲當興耶？即以殿宇言，苟非其人，道不虚行，兹殿之廢而復興也，就可考知者，始見之於宋慶曆間常坦禪師，再見之於元至正間雪牕禪師，又見之於明正德間廣福禪師、萬曆間無漏瓶禪師。爰至國朝諸長老，嗣而修焉。今寺僧復按前規，運之以精心，持之以果力，庀材興工，役不愆期，克厎厥績，有人矣哉。嗟乎！殿之絶續不廢，猶不可以無人，而况乎措施殷繁，責大任重，有倍蓰於是者乎？觀於宗亮、源龍之事，其亦可以慨然而興矣。於殿之成，爲記其事，因書所感，俾勒諸石以垂於無窮。

歲在屠維協洽病月。鄞項崇聖刻石。

按：碑在阿育王寺舍利殿前庭。高230釐米，寬100釐米。碑文隸書，共21行，滿行49字。

鄞縣阿育王寺養心堂碑記附公議規則

鄞阿育王寺養心堂碑記（篆額）

賜進士出身誥授資政大夫賞戴花翎二品銜安徽勸業道署理按察使加三級前翰林院編修鄞縣童祥熊撰　賜同進士出身誥授朝議大夫賞戴花翎加侍講銜翰林院檢討加四級奉化竺麟祥書并篆額

吾邑東鄉阿育王寺，自梁普通三年始建殿賜額，其後代有興廢。至我朝康熙年間，募資重修佛殿僧寮，於焉大備，足爲天下叢林冠。而游方諸僧亦且航海梯山，旦暮踵至。顧往來雜遝，於挂衲翻經之所，已形局促，間有耆年羸體、冒霧衝風、疾痛迫身、養息無所者。方丈明律惻然憫之，因發創造病寮之念，謀諸寺僧顯崇，曰:“佛道崇虛，禪法主静，以呻吟之病僧雜處其中而一心不亂者，戛戛乎難之。故欲爲行者籌養心之法，更須爲病者籌養疴之所。竊欲築堂數楹，俾便棲息，子能肩其任乎？”顯崇諾之，就商明律暨寺僧有同志者出缾缽資，以爲之倡，復廣勸衆信助資，而由監院明覺董其事。不數月堂成，垣墉崇峻，廊廡周匝，誠安體之佳所、養神之勝地也。爰祖養心之説，名其堂曰“養心”，即延顯崇爲之主。今年秋，余省親旋里，和尚使以狀來，請筆其緣起，乃記所述文於石，若堂之規約、施者之名具列如碑陰，示永久焉。

記成於大清光緒己丑秋八月。越二十年，宣統庚戌冬十月書丹上石。又閲十載，舊曆己未春三月，因移建斯堂，規制具備，方丈宗亮、監院源龍督工重摹勒。

公議規則

一，本堂附屬於阿育王寺常住，由方丈、監院等公同酌定，延聘高僧爲本堂主任，管理一切，各有職守，毋得推諉。有他就或不稱職者，隨時另延，以重善舉而垂永永。

一，本堂所募置之田産壹百畝，歸常住掌管，其出息但作堂内之需，繕立養心堂收支清册，不得變賣移易。經費不敷時，公同續議募增。

一，凡有病人討單，須到客堂報明病狀，派令照客師知會堂主，送入調養，病愈出堂。

一，凡有燃指之人，報明客堂，令照客師送堂調養，二月爲限，不得任意久住。有他病者，堂主察核辦理。

一，堂内病人欲請醫診視者，須報告堂主酌行。其湯藥等項由堂主料理。

一，病人飲食起居，歸香燈師盡心照料，不得懈怠。堂主得記其功過，以爲勸懲。

一，本堂備有被帳棉衣等件，以便病人借用，但須向堂主聲明，立册登記，出堂時檢明交還。

一，本堂病人以早晚三枝香功課爲常規，由堂主隨時察看。病輕者出寮隨衆上殿，重者免之。無事則静坐念佛，若有在外閑游放逸者，驅令出堂。

一，本堂病人臨危時，報知堂主，須邀輕病者出寮送終念佛，以助往生。

一，病人有在堂内圓寂者，其衣單及銀錢等物，堂主得檢交客堂估唱，作身後功德之資，但須酌留若干爲香燈師酬勞。一無所有者不在此例。圓寂後，常住備棺在本堂成殮，合寺同人送至停棺所安放。每届冬至前後焚化，拾骨存塔。如在立秋後，則停俟下次遷化，並准在本堂神龕登位。

一，堂内如有被帳寒衣及雜用等物，如有破爛缺少者，必須修整添補，由堂主隨時檢點毋悮。

一，寺内如有上堂普佛等嚫，須分潤堂内病人者，每次日香燈師至常住領取，照清衆式分給之，以昭公道。

一，香燈師單錢擬定每月叁百文，分兩期支取。香燈要在堂内管守，不能開牌，每堂水陸犒錢柒百文。

一，病寮最宜潔净，堂主須隨時巡邏，督率埽除毋懈。如病人衣被有氣息者，須用艾葉、蒼术、白芷、松柏葉等，以微火烟熏之，參用西藥，亦可藉防傳染之弊。

一，本堂病人不得私自向施主募化，破壞道德。倘有施主自願結緣者，亦請交由堂主，按照人數分給之。

一，堂内如有人滿之時，另延公務香燈幫忙，單錢由常住給發。

一，管理堂内事務，概由堂主負責。倘或事有疑難，仍可會商本寺方丈、監院等妥議定奪。每届歲除，堂主繕立本年收支清册，交存常住察核，以昭信用。

一，上列規條不得違改。倘有未盡事宜，由堂主隨時向常住公同續議，和衷共濟，俾可逐漸擴充。發起人之良法美意，藉維持於久遠。

李良棟敬刊。

按：碑在阿育王寺。高197釐米，寬72釐米。碑文行楷，共22行，每行37—69字。另有一行小字著刻者姓名。

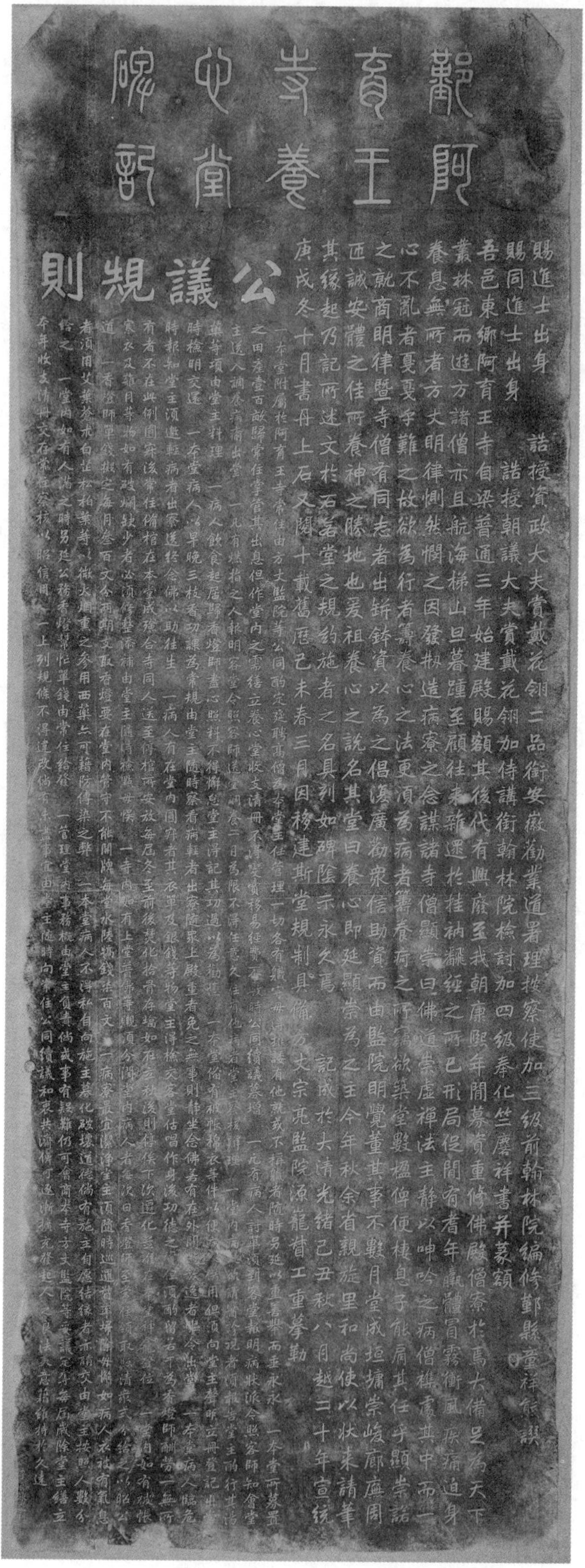
鄮阿育王寺養心堂院記

賜進士出身 誥授資政大夫賞戴花翎二品銜安徽勸業道署理按察使加三級前翰林院編修鄞縣童祥熊撰
賜同進士出身 誥授朝議大夫賞戴花翎加侍講銜翰林院檢討加四級奉化竺麐祥書并篆額
吾邑東鄉阿育王寺自梁普通三年始建殿賜額其後代有興廢至我朝康熙年間募資重修佛殿僧寮於焉大備足為天下叢林冠而遊方諸僧亦且航海梯山旦暮踵至顧往來雜遝於梓袖灑經之所已形局促間有年歲衰暮冒霧衝風疾痛迫身養息無所者方丈明律惻然憫之因發願造病寮之念謀諸寺僧顯宗曰佛道崇虛禪法主靜以呻吟之病僧棲處其中而一心不亂者戛戛乎難之故欲為行者籌養心之法更須為病者籌養病之所於是欲築堂數楹俾便棲息子能肩其任乎顯宗諾之就商明律暨寺僧有同志者出詐鉢資以為之倡復廣勸衆信助資而由監院明覺董其事不數月堂成垣墉崇峻廊廡周匝誠安體之佳所養神之勝地也爰祖養心之說名其堂曰養心即延顯宗為之主今年秋余省親旋里和尚使以狀來請筆其緣起乃記所述文於石嵌堂之規約施者之名具列如碑陰示永久焉 記成於大清光緒己丑秋八月越二十年宣統庚戌冬十月書丹上石又閱十載舊歷己未春三月因移建斯堂規制具備方丈宗亮監院源龍督工重摹勒

公議規則

阿育王寺養心堂捐資題名碑

檀波羅密

童君祥熊、楊君家驥，合助洋貳百捌拾元。

方君駿萃、方君濬年、劉君玉鑑、姜君蘭亭、應君廷華、吴君通理、無名氏，各助洋壹百元。

大寺常住助洋壹千元。

念空和尚助洋壹千貳百元。

浄果和尚、廣泰和尚、松鶴和尚，各助洋叁百元。

西峰和尚、明律和尚、授荷大師、明修大師，各助洋貳百元。

悟性和尚、蘭芳和尚、續源和尚、濟生和尚、修慧大師、宗性大師，各助洋壹百元。

則倫大師、濟慈大師，合助洋壹百叁拾元。

希無大師、定覺大師、梅春大師、平道大師、廣福大師、省三大師、清朗大師，各助洋伍拾元。

廣通大師、榮慧大師、吉昌大師，合助洋壹百拾貳元。

普通大師、必歸大師、覺明大師、耕齋大師、源超大師、濟定大師、森然大師、照修大師、心空大師、静海大師，各助洋貳拾元。

芝芊大師、宗本大師、常玉大師、京松大師、德壽大師、華壇大師、金道大師、雲芳大師、允慧大師、源成大師、静廣大師、融伏大師、濟成大師，各助洋拾貳元。

安法老和尚、真修和尚、岐昌和尚、定法大師、慧忠大師、錦純大師、善慧大師、德化大師、了能大師、裏乾大師、宗覺大師、聖宏大師、宗定大師、遠塵大師、蓮華大師、諦忠大師、了池大師、覺塵大師、能體大師、允信大師、能忍大師、允良大師、儒慶大師、允康大師、雲源大師、達賢大師、正通大師、雪真大師、昌進大師、西明大師、達悟大師、超宗大師、月増大師、能授大師、識照大師、安□大師、諦穩大師、識止大師、廣磬大師、達悟大師、從華大師、善安大師、達蓮大師、無名氏，各助洋拾元。

張君薪傳、張君炳焕、張君濟彪、張君藕生、汪氏雙福、童門章氏、胡氏覺山、童氏品蓮、陳門黄氏、葛門陳氏、張門陳氏、陳門劉氏、張門李氏、周門林氏、無名氏、葛氏修蓮、葛門童氏、鄭氏静德、鄭聞覺、華門信人、童門王氏、童門費氏、陳門果西、陳門林氏、應門童氏、方氏宗興、盛門朱氏、方門鄭氏、章氏修清、鄭門王氏、胡門陳氏、方門翁氏、鄭門陳氏，合助洋壹千壹百念捌元。

方氏蓮生、華氏常念、金氏月觀、金氏善現、姚氏宗元，各助洋肆百叁拾陸元。

裘君之藎、周氏蓮法、鄭氏圓清、謝氏修蓮、鄭氏祖福、馮氏心蓮、王氏善和、范氏宗妙、柴氏定慧、傅氏慧定、魏氏聞善、戎氏聞利、苾蒭尼寶山、林君世傑、立餘、李氏静悟、陳君守藻，各助洋伍拾元。

徐氏蓮福、陸氏妙相、屠氏静明、董氏善慶、吴君正鉅，各助洋肆拾元。

苾蒭尼本靈、孫氏宗益、鄭氏正蓮、李氏聞蓮，各助洋叁拾元。

李氏妙祥、施太太、杜氏常清，各助洋念伍元。

宋君偉臣、王氏真固、葛氏常修、方氏源福、沈氏蓮生、張氏宗蓮、郭氏宏修、俞氏宗壽、張君静之、柴君永賢，各助洋念元。

夏氏源根、苾蒭尼妙祥、苾蒭尼修善、無名氏、金氏道福、謝氏文蓮、王氏善明、吴氏定山、費氏宗願、林君道生、張氏宏清、胡氏宗明、汪氏濟祥、方氏妙祥、王氏宗芳、張氏宗慶、傅君震元，各助洋拾貳元。

鄒氏從蓮、余氏從寶、苾蒭尼宗慶、李氏正行、無名氏、俞氏善海、陳氏宗福、林君德富、王君金福、駱智和、盧氏宗明、陳君文越、王氏妙蓮、王氏福德、徐氏静心、徐君慶三、徐君康壽、徐君德壽、朱氏蓮香、徐君松壽、齊氏静研、俞氏宗通、趙君家芬、趙門裘氏、趙君家法、趙君之俊、趙君本權、饒氏文蓮、李氏普鼎、吴氏真修、蔣君東初、左門張氏、童氏明通、宏門楊氏、林氏雲蓮、費氏宗嚴、沈氏蓮生、寧安公所、陳君鏞庭、苾蒭尼真如、勵氏妙相、李氏慧清、石氏全福、陳門向氏、葛氏慧海、姚氏聞德、林氏福慧、屠門王氏、沈氏静定、何君餘慶、周門姚氏、徐氏宗元、徐氏祥福、邱氏最善、洪氏宗安、周氏仁守、林氏寶緣、張氏信人、張善蓮、柴如堯、柴謙林、徐才寶、張永泉、張蓮生、柴氏月蓮、周氏天福、苾蒭尼蓮成，各助洋拾元正。

濟雲和尚、龍潭新港海關、張慶記、苾蒭尼可行、周氏宗蓮、趙之僑、趙本相、衆亡僧、國正大師、靈圓大師、同曉大師、慈慧大師、行翠大師、濟悦大師、静海大師、式懋大師、本剛大師、道林大師、文性大師、宗學大師、心蓮大師，各助洋伍元。

優婆夷方門黄氏定祥、信女李門方氏傳祥，各助洋壹百元。

王氏道源。

按：碑在阿育王寺。高179釐米，寬74釐米。碑文隸書，分上下10列，共31行。

檀波羅密

天童寺提倡森林碑

提倡森林

天童寺開墾放羊山記

深山大麓之中，奇材不虞特出，名教綱常以外，斯人豈盡無心？良由所見者宏，故所措施者美且異也。四明天童寺，天下禪宗五山之第二也。自晉永康以來，道傳器授，源深流長。山紆盤而氣幽，磵潺湲而水清。古松夾道，偃蹇蔭覆，層樓傑閣，巍然相望於林表，洵東南甲觀也。惟榱蝕堊剥，歲久寖廢，葺而理之，往往靡其千金。主僧浄心憂之，乃度地於去寺五里之放羊山。其地泉清而土腴，每每原田，棄置於荒榛野草間，可惜也。乃率德傳輩十餘比丘以墾焉。始植蕃薯，其年大有秋，獲數百石，足以供香積厨。然而荷鉏擔耜者日出而星歸，恒苦跋涉。浄心復於山腰度地一方，從横可五畝，平疇爽塏，乃築楹其間，覆茅爲屋，因其山之名曰“放羊蓬”，於是田者得所憩止矣。又苦乏水，躊躇有時。忽一僧見山後清流涓涓，飲而甘之，狂喜，白於主僧，鑿竹而空之以導焉。於是煮茗烹泉，不啻桃源雞犬也。四三年來墾植加勤，樹杉植松，移竹種柏，鬱鬱葱葱，林木蓊倩，見者忘其爲昔日之荒邱矣。伐其材木以爲修寺之資，何慮歲費千金哉？將見崑閬梵唄，雲榱雪桷，千秋如一日也，則浄心之功偉矣。後之人踵而事之，擴林木之利，將用之不竭，豈特天童寺之無盡藏，亦東越森林之（犒）〔嚆〕矢也。浄心將於是年退院，乞余記其事，余嘉其識而書之。

中華民國八年孟春之月，三等嘉禾章浙江會稽道道尹張鼎銘并書。

天童開墾放羊山後記

天童寺主僧浄心墾其山之荒曰放羊者，植以蕃薯，樹以松竹，而漸及於杉柏之屬，鬱鬱葱葱，蔚爲林藪矣。更數十年，其梁楝之材、甍桷之用，以及供香積厨，宜用之不竭也。道尹鐵嶺張公記之，曲折情事，纖悉靡遺。浄心猶乞予一言以爲之繼。予不文，曷足爲山林重？顧念辨土宜而勸五穀，《周官》之政也。五畝之宅，樹之以桑，斧斤以時入之，乃王政之始。子輿氏反覆而道之者，我固以農立國也。神農親耕，后稷教稼。《詩》曰：“俶載南畝，播厥百穀。”高天錫曰：“農桑，衣食之本，古之王政莫先乎是。”宋設勸農司，以知州縣爲長官，勸民墾田樹桑柘。明宣宗作《畊夫之記》，問民疾苦。民國肇興，廣闢林業，不佞忝知縣事，職有所宜導，浄心之索文者意在斯乎？是固余不辭而樂爲一言也。他若墾殖之劬、林木之盛及在事諸僧姓氏，張公文之綦詳，不贅焉。爰書諸石，以爲後記。

中華民國八年六月，浙江鄞縣知事吴縣錢人龍撰并書。

甬上耕玉齋精刻。

按：碑在天童寺。高 166 釐米，寬 61.5 釐米。碑文上部分楷書 3 列，每列 16 行；下部分行楷 2 列，一列 18 行、一列 17 行。

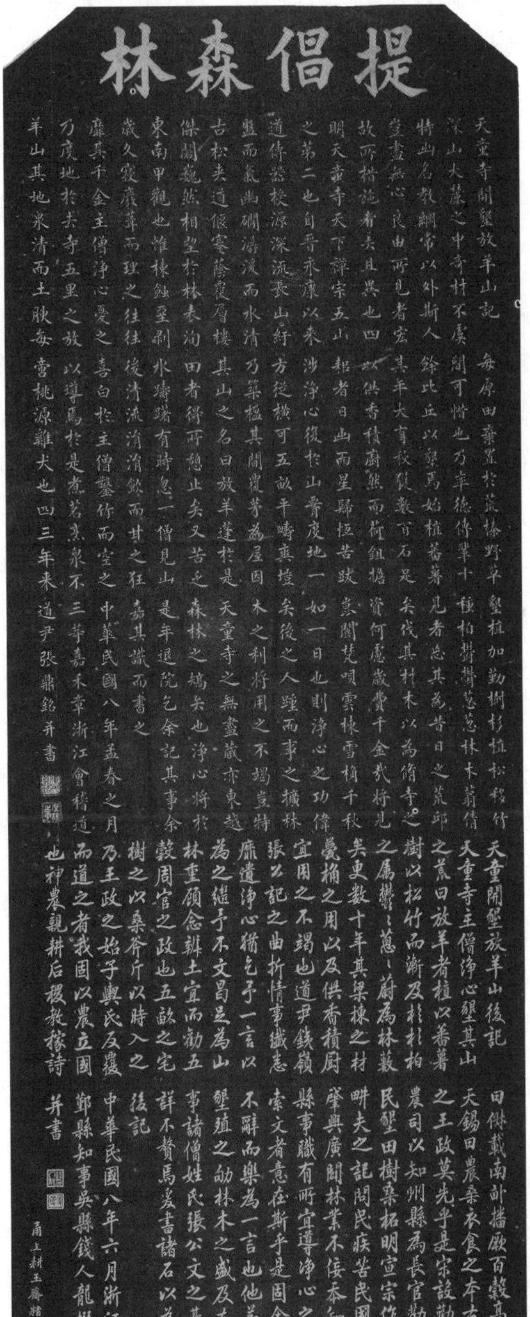
提倡森林

天童寺開墾放羊山記
深山大麓之中奇材不虞
特出名教綱常以外斯人
豈盡無心良由所見者宏
故所措施者美且異也四
明天童寺天下禪宗五山
之第二也自晉永康以來
道傳器梭源深流長山紆
豐而氣幽磵瀉濱而水清
吉松夾道偃蹇蔭覆層樓
傑閣巍然相望於林表淘
東南甲觀也惟榛蝕塋剎
歲久寢廢莽而理之往往
靡其千金主僧淨心憂之
乃度地於去寺五里之放
羊山其地泉清而土肥每
每原田棄置於荒榛野草
剔可惜也乃率徒偕辈十
餘此丘以繇馬始植蓄菁
其年大有秋穫數百石足
以供香積廚然而荷鉏擔
耜者日出而星歸極苦跋
涉淨心復於山麓度地一
方從橫可五畝平疇爽塏
乃築楹其間覆茅為屋因
其山之名曰放羊蓬於是
田者得所憩止矣又苦之
水璘璘有時忽一僧見山
後清流消消飲而甘之狂
喜白於主僧鑿竹而空之
以導焉於是煮茗烹泉不
嘗桃源雖犬也四三年來
墾植加勤樹杉植松移竹
種柏鬱鬱蔥蔥林木蓊蒨
見者悉其為昔日之荒邨
矣伐其材木以為脩寺之
資何處歲費千金哉將見
崑閣梵唄雲棟雪楨千秋
如一日也則淨心之功偉
矣後之人躡而事之擴林
木之利將用之不竭豈特
天童寺之無盡藏亦東越
森林之縞矣也淨心將於
是年退院乞余記其事余
嘉其識而書之
中華民國八年孟春之月
三等嘉禾章浙江會稽道
道尹張鼎銘并書

天童開墾放羊山後記
天童寺主僧淨心墾其山
之荒曰放羊者植以蕃薯
樹以松竹而漸及於杉柏
之屬鬱鬱蔥蔥蔚為林藪
矣吏數十年其梁棟之材
甍桷之用以及供香積廚
宜用之不竭也道尹錢嶺
張公記之曲折情事纖悉
靡遺淨心猶乞予一言以
為之繼予不文曷足為山
林重顧念辨土宜而勸五
穀周官之政也五畝之宅
樹之以桑斧斤以時入之
乃王政之始予與民反覆
而道之者我國以農立國
也神農親耕后稷教稼詩
田俶載南畝播厥百穀高
天錫田農桑衣食之本古
之王政莫先乎是宋設勸
農司以知州縣為長官勸
民墾田樹桑柘明宣宗作
畊夫之記閔民疾苦民國
肇興廣闢林業不佞忝知
縣事職有所宜導淨心之
索文者意在斯乎是固余
不辭而樂為一言也他若
墾殖之動林木之盛及在
事諸僧姓氏張公文之綦
詳不贅焉爰書諸石以為
後記
中華民國八年六月浙江
鄞縣知事吳縣錢人龍撰
并書
甬上耕玉齋精刻

施祥寺建設永年蘭盆勝會緣起文

謹爲章氏普光建設永年蘭盆勝會緣起文

蓋聞孝獨先於百行，儒典攸崇，恩莫大於二親，釋氏尤重。身淪鬼趣，青提之饑苦何堪？果證聲聞，目連之哀情益著。神通獨顯，難免業火之然；聖力群加，斯脱焦喉之厄。由是教興竺土，作滅苦之玄猷；供設蘭盆，垂報恩之遺範。章氏既嘆雙親之已往，報答遑遑；旋思孤魂之無依，饑苦綿綿。爲此捐資設會，擇地於施祥禪林；邀僧修供，卜時於中元佳節。禮懺設焰，作諸功德；報本恤孤，利濟幽冥。爰展孝思，非敢攀躋於大德；聊舒微誠，用答劬勞於深恩云爾。

附録建會規章於後：

一，本會爲報答慈親、超薦孤魂，依《蘭盆經》之遺範，故立名“蘭盆勝會”。

一，本會經費由章氏獨力捐助。每年所收花息，爲禮懺、設焰、建會之用。

一，本會永遠設於施祥寺内，每年由住持僧照章辦理，無論何人不得妄擬遷移。

一，本會定每年七月十三日爲建設之期，無論何事不得變更。

一，本會日中禮懺一天，晚間設放焰口一堂，和尚均須七衆，供菜、香燭、水菓、茶食均照寺常規辦理，不得疏忽。

一，本會禮懺回向及放焰時，須用全金錫箔二千張、冥衣四堂，不得缺少。

一，本會由章氏普光捐洋叁百元，内一百伍拾元准建設本會之用，餘一百五拾元之本息，爲設立長生牌位一個。每逢章氏九月十七日誕辰，延僧七衆唸佛一天，午刻備十大碗素菜二桌至佛前及牌位前上供，並化錫箔壹千張，隨後將素菜分與僧人及章氏後裔來參拜者享饌。

如上規章，世代流傳，刻碑作證，永遠勿替也。

中華民國八年歲次己未七月吉日，施祥寺住持普達宏一撰書立。

按：碑原在施祥寺。高131釐米，寬62釐米。碑文楷書，共15行，滿行40字。

謹為　章氏普光建設永年蘭盆勝會緣起文

蓋聞孝獨先於百行儒典攸崇恩莫大于二親釋氏尤重身淪鬼趣青提之饑苦何堪果證聲聞目連之哀情益著神通獨顯難免業火之然聖力羣加斯脱焦喉之厄由是教興竺土作滅苦之玄猷供設蘭盆垂報恩之遺範章氏既嘆雙親之已往報答遑遑旋思孤魂之無依饑苦綿綿為此捐資設會擇地于施祥禪林邀僧侑供卜時于中元佳節禮懺設燄作諸功德報本恤孤利濟幽冥爰展孝思非敢攀蹤于大德聊舒微誠用荅劬勞於深恩云爾　附錄建會規章于後

一本會為報荅慈親超薦孤魂依蘭盆經之遺範故立名蘭盆勝會　一本會經費由章氏獨力捐助每年所收花息為禮懺設焰建會之用　一本會永遠設於施祥寺内每年由住持僧照章辦理無論何人不得妄擬遷移　一本會定每年七月十三日為建設之期無論何事不得變更　一本會日中禮懺一天晚間設放燄口一堂和尚均須七衆供菜香燭水菓茶食均照寺常規辦理不得疎忽

一本會禮懺回向及放燄時須用全金錫箔二千張冥衣四堂不得缺少　一本會由章氏普光捐洋叁百元内一百伍拾元准建設本會之用餘一百五拾元之本息為設立長生牌位一个每逢章氏九月十七日誕辰延僧七衆唸佛一天午刻備十大碗素菜二桌至佛前及牌位前上供並化錫箔壹千張隨後將素菜分與僧人及章氏後裔来叅拜者享饌如上規章世代流傳刻碑作證永遠勿替也

中華民國八年歲次己未七月吉日施祥寺住持普達宏一撰書立

董君仰甫墓誌銘

董君墓志（篆蓋）

董君仰甫墓志銘

同縣楊敏曾撰　錢罕篆蓋並書

吾邑董氏，起家貿易，以財雄其鄉者數世矣。顧其人類能急公好義，以行誼自表見，非夫世之齷齪守財者比，故傳世久遠。後且以文學著稱鄉里，以余所及見者言之，君其一也。

君諱喬年，字仰甫，一字鶴笙。系出漢江都相，三傳至廬江太守春，始居句章。六傳而至徵士黯，事母至孝，縣名慈谿實由於此。又四十一傳曰添，始居邑西金川鄉，即今聚族處也。曾祖諱杏芳，居積致富，旌表義行，入祀孝弟忠義祠。祖諱秉愚，兩世皆累贈通奉大夫、工部郎中、加五級。考諱對青，封通議大夫、道銜、加二級。曾祖妣氏葉，曾祖生妣氏杭，祖妣氏柳，並贈夫人。妣氏趙，繼妣氏鄭、氏陳，皆封贈淑人。君趙淑人出也。

君自早歲溺苦於學，雖處華膴，無異寒素。同治三年，補縣學生，越年舉於鄉，年僅二十三。七年，試禮部，報罷，援例捐授内閣中書，復報捐候選道，加二級。君生平以振興先緒爲己任，義莊創始於義行公，而通奉公及諸昆季各竭其資力，始底於成，教養畢備。其後通議公與君迭主其事，以籌畫之善，歲有所贏。於是自舊有田二千三百餘畝外，續增二千九百餘畝，牒請户部著籍，用垂永久。其後君病不支，猶以事需整頓，再三商榷，不敢稍懈。徵士公墓在鎮邑靈緒鄉，舊失墓所在，後有掘地得碑來告者，地已爲他姓所佔，墓外遂無餘地。通議公欲復之而不能，引以爲憾。君卒以重資購得其地，拓而大之，爰建饗堂三楹，翼以兩廡，而君之心於是乎大慰。外此，惠澤之及鄉邑者尚多，以在君非難事，故不復備述也。

方君客京師，念功名不難致，意氣甚豪，及官中書，所交皆當世英俊，文讌留連，極一時之盛。既而十試春闈，卒不一遇，鬱鬱不自得。回首故交零落漸盡，尤不能無愴於懷，强自排遣，營建書室，顔曰“春風草廬”，鑿池沼，搆亭榭，花木環列，蔚然甚盛。藏書數萬卷，日手一編讀之，視世俗事無足攖其心者。意有所觸，托諸歌詠，篇什既多，編爲《春草廬詩存》若干卷。一再喪耦，以家政委長子錫疇。錫疇先意承志，能得君歡，不幸以咯血病卒。君哭之慟，而病之伏於中者深矣。閲二歲爲光緒二十七年，竟卒，享年五十有九。

配應淑人，側室華孺人，均前卒。子五人：錫疇、錫畇、敦澄、劬、勱。女一人，字李。敦澄、錫畇，君歿後亦相繼卒。孫七人：維鍔、維煊、維栶、維藩、維寶、維珪、維璋。曾孫五人。君歿之十八年，始與應淑人、華孺人合葬於胡家宅之山麓。

飭狀君事略，請爲文銘諸幽。余早歲避地鄉居，依外家葉氏，董、葉世婣，故識君獨早。稍長，常造君廬，發臧書而瀏覽焉。既而應試北上，舟車館舍，時復同之，談藝論文，間涉身世，故知君也又獨詳。追維舊事，仿彿如昨，余誠何足爲君重，而以志存歿之感，則固不能以無言也。銘曰：

家風雍穆師希文，善繼善述君其人。科弟區區何足論，知有餘慶鍾後昆。

八年七月，鄞縣周澄刻字。

按：墓原在金川鄉胡家宅（今屬餘姚市丈亭鎮寺前王村）。蓋高 47 釐米，寬 35.5 釐米；誌高 48.5 釐米，寬 46.5 釐米。誌文楷書，共 29 行，滿行 35 字。

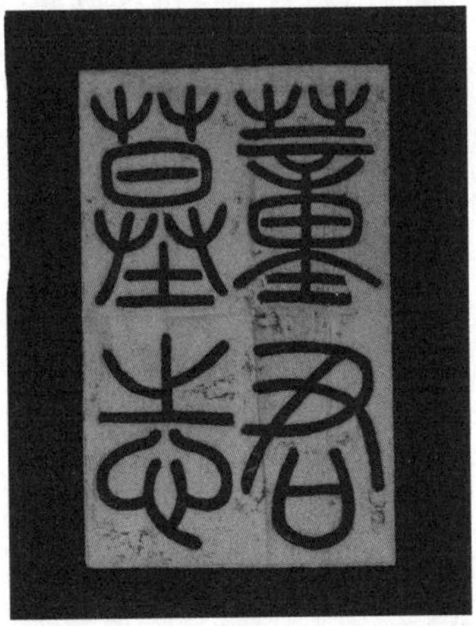

施祥寺藥師琉璃會捐資題名碑

藥師琉璃會

夫般若智燈輝天徹地，大光明藏耀古騰今，悟此者心燈遍照，是謂燃無盡燈、供無量佛也。且藥王爲法焚軀，施度圓滿；比丘燃指供佛，宿債畢酬。既身見不存，而我執終破。但身爲内財，施之固難其人；財爲外物，舍之自易之事。智圓等欲修十願五供之第三，用報四恩九有於萬一。雖不能舍身求菩提，自應燃燈修法供。由是勸我同志組成一會，名曰“藥師琉璃會”，合集群資購置薄産，所收花息當於藥師如來聖誕良辰啓建道場，一晝夜燃燈懸旛，禮懺設焰，藉勝會之良緣，布福田之善種，消災滅罪，益算延年。每届會期，除開支外，所有盈餘永作佛前長燈供養。伏願佛光燭照，共出長夜之昏衢；法眼圓明，普矚大千之沙界。兹將在會芳名刊之貞石，俾垂不朽，昭示將來。

梁君隆道、汪君了億、戴君芳來、周君景文、夏君宗法、吕君文星、吕君獻昌、屠君雍房、費君星魁、袁君貴壽、陳君安甫、毛君祥甫、陳君定甫。

袁君隆慶、任君國照、徐君定芳、屠君彭年、張君隆緣、姜君在渭、車君長春、蔡君新生、翁君寶甫、孫君蘭生、吴君隆貴、李君隆富、傅君生風、毛君祥甫、吴氏福根、俞氏福綿、項氏福性、王氏福隆、孫氏福餘、王氏福浄、施氏福德、毛氏福生、傅氏福全、陳氏福曜、張氏福昌、唐氏福寶、魯氏福良、汪氏福壽、嚴氏福棠。

屠氏福善、徐氏福彰、洪氏福璪、胡氏福慧、何氏福裕、王氏福慧、盧氏善道、汪氏福壽、葉氏福德、章氏福銘、范氏福慶、盛氏福清、張氏福蓮、周氏福蓮、葉氏善德、車氏福清、施氏福寧、郁氏福香、沈氏福順、于氏福益、毛氏安福、陳氏善德、趙氏善榮、盛氏善緣、許氏吉慶、費氏傳福、胡氏全福、施氏諦運、沈氏瑞球、施氏永寬。

淩氏静芳、嚴氏浄安、陳氏蓮慧、林氏永静、張氏宗善、楊氏福植、張氏宗芳、張氏福慶、張氏福安、盛氏法珍、朱氏君有歲、應氏福壽、沈氏妙蓮、李氏慧清、應氏指悦、郭氏佛緣、盧氏十全、汪氏源亮、萬氏寶蓮、袁氏貴壽、金氏善慶、徐氏福緣、嚴氏永明、陳氏永修、林氏金明、傅氏餘慶。

費氏妙峰、李氏善福、康氏寶福、裘氏法雲、李氏善修、應氏善覺、張氏渭成、李氏福蓮、陳君得意、吴氏全福、王氏明亮、陳氏佛緣、施氏静修、陳氏洪緣、王氏壽生、詹氏福勝、孫氏福儲、林氏修浄、李氏長生、徐氏德海。

汪氏德福、倪氏坤復、桑氏善安、嚴氏源發、李氏長生、毛氏德福、方氏福壽、唐氏蓮清、水氏蓮安、馬氏蓮尊、李氏種善、陳氏蓮貞、周氏全福、李氏全福、姜氏宗香、袁氏慶福、周氏雙全、陳氏全福、萬氏善福、李氏善明。

民國八年己未九月藥師如來誕日，本寺住持宏一率徒眷等建立。

按：碑原在施祥寺。高 154 釐米，寬 71 釐米。碑文楷書，共 21 行，右側 5 行爲題記，滿行 56 字，題名分上下 11 列。

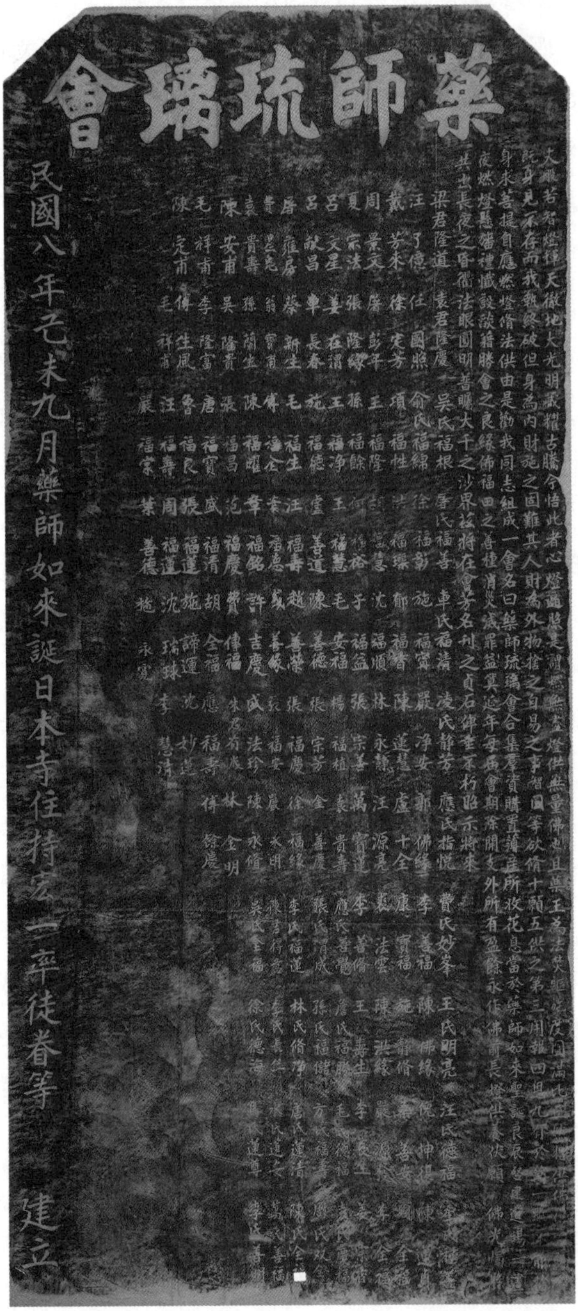

鎮海陳君葆庸墓誌

鎮海陳君葆庸墓誌（篆額）

鎮海陳君葆庸墓誌

花翎侍講銜國史館協修翰林院編修鄞縣高振霄撰并篆額

吾友鎮海陳葆庸，既歿之六載，始克營葬事，其弟葆勤乞余爲文以誌之。余辱與君知者有年矣。君雖賈乎，實儒者也。天性肫孝，篤於弟昆。一見之於漢口，留久之，爲其仲弟調理痢疾，憂形於色，稍間則色然喜。再見之於甬上，而君以病體就醫，留久之，朝夕必相見，不見則馳介敦趨。時余方爲先人治葬，君來會於墓次。旋余有孺子喪，悲邑不自聊，而妻錢淑人亦因以觸發舊疾，卧牀褥。家中多遘疾瘽者，一夕數起，繞牀走，徬偟自傷，亡國殘喘，苟活待盡。君得訊，手書相趨出外排遣，間以危語聳動，皆不答，則扶病過余舍，曰："鬱鬱何爲？余亦憂患過來人，當互相勸慰耳。"未幾，君忽有所感，遂怫然出滬，而肺病終不差。越明年秋八月六日，竟不起。當疾革，余往訪之，則凄然諄諄語後事，余解慰之，則强起部署後事，簽字訖，遂瞑，不復語。少頃，開目笑語曰："再見不知何年矣。"悲哉！君在纏綿中神明不亂，與家人語無支辭，常以不獲終事老父爲憾。

君少失母，娶宋氏，生二子，俱不育。一女步青，次女杏青。既歿，立葆勤所出嫡長子邦茂爲後，父命也。君少有異稟，習舉業，試輒冠曹，老師宿儒皆驚歎。顧迫於境，遂隨侍就可熾習鐵業，智慮精密，諳練持重，漸加委任，每事必咨稟而後行，不敢自事，終其身如一日。當可熾業東因他業傾陷，而所設鐵業亦動摇，謀轉易。君贊其老翁决策，罄所有以輸業東償他負，而易取可熾以歸，遂爲陳氏專業。適會歐戰，業則大起，殫思盡瘁，事無遺算，算無遺策。業既成而心則虀矣，病根即伏於此。方規畫營廬舍爲娱親計，頻遭殤子之戚，而病則日進以瀕於殆命也。夫有其勞而不食其報，天下事大抵如斯矣。

君諱英燮，以字行，爲陳叟瑞海長子，母氏張。君生而孝友，於母弟間無同異。視其四弟葆勤、五弟梓傳方就學，有頭角，即謀之於翁，遣出洋，迄於學成而歸，不使一日有外憂，皆君之力。他所建設，皆聲稱於鄉里，所謂君子富，好行其德也歟？卒於國變後之己未，春秋四十有三，卜葬於本藉太邱鄉龍□山之麓，以甲子九月封窆，是宜爲銘，踐舊約也。銘曰：

漢老父有言，膏以明自滅，薰以香自燒。竟夭天年，孰司其竅。彼跖而壽，胡顔不吊。一龍一豬，異施同報。渺矣千秋，悠悠蒼昊。

歲在閼逢困敦玄月吉。

按：墓原在太丘鄉龍□山（今屬寧波市北侖區）。高 236 釐米，寬 96 釐米。誌文楷書，共 18 行，滿行 48 字。

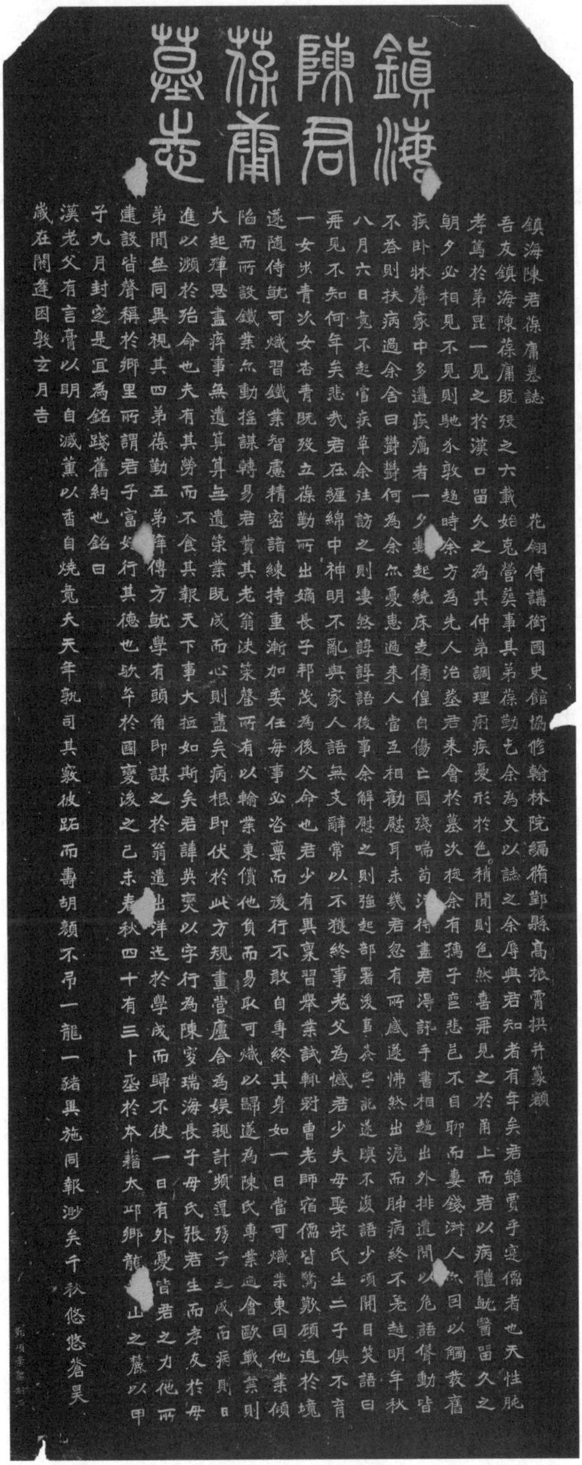

鎮海陳君蓀庸墓誌

鎮海陳君蓀庸墓誌　花翎侍講銜國史館協修翰林院編脩鄞縣高振霄拱升篆額
吾友鎮海陳蓀庸既歿之六載始克營葬事其弟蓀勤乞余為文以誌之余辱與君知者有年矣君雖賈乎實儒者也天性肫
孝篤於弟昆一見之於漢口留久之為其仲弟調理肺疾憂形於色稍間則色然喜再見之於甬上而君以病體猶留久之
朝夕必相見不見則馳介敦趣時余方為先人治塋君來會於墓次救余有觸予悲悒不自聊而妻錢淑人亦因以觸發舊
疾卧牀蓐家中多遘疾癘者一夕數起繞床走徬徨自傷亡國殘喘苟[illegible]待盡君得訃手書相趣出外排遣聞以危語督勸皆
不答則扶病過余舍曰鬱鬱何為余亦憂患過來人當互相勸慰耳未幾君忽有所感遂怫然出浥而肺病終不起越明年秋
八月六日竟不起嘗疾革余往訪之則淒然諄諄語後事余解慰之則強起部署後事兮詎遂瞑不復語少頃開目笑語曰
再見不知何年矣悲哉君在纏綿中神明不亂與家人語無支辭常以不獲終事老父為憾君少失母娶宋氏生二子俱不育
一女次青次女杏青既歿立蓀勤所出嫡長子邦茂為後父命也君少有異稟習舉業試輒冠曹老師宿儒皆驚歎顧迫於境
遂隨侍就可織習鐵業智慮精密諳練持重漸加委任每事必咨稟而後行不敢自專終其身如一日嘗可織業東国他業傾
陷而所設鐵業亦動搖謀轉易君貰其老翁決策釐所有以輸業東償他負而易取可織以歸遂為陳氏專業適會歐戰業則
大起殫思盡瘁事無遺算算無遺策業既成而心則盡矣病根即伏於此方規畫營廬舍為娛親計頻遭殤子之戚而病則日
進以瀕於殆命也夫有其勞而不食其報天下事大抵如斯矣君諱英寶以字行為陳寶瑞海長子母氏張君生而孝友於母
弟間無同異視其四弟蓀勤五弟[illegible]傳方就學有頭角即謀之於翁遣出洋迄於學成而歸不使一日有外憂皆君之力他所
建設皆膂稱於鄉里所謂君子富好行其德也歿年於國變後之己未[illegible]秋四十有三卜葬於本籍太邱鄉龍[illegible]山之麓以甲
子九月封窆是宜為銘踐舊約也銘曰
漢光父有言膏以明自滅薰以香自燒竟夭天年孰司其寂彼跖而壽胡顏不弔一龍一豬異施同報渺矣千秋悠悠蒼昊
歲在閼逢困敦玄月吉

孫君基永墓誌銘

孫府君墓志銘（篆蓋）

從舅孫君墓志銘

孫氏先世，本鹽州人。唐末遷慈，八部將軍。苗裔族處，厩山之趾。君居江埂，烏柏村是。基永其名，字曰本巨。竹橋老人，晚自號者。考諱祥乾，早捐館舍。其妣氏李，孝節夙箸。天子旌門，樹之綽楔。方志列傳，褒以特筆。君既少孤，輟學服賈。化居有無，人棄我取。歷四十載，財用孔阜。君曰散之，毋若虜守。爰立義塾，課窶子弟。里黨窮乏，則資錢米。橋梁道路，陊壞必治。其它力善，大氐如斯。古有君子，恥其積臧。而君行誼，庶足與抗。光緒乙未，年七十八。七月丙辰，疾病以殁。長子磐安，先君夭殤。顧言立後，冢孫治喪。蔣家河原，君自營壙。是年十月，吉日安葬。聘錢妃袁，湯林繼娶。箠室李向，均以班祔。餘子女九，文柱林出，楣林榆樞，皆向之孽。其女所適，柳柳蔣陳。孫曾蕃昌，不備書云。初君之窆，志銘有闕。越歲廿五，追薶幽室。孰籀厥辭？朱氏威明。母君從妹，誼附甥行。

共和八年十月，同縣錢罕書并題蓋。

按：墓原在烏柏村蔣家河原（今屬餘姚市）。蓋高54釐米，寬50釐米；誌高60釐米，寬57釐米。誌文楷書，共18行，滿行18字。

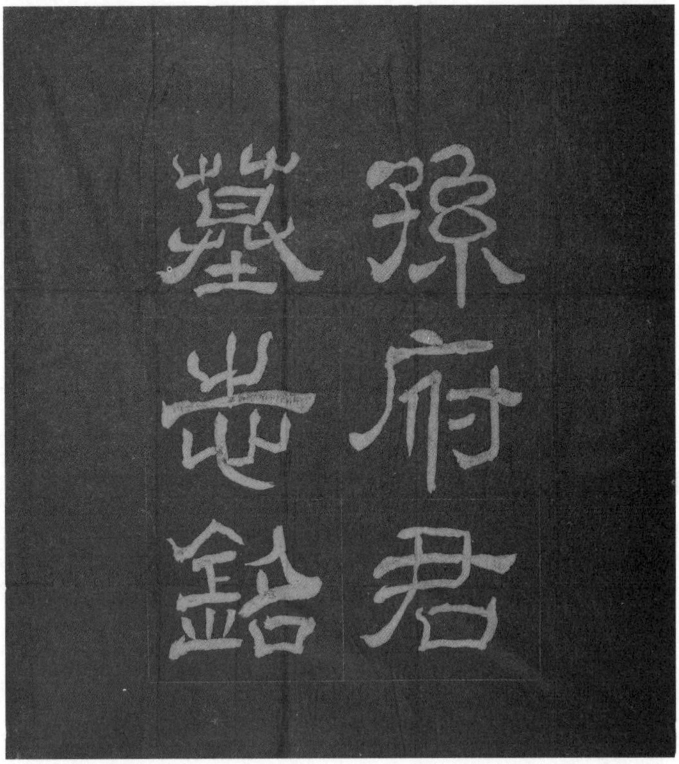

孫府君墓志銘

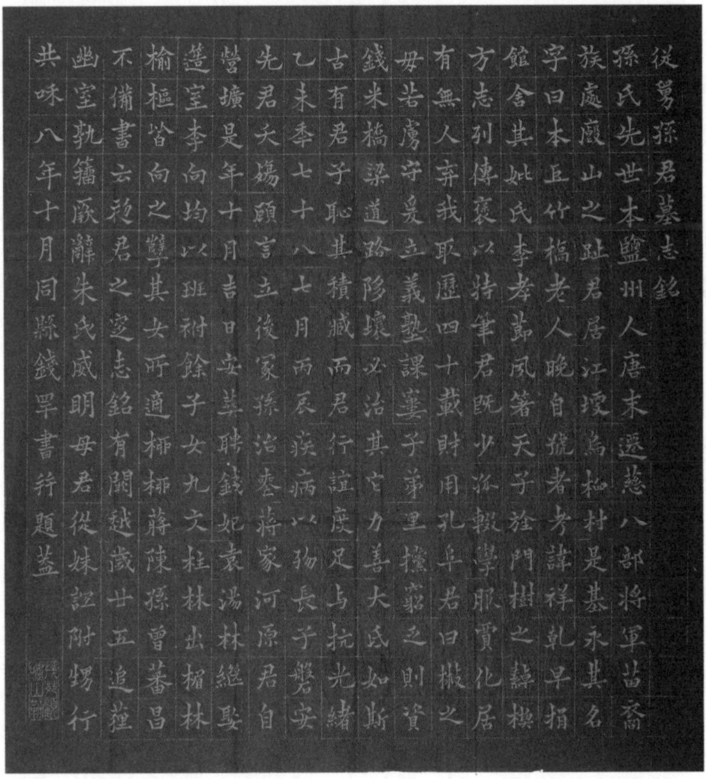

從舅孫君墓志銘
孫氏先世本鹽州人唐末遷慈八部將軍苗裔
族處慶山之趾君居江墺爲柮村是基承其名
字曰本豆竹槁老人晚自號者考諱祥乾早捐
館舍其妣氏李孝節夙箸天子旌門樹之綽楔
方志列傳褒以特筆君既少孤輟學服賈化居
有無人棄我取歷四十載財用孔阜君曰撤之
毋若虜守曼立義塾課蒙子弟里擴窮乏則資
錢米橋梁道路陊壞必治其它力善大氐如斯
古有君子恥其積臧而君行誼庶足与抗光緒
乙未季七十八七月丙辰疾病以彌長子磐安
先君夭殤顧言立後冢孫治棻蔣家河原君自
營壙是年十月吉日安葬聘錢妃袁湯林繼娶
蓮室李向均以班祔餘子女九文柱林岀楣林
榆樞皆向之孽其女所適栖栖蔣陳孫曾蕃昌
不備書云殺君之窆志銘有闕越歲廿五追葅
幽室孰籀厥辭朱氏戚明母君從妹諟附錫行
共咊八年十月同縣錢罕書并題蓋

廣仁茶會捐資題名碑

廣仁茶會

鄞東宋詔橋旁有一亭焉，爲往來行人憩息之所。是處向無茶會，每逢炎天，行者多渴。歲在甲寅，遇胡君圓明，談及施茶之舉，然廣厦非一木可建，大裘必集腋乃成。衲募化數年，蒙胡君及諸善信人等慨輸囊橐，同意贊成。至丁巳年方始就緒，爰購大田六畝、小田十畝，每年施茶三月，則行者無渴乾之患，布施者有分潤之功。謹列芳名於後，以垂不朽云爾。

胡圓明助並壹百捌拾元。

朱利均房助並壹百元。

張微覺、周臣香、洪采芝、林永泰、李張氏、永德、朱楊氏、王履清、盛李氏永清、劉常氏永興、史葛氏善福、吴邱氏永良、梁董氏連福、俞盛氏杏林、厲應氏令珠、傅王氏德福、屠林氏妙圓、鄭柴氏觀心、邱徐氏永康、朱松竹梅三房、蔡陳氏遠慶、蔡邵氏道蓮、蔡張氏福緣、蔡應氏瑞光、蔡吴氏善根、蔡邵氏妙慧、李卓氏文成、李鄭氏蓮經、趙門屠氏定德、盧董氏善悟、周胡氏德寶、蔡□瑞光，以上各助拾二元。徐柄記助拾元。仇徐氏永量八元。

仇繆氏慧良、孫王氏妙樂、畢陳氏彩元、畢鎬豐、徐姜氏佛緣、林楊氏蓮安、沈胡氏心慧、桑門周氏、李范氏福壽、陳孫氏妙慧、蔡吴氏善根、印普衆、連普幸、康普玄、林乾氏、朱祥氏、陳世立、陳鄭氏、林緒氏等，以上各五元。

唐舒氏、王景朝、朱北堯、屠自氏、施普意、葉普大、周普權、楊沈氏月明、徐迎記、李仙氏、鄭九革、普生、張大記，以上各兩元。

邵普見、邵普通、邵彦明、陳覺明。

戊午年小春月，廣仁莊化主爛雲謹立。

按：碑原在宋詔橋邊。高 160 釐米，寬 62 釐米。碑文楷書，共 15 行，右側 3 行爲題記，滿行 54 字。題名分上下 5 列。

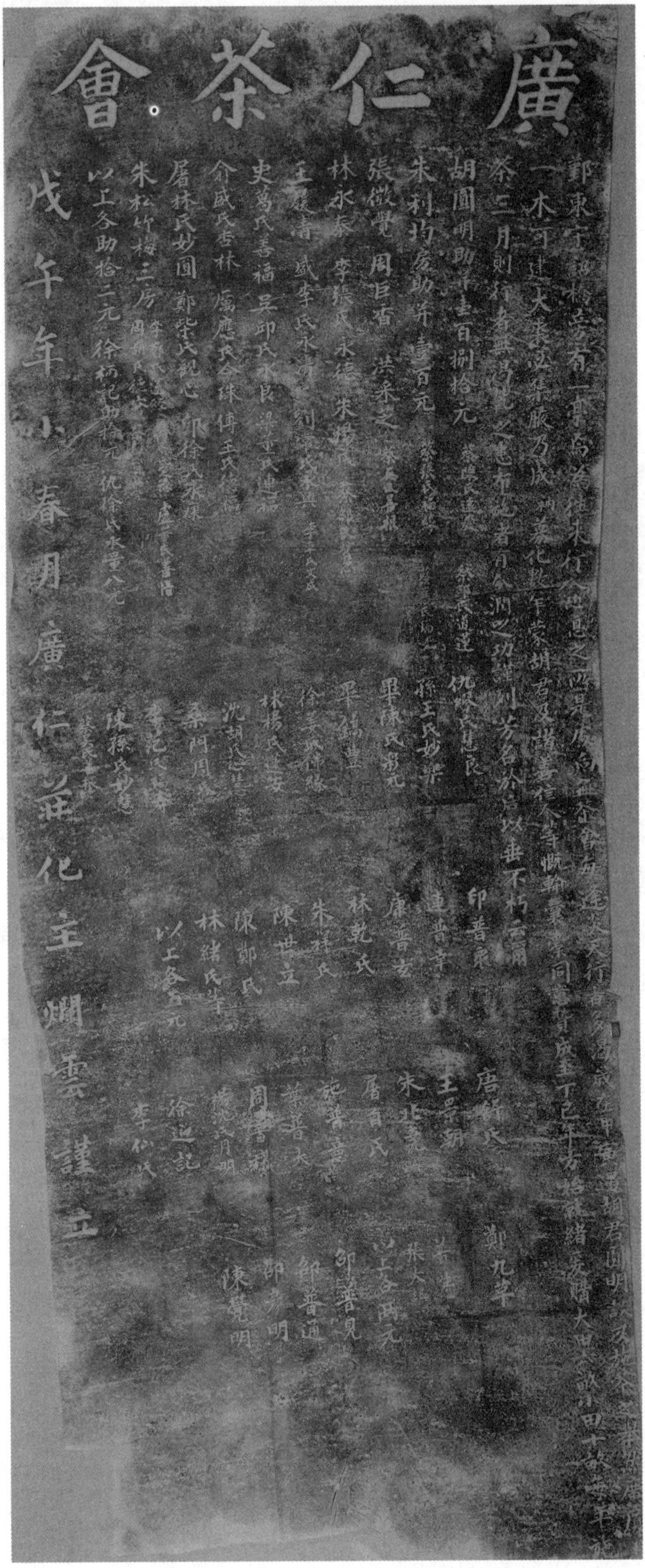
廣仁茶會
戊午年小春朔廣仁茶化主爛雲謹立

重修回江橋記

重修回江橋記（篆額）

重修回江橋記

回江橋在縣東三十五里五鄉東西碶之間，傅氏族居於此，自宋初迄今七百餘年矣。明嘉靖間，第九世福建按察使、知事諱文淵，號簡庵，别稱回江漁子，孝友廉静，博學能文，著書甚多，性尤好詩，有《小橋詩集》，載於志乘。回江左聳太白之山，右抱小白之流。外通甬江，潮汐上下，其地龐厚爽塏，信一邦之勝處也。惟是橋年久失修，梁傾岸欹，行人苦之。加以河流淤淺，道路崎嶇。歲旱則灌溉無資，雨雪則跋涉尤困。於是，第廿一世孫豐穀，字松年，經商海上，睠念家鄉，創議重修，獨捐銀九百餘圓而橋以成，堅固宏闊，足稱壯觀。宗人野老相與嘉歎，以爲橋既修矣而濬河築路不可緩也。伯叔兄弟相聚而謀，各出資財，就商東隣趙氏，慨允相助，遂乃鳩工庀材，翦葑而去泥，伐石而築土，凡糜銀一千二百餘圓而水清塗夷。立回江橋而望，明秀之氣，鬱乎佳哉。蓋經始於戊午七月，迄工於己未九月而修橋、濬河、築路次第告竣。雖松年創其事，抑亦鄉族樂善（忽）〔急〕公之助也。松年告余謂，宜勒石樹碑，並分題出資姓氏於碑陰，以示後人而垂不朽。夫五鄉碶如夾塘吴氏、棟塘李氏與傅氏，當明時皆以科第起家。獨回江漁子謝官不出，隱居終身，故其宗譜亦稱回江傅氏。年運而往，制科廢而貨殖興，而是橋復成於松年，河道路工同時並舉。嗣是而後，鄞東之興盛當於回江橋左右見之，請以吾言爲券，因爲之記。後之過者，庶考覽焉。

歲在己未孟寒月上澣，同里張美翊撰文，安吉吴昌碩篆額，臨川清道人書丹。

按：碑原在五鄉碶東街。高189釐米，寬65釐米。碑文隸書，共15行，滿行44字。

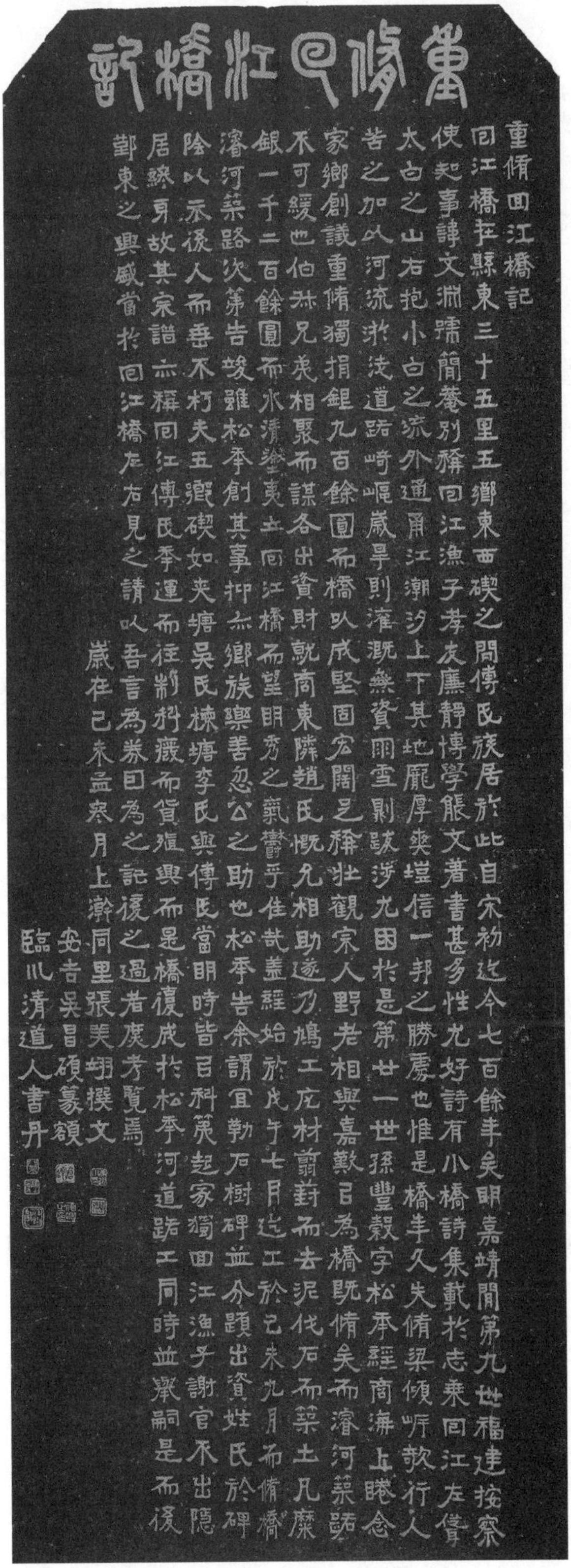

重修回江橋記

重修回江橋記
回江橋在縣東三十五里五鄉東西碶之間傅氏族居於此自宋初迄今七百餘年矣明嘉靖間第九世福建按察
使知事諱文淵號簡菴別號回江漁子孝友廉靜博學能文著書甚多性尤好詩有小橋詩集載於志乘回江左貸
太白之山右抱小白之流外通甬江潮汐上下其地龐厚爽塏信一邦之勝處也惟是橋年久失修梁傾圮欹行人
苦之加以河流淤淺道路崎嶇歲旱則灌溉無資雨雪則跋涉尤困於是第廿一世孫豐穀字松年經商海上睠念
家鄉創議重修獨捐銀九百餘圓而橋以成堅固宏闊足稱壯觀宗人野老相與嘉歎以為橋既修矣而濬河築路
不可緩也伯林兄弟相聚而謀各出資財就商東鄰趙氏概允相助遂乃鳩工庀材翦葑而去泥伐石而築土凡縻
銀一千二百餘圓而水清鑿夷交回江橋而望明秀之氣鬱乎佳哉蓋經始於戊午七月迄工於己未九月而修橋
濬河築路次第告竣雖松年創其事抑亦鄉族樂善急公之助也松年告余謂宜勒石樹碑並分題出資姓氏於碑
陰以示後人而垂不朽夫五鄉碶如夾塘吳氏棟塘李氏與傅氏當明時皆以科第起家獨回江漁子謝官不出隱
居終身故其宗譜亦稱回江傅氏年運而往剝科藏而貨殖興而是橋復成於松年河道路工同時並舉嗣是而後
鄞東之興盛當於回江橋左右見之請以吾言為券曰為之記後之過者庶考覽焉
歲在己未孟冬月上澣同里張美翊撰文
安吉吳昌碩篆額
臨川清道人書丹

福壽橋捐資題名碑

助貲姓名

收捐助洋四百八拾五元正，付石匠工料洋四百四拾元，付修路洋拾九元，付雜項洋念六元。

史正清、陳冬才、董全有、殷東海、孫金官、戎阿林、袁芝生、王阿二、王阿三、陳和定、戎寅生、徐氏善方、戎寅來、殷秀棠、殷東來、戎善德、李氏静音、盛慶寶、戎永茂、戎生才、戎阿慶、勵薇炳、徐阿毛、戎仁伙、柳心正堂、萃芳和、戎春法、戎祥□、求是軒、白鶴、孫心友、董寧仁、李丙生、應梅房、夏高□、賴仁土、曾張氏、曾江氏、曹炳春、戎金水、林金才、陳德炳、戎丁氏、戎維恂、戎祥元、韓梅仙、王文房、余瑞唐、戎和生，以上各助銀壹元正。

周□水、孔陳氏、徐永□、邵忠福、泰記廠、鮑蓮生、恒春號、陳坤房、徐禄房、康裕祺、朱清□、錢松才、西儀昌、吴盛房、董汶水、老永吉、戎正土、戎孔氏、勵恒房、徐□房、戎正洋、徐松壽、許欽章、戎□□，以上各助銀兩元正。

陳利生、鄭芝康，以上各助銀叁元正。

戎維房、余阿□、戎丹書、徐忠房，以上各助銀四元正。

謝行金、俞增高、徐記昌，各助銀拾元。

戎李氏助銀念元正。

柳云□□生元。

余文房助銀貳百十元。

陳福壽房助銀壹百元。

中華民國八年十二月　日，史仁康刻碑敬助。

按：碑原在江東戎家。高 105 釐米，寬 69 釐米。碑文楷書，共有 8 列題名。

阿育王寺重修舍利殿記

阿育王寺重修舍利殿記（篆額）

阿育王寺重修舍利殿記

阿育王寺舍利者，瑞應之跡，肁於太康，前志所詳也。佛不在五蘊中，不可以色法觀，是舍利者，則應身荼毗之餘，而能起神變事，何哉？真如之體，無有可遺，以一切法悉皆真故；亦無可立，以一切法皆同如故。此則墻壁瓦礫，至於鄰虚不可睹者，皆真如所流變，佛性之所發舒。昔奘公詣净名故宅，欲留題字，行數百步而不得至壁端。其人去已千餘歲矣，神用尚時效於土木，況於形骸之間，親所執受，是應身者，其與法身奚以異焉？衆生不自見有如來藏，故諸佛出世，以儀象之。佛既滅度，而異生不見，故留遺舍利，以形寫之。《法華》有言：以諸草木指爪，畫作佛像，乃至合掌氐頭，以華供養者，皆已成佛道矣。不知心、佛、衆生，三無差别，則以是爲汗漫大言，知之而即奂然以解。大哉貞觀之道，遠在靈域，近不逾於瞻視，是供養舍利所繇興也。自梁世因塔置寺内，更起舍利殿。歲久傾圮，棟宇蠹穿。民國五年春，寺主宗亮大師更新成之。版築塗塈，程役大畢，以其事狀告白衣章炳麟。炳麟聞阿育王者，具譯稱阿輸迦王，生當此土周、秦間。自馬其頓亞歷山德侵陷印度，梵土幾滅。孔雀王起，召四姓以復舊壤，傳嗣至阿輸迦，然後掍一，而馬其頓諸將舊封猶在。《那先比丘經》稱“我本生大秦國，國名阿荔散”者，是也。觀其攘除異族，光复舊物，斯固末生之所步驟，而又平政字民，扶胥正法，靈跡四播，暨於東夏。曠歲五百，地藏效珍。斯豈末法之世，宰官王人所能仿佛其豪忽哉！今梵土轉爲佗人役屬，大乘經典，摧燒無遺，而舍利赫然留於震旦，微獨釋尊導世之跡，寄以無泯，王之功德，亦有不可得而忘者也。於是本跡事義，置殿壁焉。

釋迦文佛應世二千九百四十九年，歲次上章涒灘孟陬之月，辰在青龍。餘杭章炳麟撰文，衡陽曾熙敬書并篆額。

按：碑在阿育王寺舍利殿前庭。高240釐米，寬100釐米。碑文隸書，共17行，滿行40字。

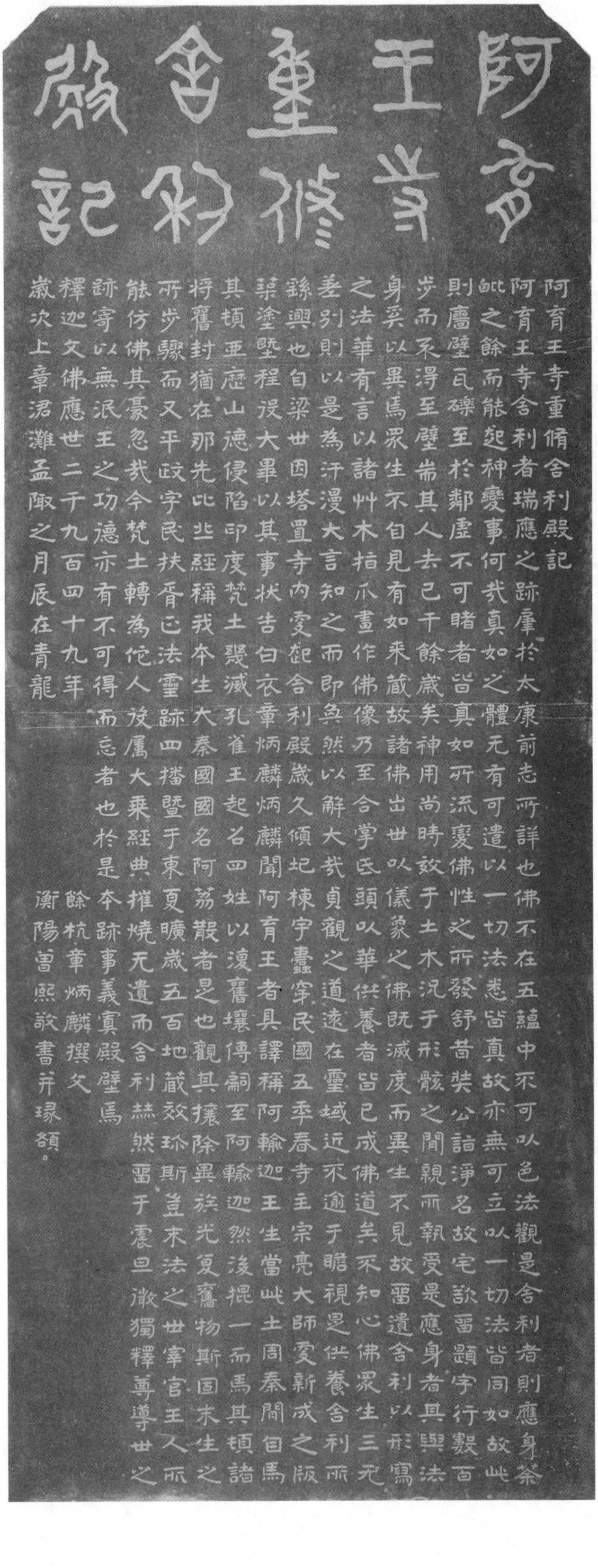
阿育王寺重脩舍利殿記

阿育王寺重脩舍利殿記
阿育王寺舍利者瑞應之跡肇於太康前志所詳也佛不在五蘊中不可以色法觀是舍利者則應身荼
毗之餘而能起神變事何哉真如之體无有可遺以一切法悉皆真故亦無可立以一切法皆同如故此
則廬壁瓦礫至於鄰虛不可睹者皆真如所流變佛性之所發舒昔裴公詒淨名故宅欲留題字行數百
步而不得至壁嵩其人去已千餘歲矣神用尚時效于土木況于形骸之間親而執受是應身者具與法
身異以異焉眾生不自見有如來藏故諸佛出世以儀象之佛既滅度而異生不見故留遺舍利以形寫
之法華有言以諸艸木指爪畫作佛像乃至合掌低頭以華供養者皆已成佛道矣不知心佛眾生三无
差別則以是為汗漫大言知之而即焉然以解大哉貞觀之道遠在靈域近不逾于瞻視是供養舍利所
繇興也自梁世因塔置寺內更起舍利殿歲久傾圮棟宇蠹穿民國五季春寺主宗亮大師更新成之版
築塗塈程役大畢以其事狀告白衣章炳麟炳麟聞阿育王者具譯稱阿輸迦王生當此土周秦閒自馬
其頓亞歷山德侵陷印度梵土殘滅孔雀王起名四姓以濅舊壞傳嗣至阿輸迦然後提一而馬其頓諸
將舊封猶在那先比丘經稱我本生大秦國國名阿荔散者是也觀其攘除異族光復舊物斯固末生之
所步驟而又平政字民扶胥正法靈跡四播暨于東夏曠歲五百地藏效珍斯豈末法之世宰官王人所
能仿佛其豪忽哉今梵土轉為佗人役屬大乘經典摧燒无遺而舍利赫然留于震旦徼獨釋尊導世之
跡寄以無泯王之功德亦有不可得而忘者也於是本跡事義寘殿壁焉
釋迦文佛應世二千九百四十九年 餘杭章炳麟撰文
歲次上章涒灘孟陬之月辰在青龍 衡陽曾熙敬書并篆額。

李氏宗祠爲保存祀産呈請給示勒石永禁變賣告示碑

勒石永禁

鄞縣公署布告第二四號

本年二月十八日，據城區三藩節制地方公民李維湗、李厚廷、李植本稟稱，公民九世祖少峰公爲明直隸鳳陽府推官，遺有祀産房屋十餘所，計數十間，在三藩節制地方。每歲收租以供粢盛及祀事之需。前清光緒年間，有一所街屋被族人私自出押與他姓，其他房租所入，亦多有糜用之處。公民等思祖祀攸關，不忍坐視。因結合私人團體，召集房下子姓之賢能者，就宗祠中設立宗族會議。弊者革之，利者興之。行之七年，祀中積有盈餘。隨備價取贖向所被押之屋，而祀産得完全無恙。公民等懲前毖後，恐日久弊生，難保無不肖子孫復蹈故轍。爲此具稟環請給示勒石，俾垂久遠。倘後有私相授受、變賣抵押等情，雙方均作無效。俯乞恩准，迅予批示。等情到縣。據此，除稟批示外，合行示仰該姓房族人等一體知悉：須知創置祭産、收取租息以供祀事之需，自應永久保存，無負先人遺意。現在該族祀産既經衆中公同整理，積有盈餘，將以前私押之屋備價贖回。此後，如再有私相授受、變賣抵押情事，匪特契約無效，並應受法律制裁，慎勿故違，致干提究不貸。特此布告。

中華民國九年二月廿一日，知事錢人龍。

按：碑原在雲石街李氏宗祠。高 202 釐米，寬 90 釐米。碑文楷書，共 14 行，滿行 36 字。

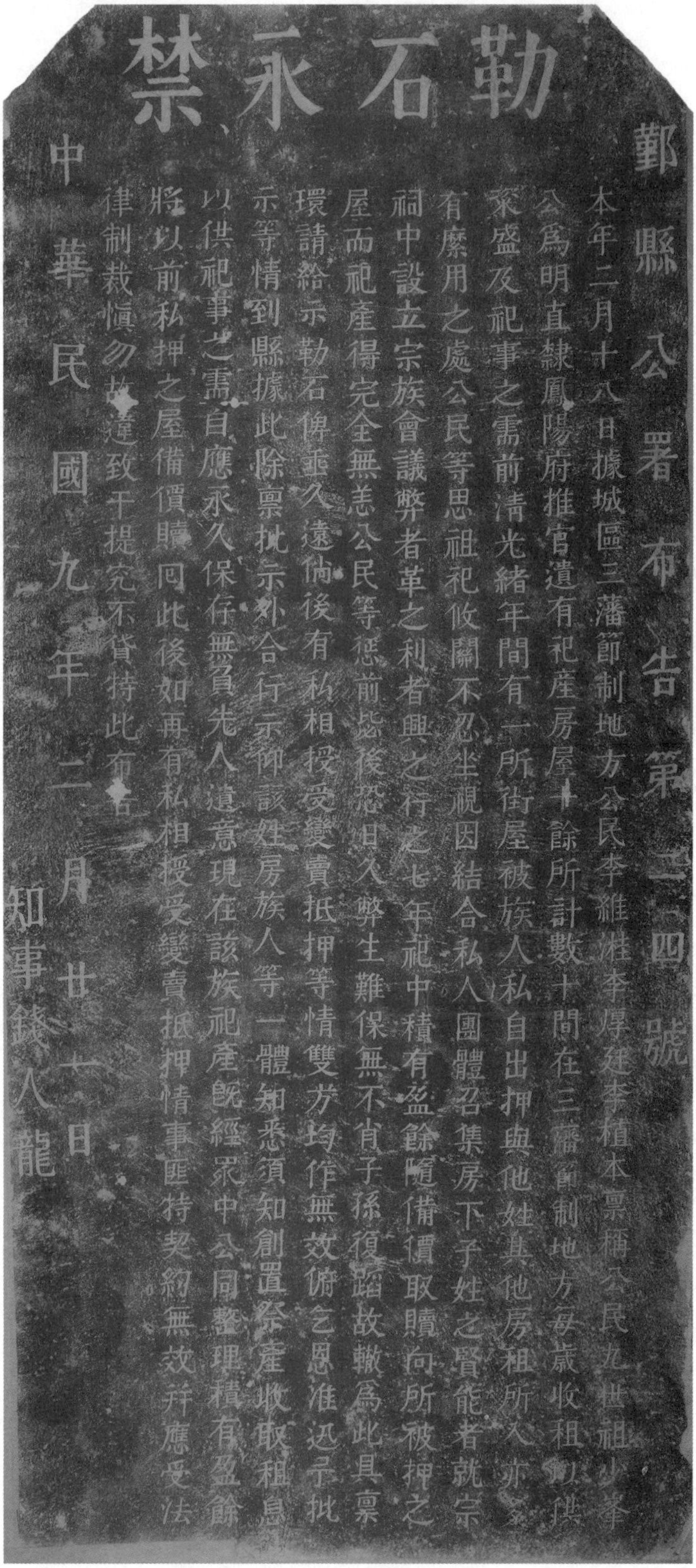

勒石永禁

鄞縣公署布告第二[illegible]四號

本年二月十八日據城區三藩節制地方公民李維湘李厚廷李植本禀稱公民九世祖少峯
公爲明直隸鳳陽府推官遺有祀産房屋十餘所計數十間在三藩節制地方每歲收租以供
家盛及祀事之需前清光緒年間有一所街屋被族人私自出押與他姓其他房租所入亦多
有縻用之處公民等思祖祀攸關不忍坐視因結合私人團體召集房下子姓之賢能者就宗
祠中設立宗族會議弊者革之利者興之行之七年祀中積有盈餘隨備價取贖向所被押之
屋而祀産得完全無恙公民等懲前毖後恐日久弊生難保無不肖子孫復蹈故轍爲此具禀
環請給示勒石俾垂久遠倘後有私相授受變賣抵押等情雙方均作無效俯乞恩准迅予批
示等情到縣據此除禀批示外合行示仰該姓房族人等一體知悉須知創置祭産收取租息
以供祀事之需自應永久保存無負先人遺意現在該族祀産既經衆中公同整理積有盈餘
將以前私押之屋備價贖回此後如再有私相授受變賣抵押情事匪特契約無效并應受法
律制裁慎勿故違致干提究不貸特此布告

中華民國九年二月廿七日

知事錢人龍

東慶橋碑記

東慶橋碑記

梅谿水出大梅山，東南流二十里，逕寶慶廟南。廟祀唐觀察使裴府君，諱肅，清全祖望實爲之銘。水未至廟南二百步，菩提嶺、銀山、童山諸水合而來會。衆流既合，又行山谷間，水益大，湍浮滋甚，又七十里入海。東慶橋者，以位於寶慶廟東，故名。橋故卑小，往往爲水決去，僉以爲病。民國元年，族之人書淮、書恩、甲賑、甲育、仁甲、宏甲、貞甲、第楨、第雲、第翰與同里鄔君來甫、鍾君聚源、王君增壽謀共修之。數人者時時來吾家商榷可否，先君子多所規畫，親爲之疏，俾持以告募四方。明年冬，橋成，高丈二尺，廣一丈，長十倍於高。橋之旁覆以亭，又斥餘銀並溪爲途一十里，凡費銀三千兩有奇。五年六月，大風雨，橋與亭圮於水。於是曩之十數人者群謀諸先君再修之。越一年，橋成。而第翰卒，先君子亦卒。未幾，宏甲、第楨、鍾君聚源又先後謝世。今年春，書淮、書恩葺亭成，屬予記其事。噫！自兹役之興，諸君子之心力瘁矣！然其間成而圮，圮而復底於成，才八九年事耳。而先君子與宏甲、第楨、第翰、鍾君聚源諸人皆不克覩厥亭之成。人世之難長久如此，更數十年，老成相繼下世，後之人又烏知夫始任事者用力之勤至於斯哉，用是覼縷述其始末，著之於篇，俾來者有所考焉。

中華民國九年五月十五日，里人童第德撰，干雲衢書。

按：碑原在東鄉東慶橋。高181釐米，寬93釐米。碑文楷書，共14行，滿行35字。

東慶橋碑記

海谷水出大梅山東南流二十里逕寶慶廟南廟祀唐觀察使裴府君諱肅清全祖望寶慶
之銘水至廟南二百步菩提嶺銀山童山諸水合而來會衆流既合又行山谷間水益大
滿旱滋甚又七十里入海東慶橋者以位於寶慶廟東故名橋故卑小往往爲水決去行人以
爲病民國元年族之人書森書恩甲賑甲育甲宏甲貞甲第楨第雲第翰與同里鄔君承
甫鍾君聚源王君增壽謀共修之數人者時時來吾家商榷可否先君子多所規畫親爲之
疏俾持以告募四方明年冬橋成高丈二尺廣一丈長十倍於高橋之旁復[illegible]亭又[illegible]餘銀
茲溪爲途一十里凡費銀三千兩有奇五年六月大風雨橋與亭圮於水於是衆之十數人
者羣謀諸先君再修之越一年橋成而第翰卒先君子亦卒未幾宏甲第楨鍾君聚源又先
後謝世今年春書森書恩等亭成屬予記其事竊自茲役之興諸君子之心力殫矣然其間
成而圮圮而復底於成才八九年事耳而先君子與宏甲第楨第翰鍾君聚源諸人皆不克
覩厥亭之成人世之難長久如此更數十年老成相繼下世後之人又烏知夫始任事者用
力之勤至於斯哉用是覼縷述其始末著之於篇俾來者有所考焉
中華民國九年五月十五日　里人童第德撰　干雲衍書

天童寺琵琶石記石刻

琵琶石

光緒壬寅春，余偕武昌黄菊友明府游天童。住持寄禪，余館衡陽時方外交也，握手歡甚。爲雨阻，不克流覽山中名勝，門韻一宿即去。今年三月，重訪是刹，俯仰尺波，十九寒暑，菊友、寄禪早相繼殂謝，山陽笛、黄公壚有同慨焉。當年掌管鑰僧净心師已自方丈而退院，亦垂垂老矣。相見泫然，導余往萬工池觀魚，出天王殿下階數武，余足偶觸石，鏗然有聲，異之，其殆如大溈銅鼓洞暹神鉦乎？净心告余曰：此琵琶石也，形固不類，音酷肖，故名相傳已久，公不可不有以紀之。余塵俗吏，曷能文。倩吾弟石橋書此三字並所贅數言，以誌鴻雪。

民國庚申夏五月夏口趙潤種青甫識，趙石橋榮埴書。

耕玉齋汪松溪鐫。

按：碑在天童禪寺天王殿前庭。高62釐米，寬178釐米。碑文楷書，共22行，滿行12字，右側隸書大字“琵琶石”。

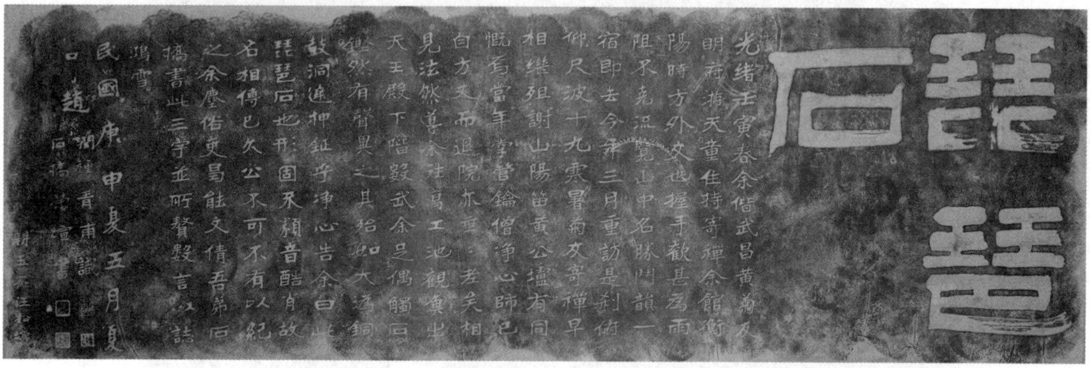

清儒林郎馮君墓誌銘

清儒林郎馮君墓志銘（篆蓋）

清儒林郎馮君墓志銘

君諱鴻薰，字蓮青，姓馮氏。其先有叔和者，五代時仕吴越，官尚書，家於慈谿，子姓引延，族望彌劭。曾祖應翥，祖夢香。父允騤，朝議大夫；母俞恭人。兄弟三人，伯仲蚤世，君其季也。幼眚一目，父念其不堪大受，使就賈人習，廢著術。君顧弗樂，依韋市廛間，用讀書自勖厲，久之，漸通群籍。既成諸生，益務閎洽，凡所披覽，旁籒博考，弗明弗措，好學深思，所性然矣。文辭爾雅，動依古義，下筆成軌，靡不贍舉。豐才嗇遇，累試累黜，以附貢生援例授儒林郎，非其志也。光緒十九年癸巳八月二十七日病卒，春秋三十。君天懷耿介，矜立名節，裁量人物，恒傷激直，而衷襮純一，不爲機詭億詐之行，士流依皈，以爲長者。尤篤内行，居家恂恂，克踐孝恭，事親而外，推愛諸父，及於群從，門庭外内，翕然靡間。十歲失恃，奉繼母錢恭人不異所生。比其卒也，宗親戚疏，悼傷亡等，恭人哭之，至於成疾。君少喜歌詠，矢詩數百，清華省浄。既自恨無根，著悉摧棄之，卒後其從弟幵掇拾奇零，撰次爲《適廬詩》一卷藏於家。前夫人朱，後夫人錢，妾謝。子一，貞群。女二，皆適徐。孫一，適。君卒之二十九年，貞群始葬君於西嶼鄉上午里之原，於是幵摭君行義而爲之銘。銘曰：

劬學懋行，弗康厥身。維天板板，靳以無年。藏熱厚地，終揚烈芬。嶷嶷孤子，幸克有聞。一世之詘，或百其伸。鎸銘玄石，用諗後人。

中華民國九年五月，同縣錢罕書並題蓋，鄞周澄鎸字。

按：墓在原在西嶼鄉上午里之原（今屬寧波市江北區）。蓋高50釐米，寬52釐米；誌高53釐米，寬52釐米。誌文楷書，共23行，滿行22字。

清儒林郎馮君墓志銘

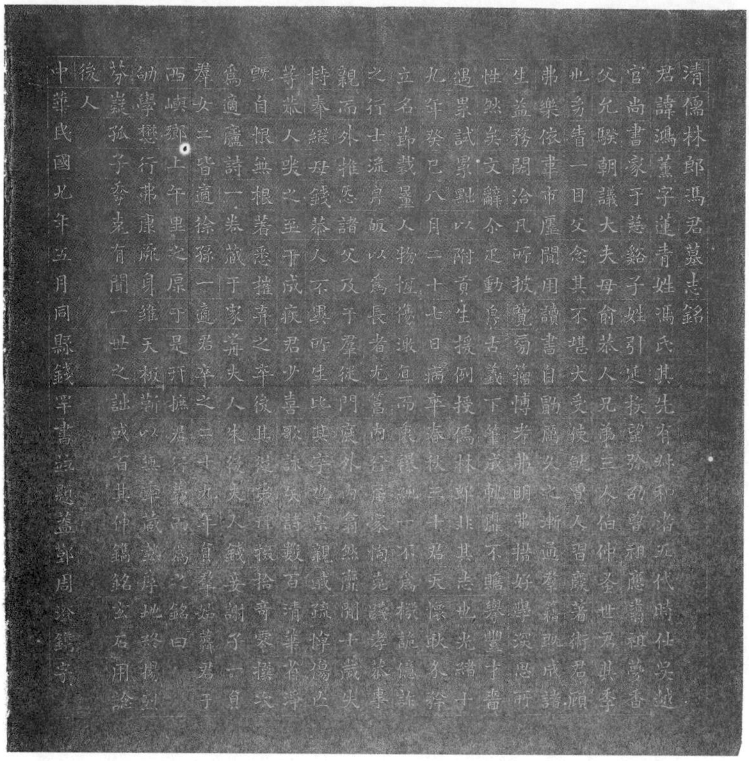
清儒林郎馮君墓志銘

迎旭庵盂蘭琉璃香船三會募集置田碑記

千古不朽

竊維樂善好施，預修功德，人皆歡喜。自衲爲本庵住持，歷有年矣。向以敬重三寶，恪守清規，日夜辛勤，費盡勞苦。承蒙十方善男信女，信心樂從，集資成會。今糾成三會，蓄款置産。今買田六畝零。蘭盆會置田貳畝，每年於中元節設放瑜伽焰口，賑濟乏祀孤魂。琉璃會置田二畝，大殿上佛前琉璃日夜不准間斷。浄土會置田貳畝零，該會設立浄土堂一所，中間供佛，兩旁坐主。佛前琉璃、香船，日夜亦不准間斷。每逢朔望，供佛齋鬼，不許紊亂規章。惟恐後代有不肖子徒，非惟不守舊規，恐將産變賣，故勒石立碑，以垂千古不朽耳。

住衲見性謹啓。

計開基田畝分、都圖、土名列後：

一則三畝，在十六都二圖，土名楊岙桑園。

一則九分，在十六都三圖，土名鯉魚山。

一則六分，在十六都三圖，土名溪口塘。

一則　　，在　　都　圖，土名

中華民國九年庚申歲九月　日 立。碑資善男戴順金率子福全、信女戴高氏慧性同助。

按：碑原在高湫堰迎旭庵。高 141 釐米，寬 61 釐米。碑文楷書，共 14 行，滿行 28 字。

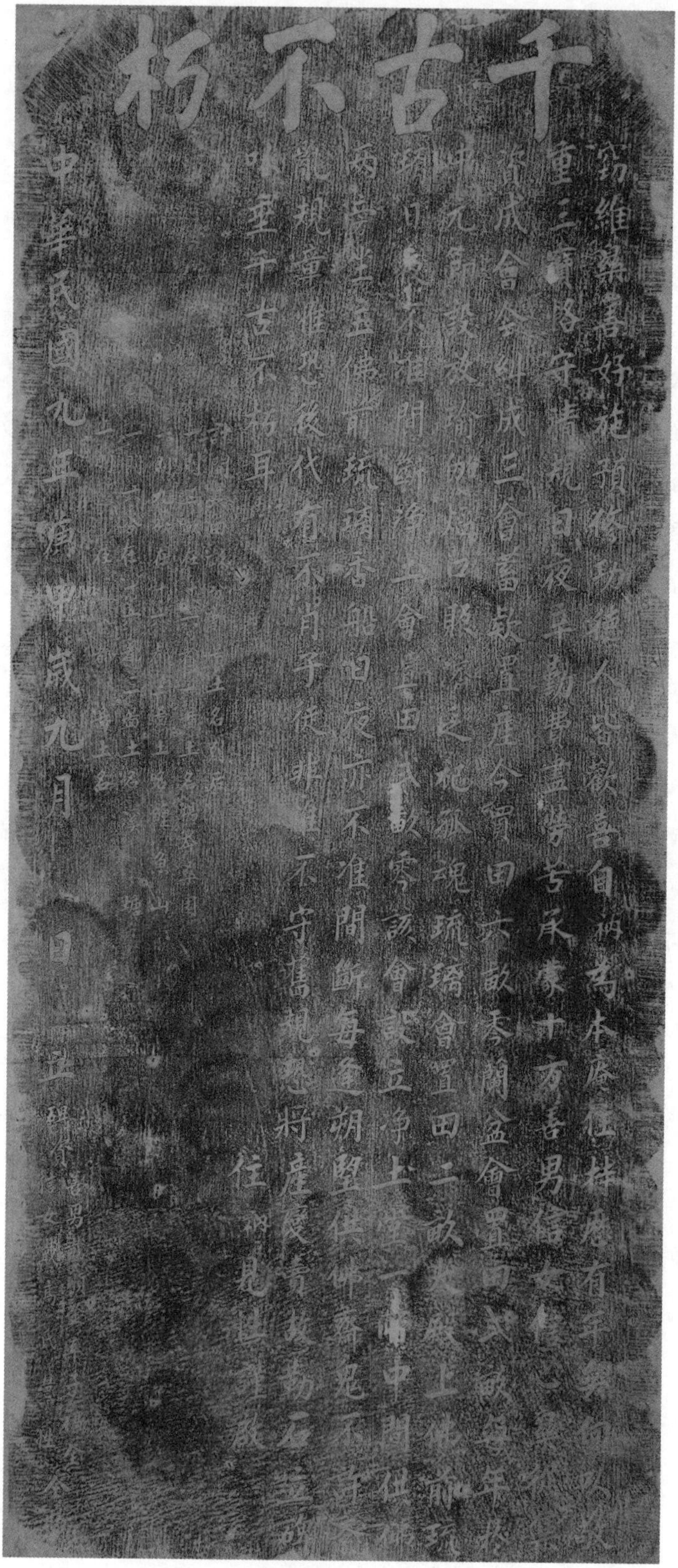
千古不朽

創建王墅亭碑記

創建王墅亭碑記

王墅橋者，在吾鄉王駐洋之南，俗傳爲王姓之别墅。今則當鄞鎮之通衢，爲水陸之要道。每遇風雨之時，輒無休憩之所，行者苦之。邨中有李孝合者，貧窶人也，立願欲於橋旁建一亭，以嘉惠行旅。於是節其衣食，積銖累寸，得十餘金，首爲之倡。更有夏琴楚者，慨助百金，不足則再募之諸同志。董其事者爲桑志友。亭既成，即以橋之名名其亭，復記其大要，鎸於石而垂永久焉。

民國九年九月　日，董事桑志友敬立，同里桑苞謹撰，濠川凌似雲書丹。

按：碑原在餘徐鄉王墅橋亭。高172釐米，寬76釐米。碑文楷書，共10行，滿行21字。

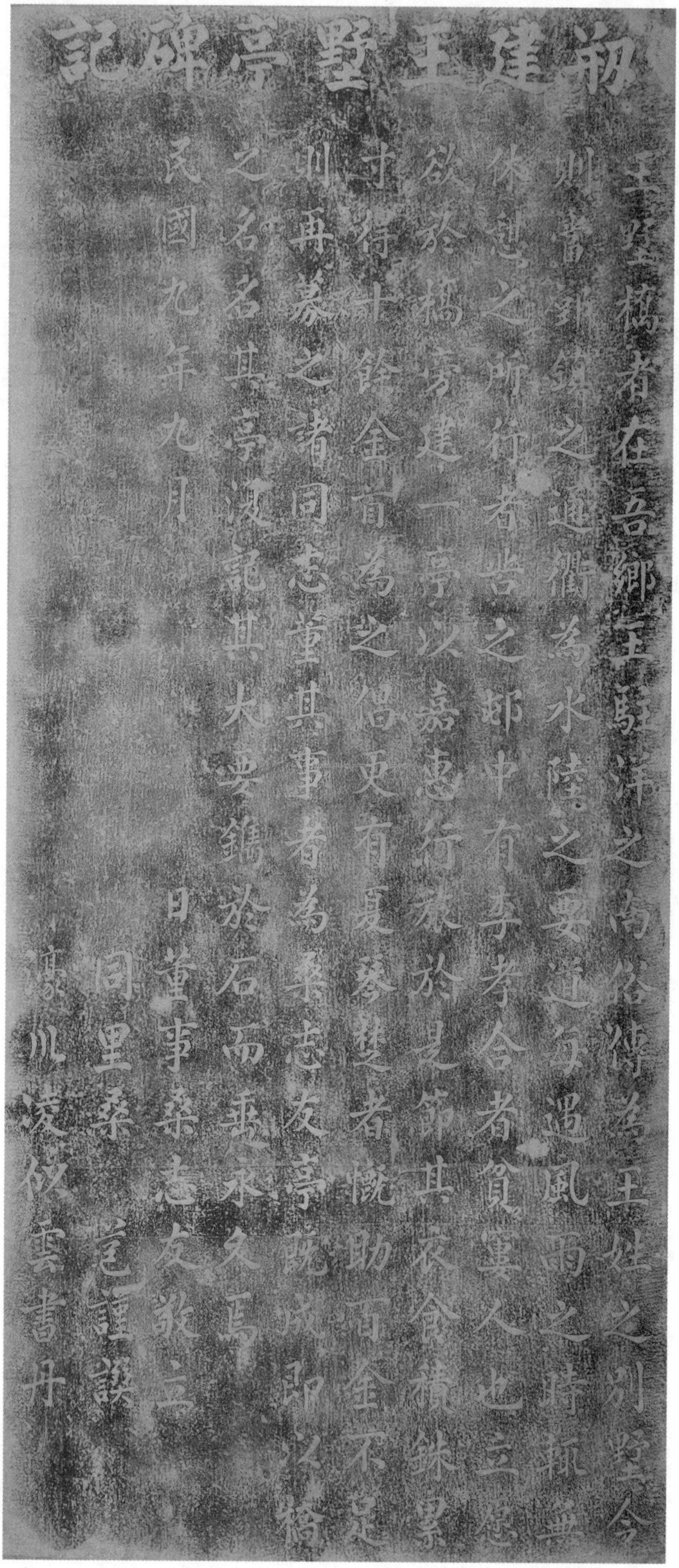
初建王墅亭碑記

王墅橋者在吾鄉王駐洋之南俗傳為王姓之別墅今
則當鄞鎮之通衢為水陸之要道每遇風雨之時輒無
休憩之所行者苦之邨中有李孝合者貧寠人也立愿
欲於橋旁建一亭以嘉惠行旅於是節其衣食積銖累
寸得廿餘金首為之倡更有夏琴楚者慨助百金不足
則再募之諸同志董其事者為桑志友亭既成即以橋
之名名其亭復記其大要鐫於石而垂永久焉
民國九年九月　日董事桑志友敬立
同里桑　芑謹譔
濵川淩叙雲書丹

濬修西大河碑記

勒石

修濬西大河碑記

本鄉西大河綿亘數十里，爲鄞、慈、鎮三邑通行之要道。自鄉先輩方公仰喬於前清光緒癸未、甲申間獨貲修濬而後，迄今已三十有六七矣。河道淤塞，日甚一日，遇雨即溢，少晴便涸，農田灌溉、舟楫往來，苦疾已久。從前屢議開濬，因需費浩繁，未能集事。此次因方樵苓君五十生日，籌貲濬河，喚起地方士紳之注意，爰於民國八年十月二十七日在本鄉自治辦公處開會，邀集本鄉紳富方鼎甫、方樵苓、方式如、方椒伯、方稼孫、陳蘭蓀、劉楚鄉、洪北堂、虞晴川、張白山、陳泉孫、陳吟香、洪慶餘、林蘭書，並慈邑士紳童梧隣、盛遜偉等諸君公同籌議，發起疏濬，議定自鄞縣裕通橋起至慈邑駱駝橋止，量計河道三千六百餘丈，連同應濬支港石堰頭、倪家堰、牌樓港、泥堰頭、東半練廟港等，樽節估計，統共約需費三萬金，先由廣仁堂首董方樵苓君將廣仁堂名下撥助洋一萬元，再由方氏諸紳並集事同人分别認定捐洋一萬元，不敷再向就地及甬江、上海等處分投勸募。由是公同議决，積極進行，指定本鄉自治辦公處爲修濬西大河事務所，公推元欽爲所長，林君蘭書爲坐辦，虞君晴川爲銀錢主任，方君椒伯爲上海募捐主任，陳君蘭蓀爲甬江募捐主任，並推就地有河工經驗者姚松巖君等爲幹事，當經擬具簡章，開列預算，擇定舊曆十月初一日開工，限一匝月一律竣工，呈准洪前知事核轉給示在案。嗣包工鳩材，届期實行疏濬。幸天時晴朗，監工認真，至舊曆十二月初五日，河工一律告竣，視察工程尚稱妥善。共計三千六百零九丈八尺，連一切費用共需銀二萬九千五百餘元。當時捐集之數僅有二萬七千餘元，不敷尚鉅，悉由銀錢主任暫墊。嗣經竭盡勸募，猶虞不足，仍商諸方君樵苓，又將廣仁堂名下撥助洋五百元，故延至次年方得集成此數，收支相抵，以告結束。兹特將修濬西大河始末情形及收支數目刊諸碑記，俾垂久遠云爾。

中華民國九年十月十五日，胡元欽謹誌。

按：碑原在泗洲堂八角亭。高162釐米，寬62釐米。碑文楷書，共15行，滿行50字。

勒石

修濬西大河碑記

本西大河綿亘六十里為邱葛鎮二邑
有六七塘捍衛日益㴱廣喪道自
龙合會五十年貢賦運河由上地委王
方厷方式皆以漱伯方沙籲淤成陸
沿河居民田廬悉數被淹戶
方籌議修濬一面稟請縣長飭
詳𡻕不繼高祖喆工疊議而迄
未果元年工起由饒徒雙安善集
祥興墓安李三十六善次九交合工鳩
材庀工經費由公推副經理端查勒
石以昭核實東盆邱姑率冠盞𡎑女
起其同心協力疏河西大河姑尾漸女
胡元炎謹慇

中華民國九年十月十五日

（後略）

阿育王寺金剛般若波羅蜜經石刻

壹

金剛般若波羅宓經（篆額）

馬浮敬題

金剛般若波羅密經

辛丑冬日，元濬敬署

貳

濬雲和尚謹選諸家《金剛經》義頌，以是先參般若宗旨而後持誦，始覺有味。大哉真體，至哉妙用。不可得而思議者，其惟《金剛般若波羅蜜經》歟。

古德禪師頌：傅大士渾身般若，作用了無法相，可得無住真宗。　道冠儒履釋袈裟，合會三家作一家。忘却率陀天上路，却來雙樹待龍華。

雪竇禪師頌：梁武帝請傅大士講《金剛經》，士纔登座，以尺揮案一下便下座，帝愕然。誌公曰："陛下還會麽？" 帝曰："不會。" 誌公曰："大士講經竟。" 不向雙林寄此身，却於唐土惹埃塵。當時不得誌公老，也是栖栖去國人。此揮尺一下，如夢如幻，將《金剛經》大義禪指道破，非誌公妙智幾乎虚發矣。

丹霞禪師頌：般若義。　雲自高飛水自流，海天空闊漾虚舟。夜深不向蘆灣宿，迥出中間與兩頭。只此“迥出中間與兩頭”一語，括盡般若深義。傅大士頌謂“中流仍被溺”，正謂“般若亦應舍”也，深哉。

雪竇禪師頌：般若體用。一片虚凝絶謂情，人天從此見空生。蚌含玄兔深深意，曾與禪家作戰争。

投子禪師頌：一切諸佛皆從此經出。如何是此經？　水出崑崙山起雲，釣人樵父昧來因。只知洪浪巖巒闊，不肯抛絲棄斧聲。

冶父道川禪師頌：何以故？如來所説身相即非身相。　身在海中休覓水，日行嶺上莫尋山。鶯啼燕語皆相似，莫問前三與後三。

又頌：佛告須菩提，凡所有相皆是虚妄，若見諸相非相，即見如來。　有相有求俱是妄，無形無相墮偏枯。堂堂密密何曾間，一道寒光爍太虚。

又頌：是故不應取法，不應取非法。　得樹攀枝未足奇，懸崖撒手丈夫兒。水寒水冷魚難覓，留得空船載月歸。

又頌：何以故？須菩提。一切諸佛及諸佛阿耨多羅三藐三菩提法皆從此經出。且道此經從甚處出，須彌頂上大海波心。　佛祖垂慈實有權，言言不離此經宣。此經出處還相委，便向雲中駕鐵船。

又頌：第三果阿那含名爲不來，而實無不來，是故名阿那含。　三位聲聞已出塵，往來求静有疏親。明明四果元無果，

叁

幻化空身即法身。

又頌：但諸恒河尚多無數，何況其沙。前三三後三三。　一二三四數河沙，沙等恒河數更多。算盡目前無一法，方能静處薩婆訶。

又頌：須菩提！於意云何？如來有所説不？須菩提白佛言："世尊，如來無所説。"低聲低聲。　入草求人不奈何，利刀斷了手摩挲。雖然出入無蹤跡，文彩全彰見也麽？

又頌：爾時須菩提聞説是經，深解義趣，涕淚悲泣而白佛言："希有世尊！佛説如是甚深經典，我從昔來所得慧眼，未曾得聞如是之經。"直下頓空，離諸形相，既離形相，寂滅現前。自小年來慣遠方，幾回衡嶽渡瀟湘。一朝踏著家鄉路，始覺途中日月長。

又頌：何以故？須菩提！若樂小法者，著我見、人見、衆生見、壽者見，則於此經不能聽受、讀誦、爲人解説。仁者見之謂之仁，智者見之謂之智。　不學英雄不讀書，波波役役走長途。娘生寶藏無心用，甘作無知餓死夫。"怎怪得别人。

又頌：須菩提！如來所得阿耨多羅三藐三菩提，於是中無實無虚。富嫌千口少，貧恨一身多。　生涯如夢若浮雲，活計都無絶六親。留得一雙青白眼，笑看無限往來人。

又頌：是故佛説一切法，無我、無人、無衆生、無壽者。唤牛即牛，呼馬即馬。　借婆衫子拜婆門，禮數周旋已十分。竹影掃階塵不動，日輪穿海水無痕。

又頌：何以故？如來説諸心皆爲非心，是名爲心。病多諳藥性。　一波纔動萬波流，似蟻循環豈了期咄。今日爲君都割斷，出身方號丈夫兒。

又頌：須菩提，説法者無法可説，是名説法。兔角杖，龜毛紼。　多年石馬放毫光，鐵牛哮吼入汪洋。虚空一喝無蹤跡，不覺潛身北斗藏。且道是説法，不是説法。

又頌：以無我、無人、無衆生、無壽者，修一切善法，即得阿耨多羅三藐三菩提。山高水深，日生月落。　僧是僧號俗是俗，喜則笑號悲則哭。若能於此善參詳，六六從來三十六。

又頌：須菩提！於意云何？可以三十二相觀如來不？須菩提言："如是！如是！以三十二相觀如來。"錯。　泥塑木雕縑彩畫，堆青抹緑更裝金。若言此是如來相，笑殺南無觀世音。

肆

又頌：佛告須菩提："若以三十二相觀如來者，轉輪聖王即是如來。"須菩提白佛言："世尊，如我解佛所説義，不應以三十二相觀如來。"錯。　有相身中無相身，金香爐下鐵崑崙。頭頭盡是吾家物，何必靈山問世尊。如王秉劍。

又頌：爾時世尊而説偈言："若以色見我，以音聲求我。是人行邪道，不能見如來。"直饒不作聲求色見，亦未見如來在，且道如何得見？不審不審。　見色聞聲世本常，一重雪上一重霜。君今要見黄頭老，走入摩耶腹内藏。噫，此語三十年後，擲地金聲在。

又頌：何以故？如來者，無所從來，亦無所去，故名如來。山門頭合掌，佛殿裏燒香。衲捲秋雲去復來，幾回南嶽與天台。寒山拾得相逢笑，笑道同行步不擡。且道笑箇什麽？

又頌：不取於相，如如不動。末後一句，始到牢關。直得三世諸佛兩目相觀，六代祖師退身有分。可謂是江湖瀲涷，水泄不通，極目荆榛，難爲措足。到這裏添一絲毫，如眼中著刺；减一絲毫，似肉上剜瘡。非爲坐斷要津，爲識法者恐。雖然，恁麼佛法只如此。便見陸地平沈，豈有燈燈續燄。道川上座今日不免向猛虎口中奪食，獰龍頷下争珠。豁開先聖妙門，後學進身有路。放開一綫，又且何妨。語則全彰法體，默則獨露真常，動則隻鶴片雲，静則安山列嶽。舉一步如象王回顧，退一步若獅子嚬呻。法王法令當行，便能於法自在。只如末後一句，又作麽生道？還委悉麽？雲在嶺頭閑不徹，水流澗下太忙生。得優游處且優游，雲自高飛水自流。只見黑風翻大浪，未聞沉却釣魚舟。

澹雲道人頌：般若義。　木童撫掌唱山歌，石女烹茶見也麽。至理本來無所説，文殊相見老維摩。空生晏坐石室，空中帝釋天散花供養。空生曰："散花者誰？"曰："我天帝釋也。"曰："何以散花？"曰："尊者善説般若。"尊者曰："我本無説。"天帝曰："尊者無説，我乃無聞，即此無聞無説，乃真説般若也。”大智文殊大士以不二法門問於維摩，維摩默然。

光緒二十七年歲次辛丑十一月二十日，澹塵居士俞鍾禮手録。

伍

金剛般若波羅密經

姚秦三藏法師鳩摩羅什譯。

法會因繇分第一

如是我聞。一時，佛在舍衛國祇樹給孤獨園，與大比邱衆千二百五十人俱。爾時，世尊食時，著衣持鉢，入舍衛大城乞食。於其城中，次第乞已，還至本處。飯食訖，收衣鉢，洗足已，敷座而坐。

善現起請分第二

時，長老須菩提，在大衆中，即從座起，偏袒右肩，右膝著地，合掌恭敬，而白佛言：“希有世尊！如來善護念諸菩薩，善付囑諸菩薩。世尊！善男子、善女人，發阿耨多羅三藐三菩提心，云何應住？云何降伏其心？”佛言：“善哉，善哉。須菩提！如汝所説，如來善護念諸菩薩，善付囑諸菩薩。汝今諦聽，當爲汝説。善男子、善女人，發阿耨多羅三藐三菩提心，應如是住，如是降伏其心。”“唯然，世尊！願樂欲聞。”

大乘正宗分第三

佛告須菩提：“諸菩薩摩訶薩，應如是降伏其心。所有一切衆生之類，若卵生、若胎生、若濕生、若化生，若有色、若無色、若有想、若無想、若非有想若非無想，我皆令入無餘涅槃而滅度之。如是滅度無量、無數、無邊衆生，實無衆生得滅度者。何以故？須菩提！若菩薩有我相、人相、衆生相、壽者相，即非菩薩。”

　　眇行無住分第四

　　“復次，須菩提！菩薩於法，應無所住。行於布施，所謂不住色布施，不住聲、香、味、觸、法布施。須菩提！菩薩應如是布

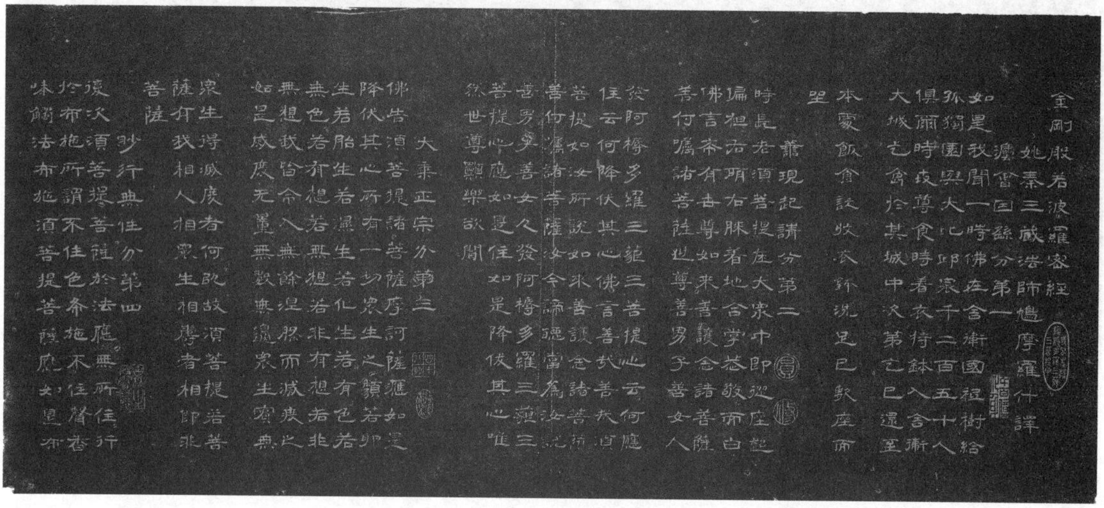

陸

施，不住於相。何以故？若菩薩不住相布施，其福德不可思量。須菩提！於意云何？東方虚空可思量不？”“不也，世尊！”“須菩提！南西北方、四維上下虚空，可思量不？”“不也，世尊！”“須菩提！菩薩無住相布施，福德亦復如是不可思量。須菩提！菩薩但應如所教住。”

　　如理實見分第五

　　“須菩提！於意云何？可以身相見如來不？”“不也，世尊！不可以身相得見如來。何以故？如來所説身相，即非身相。”佛告須菩提：“凡所有相，皆是虚妄。若見諸相非相，即見如來。”

　　正信希有分第六

　　須菩提白佛言：“世尊！頗有衆生，得聞如是言説章句，生實信不？”佛告須菩提：“莫作是説。如來滅後，後五百歲，有持戒修福者，於此章句能生信心，以此爲實。當知是人，不於一佛、二佛、三四五佛而種善根，以於無量千萬佛所種諸善根。聞是章句，乃至一念生凈信者。須菩提！如來悉知悉見是諸衆生，得如是無量福德。何以故？是諸衆生，無復我相、人相、衆生相、壽者相，無法相，亦無非法相。何以故？是諸衆生，若心取相，即爲著

我、人、衆生、壽者；若取法相，即著我、人、衆生、壽者。何以故？若取非法相，即著我、人、衆生、壽者。是故，不應取法，不應取非法。以是義故，如來常説：汝等比邱，知我説法如筏喻者，法尚應舍，何况非法？”

無得無説分第七

“須菩提！於意云何？如來得阿耨多羅三藐三菩提耶？如來有所説法耶？”須菩提言：“如我解佛所説義，無有定法

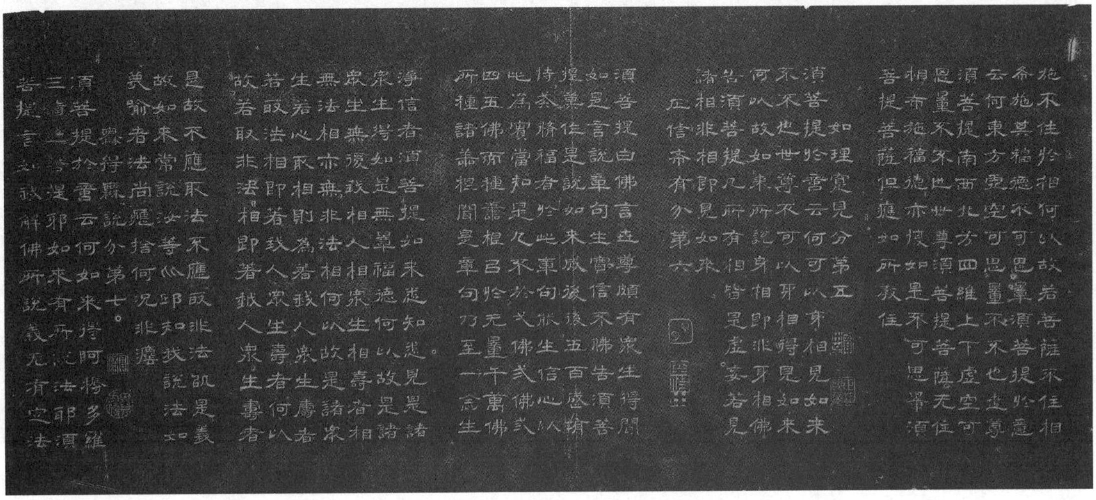

柒

名阿耨多羅三藐三菩提，亦無有定法如來可説。何以故？如來所説法，皆不可取，不可説，非法，非非法。所以者何？一切賢聖皆以無爲法而有差別。”

依法出生分第八

“須菩提！於意云何？若人滿三千大千世界七寶，以用布施，是人所得福德，寧爲多不？”須菩提言：“甚多，世尊！何以故？是福德，即非福德性，是故如來説福德多。”“若復有人，於此經中受持，乃至四句偈等，爲他人説，其福勝彼。何以故？須菩提！一切諸佛，及諸佛阿耨多羅三藐三菩提法，皆從此經出。須菩提！所謂佛法者，即非佛法。”

一相無相分第九

“須菩提！於意云何？須陀洹能作是念：‘我得須陀洹果’不？”須菩提言：“不也，世尊！何以故？須陀洹名爲入流，而無所入。不入色、聲、香、味、觸、法，是名須陀洹。”“須菩提！於意云何？斯陀含能作是念：‘我得斯陀含果’不？”須菩提言：“不也，世尊！何以故？斯陀含名一往來，而實無往來，是名斯陀含。”“須菩提！於意云何？阿那含能作是念‘我得阿

那含果’不？”須菩提言：“不也，世尊！何以故？阿那含名爲不來，而實無不來，是故名阿那含。”“須菩提！於意云何？阿羅漢能作是念‘我得阿羅漢道’不？”須菩提言：“不也，世尊！何以故？實無有法名阿羅漢。世尊！若阿羅漢作是念‘我得阿羅漢道’，即爲著我、人、衆生、壽者。世尊！佛説我得無諍三昧人中最爲第一，是第一離欲阿羅漢。世尊！我不作是念‘我是離欲阿羅漢’。世尊！我若作是念‘我得阿羅漢道’，世尊則不説須菩提是樂

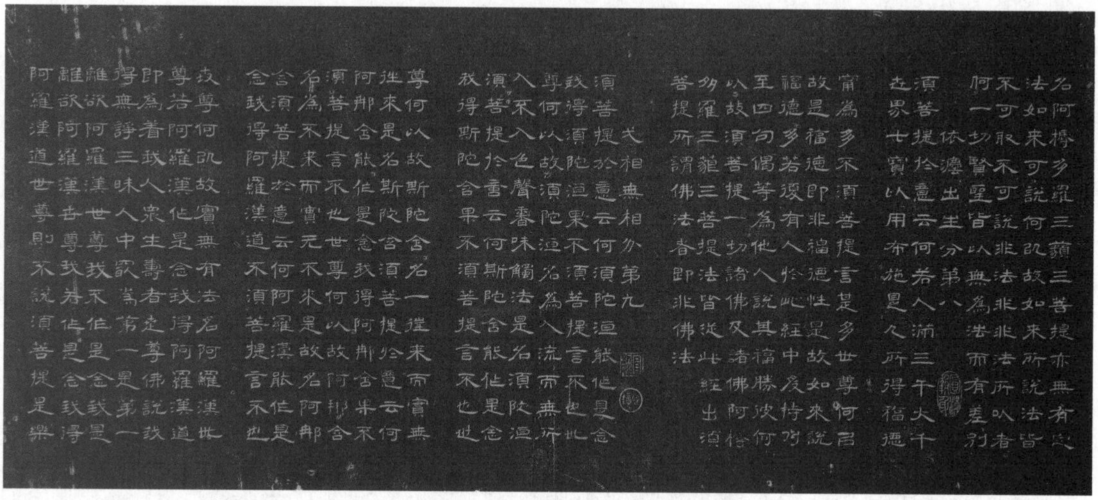

捌

阿蘭那行者。以須菩提實無所行，而名須菩提是樂阿蘭那行。”

莊嚴浄土分第十

佛告須菩提：“於意云何？如來昔在然鐙佛所，於法有所得不？”“不也，世尊！如來在然鐙佛所，於法實無所得。”“須菩提！於意云何？菩薩莊嚴佛土不？”“不也，世尊！何以故？莊嚴佛土者，即非莊嚴，是名莊嚴。”“是故，須菩提！諸菩薩摩訶薩，應如是生清浄心，不應住色生心，不應住聲、香、味、觸、法生心，應無所住而生其心。須菩提！譬如有人，身如須彌山王，於意云何？是身爲大不？”須菩提言：“甚大，世尊！何以故？佛説非身，是名大身。”

無爲福勝分第十一

“須菩提！如恒河中所有沙數，如是沙等恒河，於意云何？是諸恒河沙，寧爲多不？”須菩提言：“甚多，世尊！但諸恒河尚多無數，何况其沙。”“須菩提！我今實言告汝：若有善男子、善女人，以七寶滿爾所恒河沙數三千大千世界，以用布施，得福多不？”須菩提言：“甚多，世尊！”佛告須菩提：“若善男子、善女人，於此經中，乃至受持四句偈等，爲

他人説，而此福德勝前福德。”

尊重正教分第十二

“復次，須菩提！隨説是經，乃至四句偈等，當知此處一切世間天、人、阿修羅皆應供養，如佛塔廟。何況有人盡能受持、讀誦。須菩提！當知是人成就最上第一希有之法。若是經典所在之處，即爲有佛，若尊重弟子。”

如法受持分第十三

爾時，須菩提白佛言：“世尊！當何名此

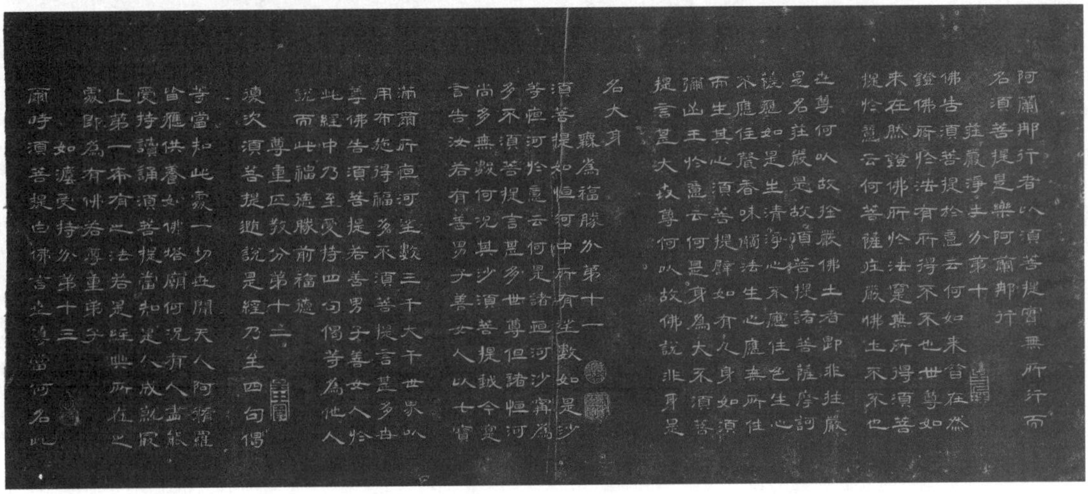

玖

經？我等云何奉持？”佛告須菩提：“是經名爲‘金剛般若波羅密’。以是名字，汝當奉持。所以者何？須菩提！佛説般若波羅密，即非般若波羅密，是名般若波羅密。須菩提！於意云何？如來有所説法不？”須菩提白佛言：“世尊！如來無所説。”“須菩提！於意云何？三千大千世界所有微塵，是爲多不？”須菩提言：“甚多，世尊！”“須菩提！諸微塵，如來説非微塵，是名微塵。如來説世界，非世界，是名世界。須菩提！於意云何？可以三十二相見如來不？”“不也，世尊！不可以三十二相得見如來。何以故？如來説三十二相，即是非相，是名三十二相。”“須菩提！若有善男子、善女人，以恒河沙等身命布施；若復有人，於此經中乃至受持四句偈等，爲他人説，其福甚多！”

離相寂滅分第十四

爾時，須菩提聞説是經，深解義趣，（悌）〔涕〕淚悲泣，而白佛言：“希有世尊！佛説如是甚深經典，我從昔來所得慧眼，未曾得聞如是之經。世尊！若復有人得聞是經，信心清净，即生實相。當知是人成就第一希有功德。世尊！是實相者，即是非相，是故如來説名實相。世尊！我今得聞如是經典，信解受持，不足爲難。若當來世，後五百歲，其有衆生得聞是經，信解受持，是人即爲第一希有。何以故？此人無我相、無人相、無衆生相、無壽者相。所以者何？我相即是非相，人相、衆生相、壽者相，即是非相。何以故？離一切諸相，即名諸佛。”佛告須菩提：“如是，如是！若復有人，得聞是經，不驚、不怖、不畏，當知是人甚

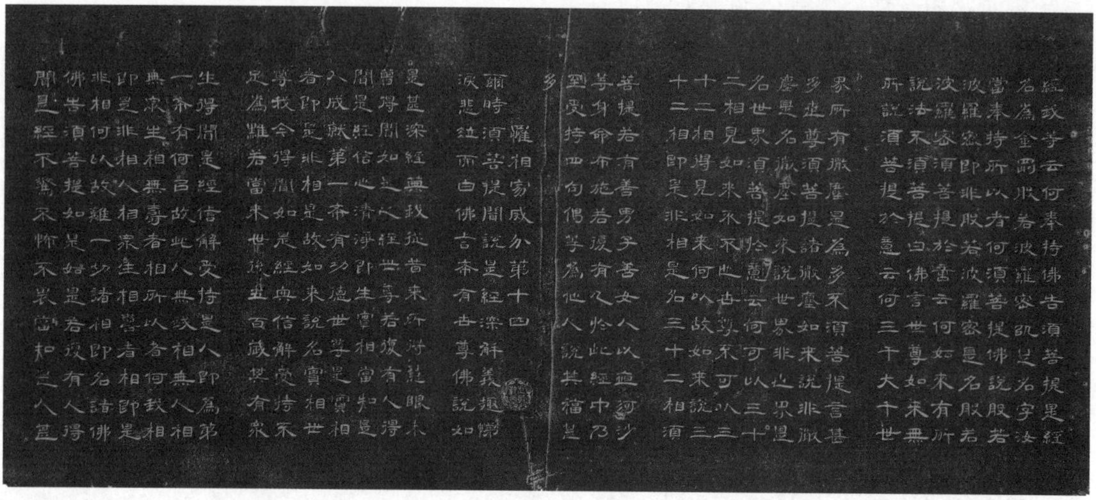

拾

爲希有。何以故？須菩提！如來説第一波羅密，即非第一波羅密，是名第一波羅密。須菩提！忍辱波羅密，如來説非忍辱波羅密，是名忍辱波羅密。何以故？須菩提！如我昔爲歌利主割截身體，我於爾時，無我相、無人相、無衆生相、無壽者相。何以故？我於往昔節節支解時，若有我相、人相、衆生相、壽者相，應生嗔恨。須菩提！又念過去於五百世作忍辱仙人，於爾所世，無我相、無人相、無衆生相、無壽者相。是故，須菩提！菩薩應離一切相，發阿耨多羅三藐三菩提心，不應住色生心；不應住聲、香、味、觸、法生心，應生無所住心。若心有住，即爲非住。是故，佛説菩薩心不應住色布施。須菩提！菩薩爲利益一切衆生故，應如是布施。如來説一切諸相，即是非相；又説一切衆生，即非衆生。須菩提！如來是真語者、實語者、如語者、不誑語者、不異語者。須菩提！如來所得法，此法無實無虚。須菩提！若菩薩心住於法，而行布施，如人入闇，即無所見。若菩薩心不住法而行布施，如人有目，日光明照，見種種色。須菩提！當來之世，若有善男子、善女人，能於此經受持讀誦，即爲如來以佛智慧，悉知是人，悉見是人，皆得成就無量無邊功德。”

持經功德分第十五

“須菩提！若有善男子、善女人，初日分以恒河沙等身布施，中日分復以恒河沙等身布施，後日分亦以恒河沙等身布施，如是無量百千萬億劫，以身布施。若復有人聞此經典，信心不逆，其福勝彼。何況書寫、受持、讀誦、爲

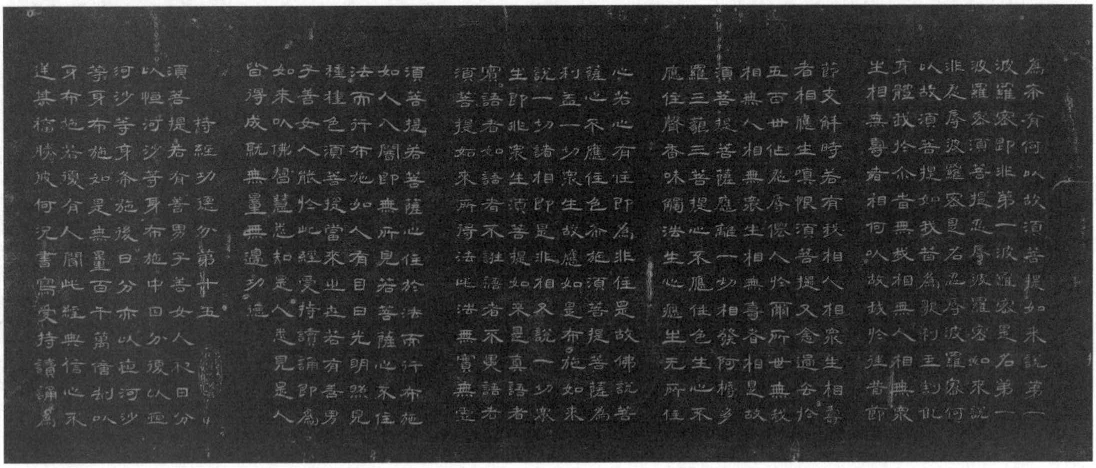

拾壹

人解説。須菩提！以要言之，是經有不可思議，不可稱量，無邊功德。如來爲發大乘者説，爲發最上乘者説。若有人能受持讀誦，廣爲人説，如來悉知是人，悉見是人，皆得成就不可量、不可稱、無有邊、不可思議功德。如是人等，即爲荷擔如來阿耨多羅三藐三菩提。何以故？須菩提！若樂小法者，著我見、人見、衆生見、壽者見，則於此經不能聽受讀誦，爲人解説。須菩提！在在處處，若有此經，一切世間天、人、阿修羅，所應供養。當知此處即爲是塔，皆應恭敬，作禮圍繞，以諸華香而散其處。”

能净業障分第十六

“復次，須菩提！若善男子、善女人，受持讀誦此經，若爲人輕賤，是人先世罪業，應墮惡道。以今世人輕賤故，先世罪業即爲消滅，當得阿耨多羅三藐三菩提。須菩提！我念過去無量阿僧祇劫，於然鐙佛前，得值八百四千萬億那由他諸佛，悉皆供養承事，無空過者。若復有人，於後末世，能受持讀誦此經，所得功德，於我所供養諸佛功德，百分不及一，千萬億分乃至算數譬喻所不能及。須菩提！若善男子、善女人，於後末世，有受持讀誦此經，所得功德，我若具説者，或有人聞，心即狂亂，狐疑不信。須菩提！當知是經義不可思議，果報亦不可思議。”

究竟無我分第十七

爾時，須菩提白佛言："世尊！善男子、善女人，發阿耨多羅三藐三菩提心，云何應住？云何降伏其心？"佛告須菩提："善男子、善女人，發阿耨多羅三藐三

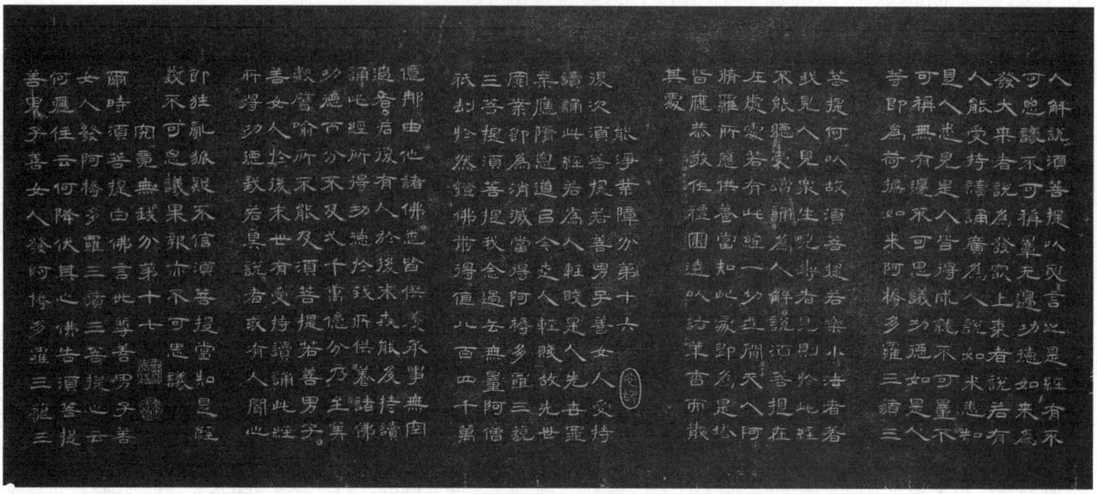

拾貳

菩提心者，當生如是心：我應滅度一切衆生，滅度一切衆生已，而無有一衆生實滅度者。何以故？須菩提！若菩薩有我相、人相、衆生相、壽者相，即非菩薩。所以者何？須菩提！實無有法發阿耨多羅三藐三菩提心者。須菩提！於意云何？如來於然鐙佛所，有法得阿耨多羅三藐三菩提不？""不也。世尊！如我解佛所説義，佛於然鐙佛所，無有法得阿耨多羅三藐三菩提。"佛言："如是，如是。須菩提！實無有法如來得阿耨多羅三藐三菩提。須菩提！若有法如來得阿耨多羅三藐三菩提者，然鐙佛即不與我授記：汝於來世，當得作佛，號釋迦牟尼。以實無有法得阿耨多羅三藐三菩提，是故然鐙佛與我授記，作是言：汝於來世，當得作佛，號釋迦牟尼。何以故？如來者，即諸法如義。若有人言：如來得阿耨多羅三藐三菩提。須菩提！實無有法佛得阿耨多羅三藐三菩提。須菩提！如來所得阿耨多羅三藐三菩提，於是中無實無虚，是故，如來説一切法皆是佛法。須菩提！所言一切法者，即非一切法，是故名一切法。須菩提！譬如人身長大。"須菩提言："世尊！如來説人身長大，即爲非大身，是名大身。""須菩提！菩薩亦如是。若作是言：我當滅度無量衆生，即不名菩薩。何以故？須菩提！實無有法名爲菩薩。是故，佛説一切法，無我、無人、無衆生、無壽者。須菩提！若菩薩作是言：我當莊嚴佛土，是不名菩薩。何以故？如來説莊嚴佛土者，即非莊嚴，是名莊嚴。須菩提！若菩薩通達無我法者，如來説名真是菩薩。"

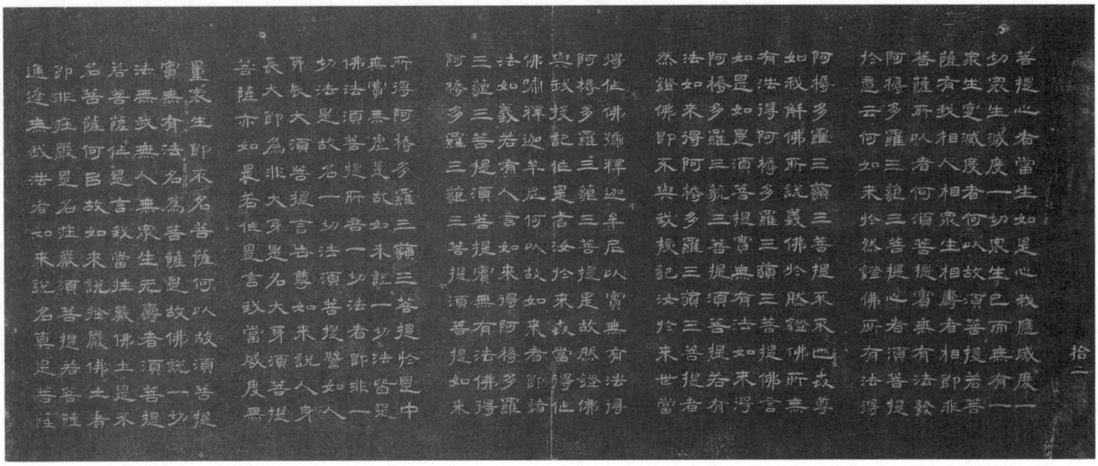

拾叁

壹體同觀分第十八

“須菩提！於意云何？如來有肉眼不？”“如是，世尊！如來有肉眼。”“須菩提！於意云何？如來有天眼不？”“如是，世尊！如來有天眼。”“須菩提！於意云何？如來有慧眼不？”“如是，世尊！如來有慧眼。”“須菩提！於意云何？如來有法眼不？”“如是，世尊！如來有法眼。”“須菩提！於意云何？如來有佛眼不？”“如是，世尊！如來有佛眼。”“須菩提！於意云何？如恒河中所有沙，佛説是沙不？”“如是，世尊！如來説是沙。”“須菩提！於意云何？如一恒河中所有沙，有如是沙等恒河，是諸恒河所有沙數佛世界，如是，寧爲多不？”“甚多。世尊！”佛告須菩提：“爾所國土中，所有衆生，若干種心，如來悉知。何以故？如來説諸心皆爲非心，是名爲心。所以者何？須菩提！過去心不可得，現在心不可得，未來心不可得。”

法界通化分第十九

“須菩提！於意云何？若有人滿三千大千世界七寶，以用布施，是人以是因緣，得福多不？”“如是，世尊！此人以是因緣，得福甚多。”“須菩提！若福德有實，如來不説得福德多，以福德無故，如來説得福德多。”

離色離相分第二十

“須菩提！於意云何？佛可以具足色身見不？”“不也，世尊！如來不應以具足色身見。何以故？如來説具足色身，即非具足色身，是名具足色身。”“須菩提！於意云何？如來可以具足諸相見不？”“不也，世尊！如來不應以具足諸相見。何以故？如來説諸相具足，即非具足，是名諸相具足。”

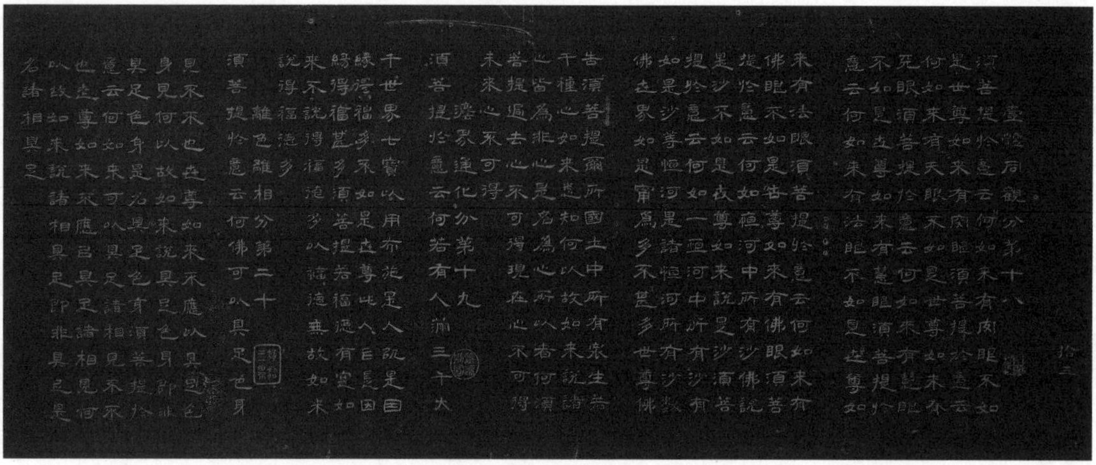

拾肆

非説所説分第二十一

“須菩提！汝勿謂如來作是念：我當有所説法。莫作是念！何以故？若人言如來有所説法，即爲謗佛，不能解我所説故。須菩提！説法者，無法可説，是名説法。”爾時，慧命須菩提白佛言：“世尊！頗有衆生，於未來世，聞説是法，生信心不？”佛言：“須菩提！彼非衆生，非不衆生。何以故？須菩提！衆生衆生者，如來説非衆生，是名衆生。”

無法可得分第二十二

須菩提白佛言：“世尊！佛得阿耨多羅三藐三菩提，爲無所得邪？”佛言：“如是，如是。須菩提！我於阿耨多羅三藐三菩提，乃至無有少法可得，是名阿耨多羅三藐三菩提。”

净心行善分第二十三

“復次，須菩提！是法平等，無有高下，是名阿耨多羅三藐三菩提。以無我、無人、無衆生、無壽者，修一切善法，即得阿耨多羅三藐三菩提。須菩提！所言善法者，如來説即非善法，是名善法。”

福智無比分第二十四

“須菩提！若三千大千世界中，所有諸須彌山王，如是等七寶聚，有人持用布施。若人以此般若波羅密經，乃至四句偈等，受持讀誦，爲他人説，於前福德，百分不及一，百千萬億分，乃至算數譬喻所不能及。”

化無所化分第二十五

“須菩提！於意云何？汝等勿謂如來作是念：我當度衆生。須菩提！莫作是念。何以故？實無有衆生如來度者。若有衆生如來度者，如來即有我、人、衆生、壽者。須菩提！如

來説有我者，即非有

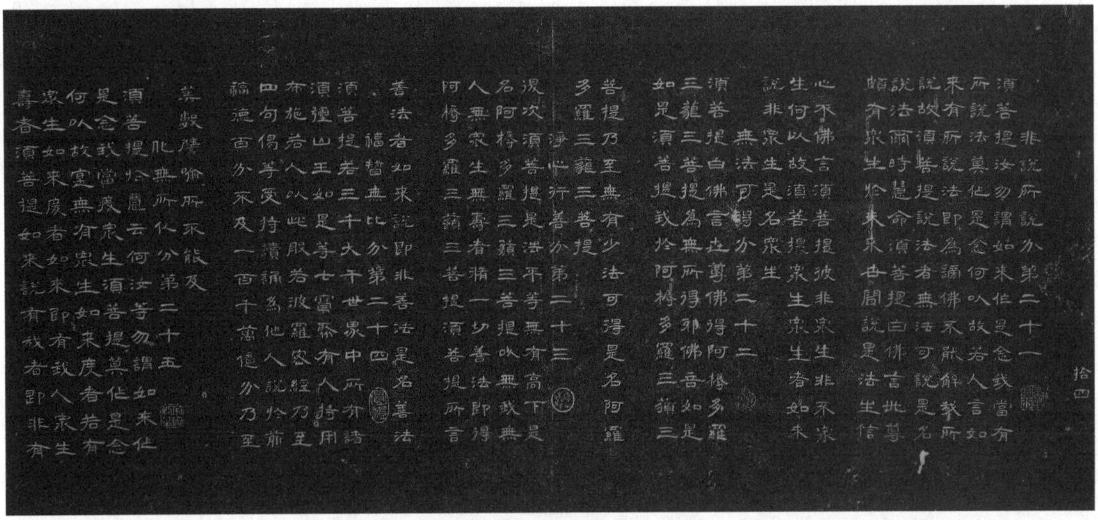

拾伍

我。而凡夫之人，以爲有我。須菩提！凡夫者，如來説即非凡夫，是名凡夫。”

法身非相分第二十六

“須菩提！於意云何？可以三十二相觀如來不？”須菩提言:“如是，如是。以三十二相觀如來。”佛言:“須菩提！若以三十二相觀如來者，轉輪聖王即是如來。”須菩提白佛言:“世尊！如我解佛所説義，不應以三十二相觀如來。”爾時，世尊而説偈言:“若以色見我，以音聲求我，是人行邪道，不能見如來。”

無斷無滅分第二十七

“須菩提！汝若作是念：如來不以具足相故，得阿耨多羅三藐三菩提。須菩提！莫作是念：如來不以具足相故，得阿耨多羅三藐三菩提。須菩提！汝若作是念：發阿耨多羅三藐三菩提心者，説諸法斷滅。莫作是念。何以故？發阿耨多羅三藐三菩提心者，於法不説斷滅相。”

不受不貪分第二十八

“須菩提！若菩薩以滿恒河沙等世界七寶，持用布施。若復有人，知一切法無我，得成於忍，此菩薩勝前菩薩所得功德。何以故？須菩提！以諸菩薩不受福德故。”須菩提白佛言:“世尊！云何菩薩不受福德？”“須菩提！菩薩所作福德，不應貪著，是故説：不受福德。”

威儀寂静分第二十九

“須菩提！若有人言：如來若來、若去、若坐、若卧，是人不解我所説義。何以故？如來者，無所從來，亦無所去，故名如來。”

一合理相分第三十

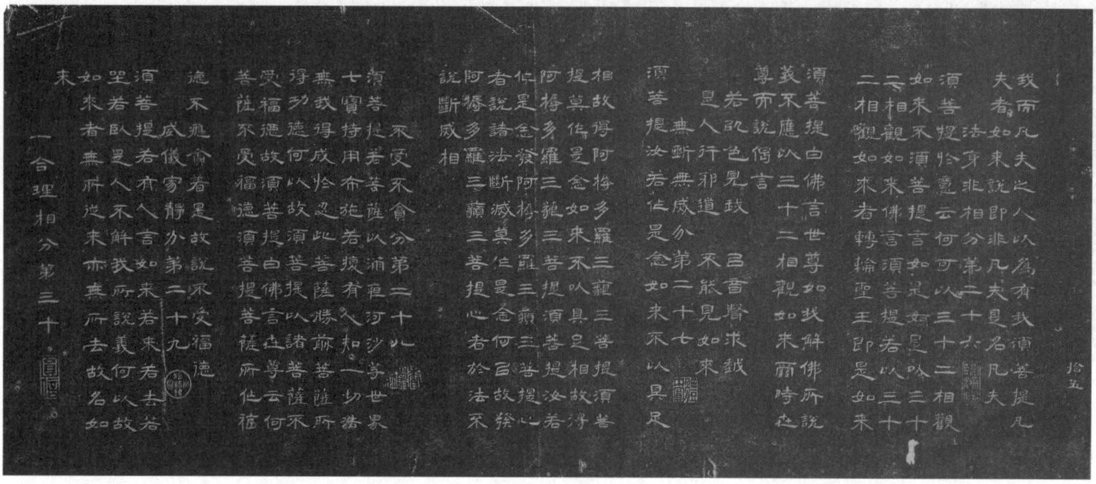

拾陸

“須菩提！若善男子、善女人，以三千大千世界碎爲微塵，於意云何？是微塵衆，寧爲多不？”須菩提言：“甚多。世尊！何以故？若是微塵衆實有者，佛即不説是微塵衆。所以者何？佛説微塵衆，即非微塵衆，是名微塵衆。世尊！如來所説三千大千世界，即非世界，是名世界。何以故？若世界實有者，即是一合相。如來説一合相，即非一合相，是名一合相。”“須菩提！一合相者，即是不可説，但凡夫之人，貪著其事。”

知見不生分第三十一

“須菩提！若人言：佛説我見、人見、衆生見、壽者見。須菩提！於意云何？是人解我所説義不？”“不也，世尊！是人不解如來所説義。何以故？世尊説我見、人見、衆生見、壽者見，即非我見、人見、衆生見、壽者見，是名我見、人見、衆生見、壽者見。”“須菩提！發阿耨多羅三藐三菩提心者，於一切法，應如是知，如是見，如是信解，不生法相。須菩提！所言法相者，如來説即非法相，是名法相。”

應化非真分第三十二

“須菩提！若有人以滿無量阿僧祇世界七寶，持用布施。若有善男子、善女人，發菩提心者，持於此經，乃至四句偈等，受持讀誦，爲人演説，其福勝彼。云何爲人演説？不取於相，如如不動。何以故？一切有爲法，如夢幻泡影，如露亦如電，應作如是觀。”佛説是經已，長老須菩提，及諸比邱、比邱尼、優婆塞、優婆夷，一切世間天、人、阿修羅，聞佛所説，皆大懽喜，信受奉行。

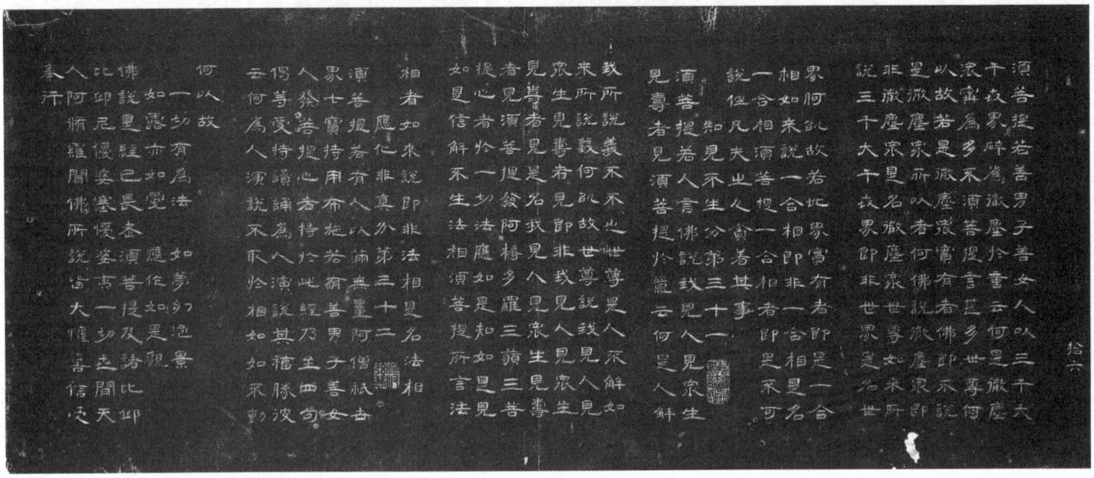

拾柒

金剛般若波羅密經

大清光緒辛丑年臘八日錢塘陳元濬敬書

願以此功德　普及於一切

我等與衆生　皆共成佛道

單提佛號實非權，棗柏大士云：靈山會所指浄土，是實非權。掃盡語言文字緣。露柱鐙籠閒，殺了棒頭，直指祖師禪。一心正念，即是般若之用。

格外家風見也麽，黄花翠草演摩訶。般若之體。因緣妙契無生理，會取如來化母梭。

直下無疑信力多，圓機常轉古彌陀。般若之用。而今跌翻無明白，十字街頭唱道歌。

本覺靈明法界同，只因妄想局塵籠。我今厭舍娑婆苦，欣取逍遥極樂宫。般若之用。

衣裏明珠即本真，貪瞋癡愛久沉淪。珠光照徹娘生面，般若之照。化作蓮池供佛人。

性海源清物我空，何爲迷失主人翁。貪瞋嫉妬真心昧，快把阿彌念力充。般若之用。勸君不必問如何，莫聽狂禪拍手歌。真妄俱删圓一句，般若之照。夢中佛事鏡中魔。

林泉養道老頭陀，遁迹煙霞歲月多。坐對春風還一笑，生擒活捉我心魔。般若之用。

謫降塵寰卅八年，一生精力造詩船。余著《浄土救生船詩注》三卷行世。而今始覺從前事，本地風光種白蓮。般若之用。

生機殺活疾如梭，魔佛互來不放過。

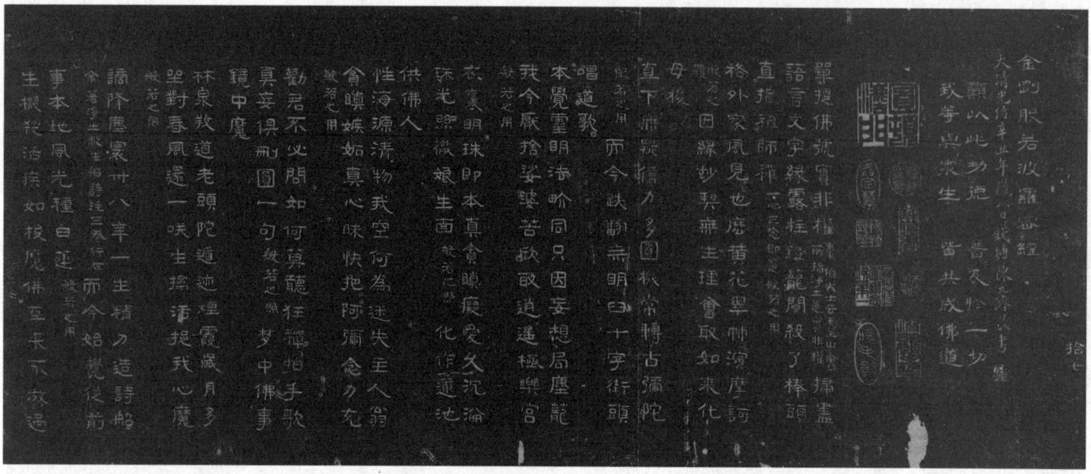

拾捌

魔來三十棒，佛來三十棒。可是吾家真種子，能分皂白判淆訛。般若之用。

妙契環中理性真，靈源活潑號圓人。語言道斷心行滅，般若之體。摩竭毘耶日日新。釋迦掩室於摩竭，浄名杜口於毘耶。

粗衣淡食老烟霞，闃寂閑居自在家。從此我心無著處，般若之體。三千年後現曇花。

嘗聞梵語般若，此翻智慧，名當六度之一體，爲萬行之都。蓋禪那屬定，般若屬慧，此約法相差别而言之也。即定而未嘗不慧，即慧而未嘗不定，此約體性無差别而言之也。澹雲和上西遊般若船之詩，余觀其修法，莫不雙宗定慧，及以静明爲見性之所宗，成佛之所主矣。《般若船》一卷，余喜其文，又參其義摘録十二章附寫於《金剛經》之後，是謂詩禪雙美，宗説兼通，僧中之龍，真可寶也。

曲園居士俞樾跋於吴門。

釋迦佛應世二千九百四十七年庚申十月，首座淡雲募石，嵊縣吴堉助石，杭縣俞遜敬鐫，古歙葉銘監刻，阿育王寺住山宗亮珍藏，監院源龍守護。

按：碑在阿育王寺天王殿。拓片共18張，每張高30釐米，寬72釐米。碑文隸書、行書，每張34—42行不等。

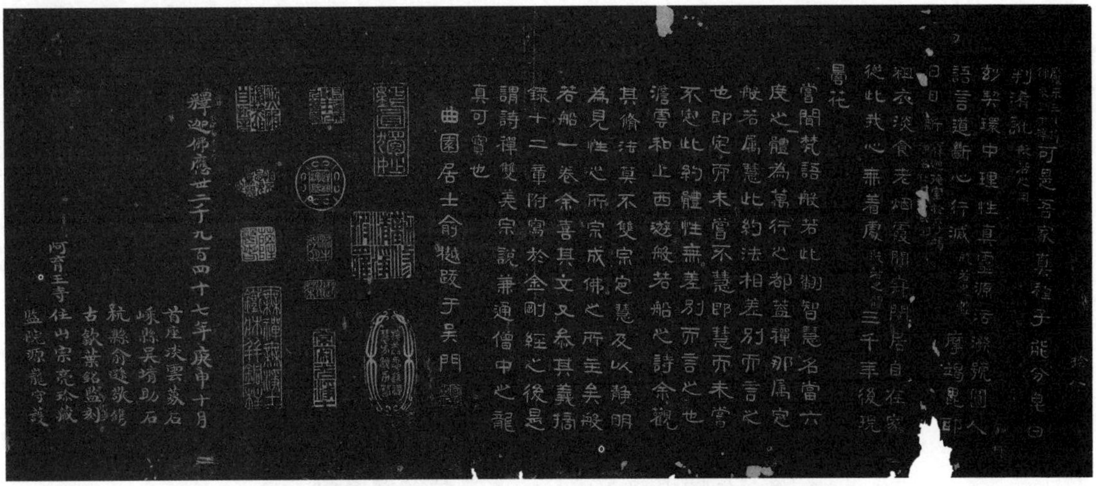

佛教孤兒院屠母功德碑

南無阿彌陀佛

屠母功德碑

慈谿陳訓正文　葛暘書

民國六年秋，四明僧之高者稱其先德天童敬安上人之遺志，議於城北白衣廣仁講寺建院收恤孤兒，用推其慈悲教義，而又以余之淑其人也，諈主院事。既舉三年所，會材不苟於用，院且廢隤，余與諸山戚戚憂之，方以爲莫之繼也。一日，鄞屠君齎千金來院，稱曰：“用錫不能事母，奔走四方，無得於晨夕。今歲吾母六十，用錫始念母之勞劬，將會賓朋媚婭，謀所以爲娱。顧以母命，不許靡靡踵俗之所爲，而責用錫能效於群者務之。用錫不敢違，謹奉千金以致，蓋吾母志也。”余於是乃率諸孤者拜辱賢母之賜，復颺言於衆曰：“烏虖！人情莫不惡陋而喜華，故内之不足而外侈焉。親之於其子也且然。日常庭闈之地，豆羞之共，几杖之操，則有時貰其子而不備於求。獨至耆耄周紀之日，坐堂皇，朝賓客，鐘鼓酒醴之設，歌頌之聲，趨拜蹐蹌之容，一勿備焉而其心咈然，以爲其子不能孝事，爲其子者亦惟其外之飾而不勤於中。朝夕之不謹、饔飧衣袽之不具，怡然不爲戚，而獨於此十年一舉非禮之典，豸豸虖縻大金而爲之，俗之漓也久矣。孝敬之意亡，而文事繁求。所謂勤虖中無侈乎外者，舍屠君母子之賢而又誰之見爲賢哉！”衆曰：“是功德不可忘。”遂礱石碑於院而余爲之文。母張氏，故清永福縣知縣諱宗基之妻。永福公歷官有仁聲，事具余所爲傳。當母隨任永福時，永福民有孤子新取妻犯法當誅者，母聞之，不忍其族之斬，隱使吏招犯婦補女卒而故緩其防，犯婦得常私其夫左右，逾年生一子。其事本隱約無可傳，然亦仁者之用心也。

例得附書。九年十一月記。

鄞周野鎸字。

按：碑原在佛教孤兒院。高110釐米，寬48釐米。碑文楷書，共17行，滿行34字。

寧波警察廳長禁止梅墟南北兩渡船夫貪利圖載告示碑

浙江寧波警察廳佈告第三號

爲佈告事。據二區署警正韓鴻逵呈，據鄞東梅墟鎮公民王松琴、戚柳軒、王潤蘭、戚松舲、戚茂源、戚餘三等稟稱，竊民等世居梅墟地方，地濱大江，梅墟爲江南道頭，對江爲江北道頭。兩岸渡船原有四艘，係俞姓主持，船夫即俞姓子孫所充，該姓宗祠歲有常數津貼。惟該處地當繁衝，往來旅客過多，不敷搭載，於是添設渡船四艘，悉循義渡舊章，故鄉間有新老義渡之分。稱南北兩岸，共計渡船八艘。原定每艘每渡限載八人，每人渡資二文，以銅元價作八文算一渡，合得渡資銅元二枚。每逢三、五、八、十市日，得增至十二人一渡，即爲銅元二枚，輈馬倍之。個人獨雇者，依原定價。起燈後雇者，每渡加銅元兩枚。是項渡船只許過渡旅客，不准另開他處，歷尚遵守，乃日久弊生。近來各該船夫，往往貪利圖載，逾越定限，甚至一渡載客多二三十人以上，加之携帶物件，扁葉小舟，人衆量重，其在平時潮平浪静而江面遼闊，已屬堪虞。若遇風雨急湍、潮浪怒湧之際，危險何可勝□！公民等鑒念及此，邀集紳民會議，按照原定規則聲明，每船一渡載客八人，不得貪利圖載他放。誠恐若輩面從背違，爲此聯名稟請轉詳給示諭禁，以維善舉而免危險等情，轉請給示諭禁前來。查該義渡載客約章既有限制，自不容違章貪載，除指令外，合行佈告，仰該處渡船夫等一體遵照。嗣後，每渡衹准載客八人，如逢三、五、八、十市日，仍准載客十二人。毋許貪利圖載，以防危險。倘敢故違，一經查出，或被告發，定即拘案嚴辦，決不姑寬，懔懔切切，此佈。

中華民國十年一月十日，廳長林映清。

按：碑原在梅墟。高 146 釐米，寬 62 釐米。碑文楷書，共 13 行，滿行 48 字。

浙江寧波警察廳佈告第三號
中華民國十年一月十日廳長林映清

鄞縣知事永禁藥魚告示碑

永禁藥魚

鄞縣縣公署布告第三二號

本年三月十三日，據公民樂俊寶、何葆春、項世澄呈稱，竊俊寶等世居鄞東後塘河一帶，各處叉港、河埠等處，每届夏秋兩季，見有不肖漁户將最劇烈之荭子即巴豆，磨舂取汁，傾入河中。魚蝦螺蚌之類，即時俱斃。彼即撈取向市中售賣。窮苦鄉人貪其價廉，争相購食，不知毒入魚腹之中，易致腐餒。荭子又瀉痢之劇劑，間接入人之腹，即生疫癘。且官河之水爲各村十餘萬人所汲飲，藥毒散漫水中，鄉人飲之，爲害尤烈。一經傳染，遂至蔓延，故疫癘發生多在夏秋，非爲無因。是藥魚爲名，藥人其實。俊寶等見藥魚之害，與人民生命有絶大關係，環叩出示永禁，等情到署。據此，除批示，並函請寧波警察廳轉飭各分駐所，一體派警嚴行查禁外，合亟布告，仰各該漁户一體知悉。嗣後，無論在於何處河港捕魚，均不得再以荭子即巴豆等藥質傾入水内，致妨飲料而礙衛生。倘敢故違，一經發覺，定即拘送法院，依律嚴辦，决不寬貸。其各凛遵毋違，切切。特此布告。

中華民國十年三月十六日，知事姜若。

按：碑原在盛墊橋羊侯廟。高 136 釐米，寬 66 釐米。碑文楷書，共 14 行，滿行 30 字。

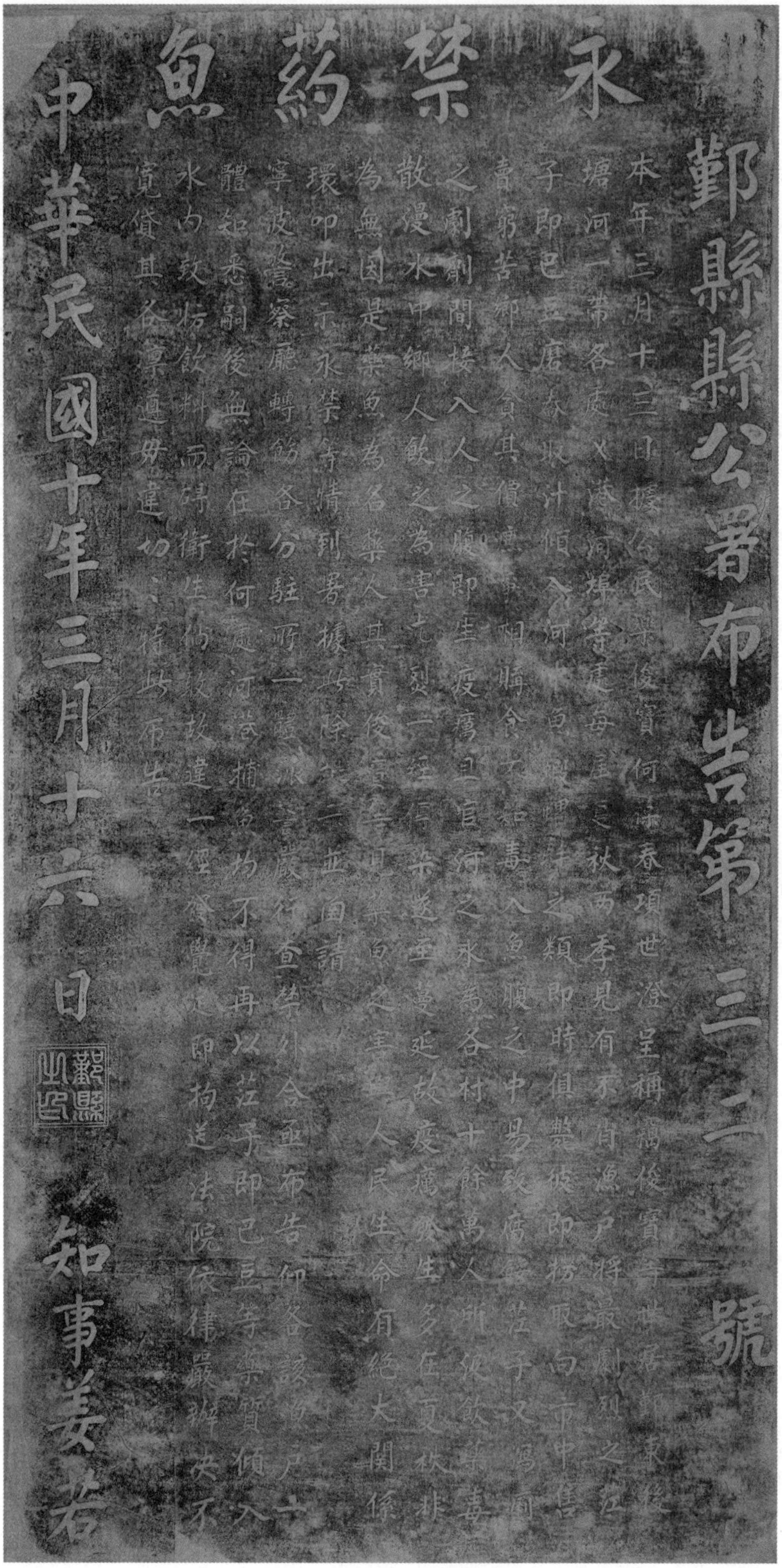

永禁葯魚

鄞縣縣公署布告第三二號

本年三月十三日據公民樂俊賓何松春項世澄呈稱竊俊賓等世居鄞東後
塘河一帶各處叉港河埠等處每至夏秋兩季見有不肖漁戶將最劇烈之江
子即巴豆磨成汁傾入河中白戰蟬等之類即時俱斃彼即撈取向市中售
賣窮苦鄉人貪其價廉購歸食之不知毒入魚腹之中易致腐蝕莊子又為劇
之劇烈間接入人之腹即生疫癘且官河之水為各村十餘萬人所汲飲其毒
散漫水中鄉人飲之為害尤烈一經傳染遂至蔓延故疫癘發生多在夏秋非
為無因是藥魚為各藥人其實俊賓等見藥魚之害與人民生命有絕大關係
環叩出示永禁等情到署據此除批示並函請
寧波警察廳轉飭各分駐所一體嚴行查禁外合亟布告仰各該漁戶一
體知悉嗣後無論在於何處河港捕魚均不得再以莊子即巴豆等藥質傾入
水內致妨飲料而礙衛生倘敢故違一經發覺即拘送法院依律嚴辦決不
寬貸其各禀遵毋違切切特此布告

中華民國十年三月十六日　鄞縣知事　知事姜若

勒石永祀闞公碑

勒石永祀闞公

鄞邑西北隅有闞相公廟者，民國八年營産事務所標明廟基爲營地，里人麟甫夙蒙神庥，不得不力圖保存。於是出資一百十二元，已於民國九年冬，囑族姪傳榮向營産公買處贖歸。合計廟基連餘屋基地，兩共五分之數丈尺，屋圖均載明部照。余客漢皋，特囑傳榮董其事。惟願同里諸公，共奉明禋，以昭久遠而垂不朽，是所望於群公。

民國十年辛酉四月　日，里人徐麟甫撰句。

按：碑原在闞相公廟。高149釐米，寬71釐米。碑文楷書，共8行，滿行20字。

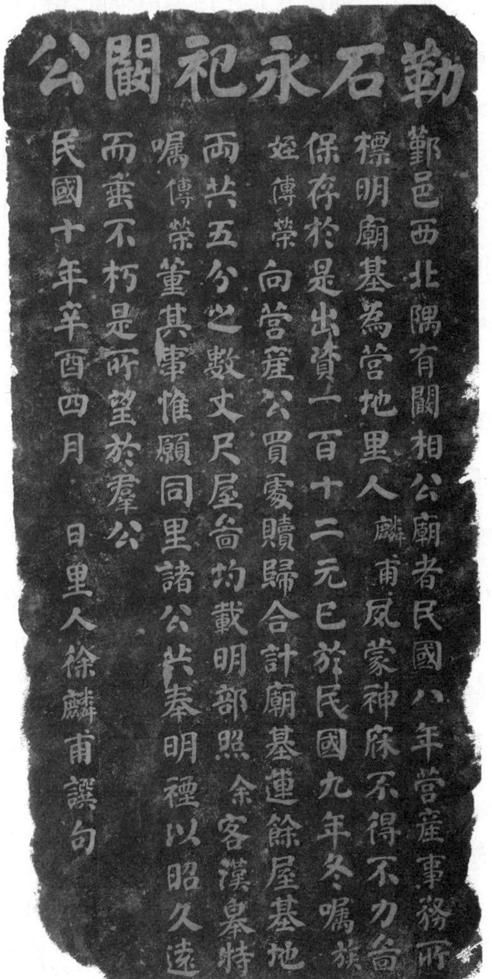

重修新澍橋路捐資題名碑

重修新澍橋路

中華民國十年清和月吉立

葉謀卓助洋乙百拾元正，徐坤全助洋拾五元正，馮慶安助洋拾元正，周太太助洋拾元正，葉天德助洋拾元正，陳文蘭助洋拾乙元正，莊魯卿助洋拾元正，嚴友君助洋拾元正，徐見埃助洋拾元正，吴寶寶助洋拾元正，陳全員助洋拾元正，葉新福助洋拾元正。

徐門鍾氏助洋拾元正，徐協生助洋拾元正，徐金林助洋拾元正，無名氏助洋拾元正，王公記助洋五元正，吴二少姐助洋五元正，徐華助洋五元正，侯泳芳助洋五元正，徐敬直助洋五元正，徐王氏助洋五元正，無名氏助洋五元正，葉厚全助洋五元正。

陳志剛助洋五元正，黄鴻俄助洋五元正，順餘莊助洋五元正，匯大莊助洋五元正，陳根才助洋五元正，姜孝璜助洋五元正，許紹樹助洋五元正，施錦榮助洋五元正，徐東林助洋五元正，徐生榮助洋五元正，無名氏助洋五元正，惠太太助洋叁元正。

鍾榮甫助洋叁元正，徐門王氏助洋叁元正，徐阿福助洋叁元正，胡太太助洋貳元正，徐敬明助洋貳元正，周女士助洋貳元正，鍾炳煒助洋貳元正，羅順齡助洋貳元正，陳根發助洋貳元正，藍蘇昌助洋貳元正，徐門吴氏助洋貳元正，徐其昌助洋貳元正。

徐門陸氏助洋貳元正，傅林順助洋貳元正，徐貴生助洋貳元正，徐東生助洋貳元正，徐士達助洋貳元正，徐興園助洋貳元正，徐蓮根助洋乙元正，唐女士助洋乙元正，盛全福助洋乙元正，李安心助洋乙元正，蘇齊生助洋乙元正，陳敏貴助洋乙元正。

陳太太助洋乙元正，陳小姐助洋乙元正，周永才助洋乙元正，李才□助洋乙元正，陳安康助洋乙元正，吴利甫助洋乙元正，俞裕發助洋乙元正，陳新福助洋乙元正，魏炳彩助洋乙元正，周世春助洋乙元正，陳福生助洋乙元正，邱長發助洋乙元正。

徐雙福助洋乙元正，徐□三助洋乙元正，徐福生助洋乙元正，徐東榮助洋乙元正，徐三才助洋乙元正，楊禹廷助洋乙元正，徐何來助洋乙元正，阿□嫂助洋乙元正，徐秋來助洋乙元正，徐德生助洋乙元正，阿偶司助洋乙元正，阿乾嫂助洋乙元正。

介有嫂助洋乙元正，潘禹臣助洋乙元正，徐甫嫂助洋乙元正，介福嫂助洋乙元正，徐品章助洋乙元正，徐品方助洋乙元正，徐谷香助洋乙元正，徐祥興助洋乙元正，徐慶餘助洋乙元正，徐朗懷助洋乙元正，福顧嫂助洋乙元正，徐順生助洋乙元正。

支項：

付石砝洋叁百叁拾元正，付鋪路工洋六拾乙元八角正，付石碑念洋叁元正，付助天燈洋念七元貳角正。共收捐款洋四百四拾五元正，共付洋四百四拾五元正。

按：碑原在新澍橋邊。高172釐米，寬62釐米。碑文楷書，分上下9列，共14行。

吴氏宗祠公地證據碑

公地證據

立公訂據。吴氏宗房長柱首人等，兹爲我宗祠後之田業，經公同允兑與族艾生等起造爲業，沿宗祠北畔牆後留公地四尺。其東首造有牆門，由牆門直進至女祠牆後爲止。該四尺公地面同訂明，本宗祠與艾生等雙方爲修理牆垣地步，不得作爲别用。其牆門於平日無事，任憑扃閉。此係公訂，各無異言，欲後有憑，立此據勒石，以垂永遠照行。

中華民國十年四月　日，吴氏公立。

按：碑原在五鄉碶吴氏宗祠。高119釐米，寬61釐米。碑文楷書，共8行，滿行20字。

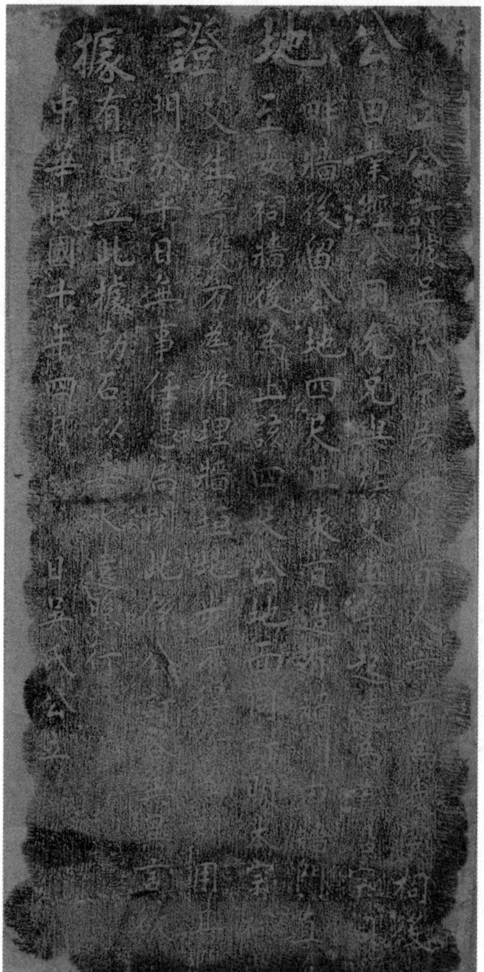

鄞縣知事永禁魚蕩告示碑

永禁魚蕩

鄞縣縣公署布告第七一號

本年五月六日，據公民樂俊寶、何葆春、項世澄稟稱：竊鄮溪鄉地方各處官河，前因自治委員稟准前知事任内被立魚箔，有礙農田水利。上年七月，因風雨交作，蛟水暴漲，田禾均被淹没。有周榮平者，因速謀退水之法，急將魚箔拆毁，幾釀事端。幸賢長官關懷民膜，秉公辦理，出示曉諭，拆毁之箔不准修築，未拆之箔限令一律拆除，永遠不准再設。在案。公民等誠恐有死灰復燃之患，爲此再行稟懇俯賜勒石示禁，永遠不准在官河設立魚箔，以弭隱患而保農田，等情到署。據此，查該鄉從前所設各魚箔，除上年已經拆除不准修復外，餘存各箔，本限於陰曆庚申年年底魚收後一律拆除，曾經本公署布告並奉道尹令飭遵辦，各在案。玆據前情，除批示外，合亟布告該區人民一體知悉。嗣後永遠不准再在該區各河蕩設箔養魚，致妨水利。倘敢抗違，一經查察，或被指告，定即提案嚴懲，决不寬貸。其各凛遵，特此布告。

中華民國十年五月十日，知事姜若。

按：碑原在盛墊橋羊侯廟。高140釐米，寬62釐米。碑文楷書，共14行，滿行30字。

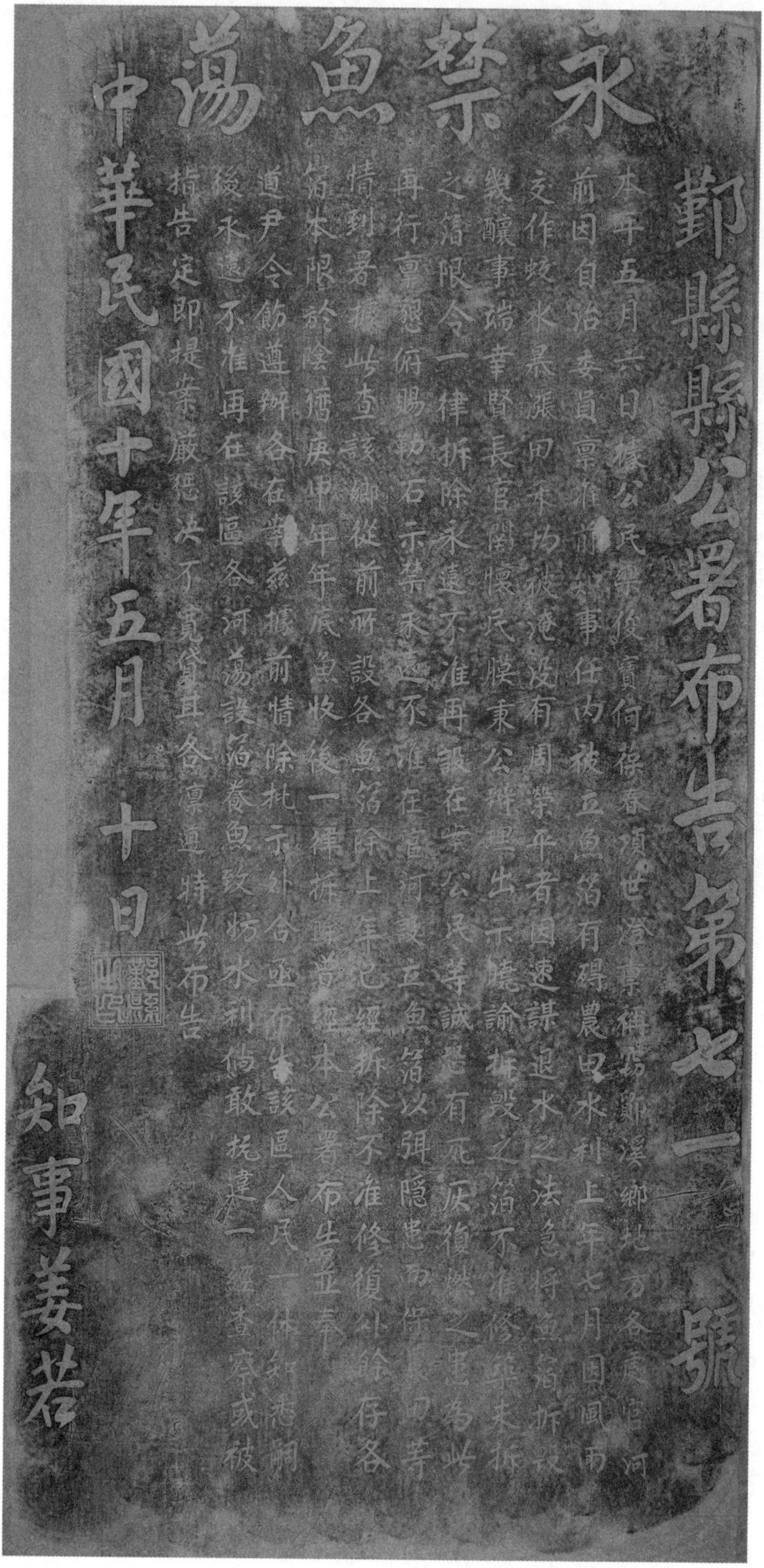
鄞縣縣公署布告第七一號
本年五月六日據公民樂俊賓何孫春項世瀅等稱竊鄭溪鄉地方各處官河
前因自治委員稟准前知事任内被立魚簖有碍農田水利上年七月因風雨
交作蛟水暴漲田禾均被淹沒有周榮平者因速謀退水之法急將魚簖拆毀
幾釀事端幸賢長官關懷民瘼秉公辦理出示曉諭拆毀之簖不准修築未拆
之簖限令一律拆除永遠不准再設在案公民等誠恐有死灰復燃之患爲此
再行稟懇俯賜勒石示禁永遠不准在官河設立魚簖以弭隱患而保田等
情到署據此查該鄉從前所設各魚簖除上年已經拆除不准修復外餘存各
簖本限於陰曆庚申年年底魚收後一律拆除嘗經本公署布告並奉
道尹令飭遵辦各在案茲據前情除批示外合亟布告該區人民一體知悉嗣
後永遠不准再在該區各河蕩設簖養魚致妨水利倘敢抗違一經查察或被
指告定即提案嚴懲決不寬貸其各凜遵特此布告
永禁魚蕩
中華民國十年五月十日
知事姜若

鄞縣知事禁止大咸鄉塘頭街米商升斗稱量不照規定告示碑

立石永禁（篆額）

鄞縣公署布告第九十二號

照得本知事訪聞大咸鄉塘頭街地方，近日各米商任意居奇，竟有人民買米一斗，計其重量較普通升斗小七八合，且有不用小銀元而秤稱亦無通一等情事，似此利己損人大屬不合。除諭飭該管鄉警按照該地三、八市日前往監視、嚴行稽查外，合亟布告該地各客商一體知悉，須知屯積居奇有干禁令，縮小秤斗蒙弊鄉民尤爲情法所不容。自經布告以後，各客商務須公平交易，不准蒙弊居奇，所用秤斗尤須與縣城通用秤斗，一律不得短小。至於小銀元，本爲輔幣之一種，理宜流通，嗣後凡人民持以購買米糧，衹可令其照市貼水，不能拒絶不用之。生畜�行等生意，抽拔内外二傭，凡抽拔傭錢，僅抽客商，不抽買主，以後亦一並禁止，不准再抽外傭。倘敢故違，一經查察或被指名稟告，定即提案處罰，不稍寬貸，其各懔遵毋違，切切。

中華民國十年六月十三日，知事姜若。

按：碑原在鄞溪塘頭街。高198釐米，寬80釐米。碑文楷書，共10行，滿行40字。

永安會公訂改良農業簡章呈請給示勒石告示碑

永安會勒石

鄞縣縣公署布告第一八三號

本年十一月二十五日，據高嘉兼鹽梅鄉自治委員毛佑清呈稱，竊據鹽梅鄉公民邵昌言、王可城、邵偕玉、邵慶法、邵善安、邵誠鎬、邵彦珏、陳禹炤、陸定法等陳請書内稱，公民等居住四都一圖花汀、王家園、王公漕、高田、陸橋、裏陳、盧家漕、石路王等處，地方素無農會，各農户所僱傭工失足落水，妄遭屍屬索詐，累至傾家，以及鵝鴨上田踐踏春花、偷竊雜物、竊宰耕牛等項，貽患無窮。鄉人生計以農田收穫爲大宗，社會習慣藉官廳示諭爲標準，爲此公訂簡章，陳請轉呈縣知事核准，迅賜示諭，勒石永禁，以維農業而除民害等語，計鈔粘鹽梅鄉四都一圖改良農業簡章一紙。查民國三年五月蕭前知事任内，有鹽梅鄉上王河、泗匯兩村農民王由能等訂定改良農業簡章，由委員呈請出示，經蕭前知事核准，給發八三號布告在案。該公民等所訂簡章與王由能等事同一律，爲此呈請鑒核給示，以維農業，等情到縣。據此，查藉屍索詐本干法紀，縱放鵝鴨踐踏春花以及偷竊植物、盜宰耕牛等事亦於農務有害，均經嚴禁在案。玆據前情，除指令外，合行照鈔簡章，布告各該處人民一體知悉。嗣後，務須恪守禁令，不得再有上列各項妨害農業情等，致干查究，毋違，切切。特此布告。

計開簡章：

一，本章程施行地點以花汀、王家園、王公漕、高田、陸橋、裏陳、盧家漕、石路王等處爲限，廟前錢家水墩頭。

一，該處計分甲、乙、丙、丁、戊、己、庚、辛八柱，各柱舉柱首一人，共同遵照簡章辦理，不得干涉外事，違則斥换。

一，凡境内各户僱傭男女工人，遇有因事失足落水不測等事，由事主給發喪費洋三十六元，歸屍屬自行棺殮，不得藉端需索。倘有詐欺等情，由各柱首稟官核辦。

一，各農户所種田畝，當秧苗萌芽及稻花結實之際，不准鵝鴨上田畜牧。倘有故違、互相驅逐不聽者，報由柱首稟官懲治。

一，各農户種植春花、瓜果、蔬菜、豆麥、稻草等物，須互相守望，協行保管。如有竊賊被獲，送官懲辦。

一，各農户所有船車、農具以及耕牛等項，互相保護，不得任意竊奪或私行損壞，違者由柱首稟官懲治。

一，協立永安會一會。在會各□僱傭工夥大小男女舉業者，倘遇失足落水，會内出洋廿四元，東主出洋十二元，共合給洋三十六元，作喪殮按葬費。

一，各柱首會内有事速到，毋許推脱。如有自要事，委能者可代理。僱傭工夥遇急病而亡敲詐等情，由各柱議決報官懲治。

一，未入會者，不許影戳取洋，會内無涉。如有榀僱工夥，倘遇着各自各值。

中華民國十年十二月二日，知事吴傳球。（“鄞縣之印”陰文印）永安會柱首王可城、邵善安、陳禹炤、邵偕玉、邵慶法、陸定法、邵誠鎬、邵彦珏、邵禹卿、邵信昌、陳生寶、錢德興、邵善玉、陳立豐、邵善生、邵孝梅、邵孝邦、邵元根、王學海、邵根才、邵敬洽、邵土根、邵啓鎬公立。

按：碑原在鹽梅鄉邵家尚書廟。高205釐米，寬75釐米。碑文楷書，共20行，滿行60字。

永安會勒石
鄞縣縣公署布告第一八三號

清儒林郎馮君墓表

清儒林郎馮君墓表

君諱鴻薰，字蓮青，姓馮氏。其先當吴越世官尚書曰叔和者，繇婺始遷慈谿，遂爲慈谿人。二十九傳至應翥，無子，以弟應翱子夢香後之。夢香生五子，仲曰允騤，是爲君之父。馮氏自應翱守諸生老，爲一邑大師，益窮不振，家學式微者且二世。至君乃復用儒術見，與其從弟幵彬彬偁文學焉。君少從其師某游松江府幕，年二十六補寧波府學生員。爲學尚考據，不屑屑詞章，每燕居一室，横臚群籍，當所坐處左右前後恒滿，手披目誦，窮日之力，以務必畜於心無疑而後以。居家敦内行，篤於親。十歲喪母俞，事後母錢如所生。兄弟三人，伯仲蚤死，群從昆季繁，君處之無畛域，而與幵尤摯。幵體羸善病，寢食寒暖，所以調護之者靡不至。光緒十九年，君與幵同赴鄉試，將録院而病，病中獨殷殷顧念幵，幵察君不安，竟罷試，將君歸。歸二十日，君卒，八月二十七日也，春秋政三十。前夫人朱氏，後夫人錢氏，妾謝氏。子男一，貞群，諸生。女二，均壻徐。孫一，適。貞群治父學，務爲深湛之思，畜書至富。適稺齒知鄉學，皆有君之風。民國十年十二月，貞群將葬君於西嶼鄉上午里之原，幵既銘其幽，復以余習其世來謁詞。爰爲揭君庸行於阡，俾後有述焉。同縣陳訓正表，錢罕書並題額。

按：墓原在西嶼鄉上午里之原（今屬寧波市江北區）。高225釐米，寬80釐米。碑文楷書，共14行，滿行30字。

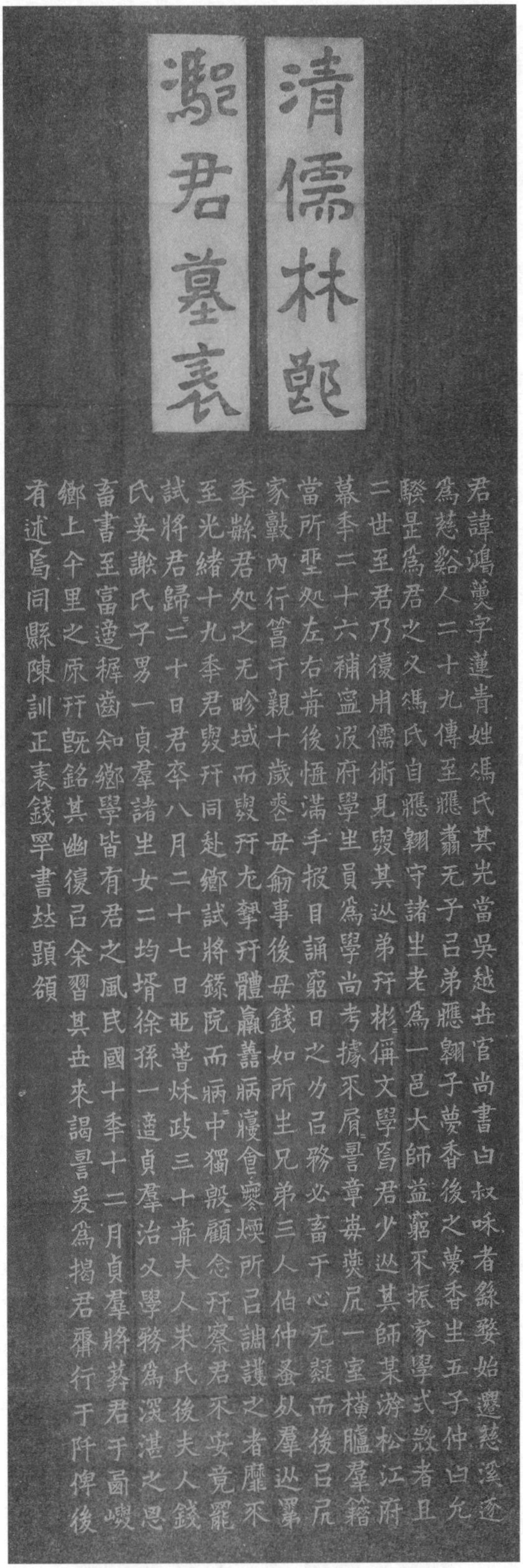
清儒林郎
馮君墓表

君諱鴻藇字蓮青姓馮氏其先當吳越有官尚書曰叔咏者繇婺始遷慈溪遂
爲慈谿人二十九傳至應翥无子㠯弟應翱子夢香後之夢香生五子仲曰允
驂是爲君之父馮氏自應翱守諸生老爲一邑大師益窮不振家學式微者且
二世至君乃復用儒術見與其从弟秉彬彬儷文學爲君少从其師某游松江府
幕秊二十六補寧波府學生員爲學尚考據不屑屑書章毋獘尻一室橫臚羣籍
當所聖處左右前後恆滿手披目誦窮日之力㠯務必畜于心无疑而後已尻
家數內行篤于親十歲喪母俞事後母錢如所生兄弟三人伯仲蚤殁羣从罩
季緜君處之无畛域而與秉尤摯秉體羸善病寢食寒燠所㠯調護之者靡不
至光緒十九秊君與秉同赴鄉試將錄院而病病中獨毅顧念秉秉察君不安竟罷
試將君歸歸二十日君卒八月二十七日距著炼政三十年夫人朱氏後夫人錢
氏妾謝氏子男一貞羣諸生女二均壻徐孫一適貞羣治又學務爲深湛之思
畜書至富適稱齒知鄉學皆有君之風民國十秊十二月貞羣將葬君于㘝嶴
鄉上个里之原秉既銘其幽復㠯余習其事來謁書爰爲揭君霽行于阡俾後
有述焉同縣陳訓正表錢罕書並題領

會稽道道尹禁止阿育王寺放生池捕釣魚類告示碑

浙江會稽道道尹公署布告第五號

照得仁居五常之首，慈爲萬德之先。凡屬血氣之倫，無非同與，蜎蠕之屬，莫不有知。在昔子産蓄魚，成湯解網。天台智者鑿放生之池，唐代肅宗垂勒石之禁。愛護生物，自古已然。兹查鄞縣育王寺所置内外兩放生池，竟有不法之徒貪圖微利，或竊施網罟，或强行釣捕，殊屬破壞慈善，干犯刑章，亟應從嚴查究，以儆效尤。合行布告，仰商民人等一體知悉。自經此次布告之後，不准再在該寺放生池内盜捕水族。如敢故違，即行嚴辦不貸，其各凛遵，切切。特此布告。

中華民國十一年七月二十日，道尹黄慶瀾。

按：碑在阿育王寺。高 140 釐米，寬 62 釐米。碑文楷書，共 9 行，滿行 31 字。

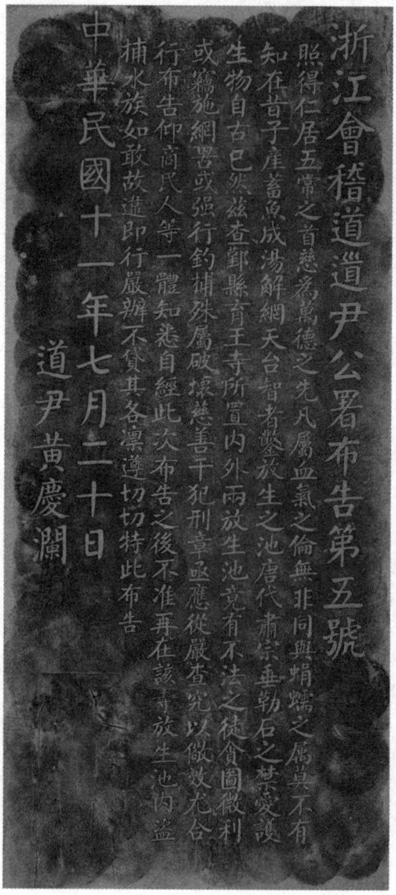
浙江會稽道道尹公署布告第五號
照得仁居五常之首慈爲萬德之先凡屬血氣之倫無非同與蜎蠕之屬莫不有
知在昔子産蓄魚成湯解網天台智者鑿放生之池唐代肅宗垂勒石之禁愛護
生物自古已然兹查鄞縣育王寺所置内外兩放生池竟有不法之徒貪圖微利
或竊施網罟或强行釣捕殊屬破壞慈善干犯刑章亟應從嚴查究以儆效尤合
行布告仰商民人等一體知悉自經此次布告之後不准再在該寺放生池内盜
捕水族如敢故違即行嚴辦不貸其各凛遵切切特此布告
中華民國十一年七月二十日
道尹黄慶瀾

櫟亭記

櫟亭記（篆額）

櫟社舊管同光鄉四十三都四圖，在城西南二十里，由鄞達奉水陸孔道也。其周圍二十餘邨居民率以織席爲食，而女工居其多數。顧自各邨至鎮，汊港紛歧，故城市業席者每於月之二、七市期下鄉收貨，其船至鎮而止。各邨男婦皆負戴萃集於此以求售。船未至則聳立以俟，既至則争先而趨，往往未明而出，迫午而不得歸。其冒雨雪，犯寒暑，無休息暫避之所，因兩□□者相望也。吴君賡瑞年少隱市，生長其地，心焉傷之，欲建亭以便行旅。又□鎮海顔君梅生以孤童起家，客海上有聲，聞其事偕往觀焉，慨捐銀千五百圓，以爲之倡。於是約結餘姚趙君宇椿、鎮海葉君德政、縣人李君子山、何君貴棠，業席者余君友木、李君紹泉及吴君與余呈請當道，擇地鳩工，並各勸募以□其成，經始於壬戌五月，訖工於七月。亭凡五楹，里人復集資增建四楹，完固高□，可以息行人，可以庋貨物。自此二、七之市免前者之苦而有如歸之樂，爰名之曰櫟亭，後之適者念顔君慷慨之舉，與吴君奔走之勞，諸君子助成之力。男謳女歌，當與兹亭同傳不朽，因述大略，刻記於石，俾有考覽焉。

民國十一年壬戌八月，縣人王斌孫撰文，沙文若書丹，朱義方篆額。

按：碑原在櫟社。高133釐米，寬65釐米。碑文行楷，共14行，滿行30字。

樂亭記

馬鞍埠捐資題名碑

馬鞍埠碑記

沙堰河，明堂嶴之水口也。因河塴頓高，來往船客升降不便，鄙發心叩募，蒙諸君樂助，建駁馬鞍埠頭一座。今將助款付賬記録於左。

李林有，洋念五元。李鴻棠，洋念元。李立生，洋念元。袁嗣根，洋拾元。袁世全，洋拾元。李際雲，洋拾元。傅子琴，洋五元。李炳珍，洋五元。

李順岳，洋五元。李順梁，洋五元。李三友，洋五元。李堯月，洋五元。袁玉□，洋五元。李際煒，洋五元。李金來，洋壹元。華倫山，洋壹元。

珠山師，洋壹元。

共計收助（下闕）

付□□元，

付□□五元，

付□□九元，

付□□四元，

共計付洋壹百叁拾八元正。

民國拾壹年壬戌桂月全浣吉旦，督辦李際雲謹啓。

按：碑原在沙堰河頭。高 120 釐米，寬 56 釐米。碑文楷書，共 3 列 11 行。

馬墪亭碑記

尚書廟盂蘭勝會捐資題名碑

長生蘭盆勝會碑記

竊惟孤魂無依，原信者有，不信者無。現在文明時代，例所不認，但自唐迄今相沿，習慣使然。蓋吾等提倡蘭盆勝會，於每年七月間，在尚書廟設放瑜珈焰口壹堂，自丁巳年捐款發起到今，已有多年，廢棄之，有拂公意。且既成，殊難廢棄，由是無論如何不得不繼續設放下去。夫既永固，利在簡便。兹慶雲寺者，今遭颶風吹倒墻垣，破壞屋面，其對修理一層，雖可募化而總不敷。該寺住持慧鍔一再與吾等商量，懇將尚書廟所有蘭盆勝會設放焰口捐集之款，撥爲慶雲寺修理宇垣之用，意以該款利息部分，每年七月十五日由該寺前來尚書廟拜懺，全日設放瑜珈談口壹堂。日後該寺無論何僧住持，永久當須應負斯責，並零立蘭盆勝會程序簿壹式叁本，各執壹本，以資遵守。是爲志。

今將各原捐户芳名列後：

邵門林氏雲蓮捐洋念元，邵門虞氏福緣捐洋拾元，陸門徐氏福壽捐洋拾元，陸孝行捐洋拾元，邵敬墅捐洋拾元，邵門林氏性福捐洋拾元，邵洪昌捐洋拾元，邵萬興捐洋拾元，邵松高捐洋拾元，邵東海捐洋拾元，邵門金氏佛貴捐洋拾元，邵門周氏善慧捐洋拾元，邵門李氏福山捐洋拾元。

邵門虞氏明蓮捐洋拾元，邵信房捐洋拾元，王坤房捐洋拾元，陳福賡捐洋拾元，陸根財捐洋拾元，李門朱氏妙修捐洋拾元，邵阿玉、邵慶生捐洋拾元，邵門周氏慧成、戚氏妙性捐洋拾元，邵門樓氏慧英、李氏修慧捐洋拾元，王門陳氏妙光、金門王氏妙法捐洋拾元。

共計揭存原捐集洋貳百四拾元正。除逐年墊放不敷用去洋玖拾元正外，尚存洋壹百五拾元。當日給與慶雲寺住持僧慧鍔，以資修理該寺之用。慶雲寺慧鍔署名。

民國十一年夏歷九月　日公啓。

按：碑原在鹽梅鄉尚書廟。高 174 釐米，寬 80 釐米。碑文楷書，共 24 行，滿行 55 字。

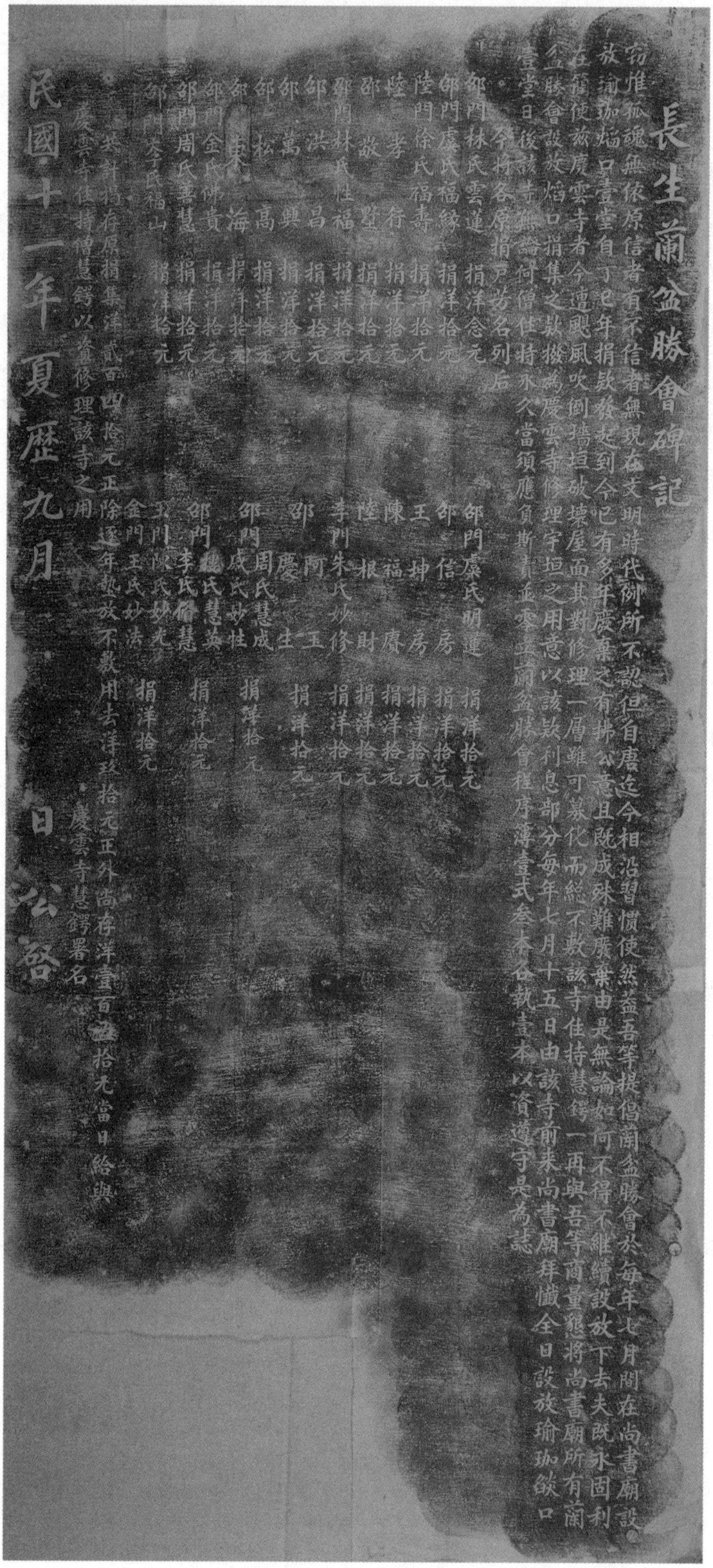
長生蘭盆勝會碑記

竊惟孤魂無依，原信者有，不信者無，現在文明時代例所不認，但自唐迄今相沿習慣使然。蓋吾等提倡蘭盆勝會，於每年七月間在尚書廟設放瑜珈焰口壹堂，自丁巳年捐款發起，到今已有多年，廢棄之有拂公意，且既成殊難廢棄，由是無論如何不得不繼續設放下去。夫既永固利在彌，使於慶雲寺者，今遭颶風吹倒墻垣，破壞屋面，其對修理一層雖可募化，而總不敷。該寺住持慧鍔一再與吾等商量，懇將尚書廟所有蘭盆勝會設放焰口捐集之款，撥為慶雲寺修理宇垣之用，意以該款利息部分，每年七月十五日由該寺前來尚書廟拜懺全日，設放瑜珈燄口壹堂，日後該寺無論何僧住持，永久當須應負斯責。並零立蘭盆勝會程序簿壹式叁本，各執壹本，以資遵守，是為誌。

今將各原捐戶芳名列后

邵門林氏雲蓮　捐洋念元
邵門虞氏福緣　捐洋拾元
陸門徐氏福壽　捐洋拾元
陸孝行　捐洋拾元
邵敬豎　捐洋拾元
鄧門林氏性福　捐洋拾元
邵洪昌　捐洋拾元
邵萬興　捐洋拾元
邵松高　捐洋拾元
邵東海　捐洋拾元
邵門金氏佛貴　捐洋拾元
邵門周氏善慧　捐洋拾元
邵門大李氏福山　捐洋拾元
邵門虞氏明蓮　捐洋拾元
邵信房　捐洋拾元
王坤房　捐洋拾元
陳福慶　捐洋拾元
陸根財　捐洋拾元
李門朱氏妙修　捐洋拾元
邵阿玉
慶生　捐洋拾元
邵門周氏慧成
成氏妙性　捐洋拾元
□氏慧英
邵門李氏侑慧　捐洋拾元
玉門陳氏妙光
金門王氏妙法　捐洋拾元

共計捐存原捐集洋貳百四拾元正，除逐年塾放不敷用去洋玖拾元正外，尚存洋壹百伍拾元，當日給與慶雲寺住持僧慧鍔以資修理該寺之用。

慶雲寺慧鍔署名

民國十一年夏歷九月　日公啓

蓮池大師戒殺文石刻

蓮池大師戒殺文

世人食肉，咸謂理所應然，乃姿意殺生，廣積冤孽，相習成俗，不自覺知。昔人有言，可爲痛哭流涕長太息者是也。計其迷執，略有七條，開列如左，餘可例推。

一，生日不宜殺生。哀哀父母，生我劬勞，己身始誕之辰，乃父母垂亡之日也。是日也，正宜戒殺持齋，廣行善事，庶使先亡考妣早獲超昇。現在椿萱增延福壽，何得頓忘母難，殺害生靈，上貽累於親，下不利於己。

二，生子不宜殺生。凡人無子則悲，有子則喜。不思一切禽畜亦各愛其子，慶我子生，令他子死，於心安乎？夫嬰孩始生，不爲積福，而反殺生造孽，亦太愚矣。

三，祭先不宜殺生。亡者忌辰及春秋祭掃，俱當戒殺，以資冥福。殺生以祭，徒增孽耳。夫八珍羅於前，安能起九泉之遺骨而使之食乎？無益而有害，智者不爲矣。

四，婚禮不宜殺生。世間婚禮自問名、納采以至成婚，殺生不知凡幾。夫婚者，生人之始也。生之始而行殺，理既逆矣。又婚禮吉禮也，吉日而用凶事，不亦慘乎。

五，宴客不宜殺生。良辰美景，賢主佳賓，蔬食菜羹，不妨清致，何須廣殺生命，窮極肥甘？笙歌饜飫於盃盤，宰割冤號於砧几。嗟乎！有人心者能不悲乎？

六，祈禳不宜殺生。世人有疾，殺牲祀神以祈福佑，不思己之祀神，欲免死而求生也。殺他命而延我命，逆天悖理，莫甚於此矣。夫正直爲神，神其有私乎？命不可延，而殺孽具在。種種淫祀，亦復類是。

七，營生不宜殺生。世人爲衣食故，或畋獵，或漁捕，或屠宰牛羊猪犬等，以資生計。而我觀不作此業者，亦衣亦食，未必其凍餒而死也。殺生營生，神理所殛，以殺昌裕，百無一人。種地獄之深因，受來生之惡報，莫斯爲甚矣。何苦而不别求生計乎？

如上所列，甚拂常情，達人覽之，必以爲確論。倘能全戒，善莫加焉。其或不然，量力除減，或去四五，或禁二三。除一事則消一孽，戒一殺則杜一冤，若未能斷絶腥羶，且先應市買見物，不加親殺，亦免大愆，積養慈心，漸入佳境。得斯文者，更望展轉流通，逐相勸化。能勸一人不殺，如救百萬生靈。勸至十百千萬億衆，陰功浩大，善果無窮。但肯信行，決不相賺。一月不殺，下善也；一年不殺，中善也；一生不殺，上善也；世代不殺，善之又善者也。願人人戒殺，户户持齋，則諸佛生歡，萬神加護，干戈由是永息，刑罰可以無施，地獄爲之頓空，苦海因而長别矣。

民國十一年壬戌歲冬月敬立，袁廷澤謹書。

按：碑在觀宗寺外牆。高 48 釐米，寬 230 釐米。碑文楷書，共 71 行，滿行 14 字。

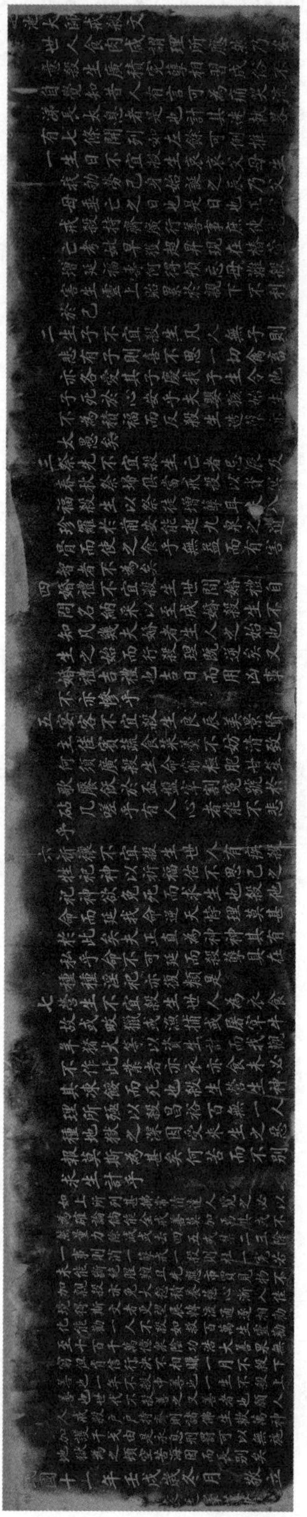

文昌帝君識字寶訓石刻

［文］昌帝君鸞諭惜字寶訓

欽哉！字紙不可忽也。輕賤字紙則有天罰，敬惜字紙則有天賞。天下士民，肅聽吾命。其有以字紙裹物者，子孫愚蠢。其有以字紙拭桌者，子孫卑賤。其有以字紙糊窗糊筐者，子孫窮困不寧。惟是或因裹物、拭桌、糊窗筐之故，而以字紙踐踏足底入諸泥塗，種種穢污不遂之處，豈待遠而殃流子孫，必將近而禍及自己。士子功名不成，農工田蠶不收，商賈買賣不利，甚且疾病，甚且下獄，甚且舉家害癩，甚且全家滅亡。嗚呼！可不懼哉。自是而後，苟有一人能敬字紙，家中置一惜字籠以留字紙，勿使散失。且見人家糊窗、糊筐、裹物等項字紙，即將素紙换之。至於路旁字紙、圾中字紙，隨見隨收，而以香湯洗之焚化，更能創舉，僱人拾字，彙積焚灰而投於大江之流，不惟己之一身叨貴，顯獲康寧，而且子孫榮貴，滿門昌盛。古來取巍科、受高爵、享大福者，何一非從敬惜字紙中得來者哉？尚其凛遵，吾言不再。按民國十年以來，兵災、水災、旱災頻見不絶，其故何也？而世人豈知由孽而成。自歐化通商以來，字紙不敬，五穀不重，衹求其財，不講道德，將寶貴之字紙販做還魂，穢污不堪，任意散棄。惡氣上升，戾氣下降，以致風雨不調，瘟疫年來。古訓爲善者昌，爲惡者殃，豈有妄言。奉勸諸君，體聖賢好生之德，造字以明文化，使人人明曉善惡之道，以趨吉避凶。做善事、講善言，是發福的資料；做惡事、存惡心，是招殃的種子。望諸君明察是荷。

民國壬戌歲冬月，自新居李、餘蔭軒楊敬立。

按：碑在觀宗寺天王殿週邊牆。高 48 釐米，寬 132 釐米。碑文楷書，共 41 行，滿行 14 字。首題“文”字失拓。

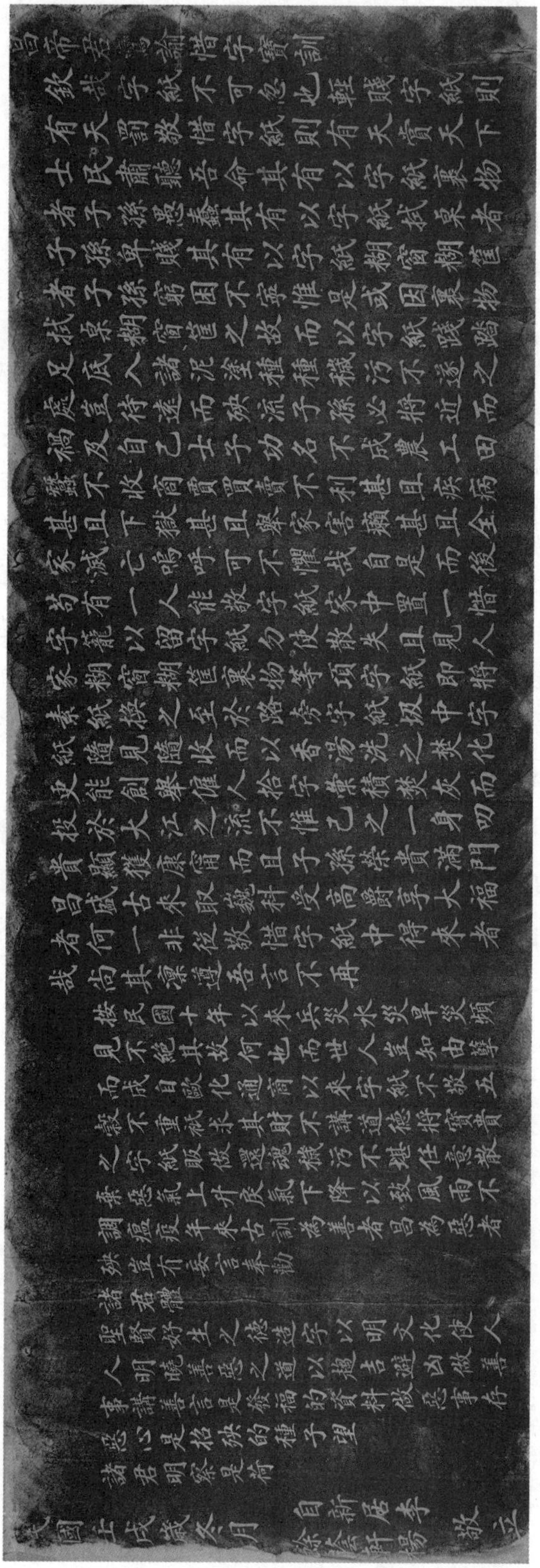

屠蔭椿府君墓表

屠蔭椿府君墓表

同縣張美翊撰文　慈谿錢罕書丹

君諱執規，姓屠氏，字應春，號蔭椿。世爲鄞人。祖諱宗涵，妣蕭氏、丁氏。考諱用梅，妣陸氏。兄弟四人，君其長也。屠氏自明以來稱望族，仕宦科第著於志乘，獨太公以商起家，爲人司泉幣，終身一業，商市奉爲志幟。君仲叔兩弟繼之，惟君與季弟習儒學，赴科舉。同治戊辰，受知於學使者湘中徐公樹銘，成邑諸生，則益與季弟仿規相勉於學。既而季弟果以同治癸酉鄉舉充副貢，授職東陽縣學訓導，通經史曆算，裒然稱大師矣。太公既年高，以家政委君，家世勤儉，率初不變。門庭之内雍雍肅肅，宗族鄉黨稱孝弟焉。言行恂謹，雅步嶷然，望而知爲長者。屢應鄉試，佹得佹失，遂以明經終，例授修職郎，候選訓導，以姪敏恒官貤贈奉政大夫。光緒十六年庚寅七月二十三日丑時卒，距生道光二十年庚子十月初三日子時，年五十有一。配鄭氏，贈宜人，生道光二十一年辛丑九月二十七日戌時，卒光緒十一年乙酉二月十五日午時，年四十有五。生女二，適袁鋼鏸、曹寶鼐。繼配謝氏，封宜人，生同治三年甲子正月十九日未時。子一，士恒，畢業神州專門法政，曾充浙江省議會議員。孫一，翼九。民國十一年壬戌十一月十三日，葬於邑西鄉河靖埠團圖岸之原，墓向坐申向寅兼坤艮。以鄭宜人祔於左，並營謝宜人生壙於右。既固既安，庶利其嗣人。

鄞項崇聖鎸字。

按：墓原在西鄉河靖埠團圖岸之原。高 49 釐米，寬 131.5 釐米。碑文楷書，共 48 行，滿行 10 字。

裴府君廟碑記

寶慶廟碑

裴府君廟碑銘

東錢湖之東有裴府君廟，宋淳祐中所建，即所謂寶慶廟者也。又有裴將軍廟，蓋亦府君之神，而其餘里社祀府君者多不勝舉，志乘不詳，碑版皆滅。訪之父老，則皆云觀察府君肅是也。予考唐開元而後，明州入亂。天寶中吴令光之掠明也，河南尹裴敦復平之。栗鍠之亂，府君平之。王郢則節度裴璩平之。三裴皆有戡亂之功，而獨祀府君，其功殆有獨隆者邪？貞元十有四年，栗鍠以鎮將作亂，刺史盧雲遇害，招誘山越，攻陷郡縣。山越之名，見於孫吴國志，大抵皆在丹陽近境，而吾鄉則未之聞。胡身之曰：鄞縣、慈谿之南，奉化縣之西北，有山越種。以今地里質之，當爲鄞之傅霸河，慈之鐘乳山、潘嶼，奉之箬坑等地。次年府君討平之，禽栗鍠於天台，送至京師伏誅。然則湖東居民之奉祀，蓋必府君當日師行所過，能捍賊鋒而不擾民力，故相率報之。獨是府君之擣賊巢在天台，則其過軍自奉化應泛甬江、歷長汀。若由湖東以入，萬山錯互，反爲迂道，而行亦甚艱。意者山越爲梗，故取間路以出賊之不意，未可知也。夫以大軍往來，所過繹騷，乃居民不以爲苦，反志遺愛焉，而歷世廟食，其亦賢矣。乃數十年以來，有妄指爲祀晉公者，不知何所據依。晉公於吾鄉無涉歷，不應得祠，當以府君爲是。於是祠下父老懼其流傳日遠，遂爲非奉之祀，乃乞予爲碑以紀之。府君，濟源人也。其官由常州刺史遷，蓋以進奉得之，故唐史多貶詞，然其定亂之功則有不可没者。更爲之銘，其詞曰：

神之來兮東湖東，前挾矟兮後持弓。猶有當年甲胄容，越鄒溪兮度管江。甘棠夾道兮被神幢，蕭蕭鳴馬絶吠尨。廟門兮嵯峨，靖山越兮晏海波，迎神之曲當凱歌。

清雍正三年縣人全祖望撰。民國十一年慈谿錢罕補書上石。

按：碑原在東慶橋寶慶廟。高 164 釐米，寬 72 釐米。碑文楷書，共 20 行，滿行 32 字。

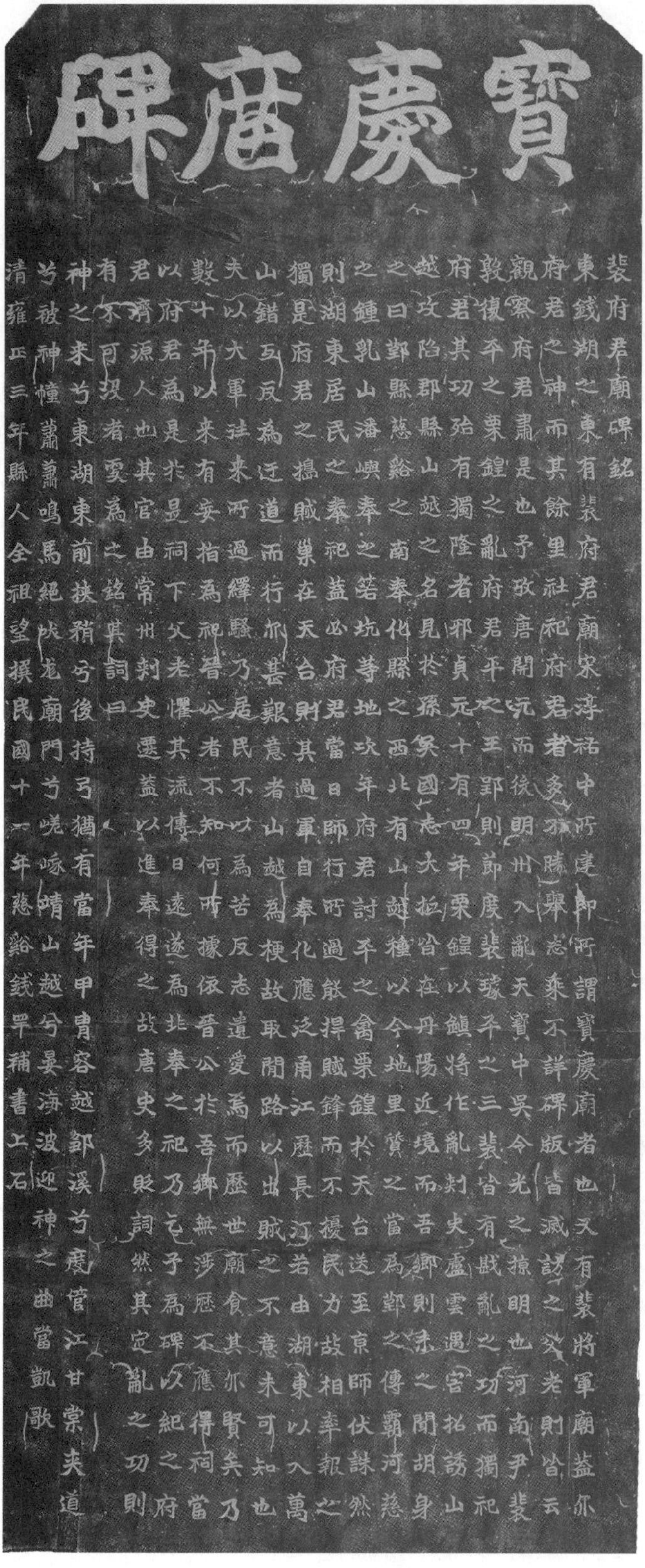

寶慶廟碑

裴府君廟碑銘

東錢湖之東有裴府君廟宋淳祐中所建即所謂寶慶廟者也又有裴將軍廟蓋亦府君之神而其餘里社祀府君者多不勝舉志乘不詳碑版皆滅訪之父老則皆云觀察府君肅是也予攷唐開元而後明州入亂天寶中吳令光之掠明也河南尹裴敦復平之袁鼂之亂府君平之王郢則節度裴璩平之三裴皆有戡亂之功而獨祀府君其功殆有獨隆者邪貞元十有四年栗鍠以鎮將作亂刺史盧雲遇害拓誘山越攻陷郡縣山越之名見於孫吳國志大抵皆在丹陽近境而吾鄉則未之聞胡身之曰鄮縣慈谿之南奉化縣之西北有山越種以今地里覽之當爲鄮之傳覇河慈之鍾乳山潘嶼奉之筈坑等地欤年府君討平之禽栗鍠於天台送至京師伏誅然則湖東居民之奉祀蓋必府君當日師行所過能捍賊鋒而不擾民力故相率報之獨是府君之搗賊巢在天台則其過軍自奉化應泛甬江歷長汀若由湖東以入萬山錯互反爲迂道而行亦甚艱意者山越爲梗故取間路以出賊之不意未可知也夫以大軍往來所過繹騷乃居民不以爲苦反志遺愛爲而歷世廟食其亦賢矣乃數十年以來有妄指爲祀晉公者不知何所據依晉公於吾鄉無涉歷不應得祠當以府君爲是於是祠下父老懼其流傳日遠遂爲北奉之祀乃乞予爲碑以紀之府君濟源人也其官由常州刺史遷蓋以進奉得之故唐史多貶詞然其定亂之功則有不可没者爰爲之銘其詞曰

神之來兮東湖東前扶猾兮後持弓猶有當年甲胄容越鄮溪兮度管江甘棠夾道兮被神幢蕭蕭鳴馬絕吠龙廟門兮曉啄晴山越兮晏海波迎神之曲當凱歌

清雍正三年縣人全祖望撰民國十一年慈谿錢罕補書上石

改建裴府君廟捐資題名碑

碑記

吾鄉裴君廟由來久矣，吾俞李子姓所奉爲境主者也。舊廟在隔谿之西南，移建於此，亦歷有年所。碎瓦頽垣，不堪瞻觀。爰集境下，妥議改建。其間有出於公款者，有出於捐資者，統計之不下萬餘金。越幾年而廟成，丹楹刻桷，輪奂聿新，足以壯廟貌而妥神靈也。因録其捐款於碑端以誌之。

俞大五房商徵捐洋乙千另十六元，俞天房萬全會捐洋六百九拾三元，俞大四房捐洋四百九拾元，俞小泉房捐洋三百六拾二元，俞東柱會捐洋三百元，俞始祖祀捐洋二百八拾五元，俞數房祀捐洋二百另五元，俞大六房捐洋二百元，俞成裕堂捐洋乙百五拾五元，俞禮房祀捐洋乙百拾四元，俞五房下捐洋乙百另八元，俞北房祀捐洋九拾五元，俞西柱會助洋五拾四元，俞十二房捐洋九拾五元，俞中房祀捐洋八拾九元。

李祀衆捐洋乙百三十元，李賢治助洋七拾元。

俞裏西房捐洋七拾五元，俞漢房助洋七拾元，俞六二房捐洋七拾元，俞樵生助洋五拾元，俞厚道助洋四拾元，俞外西房捐洋叁拾元，俞裏東房捐洋念五元，俞泰來會助田乙分，俞貞芳助拾五元，俞光厚助拾五元。

俞玉大、俞增泰、俞玉道、俞文元、俞張順、俞曾信、俞德厚、俞滿德、俞樹朝、俞四德、俞德明、俞志華、俞增廷、俞承根、俞正主、俞文來、俞成房、俞人兼祀，以上各助拾元。

俞玉芝、俞定有、俞貴行、俞丕承祀、俞水通、俞財林、俞貴先、俞安心女、俞信福、俞國來、俞樹鳳、俞乾亨、俞貞香、俞心定、俞根法、俞賢富、俞根彩、俞國財、俞柏年、俞佐廷、俞祥位、俞久財，以上各助五元。

俞玉碧捐洋念元，俞金岳捐洋拾元，俞樹芝捐洋拾元，俞茂生捐洋拾元，俞成富女捐洋五元，俞王寶捐洋五元，俞貴生捐洋五元，俞樹華捐洋五元，俞樹寬捐洋五元。

民國十一年壬戌，幹首俞增廷、俞國楣、俞樹安、俞嘉增公啓。

按：碑原在俞塘村。高 152 釐米，寬 77 釐米。碑文楷書，共 17 行，右側 3 行爲題記，滿行 37 字。

碑記
吾鄉裴君廟由來久矣吾俞孝子姓所奉為境主者也舊廟在
所碑瓦頹垣不堪瞻觀爰集境下妥議改建其間有出於公款者有出於捐資者統計之不下萬
餘金越歲年而廟成丹楹刻桷輪奐聿新足以壯廟貌而妥神靈也因錄其捐款於碑以誌之
民國十一年壬戌 幹首俞增廷 國楣 樹安 公啟

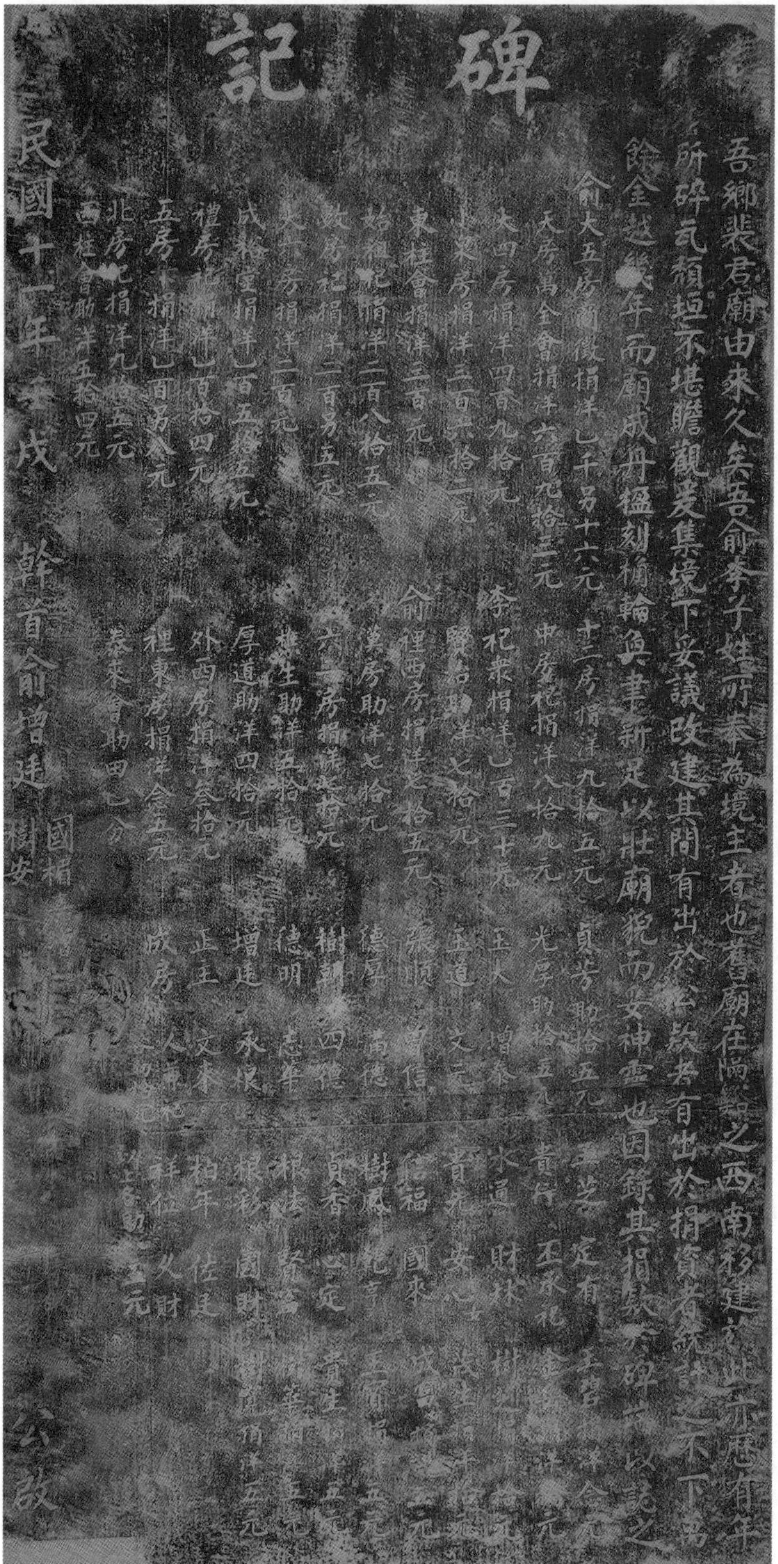

王方清墓誌銘

王君墓誌銘

同縣沙文若撰并書

君諱方清，姓王氏。其先當北宋世自臨川徙鄞，至君二十有一世矣。曾祖孝義，祖忠良，父全明，仍世農穡，敦樸相嬗。君幼失父母，惸獨靡依，去投田舍，牧牛自給。逮年稍長，服習佃作，深耕易耨，屢致大穰，主人悦喜，舉田事悉以委之。庸力數年，漸以所入稍置田疇，辭歸昏娶，克樹門户。贍生之餘，益務儲蓄，營度封殖，家業以起。既豐積聚，兼樂施舍，勞倈畢葬，多所將助。嘗有行役，值大風雪，舟人力不支，君中宵起，佐其刺船，天寒股弁，俄仆舷外。它舟拯持，僅乃得免。舟人惶恐謝過，君曰："由我弗脊，匪乃咎也。"君仁心爲質，率性而行，扶貧抒急，不異身事。比其卒也，里黨悼傷，有隕如瀉，吁其難已。君卒于清光緒十二年九月二十二日，春秋四十有六。配殷氏。子一，斌。孫女一，適仇。孫二，文周、文通。葬在高嘉鄉七里墊之原。形頌既遐，德惠莫忘。是用撰次行跡，勒銘九幽。銘曰：

粤有長者，生于憂患。仁惠竺誠，式是里閈。雖曰未學，行則有方。胡天之憒，弗俾壽康。種德于先，言侈其後。嗣子之慶，有譽惟茂。茫茫邱壠，勿侵勿越。自今世世，庶揚景烈。

按：墓原在高嘉鄉七里墊。據沙孟海書學院編《沙孟海年表》，王方清墓誌銘由沙孟海撰書于民國十一年（1922）。影印本高 34 釐米，寬 38 釐米。誌文楷書，共 21 行，滿行 19 字。

王君墓志銘　同縣沙文若撰并書
君諱方清姓王氏其先當北宋世自臨川徙鄞至
君二十有一世矣曾祖孝義祖忠良父全明仍世
農穡敦樸相嬗君幼失父母惸獨靡依去投田舍
牧牛自給逮年稍長服習佃佐深耕易耨屢致大
穰主人悅喜舉田事悉以委之庸力數年漸以所
入稍置田疇辭歸昏娶克樹門戶贍生之餘益務
儲蓄營度封殖家業以起既豐積聚兼樂施舍勞
倈畢葬多所將助嘗有行役值大風雪舟人力不
支君中宵起佐其刺船天寒股弁俄什艋外它舟
拯持僅乃得免舟人惶恐謝過君曰由我弗眷匪
乃咎也君仁心爲質率性而行扶貧抒急不異身
事比其卒也里鄰悼傷有隕如瀉吁其難已君卒
于清光緒十二年九月二十二日春秋四十有六
配殷氏子一斌孫女一適仇孫二文周文通葬在
高嘉鄉七里塾之原形頌既遐德惠莫忘是用撰
次行跡勒銘九幽銘曰
粤有長者生于憂患仁惠坒誠式是里閈雖曰未
學行則有方胡天之惜弗俾壹康種德于先言修
其後嗣子之慶有譽惟茂莊=邱壠勿侵勿越自
今世=麻揚景烈

董慎夫墓誌銘

清誥授奉直大夫内閣中書董君慎夫墓志銘（篆蓋）

清誥授奉直大夫内閣中書董君慎夫墓誌銘

同縣陳邦瑞撰　鄞縣高振霄書　湘陰左孝同篆蓋

董君慎夫，諱圻，世爲慈谿著姓。曾祖諱杏芳，布政司理問銜，誥封朝議大夫，累贈通奉大夫，妣氏葉、氏杭。祖諱秉愚，誥贈通奉大夫，妣氏柳。父諱封青，道銜，誥授中議大夫，累贈通奉大夫，妣氏宓。君年十四而孤。咸豐間，粵逆擾浙東郡縣，隨侍大父母及母避地滬上旅居，攻苦力學，與仲兄同研席，互相砥礪。寇平回里，發漱芳閣藏書讀之，禮延名師受業講論，由是學日益進，里中文學長者多樂與之游。屢困童子試，然時敏不懈，名譽卓起。嘗受知於邑宰善化賀公、郡守任邱邊公。邊公號知人，衡文精覈，郡試得君卷，欲置第一，以引嫌不果。是年，以監生赴省試，遂獲中副榜，時同治十二年也，旋中光緒二年舉人。邊公方任監試，榜發往謁，相見喜慰，益以徵其平日賞鑒之不謬也。頻赴禮部試，輒報罷，以内閣中書供職京師。然君泊於仕進，孺慕綦切，嘗以策名朝籍，違遠鄉里，不獲慰高堂倚閭之念，遂告侍養回里。歲壬午，宓太夫人捐館舍，君哀毁盡禮。既茹痛鮮民，又值家庭多故，服闋後雖循例仍上計車，不復萌宦游想矣。居里日嘗承先大父志，與從叔輩度地建繁露祠，祀江都相，爲宗族子弟絃誦之所。又承宓太夫人命建奉慈祠，以妥宗族女靈。其善體親心，謹於繼述蓋如此。至其周恤振施，殫心鄉里利病，有舉無廢，皆一稟前規而行之。行誼著聞，遠邇皆翕然稱焉。國變事起，意鬱鬱不自得，復遭家業傾落，逐發病。冬季掃墓，兒輩以天寒風勁諫阻，不聽，曰："禮可廢乎？"卒命輿詣墓次，比歸疾作，以辛亥十一月十一日卒，春秋六十有四。配鮑宜人，副室王孺人。子六人，敦錫、敦福、敦煒、敦梁、敦梓、敦懷。女三，長適鄞縣蔡和霽，次適鄞縣章任，三適鎮海李厚埰。錫與長女皆鮑出也。孫男六，曰維瑗、維琅、維璸、維璟、維甯、維琦。君歿後二年，以癸丑三月十九日卜葬於程家山麓。君第三子敦煒，余女壻也，葬後九年來請爲文以誌之幽。余與君爲姻戚，知君者深，是不可以無言，乃爲之銘。其辭曰：

時而可爲，雍容佩笏以搢紳；時不可爲，杜門却掃，期獨善以終身。恂恂董君，秉德維純，陵谷沸騰，塞其遇以葆其貞。一瞑千秋，庶無愧乎後之人。

按：墓原在程家山麓。高 44 釐米，寬 57 釐米。誌文楷書，共 35 行，滿行 24 字。

清誥授奉直大夫內閣中書董君慎夫墓志銘

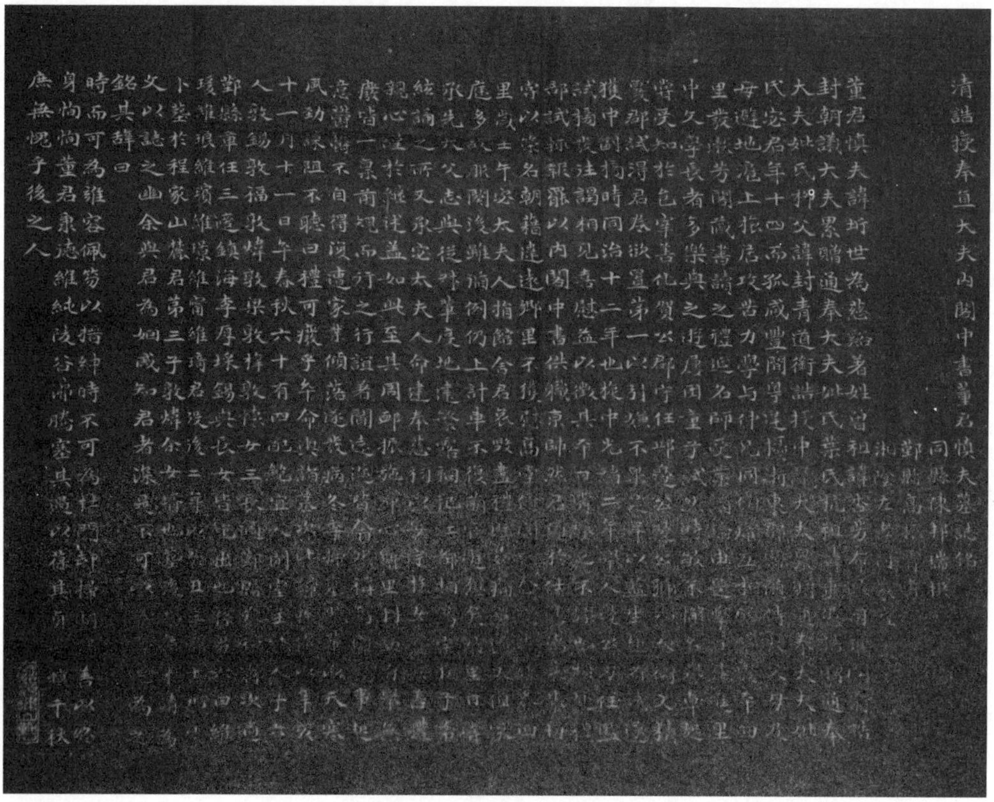

陳君磬裁造橋碑記

陳君造橋碑記（篆額）

陳君造橋碑記

君姓陳氏，名磬裁，鄞人。體蹈勤慎，起家梓人，周施任恤，赴義若渴，仁心爲質，誰昔然矣。縣東大咸之鄉，梅溪之上，爰有石橋，當鄞奉化孔道，秋潦放溢，戕杠發梁，三建三圮，物力罷劬，行者病涉，臨流震掉。君聞而閔之，語其人曰："石理磽确，綿傳實難，迅湍所激，動致靡陊。歐西水泥之工，冶鐵爲幹，表裏堅牢，潺湲氾濫，不爛不泐，潰成救敗，舍是奚屬？"斥萬三千金，鳩集徒衆，刻日作治。經始民國十年辛酉十二月，明年壬戌六月工汔，其秋大水三至，道路隄閼，所在漂蕩，橋身巋然，卒用勿壞。鄉人念其成勞，僉曰："微陳君，孰與竟斯役乎？"題名旌寵，名曰"磬裁"，輿誦洋洋，以永風謍。昔兖州通渠，櫟惠薛公；凡亭曠陂，箸偁樊氏。君世籍南圖，匪涉疆界，齊民超舉，在位靡責，而聞難踔奮，取懷相恤，善推飢溺之私，克成溱洧之濟。任德果行，彌可頌已。遂爲之詞曰：

相彼崇梁，于梅之溪。疇墮其成，昊天疾威。民亦勞止，有荒不治。漸裳濡軌，惟曰怨咨。一夫興仁，百積具舉。徵材殊域，藉固吾圉。相歌孔揚，前邪後許。椓之橐橐，大浸攸禦。秩秩斯干，克利踵武。我徒我御，爰得我所。西狹通道，石門啓亹。孰綱維是，舉足無忘。令聞穆穆，溪流湯湯。表績貞石，永播芬芳。

中華民國十二年，歲在癸亥二月，慈谿馮幵撰，慈谿錢罕書。

是役也，鄉人童中蓮實創之，懼力不繼，簡於作始，藉君弘濟，遂畢鉅績，集事於陳而造端於童，成務開物，厥功均也。敢援漢綏民校尉熊君碑例，兼箸其緒，用諗後來。

按：碑原在長方里。高167釐米，寬71釐米。碑文楷書，共17行，滿行33字。

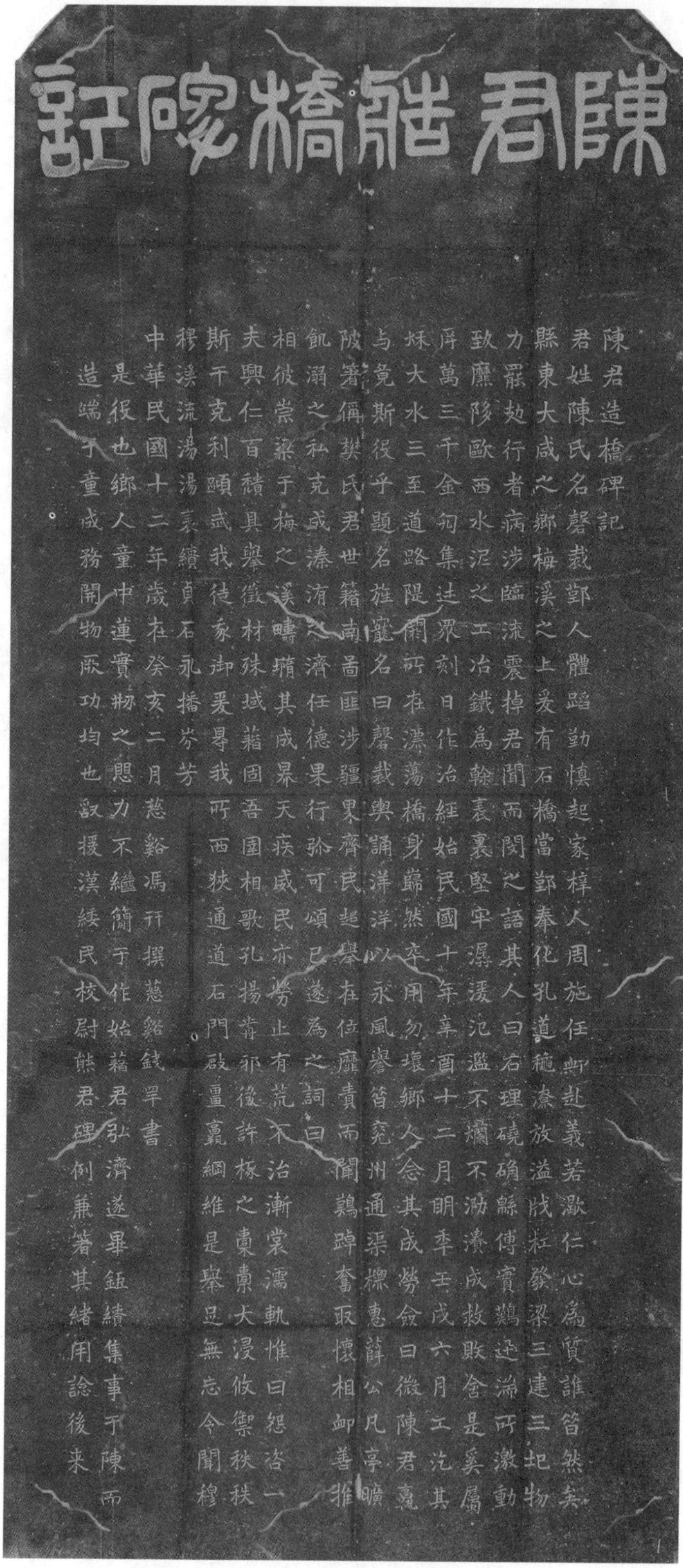

陳君造橋碑記

陳君造橋碑記

君姓陳氏名磬裁鄞人體蹈勤慎起家梓人周旋任卹赴義若激仁心為質誰昔然矣縣東大咸之鄉梅溪之上爰有石橋當鄞奉化孔道穐潦放溢戕杠發梁三建三圮物力罷勌行者病涉臨流震掉君聞而閔之語其人曰石理磽确緜傳實鷄逆湍所激動致靡隊歐西水泥之工治鐵為榦表裏堅牢瀑湲氾濫不爛不泐潰成救敗舍是奚屬屑萬三千金旬集徒眾刻日作治經始民國十年辛酉十二月明年壬戌六月工訖其秋大水三至道路阻閡所在瀁蕩橋身巋然卒用勿壞鄉人念其成勞僉曰微陳君竟与竟斯役乎題名旌寵名曰磬裁輿誦洋洋以永風譽昔兗州通渠標惠薛公凡亭曠陂箸偁樊氏君世籍南昌匪涉疆界齊民趨舉在位靡責而闡鷄踔奮取懷相卹善推飢溺之私克成溱洧之濟任德果行弥可頌已遂為之詞曰

相彼崇梁于梅之溪疇猜其成畀天疾威民亦勞止有荒不治漸裳濡軌惟曰怨咨一夫興仁百積具舉徵材殊域藉固吾圉相歌孔揚菁邪後許椽之槖槖大浸攸禦秩秩斯干克利頤式我徒豕御爰尋我所西狭通道石門啟壘矗綱維是舉足無忘令聞穆穆溪流湯湯表續貞石永播芬芳

中華民國十二年歲在癸亥二月慈谿馮幵撰慈谿錢罕書

是役也鄉人童中蓮實朸之恩力不繼簡于作始藉君弘濟遂畢鉅績集事于陳而造端于童成務開物厥功均也敘援漢綏民校尉熊君碑例兼著其緒用諗後来

太白橋紀念碑記

太白橋紀念碑記

距寶幢六里許，有嶴曰明堂嶴，有橋曰太白，下爲大溪水，由太白山發源，流經於此，故名。第時當久雨則溪流突漲，凡自太白諸峰來者，皆匯合奔赴之，甚或捲巖石而下之。是橋適當衝要，至民國辛酉壬戌秋，風雨交作，一時山洪暴發，橋遂全部壞矣。就地父老曾集議修葺，而嶴中人均係農家者流，際此大水之後，沃壤降作沙場，膏腴變爲石田，全嶴生計咸嗟斷絶，即欲救飢而恐不贍，奚暇修建是橋哉？寶幢□大慈善家樂翁振葆聞而憫之，親蒞災地勘驗後，即出資召集該地壯夫擇要修治。田有沙礫令遷運之，地有積石使擔除之，隄決矣築以障之，路圮矣填而平之。計辛酉一役，耗公費三千餘金外，翁又自捐千餘金以補助之。古人稱“畋爾田，宅爾宅”，翁何多讓焉。然大溪隔絶交通，無橋以便行人，如出作入息何？翁復爲籌捐重建，由海上特聘良工程師來此造築橋梁。顧仍循舊制，猶非經久之策，乃以鋼鐵爲骨，水泥爲輔，厥材孔良，厥料孔堅，經之營之，百工攻之，至壬戌冬而橋成。凡需費萬三千餘金，七千餘金爲公資，而其餘六千餘金則自翁獨任之。其慷慨好義又若此。綜計兩年以來，一嶴之地，若塘、若路、若田地、若橋工，翁爲保全地方生命財産計，犧牲私財至七千餘金之巨，嶴中人誠拜翁之賜多矣。雖然，此兩年中之大工役，監督而管理之使卒底於成者，皆張君慶旦、張君繼茂二人之力，要亦未可没也。然余猶恐百世後人無由知翁之功在橋，且無由知翁之功不第在橋也，故詳書其事於石，俾垂之久遠，以爲後之人紀念云。

中華民國十有二年仲春月吉旦，明堂嶴全部公民謹建，蛟川高維崧謹撰并書。

按：碑原在明堂嶴。高177釐米，寬76釐米。碑文楷書，共16行，滿行39字。部分文字依《寧波古橋碑刻集》所録拓片補全。

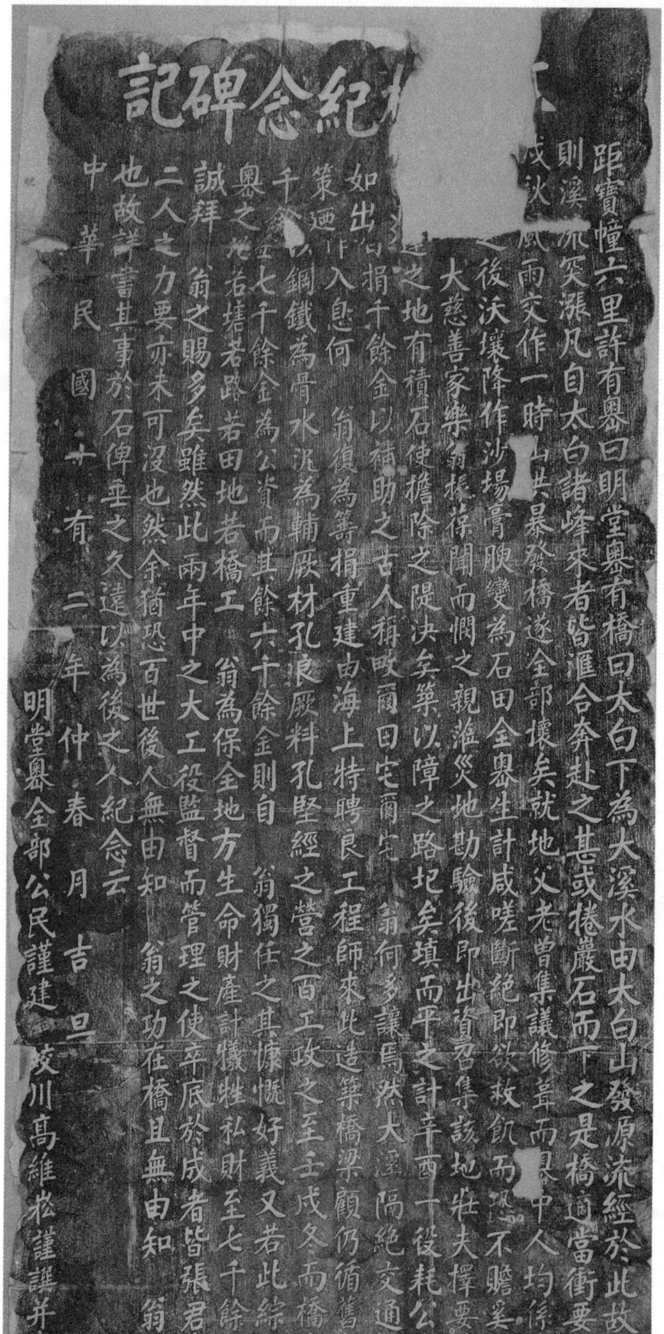

紀念碑記
距寶幢六里許有嶴曰明堂嶴有橋曰太白下為大溪水由太白山發源流經於此故名第時當久雨
則溪流突漲凡自太白諸峰來者皆滙合奔赴之甚或捲巖石而下之是橋適當衝要至民國辛酉壬
戌秋風雨交作一時山洪暴發橋遂全部壞矣就地父老曾集議修葺而嶴中人均係農家者流際此
之後沃壤降作沙場膏腴變為石田全嶴生計咸嗟斷絕即欲救飢而[illegible]不贍奚暇修建是橋哉
大慈善家樂翁振蓀聞而憫之親蒞災地勘驗後即出資召集該地壯夫擇要修治田有沙礫
[illegible]之地有積石使擔除之隄決矣築以障之路圮矣填而平之計辛酉一役耗公費三千餘金外
如出[illegible]捐千餘金以補助之古人稱毗爾田宅爾完 翁何多讓焉然大溪隔絕交通無橋以便行人
策迺作入息何 翁復為籌捐重建由海上特聘良工程師來此造築橋梁顧仍循舊制猶非經久之
以鋼鐵為骨水泥為輔厥材孔良厥料孔堅經之營之百工效之至壬戌冬而橋成凡需費萬三
千[illegible]金七千餘金為公資而其餘六千餘金則自 翁獨任之其慷慨好義又若此綜計兩年以來一
嶴之[illegible]若塘若路若田地若橋工 翁為保全地方生命財產計犧牲私財至七千餘金之巨嶴中人
誠拜 翁之賜多矣雖然此兩年中之大工役監督而管理之使卒底於成者皆張君慶旦張君繼茂
二人之力要亦未可沒也然余猶恐百世後人無由知 翁之功在橋且無由知 翁之功不第在橋
也故詳書其事於石俾垂之久遠以為後之人紀念云
中華民國十有二年仲春月吉旦
明堂嶴全部公民謹建 蛟川高維崧謹譔并書

清奉政大夫洪鏴墓表

清奉政大夫府同知洪君墓表

君諱鏴，字崐蓀，姓洪氏，爲南宋端明殿學士鄱陽文敏公後。至元有諱道振者，自以天水世臣，隱居不仕，嘗遊慈溪東南鄉，見其襟江帶河，作而歎曰："美哉！泱泱乎大瞻也。"遂卜居焉。當時重其學行，因名其邨曰"大瞻"，由是世爲慈溪人。曾祖民彝，祖濤。父崧慶，縣學增廣生。兩世皆以君貴，贈奉政大夫。贈公博通書史，有文炳然，駢四儷六，工爲齊梁人語，而獨見擯於有司，乃絶意進取，里居教授，（汩）〔泊〕如也。生四子：長鈞，縣學附生，以瞽廢；次錦，不禄；鈐最幼；君則叔而仲矣。

幼聰穎，讀書異常兒，年方舞勺，見父衰老，兄又失明，乃以支持門户爲己任，遂棄儒而賈。始就業會垣，鉤稽出入，不爽錙銖，億則屢中，同儕稱焉。而君獨見其大，以爲嚮讀太史公《貨殖傳》得其術者，小之可以富家，大之可以富國，自東西島人踔入中土，開埸互市，天下大勢，貧富强弱，群機括於商，中國財命搀縱於敵人之手，奄奄待盡。苟不早變計，易其所常學，研治實業及古今貨殖諸法，以與列國權有無，鬥智力巧拙，以自阜其財，恐不數十寒暑，家與國將相隨而盡，是可懼也。於是設肆上海，遣人四出，西通蜀，南走滇，航海至朝鮮、日本，君安坐而指揮之，搀奇計贏，徵物貴賤，仰機利以贍其家。久之，家遂大裕饒。贈公顧而樂之，嘗口占云："次第春風到草廬。"蓋深喜君之能養志也。

君天性孝友，祇父恭兄，自視常歉然以爲不足。既以財豪於鄉，則推本仁民愛物之誼，盡出其藏，市粟米、藥餌、棺木，周鄉黨之急。邑中有義舉，輒倍輸。富家爲之倡，鄉里間又翕然稱之。傳君幼時遘髮逆之亂，風聲鶴唳，遷徙靡常。贈公挈家人倉猝避地，而君獨固請居守。一夕，賊騎猝至，嘯掠成群，哭聲載道。君匿身蘆葦中，卒跳而免。驚定之後，贈公撫之而泣。嗚呼！當亂離之中，自非至性過人者而能如是乎？然則以君之才之行，使出而用世，其所設施必有可觀，而惜乎君以家居老也。當景廟季年，余忝副度支，承凋敝之後，仰屋徒嗟，治絲益棼，欲得才如卜式者，超拜爲郎，徐收富國裕民之效，而不可數覯。不意鄉邨之内，有内行惇篤、才略幹練如君者，而竟交臂失之。以人事君，深愧斯言矣。國變以後，上下争攘權利，如傀如鬼，民生國計，日益空乏凋瘵，内憂外患，紛紜並作，不可終日。君痛念時局，生平志事未就而遽遘大變，感喟憂鬱，卒隕其生。悲夫，悲夫！誰階之厲，而遘虐至此？可痛也已。易簀之日，猶諄誡諸子以毋即匪彝，毋競榮利，守分守業，如是而已，皆粹然儒者語也。

君以輸餉功，由國子監生授府同知職銜，並賞戴花翎，誥授奉政大夫。娶張氏，繼娶姚氏，三娶范氏，四娶崔氏，皆封宜人。妾陶氏。卒於戊午年六月十四日，春秋七十，將以癸亥年三月葬於西洪孫家河之原，自張宜人以次祔焉。男子子四人：翔，縣學附生，早卒；德藩；德藻；德芹。女子四人，長適陳，次適董，餘未字。孫男鍾堯、鍾銓、鍾華、鍾美、鍾毓、鍾秀、鍾凱、鍾威、鍾强、鍾奇、鍾麟，凡十一人。

德藩兄弟皆經商上海，一日，介鄭明經希亮謁余廌廬，出君行略，以表墓之文相屬。乃撮其生平言論、行誼大略，俾揭諸阡，藉以致余惓惓之感也。

歲在癸亥春二月，同縣陳邦瑞表，鄞縣王禹襄書，鄞項崇聖刻。

按：碑在寧波市江北區洪塘街道裘市西洪村。高87釐米，寬143釐米。誌文楷書，共61行，滿行18字。

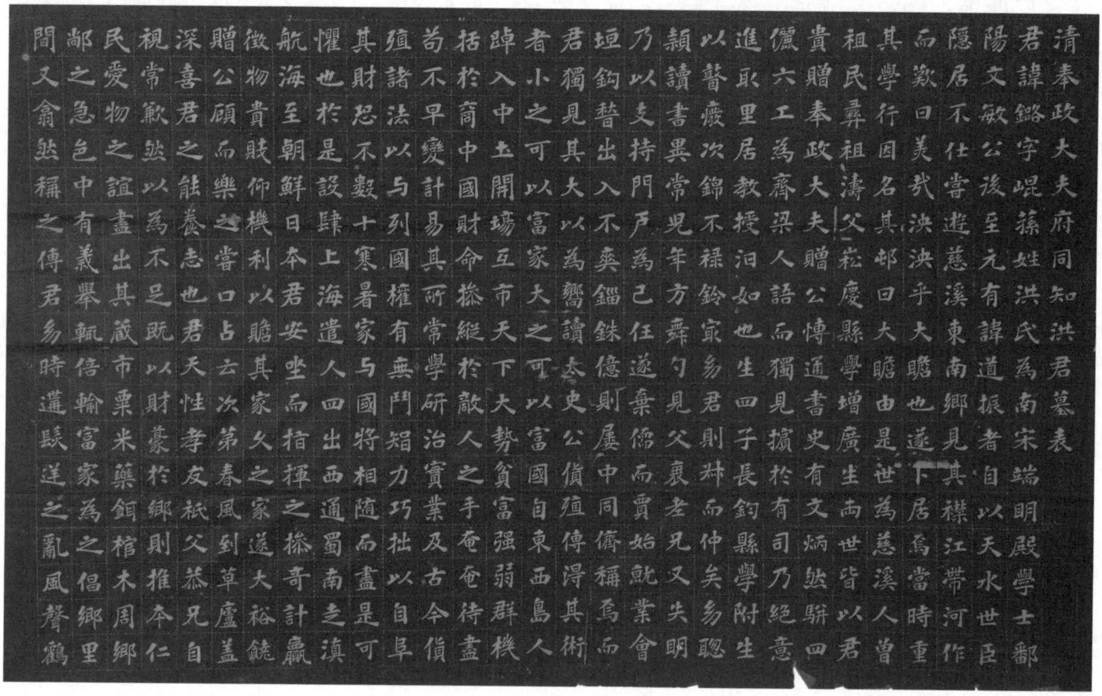

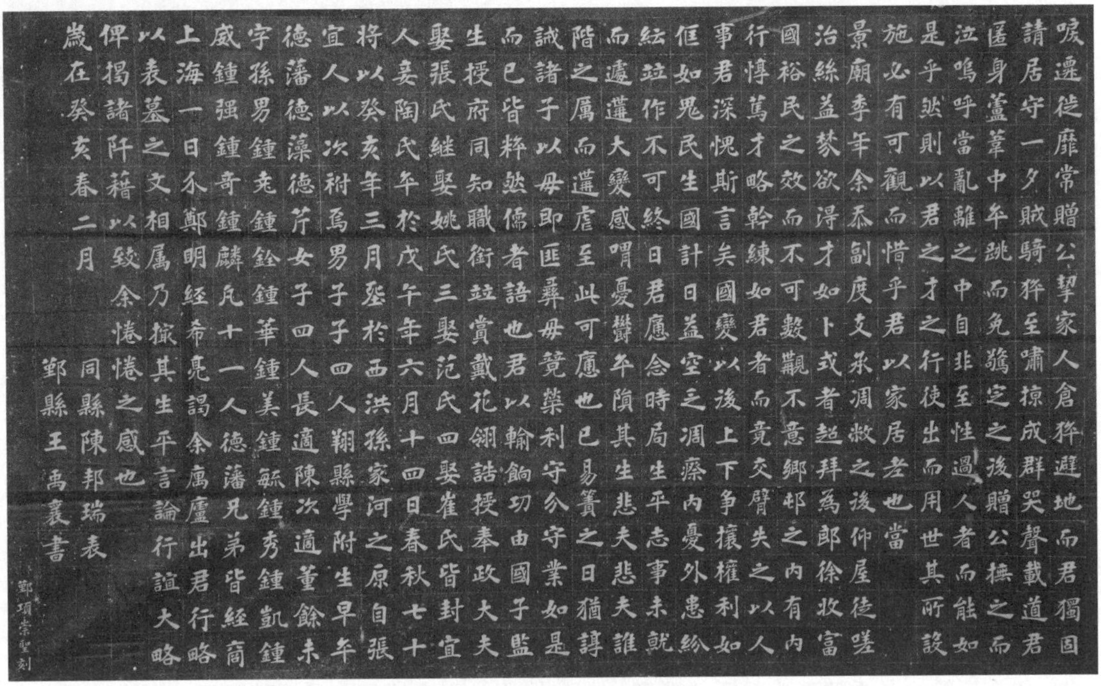
唳還徒靡常贈公挈家人倉猝避地而君獨固
請居守一夕賊騎猝至嘯掠成群哭聲載道君
匿身蘆葦中卒跳而免竄定之後贈公撫之而
泣嗚呼當亂離之中自非至性過人者而能如
是乎然則以君之才之行使出而用世其所設
施必有可觀而惜乎君以家居老也當
景廟季年余忝副度支承凋敝之後仰屋徒嗟
治絲益棼欲得才如卜式者超拜爲郎徐收富
國裕民之效而不可數覯不意鄉邦之內有內
行惇篤才略幹練如君者而竟交臂失之以人
事君深愧斯言矣國變以後上下爭攘權利如
侹如鬼民生國計日益空乏凋瘵內憂外患紛
紜並作不可終日君慮念時局生平志事未就
而遽遘大變感喟憂鬱卒隕其生悲夫悲夫誰
階之厲而遘虐至此可慮也已易簀之日猶諄
誡諸子以毋即匪彝毋競榮利守分守業如是
而已皆粹然儒者語也君以輸餉功由國子監
生授府同知職銜並賞戴花翎誥授奉政大夫
娶張氏繼娶姚氏三娶范氏四娶崔氏皆封宜
人妾陶氏卒於戊午年六月十四日春秋七十
將以癸亥年三月瘞於西洪孫家河之原自張
宜人以次祔焉男子子四人翔縣學附生早年
德藩德藻德芹女子四人長適陳次適董餘未
字孫男鍾堯鍾銓鍾華鍾美鍾毓鍾秀鍾凱鍾
威鍾強鍾奇鍾麟凡十一人德藩兄弟皆經商
上海一日介鄭明經希亮謁余寓廬出君行略
以表墓之文相屬乃掇其生平言論行誼大略
俾揭諸阡藉以致余惓惓之感也
同縣陳邦瑞表
歲在癸亥春二月
鄞縣王禹襄書
鄞項宗聖刻

觀宗寺黄慶瀾證八解脱記

證八解脱（篆額）

己未冬，余自甌海移署會稽，得親近大善知識諦閑法師。師爲觀宗寺退院僧，主宏法社講席。公暇之餘，時往聽法，偶及天台智者大師鑿放生池事，師曰："老僧亦嘗具此願心，擬即寺前地，效聖祖之所爲，第恐力有未逮，虚願難償耳。"余曰："有志者事竟成，况此上契佛心，當爲龍天所呵護，願師毋退初心。"師深韙余語，遂决進行之計。經營三載，工始告竣。購地選材，費幾盈萬。向非師願力宏深，法力廣大，曷克建此奇功！池初成，行放生禮，師柬招往觀，法事既蕆，命余爲文以記之。余曰："此無上勝功德事，某雖不文，何敢辭，寬以時日，若何？"師許可。將退，有客進而問余曰："實際理地，有生乎？無生乎？"曰："無生。""無生奚有於放？"曰："稱理而言，生本無生，放實非放，第以一念無明，不覺昏動之故。既於無生之體，而妄現生相，即不妨以無作之心，而幻作放事。"曰："生既屬妄，放亦非真，學道者當修真實之行，曷爲隨順妄相？"曰："妄相非相，本即實相，著相以求，全真成妄。離相以觀，全妄即真。不知即妄即真，而於妄外別覓真相，此相即妄，距道轉遠。蓋對妄言真，此真尚非究竟真相，以見妄見真，同是分別妄性，違於真如平等之體。依此起執，復成遍計執性，三世六道，輪轉不息。職是之由，善修真實行者，知生無生，而仍然曲全其生；知放非放，而不妨日事於放。但離相見，不廢事修。此流水濟魚、薩埵飼虎、割肉代鴿、委命全蟻所由，終爲成佛之因也。彼執妄相爲實有者，固障解脱之門，而沉空守寂拘於無爲者，亦背涅槃之道。當知理雖性具，事藉修成，全性起修，全修在性。無作之作，妙絶言思，大用繁興，不違寂體。若徒執理而欲廢事，將四宏誓願等於假名，萬行莊嚴俱爲虚設乎？試問汝曾證實際得真實否？若其未也，則是豁達空撥因果之流，佛法尚未夢見在；若其已證已得，則有何一法一行不是實際，不是真實乎？汝曾見何處有天生彌勒、自然釋迦？雖曰諸佛如衆生，如一如無二，如要仍須順此如理以起修，功方可圓成。《福智經》云："一切地水是我先身，一切火風是我本體。"故常行放生，全他即自，本無能所，不著於相，名佛知見，諸佛之心大慈悲，是放生之法，以同體悲，行無緣慈，即心即佛，是名真修。又况一切衆生，皆我多生父母，爲報恩故，則宜救放；一切衆生，即是未來諸佛，爲重道故，尤應救放。要而言之，拔苦與樂，施以無畏，是爲隨順檀波羅蜜；敬守毗尼，方便護生，是爲隨順尸波羅蜜。任人譏毁，我行我素，是爲隨順羼提波羅蜜；隨見隨放，無有厭足，是爲隨順毗離耶波羅蜜；一心修慈，不生他想，是爲隨順禪波羅蜜；不作生相，不作放相，是爲隨順般若波羅蜜。一念放生，具修六度，真實功德，無逾於此。然要不可以有所得心行之，汝能會斯義否？"因質之師曰："如某所語，尚不背於理乎？"師曰："如是，如是。"既歸，歷序所言，以爲之記。時民國十二年癸亥如月八日也。

二等大綬寶光、二等大綬嘉禾章、浙江會稽道道尹黄慶瀾撰，簡任職存記鄞縣地方檢察廳檢察長金兆鑾書。鄞項崇聖刻石。

按：碑在觀宗寺天王殿前圍牆。高166釐米，寬67釐米。碑文楷書，共23行，滿行48字。

證八解脫

萃鹿亭記

萃鹿亭記

距鄞城之東三十里，六峰齊起，不與衆山連屬，山勢巍峨，是爲鹿山。山之名，昉自晉時鮑郎。鮑郎來自會稽，性高好逸騎射。一日見山上有鹿，命矢射焉，趨視之，乃石也，後人遂名之曰“鹿山”。山之陽，王氏祖墓在焉。前清以來，王氏族葬於斯，王君鼎才數年前亦營生壙其間。王氏居去鹿山且二十里，春時掃墓，族之人蓋絡繹不絶，風雨之期，每以無立足之地爲患苦。今年春，鼎才君乃集貲爲築一亭，顔曰“萃鹿”，商於余且屬爲記，余曰：“善哉，善哉。”是亭也，太白山之水屈曲西流，梅湖之水自南來會，隔岸諸山有遠而高者，有近而低者，有鋭如筆者，有平如枕者，層巒疊嶂，或隱或見，一一拱立於前。形勢之勝，盡收入於是亭中矣。後有嗜奇之士當必形之吟詠，載之志乘，傳爲千載盛事，固非僅爲王氏掃墓憩息地也。因濡筆而樂爲之記。

民國十二年舊曆癸亥季春之月，戴彦撰文。

按：碑原在石山弄馮家。高53釐米，寬112釐米。碑文楷書，共25行，滿行13字。

董錫疇墓誌銘

清儒林郎董君墓志銘（篆蓋）

君諱錫疇，字敘九，慈谿董氏，漢孝子徵士黯後也。父喬年，授通議大夫，嘗以舉人十試禮部不售，屏絶世紛，超然物外，家政纖巨，悉付度君。君名家年少，夙耽墳素，米鹽淩雜，非所厝意，而部署鰓理，秩秩不紊，臧獲親傅，族黨稱能，通議君固已奇之矣。事親婉瘱，體及隱微，暨領家秉，益務綜覈，簿記出内，賓祭饋問，日不暇給。晨昏寢興，無曠定省，端服儼容，忘其劬悴。遭母應淑人喪，荼酷殆不可任，既懼詒父戚，更相廣釋，入承色笑，退而飲泣，制情飾貌，心彌傷矣。已病咯血，猶彊自支厲，用尉其父。一夕病驟革，家人欲出謁醫，君持不可，曰："夜定燕息，慎毋驚大人也。"憂勞綿亘，遂捐天年。既歿，通議君哭之慟，逡遁三歲，馴至奄忽。君體蹈庸行，不爲名高，畢生貇貇，獨孝之執，色養未竟，中路捐棄。孺慕之誠，藐焉終古，悲痛蒼天，曷其有極。

曾祖秉愚，贈通奉大夫。祖對青，封通議大夫。君以附貢生授光禄寺署正銜，春秋三十有七，以光緒二十四年戊戌三月十八日卒。前夫人方，後夫人陳。子一，維鍔。女一，適鎮海鄭錫麟。孫六：紹聖、紹賢、紹箕、紹裘、紹平、紹程。

君卒之廿五年，維鍔將葬君於縣西干嶴口袁府山麓，述德累行，實中銘法，是用鐫詞貞石，永詔方來。銘曰：

於穆董君，曰敘九甫。孝于惟孝，克繩先武。惟德之豐，胡嗇其年。保是安宅，用康嗣人。

中華民國十二年夏正癸亥四月，同縣馮幵撰文，同縣錢罕書並題蓋，吴縣顧鎔鐫。

按：墓原在慈溪縣西干嶴（今屬餘姚市）口袁府山麓。蓋高、寬均 53 釐米；誌高 56 釐米，寬 54 釐米。誌文楷書，共 22 行，滿行 22 字。

清儒林郎董君墓志銘

君諱錫疇字叙九慈谿董氏漢孝子徵士黯後也父喬年
授通議大夫嘗以舉人十試禮部不售屛絶世紛超然物
外家政纖亙悉付庋君君名家季少夙眈墳素米鹽淩襍
非所屑意而部署綑理秩秩不紊臧獲親傳袟鄗稱能通
議君固已奇之矣事親婉瘱體及隱微暨領家秉益務綜
覈簿記出內賓祭饋問日不暇給晨昏寢興無曠定省端
服儼容忘其劬忰遭母應淑人喪荼酷殆不可任既懼詒
父戚更相廣釋入承色咲退而飲泣制情飾貌心猻傷矣
己病咯血猶彊自支厲用尉其父一夕病驟革家人欲出
謁毉君持不可曰夜定燕息愼毋驚大人也憂勞緜亘遂
損天年旣殁通議君哭之慟逡遁三歲馴至奄忽君體蹈
庸行不為名高卑生貇貇獨孝之孰色養未竟中路捐弃
孺慕之誠藐爲終古悲痛蒼天曷其有極曾祖秉愚贈通
奉大夫祖對青封通議大夫君以附貢生授光祿寺署正
銜春秋三十有七以光緒二十四年戊戌三月十八日卒
前夫人方後夫人陳子一維鍔女一適鎮海鄭錫麟孫六
紹聖紹賢紹箕紹裘紹卒紹程君卒之廿五季維鍔將葬
君於縣西千畟口袁府山麓述德累行貫中銘法是用鐫
詞貞石永詔方來銘曰　於穆董君曰叙九甫　孝于
惟孝　克繩先武　惟德之豐　胡畫其年　保是安宅
　用康嗣人　中華民國十二季夏正癸亥四月同縣馮
幵撰文同縣錢罕書并題蓋吳縣顧鋆鐫

楊璘墓表

楊君墓表

君諱璘，字貢琛，姓楊氏。其先越州人。宋崇寧中，有煒者，嘗官明州，後遂隱於鄞東南之櫟溪。十三傳而至大名，明萬曆間，官雲南楚雄府同知，罷官歸，復由櫟溪徙西成鄉，逮於君十世矣。曾祖德賢，祖啓仁，父錩，累世飾行，流聞譜牒。

君生而開敏，長益幹練。年二十三喪父及兄。有弟四人，未畢冠昏，君以中子承綜家秉，比於冢，督教之斆學，授之家室，内外秩秩，謐無閒言。先世故以商業起家，君益推引其緒。游金華，歷江西，墆粥往復，動致兼贏，昌大家業，唯君之力，而推財讓産，昆季悉洽，平準多寡，一毛不以自私。里黨稱譽，以爲有繆彤、姜肱之風。天性嗜學，縻於商旅，末由振厲，居常戚戚，以爲嘆恨。嘗與里中父老就辨志書院創立學會，冀用實學，棣通風氣。是時，科舉未廢，士流方群騖於速化之術。君知微察來，顧獨以名器象數導衆先路，覘世之君子所由，彌服其前識也。

春秋四十有八，以清光緒三十二年丙午十一月二十三日卒。配陳氏，妾陳氏、沈氏。男子三：貽訓、貽詔、貽誠。貽詔後君四年歿。女子二，適同縣王植三、林植瑛。孫四：芳培、芳埴、芳圻、芳垓。民國十一年壬戌九月，貽訓、貽誠葬君於西城鄉七里堰之原，茂行清德，永閟幽兆，不有紀述，隱微曷章？是用徵囊聞，刊嘉石，聲行路，諗來葉。慈谿馮开表，慈谿錢罕書。

民國十二年壬戌四月上石。

按：墓原在西城鄉七里堰之原（今屬寧波市海曙區）。高61.5釐米，寬310釐米。碑文楷書，共51行，滿行9字。

大新城廟各友捐資付款賬目碑

勒石

今將各友捐助收付帳目開列於後：

林梅棠洋乙百元，錢啓豐洋五十元，錢松齡洋肆拾貳元柒角陸分，錢鳳珊洋肆拾貳元柒角陸分，錢字洪洋肆拾貳元柒角陸分，徐正甫洋念元，錢云生洋念元，錢萃生洋十五元，錢安義洋拾元，錢儀英洋拾元，錢啓鎬洋拾元，錢啓林洋拾元，王慈良洋拾元。

錢啓棠洋拾元，錢啓敏洋拾元，錢元生洋拾元，錢榮春和洋拾元，錢如綏洋五元，錢如友洋五元，錢文才洋五元，錢啓華洋五元，錢根元洋五元，錢恒泰洋五元，錢裕生洋五元，錢炳元洋五元，錢品棠洋五元。

舒品榮洋四元，錢金林洋四元，錢朝萃洋貳元，錢炳堂洋貳元，錢仁賚洋貳元，錢朝舜洋貳元，錢恒康洋貳元，錢葆康洋貳元，錢聿洪洋貳元，錢友才洋貳元，錢朝榮洋貳元，錢紀發洋貳元，錢阿艮洋貳元，錢仁生洋貳元，錢信芝洋貳元，張金寶洋貳元，戚根仙洋壹元，舒阿艮洋壹元。

葉抱來洋壹元，宋寶仁洋壹元，朱裕才洋壹元，羅仁法洋壹元，邵正法洋壹元，賴和慶洋壹元，賀生桂洋壹元，錢信照洋壹元，錢阿才洋壹元，錢順元洋壹元，錢儀廣洋壹元，錢儀全洋壹元，錢四仁洋壹元，錢阿堂洋壹元，錢銘山洋壹元，錢正儀洋壹元，錢鴻儀洋壹元，錢啓才洋壹元，錢仁阿林洋壹元，錢儀宰洋壹元，錢文康洋壹元。

錢世年洋壹元，錢洪生洋壹元，錢生初洋壹元，錢阿根洋壹元，錢紀生洋壹元，錢正瑞洋壹元，錢啓云洋壹元，錢桂鶴洋壹元，錢仁隆洋壹元，錢阿槐洋壹元，錢艮林洋壹元，錢蘇生洋壹元，錢啓明洋壹元。

錢儀忠洋壹元，錢來友洋壹元，錢紀林洋壹元，錢儀先洋壹元，錢星房洋壹元，錢瑞生洋壹元，錢榮壽洋壹元，錢紀云洋壹元，錢儀昌洋壹元，錢儀行洋壹元，錢云卿洋壹元。止。

付歸廟宫洋叁百元，付宫燈洋五十五元六角，付神添金洋拾七元，付貼廟做戲洋五十元，付包菜洋五十元，付移牌樓洋八元，付汽燈洋叁元，付字碑洋念貳元，付班子洋念四元，付雜項洋拾貳元貳角叁分，付□□□□。入洋□。止。

共收助洋五百五拾壹元叁角，共付洋五百五拾壹元叁角貳分七。

民國拾貳年五月　日，文堡具啓。

按：碑原在梅墟。高157釐米，寬64釐米。碑文楷書，共16行，滿行51字。

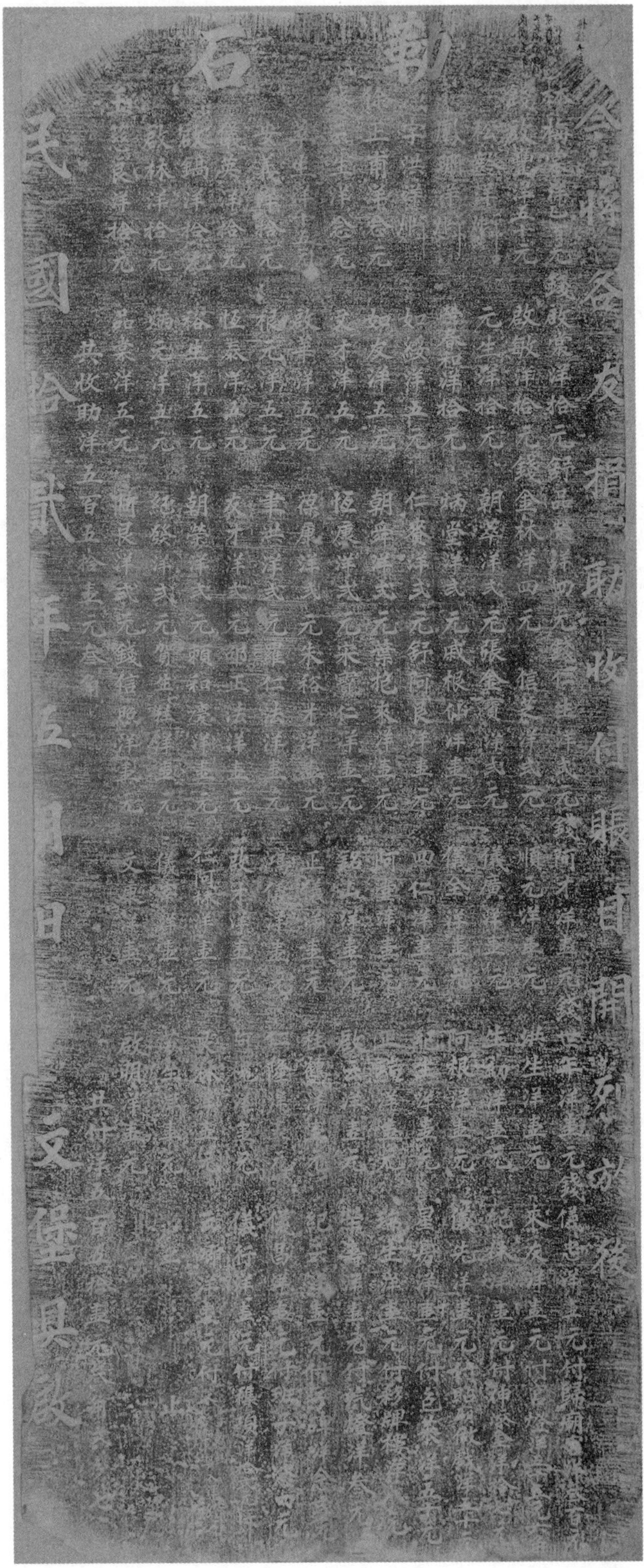
勒石
民國拾貳年五月 日

寧波佛教孤兒院碑

寧波佛教孤兒院南洋方外董事功德碑（篆額）

寧波佛教孤兒院創自諸山高座，因思達摩東渡取道南洋，而晉高僧法顯西游，在南洋諸島尤久，其所經過，如揷南海埼、今暹羅、新嘉坡等處。昆騫、今蘇門答臘。闍婆今爪哇。諸地以至印度，此見於中西記載可考也。海通以來，我華僑出洋者衆，知必有法師在彼宣揚佛教。於是院董事傅君宜耘發願南行，冀仗佛力，爲孤兒出外謀生之地，於民國八年己酉七月由甬轉滬，八月初至廈門，隻身萬里，倀無所之，乃佛國有緣，佛法相應，忽於養真宮遇轉道上人。上人蓋住持新嘉坡普陀寺，時方返廈，知其爲孤兒乞食，樂爲引度。爰率之渡海，留居寺中，並告僑商，廣勸布施，其友鳳山寺方丈瑞于上人復爲相助。傅君即皈依轉公，身受五戒，以時瞻禮檳榔嶼、仰光諸刹。凡在南洋者四百餘日，募得銀一萬餘圓。及十一年三月再至，住六月。兩上人益喜，待之有加禮，復募得銀四千圓有奇。傅君歸告同人，皆大歡喜，合掌南向念佛。而救苦難、度衆生，佛之事也。兩上人體佛心、宏佛願，遂使力量廣大，遍及世界。我南海普院山與南洋普陀寺雖重洋如咫尺，孤兒院其慈航也。因考金石，爲記功德於碑，龕置兩上人法相，資供養焉。

中華民國十二年癸亥八月，慈谿陳訓正撰文。

鄞縣張美翊書丹，鄞縣朱義方篆額，吴縣周容刻石。

南洋華僑樂施諸君題名碑（篆額）

四明之地，陸轃金峨，海津寶陀，實降真修，亡墜靈緒。顧末法不振，世音失觀，慈悲之旨終虚，苦難之生奚托。余嘗閔之，婁以爲言，賦緇衣之好，幸結靈襘，入玄府之門。欣逢善識，於是長眉尊者昉議給孤，廣舌化人，相與樂踵，托鉢氣緣，鳴榜飯衆，蓋於兹三年矣。雖魏象在瞻，不少簣山之覆；而溝流方斷，難成杯水之仁。有居士傅老者，勤德務劭，耄嗜彌竺，慨數米之匪炊，知集裘之先腋。一行白髪濯濯，黄蕉丹荔之鄉；萬里孤蓬驅驅，蜑雨蜃風之地。精誠所至，金石爲開。凡南游五百日，募得恤養金萬餘員。瓶中甘瀝，分傳南海之香；地上黄金，遥挹西天之朗。既拜多賜，用申無極。爲頌長人碩德，名山留造象之碑；佇看童子善財，異日成報恩之塔。院長慈谿陳訓正記，慈谿錢罕書，吴縣周梅谷刻。

新嘉坡林推遷君等三百六十七人共捐叻銀一萬零三百十五圓。

林推遷君、鄭雨生君，以上各捐叻銀五百圓。

林春水君、芳興公司、薛武院君、吴宗信君、承日興號、昌盛公司、金鳳女士、轉道上人、瑞於上人，以上各捐叻銀二百圓。

李鐵岑君、林竹齋君、林金城君、蔡嘉種君、黄江淮君、王金錬君、吴忠梨君、林箕當君、林淑恭君、陳喜亭君、蘇嫣英君、甘清泗君、馬厥猶君、萬豐公司、阿門庭公司、傅竹賢君、李和卿君、謙源公司、詩禪上人、鄭雨生君餽贈傅居士川資移助、轉道上人餽贈傅居士川資移助，以上各捐叻銀一百圓。

沈添國君、楊紹周君、張信華君、廣闊上人，以上各捐叻銀五十圓。

南春公司捐叻銀四十圓。

黄祖硃君、蔡沛然君、蔡阿榮君、喻少初君、金仙閣，以上各捐叻銀三十圓。

黄慧孃君、黄香嫻君、黄麗珊君、陳彭年君、黄根苗君、俞寶森君、唐仁康君、陳秋元君、焦蘭芳君、柴文吉君、黄寅生君、李坤山君、施鶴鳴君、胡文耀君、陳順來君、林亨仕君，以上各捐叻銀二十圓。

中國東方公司、焦蘭芳君，以上各捐叻銀十五圓。

張思健君、董焕虞君、萬盛寶號、賀祥雨君、廣幸上人、瑞旻上人、曾氏女士、何氏女士、壽世寶堂、素琴閣、吴女士、趙女士、梁女士、姚女士、玉華閣、容芳閣、謝深淵君，以上各捐叻銀十圓。

楊存通君捐叻銀六圓。

周文康君、周金發君、周慶五君、周才元君、周岳泉君、王舜臣君、陳阿洪君、陳阿榮君、陳仕奎君、步進山君、周文標君、任寶新君、張信友君、江有才君、方阿棠君、方彩棠君、袁才富君、陸勳生君、周殿耕君、顧松林君、莊家鉢君、王漢崇君、許生理君、楊萬寶君、瑞映上人、瑞深上人、覃國民君、陳添來君、楊古傑君、楊女士、雙喜閣、艷春閣、金蘭閣、雲仙閣、紅仙閣、沈宅，以上各捐叻銀五圓。

華生號、吴女士，以上各捐叻銀四圓。

黄女士、陳女士，以上各捐叻銀三圓。

夏連橋君、黄起芳君、顔明德君、朱振祥君、范阿康君、劉阿生君、陳生方君、徐東林君、劉富成君、朱意心君、夏生才君、傅祥順君、夏德興君、張廣發君、邱阿炳君、張品升君、陸雲根君、林孝豪君、傅禮堂君、沈阿定君、陶順生君、陳光道君、鮑景倫君、李振和君、岑錫祥君、周樂甫君、林德祐君、邵記茂君、張阿毛君、張東發君、張德順君、黄品蘭君、石阿銀君、陳寶源君、王阿富君、陳阿龍君、王紀察君、馬光慶君、沈明發君、張策來君、蔡紀林君、金阿棠君、戴才榮君、石忠高君、方佳祥君、史阿品君、許炳生君、王永發君、周阿榮君、黄女士、華生號、王女士、沈女士、金女士、郭宅，以上各捐叻銀二圓。

以上九年十一月。

轉道上人、瑞於上人，以上各捐叻銀一千圓。

邱揚陣君、薛中華君、鄭雨生君、總領事府、王水斗君、廖述夫君，以上各捐叻銀一百圓。

蔡阿榮君、傅竹賢君，以上各捐叻銀六十圓。

朱阿渭君、陳子平珊君、林志義君、息塵居士，以上各捐叻銀五十圓。

蔡睦投君、振福泰號，以上各捐叻銀四十圓。

洪慶修君、廣通上人、金傅友君、蔡沛然君、張全榮君、張兆蘭君，以上各捐叻銀三十圓。

陳彭年君、柴文吉君、張阿華君、王會儀君、上海公會、曹萬豐號、徐元英君、劉信華君、黄根苗君、黄根法君、胡文耀君、唐仁康君、恒茂豐記、大成公司、彩章寶號，以上各捐叻銀二十圓。

李和卿君、蔡佑水君、方亞棠君、婁孝茂君、鄭芳蓉君、鮑咸信君、陳才明君、中星公司、程仰侣君、夏林生君、仁濟藥店、鄭美斯君、謝兆棠君、梁童震君、謝秉奎君、謝昆輝君、郭通玄君、李芷芳君、吴來江君、殷若愚君、德厚堂，以上各捐叻銀十圓。

方亞棠君捐叻銀八圓。

鄔慶榮君、黄寅生君、邱成元君、張惠財君、周文標君、張阿岳君、邱瑞法君、張才根君、林慶福君、柯富春君、順泰寶號、徐如慶君、顔定財君、劉永根君、劉紹元君、周鳴鴻君、朱意心君、戴才蓮君、蔡和根君、蔡文祥君、馮振祐君、陳璧禪君、蔡銘德君、傅寶裕君、沈正丙君、伍友生君、婁孝茂君、楊新我君、楊萬保君、黄幼三君、徐价人君、成發號、大新廠，以上各捐叻銀五圓。

何祥生君、蔡紀林君、錢阿連君、邱阿炳君、石信裕君、陳承模君、張德仁君、曹阿洪君、黄亦並君、錢惠甫君、陳惠寶君、金阿堂君、樓阿滿君、劉阿仁君、范友仁君、王寶華君、華生照相館、永利記，以上各捐叻銀三圓。

馬光清君、李榮才君、陳阿龍君、王啓芳君、史雲甫君、蔡文升君、平阿初君、邱銀德君、劉安才君、蔡金興君、王阿德君、周阿根君、蔡玉生君、陳桂芳君、張金陽君、徐曉生君、阮根富君、陳生芳君、徐汝楝君、張策來君、史悠湘君、王桂芳君、鄭崇德君、邱才寶君、俞彌仁君、運才林君、陳安根君、李桂寶君、曹阿林君、朱良正君、俞順發君、張才根君、蔡岳廷君、王光炮君、沈榮寶君、陳孝林君、盧合志君、郭阿全君、石興揚君、石興森君、石興泰君、石小富君、張南山君、錢阿苟君、張阿華君、董長興君、蔡開盛君、楊小毛君、金小貴君、暢寄園君、楊大麥君、浩益公司、天然分局、藍孔和號、振興隆號、程登流君、榮渭生君、鼎豐上人、許志堅君、張阿寅君、張孝娘君、張阿毛君、楊文彪君、華生號、李明記、吴二姑，以上各捐叻銀二圓。

蔡南山君、史阿品君、孫永年君、石良如君、廣華隆號、張泗湝君、陳紀剛君、陳成利君、朱午棠君、包子遠君、馮乃徵君、藍建才君、廣勝號、廣發號，以上各捐叻銀一圓。

以上十一年三月。

檳榔嶼戴忻園君等六十人共捐叻銀四千三百六十五圓、暹銀五千銖。

戴忻園君捐叻銀二千圓。

極樂寺常住捐佛教實業公司橡樹股份暹銀三千銖。

極樂寺善慶上人、極樂寺本忠上人，以上各捐佛教實業公司橡樹股份暹銀一千銖。

廣通上人、吴順清君，以上各捐叻銀五百圓。

本忠、善慶二上人餽贈傅居士川資移助銀一百十五元。

黄錦培君、黄容甫君、葉祖意君、連瑞利君、陳鑿深君，以上各捐叻銀一百圓。

王遂良君捐銀六十圓。

戴建麟君、戴澍霖君、戴陳太太、謝鏡秋君、林文琴夫人、邱繼顯夫人，以上各捐叻銀五十圓。

种小亭夫人、林有道君、士都傌君、汪藹懷君、周林五君、朱樂和君、林文虎君、楊源生君、陳春源君、沈佳趨君，以上各捐叻銀十圓。吴裕再君、鼎峰上人、殷傳德君、滎渭陽君、陳宗明君、王浩然君、李娘子君、陳宗山君、施方白君、顧秀品君，以上各捐叻銀五圓。

黎觀森君捐叻銀三圓。

林参三君、謝四端君、傅静軒君、李迎春君、楊碧達君、周四川君、陳觀聖君、周滿堂君、陳師仁君、唐俊南君、邱體仁君、黎健行君、史品高君、張孝娘君，以上各捐叻銀二圓。

以上九年十一月。

極樂寺佛教實業公司股份利息叻銀一百圓。

汪起予君、王浩然君，以上各捐叻銀五圓。

以上十一年三月。

吧雙轉物上人等二十人共捐叻銀三百三十五圓。轉物上人捐叻銀一百圓；慧賢上人捐叻銀五十圓；黄祖硃君捐叻銀三十圓；林亨仕君捐叻銀二十圓；黄祖芬君、黄重資君、邱廉銀君、黄振真君、賴金波君、黄世積君、黄重鐘君、李金轉君、陳成豐君、王信安君、壽世堂，以上各捐叻銀十圓；轉彰上人、陳添來君、覃國民君、楊古傑君、黄振漣君，以上各捐銀五圓。

厦門碧巖上人等五十六人共捐叻銀三百十六圓、中銀三百十四角。碧巖上人、雲山上人，以上各捐叻銀一百圓；轉武上人捐叻銀五十圓；清修上人捐叻銀二十圓；顔德受君、清智上人、會泉上人、瑞枝上人，以上各捐叻銀十圓；轉武上人餽贈傅居士川資移助、吴成春君、周濟福君、妙月上人，以上各捐叻銀五圓；瑞安上人捐叻銀四圓；周阿華君、瑞田上人、石升生君、王三才君、張阿富君、燈妙上人、喜足上人、李馬成君、粉姑女士，以上各捐叻銀二圓；董陳女士、周女士、洪女士、鄭王氏、汪女士、尤沙氏、林陳氏、陳女士、余八妹、閔女士、吴樓氏、李張氏、瑞琛上人、張李氏，以上各捐叻銀一圓；轉一上人捐銀五十角；妙月上人捐銀四十角；梵宇上人捐銀三十角；瑞等上人捐銀二十二角；宏西上人、宏揚上人、覺津上人，以上各捐銀二十角；瑞映上人捐銀十二角；法相上人、宗信上人、真濟上人、黄連枝君、勸姑女士、税姑女士、張阿足君、順和號，以上各捐銀十角；智宗上人、轉水上人、樓槐氏、腰姑女士，以上各捐銀五角。

仰光性源上人等七人共捐緬銀三百十盾；性源上人捐緬銀一百盾；水仙女士、曾尊賢君，以上各捐緬銀五十盾；林敏來君、林明來君、杜晉來君，以上各捐緬銀三十盾；陳百忍君捐緬銀二十盾。

以上五埠，凡五百零三人都得恤養叻銀一萬五千三百三十一圓，暹銀五千銖，中銀三百十四角，緬銀三百十盾。

中華民國十二年六月，寧波佛教孤兒院立，院主事若嚴督造。

按：碑原在佛教孤兒院。拓本高30釐米，寬14釐米。

瑞于上人法相
寧波佛教
孤兒院南

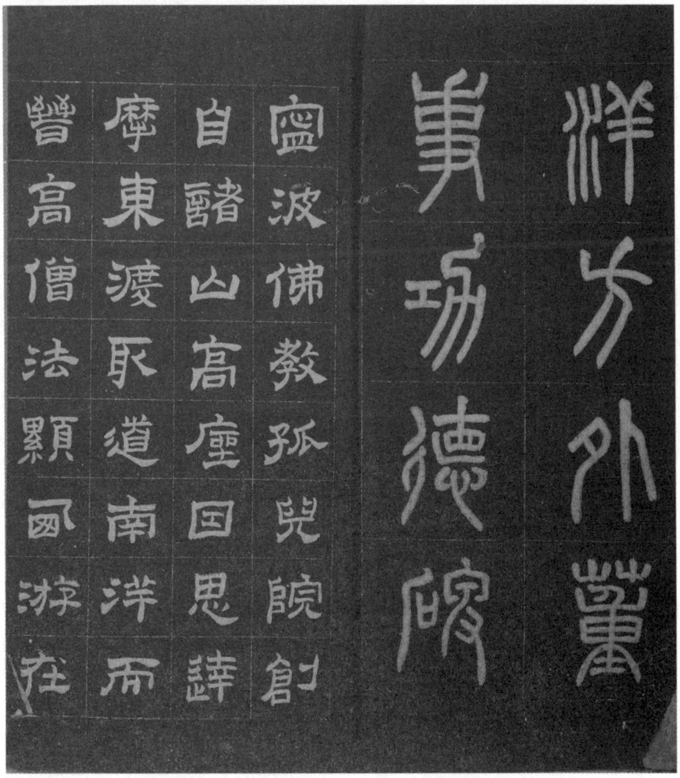
洋方外董
事功德碑
寧波佛教孤兒院創
自諦山高座因思詩
摩東渡取道南洋而
暨高僧法顯西游在

重造五佛鎮蟒塔功德碑記

重造五佛鎮蟒塔功德碑記（篆額）

壬戌秋九月王宗炎敬書

重造五佛鎮蟒塔功德碑記

大覺世尊，視諸衆生，猶如一子。以其一念心性，原與諸佛無二。由迷背故，非唯不得受用，且反承此不生滅性，起惑造業，輪迴六道，塵劫莫返。諸佛緣此示生世間，成等正覺，隨機説法，令得度脱。其有善根未熟，並未來衆生，均作得度因緣，謂流通經教，遍示未來是也。逮一期事畢，即入涅槃，以大慈悲，化火自焚，碎萬德莊嚴法身，爲八斛四斗舍利，欲令衆生，禮拜供養，增長福田，開佛知見。繇是天上人間，龍宫海藏，各分舍利，起塔供養。人間一分，八國均分，阿闍世王獨得八萬四千粒，供恒河中，設立劍輪，而爲守護。閲百年，有其曾孫，名阿育王，閻浮提承佛遺囑，振興法道，取其舍利，役使鬼神，以七寶衆香爲泥，一日之中，造就八萬四千寶塔。將欲遍布南洲，耶舍尊者以手障日，五指放光，爲八萬四千道，令諸鬼神各捧一塔，隨光而趨，至光盡處即爲安置。凡佛法未至之處，皆置地中。迨後法化傳通，悉皆次第出現，如育王、五臺等塔是也。良以衆生在迷，不了六塵，當體即是真如實相，因兹顛倒，分别别業，同分二種，妄見輪迴，世間諸佛設教，仍就彼所迷之境，一一示其當體靈光獨曜，迥脱根塵，令彼轉迷爲悟，識心達本。故《楞嚴》云，“五陰六入十二處十八界，皆如來藏妙真如性”。三祖云“六塵不惡，還同正覺”。東坡云“溪聲即是廣長舌，山色無非清浄身”。故知見色聞聲，皆堪識心達本，况金口所宣法藏及真身舍利並遺像乎哉。雖此方教體，在於音聞，然聞法獲益，固不如見相獲益者之普遍常恒也。以故三世諸佛，無不令人建立塔廟，造佛形像，以一經觸目，八識田中，即下成佛種子，從斯漸漸增長，畢竟得成菩提。繇是歷代聖君賢相、通方哲人，多建立塔廟於名山勝地，俾見聞者同種善根，此震旦塔廟之來源也。

四明古堇東小白嶺鎮蟒塔者，縣志及天童寺志皆云唐會昌初，其嶺有巨蟒作祟肆毒，行人患之。時天童住持，厥名藏奂，滅後敕謚心鏡禪師，乃五洩之子，馬祖之孫，洵屬大士，乘願示生，一生奇跡，動人景仰，實天童開宗之始祖也。聞其妖異，即往度脱。先施以食，令身安樂；次爲説法，令心開悟。所施之食，原屬有餡饅頭，以法力故，化爲無量百千。蟒食不盡，悉變爲石，遍布山間及與地中。今其遺跡，爲饅頭石，表白裏黑，形質酷肖。其蟒既受法食，又聞法要，遂得業障消除，脱離蟒身。師依法焚化，拾其燼餘，瘞之嶺岡，建塔其上，六楞七層，高十餘丈，中藏佛像及諸經，咒以期其蟒仗佛法力，速證真如，凡彼種類，皆不興作，以故名“鎮蟒塔”，並期人天鬼神，瞻禮供養，植菩提因，結成佛緣耳。

自唐迄今，千有餘年，風雨漂摇，霜雪陵轢，傾頽已半，勢將全倒。凡屬見聞，莫不嗟歎，謂保存古跡，開墾福田者，何竟寂其無人耶？清末，天童住持寄禪亟欲重修，未及動工，賫志西逝。繼席浄心，其志更切，以寺中工程甚夥，不遑兼顧。今住持文質，急欲了此公案，乃與浄師及甘露庵住持學海，三師戮力同心，各出衣資，並募檀信，襄成勝舉，由是緇素歡喜，隨力贊助。肇始於庚申春，告成於癸亥夏，凡四易寒暑，故得復見寶塔從地涌出。唯舊塔六楞實心，今作八楞空心，蓋擬如來眉間白毫，八楞中空，具諸光明，衆生蒙光照觸，離苦得樂，近生人天，遠預聖流之旨。於最上層，設供五方佛像，令人登高瞻禮，用顯毘盧遮那，圓現三身，具足四智，示從凡夫，冀證佛果，必須腳踏實地，遵修道品，漸次增進，斷惑證真，直至智斷究竟，方證本有法身。塔之絶巔用銅鑄二節瓠甗頂，以表諸佛證窮三德秘藏，無上極果，始終不離，當人現前一念，究竟圓彰。底節中空，内貯佛菩薩像，及大藏經目、大乘經咒，以經是法身舍利，像屬報化二身，冀瞻禮圍繞，供養讚歎者，當來同獲菩提果證耳。中上二節，實以浄砂，用鎮其巔。其級七層，高十三丈零，巍巍乎爲覺道之宏標，蕩蕩焉作迷途之良導。周圍添築院垣，庶使蕪穢不入。塔前建屋數楹，安僧奉侍香火。共用銀圓四萬有奇，功德芳名，另刊碑陰。以此功德，恭祝國基永固，治道遐昌，佛日增輝，法輪常轉。凡倡首經營，出資運力，暨現未見聞瞻禮、讚歎者均獲富壽康寧，備膺厥躬，戒定慧種，悉播心田。業盡情空，見本來之面目；福足智朗，證常住之法身。生作娑婆自在之人，歿入蓮池清浄之會。如是庶幾滿浄、文、學三師造塔之本願，且不負出資檀信襄贊之盛心也歟。

民國癸亥夏終南山釋亡名謹撰，吴興劉承幹謹書。

庚申秋七月，余自普陀歸，道出寧波，與錢履樛太守、沈醉愚明經同往阿育王寺觀舍利子，因至天童憩焉。寺僧文質上人承其法兄浄心先覺之志，方重建此塔，復延蓮萍禪師續修寺志。越數月，志事告備。既索余序以弁諸簡首，近又出亡名記文屬余書之。余聞塔始造於唐，相傳唐會昌間，小白嶺有蟒爲祟，行者苦之，其時心鏡禪師住持天童，往爲受戒説法開悟，未幾，蟒死，用佛法焚化，拾其燼餘霾之嶺上，建塔以鎮之，故名曰“鎮蟒”。自唐迄今，千有餘年，塔之磚石日就傾陊，見者咨嗟。上人患之，興工營造。蓋出其願力，將以大振宗風，匪第保兹古蹟，供人登覽已也。書既竣，並記數語於後云。癸亥年夏吴興劉承幹識。

重造五佛鎮蟒塔跋並詩

小白嶺五佛鎮蟒塔，相傳唐會昌初，心鏡禪師度脱毒蟒瘞骨於此，造佛塔鎮之，故名。歲久失修，漸就頽落。乃者天童寺前後住持浄心、文質，洎甘露庵住持學海等三師同發弘願，捐資募款，從事建築。是役之興，寧惟保存古蹟云爾哉？上弘佛道，下化群生，胥視此矣。工將竣，邀余顔其額，並請亡名法師爲文以記之，其緣起顛末備詳於記，兹不復贅。浄師既重建佛塔，以古磚及饅頭石見贈，緣擬二絶以紀之。

莊嚴佛塔歷千年，普與人天作福田。莫笑無知頑似石，點頭也會法因緣。

零星拳石布岡頭，争説當年法食留。悟徹唯心真諦理，萬般塵相總虚浮。

民國十二年元月，會稽觀風使者黄慶瀾識並書。

在昔佛涅槃，育王施神功。八萬四千塔，其一留甬東。逮唐會昌歲，鏡師來天童。妖蟒方恣毒，天地尚冥濛。師以無畏力，爲之説苦空。解説畜生道，蜕化隨長風。迺依荼毘法，鎮塔摩蒼穹。歲久致崩圮，重修恢舊容。文浄兩師願，上追心鏡蹤。佛塔運神力，兹塔資人工。並示法王法，象教垂無窮。　葉爾愷敬題。

白日亂風雨，黑雲蔽崗嶺。嗟彼妖蟒毒，盤踞東鄞境。天童心鏡師，説法衆生警。感化及蜿蜒，饅石代餌餅。擺脱畜身苦，大道在修省。造塔以鎮之，佛地妖氣靖。有唐會昌間，迄今年歲永。剥落磚石欹，玲瓏失尖頂。黄金布檀越，土木重完整。要維二師力，上與心鏡等。昔游小白華，魂夢遶頽影。七寶現空中，彈指一俄頃。

癸亥仲夏鎮蟒塔落成，石門沈焜敬題。

小白嶺上塔高矗，心鏡鎮蟒資民福。饅頭化石迹尚存，邑乘寺志詳紀録。唐季距今千餘年，雨淋日炙漸頽秃。豈惟古蹟宜保留，一念慈悲守法籙。寄老浄老發善願，文師學師同繼續。八楞空心放光明，七寶莊嚴禮虔肅。功成定博衆生歡，屹立蒼茫恣遠矚。風塵澒洞何日休，龍蛇紛紛起大陸。願顯我佛大神通，八萬四千寶塔築。得句呈佛佛應笑，感召祥和敦雍睦。

夏啓瑜敬題。

天童鎮蟒塔，建自會昌年。阨運經陽九，重光照大千。上人宏願力，唐代接宗傳。金碧仍如昨，題名豈偶然。

觀禪程德全題。

三入名山未禮塔，巍巍建築已更新。何當夜半鐘聲裏，來叩慈雲證夙因。

慕西陳毓楠題。

插入雲霄塔七層，當年鎮蟒有高僧。饅頭啖飽皆成石，到底今朝化未曾。

孑黎張祖同題。

蛟川李鴻祥題小白嶺鎮蟒塔詩

小白瞻太白，上方隔下方。獅聲鐘外吼，蟒蜕塔中藏。慧業傳心鏡，前因憶會昌。龍蛇遍大陸，普度歎茫茫。

眼界高於頂，登臨一曠然。白雲起足下，大海束胸前。歸路回頭岸，浮生過眼煙。幽冥鐘斷續，聲聞在旻天。

又贈净心禪師督役造塔詩

法王未許老僧閒，退院歸來不掩關。朝暮幽鐘鎮蟒塔，徘徊森木放羊山。田園舊業收回早，龍象清規改造艱。羅漢寮前談笑夜，應真十八爲公還。

管領名山舊主人，健行腰腳助有神。扶來病體坐禪久，偷得閒工督役勤。健飯將軍不服老，破衣行者本安貧。中興密祖憑靈爽，仗爾來完未了因。

又贈文質上人重建寶塔詩

數百衆僧同上供，缽盂飛上幾重峰。慈心還度千年蟒，馴性誰降萬澗龍。福德重光多寶塔，幽冥感格至誠鐘。净公勤倦文公繼，蓮社風流未絶蹤。

李良棟、湯冬生仝鎸。

重造寶塔捐資芳名列後。

比丘：

退居净心、住持文質，各捐洋壹千元。

心融，捐洋伍佰元。真達，捐洋肆佰元。

爛雲，捐洋兩佰元。

開如、學海、真空、清月、益齋、道融、省三、道華、洪生、通華、塝久、轉道、雪蓮、妙心，各助洋壹佰元。

性悟，捐洋陸拾元。

賢兆、定覺、益舟、蓮能，各捐洋伍拾元。

文修，捐洋四拾元。希無、安禪，各捐洋叁拾元

式定，捐洋念陸元。廣善，捐洋念四元。

月華、浄如、超性，各捐洋念元。

中華，捐洋拾叁元。正法、心宏、澤濟，各助洋拾貳元。

常平、聞法、心定、萬高、浄康、志峰、妙濟、瑞堂、禪静、士本、蓮法、廣心、天慧、蓮德、慎開、道聰、顯松、廣深、雲巖、真性、慶一、本一、懷本、福波、常林、聰慧、善静、龍德、本成，各捐洋拾元。

本質、界定、本義、觀心、禪道，各捐洋陸元。

平道、又圓、隆林、觀静、本圓、念性、白坪、安禪、廣參、闡安、秀峰、元燈、明心、了億、振道、清徹、印宗、真濟、普智、證然、遠明、方見、清浄、斯榮、同生、功詮、志寬、永豐、定悟、福安、雪峰、崇妙、化梵，各捐洋伍元。

棲蓮、廣通、梵悟、自遐、佛舟、宗湛、開智、源和、長馨，各助洋肆元。

願廉、了心、毓川、了億，各捐洋叁元。

廣輝、超塵、月波、欽文、藕池、廓清、正心、智海、無名、悟通、德傳、依緣、浄圓、文宗、月朗、波雲、啓慧、清根、修慧、蓮齋、化城、大喜、修航、無名、戒静、達本、一明、法鑫、道岩、明輪、静月、德明、惟心、法源、宗德、□□、冷月、能智、仁慧、隆林、果圓、寄禪、印光、西峰、少青、源耀、妙元、傳富、炳福、慧空、了然、明清、維高、諦玄、同茂、本度、遠聞、德玄、通悟、覺性、瑞映、存山、步賢、紹雲、心空、通海、法明、了松、定松、理成、常情、智感、騰芳、博徵、明海、定源、聞鏡、開峻、本川、竹曉、智慧，各助洋貳元。

比丘尼：

惟量，捐洋肆伯念元。定西，助洋壹伯伍拾元。

常德、定蓮，各助洋兩伯元。

静修、妙蓮、松清，各助洋壹伯元。

德興、坤良，各助洋伍拾元。

根緣，助洋四拾八元。（下闕）

鄭門姚氏、陳門張氏、黄門陳氏、屠門張氏、童門劉氏、孫門王氏、張門李氏、劉門陳氏、羅門李氏、某氏常如、陳門郭氏、王門蔣氏、李門陳氏、周門王氏、杜氏妙善、杜氏妙法、徐氏善通、胡氏德月、羅門沈氏、某氏阿英、錢門陳氏、錢門王氏、夏門俞氏、洪門李

氏、陳氏隱名、邱氏妙智、邱氏妙慧、邱氏妙德、鄭門朱氏、毛門朱氏、何門孫氏、林門張氏、謝門翁氏、沈門曹氏、姚門俞氏、貝門姚氏、張門吴氏、宓氏定蓮、范氏定如、盛氏修蓮、洪氏妙蓮、烏氏静修、俞氏蓮修、蔡氏蓮慧、張氏蓮芳、陶門方氏、馬諸葛氏、胡氏慧音、吴氏德慶、陳氏普樂、湯門周氏、王氏妙德、王氏月静、戴氏慧源、管門葛氏、邱氏德康、張門安氏、吴氏本閑、曹門王氏、江門傅氏、李門傅氏、林門戴氏、邊門林氏、方門鍾氏、楊門俞氏、樂門汪氏、張門汪氏、李氏德如、鮑門陳氏、王門楊氏、應氏妙定、王氏蓮月、催氏宗定、張氏蓮福、王氏妙緣、胡門陳氏、某氏源定、孫氏濟聲、邵氏德福、姚門張氏、姚門胡氏、包門陳氏、穆門任氏、鄭門許氏、朱門李氏、丁氏妙有、陳氏妙法、陳氏修清、鄭氏福蓮、張氏善法、嚴氏慧康、蘇門唐氏、趙門何氏、何門徐氏、吴門陸氏、周門童氏、顧門章氏、張氏隱名、陳氏隱名、張氏全海，各助洋貳元。

張氏宗光、俞氏妙圓，各助十二元。

收支列後：

收有名捐助銀洋四萬八千九百四拾柒元正，收無名捐助壹元者共洋貳百九拾六元正，收念佛塔圖助洋四千捌百九拾元正，收鑄鐘及鐘樓所助洋叁千五百四拾壹元正，由此收洋五萬柒千六百七拾四元正。

付建塔、鑄鐘、造屋、置産、修路，共支洋五萬柒千陸百柒拾四元正。

置産：

本縣鄮溪鄉九都一圖戚家達地方罪字號，土名水橋頭民田拾六坵，量計念貳畝四分。又塔邊旁柴山一幅，土名筲箕潭，約計五畝。又七都二圖小白地方陶字號，土名相思園山地壹塊，計貳畝八分。又同字號相隣山地壹塊，量計四畝正。

按：碑原在小白嶺。高 237 釐米，寬 112 釐米。碑陽正文爲《重造五佛鎮蟒塔功德碑記》及《重造五佛鎮蟒塔跋并詩》，碑陰爲《重造寶塔捐資芳名碑》。

重造五佛鎮蟒塔功德碑記

壬戌秋九月
王宗炎敬書

重造五佛鎮蟒墖功德碑記
大覺世尊視諸衆生猶如一
子以其一念心性原與諸佛
無二由迷背故非唯不得受
用且反承此不生滅性起惑
造業輪廻六道塵刼莫返諸
佛緣此示生世間成等正覺
隨機說法令得度脫其有善
根未熟併未来衆生均作得
度因緣謂流通經教徧示未
来是也逮一期事畢即入涅
槃以大慈悲化火自焚碎萬
德莊嚴法身為八斛四斗舍
利欲令衆生禮拜供養增長
福田開佛知見緣是天上人
間龍宮海藏各分舍利起墖
供養人間一分八國均分阿
闍世王獨得八萬四千粒供
恒河中設立劔輪而為守護
閱百年有其曾孫名阿育王
閻浮提承佛遺囑振興法道
取其舍利役使鬼神以七寶
衆香為泥一日之中造就八
萬四千寶墖將欲徧布南洲
耶舍尊者以手障日五指放
光為八萬四千道令諸鬼神
各捧一墖隨光而趨至光盡
處即為安置凡佛法未至之

處皆置地中迨後法化傳遍
悉皆次第出現如育王五臺
等墖是也良以衆生在迷不
了六塵當體即是真如實相
因茲顛倒分別別業同分二
種妄見輪廻世間諸佛設教
仍就彼所迷之境一一示其
當體靈光獨耀迥脫根塵令
彼轉迷為悟識心達本故楞
嚴云五陰六入十二處十八
界皆如来藏妙真如性三祖
云六塵不惡還同正覺東坡
云溪聲即是廣長舌山色無
非清淨身故知見色聞聲皆
堪識心達本況金口所宣法
藏及真身舍利併遺像乎哉
雖此方教體在于音聞然聞
法獲益固不如見相獲益者
之普徧常恒也以故三世諸
佛無不令人建立墖廟造佛
形像以一經觸目八識田中
即下成佛種子從斯漸漸增
長畢竟得成菩提緣是歷代
聖君賢相通方哲人多建立
墖廟於名山勝地俾見聞者
同種善根此震旦墖廟之来
源也四明古董東小白嶺鎮
蟒墖者縣志及天童志皆云

唐會昌初其嶺有巨蟒作祟
肆毒行人患之時天童住持
厥名藏奐滅後勅謚心鏡禪
師乃五洩之子馬祖之孫洵
屬大士乘願示生一生奇跡
動人景仰寔天童開宗之始
祖也聞其妖異即往度脫先
施以食令身安樂次為說法
令心開悟所施之食原屬有
餡餲頭以法力故化為無量
百千蟒食不盡悉變為石徧
布山間及與地中今其遺跡
為餲頭石表白裏黑形質酷
肖其蟒既受法食又聞法要
遂得業障消除脫離蟒身師
依法焚化拾其燼餘瘞之嶺
岡建墖其上六楞七層高十
餘丈中藏佛像及諸經咒以
期其蟒仗佛法力速證真如
凡彼種類皆不興作以故名
鎮蟒墖並期人天鬼神瞻禮
供養植菩提因結成佛緣耳
自唐迄今千有餘年風雨漂
搖霜雪陵轢傾頹已半勢將
全倒凡屬見聞莫不嗟歎謂
保存古跡開墾福田者何竟
寂其無人耶清末天童住持
寄禪亟欲重修未及動工賫

志西逝繼席淨心其志更切
以寺中工程甚夥不遑兼顧
令住持文寶急欲了此公案
乃與淨師及甘露庵住持學
海三師戮力同心各出衣資
併募檀信襄成勝舉由是緇
素歡喜隨力贊助肇始於庚
申春告成於癸亥夏凡四易
寒暑故得復見寶塔從地涌
出唯舊塔六楞實心今作八
楞空心盖擬如来眉間白毫
八楞中空具諸光明衆生蒙
光照觸離苦得樂近生人天
遠預聖流之旨於最上層設
供五方佛像令人登高瞻禮
用顯毗盧遮那圓現三身具
足四智亦從凡夫冀證佛果
必須脚踏實地遵脩道品漸
次增進斷惑證真直至智斷
究竟方證本有法身塔之絶
巔用銅鑄二節象徵頂以表
諸佛證窮三德秘藏無上極
果始終不離當人現前一念
究竟圓彰底節中心内貯佛
菩薩像及大藏經目大乘經
咒以經是法身舍利像屬應
化二身冀瞻禮圍繞供養讚
歎者當来同獲菩提果證耳

中上二節實以淨砂用鎮其
巔其級七層高十三丈零巍
巍乎爲覺道之宏標蕩蕩焉
作迷途之良導周圍添築院
垣庶使蕪穢不入塔前建屋
數楹安僧奉侍香火共用銀
圓四萬有奇功德芳名另刊
碑陰以此功德恭祝國基永
固治道遐昌佛日增輝法輪
常轉凡倡首經營出資運力
暨現未見聞瞻禮讚歎者均
獲富壽康寧備膺厥躬戒定
慧種悉播心田業盡情空見
本来之面目福足智朗證常
住之法身生作娑婆自在之
人歿入蓮池清淨之會如是
庶幾滿淨文學三師造塔之
本願且不負出資檀信襄贊
之盛心也歟
民國癸亥夏終南山釋亡名
謹撰
吳興劉承幹謹書

大新城廟四堡修理廟宇捐助填款收付賬目碑

勒石

今將修理廟宇捐助填款收付賬目登開列於後：

文堡：

收捐助洋三百五十八元。

行堡仁柱：

五三房洋二十五元，塤房洋四十七元七角四分三，篪房洋念五元二角一分二，鎮寧船洋五元，共收洋乙百〇二元九角五分五。

行堡義柱：

陳鳳鏘洋十元，陳鳳岐洋十元，福昌行洋八元，生昌行洋六元，戚孟房洋五元，戚仲房洋五元，吴阿祥洋五元，童生餘洋五元，陳春陽洋五元，□輪船□洋六元，陳懷寶洋五元，共收洋乙百〇三元九角五分九。

行堡禮柱：

宋慈惠洋廿元，周松房洋十元，周柏房洋十元，周雨田洋五元，錢鳳山洋五元，另户洋五十九元三角〇八，共收洋乙百〇九元三角〇八。

行堡智柱：

張杏林洋三十元，張來祥洋十元，張權甫洋十元，張運來洋五元，林二房洋五元，周汝棟洋五元，馮蓮清洋五元，零户洋三十三元九角五分九，另户洋六十二元二角一分九，共收洋一百三十六元二角一分九。

忠堡：

戚生泉洋五十元，戚正康洋廿元，張正彩洋廿元，吴如品洋十五元，戚才友洋十五元，戚恒大洋十五元，惠餘當洋十五元，張惠房洋十二元，吴阿冬洋十元，袁源豐洋十元，蔡榮堂洋十元，王恒豐洋十元，戚崑房洋十元，戚餘三洋十元，戚茂源洋十元，戚祥豐洋十元，邱協和洋十元，朱均房洋十元，朱廷芳洋十元，邵根楚洋五元，邵根書洋五元，王如才洋五元，王國君洋五元，王寶裕洋五元，江阿信洋五元，戚裕德洋五元，戚裕章洋五元，陳友信洋五元，錢阿法洋五元，王雨堯洋五元，錢利房洋五元，另户洋九十元〇〇四分一，共收洋四百廿二元四分一。

信堡南柱：

共收洋一百八十七元五角。

信堡北柱：

陳成孟房洋四十元，陸信根洋三十元，賴和慶洋十元，徐允升洋十元，徐允根洋十元，徐正甫洋十元，陳如信洋十元，徐盈才洋五元，徐允蓮洋五元，徐瑞甫洋五元，倪克明洋五元，陳惠裕洋五元，滕清裕洋五元，收演戲洋廿五元，共收洋三百六十二元五角。

特别捐：

戚燮林洋乙百元，戚來根洋乙百元，戚繼良洋五十元，戚生泉洋五十元，陳鳳鏘洋五十元，陳鳳岐洋五十元，石皈同行洋五十元，徐正甫洋五十元，周永滄洋五十元，王麟泰洋五十元，周慶寶洋四十元，徐鳳泰洋三十五元，林梅棠洋三十元，林仁生洋廿元，滕漁畊洋廿元，王茂生洋廿元，趙炳生洋廿元，賴和慶洋廿元，李昌年洋十元，朱學明洋十元，朱太和洋十元，袍衫會洋廿元，崇報社洋廿元，泥水同行洋四十元，礱穀同行洋十元，戚松舲洋三十元，周汝楣洋十元，七佛會洋十四元四角，蔣阿文洋五元，俞趙氏洋五元，李俞氏洋五元，蔡演彬洋五元，張寶福洋五元。

收開光洋九十九元，粱皇洋乙百六十元，牒洋三十一元二角九分，賤燭洋十二元。

共收洋乙十三百〇六元七角九分，統共收洋二千九百〇乙元七角七分二。

除收過揭虧欠洋三百念乙元七角六分二。

收戚燮林填款洋乙百元，戚遐林捐洋。王清法洋三十元。

付泥料洋六百另五元六角三分三，付殻灰洋二百八十八元九角三分六，付礦灰洋廿二元二角三分五，付板木洋七十一元七角一分一，付又借費洋十元另七角，付蔴巾洋十六元七角四分，付五金、付彩洋九十五元七角一分三，付側砎石洋七十七元，付雜項另物洋九元七角七分四，付字碑坐子洋四十元，付石匠工洋十七元七角，付泥水工洋六百另五元五角，付五木工洋三十元正，付木匠工洋十二元一角四分，付漆匠工洋三百五十五元五角五分，付鉛水流工洋十四元正，付西碼頭墻洋四十元正，付開光另用洋九百十元〇二角〇二，共付洋三千二百念三元五角三分四正。

民國十二年七月　日，四堡具啓

按：碑原在梅墟。高 190 釐米，寬 78 釐米。碑文楷書，共 16 行。

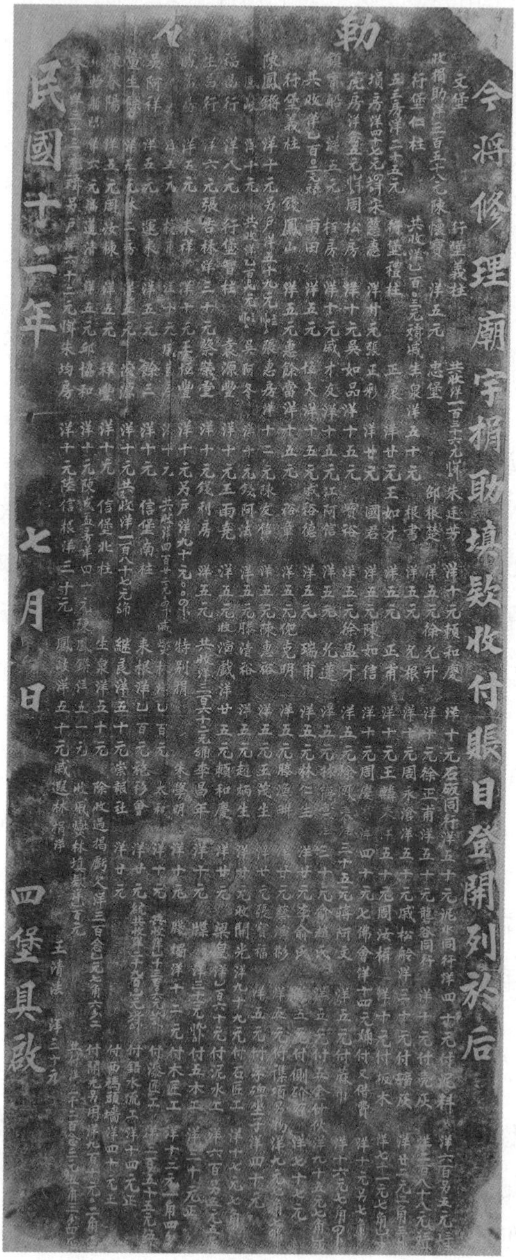

陈君磬裁造桥碑記

陳君造橋碑記（篆額）

長里方修治道橋記（福安橋先爲莊姓等捐造，去秋圮於水。陳君重以鋼骨水泥新之，易名第八橋。第四橋亦將圮，乃重建之。歲己巳三月刊。）

鄞江水導源上虞之斤嶺，其行長里方、密巖間者曰簟溪，江隩、汪隩之水入焉。簟溪者，或傳水中嘗見仙簟，故名，其語荒渺不足信。縣人陳君磬裁，以去歲十月爲石橋于江隩溪上，旁覆以亭，又自江隩爲途二里許，于是行李之往來者莫不稱便。凡諸所爲，即以君名名之，刊之于石，昭示來世。君聞之，嘆然不敢當，曰："是役也，人蓋有先我爲之者矣，磬裁特特踵成厥志耳。"初長里方以西，族而居者，若小韭龔村之屬，以十數，其出入必道密巖，凡再涉簟溪，道既迴遠，水湍悍舟，上下擊石，往往傾覆。里有方儒烈、侄東橋者，謀鑿山通道，山抵長里方，爲石梁于江隩、汪隩間。凡募集二千餘金，作途二里，作橋一，名其橋曰福安。未幾費竭，工以中輟。陳君聞其事，慨然出三千餘金使成之，事乃克濟。予惟二方思利其鄉人，不避艱阻，欲有所興造，可謂有志。然使無陳君者爲之繼，疇與竟厥業者？大功既成，君顧退然若以爲未足，推其功于前人，詎非難能而可貴者耶！去年二月，君方出萬餘金爲橋于梅溪上，距吾家不三里，慈谿馮幵君木爲文張之，謂其足媲美漢之李翕，道尹黄公、邑侯姜公亦聞而褒美。未及數月，復興兹役，蓋一歲之中而行善事二焉，不賢而能若是乎？君世居縣之陳鑑橋，以賈起家。予辱與君相知重，以諸父老請秉筆爲記，所不辭云。

中華民國十二年九月，縣人童第德撰，同縣禪舫高廉題石。

按：碑原在長里方。高146釐米，寬70釐米。碑文楷書，共16行，滿行32字。

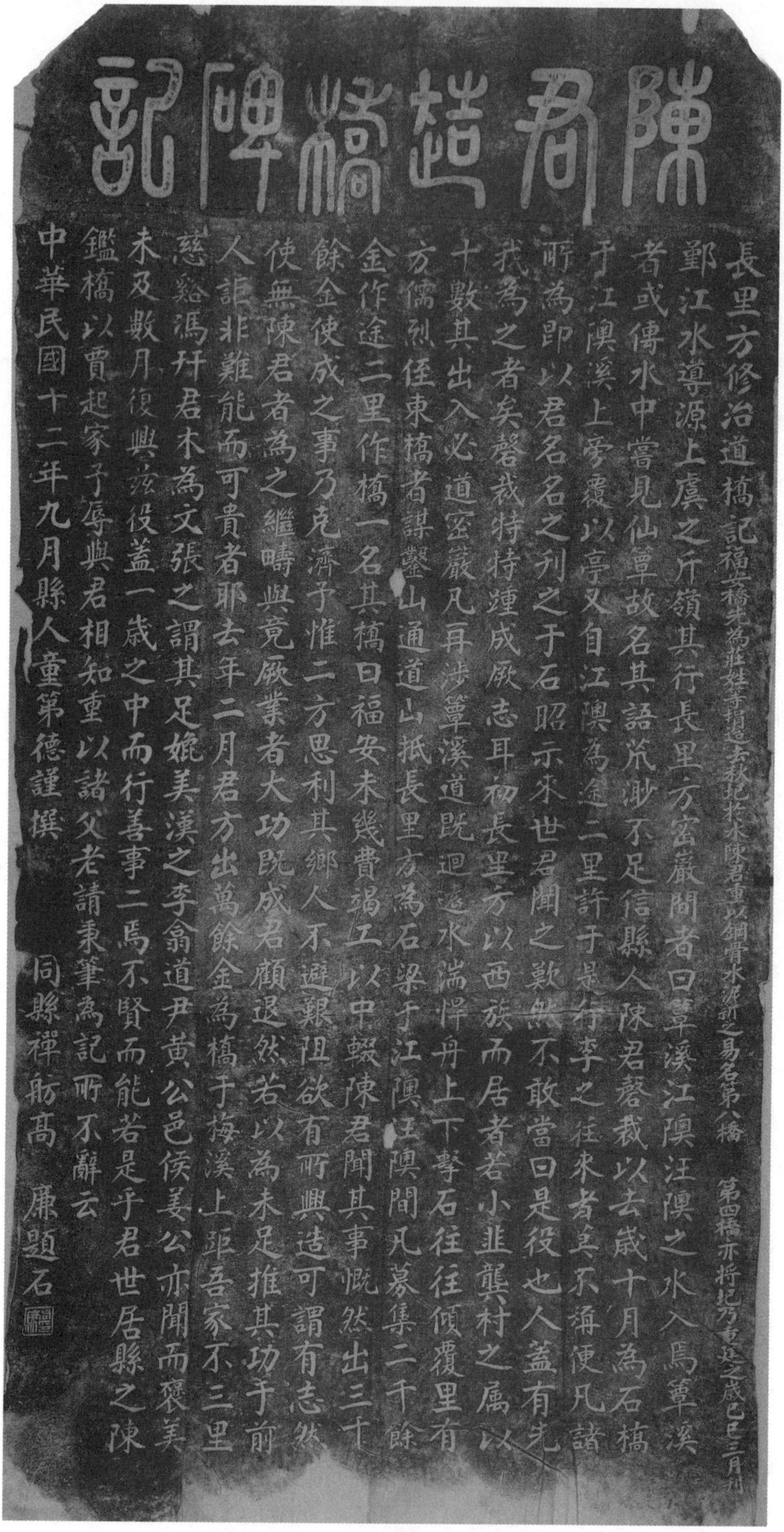

陳君造橋碑記

長里方修治道橋記　福安橋先為莊姓等捐造去秋圯於水陳君重以鋼骨水泥新之易名第八橋　第四橋亦將圯乃重建之歲己巳三月

鄞江水導源上虞之斤嶺其行長里方窰巖閘者曰蕈溪江隩汪隩之水入焉蕈溪者或傳水中嘗見仙蕈故名其語荒渺不足信縣人陳君磬裁以去歲十月為石橋于江隩溪上覆以亭又自江隩為途二里許于是行李之往來者莫不稱便凡諸所為即以君名名之刊之于石昭示來世君聞之歉然不敢當曰是役也人蓋有先我為之者矣磬裁特持踵成厥志耳初長里方以西族而居者若小韭龔村之屬以十數其出入必道窰巖凡再涉蕈溪道既迴遠水湍悍舟上下擊石往往傾覆里有方儒烈任東橋者謀鑿山通道山抵長里方為石梁于江隩汪隩間凡募集二千餘金作途二里作橋一名其橋曰福安未幾費竭工以中輟陳君聞其事慨然出三千餘金使成之事乃克濟予惟二方思利其鄉人不避艱阻欲有所興造可謂有志然使無陳君者為之繼疇與竟厥業者大功既成君顧退然若以為未足推其功于前人詎非難能而可貴者耶去年二月君方出萬餘金為橋于梅溪上距吾家不三里慈谿馮幵君木為文張之謂其足媲美漢之李翁道尹黃公邑侯姜公亦聞而褒美未及數月復興茲役蓋一歲之中而行善事二焉不賢而能若是乎君世居縣之陳鑑橋以賈起家予辱與君相知重以諸父老請秉筆為記所不辭云

中華民國十二年九月縣人童第德謹撰　同縣禪舫高廉題石

佑聖觀重修碑記

重修碑記

鄞縣古稱文物之地，雖僻在海濱，號稱人傑地靈。永豐城中建有佑聖觀，殿内崇祀真武天尊，後建玉皇閣，崇祀玉皇天尊，左輔星君、右弼星君，以及列宿諸天將、諸仙真，無不崇祀觀中，誠一大殿宇也。自元迄今，殿宇屢圮屢修，皆賴神靈之呵護耳。十年前，弟子世芳酬願於觀之左建立鎮燹觀，崇祀炎帝尊神，亦賴神靈呵護，而成是觀。自前孝廉張君繼照募捐重修後，繼起者有前明經夏君慶曾，亦募捐重修，迄今二十矣。不料邇年來，殿宇傾圮，墻垣頽壞。世芳舅氏周君雲寶過其地，惻然憂之，謂世芳曰："城之北以佑聖觀，今已爲颶風所壞，何以安神靈也！爾既爲弟子，宜重新之，以妥神靈。汝雖經營申江，不能親蒞其事，吾當任其勞，况正殿上尚乏大羅寶殿匾額，爾宜重立之。任力者余，任財者則宜汝也。"世芳思爲人在世百年，那有三萬六千日樂？况財乃身外物，豈可視諸神靈所在之殿宇而不思重新之乎？於是，節省家用，聚得英洋壹千九百員，親交舅氏周雲寶君主其事，婣弟傅鴻卿君監其工，而皆披星戴月，沐雨櫛風，不憚其勞，而能告厥成功。而世芳雖出微貲，二人之勞不可殁也。况舅父周君曾出貲貳百員，贊襄厥成，使殿宇焕然一新。舅父今亦仙逝矣，世芳不得不記其實，以興起後人云爾。謹記。

民國十二年癸亥季冬之吉，弟子孫世芳薰沐拜撰，弟子董程駿薰沐敬書。

按：碑原在北門佑聖觀，現在天一閣博物院秦氏支祠内。高150釐米，寬61釐米。碑文楷書，共16行，滿行32字。

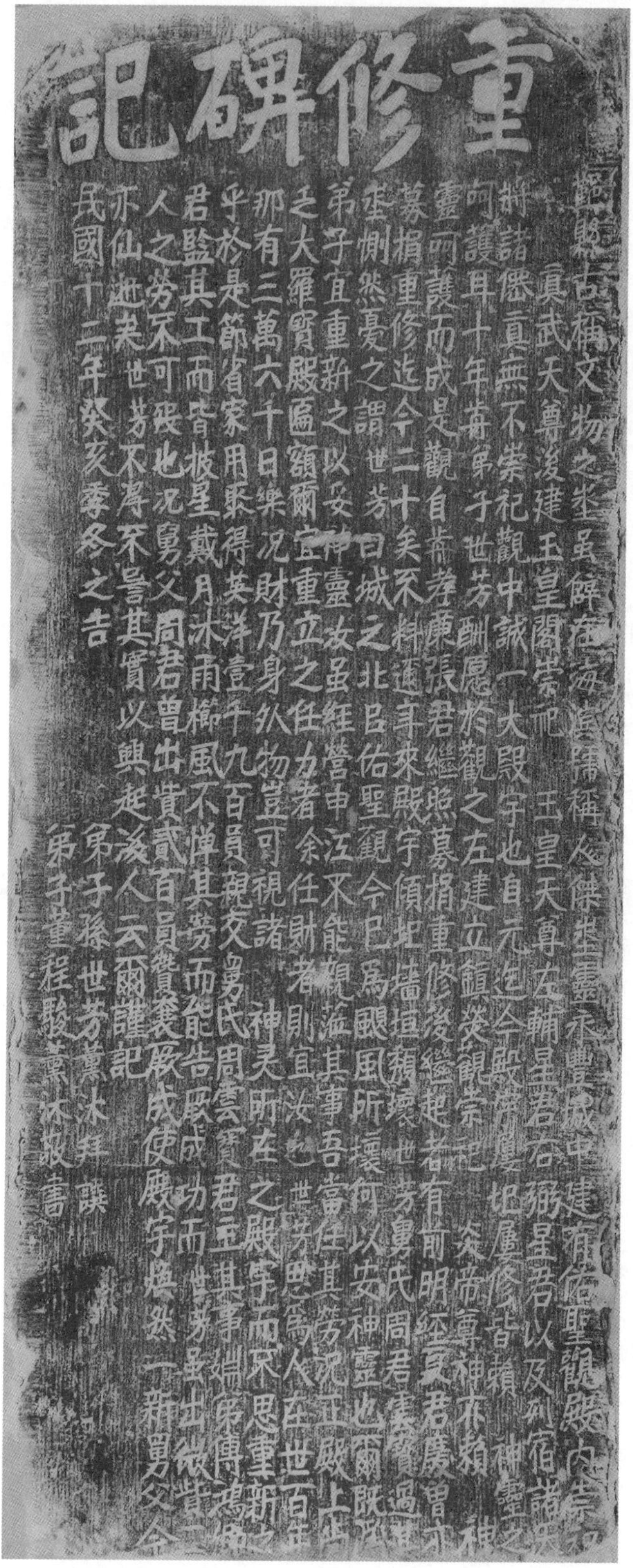
重修碑記

鄞縣古稱文物之邦，虽僻在海濱，猶稱人傑地靈。永豐城中建有佑聖觀，殿內崇奉
真武天尊，後建玉皇閣崇祀　玉皇天尊、左輔星君、右弼星君以及列宿諸與
神諸仙眞無不崇祀，觀中誠一大殿宇也。自元迄今，殿宇屢圮屢修，皆賴　神靈之
呵護耳。十年前弟子世芳酬愿於觀之左建立鎮災觀，崇祀　炎帝尊神，亦賴　神
靈呵護而成。是觀自前孝廉張君繼照募捐重修後，繼起者有前明經夏君慶曾亦
募捐重修，迄今二十矣。不料連年來殿宇傾圮，墻垣頹壞，世芳舅氏周君□□過
堂，惻然憂之，謂世芳曰：城之北呂佑聖觀今已爲颶風所壞，何以安神靈也？爾既
弟子，宜重新之，以安神靈。汝虽經營申江，不能親蒞其事，吾當任其勞。況正殿上座
之大羅寶殿匾額爾宜重立之。任力者余，任財者則宜汝也。世芳思人在世百年
耶，有三萬六千日樂，況財乃身外物，豈可視諸神靈所在之殿宇而不思重新之
乎？於是節省家用，聚得英洋壹千九百員，親交舅氏周雲賓君主其事，端弟傳鴻
君監其工，而皆披星戴月，沐雨櫛風，不憚其勞，而能告厥成功。而世芳虽出微貲，一
人之勞不可沒也。況舅父周君曾出貲貳百員，贊襄厥成，使殿宇煥然一新。舅父今
亦仙逝矣，世芳不得不言其實，以興起後人云爾。謹記
弟子孫世芳薰沐拜譔
民國十二年癸亥季冬之吉　弟子董程駿薰沐敬書

孫君石如墓誌銘

孫君石如墓誌銘（篆蓋）

吾縣有豈弟君子曰孫君石如，嘗閔鄉里孤露之子無所托命，欲圖有以存之。會縣中父老畀君以長雲華善堂，堂故育縣之棄嬰者也。君曰：“棄嬰、遺孤，無告均也。嬰則育矣，孤其奈何不字？且徒委嬰於百十愚婦人之手，成童不知教，非至善也，宜更謀其至者。”乃就堂背隙地築夏屋，擇保傅，録諸孤及其嬰之已丱者，廩而教焉，謂之雲華孤兒院云。期年，其諸在院者方熙熙焉，互慶得所，而君竟以積勞致疾死，可哀也已。君死明年三月二日，孤子等既奉喪葬於黃畧口之生壙，於是外弟朱威明謹署君懋德識諸墓，又系而銘焉。系曰：“君諱文柱，慈谿縣學廩貢生，世居縣南烏柏村，我舅氏本巨府君仲子也。少爲文儒，好治經世之學，尋棄去，用懋遷世其家。生平他行誼皆可紀，以無足爲君重，故不箸。年五十有四，民國十二年癸亥十一月十日卒。聘氏吕、妃氏陳，皆前君葬。子三：長定謨，後其伯氏；次寅謨、豊謨。女二：長適汪綬章；次字徐咊煦，先一年以母喪哀毁歿。孫一，丕頤。”銘曰：

孤用保，身弗康。善之積，世其昌。礱貞石，刻銘章。扃幽室，視茫茫。

中華民國十三年甲子歲二月，同縣錢罕書并題蓋。

按：影印本高 26.5 釐米，寬 16.5 釐米。誌文楷書。

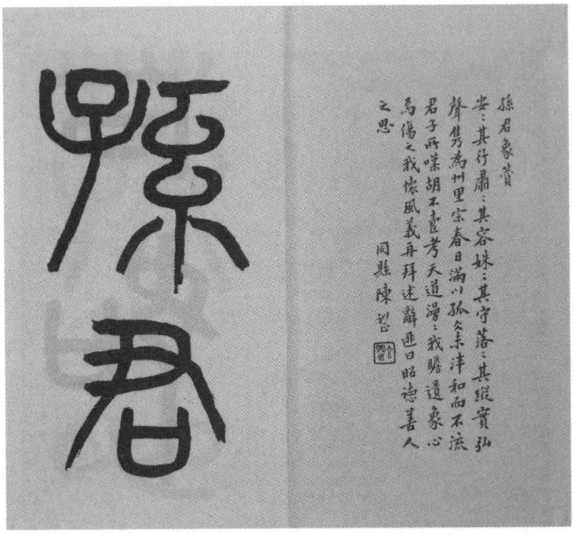

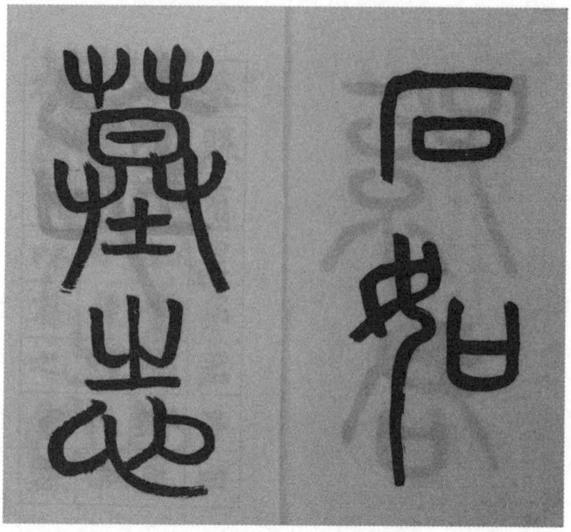

石刻

墓志

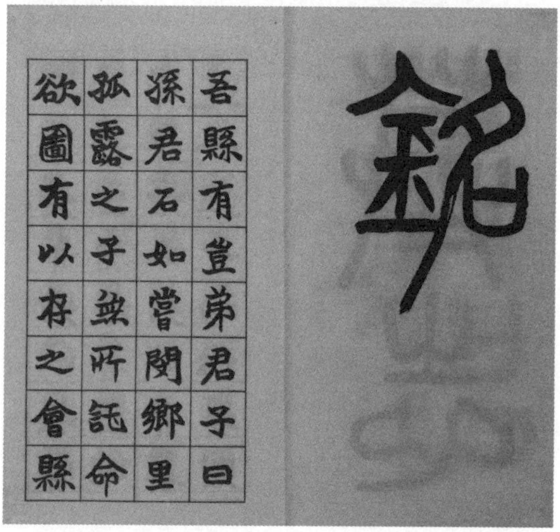

銘

吾縣有豈弟君子曰孫君石如嘗閱鄉里孤露之子無所託命欲圖有以存之會縣

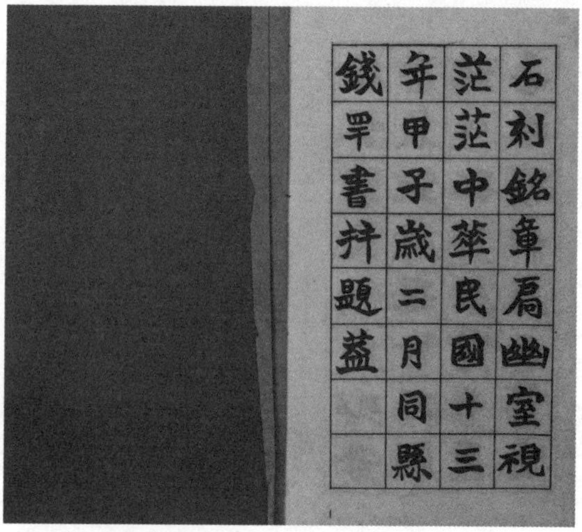

石刻銘章扃幽室視茫茫中華民國十三年甲子歲二月同縣錢罕書并題簽

戚家漕嘴浚河告示及助資題名碑

鄞縣知事蕭、寧波警察廳長林

爲布告事。照得戚家漕嘴地方爲鄞鎮往來要道，其河水爲梅墟合鎮飲料。公民戚森卿等有見於此，業經籌資，治平道路、疏濬河流，以利交通而益衛生，並闢碶門零洩污水。冀垂永久，爲此布告該處人民一體遵照，嗣後不得將糞桶落河洗刷，或抛擲瓦礫穢物等情，如違定即拘究不貸。其各凛遵，切切。特示。

計開樂助芳名開列於右：

徐曉純，洋乙百五拾元。戚燮林，洋貳百念五元。戚淞舲，洋壹百元。戚來根，洋壹百元。戚遵如祀，洋壹百元。戚金泉，洋五拾元。吴永堃，洋五拾元。林春生，洋叁拾元。戚森卿，洋念元。戚餘三，洋念元。敏慎堂，洋念元。李泉昌，洋拾五元。無名氏，洋拾貳元。戚恒康，洋拾元。陳春陽，洋拾元。柳生源，洋拾元。李欽揚，洋拾元。俞道南，洋拾元。蔡榮生，洋拾元。胡燮泉，洋拾元。邱協和，洋拾元。陸永房，洋拾元。陸康寧房，洋拾元。戚寶林，洋拾元。莊仁生，洋拾元。葉李氏，洋拾元。戚正康，洋拾元。静宗寺，洋拾元。李麗水，洋拾元。塘頭庵，洋拾元。蔣文生，洋拾元。陸葆林，洋拾元。恒豐號，洋六元。生昌行，洋五元。邵省三，洋五元。汪忠惠，洋五元。三茂行，洋五元。恒昌行，洋五元。任三和，洋五元。恒昌生行，洋五元。慎大公司，洋五元。廣源隆，洋五元。周元來，洋五元。林蔭庭，洋五元。潘甡泰，洋五元。吴如品，洋五元。袁樹德，洋五元。虞瑞鈿，洋五元。陸壽房，洋五元。陸福房，洋五元。袁源豐，洋五元。陳鳳鏘，洋五元。陳鳳岐，洋五元。劉林氏，洋五元。莊包氏，洋五元。沈惇裕，洋四元。祥豐號，洋叁元。童生餘，洋叁元。震生泰記，洋叁元。陸聚興，洋叁元。張仁和，洋叁元。朱乾泰，洋叁元。周鳩賡，洋叁元。顧百慶，洋叁元。朱仁葆，洋貳元。吴源潤，洋貳元。王家才，洋貳元。源昌號，洋貳元。王聚茂，洋貳元。張阿鶴，洋貳元。張聚興，洋貳元。陳瑞安，洋貳元。葉順興，洋貳元。朱玉春，洋貳元。張蘭亭，洋貳元。餘泰號，洋貳元。新恒昌，洋貳元。福昌行，洋貳元。朱聯芳，洋貳元。鄔子喬，洋貳元。朱荆泉，洋貳元。吕容圭，洋貳元。陳同春，洋貳元。協生行，洋貳元。王潤義，洋貳元。莊方氏，洋貳元。鍾袁氏，洋貳元。無名氏，洋貳元。劉鍾氏，洋貳元。黄氏，洋貳元。譚氏，洋貳元。周永錫，洋貳元。沈同茂，洋貳元。存心堂，洋壹元。陳福順，洋壹元。錢永興，洋壹元。老恒昌，洋壹元。林順興，洋壹元。王根全，洋壹元。太和號，洋壹元。東成號，洋壹元。張餘慶，洋壹元。董祥興，洋壹元。信昌祥，洋壹元。茂昌號，洋壹元。德昌號，洋壹元。陳日昇，洋壹元。顧□

棠，洋壹元。介壽堂，洋壹元。姜玉房，洋壹元。陸信來，洋壹元。朱繼來，洋壹元。王炳泉，洋壹元。鮑德泰，洋壹元。吴林生，洋壹元。黄宅，洋壹元。新太和，洋壹元。共收捐款洋壹千叁百拾元。收升水洋四元四角三分貳釐。

付蔣阿文洋叁百叁拾九元五角。付松椿洋乙百九拾四元五角。付福昌石料洋乙百六拾七元九角九分。付坑所石料洋六元。付亂石洋五拾九元四角七分。付水泥洋叁百四拾五元。付黄沙洋念九另三角八分。付碶門板洋拾七元。付生昌石料洋四元。付欄杆洋拾乙元。付木料洋叁拾四元。付莊息洋八元。付川資洋念元□（下闕）付酬勞洋拾元。付雜項洋念七元五（下闕）付勒石碑洋五拾（下闕）共付洋壹千叁百拾四元四角三分。

中華民國十三年四月　日給。

按：碑原在梅墟。高 163 釐米，寬 69 釐米。碑文楷書，共 19 行。

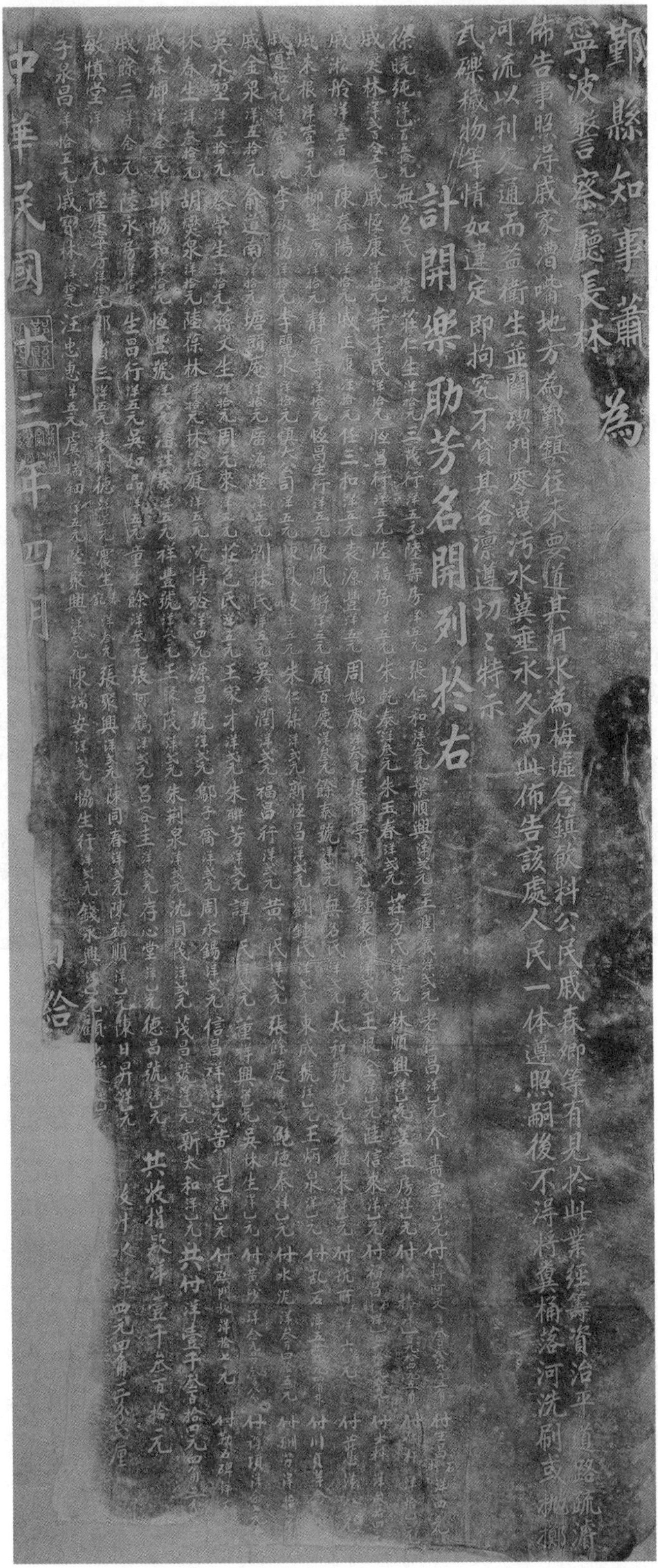
鄞縣知事蕭為
寧波警察廳長林
佈告事照得戚家漕嘴地方為鄞鎮往來要道其河水為梅墟合鎮飲料公民戚森卿等有見於此業經籌資治平道路疏濬
河流以利交通而益衛生並關碶門零洩污水冀垂永久為此佈告該處人民一体遵照嗣後不得將糞桶洛河洗刷或抛
瓦礫穢物等情如違定即拘究不貸其各凜遵切切特示
計開樂助芳名開列於右
中華民國十三年四月　日給

子泉記

子泉

甲子夏五，既鑿地得泉，聖佐乃問名於余。余曰：“泉爲余鑿，即以余名名之，可虖？”聖佐曰：“諾。”復而刻石於左。蓮叟識。

同郡錢太希書。鄞項崇聖刻石。

按：碑在翰香小學。高 40 釐米，寬 102 釐米。碑文行書，共 6 行，滿行 7 至 9 字不等，左側篆書大字“子泉”。

永安橋捐款題名碑

永安橋碑

鄞邑之東，大咸鄉之西，山峻而流急，行旅出此，率以路逼橋攲爲苦。雖疊經修建，然困於財力，此興彼廢，再不能稱坦途焉。顧其險之甚者，莫永安橋若，蓋小橋貼水，婦女且匍匐而過，永安之名没由以起。中華民國之九年，里人謀新是橋而高大之，犇走勸募。翊年而橋成，並建亭以爲行旅憩，名之曰“永安”。顧工甫竣而毁於水，其接近之凌雲橋亦蕩焉無存，乃集資再建道路，亦次第修復。行人稱便，慈善家之賜也。恐日久而名湮，不足以爲後人勸，爰録之於貞珉。

錢雨嵐君募助洋陸百元。

陸紀房助洋三十元。

楊聚興會助洋三十五元。

忻財貴助洋三十元。

白雲寺朗德助洋三十元。

王祖安助洋二十元。

楊順發助洋二十元。

楊三毛妻助洋二十元。

葉夢熊助洋十五元。

陸俞氏募洋十一元。

石金奎募洋八元。

楊順發妻助洋二十元。

楊同盛助洋三十元。

蒸茗會助洋十三元。

俞賢德助洋十元。

俞得水助洋十元。

王珪房助洋十元。

楊後發助洋二十元。

太陽會助洋三元。

全福會、徐孝瑞、錢時生、錢薇鄉、錢季二房、曾素行、朱師母、朱岳輝、張春甫、張曹氏、桑江房、華安房、俞祥高、石家阿生，以上各十元。

吴陽德七元。

施信房、楊久房、葉榜清，以上各六元。

忻順貴、忻順友、張高房、俞順興、俞芳齡、俞明富、俞紹生、俞源來、俞寶裕、俞增信、俞四海、俞領房、俞介生、俞樹鳳、俞根發、俞根全、俞崇興、俞阨國、李氏興福、陳氏静禮、俞氏福榮、錢全兆、侯華衮、謝文鋆、任水楊、柳陸氏、胡仁生、朱鶴貴、金啓運、姚祖崧、華均房、華雅房、葉智房、葉富孝、吴生泰、楊芳來、楊俞氏、楊嘉友、楊連方、楊芳濤、楊右房、楊俞氏、周名方女士、莊悦如、王梅立房、林阿開、忻定姐、張施氏、任坤陽、李榮房、邱庭芝、俞華氏、俞施氏、李興富、杜庠房、錢全仲、周順金、楊氏阿悦、楊鄰木、楊德生、楊星房、俞忠福、王道餘，以上各五元。

葉信房、葉合盛、鄭來富、陳曉鴻、楊鄰華、楊鄰柱、陸友珠、洪馮氏，以上各四元。

華樂房、葉貴均、徐頌房、徐彦曰、徐生財、黄信房、楊鄰鍔、楊水洪、楊徐法、楊明房、楊臣儒、楊文來、葉餘豐、楊才明、錢丁高、陸賢房、陳鴻山、李意心、李慶生、俞吴氏、俞存德（五元）、俞陳氏、杜彩山、項阿全、蔣德康，以上各三元。

忻榮貴、俞嘉增、俞德厚、俞寶信、俞樹楨、俞水通、俞文元、俞光厚、王隆寶、俞乾榮、俞阿貴、俞佐廷、俞賓生、俞運法、俞阿華、俞佑房、吴富房、吴榮房、吴月房、吴阿來、葉才福、葉陳氏、葉張氏、葉貴暄、葉貴錢、葉忠根、葉炳積、葉貴旦、葉楊氏、葉宏寶、王祖成、葉順泰、葉鈺盛、俞增裕、俞阿滿、俞玉璋、苗金生、華育房、華風房、華本房、華孝祥、華節庠、華節慶、錢永昌、錢仁全、吴阿紹、錢禮仁、錢大興、錢萬億、錢全滿、錢啓榮、錢厚生、顧憩棠、錢阿才、戴才運、張餘才、莊阿察、徐正福、蔣明德、蔣錢氏、蔣富耀、金大和、金合利、黄敬房、鄭永生、徐信和、繆信房、虞文房、陳阿寶、鄭崇欽、方銀生、方如棠、鄭榮貴、陸福林、忻禮忠、周才鼎、楊俞氏、楊惠房、楊悠房、楊震典、楊鄰檀、楊芳瑞、楊貴富、楊金來、楊阿毛、楊芳才、俞樹水、楊其根、俞氏善金、戴氏慧緣、戴金生、戴德康、施熙策、俞順法、繆鏞樓、張東笙、陸阿耕、姚國華、李紅萱、四達公司、楊如姐、王羅氏、陸金友、忻榮順、屠阿柱、陸友本、周佐棠、金周氏、樂大春、陳順法、徐簡華、徐師母、蔣翠蕉、黄鏡如、金寶生、金周氏、葉楊氏，以上各二元。

中華民國十三年歲次甲子月臨端陽上澣之吉。

按：碑原在陳夬嶴楊家。高 184 釐米，寬 88 釐米。碑文楷書，共 27 行，右側 4 行爲題記，滿行 48 字。

永安橋碑
中華民國十三年歲次甲子月臨端陽上浣之吉

重修廣福廟碑記

重修廣福廟碑記

公事蹟詳《宋史》本傳，吾里之立公廟也。相傳先是里人皆業漁，一日海中颶風大作，篙櫓俱失，舟中之人相向悲號。已而天空懸燈一，上大書文字。由是風恬浪静，咸慶更生。既歸，遂立公廟，以答神庥。顧歲月無考，舊時匾額有書萬曆字者，其建於明之中葉乎？此後當屢有修築，而皆文獻無徵。今所知者，光緒壬午嘗醵巨資修之，民國之初亦一修之，則草率不足數。自壬午迄今，四十餘年矣。又經壬戌七月大風之災，藩拔級夷。今年會議重修，幸吾里人之家居及商滬瀆者皆踴躍輸將，得以蕆事，凡用白金無慮三千餘金。既訖工，爰述建設之由，以及此次修復之亟，以告後人焉。

民國十三年夏正六月　吉立。

按：碑原在白沙廣福廟。高161釐米，寬61釐米。碑文楷書，共10行，滿行25字。

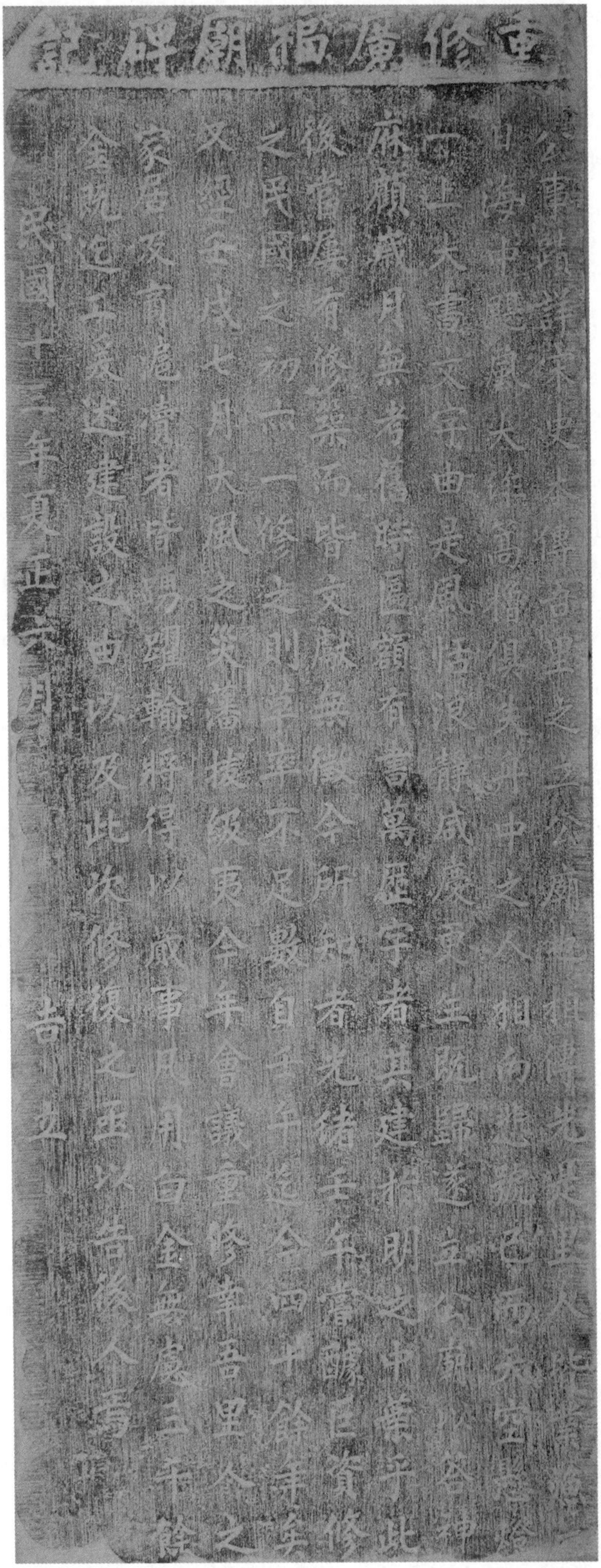

重修廣福廟碑記

公事蹟詳宋史本傳，奇里之三公廟祀相傳先是里人[illegible]
日海中颶風大作，高檣俱沒，舟中之人相向悲號，已而天空[illegible]
出大書文字，曲是風恬波靜，咸慶更生，既歸遂立公廟以答神
庥，顧歲月無考，僅時匾額有書萬曆字者，其建於明之中葉乎？此
後當屢有修葺，而皆文獻無徵。今所知者，光緒壬午嘗醵資修
之，民國之初亦一修之，則草率不足數。自壬午迄今四十餘年矣，
又經壬戌七月大風之災，蕩撥級更。今年會議重修，率吾里人之
家居及商[illegible]賈者，皆踴躍輸將，得以蕆事，凡用白金無慮三千餘
金，既迄工，爰述建設之由以及此次修復之[illegible]以告後人焉。
民國十三年夏正六月　吉立

汪君秀林墓表

汪君墓表（篆額）

君諱誠瑜，字秀林，鄞汪氏，所居曰莊溪。宋仁宗時，王鄞江先生致嘗講學其地。於是，奉化樓郁、慈谿楊適、杜醇皆來會，而先生兄子説別立桃源書院，志所稱爲慶曆五先生者也。莊溪當四明山水勝區，地僻而俗厚，學士大夫涵被風教，卓然能自立。其次亦安居樂業，循循不敢自越禮法，蓋先生之遺澤及人如此。君既居大賢之鄉，慨然有志於古。讀書尚實踐，及習爲賈，未嘗一日廢儒先書。行止必謹飭，交人必誠信，待故舊必盡其意。友人某貧甚，資之賈數千金。未幾，業大秏，怡然不以爲忤。事其考範闓府君最孝。考嘗病變，惑不常，勤力營護之而瘉。與伯兄誠瓚講論聖人之道，窮理極趣，孜孜弗倦，已乃謀爲鄞江先生立祠。初，莊溪有僧刹曰自在殿，以事没入官。君兄弟與鄉人士共謁當道改祠先生，歲時致祭。嘗倡議復桃源書院，未及爲而卒。年四十，清宣統二年十月二十四日也。烏乎！儒林與貨殖不相謀久矣。漢晉大儒，以皇皇求財利爲可恥，甚者乃至口不言錢，用相衒鬻。彼特以欺世而盗名耳。人之類至不齊，有儒而賈者，亦有賈而儒者，君子惟其實而已，於君益信。君從父範才府君，歿，無子，以君爲嗣。子二人：焕章、燿章。焕章將葬君及君夫人徐，先期來請表墓。墓在莊溪金山之麓，其前則鄞江先生祠，鄉之賢士大夫展拜祠宇者，蓋未嘗不念及君也。

民國十有三年，歲在甲子八月，世家子同縣童弟德拜撰，慈谿錢罕書。

按：碑原在莊溪金山。高 195 釐米，寬 92 釐米。碑文楷書，共 17 行，滿行 29 字。

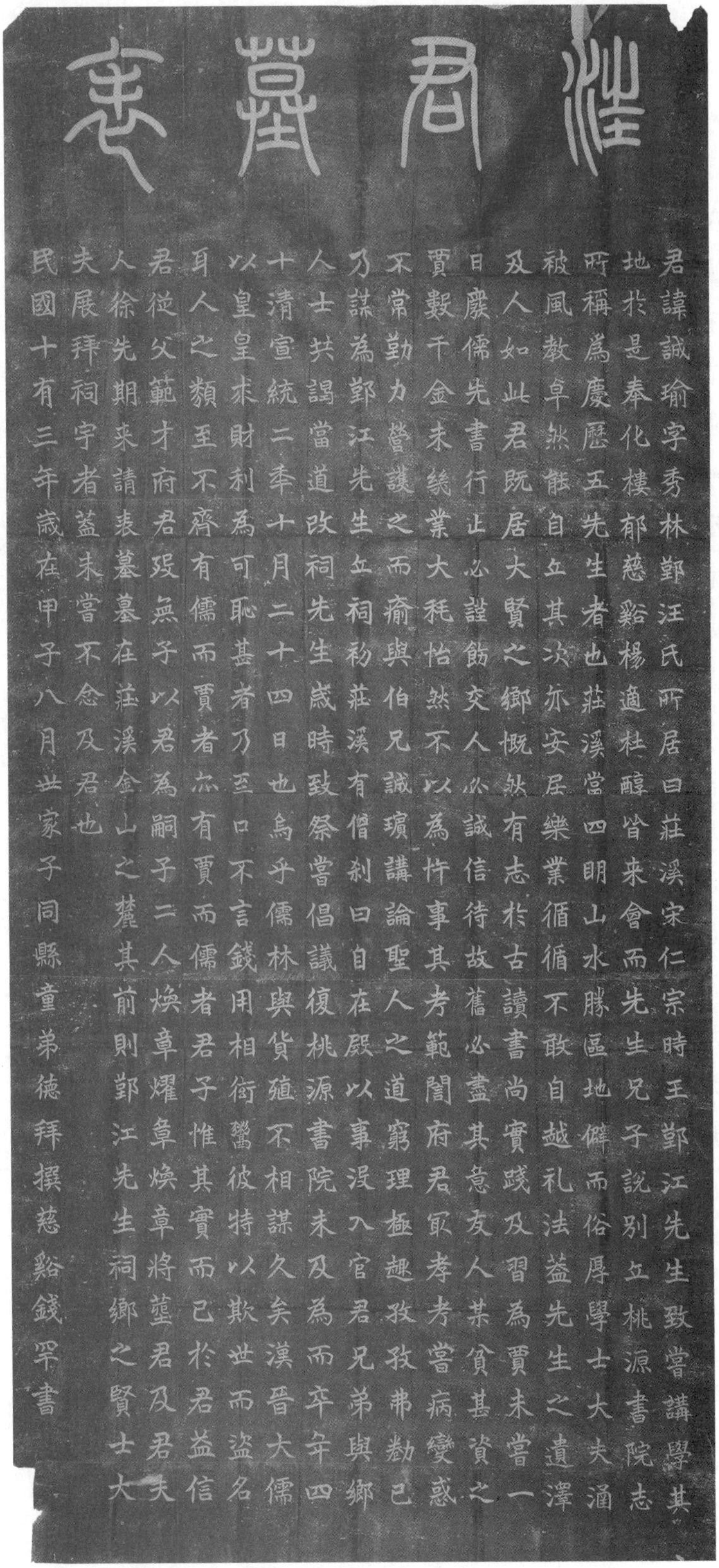

汪君墓志

君諱誠瑜，字秀林，鄞江汪氏，所居曰莊溪。宋仁宗時王鄞江先生致嘗講學其地，於是奉化樓郁、慈谿楊適、杜醇皆來會，而先生兄子説別立桃源書院，志所稱爲慶歷五先生者也。莊溪當四明山水勝區，地僻而俗厚，學士大夫涵被風教，卓然能自立，其次亦安居樂業，循循不敢自越礼法，蓋先生之遺澤及人如此。君既居大賢之鄉，慨然有志於古，讀書尚實踐，及習爲賈，未嘗一日廢儒先書，行止必謹飭，交人必誠信，待故舊必盡其意。友人某貧甚，資之賈數千金，未幾業大耗，怡然不以爲忤。事其考範閭府君叡孝，考嘗病變惑不常，勤力營護之而瘉。與伯兄誠璜講論聖人之道，窮理極趣，孜孜弗勌。已乃謀爲鄞江先生立祠。初莊溪有僧刹曰自在殿，以事沒入官，君兄弟與鄉人士共謁當道，改祠先生，歲時致祭。嘗倡議復桃源書院，未及爲而卒，年四十，清宣統二年十月二十四日也。烏乎！儒林與貨殖不相謀久矣，漢晋大儒以皇皇求財利爲可恥，甚者乃至口不言錢，用相衒鬻，彼特以欺世而盜名耳。人之類至不齊，有儒而賈者，亦有賈而儒者，君子惟其實而已，於君益信。君從父範才府君歿無子，以君爲嗣。子二人：煥章、耀章。煥章將葬君及君夫人徐，先期來請表墓。墓在莊溪金山之麓，其前則鄞江先生祠，鄉之賢士大夫展拜祠宇者，蓋未嘗不念及君也。

民國十有三年歲在甲子八月，世家子同縣童第德拜撰，慈谿錢罕書。

重修青山廟特別捐之碑

重修青山廟特別捐之碑（篆額）

重修青山廟建特別捐碑弁言

慎因居士陳乂新謹撰并書

蓋本廟自壬戌秋遭大風摧折，屋宇墻壁損失甚鉅。迨癸亥春，八堡弟子集議重修，公舉戴君友笙爲首事，章君良岳爲監工，又每堡各推數人爲幹事員，議決修費各堡先認若干，幸堡下衆姓踴躍輸捐。無奈需款浩大，八堡捐助尚然不敷，不得已另籌特別捐款，計洋五千五百元有奇。本届修費半藉此款挹注，俾得大功告成。飲水思源，樂輸諸君惠我多矣，用特刊登姓名於後，以示不忘云爾。

陳信允君九十八元、壹千兩，朱德新君九十八元、壹千兩，合助洋二十七元九角。

姜紀福君助洋壹千元。

章鴻笙君助洋伍百元。

吴寧泰號助洋叁百念元。

高府助洋叁百元。

章金琯君助洋貳百元。

陳道賢君助洋壹百元。

吴炳珊君助洋壹百元。

仁記助洋捌拾元。

章宏昌君助洋伍拾元。

同豐米號助洋伍拾元。

陳錫賢君助洋念貳元。

陳門史氏助洋肆元正。

金紀根君助洋貳元正。

中華民國十三年甲子歲九秋立，境下八堡衆姓弟子公同具啓。

按：碑原在方橋青山廟。高179釐米，寬74釐米。碑文隸書，共12行，滿行34字。

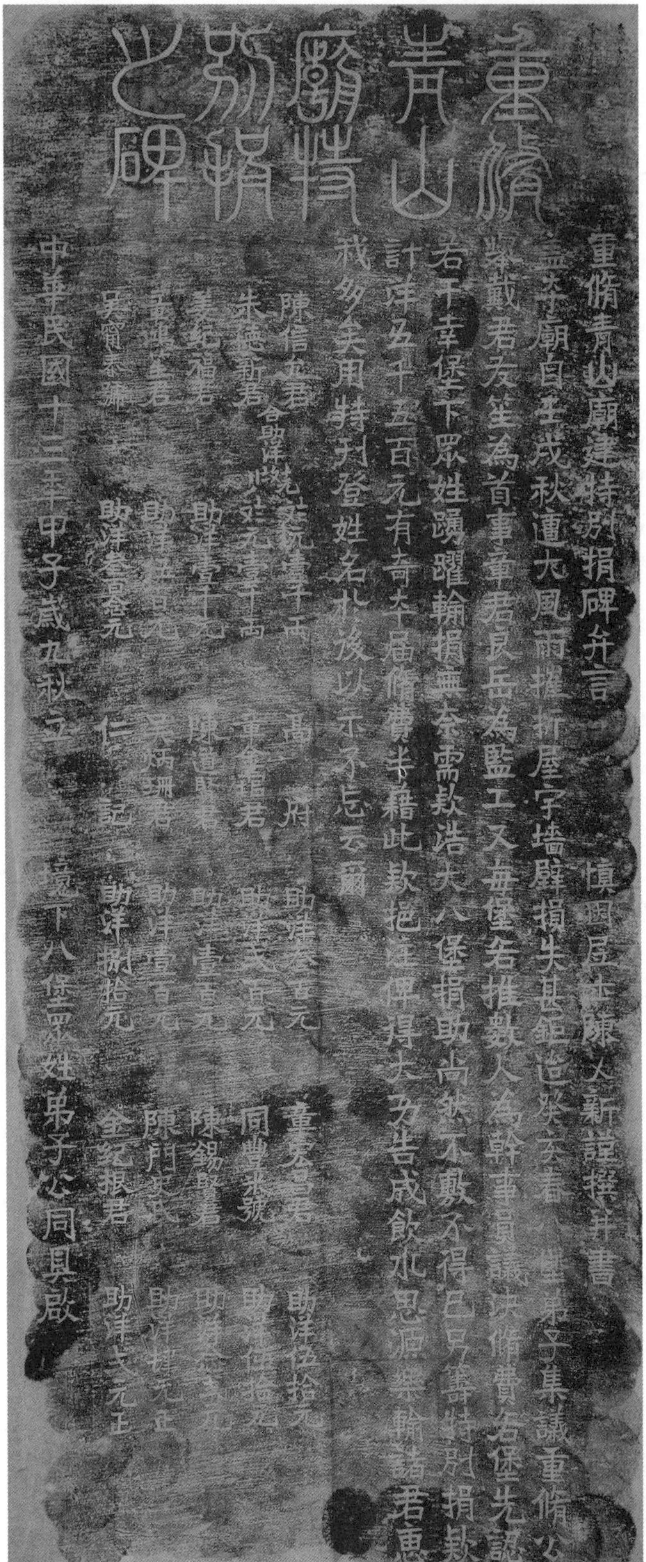

重脩青山廟特別捐之碑

重脩青山廟建特別捐碑并言　　慎園居士陳大新謹撰并書

吾青山廟自壬戌秋遭大風雨摧折屋宇墻壁損失甚鉅迨癸亥春八堡弟子集議重脩公推戴君友笙為首事章君良岳為監工又每堡各推數人為幹事員議決脩費各堡先認若干幸堡下眾姓踴躍輸捐無奈需款浩大八堡捐助尚然不敷不得已另籌特別捐款計洋五千五百元有奇本屆脩費半藉此款挹注俾得大功告成飲水思源樂輸諸君惠我多矣用特列登姓名於後以示不忘云爾

陳信九君、朱德新君　合助洋[illegible]壹千兩　　高府　助洋叁百元　　童愛吾君　助洋伍拾元

章金信君　助洋貳百元　　同豐米號　助洋伍拾元

姜紀福君　助洋壹千元　　陳道財君　助洋壹百元　　陳錫賢君　助洋[illegible]元

董鴻生君　助洋伍百元　　吳炳淵君　助洋壹百元　　陳門吳氏　助洋拾元正

吳寶泰號　助洋叁百叁拾元　　仁記　助洋捌拾元　　金紀根君　助洋貳元正

中華民國十三年甲子歲九秋立　　境下八堡眾姓弟子公同具啟

周君田泉生壙志

周君田泉生壙志

鎮海金賢寀撰

歸安朱孝臧書

君姓周氏，名天裕，號田泉，浙江鎮海人。昔在炎宋，濂溪以道學爲世大儒，越祀四百，子孫分徙甌、甬間。鎮海諸周多祖濂溪，雖譜牒散佚，其統緒可尋也。

君爲舉人茂才之孫，附生欽哉之子。承軌清門，受性純懿。遭家不造，齔歲而孤。事母奉兄，盡其孝友。既聞傳訓，能讀父書。困於貧窶，未竟儒業。學賈海上，委身市肆。執謙服勤，超越儕輩。主者鑒其誠愨，倚若股肱，卒以褊小，莫能屈其長才。厥兄天祉，貿於威海。威海在渤海口，賈舶遠至，蓋商略有爲之地，遂往從之。伯壎仲篪，交相勖勵。雖在弱齡，固已矯然有志節矣。其爲商也，審機而動，應時而赴。明敏足以燭遠，信愨足以孚衆，恭遜足以諧群，宏毅足以任鉅。事功所著，聞望漸隆。時值歐戰，輸供軍實，居貨鬻財，屢致奇羡。既積高貲，不自矜滿，履順而行彌謹，處豐而守益約。弼友惟忠，繩人惟恕，事長惟敬，鞠幼惟慈，言行舉動，克衷禮度。若乃齊庶自高未膺官寄，發謀動念常存利物。觀以設教，蠱以振民。枯寒荷其噓潤，窮乏仰其佽助。鄉黨義舉，靡役不從。隱善讓美，不居其名，尤恒情所難也。

時政失修，道壞俗敝，三綱淪，九法斁。君自憾寡學，無術匡捄。偶過里社，有言修己治人之説者，謂舉世擾攘，蔽於物欲，求其放心，始知所止，有定後静，至誠能化，造端夫婦，而察乎天地，其至矣乎？君聆其講述，若有所會。於是討《學》《庸》之奥義，繹孔孟之宏旨。潛居静究，内體於身心；收朋勤迪，外擴於郡縣。兹可謂敏而好學，善與人同者矣。

元室金氏，余族姪也。勤能襄夫，惠能逮下。閑於婦德，誕成家道。副室張氏、李氏並以婉嫕勰於女君。子二：錫庸、錫範。君生於光緒四年戊寅冬十二月初六日，年裁四十有七，自築生壙，抗漆園之達懷，踵表聖之高躅。壙在縣南崇邱鄉樟桐嶴之原。山川清迴，林巒豐蔚。龜協筮從，允稱吉壤。既將訖工，屬余爲志。余實審君，其敢有靳。著所已覩，鎸諸嘉石。其它美行，且竢將來。辭不溢譽，君庶無恧，綴以銘曰：

上天下地，人位厥中。嬰耄遞嬗，靡初不終。曠士達觀，荷鍤以俟。惟知無生，乃知無死。恂恂周君，業立名成。潛心翫道，葆真全生。方當盛齒，其行未央。天眷有德，益熾益昌。惟兹穸室，吉祥止止。百歲來歸，永詒蕃祉。

歲在甲子冬十一月刻石。

鄞縣項崇聖鎸。

按：墓原在崇邱鄉樟桐嶴之原（今寧波市北侖區小港蕫桐嶴）。高51釐米，寬380釐米。碑文楷書，共78行，滿行10字。

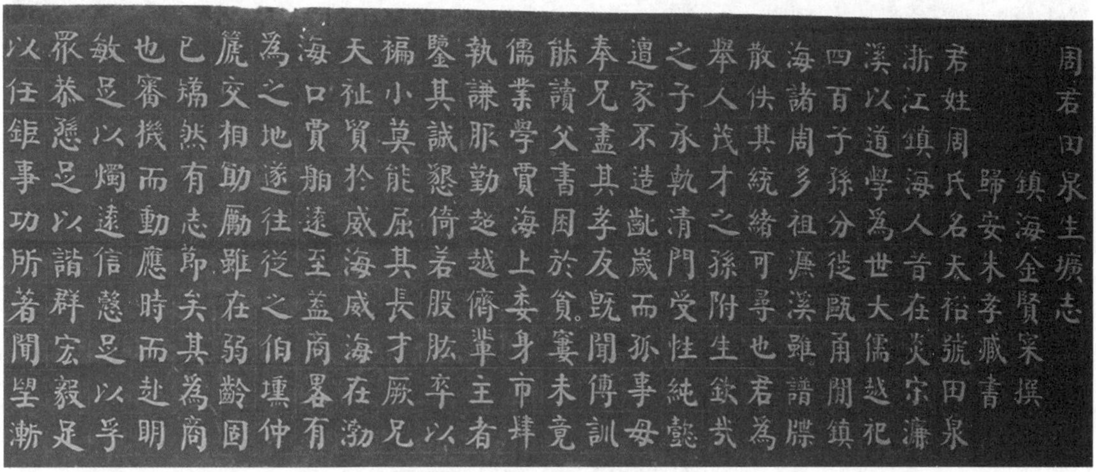
周君田泉生壙志
鎮海金賢寀撰
歸安朱孝臧書
君姓周氏名太裕號田泉
浙江鎮海人首在炎宋濂
溪以道學為世大儒越祀
四百子孫分從甌甬聞鎮
海諸周多祖濂溪雖譜牒
散佚其統緒可尋也君為
舉人茂才之孫附生欽哉
之子承執清門受性純懿
遭家不造齔歲而孤事母
奉兄盡其孝友既聞傳訓
能讀父書困於貧寠未竟
儒業學賈海上委身市肆
執謙恥勤起越儕輩主者
鑒其誠懇倚若股肱率以
褊小莫能屈其長才厥兄
天祉貿於威海威海在渤
海口貫舶遠至蓋商略有
為之地遂往從之伯壎仲
篪交相助勵雖在弱齡固
已矯然有志節矣其為商
也審機而動應時而赴明
敏足以燭遠信慤足以孚
眾恭慈足以諧群宏毅足
以任鉅事功所著聞望漸

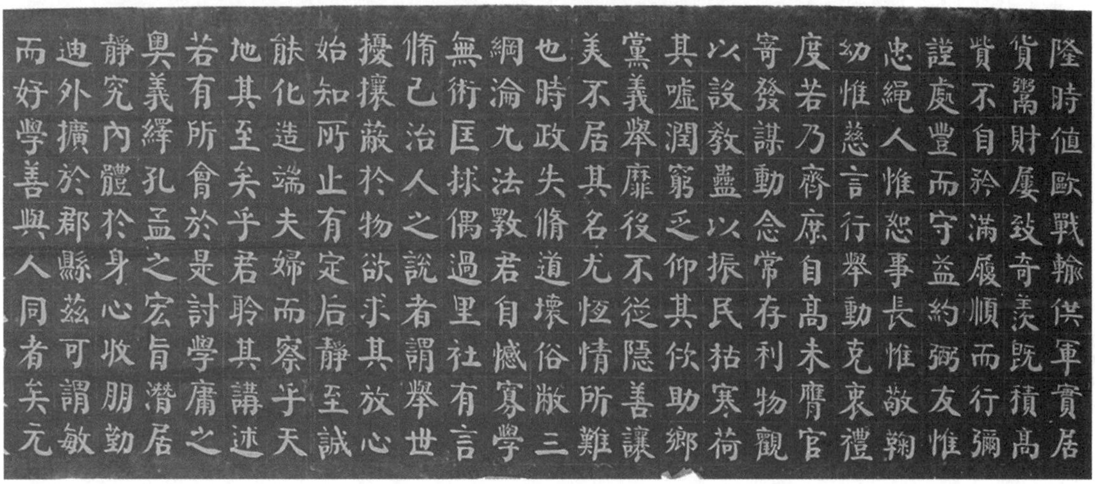
隆時值歐戰輸供軍實居
貨鬻財屢致奇羨既積高
貲不自矜滿履順而行彌
謹處豐而守益約弼友惟
忠繩人惟恕事長惟敬鞠
幼惟慈言行舉動克衷禮
度若乃齊庶自高未膺官
寄發謀動念常存利物觀
以設教盡以振民拯寒荷
其噓潤窮乏仰其佽助鄉
黨義舉靡役不從隱善讓
美不居其名尤恆情所難
也時政失脩道壞俗敝三
綱淪九法斁君自憾寡學
無術匡救偶過里社有言
脩己治人之說者謂舉世
擾攘蔽於物欲求其放心
始知所止有定后靜至誠
能化造端夫婦而察乎天
地其至矣乎君聆其講述
若有所會於是討學庸之
奧義繹孔孟之宏旨潛居
靜究內體於身心收朋勤
迪外擴於郡縣茲可謂敏
而好學善與人同者矣元

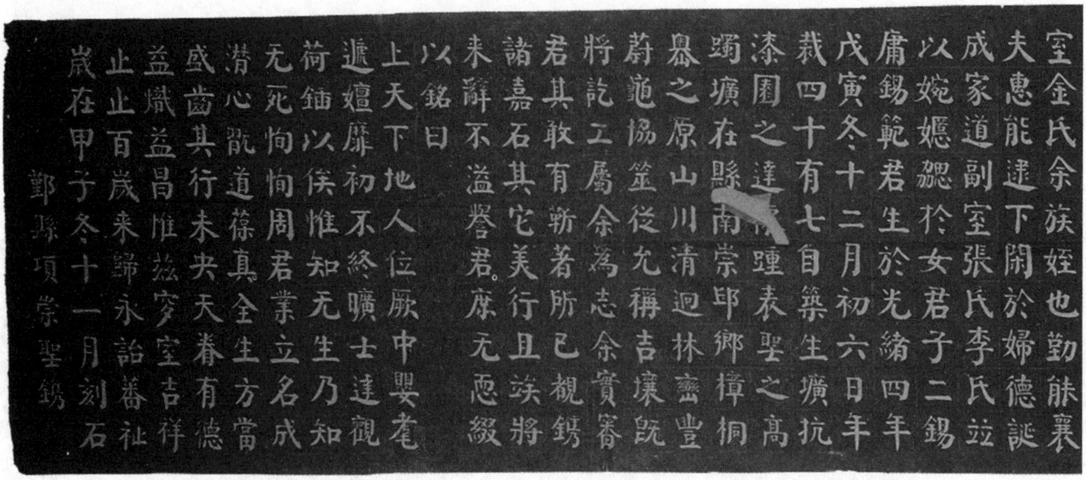

鄞縣知事飭令自治委員籌款贖回楊木碶謝家河官河收歸地方公有告示碑

奉憲勒石，永歸公有。

鄞縣公署布告第九七號

爲布告事。案查楊木碶謝家河官河，前經郁全堯向前官營産事務所朦報爛塘，捏名張德潤價買，發給部照，承領有案。嗣據民人王抱來禀訐到署，當經令據該鄉自治委員查復，確係官河，有防農田水利等情節，經本公署指令該委員籌備公款給還郁全堯原價，將該地收歸地方公有，迄未遵令履行。又經本公署兩次呈請浙江財政廳核示，迨至本年十二月十五日，接奉廳令准即給價收回，永歸地方公有，以重水利，仍吊回部照，繳廳核銷，等因。奉經令飭該區自治委員遵令辦理在案。誠恐該鄉民未盡周知，合行出示布告。此布。

中華民國十三年十二月十九日，知事江恢閱。

按：碑原在楊木碶。高104釐米，寬53釐米。碑文楷書，共11行，滿行29字。

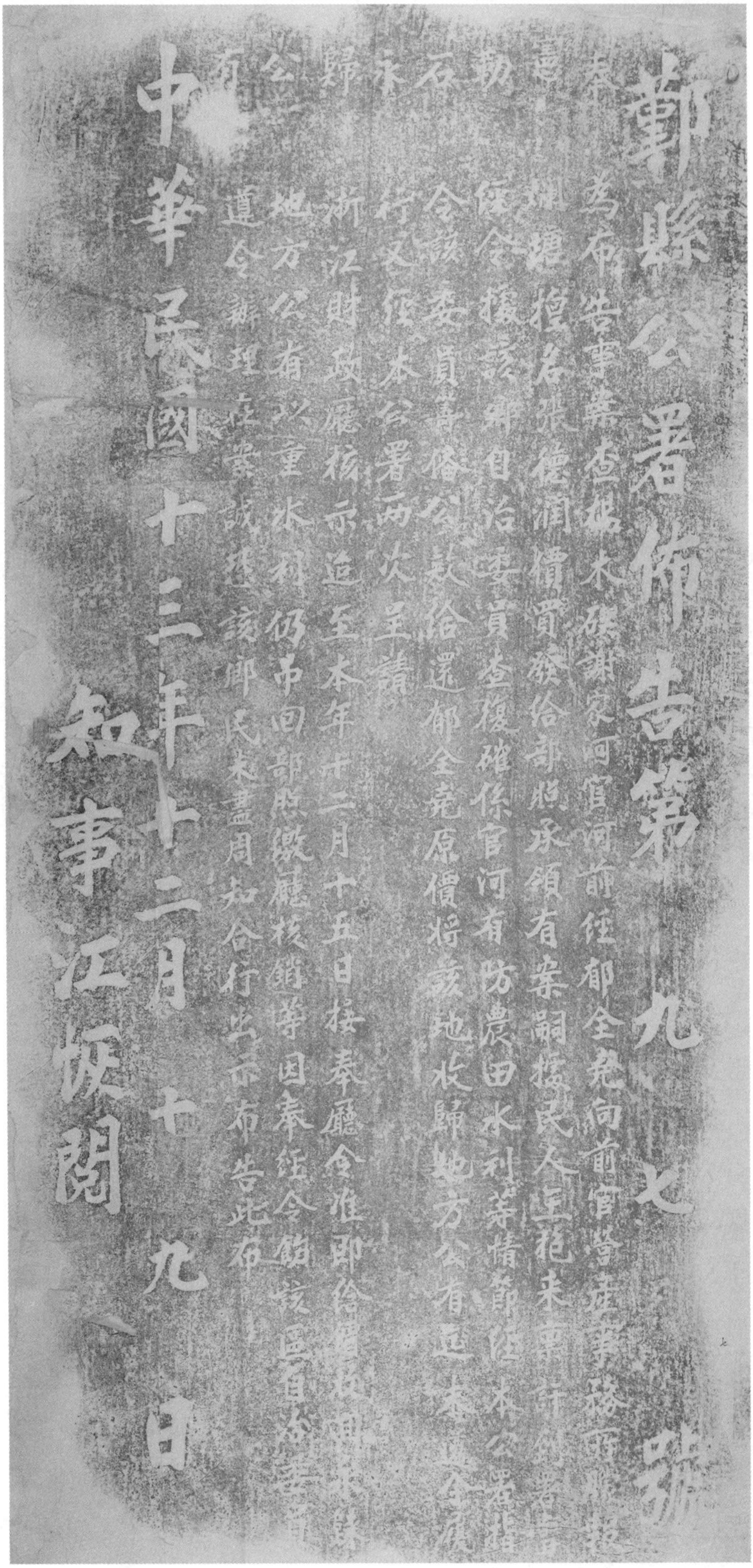

鄞縣公署佈告第九七號
奉 為布告事案查據木碶謝家河官河前經鄞全堯向前官產事務所報
憲 [illegible]擅名張德潤價買發給部照承領有案嗣據民人呈[illegible]來[illegible]許[illegible]
勅 催令據該鄉自治委員查覆確係官河有防農田水利等情節經本公署
石 令該委員籌備公款給還鄞全堯原價將該地收歸地方公有並奉令[illegible]
永 行又經本公署兩次呈請
歸 浙江財政廳核示迨至本年十二月十五日接奉廳令准即給[illegible]
公 地方公有以重水利仍由回部照繳廳核銷等因奉經令飭該區自治委員
有 遵令辦理在案誠恐該鄉民未盡周知合行出示布告此布
中華民國十三年十二月十九日
知事江恆閲

阿育王寺供奉泉石刻

供奉泉

唐肅宗時，内供奉范子璘爲母入阿育王寺禮塔，因鑿是泉。年久已失古蹟。今晦谷上人疏而通之，頓還舊觀，屬篆於石，並以昭范君之孝思也。

宣統紀元後甲子冬王禹襄并識。

按：碑在阿育王寺。高52釐米，寬154釐米。碑文楷書，共9行，滿行8字，右側篆書大字“供奉泉”。

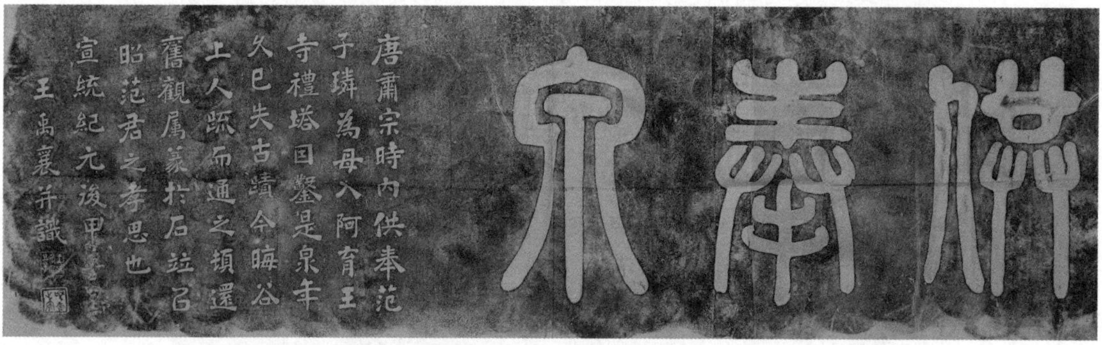

童君中蓮生壙志

童君生壙志

童君中蓮，家故農也。早失業，與閭左少年游，顧獨負氣。一夕從人博，人目攝之，輒亡走之川上，自誓曰：“不致多金，無能復歸。”是時年三十許。值光復軍起，亟投身兵伍。從攻杭州，既克，賞不行，去如上海。上海大都會，溝渠湮塞，民無所得甘泉。君聞西人有致水術，就受學其術，引遠地水，濾以機，導之達人家，人不井汲而飲澣胥潔。君曰：“是被益甚溥，勞而致金，人與己交利焉。”賃力數載，積所入自置廠宇，業肱肱日起，家計益饒。歲時歸故鄉，任恤弛舍，輸其貲，繕治道塗、亭舍，鄉人往往指目之。初，君留上海，逢鄉人，每問東慶橋比何若。東慶橋者，當鄉中孔道，山洪發輒圮。君少嘗涉此幾溺，用是雖客游，莫或解於心。已遇縣人陳磬裁，爲言狀且要之助。磬裁故好善，聞君言，慨然願自任，君先後之尤力，旬歲而橋成。鄉人稱曰：“陳翁雖高義，微童君，惠詎及吾鄉乎！”民國十三年，年四十八，自爲生壙於所居鄒谷西旨悉莽旁山麓，請爲志。余觀君行事，其果毅踸踔，有足爲世法者，於是乎書。同里沙文若。

按：碑在寧波市鄞州區塘溪鎮童村。高 41 釐米，寬 100 釐米。碑文楷書，共 24 行，滿行 16 字。

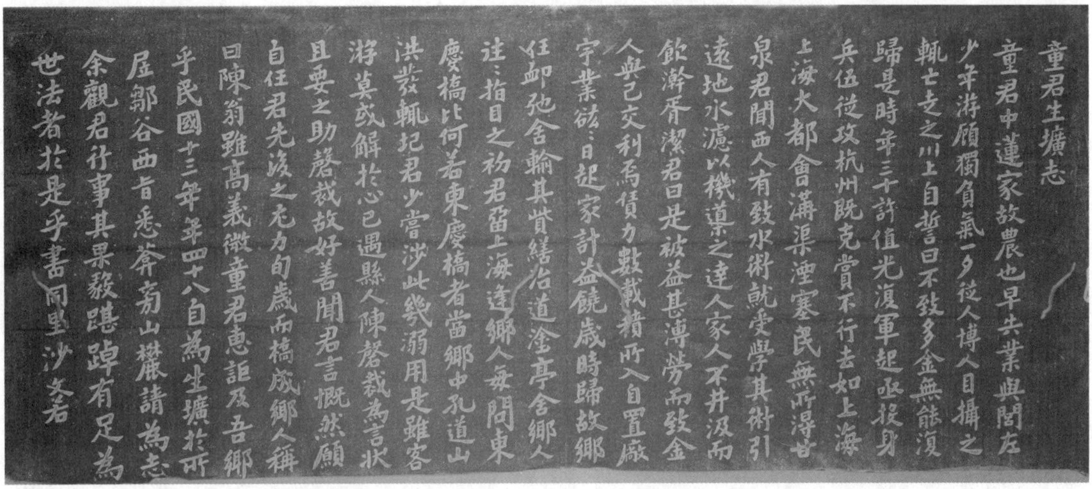
童君生壙志
童君中蓮家故農也早失業與閭左
少年游頑獨負氣一夕從人博人目攝之
輒亡去之川上自誓曰不致多金無能復
歸是時年三十許值光復軍起亟投身
兵伍從攻杭州既克賞不行去如上海
上海大都會溝渠湮塞民無所得甘
泉君聞西人有致水術輒受學其術引
遠地水濾以機藁之達人家人不井汲而
飲瀞香潔君曰是被益甚溥勞而致金
人與己交利焉賃力數載積所入自置廠
字業茲茲日起家計益饒歲時歸故鄉
任郵弛舍輸其貲繕治道塗亭舍鄉人
往往指目之初君留上海逢鄉人每問東
慶橋比何若東慶橋者當鄉中孔道山
洪發輒圮君少嘗涉此幾溺用是雖客
游莫或解於心已遇縣人陳磬裁為言狀
且要之助磬裁故好善聞君言慨然願
自任君先後之充力的歲而橋成鄉人稱
曰陳翁雖高義微童君惠詎及吾鄉
乎民國十三年年四十八自為生壙於所
居鄒谷西旨悉莽旁山麓請為志
余觀君行事其果毅踸踔有足為
世法者於是乎書同里沙文若

鄭家府基蘭盆勝會緣起石刻

鄭家府基蘭盆勝會緣起勒石

蘭盆會風行全國，所謂釋教救濟孤魂是也。吾宗祠東北隅有義塚一方，相傳係宋鄭相國府基，其中無祀厝棺觸目皆是，於斯舉獨付缺如。自光緒三十年間，鄙人與陳君生財等共同創議捐資照辦，至今垂二十餘年，未嘗間斷。詎陳君倏焉而余近年亦覺精力疲憊，爰於今春將餘積之洋貳百元，移交塘頭庵住持雪琳收存生息。嗣後每届中元令節，即托該庵昭章當辦，附有規則簿一本。恐後有不肖僧徒圖吞此款，置該會於不顧，特志數語，以告當地仁人君子共扶斯舉，世世永保於弗替云爾。

民國十四年正月日，里人王麟賚啓。

按：碑原在梅墟塘頭寺。高 63 釐米，寬 85 釐米。碑文楷書，共 19 行，滿行 12 字。

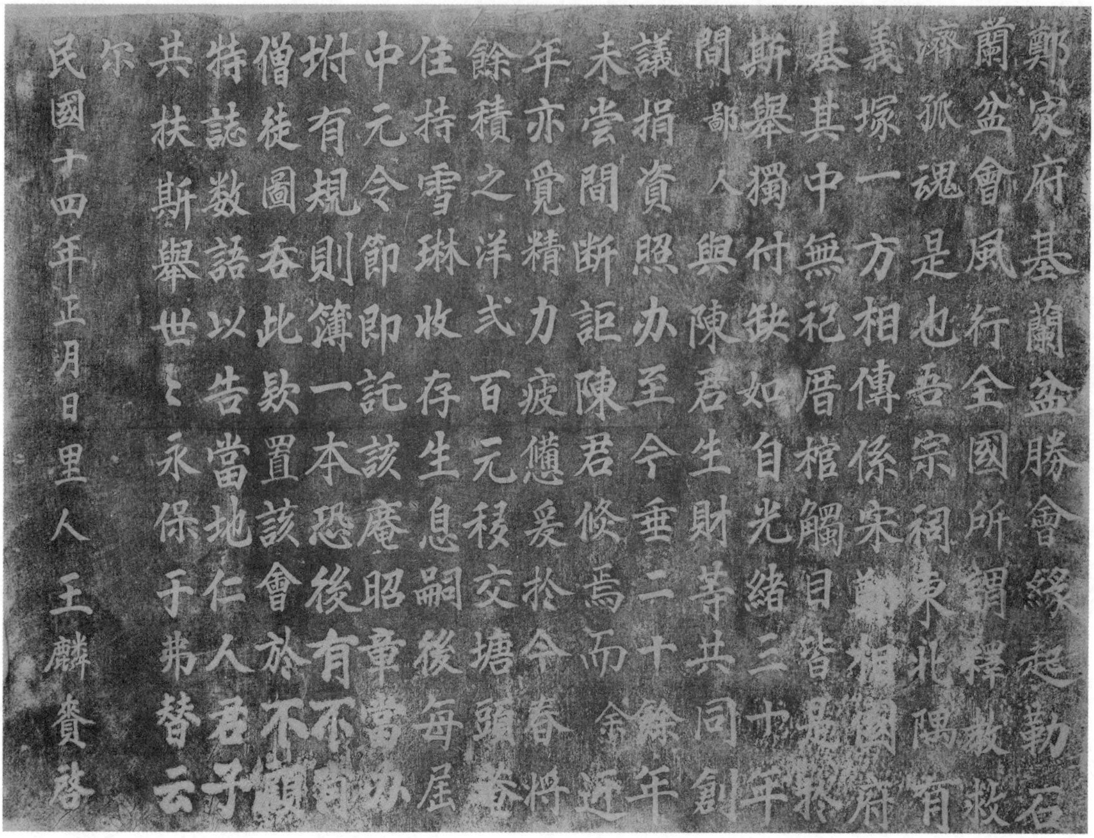

大咸鄉澹災碑記

大咸鄉澹災碑記（篆額）

大咸鄉澹災碑記

鄉人沙文若撰　紹興任堇書　縣人趙時棡篆額

吾鄞大咸鄉東薄海，叢山亘其西。民居率數里爲聚，聚户少者不及百，多或且數千。地僻喪兵革之警，米鹽林木足支用，獨恒患水。每山洪發，若傾若馳，崩梁壞田舍，河濫衡溢，猝不可得遏，比歲彌甚。庚申六月水再至，明年八月又至，又明年六月再至，八月、九月又繼以至，汔三年患水者七，民用喪寧處。初，水患之作也，鄉人童第德合衆謀於鄒溪之社。公爲狀白當道，當道捐俸相恤，不給則勸募四方。錢汝雯賈上海，聞之瞿嗞曰："我責也。"手釀九千金，合它所集得萬二千金。分區掘之，平道塗，濬川澤，起原田積沙，增益陂塘，水門、提閼之屬畢繕，凡所規造，相水勢爲亢卑廣狹，不中程，輒更築，更築或至數四。其後婁被水，鄉所完治，陊毁幾盡。於是東南州邑罹災者衆，吏民往往爲大會，相推佽以濟，勸募亦益廣矣。汝雯、第德周旋其間，綿歷時日，不敢言勞。總二年中，先後得大會沾匄者又三萬金，工作以是給。是役也，精匠慮事，邨各有人，而會稽道尹上海黄君、縣知事丹陽姜君，實董其成。工既訖，鄉人屬記始末，樹之石。余惟往昔風氣樸約，人安勤苦，户口率澹給。林木森蔚，斧斤以時入，雖甚雨，被於幹，吸於葉，餘瀝下隊，滴滴滲土中，又其餘乃行爲潦。故溪谷受水稀而流，亦紆緩不激。晚世習於惰侈，物力絀無，以維生計，山木小大悉翦伐，支匱秏，木盡而土剥，雨少驟，水勢即無所束。淫霖三日，而溪谷盈溢，激湍四潰矣。天地之變，半係於勢之自然，而係夫人者亦半。頻年大水，喪亡無算，財糜力索，慬而獲濟。父老慶抃，誠不敢忘其勞，備豫不虞，所以纘諸君子之緒者，將靡有竟，輒著此義，爲籍斯土者諗焉。

中華民國十四年乙丑五月上石。

按：碑原在鄞溪塘頭街。高144釐米，寬61釐米。碑文楷書，共18行，滿行37字。

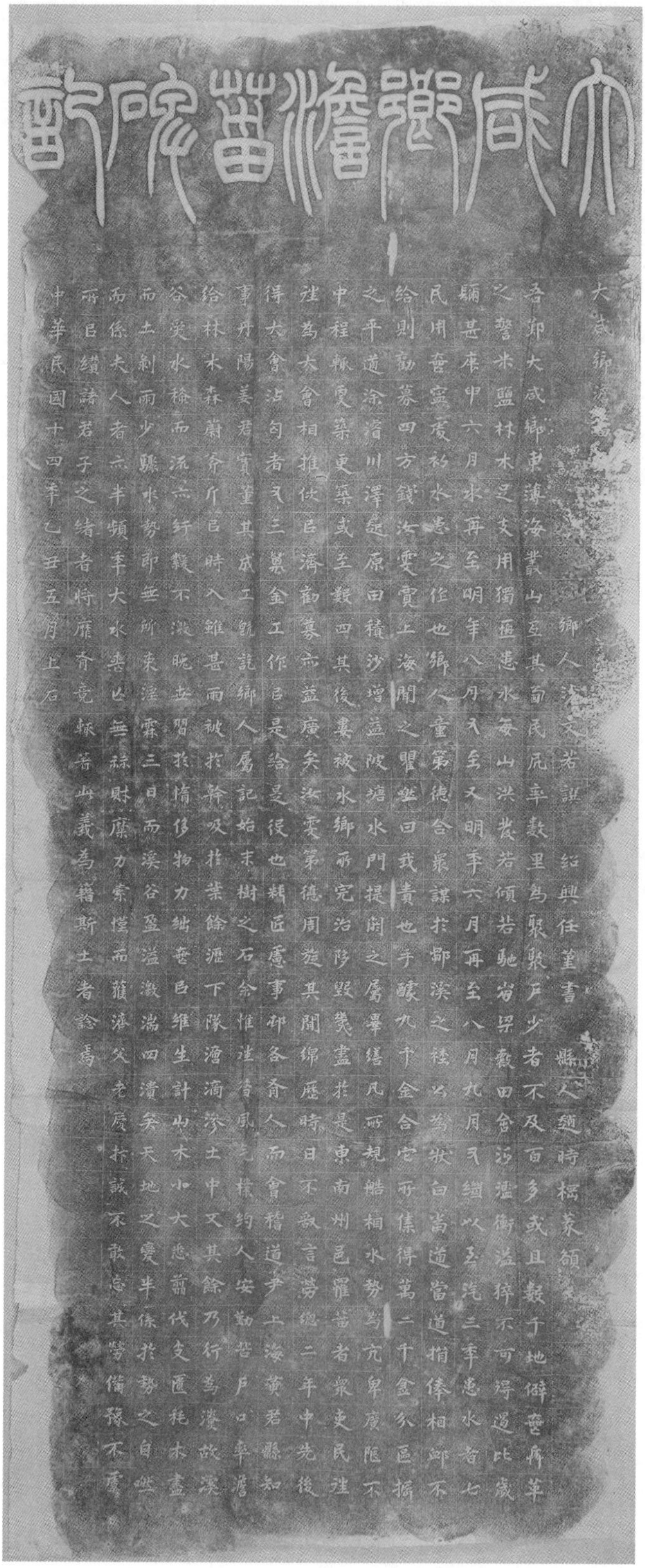
大咸鄉濬畚溪記

大咸鄉濬畚溪記　鄉人沈文若譔　紹興任堇書　縣人趙時棡篆額
吾鄉大咸鄉東薄海叢山至其內民居率數里爲聚聚戶少者不及百多或且數千地僻塞兵革
之警米鹽林木足支用獨亟患水每山洪發若傾若馳岩岸毀田舍汙濫衝溢猝不可得避比歲
彌甚庚申六月水再至明年八月又至又明年六月再至八月九月又繼以至浹三年患水者七
民用奮寍處於水患之作也鄉人童第德合衆謀於鄙溪之隄以爲狀白當道當道指俸相助不
給則勸募四方錢海雯賈上海聞之瞿然曰我責也手醵九千金合它所集得萬二千金分區撥
之平道塗濬川澤疏原田積沙增益陂塘水門堤閘之屬畢繕凡所規畫相水勢爲亢卑廣陿不
中程輒更築更築或至數四其後疊被水鄉所完治陊毀幾盡於是東南州邑羅菑者衆吏民往
往爲大會相推依以濟勸募亦益廣矣海雯第德周旋其間綿歷時日不敢言勞總二年中先後
得大會沾匄者又三萬金工作以是給是役也精匠庀事郡各有人而會稽道尹上海黃君縣知
事丹陽姜君實董其成工既訖鄉人屬記始末樹之石余惟往昔風氣樸約人安勤苦戶口率詹
給林木森蔚斧斤以時入雖甚雨被於幹吸於葉餘瀝下墜濟滴滲土中又其餘乃行爲瀵故溪
谷受水稀而流亦紆幾不溢晚世習於惰侈物力絀甚以維生計山木小大悉翦伐支匱耗木盡
而土剝雨少驟水勢即無所束淫霖三日而溪谷盈溢激湍四潰矣天地之變半係於勢之自然
而係夫人者亦半頻年大水患以無祿財靡力索墐而獲濟父老慶於誠不敢忘其勞備豫不虞
所以績諸君子之緒者將靡有竟𢌿著此義爲籍斯土者諗焉
中華民國十四年乙丑五月上石

五堡農民公議慎重雇用佃傭條約碑

禁碑

立農會爲布知事。吾等農家艱苦備嘗，各田家須當招傭人分勞，理所必然，兹因傭人頗衆，薰蕕不齊，踵弊效尤，釀成惡習，或遇不測之禍，以至農家窒礙。爲此邀集五堡鄉農公同議决，訂立條約，改革前弊，照章辦法，不得紊規，待後稟縣請示週知，風聞遐邇。今將田傭草議條約詳列於後。

計開：

一議本會成立，各堡宜舉會長一人，並舉議員臨時參議，各佃户照田畝捐洋，籌款儲畜，以備不時之用；

一議傭人不幸失水凶亡，本會内須存體恤，出衣衾棺槨費洋卅貳元，原東家出洋拾元，不得任意敲詐；

一禁傭人頻有承數家詐取上手，以及事覺遁跡，本會友須上問罪之師，與保證人捕獲，究屬詳情，遵先不遵後，以免踵尤。

一禁傭人有先取預支，半途而廢，須保證人理處，追償原價。

一禁傭人如有盜竊等案發生，係有確實證據，須原東家著落，仍由保證人送官究治，以絶匪類。

一禁傭人不論同鄉以及異鄉人，必須妥當保證人説合，詳明來歷原因，向本會報名入册，以饮稽查。

一禁東家待收登上於傭人處反尋口角，半途分手。傭人向會長及議員處剖明原因，東家須當備罰。

一禁養鴨家不許將鴨上田，如違議罰。

一禁田頭瓜菜等物，不許取食，如違議罰。

民國十四年五月　日，五堡農會公啓。

按：碑原在石山弄老東亭廟。高150釐米，寬70釐米。碑文行楷，共14行，滿行43字。

禁碑
計開
民國十四年五月 日 五堡農會公啓

重興日湖廣文惜字局碑記

重興日湖廣文惜字局碑記

寧郡之有惜字會，蓋數百年於兹矣。科舉時代，縉紳之士，父詔其子，師勉其弟，莫不以惜字爲正鵠，故寧郡惜字之會綦多，而匯其總者則日湖廣文局也。科舉廢，董事均灰心，風流雲散，群相解體，世人又誤會惜字爲讀書人之事業，相與裹足不前。於是，聖賢陳蹟，狼籍滿途，泥污足踐，視不甚惜。甚至，奉化棠嶴愚民及買字紙作爲還魂原料，文字之靈，磨滅殆盡，識者痛之。民國六年，范君世煐、顧君紀來謀重新組織廣文局，邀紳董會議而自願駐局辦事。衆僉曰可。乃集經費專僱誠實工役，司收字事。至今，城廂内外穢字絶跡，婦人、孺子亦知字可寶貴，則范、顧二君提倡之功也。夫范君，商也。顧君，工也。知惜字爲人生應盡之天職，奮力一呼，爲衆人倡，而衆人亦群起助之，是殆倉、孔諸聖所呵護而啓佑之者哉！同事諸君又恐蹈從前之覆轍，久而廢也，創立崇德會，集資維持，以垂永久，毋俾後人，失墜云爾。至本會集資同人姓名泐後，以誌不忘。

民國紀元拾有四年歲次乙丑仲夏月吉旦，古堇毛雍祥謹撰，袁廷澤謹書。

崇德會董事林寬心、蔡協青、楊國藩、張鶴年、陳子華、徐子祥、徐世榮、鄔子年、方祖年、勵仁聲、畢文昭、干竹晨、范世煐、袁稼來、林珊琛、蔡同源、繆鴻章、陳子均、翁馥蓀、湯集苓、顧紀來、李子祥、楊瑞康、李餘慶、李嘉棠、畢信義、朱貴堯、蔡倫壽、湯嗣壽、張雲春、陳六一。

按：碑原在南門文昌閣。高179釐米，寬70釐米。碑文楷書，共14行，滿行40字。

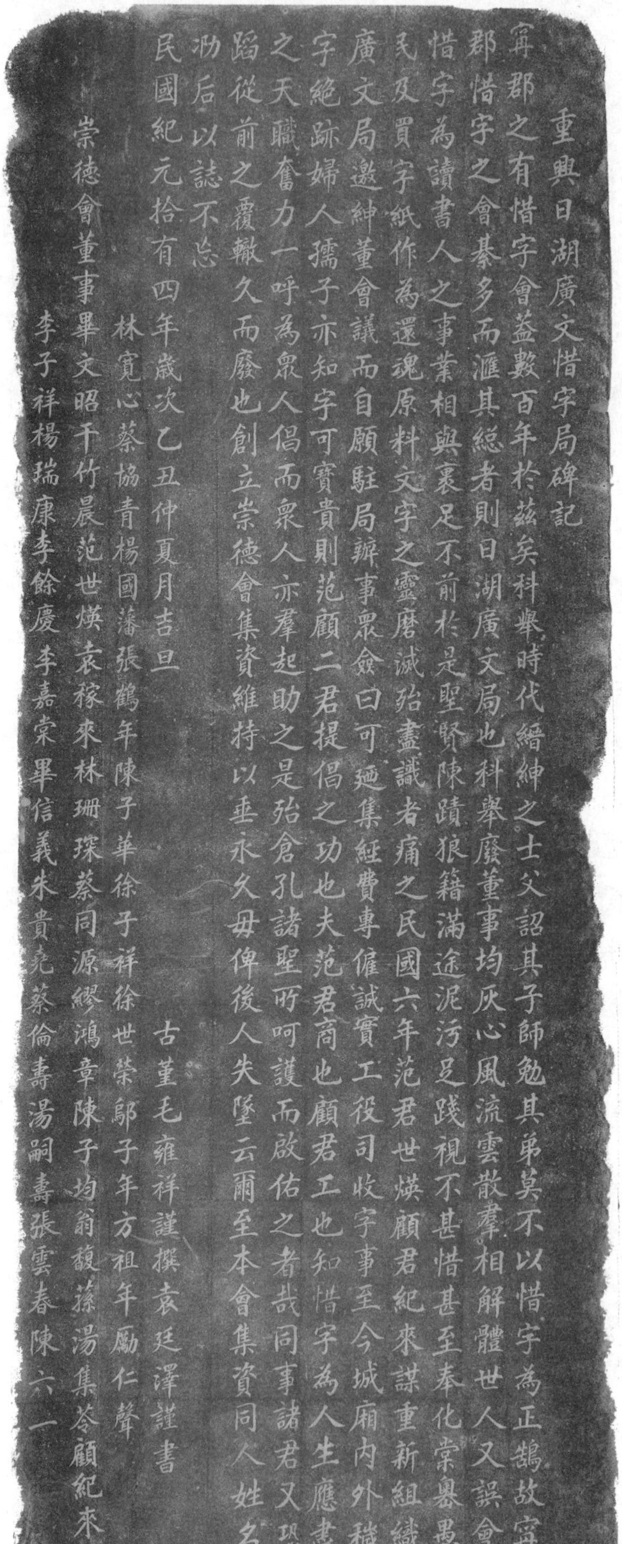

重興日湖廣文惜字局碑記

甯郡之有惜字會蓋數百年於茲矣科舉時代縉紳之士父詔其子師勉其弟莫不以惜字為正鵠故甯郡惜字之會綦多而滙其總者則日湖廣文局也科舉廢董事均灰心風流雲散羣相解體世人又誤會惜字為讀書人之事業相與裹足不前於是聖賢陳蹟狼籍滿途泥污足踐視不甚惜甚至奉化棠嶴愚民及買字紙作為還魂原料文字之靈磨滅殆盡識者痛之民國六年范君世熯顧君紀來謀重新組織廣文局邀紳董會議而自願駐局辦事衆僉曰可爰集經費專僱誠實工役司收字事至今城廂內外穢字絕跡婦人孺子亦知字可寶貴則范顧二君提倡之功也夫范君商也顧君工也知惜字為人生應盡之天職奮力一呼為衆人倡而衆人亦羣起助之是殆倉孔諸聖所呵護而啟佑之者哉同事諸君又恐蹈從前之覆轍久而廢也創立崇德會集資維持以垂永久毋俾後人失墜云爾至本會集資同人姓名泐后以誌不忘

民國紀元拾有四年歲次乙丑仲夏月吉旦　古董毛雍祥謹撰　袁廷澤謹書

林寬心　蔡協青　楊國藩　張鶴年　陳子華　徐子祥　徐世榮　鄔子年　方祖年　勵仁聲

崇德會董事　畢文昭　干竹晨　范世熯　袁稼來　林珊琛　蔡同源　繆鴻章　陳子均　翁馥蓀　湯集苓　顧紀來

李子祥　楊瑞康　李餘慶　李嘉棠　畢信義　朱貴尧　蔡倫壽　湯嗣壽　張雲春　陳六一

玲瓏巖水月亭題詩

題玲瓏巖水月亭壁

玲瓏巖在太白深處，浮屠氏净心得吴興周夢坡之力，爲亭其上，復平易其出入所由道路。余於今歲三登之，而亭無觀音像，堦砌又未具，不足以稱游者意，因爲出貲成之。噫！兹邱之勝，陸務觀、謝皋羽諸人之所詠歎，而王半山所臨望而未能至者也。今净心啓發其秘，遺諸人人，使來者咸得瞻玩而忻賞之，而余區區從而附名其間，以與之共傳久遠，不可謂非厚幸也已。

民國十四年四月日，邑人嚴英記，金華金兆鑾書。

選佛場坐禪銘

禪堂中，苦用功。勿因循，究己躬。行住參，坐卧窮。西來意，教外宗。金剛圈，栗棘蓬。任吞跳，古家風。唯此事，佛生同。劫可壞，渠不鎔。學瑞巖，唤主翁。惺惺照，寂寂通。共出入，不相逢。凝然定，豁然空。泯知解，絶羅籠。到恁麽，莫放鬆。一聲囫，萬德融。無面貌，號大雄。

祖師道:“汝學心地法門，如下種子。我説法要，譬彼天澤。”故云“心地含諸種，普雨悉皆萌”。余不揣陋劣，摭拾諸祖遺意，仿寒山子三字韻作坐禪銘，以爲初學心地法門者之一助。若明眼人前，當付之一笑。時在民國四年乙卯歲仲冬月上澣，如幻子净心識於天童丈室。

古董吴乾夔梅庵甫書。

阿師説法到巖傍，巖上亭邊水月光。悟澈溪聲般若現，静参山色涅槃彰。傳來一指圓能了，轉得三身妙不忙。功德非他敬畏是，那須入海數沙量。

次韻太虚大師水月亭詩，乙丑六月夢坡居士。

净心上人屬題觀音洞水月亭

危崖萬仞石嶙峋，縹緲雲中自在身。只恐聖人難自化，因爲洞裏化仙人。夜來衆籟寂無聲，萬象森然畫不成。水上有天天有月，人來亭内自空明。

乙丑仲夏桐城姚孟振。

一逕入雲處，諸峰相向青。玲瓏嵌衆石，水月漾虚亭。野鶴翔松壑，天風語塔鈴。山僧多逸興，招我寫奇形。

净心老法師屬題水月亭，金華金兆鑾。

玲瓏岩下路，幽險若天成。亭小山愈峻，人閑心益清。水光虚蕩漾，月色照分明。到此消塵俗，悠然世外情。

余曾兩游玲瓏巖，心常念之，今年春净心上人更於巖下闢一區，曲折達山巔。有石洞，洞之口築小亭，力疲小憩，如身入雲中，不復知有人世事，惜予詩未足以盡之也。

民國十有四年歲在乙丑夏四月，若麓道人并書。

按：碑原在天童寺。拓本高37釐米，寬20釐米。

題玲瓏巖水月亭
玲瓏巖在太白深處
浮屠氏淨心得吳興
周夢坡之力為亭其
上溲平易其出入所
由道路余於今歲三
登之而亭無觀音像
堦砌又未具不足以

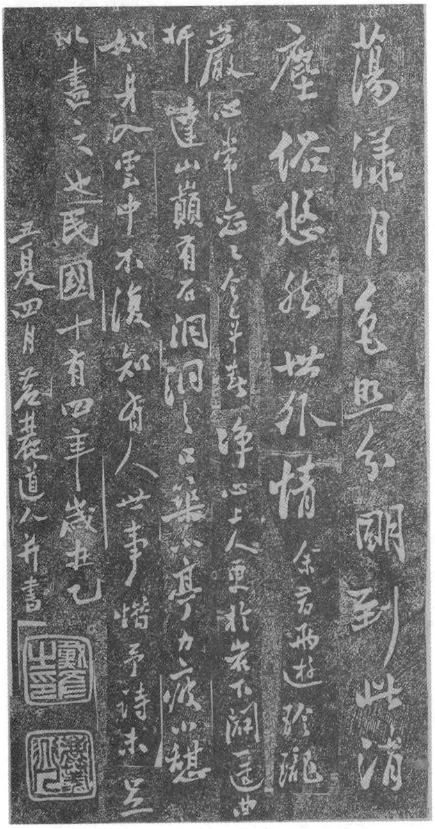

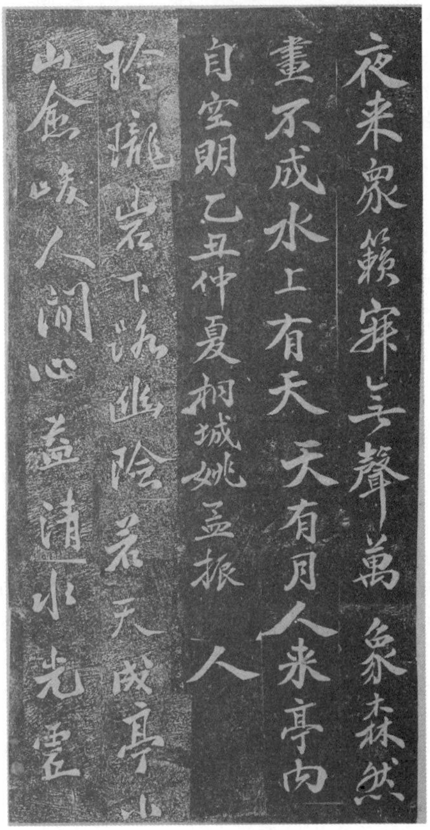

泗港鎮天燈茶會捐資題名碑

勒石永碑

竊維天燈茶會，泗港鎮地方行人往來要衝如織，蓋謂“天燈”，似夜間代月行路之光。又謂“茶會”，暑夏炎天，掘井無從，望梅有待，若無茶亭之設，難解煩渴之愁，此天燈施茶之舉所由來也。然無恒産以維持之，勢必難期於永久。爰集同人，共襄義舉，捐置天燈茶會田，以逐年之所入，藉作天燈茶薪之費。其天燈每年每月照點，其茶每年端午起、中秋止，永爲定例。其租穀或便田價交洪福寺住僧收花，所有一切用費歸該寺僧認辦。須知此田善捐起見，不准私相典賣，如敢典賣，連同授業人等鳴官究治，决不徇情，爰勒石爲記，用垂永遠。兹將樂輸花名並所置田畝土名開列於後。

天燈茶會承蒙先輩先生發起，至今約有拾餘年，每年尚有用度，除用過置實田産。

林丕璋，洋壹百元。王全華，洋壹百元。林董德良，洋壹百元。沈王蓮根，洋五拾元。柳桑妙全，洋三拾元。王林松壽，洋三拾元。陳春記，洋二拾元。王蔡氏，洋二拾元。秦范氏，洋拾五元。阮蔡氏，洋拾元。王正淮，洋拾元。鍾金根，洋拾元。夏葆笙，洋拾元。王方瑜，洋拾元。應華麗，洋拾元。王善士，洋拾元。王兹房，洋拾元。王阿金，洋拾元。王周氏，洋拾元。蔡鮑氏，洋拾元。柴蔡氏，洋拾元。周蔡氏，洋五元。馮鮑氏，洋五元。裴邵氏，洋五元。王吴氏，洋五元。王桂玉，洋五元。韓丁氏，洋五元，蔡聲初，洋五元。裘畢氏，洋五元。王蔡氏，洋五元。蔡顧氏，洋五元。張吴氏，洋五元。史陳氏，洋五元。董吴氏，洋五元。王繆氏，洋五元。蔡顧氏，洋五元。柴曹氏，洋五元。王汪氏，洋五元。曹張氏，洋五元。曹王氏，洋五元。蔡虞氏，洋五元。應阿和，洋五元。張林氏，洋五元。普紳，洋五元。徐蔡氏，洋五元。陸史氏，洋五元。共樂助洋七佰拾元。

一則土名小南岸田腳三畝。一則土名石公橋柭樹墳田腳四畝。一則土名石公橋應家橋田腳二畝。一則土名坑水漕田腳四畝五分。共田腳拾叁畝五分。

中華民國十四年乙丑歲 九月　日吉立，禪月亭中天燈茶會衆姓具啓。

按：碑原在東鄉泗港亭。高 195 釐米，寬 70 釐米。碑文楷書，共 17 行，滿行 40 字。

勒石永碑

竊聞天燈茶會泗港鎮地方行人往來要衝如織蓋謂天燈似夜間代月行路之光又謂茶會暑夏炎天掘井無從望梅有待若無茶亭之設難解煩渴之愁此天燈施茶之舉所由來也然無恒産以維持之勢必難期於永久爰集合人共襄義舉捐置天燈茶會田以逐年之所入藉作天燈茶薪之費其天燈每年每月照點其茶每年端午起中秋止永為定例其租穀或佃田價交洪福寺住僧收兆所有一切用費歸該寺僧認办須知此田善捐起見不准私相典賣如敢典賣連仝接業人等鳴官究治决不徇情爰勒石為記用垂永遠茲將樂輸花名並所置田畝土名開列于后

天燈茶會承裴光華先生發起至今約有拾餘年每年尚有用度除用過置買田庄

林丕鍏 洋壹百元　王全華 洋壹百元　林董德良 洋壹百元　沈王蓮根 洋五拾元　柳奚妙全 洋三拾元　王林松壽 洋三拾元　陳春記 洋二拾元　王蔡氏 洋二拾元　秦范氏 洋拾五元

阮蔡氏 洋拾元　王正椎 洋拾元　鍾金根 洋拾元　夏葆奎 洋拾元　王方瑜 洋拾元　應華麗 洋拾元　王善士 洋拾元　王茲房 洋拾元　王阿金 洋拾元

王周氏 洋拾元　蔡鮑氏 洋拾元　柴蔡氏 洋拾元　周蔡氏 洋五元　馮鮑氏 洋五元　裴邵氏 洋五元　王吳氏 洋五元　王桂玉 洋五元　韓丁氏 洋五元

蔡番初 洋五元　袁畢氏 洋五元　王蔡氏 洋五元　蔡顧氏 洋五元　張吳氏 洋五元　史陳氏 洋五元　董吳氏 洋五元　王繆氏 洋五元　蔡領氏 洋五元

柴曹氏 洋五元　王汪氏 洋五元　曹張氏 洋五元　曹王氏 洋五元　蔡虞氏 洋五元　應阿和 洋五元　張林氏 洋五元　普紳 洋五元　[illegible]□氏

一則土名下南岸田脚三畝　一則土名石公橋松樹埠田脚四畝　一則土名石公橋雇家橋田脚三畝　一則土名坑下橋田脚四畝五分　共田脚拾叁畝五分　陸之 洋五元　共樂助洋七佰拾元

中華民國十四年乙丑歲九月　日吉立　禪月亭中天燈茶會眾姓具立

東吴大廟永年琉璃燈田碑記

東吴大廟永年琉璃燈田碑記（篆額）

東吴大廟永年琉璃燈田碑記

奉化王宇高撰　里人王君鶴書並篆額

鄮水上游有村落曰東吴，實居東錢湖之東而名東吴，不知何自，豈東湖之訛歟？其境有廟曰東吴大廟，數載前重葺一新，有俞禮乾者以佛前法燈足破重昏，神乃聰明正直，褫凡民奸魄而牖啓其天良者也。佛有八萬四千法門，要之發吾人之智光而已。佛前有燈，神前亦宜然，遂發願募資，得數百金，置田畝而市油燈以燃，浼有信心者任之，長夜耀如，終年不昏矣。俞君不敢泯布施者之信心，並欲久而有考焉，介宗悟上人而丐余記諸碑。烏乎！方今科學鳴張，舉古聖賢之微意玄義付諸迷信，不自知其固陋也。而俞君獨能於末俗而信藥生之焚軀、比丘之燃指爲蠲身見而供真法，時雖像季，寧無一二利根！覩神前之油燈而明自性之智燈哉，殷然爲之，蓋其信心强也。難數數覯，難數數覯，恩光大矣，慧照普矣，如不自甘於昏昧，其亦有感乎此。

中華民國十四年乙丑秋九月。

所置田産物件等如左：

田一則，琉璃户係鄞字第七千三百九十七號，坐落九都一圖，東吴小河頭元豐橋，土名莊下。東至趙姓田，南至趙姓莊屋，西至陳姓田，北至沈姓田。量計三畝零一釐六毫，運水雙牛車盤在内。

琉璃燈一座。神袍一襲。神前桌衣一方。

按：碑原在東吴大廟。高134釐米，寬56釐米。碑文楷書，共16行，滿行32字。

馬氏宗祠推田助祀碑

勒石永遵

爲宣告公允，推田助祀事。今因祠下裕榮妻邱氏聲稱，氏身十一歲歸馬門童養爲裕榮妻室，嬪親後未幾，裕榮去世，無兒女出育，孤立苦守，傭力自給，惡衣菲食，撙節餘貲。於民國八年間置買土名馬港、横河地方古老田腳兩坵，計四畝伍分，立有契據，並附隨契畝則四址，均詳契内。今願將此項田腳永遠尊助祠内，作清明後放焰之産。每年直於清明後十日在祠放焰，但氏身在日，該田仍歸氏收花，逐年焰口亦歸氏承值，放焰後中供一桌歸氏享受。俟身故時，即將該田契據盡推交本祠管業，焰口歸祠祝每年遵照日期永遠設放，由長三畝輪祀人拜神、監理，並要求該氏夫婦二人永遠隨長三畝祖祀，春秋祔食云云，等因前來。查該氏自夫故後，苦節清白，多歷年所。今以撙節自置之産永遠尊祀，所請各節於祠祀公益及該氏夫婦善後雙方有益，除會商房長公認外，准由該氏將上述規則緣由自行勒石祠内，由有鑑列名通告。凡我子姓，不乏明達，須知兹事於尊祖勵節繼絶，面面有關，務各永遠遵照，以綿延勿替云。

民國十四年十月，祠下宗長有鑑謹白。裕榮妻邱氏刊石。善慧。

按：碑原在盛墊橋馬氏宗祠。高145釐米，寬56釐米。碑文楷書，共12行，滿行36字。

勒石永遵

為宣告公允推田助祀事今因祠下裕榮妻邱氏香穠氏身七歲歸馬門童養為裕榮室
媳親夫裕榮去世無兒女出育嗣立苦守備力自給恐不[illegible]食撙節餘貲於民國八年間
置買土名馬落橫河地方吉老田脚兩丘計四畝五分立有契據照契畝則四址均詳契
內今願將此項田脚永遠專助祠內作清明後放焰之産每年定於清明後十日在祠放焰但
氏身在日該田仍歸氏收花逐年焰口亦歸氏承值放焰後中供一桌歸氏享受俟身故時即
將該田契據盡推交本祠管業焰口歸祠祀每年遵照日期永遠設放由長三畝輪祀人拜[illegible]
監理并要求該氏夫婦二人永遠隨長三畝祖祀春秋配食云云等因前來查該氏自夫故後
苦節清白多歷年所今以撙節自置之産永遠尊祀所請合於祠祀公益及該氏夫婦善後
雙方有益除會商房長公認外准由該氏將上述規則緣由自行勒石祠内由有鑑列名通告
凡我子姓不乏明達須知茲事於尊祖勵節繼絶兩面有關務各永遠遵照[illegible]勿替云
祠下宗長有鑑鑑白
裕榮妻邱氏[illegible]石
民國十四年十月

翁氏宗祠碑

吾國風俗淳厚，甲於全球，即外人之留居中國者亦贊嘆不置。揆厥所繇，則以中國本親親之義建立宗法最早。語云："（殘）〔踐〕土以思禹功，食粟以感稷德。"而況血統相傳、身之所自者乎？故有一族必有一祠，崇先報本，敦宗睦族，禮所難廢，法之至良者也。況宗祠所在，聚族於斯，春秋蒸嘗，百世不替，父以傳子，子以傳孫，由親親而仁人，由一家而萬國，故談中國風俗之淳厚，莫不歸功於宗法之美備也。吾族祠堂歲久廢圮，殊非崇敬先人、敦睦宗族之道。盛林、亨占、亨進、亨源、亨綏、亨世、亨通、亨善、亨哲、亨秀等爰集同族，共議興舉，兹由各子姓踴躍輸將，集腋成裘，契購萬姓平地一方，鳩工庀材，建築宗祠，越葭月而慶厥成，合將各子姓助修人名用勒貞珉，以垂不朽。由是棟宇長新，永報蒸嘗之典，行見少長咸集，同歌堂構之章。是爲記。（下闕）

時在中華民國拾四年葭月上浣，元來敬助。

按：碑原在西山鄉翁氏宗祠。拓片其一高186釐米，寬32釐米；其二高140釐米，寬28釐米。碑文行楷，共7行，滿行39字。殘。

吾國風俗淳厚甲於全球印外人之寓居中國者亦贊嘆不置揆厥所繇則以中國本親親之義建立
宗法最早語云殘土以畀禹功食粟以戚禝德而況血統相傳身之所自者乎故有一族必有一祠崇
先振本敦宗睦族禮所雖廢法之[illegible]良方中況宗祠所在聚族於斯春秋蒸嘗百世不替父以傳子子
以傳孫由親之而仁人由一家而萬國故談中國風俗之淳厚莫不歸功於宗法之美倡之吾族祠堂
歲久廢圮殊非[illegible]敬先人敦睦宗族之道等爰集同族共議興舉茲由[illegible]子姓踴躍輸
將集腋成裘契構萬壯平地一方鳩工庀材建築宗祠越葭月而慶厥成合將各子姓助修人名用勒
貞珉以垂不朽由是棟宇長新永[illegible]蒸嘗之典行見少長咸集同謂堂構之章是為記

旹在
中華民國拾四年葭月上浣
元来敬助

鄞縣秦氏支祠碑記

鄞縣秦氏支祠碑記（篆額）

鄞縣秦氏支祠碑記

餘杭褚德彝撰并書

杭縣王禔篆額

鄞城之西有月湖，左連烟嶼，右望柳汀，瀲波一曲，平橋老樹，昔爲游矚勝地。湖之尾閭水流漣漪，注爲小蕩，土人名曰“馬眼漕”，邑人秦氏支祠在焉。祠祀君安翁，崇墉爽塏，房廡周匝，屋前後凡十餘楹。前祀翁，寢室祀翁妃張夫人，自翁以上皆祀宗祠。

秦氏籍慈谿，明中葉有大川公者始遷鄞，遂爲鄞人。由大川公至君安翁，凡十二世，奕葉相仍，皆孝友誠信，纘承勿墜，儒林貨殖，各著令望，潛德幽光，鬱而不顯。翁曾祖虞山公、兄静山公昆弟二人，事親孝，辛勤營業，供甘旨僅自給，然性仁慈，戚黨貧乏，推解不吝。生子四，三即益輝公，爲君安翁祖。夙秉持祖訓，以光大先業勖後人。生三子，長開昌公，即翁父。

兄弟三人，翁齒居季。家貧，年十一喪父，事母孝，十二學賈台州，十八在慈北習錢業，廿四喪母，畢喪葬，間關至滬，獲交同鄉倪翁芹香、王翁磬泉、葉翁澄衷，互相切磋，得益匪淺。是時，商場所需爲英文，翁苦心練習，未及一稘，盡得其秘，與洋商交易，益覺便利。時洋貨麕集海上，如棉織、五金、煤油諸物品，商人咸欲訂購居奇。翁以顔料需要不下棉織品，滬賈問津者尚尠，白圭所謂樂觀時變、人棄我取者，因設立顔料號。僑商知翁素行，皆倚以爲重。翁勤以治業，儉以儲財。與洋商貿易，他商多詐僞争勝，翁獨以誠信楬櫫，真實相與，業務亦蒸蒸日上。值歐戰市舶絶航，顔料踊貴，翁儲貨充牣，售出應市，故獲利尤厚。其他事業亦無不所向如志，數十年中遂爲浙東陶猗。

光緒甲午、庚子事變迭起，翁與在滬鄉人往來僑商間，闢除謡诼，滬市獲安。壬寅、丙午、辛亥俱因時局，甬上米缺價高，翁輸巨款購米辦平糶，躬親其役，不辭勞瘁，貧户均沾實惠。翁素性慷慨，得志後，振災、恤貧、育嬰諸善舉知無不爲，餘如海防賑災，均捐巨金，以中書銜賞花翎得正三品封典，天懷恬退，不蘄仕進也。

年五十，思古人知足之訓，引退歸甬。滬甬二處商業，令伯仲二子經紀之。於帶湖之湄構宅，尚羊其中，高懷殊不可及。余讀秦氏先世傳，知秦氏世澤萌芽於大川公，後世子若孫又培植之、護持之，積累經數百年至君安翁，始食其福，然後歎天之報施善人爲不爽也。每至春嘗冬禴，子孫衣冠祭拜祠下，知翁之遺澤，留貽後嗣者，方興未艾。

翁長子際藩以翁之行誼見告，因櫽括其辭爲祠記，俾秦氏子孫毋忘祖德焉。

中華民國十四年歲次乙丑十一月，吴縣支慈盦刻字。

按：碑在天一閣博物院秦氏支祠内。高220釐米，寬83釐米。碑文楷書，共20行，滿行48字。

寧波錢業會館碑記

寧波錢業會館碑記（篆額）

《記》曰："大信不約。"説者謂："約，約劑也。"《周禮·地官·司市》："以質劑結信而止訟。"凡市易必有劑，自古然已。錢幣，市易之券也。圜法變遷，人趨儇利。若唐之飛錢，宋之交子、會子，今之紙幣，以輕賫稱便，風行海内，其爲信亦約劑類也。此所謂市道也。市道而幾於大信者有之乎？曰"有之"。今寧波錢肆通行之法，殆庶幾焉。

海通以來，寧波爲中外互市之一地，當海口外貨之轉輸、鄰竟物産之銷讎，率取道於是。廛肆星羅，輪舶日月至，儼然稱都會矣。顧去閉關時不遠，市中行用，以錢不以銀，問富數錢以對。自墨西哥銀幣流入内地，始稍變其習，然不用銀如故。即有需，則準他路銀，虚立一名，以錢若銀幣易之。日有市，市有贏縮，通行省内外以爲常。吾聞之故老，距今百年前，俗纖儉，工廢著，擁巨資者，率起家於商。人習踔遠營運，遍諸路，錢重不可賫，有錢肆以爲周轉。錢肆必仍世富厚者主之，氣力達於諸路，郡中稱是者可一二數。而其行於市，匪直無銀，乃亦不專用錢。蓋有以計簿流轉之一法焉。大抵内力充諸肆，互相爲用，則信於人，人故一登簿録，即視爲左券不翅也。其始數肆比而爲之，要會有時，既乃著爲程式，行於全市。其法，錢肆凡若干，互通聲氣，掌銀錢出入之成，群商各以計簿書所出入，出畀某肆，入由某肆，就肆中彙記之。明日，諸肆出一紙，互爲簡稽，數符即準以行，應輸應納，如親授受。都一日中所輸納之數爲日成，彼此贏絀相通，轉而計息焉。次日復如之。或用券掣取，曰"畀某肆"，司計者以墨圍之，則爲承諾如所期不爽。無運輸之勞，無要約之煩，行之百餘年，未聞有用此而爲欺紿者。雖深目高準之儔，居是邦與吾人爲市，亦不虞其有他，儻所謂大信者非邪？

顧吾又聞之，咸豐之季，滇銅道阻，東南患錢荒，吾郡尤甚，市中流轉之錢直大減，當見錢之半。鄉民病之，洶洶謀爲亂，數月乃平。夫錢幣之爲用，載信而行，虚實必相輔，直必相準，如權之在衡，如契之同而別之，使民不疑。循是則理，不則亂。今紙幣充斥，帑藏蓋寡，罔利者或外輸不已，虚車無實，後將有受其敝者。夫患每中於所習，而法必期於相維。吾願當事者，毋變其俗，而有以善其後也。

錢肆舊有公所，湫隘不足治事。比年，期會益繁，乃度地江湄，別爲會館，鳩工於甲子二月，期而蕆事。既成，來請爲記，因著其事之有繫於風俗者，且揭其利病所在，冀後之議市政者有省焉。至是館之成，捐輸之姓氏及在事有勞之人，凡金石例得書者，別具於碑陰，兹不著。乙丑夏四月，鄞縣忻江明記。慈谿錢罕篆額并書。四明李良棟刻。

按：碑在寧波錢業會館。高 162 釐米，寬 92 釐米。碑文楷書，共 23 行，滿行 37 字。

寧波錢業會館碑記

記曰大信不約說者謂約約劑也周禮地官司市以質劑結信而止訟凡市易必有劑自古然已
錢幣市易之券也圜法變遷人趨儇利若唐之飛錢宋之交子會子今之紙幣以輕齎稱便風行
海內其為信亦約劑類也此所謂市道也市道而幾於大信者有之乎曰有之今甯波錢肆通行
之法殆庶幾焉海通以来甯波為中外互市之一地當海口外貨之轉輸鄰竟物產之銷鏇率取
道於是廛肆星羅輪舶日月至儼然稱都會矣顧去閩關時不遠市中行用以錢不以銀問富數
錢以對自墨西哥銀幣流入內地始稍變其習然不用銀如故即有需則準他路銀虛立一名以
錢若銀幣易之日有市市有贏縮通行省內外以為常吾聞之故老距今百年前俗纖儉工廣著
擁巨資者率起家於商人習踔遠營運徧諸路錢重不可賷有錢肆以為周轉錢肆必仍世富厚
者主之氣力達於諸路郡中稱是者可一二數而其行於市匪直無銀迺亦不專用錢蓋有以計
簿流轉之一法為大拓內力充諸肆互相為用則信於人人故一登簿錄即視為左券不翅也其
始數肆比而為之要會有時既迺著為程式行於全市其法錢肆凡若干互通聲氣掌銀錢出入
之成羣商各以計簿書所出入出畀某肆入由某肆就肆中彙記之明日諸肆出一紙互為簡稽
數符即準以行應輪應納如親授受都一日中所輸納之數為日成彼此贏絀相通轉而計息焉
次日復如之或用券掣取曰畀某肆司計者以墨圍之則為承諾如所期不爽無運輸之勞無要
約之煩行之百餘年未聞有用此為欺紿者雖深目高準之儔居是邦与吾人為市亦不虞其有
他儻所謂大信者非邪顧吾又聞之咸豐之季滇銅道阻東南患錢荒吾郡尤甚市中流轉之錢
直大減當見錢之半鄉民病之洶洶謀為亂數月迺平夫錢幣之為用載信而行虛實必相輔直
必相準如權之在衡如契之同而別之俾民不疑循是則理不則亂今紙幣充斥谿藏蓋寡罔利
者或外輸不已虛車無實後將有受其斃者夫患每中於所習而法必期於相維吾願當事者毋
變其俗而有以善其後也錢肆舊有公所湫隘不足治事比年期會益緐迺度地江湄別為會館
鳩工於甲子二月朞而蕆事既成来請為記因著其事之有繫於風俗者且揭其利病所在冀後
之議市政者有省焉至是館之成捐輸之姓氏及在事有勞之人凡金石例得書者別具於碑陰
茲不著乙丑夏四月鄞縣忻江明記慈谿錢罕篆額并書

四明李良棟刻

寧波小同行永久會碑記

寧波小同行永久會碑記

粤自圜法肇興，錢幣始創，《周官》以九府掌財用，財用足而後天下平。而其所恃以周轉流通者，惟錢肆是賴。甬地錢肆分二系：曰大錢莊，曰小錢莊。大小錢莊舊有公所，嫌其地湫隘，規模簡陋，乃度地建船廠之江湄，鳩工庀材，新建會館，爲期會要約之所。興工於甲子夏秋，三閲星霜，至丙寅春仲落成。正殿三楹，樓上供都天水陸正乙玄壇財神禄位，殿後爲庖湢之所，濱江建議事廳，廳前闢爲園圃，中建一亭，花木扶疏，緑陰晝静。廳之樓爲議場，月或一至焉，或二至焉，登樓憑眺，遠吞山光，平挹江瀨，上下天光，一碧萬頃，是樓之勝概也。

是役也，糜費八萬餘金，大小各莊出資如所費。而其始議實自大錢莊創之，謀於小錢莊，應晉棠、陳楚珍、柯珩聚三君曰："可。"幾經規畫，議成，應、柯二君歸道山，繼之者爲仁和陸君卓人、恒大周君宏生，相與周旋奔走，共襄厥事。蓋合群策群力以底於成，非易易也。於是二君念會館締造之艱難，迺集同業，創立一會名曰"永久"，各出資叁拾元，爲會之基金。凡出資者姓名，例得備書，每歲值會館落成之次日，就神前演劇，藉誌紀念。余喜陸、周二君之志有成，並誌會館之緣起如此，泐諸貞珉，以諗來者。

中華民國十五年歲次丙寅四月穀旦，鄞縣王賢瑞謹撰，張原燿謹書。

備書各莊各經理人姓名

仁和莊 陸卓人	鎮泰莊 李書門	瑞源莊 陳子樑	承源莊 杜仲甫
恒大莊 周宏生	恒春莊 邱汝和	通泰莊 周維岳	恒裕莊 王濟生
保和莊 何黼臣	恒康莊 李星如	元成莊 王溶卿	慎祥莊 林菊臣
慎益莊 周嘉祥	瑞豐莊 孫性之	通源莊 鄭兆英	慎餘莊 王葆初
惟康莊 王祖茂	安泰莊 柯紀常	恒祥莊 胡藹娗	寶興莊 朱椽青
資新莊 陳彬如	同康莊 王祥沐	寶源莊 徐志馨	源吉莊 陳友恒
豐和莊 何黻臣	源源莊 洪齡生	升泰莊 鄔芝年	慎昌莊 吕繼生
惠餘莊 李志任	泰巽莊 王慶生	慎成莊 周道益	滙通莊 董玉卿

按：碑在寧波錢業會館。高 120 釐米，寬 71 釐米。碑文楷書，共 22 行，滿行 34 字。

石池廟後鋪路收付賬目碑

廟後鋪路捐資花名

邱祥茂壹百員。陳渭泉壹百員。陳美臣壹百員。殷仁本堂伍十員。曹榮根伍十元。鄭武邦伍十元。陳沛泉伍十元。陳紀生伍十元。柳仁房、李榮記、陳有信、陳芹湘、陳祖楠、張才興，各户叁拾員。趙坤元房、翁王房、夏習鎬、袁根全、陶輝庭、陶孫氏、陳祖本、陳茂生、陳祥雲，各户念員。

戴玉麟、忻光裕、陳信法、陳生陽，各拾伍員。和昌棧、成泰號、義成泰、五洲藥房、守拙居、隱名氏、無力人、乏力人、沈均房、陸謁承、王金生、王林福、王陳氏、阮孝生、鄭金氏、鄭樂氏、袁陳氏、陶全金、陳順記，各户拾員。

陳順發、陳金水、陳五福、陳春生、陳錦榮、陳安滋、陳宜康，各户拾員。陳謁有六元。李文房八元。陳顯揚、陳雙全、陳如堂、陳貴堂、陳厚善、陳餘慶、陳全福、陳仁埙房、陳殷氏、陳陶氏、陳徐氏、陳邵氏、陳嚴氏、陳戴氏，各户伍員。

陳陶氏、陳曹氏、無名字、陳楊氏、陳桂生、陳善良、陳順元、陳順源、陳北堂、陳小品、陳慶安、陳恭槐、陳蘭生、陳金法、陳蓮卿、陳財根、陳履房、陳興房、陳順金、陳駿祥、陳順榮、無名氏、陳蔡同德，各户伍元。

立成行、裕和源、元豐润、中和源、嘉廣生、慎大行、孫昌木器、郭乾大、泉生酒坊、林杏生、王方瑜、王其章、陶恭魁、陶恒房、陶介卿、陶可琴、陶殷氏、邱繼揚、潘和房、傅謁和、錢慈友、殷陳氏、吴炳榮，各户伍員。

余應氏、宋沛堂、吴紀來、康東海、嚴遠槐、張和房、合房，各户伍員。邱香生、董雨田、陳杏生、陳嚴氏，各户四元。陳順利、陳順昌、陳恭財、陳餘根、陳紀榮、陳東畊、陳芝水、陳裕炳、陳泉生、陳金逵、陳徐氏、新裕興，各户叁員。

王其生、王謁貴、郁美華、曹方縺、高陳氏、陳成國，各户叁元。陳戴順、陳根友、陳裕生、陳謁華、陳順繼、陳邱氏、陳郭氏、張泉生、張金宝、張補過、馮蓮堂、陸家麟、包欽安、江甯亮、朱宏樑、胡宝榮、黄眉壽，各户貳員。

邱嗣芳、陶春茂、陶星伯、殷桂發、孫世華、蔡來來、董純發、傅殷氏、吕來發，各户貳元。陳同和、阮謁錢、嚴善生、裘陳氏、王陳氏、徐顧氏、王阿定姐，各户壹員。

收各捐户洋一仟柒佰零捌員。

收跨江橋餘丈連息洋壹百七十六元。

付永安全□屋洋三百十七員。

付鋪路石磤洋玖百九十七元正。

付路司工洋貳百廿元正。

付襍用洋一百廿四元正。

付捐户無查洋伍員。

付石碑刊字洋叁拾玖元五角。

除收付過，共揭丈洋一百捌十一元二角五分。

以上丈洋藉数充入新市港砥柱汀修葺之用。

天運丙寅年麥月　日，衆姓具啓。

按：碑原在石池廟。高 176 釐米，寬 72 釐米。碑文楷書，共有題名 8 列，下有收支 11 行，末有落款 1 行。

重興公會爲捐助基金撫恤意外亡故佃工呈請給示勒石告示碑

奉憲勒石

鄞縣公署布告第一零三號

爲布告事。案據重興公會柱首周志清、徐如炳、羅根生、殷修倫、殷林桂、金小林、金友信、張聖德、張朝相、王桂□、王炳桂、柳阿裕、柳炳華、王仁林、王阿谷、畢炳慧、畢聚元、柳中雁、陸世英呈稱，竊清等世居東鄉二都二三圖小樸廟地方，均係耕種爲業。於年前創設重興公會，其基本金由各村柱首樂助集會。各村佃户向雇工人耕作，遇有時疫流行、急病身亡及失足落水以及路斃者，應備棺木殮葬，所有經費議由會中開支。倘若會利息無多，亦有各柱首攤召承認，是事歷辦已久。然各村所雇男女工均係台州、黄巖等人居多，近有成殮後，有該家屬來村强給盤川等事，各佃户不勝其擾。兹邀集各柱首議定章程，已入會各村遇有傭工人等發生前項不測之事，向會中領取棺木埋葬費，每名給洋叁拾元。倘該家屬有意外勒索强討情事，一概不給，以昭平允而免擾害。爲此聯名公叩知事鑒核俯准，給示曉諭並請備案等情。據此合行布告該處人民一體知悉，嗣後該處雇用工人耕作，遇有時疫流行、急病身亡及失足落水路斃者，由重興會發給棺木埋葬費，每名洋三十元，該家屬不得意外勒索滋擾，致干究辦，其各遵照，毋違。切切。特此布告。

中華民國十五年七月十日，知事張蘭。

按：碑原在矸橋小樸廟。高 180 釐米，寬 62 釐米。碑文楷書，共 12 行，滿行 48 字。

奉憲勒石

鄞縣知事署布告第一零三號

為布告事案據鄞縣第一區世界鄉二都二三圖櫻廟地方柳炳桂柳阿銓柳炳華等禀稱竊柳姓祠堂坐落本地前創設典會住持徐如同與根巖修僧歿後住金山林金人信張聖德姐朝相王柱王炳桂柳阿銓...（下略，文字漫漶難辨）

...中華民國十四年七月十八日

知事 張爾...

重修梅墟廟正大殿收付賬目碑

聲明

今將重建正大殿並修理捐助、收付賬目花名開列於後：

陸慎和，洋貳千四百元。陸寶林，壹千三百元。李麗水，壹千元。林樵舫，五百念元。沈雨章，現貳百六拾元。徐震生，現貳百五拾元。陸嵩琳，現貳百念元。朱荆泉，貳百元。寶善堂朱二房，貳百元。寶善堂朱三房，貳百元。朱冬生，乙百四拾元。陳瑞安，壹百念元。邵公祀，乙百另五元。仇興運，壹百元。陸信順，壹百元。重興會，壹百元。華封會，壹百元。李新甫，壹百元。朱全順，壹百元。朱昌琳，八拾七元五角。李謀猷，七拾元。前丁家漕燈祭會，七拾元。朱連升，六拾七元五角。

鮑德泰，洋六拾五元。董蘇寶，六拾元。朱際來，六拾元。沈林生，六拾元。朱駿昌，現五拾五元。陸信來，五拾元。沈德泰，現五拾元。李謀道，五拾元。李美庭，現五拾元。來壽會，五拾元。沈利川，四拾五元。邵全高，現四拾元。張亨房，現四拾元。李仁浩，三拾五元。塗田燈祭會，三拾元。陸天寶，現三拾元。李祥生，現三拾元。李貽生，現叁拾元。沈蘭生，念五元。李憩伯松房、梅房，念元。邵善高，念元。李書門，念元。李蕉琴，念元。

沈琅房，洋念元。李維伯，念元。朱紀榮，現念元。東方婆，念元。徐福林，念元。汪顯章，現念元。朱阿祥，現念元。朱全鴻，現念元。朱銘才，現念元。朱全福，現念元。朱紀發，現拾五元。朱全源，現拾五元。徐正岩，現拾五元。王鳳位，現拾五元。朱寶根，現拾五元。沈根颺，現拾元。張繼叔，現拾元。朱慶才，現拾元。朱阿華，現拾元。朱貴全，現拾元。李連根，現拾元。李貽洪，現拾元。李金法，現拾元。

李位房，洋拾元。李芝根，現拾元。李蓮生，現拾元。李賢方，現拾元。李芑庭，現拾元。李行仁，拾元。李貽經，現拾元。邵富岳，拾元。沈寶才，現拾元。沈順生，現拾元。仇楚生，現拾元。徐富順，現拾元。李誠榮，現拾元。陸開林，拾元。陸永昌，現拾元。陸永章，現拾元。陸阿裕，現拾元。陸順才，現拾元。俞銀華，現拾元。朱雲水，現拾元。朱紀根，現拾元。朱紀品，現拾元。朱全凱，拾元。

朱寶弟，現洋拾元。朱阿蕁，現拾元。沈松壽，現五元。沈家棟，五元。沈明來，現五元。沈明法，現五元。沈明振，現五元。沈明興，現五元。沈建章，現五元。沈庚法，現五元。朱佑春，現拾元。朱寶卿，現拾元。朱薌蓀，現五元。朱阿品，現五元。朱久卿，現五元。朱阿裕，現五元。朱雲章，現五元。朱福朗，現五元。朱雲法，現五元。王炳泉，現五元。陸三相，現五元。徐照生，現五元。李紀仁，現五元。

朱合興，現洋五元。朱阿多，現五元。朱才根，現五元。朱樹堂，現五元。朱金生，現五元。朱炳生，現五元。朱仁葆，現五元。朱春榮，現五元。朱信來，現五元。朱紀生，現五元。朱延林，現五元。顧泗泉，現五元。欒厚仁，現五元。張月中，現五元。陳冬生，現五元。陳賢安，現五元。陸坤令，現五元。陸正綏，現五元。陸信德，現五元。李哉明，現五元。李義房，現五元。沈二梅，現五元。沈名華，現五元。

李阿慶，現五元。李阿裕，現五元。李瀛洲，現五元。李哉生，現五元。李新更，現五元。朱寶葆，現五元。朱桂生，現五元。朱春生，現五元。朱文奎，現五元。朱裕生，現五元。朱寶成，現五元。朱併生，現五元。朱金根，現五元。徐阿順，現五元。徐濟明，現五元。徐尚華，現五元。張阿岳，現五元。姜忠全，現五元。史雲根，現四元。陸成夫，現三元。陸阿冬，現三元。朱忠坤，現三元。朱家祥，現三元。

朱福順，現貳元。沈明利，現貳元。陸銀才，現貳元。陸恒興，現貳元。陸松良，現貳元。陸家良，現貳元。朱節梃，現貳元。朱增榮，現貳貳元。蔡生才，現貳元。蔡正仁，現貳元。倪阿寶，現貳元。李升葆，現貳元。李順興，現貳元。李連慶，現貳元。李慶表，現貳元。李成茂，現貳元。李來生，現貳元。俞友生，現貳元。邵俞氏，現貳元。徐全鴻，現壹元。西堡李東泉公祀，助田五釐，另本廟前西首填水路。西堡李起北公祀助田壹分，另本廟東北角造後明堂。

共收捐助金洋九千七元二角五分。

共收開光梁皇洋十七元三角九分二釐。

共收現升洋五拾四元三角七分。

共收舊料洋乙百念六元三角九分二釐。

共收賠貼未剔換洋二十九元四角三分三釐。

共收莊息洋三百八十乙元九角四分二釐。

收徐寶生洋五元。

收朱連根洋五元。

收七佛會洋九元。

收梁皇洋三十一元〇三十。

收置器具洋壹百元。

止。

付建築大殿洋五千五百元。

付又前扆洋乙千九百八拾元。

付又添料洋乙千乙百另貳元。

付置器俱洋貳百另七元八七角八分。

付開光雜用洋四百八十五元七三角七分九釐。

付訟費洋三百五十四元六分五角六分三釐。

付存恒等莊洋列後。

付雜用洋五佰三拾一元一角二分。

付捐助碑洋四拾八元。

付碑字工洋念七元貳角。

付修屋脊洋三拾五元。

付碑字酒力洋三元五角五分。

統共收洋壹萬另七佰另四元五角六分正。

統共付洋壹萬另壹佰七拾四元七角另貳□□。

除收付過揭丈洋五佰念九元八角五分八釐。

洋五佰念九元八角五分七釐。

民國拾五年十月　日立，董事謹啓。

按：碑原在梅墟廟。高 206 釐米，寬 81 釐米。碑文楷書，共 25 行。

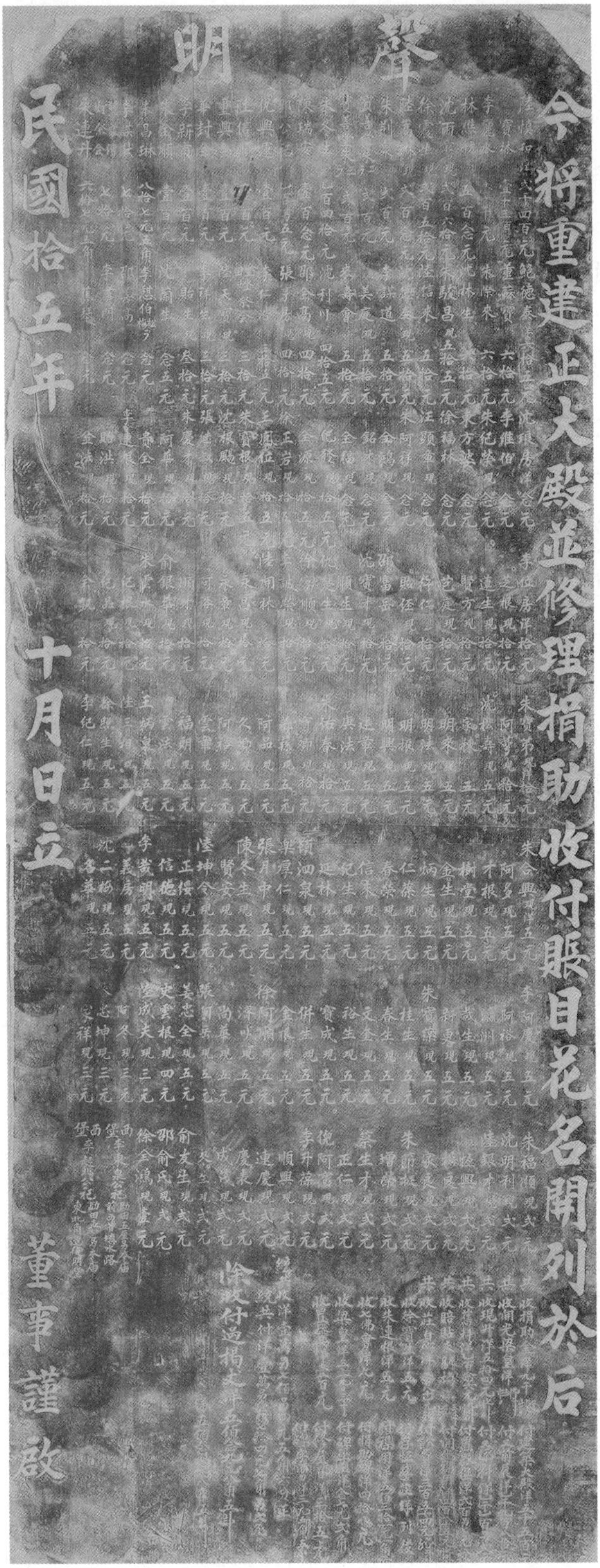
聲明
今将重建正大殿並修理捐助收付賬目花名開列於后
民國拾五年十月日立
董事謹啟

重修雙福橋捐資題名碑

民國丙寅年重修雙福橋募捐各户助洋開字立碑

梁林氏，洋壹佰元。

瑞裕廠，洋五拾元。

柳仁房，洋貳拾元。

王文生，洋貳拾元。

周徐氏，洋貳拾元。

郭緯房，洋貳拾元。

李周氏，洋貳拾元。

張經房，洋拾五元。

周乾房，洋拾五元。

無名字，共助洋念七元。

陳裕房、陳曰夫、陳曰金、陳孝峰、陳奎記、陳長仁、王明達、王裕生、王大慶、金芝珊、徐心如、朱董氏、張有莊、□乾房、□□房、□□、邵瑞信、高荷□，各助洋陸元。

戚周氏，十元。

李雲鄉，十元。

梁李氏，十元。

史勵氏，六元。

邵少荀，六元。

陳謝氏，六元。

水馬氏，六元。

王茂欽、王金萬、王才財、柳連官、魯和行、陸寶林、長盛行、陽記新生、蘇時生、蘇和泰、宋元房、陳坤房、俞記堂、□□氏、單榮生、羅惟和、何如桂、趙桂生、張陳氏、張石氏、厲張氏、曹忠房、陳大明、林得利、張全森、張恒康、張得云、祝袁氏、李仲季房、羅孝全、羅松林、陸謝氏、柳大□、陳阿玉、陳趙氏、邵除云，各助洋五元。

妙林、邵維龍、金遠生、柳闞根、陳福根、茅邵氏，各助洋四元。

□仁來、李錫堂、柳金來、郁文房、柳永來、應阿生、王賓元、應椿木、應財興、柳□才、張聖謨、梁丁氏、柳信法、勵光甫、張有生、黄全生，各助洋三元。

孫王生、方成章、李祖傳、胡金水、朱玉堂、王東有、王月房、王仁房、王坷房、王金水、王忠房、俞世欽、金氏阿翠、畢炳慧、夏生林、翁師母、葉□生、陳林氏、陳重光、柳□生、柳蕓湘，各助洋二元。

蔡森順、張陳氏、張徐氏、趙陳氏、朱王氏、毛沈氏、林邱氏、邱曹氏、邱茅□、張楊氏、茅楊氏、梁朱氏、徐蘭英、張得蓮、張朝相、周祥元、何□成、邱乾大、陳荷玉、羅行來，各助洋二元。

周雨昌、羅金相、羅根生、邵阿□、陳言德、賴家祥、陳乾乘、王安房、王成生、王阿□、李阿安、柳得林、應邱氏、柳阿華、柳來□、陳瑞生、虞桂才、張裕□、蔡梁氏、張梁氏，各助洋二元。

任文彬、王青章、陳吉華、李信位、金云寶、徐國興、□泰號、柳生泉、慎森號、汪成芳、曹振堂、林德森、王榮善、張太金、錢定甫、楊阿四、王阿行、王□記、徐阿仁、福順泰，各助洋二元。

方坤記、李錦苗、夏奎生、李克太、段仁才、李昌水、李金華、李世華、金阿三、陳王氏、陳修福、李門金、柳東生、柳得法、柳金生、柳陳氏、張聖法、李氏福、應柏□、應阿月、鄭唐生，各助洋壹元。

鄭哉新、鄭阿毛、鄭金表、應先生、應梅春、應山南、應阿云、王國才、王紹友、王阿毛、王忠清、王各楊、王世虎、王餘慶、王瑞根、王文榮、王阿華、王阿岳、王鳳來、李阿冬、陸德恒、陳大鎸、虞王氏、張阿如、包阿安、徐坤和、羅永祥、小新法、小紀來、邱玉房、管長法、邱才寶、王世能、張才生、傅阿林、王春法、王雲高、王抱來、俞紀氏、俞林氏、俞金文、陸桑氏、桑陳氏、朱席坤、李永□、張陳氏、王春陽、應仇氏、朱張氏、陳桂氏、張邱氏、張阿成、張聖高、張永利、張貴友、張阿才、張貴福、張富生、張保運、張紀生、張徐氏、林袁記、王毛毛、王桂木、黄仁貴、張鄭氏、張林氏、邱亨氏、趙陳氏、應王氏、應侯氏、柳馬氏、柳晏氏、柳陳氏、史昌福、高戴氏、毛章氏、徐邵氏、徐蔡氏，各助洋壹元。

永□廠助□□。

付石作□洋柒佰捌拾元，付開光洋貳佰陆拾（下闕）除收定文□□（下闕）

收付賬目里人全具啓，共收洋壹千零叁拾五元。

按：碑原在福明橋雙福橋。高 133 釐米，寬 63 釐米。碑文楷書，中有題名 13 列，前後各有 1 行。

民國丙寅年重修雙福橋募捐各户助洋開列于左立碑

私立益善養老堂三審公判遵守約法碑

私立益善養老堂，自培經費，是顧姓私産，不准募捐分文，創設生養死葬所，三審公判遵守約法。

茲因本堂三十餘年，老界石被孫阿牛與孫升昆等兩次拔毁，並串造僞據，圖佔基地，兩造争執，涉訟到庭。茲蒙鄞縣地方審判廳簡易庭推事黄、審判張、推事朱暨浙江高等審判廳推事曹、廳長□、推事朱三次審判，依據印税官契判決係争基地均判歸一善堂所有，三審訴訟費用均由敗訴人完全負担，時在民國十五年三月十一日、六月三十日，十六年正月十九日，民事三審判決書在案，刊列如右。

此基地永遠歸與建造方定庵，爲扶養老邁婦生養死葬之所。前清立案定額十五名，俟養壽終安葬義地，照額補進□前自備經費，現今經濟困難，種田救濟，恐後無憑，爲此立石永存。一善堂顧志庭題，丁卯年五月。

按：碑原在槐樹路。高 113 釐米，寬 51 釐米。碑文隸書，上部分共 7 列，下部分共 10 行。

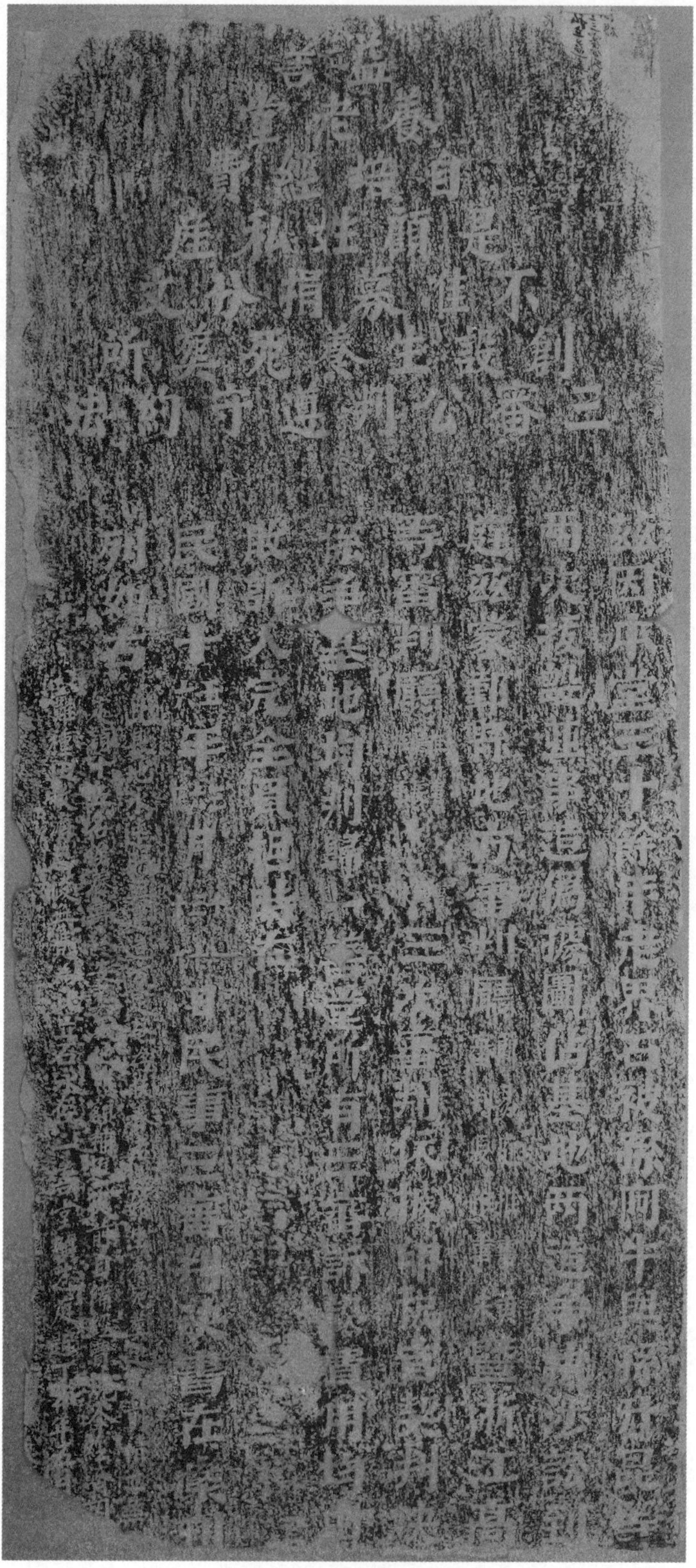

清余覺先墓誌銘及墓表

余覺先先生墓志銘（篆蓋）

余覺先先生墓志銘

餘杭章炳麟撰　慈谿錢罕書　鄞沙文若篆蓋

余以暇日窺《本草經》方，聞范玄平、殷仲堪、陸敬輿、劉夢得之風而慕之，友人鎮海余巖雲岫習遠西醫術，亦遍窺域中方，時與討論，往往有所獲。顧以爲醫者利物之技，令其人奇俠任恤，又折節爲是，其扶衰羸，起沈錮，當過於前者四公，余病未之能也。

民國十五年冬，雲岫以其先人覺先先生狀請銘，視之，則奇俠任恤人也。先世以商自給，而先生獨高邁，輕財信然諾。昆弟六人當析産，先生推新宫與諸昆弟，自取庳屋三間處之。家既世商，顧性不能逐什一，爲之輒折閲。有乞貸者，無識與不識皆與之，未嘗書符券，以是家落終不悔。每被酒，則爲劍舞，或擊几案爲節以歌，其任達如此。年四十七而終。雲岫少識其先人行事，東學醫日本，以武昌倡義之歲集紅十字團赴陝西療傷，道陝州，爲群盜所困，知其義，禮而歸之，可謂繼父之志者矣。

先生諱志伊，覺先其字也。配俞氏，早卒。繼配劉氏，亦好施舍，數爲人排難。當雲岫入陝西遇盜也，獨言："吾子以義拯人，若有天道，必不死！"竟如其言。以民國元年卒。有丈夫子五，女子子一，雲岫其長也。

烏虖！好施之行，至敝裘馬無怨悔，惟季路爲能行之，其次壺餐之惠、一袍之贈，無新故能均所與者，世已不數見，若其坐擁倉廪，以暇行糜鬻、給纊絮，此所謂順風而行，其勢便也。先生家非給富，斥財不吝，雲岫又推其意，深入虎穴，以針藥濟人，遇危而家人不以爲懼，非世所難能者邪？故曰："聞柳下惠之風者，鄙夫敦，薄夫寬。"充先生之教，豈徒刑於家人婦子而已？十八年十月，與二配合葬縣北金家池頭，乃志其事而銘之曰：

倜儻之行，而束於市閭。百金之産，而施若有餘。趙邠卿之節歟？王彦方之德歟？

余君墓表

慈谿馮幵撰　鄞縣沙文若書

君諱志伊，字覺先，一字華三，鎮海余氏。祖賢濱。父立槐，母鄭，兄弟六人，君班在四。君祖父用商起家，迄君三世皆從事廢箸，簡樸奉法，不苟立同異，一家悛悛，蔚爲門風。君性韵疏峻，獨以局力自見，鬻財江浙間，諸所營赴，動多踔遠，接構非人，馴致折閲，君無懟色，曰：“吾雖喪眥，未至罄匱，小節用度，猶敷贍生，但以此累同産則可念耳。”及議異財，即自居湫隘，而以新屋讓諸兄弟。諸兄弟弗欲，君曰：“無以爲也。兄弟誠愛我，安吾身，毋寧安吾心乎？”卒讓焉。君雖治商業，雅不屑與時徵逐，輕財尚氣，泛交疏戚，多所將助。中年好酒，酒酣以往，忽歌忽哭，如有甚不得已者。自異財後，益漫爲無眥省。黠者伺其有酒所，詭詞哀之，或長跽泣下。君略不誰何，輒傾所有以濟，累被欺紿，儻焉自適。坐是業益落，境益啬，遂終其身。年四十有七，以光緒二十一年乙未八月十五日歾。配俞，繼配劉。子五，巖、允綵、崑、嶠、霖；女一，適鄭；皆劉出也。君歾，諸孤幼窮空不能自存，劉忍死撫孤，孤皆成立。巖長有文，行見重鄉先達，被資給游日本，或以道遠反其行，劉毅然遣之。迨巖歸省，復挾幼弟霖以出，又有反之者，劉又遣之。辛亥革政，巖學成歸國，有所圖，赴陝西，遇盜虜之去。劉聞夷然曰：“吾兒能愛人，必無害。”既而果得歸。劉以民國元年壬子八月二十九日歾，年五十有九。孫五，本年、挺年、申年、鑫年、益年。十六年丁卯十月合葬縣北金家池頭。餘杭章炳麟銘其幽，慈谿馮幵復次行義，揭之於阡，用諗行道君子。

按：墓原在鎮海區九龍湖鎮金家池頭。蓋高 48.5 釐米，寬 44 釐米；誌高 54 釐米，寬 53 釐米。誌文楷書，共 25 行，滿行 25 字。墓表高 47.5 釐米，寬 122 釐米。表文行楷，共 39 行，滿行 14 字。

余覺先先生墓志銘

餘杭章炳麟撰　慈谿錢罕書　鄞沙文若篆蓋

余以暇日窺本艸經方，聞范玄平、殷仲堪、陸敬輿、劉夢得之風而慕之。交人鎮海余巖雲岫，習遠西醫術，亦偏窺域中方，時與討論，往往有所獲，頗以為醫者利物之技，令其人奇俠任卹，又折節為是。其扶衰羸，起沈錮，當過於前者四公。余病未之能也。民國十五季冬，雲岫以其先人覺先先生狀請銘，視之則奇俠任卹人也。先世以商自給，而先生獨高邁輕財，信然諾。昆弟六人，嘗析產，先生推新宮與諸昆弟，自取庳屋三間處之。家既世商，顧性不能逐什一，為之輒折閱。有乞貸者，無識與不識，皆與之，未嘗書符券，以是家落，終不悔。每被酒則為劍舞，或擊几案為節，以歌其任達如此。年四十七而終。雲岫少識其先人行事，東學醫日本。以武昌倡義之歲，集紅十字團赴陜西療傷。道陜州，為羣盜所困，知其義禮而歸之，可謂繼父之志者矣。先生諱志伊，覺先其字也。配俞氏，早卒。繼配劉氏，亦好施舍，數為人排難。當雲岫入陜西遇盜也，獨言吾子以義拯人，若有天道，必不死，竟如其言。以民國元年卒。有丈夫子五，女子子一，雲岫其長也。烏虖！好施之行，至敝衰焉，無怨悔，惟季路為能行之。其次壺飧之惠，一袍之贈，無新故，能均所與者，世已不數見。若其坐擁倉廩以暇，行糜鬻給纁絮，此所謂順風而行其埶便也。先生家非給富，屏財不吝。雲岫又推其意，濩入虎穴以針藥濟人，遇危而家人不以為懼，非世所難能者耶？故曰：聞柳下惠之風者，鄙夫敦，薄夫寬。充先生之教，豈徒刑于家人婦子而已。十八年十月，與二配合葬縣北金家池頭，乃志其事而銘之曰：

倜儻之行，而東於市閭。百金之產，而施若有餘。趙邠卿之節歟？王彥方之德歟？

余君墓表

慈谿馮幵撰　鄞縣沙文若書

君諱志伊，字覺先，一字華三，鎮海余氏。祖賢湏，父立槐，母鄭，兄弟六人，君班在四。君祖父用商起家，遠君三世皆從事[illegible]著簡樸，泰法不苟，立同異一家。[illegible][illegible]蔚風，君性静[illegible][illegible]獨以扇力自見，[illegible][illegible]江浙間，諸所[illegible]赴勤多肆，遠播[illegible]人，卹致折閱，君無慧。邑曰：吾雖[illegible][illegible]未至[illegible]遺，不節用度，猶敗諸生，但以此累同其庳則可危身。及議異財，即自居湫隘，而以新讓諸兄弟，諸兄弟弗欲，君曰：無以為屋也。兄弟誠愛我，安吾身，毋寧安吾心乎。卒讓焉。君雖治商業，雅不屑與時微逐，輕財尚氣，交蹤感多所將助。中年好酒，酒酣以[illegible]悲歌[illegible]哭，如有甚不得已者。自毋財後益得為無皆省。黠者伺其有酒所，詭詞為之式去，睢泣下，君謈不詰何，輒倘所有以嚮。累被欺紿，憒為自適，坐是業益落，境益嗇，遂終其身。年四十有七，以光緒二十一年乙未八月十五日殁。配俞，繼配劉。子五：巖、先、緣、崑、嶠；女一，適鄭。皆劉出也。君殁，諸孤幼穉，[illegible][illegible][illegible]自存，劉忍死撫孤，皆底立。巖長，有文行，見重鄉先達，被資給游日本，或以道遠尼其行，劉毅然遣之。追巖歸省，復挾幼弟霖以出，又有尼之者，劉又遣之。辛亥革政，巖學成歸國，有所圖，赴陝西，遇盜，[illegible]之去，劉聞，泰然曰：吾兒能愛人，必無害。既而果得歸。劉以民國元年壬子八月二十九日殁。[illegible]十六年丁卯十月合葬縣北金家池頭，餘杭章炳麟銘其幽，慈谿馮幵復次行義揭之於阡，月踰於道君子。

鄞東五都一二等圖農務義會籌款撫恤身故傭工呈請給示勒石告示碑

鄞縣政府布告第一四四號

爲布告事。案據公民阮、湯、袁、秦、柴等各姓書稱：竊民等世居鄞東北亭廟界下五都一二等圖地方，各安農業，所僱男婦大小傭工藉助耕作，訂給辛資，本無異言。無如年來世風不古，人心險惡，每遇工人急病、時疫及失水諸端意外不測等情殞命者，該家屬不知修短有數，往往藉端滋擾，或假工人鄉友爲名，聚衆敲詐，甚至拋屍阻險，勒索不休。此類情況數見不鮮，曾經本鄉父老有鑒於斯，設立農務義會，凡遇工友急病死亡，由會給貼死者家屬葬費，制錢三十千文。業於清光緒廿一年間，先後禀准前鄞縣楊、鄒兩邑尊立案永遵。嗣因日久玩生，又於民國十年間姜前知事任内重申前議，公請給示布告，各在案。近來世局革新，注重農工政策，凡屬工人猶應妥籌待遇，以免枝節横生。兹經民等依照前案，參酌現時物價公決，嗣後如遇僱工急病、時疫及諸端意外不測殞命情事發生，由會中僱主給貼葬費銀洋四十元，歸其家屬領葬，如無家屬則由會中代爲安埋，以示優恤而杜索詐。誠恐無知愚氓遇案發生，爲此抄同布告，公叩鈞縣政府鑒核，俯賜重申前禁，給示布告，以杜詐擾而儆刁風等情。據此，除批示外，合行布告該處農民工人一體遵照。嗣後遇有僱工不測情事，均應依照規定由農務義會僱主給發津貼洋四十元，以資撫恤而杜争執。毋得藉違，切切，此布。

中華民國十六年九月　日，縣長傅典藩。

按：碑原在樟樹橋北亭廟。高 152 釐米，寬 62 釐米。碑文楷書，共 14 行，滿行 45 字。

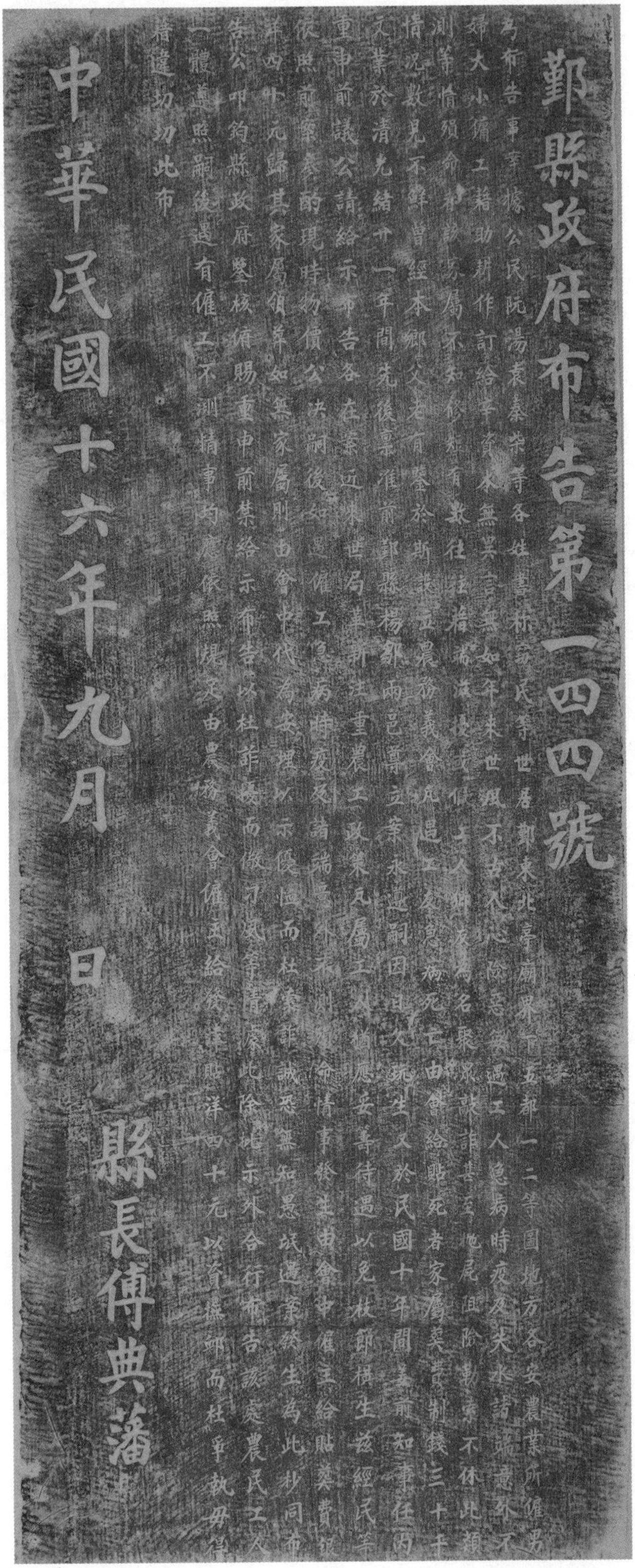

鄞縣政府布告第一四四號

為布告事案據公民阮湯袁秦宗等各姓耆杭[illegible]民等世居鄞東北亭廟界下五都一二等圖地方各安農業所雇男
婦大小傭工藉助耕作訂給辛資本無異言無如年來世風不古人心險惡每遇工人急病時疫及失水諸端意外不
測等情殞命者家屬不知從何處有數往往藉端滋擾或假工人親友為名聚衆敲詐甚至抬屍阻險勒索不休此類
情況數見不鮮曾經本鄉父老有鑒於斯設立農務義會凡遇工人急病死亡由會給賠死者家屬葬費制錢三十千
文業於清光緒廿一年間先後稟准前鄞縣楊鄧兩邑尊立案永遵嗣因日久玩生又於民國十年間稟蒙前知事姜任內
重申前議公請給示布告各在案近來世局革新注重農工政策凡屬工人均應妥善待遇以免枝節橫生茲經民等
依照前案參酌現時物價公决嗣後如遇傭工急病時疫及諸端意外不測殞命情事發生由會中雇主給貼葬費銀
洋四十元歸其家屬領葬如無家屬則由會中代為安埋以示優恤而杜索詐誠恐無知愚氓遇案發生為此抄同布
告公叩鈞縣政府鑒核俯賜重申前禁給示布告以杜詐擾而儆刁風等情據此除批示外合行布告該處農民工人
一體遵照嗣後遇有傭工不測情事均應依照規定由農務義會雇主給發津貼洋四十元以資撫卹而杜爭執毋得
稍違切切此布

縣長傅典藩

中華民國十六年九月　日

鄞童君墓誌銘

鄞童君墓志銘（篆蓋）

童君墓誌銘

慈谿馮幵撰文　金華金兆鑾書丹并篆蓋

君諱士奇，字樹庠，又字梅芳。其先曰晏者，唐貞元中，官松江别駕，自嘉禾徙居鄞之鄒谷，是爲鄒谷童氏。曾祖載彬，祖一源，父書禮，仍世清德，著聞譜牒。君懷沖履簡，襟情高勝。髫齡英絶，即異常均，屬辭爾雅。不屑以華藻干進，邅回立年，厪隸學官，一應鄉試，遂從幽討，文采隱約，賁且剥矣。生平爲學，期於實踐。夙夜宥密，自督絶嚴。造次顛沛，弗改雅度。天性温和，與物無忤。家居教授，顓用經訓，匡飭子弟，推誠委宛，不爲疆切激厲之言。後進之士，服習風教，率不敢自恣放。小有過差，動相揜匿，曰毋俾童先生知也。光緒季年，始行地方自治制，君被推爲鄉正。周咨博采，務既其實。舉錯興革，謀奏悉當，輿誦洋洋，益歸之矣。君於學，靡所不窺。陰陽卜筮、星命醫學之書，皆究其微。年四十九，值小極，即自知不起。遍召家人顧言周至，神明湛然，若無疾者。明日日中，遂逝，民國六年丁巳八月二十八日也。配張，後君一年卒。又九年丁卯二月，合葬於大咸鄉無底坑沿溪鐸山。子五，第錦、第德、第穀、第周、第肅。女三，適杜培榮、葉昌鏘、朱錦瑞。孫二，祖安、祖謨。貞風穆行，今也則亡，宜章幽隱，泐諸黝石。銘曰：

蔚矣君子，沖夷淵邵。明思通微，根極理要。隱居求志，克葆清妙。左規右矩，是則是傚。德以淑世，道不康身。超然善死，永閟聲聞。澗阿寤寐，有懷碩人。佳城鬱鬱，式是遐芬。

民國十六年丁卯，鄞項崇聖刻石。

按：墓原在大咸鄉無底坑。蓋高45釐米，寬40釐米；誌高45釐米，寬42釐米。誌文楷書，共23行，滿行23字。

鄞董君墓志銘

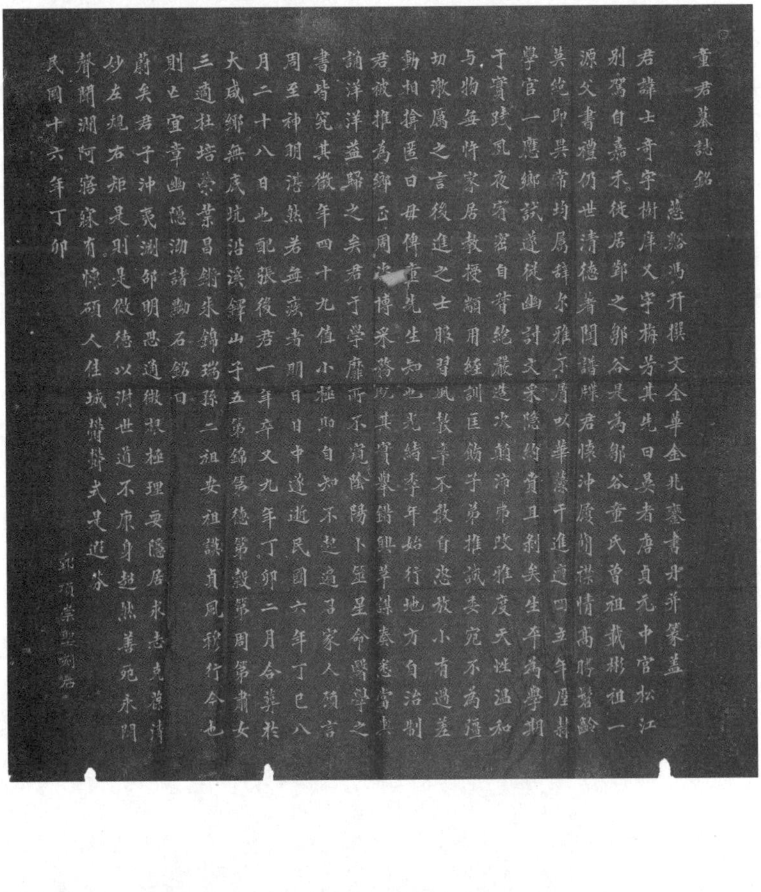

董君墓誌銘

慈谿馮幵撰文　金華金兆鑾書并篆蓋

君諱士奇，字樹庠，又字梅芳。其先曰吳者，唐貞元中官松江別駕，自嘉禾徙居鄞之鄒谷，是為鄒谷董氏。曾祖載彬，祖一源，父書禮，仍世清德，著聞譜牒。君憬沖履閒，襟情高朗，髫齡異絶，即異常均，屬辭尔雅，不屑以華藻干進。逾四五年，屢尉學官，一應鄉試，遂從幽討，文采隱約，貴且剝矣。生平為學，期于實踐，夙夜宵寤，自警絶嚴，造次顛沛，弗改雅度。天性溫和，與物無忤，家居教授，類用經訓匡飭子弟，推誠委宛，不為彊切激厲之言。後進之士，服習風教，幸不敢自恣放，小有過差，動相揜匿，曰：“毋俾董先生知也。”光緒季年，始行地方自治制，君被推為鄉正，周咨博采，務既其實，舉錯興革，謀奏悉當其，誦洋洋盈歸之矣。君于學靡所不窺，陰陽卜筮、星命醫學之書，皆究其徵。年四十九，值小極，與自知不起，遍召家人預言，周至神明，湛然若無疾者，明日日中遂逝。民國六年丁巳八月二十八日也。配張，後君一年卒。又九年丁卯二月，合葬於大咸鄉無底坑沿溪鮮山。子五：第錦、第德、第穀、第周、第肅。女三，適杜培榮、葉昌鏞、朱錦瑞。孫二：祖安、祖謨。貞風彩行令也，則已宜章幽隱，泐諸黝石。銘曰：

蔚矣君子，沖爽淵邵。明悉通微，探極理要。隱居求志，克蘊清妙。左規右矩，是則是傚。德以淑世，道不康身。超然善死，永閟聲聞。淵阿落落，有懷碩人。佳城贊贊，式是遊笭。

民國十六年丁卯　鄞項崇塈刻石

楊氏昭仁里居記

昭仁里居記

楊君文林，鄞西黄公林人，生十二年而喪父，家微也。有姊二人，母李，以手指所入食其孤。文林稚歲知自奮，困於無資地，依所識闤闠中，躬給庖厨炊爨之役，每歸輒懷肉食啖母，母子呴呴然相保也。年二十四，母爲納婦朱，朱賢而勤，能以力相助，於是稍稍有室家之樂。文林自幼失學，比長游上海，始習貿遷術，久之盡通其故。其鄉故産草中笠材，鄉婦女家户治其業，歲所成笠以萬計，文林舉籠而居之，就時轉鬻，與遠西賈胡相追競，旋跲旋起，雖折閲勿餒。逡巡廿載，遂致兼赢，操笠業者畢會於其門，徵貴徵賤，億則屢中，家道殖矣。文林事母孝，母性最慈，見疲癃窮獨者恒旁皇不自寧。中歲處約，末由稱其施與心，單縑溢粟，猶時時丐人無遴。文林微詗母隱，既有以自贍，則益務利濟爲母慰薦。所居窵僻，軍興以還，訛言一歲數驚。乃以貲券地鄞西郭外，築室如干楹，將挈妻子奉母以處。經始丁卯三月，明年三月落成，出入之道，曰“昭仁里”；承懽頤養之所，曰“致樂堂”；燕息之室，曰“止善齋”；而總標其門楣，曰“安遺精舍”。裴回庭宇，瞻其楹榜之所題署，而文林將母之誠，期後之殷，與夫修身愛物之篤摯，益微乎其可思矣。余識文林自張君于相，于相許人無溢詞，獨爲余稱道文林不容口。會文林屬余爲記，遂參夙昔所聞於于相者詮次之，以著於篇。

慈谿馮幵撰。歸安朱孝臧書。

戊辰三月上石，鄞周埜刻。

按：碑原在西郊路。高 32 釐米，寬 65 釐米。碑文楷書，共 32 行，滿行 16 字。

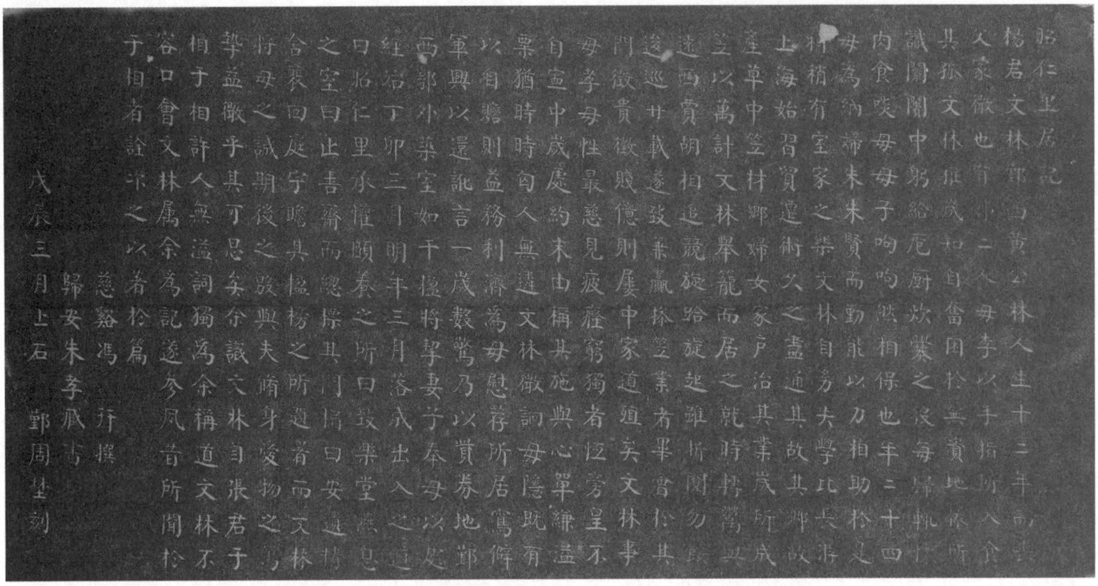

安心頭陀像刻

慈悲喜捨

慈喜開士

天游化人

安心頭陀法相

曾熙題

慈喜頭陀像讚

居禪悦天，入懽喜地。天上乘願，人間游戲。婚嫁了畢，解脱出世。現頭陀身，行撫孤事。以喜爲食是天人，以救度爲業是慈氏，是無量壽佛所莂記者耶。頭陀本名安心，然頭陀已入懽喜地，行大慈，日以撫孤兒爲事。高於安心者，故爲易名“慈喜”云。甲子秋康有爲。

翹心浄土，往游西域。乘危遠邁，杖策孤征。積雪晨飛，塗間失地。驚砂夕起，空外迷天。萬里山川，撥煙霞而進影；百重寒暑，躡霜雨而前蹤。誠重勞輕，求深願達。安心頭陀自皈㕧佛法以還，累心南洋新加坡等之遊，誠重勞輕，求深願達。其遠涉重洋之勤苦，與玄奘之周游西宇，可以媲德矣。爲節臨褚書《三藏聖教序》以頌之。十五年丙寅端午後半月，慈谿錢罡並記。

月見

丙寅三月贈

安心頭陀 趙時棡

禪悦

丙寅三月寫奉

安心頭陀 任堇

匪風匪旛動，動者未安心。悟湯安心法，當於無處尋。未嫌僧臘淺，不諱世緣深。浮海踰嶺嶠，無非赤子心。了了廣長舌，黄金數致千。鄭僑衆人母，雪竇老婆禪。文字關緣法，難忘我雙髩。衹愁窮精語，無帶鎮山門。

安心頭陀乞詩作四絶句報之，丙寅重九日並書於滬北僦舍。

長阿那室 任堇

以不忍之心，行不忍之事。儒言仁義，佛説慈悲。是真能禮驗力行者也。生廣長舌参老婆禪如是。

安心長老禪悦

戊辰三月，章闇。

贈安心頭陀序

余旅南島將十年矣，國内之以興學，或振災，或其他公益慈善名義來向僑商呼庚癸、乞將伯者月不絶於途。往往有借名肥己，事敗則聲譽掃地，以故僑商寖厭之。邇來即有真誠爲公益奔走者，亦不易得人傾信。吁，可慨也。獨安心頭陀之爲孤兒院募捐，卓然有異於人者。方其始至，余亦不能無疑。迨第一次募乃數千金以歸，越歲重渡南洋，以徵信録見眎，則凡頭陀所募涓滴歸公，旅費亦自出，未嘗沾及一文，此從來募款者所未聞也。抑且歸國之際，舉人所贐，頭陀亦移充孤兒院經費且數百金，此尤難能而可貴也。頭陀本般高年且逾六十矣，本可安享清福、自娱晚景，乃三度重洋，則已毅然出家爲苦行僧矣。矢志爲孤兒請命，今且受過午不食之戒，刻苦自勵，普渡孤寒，其堅苦卓絶，行有類於墨子而身則皈依於空王，此誠當世所稀覯耳。用綴數言，以告世志能熱心公益者，苟發心與人爲善，其必能鑒頭陀之誠而樂輸恐後矣。

崇明陳宗山撰，臨川李健書。

衲底摩尼直萬金，半生空（嘆）〔探〕九淵沈。波離懺罪何名罪，老可安心不見心。此宋劉行簡贈牧庵禪師句也。

安心頭陀屬題小像，録以寫照。戊辰四月歸安朱孝臧。

赤足頭陀我寫圖，安心苦行仰浮屠。放洋有意栽桃李，祇樹布金遍給孤。

安心頭陀六十六歲畫像。

戊辰初夏，白龍山人，時寓海上海雲樓。

一心戴蒼天，兩腳蹋實地。雖曰未嘗學，語言有志氣。少小通經傳，斥馳負俗累。老來痛司責，坦白了不諱。皈依到浄土，非□求加被。挂口阿彌陀，夢寐得安慰。眼中諸孤兒，孤根先蔭庇。誓以幼幼心，拔之出荒薉。盈室賚菉葹，終致化荃蕙。赤手掬衆響，努力資一溉。迢迢新加坡，行行一而再。群稚亦託命，九死吾寧悔。大哉褐寬博，仁勇無二致。耿耿方寸内，熱血老猶沸。荆山有璞玉，純白澈表裏。對頁每自疚，讀書但作僞。

五言一首專贈安心頭陀。癸亥夏日，馮幵。

嘉願克成，供因無乏。百靈衞善，千祥護法。此李嶠語也，爲安心上人造象。

玄嬰

精神如太陽，霍然照清都。四支爲琅玕，五藏爲璠璵。顔如芙蓉，頂如醍醐。天地相終始，浩漫以爲娱。下顧人間，溷糞蠅蛆。

再録皇甫持正詩，爲安心老頭陀寫照。玄

誌公飛錫過蘇臺，幸接清暉百粤來。新加領事秦亮工君介紹來蘇山塘隨喜。俠氣静藏三昧得，慈心普濟萬緣灰。狂瀾閲盡周流後，結衲孤征海澨回。戒幢武丘蒙菈止，丙寅重九立幢虎丘，垂照佛光。虔鎸像贊傍山隈。

丁卯季夏率成俚句，尚希安心頭陀法正。周梅谷。

按：碑原在白衣寺。拓本高 30 釐米，寬 15.5 釐米。

安心頭陀法相
曾熙題
慈喜頭陀像讚
居禪悅天入懽喜
地天上乘願人間

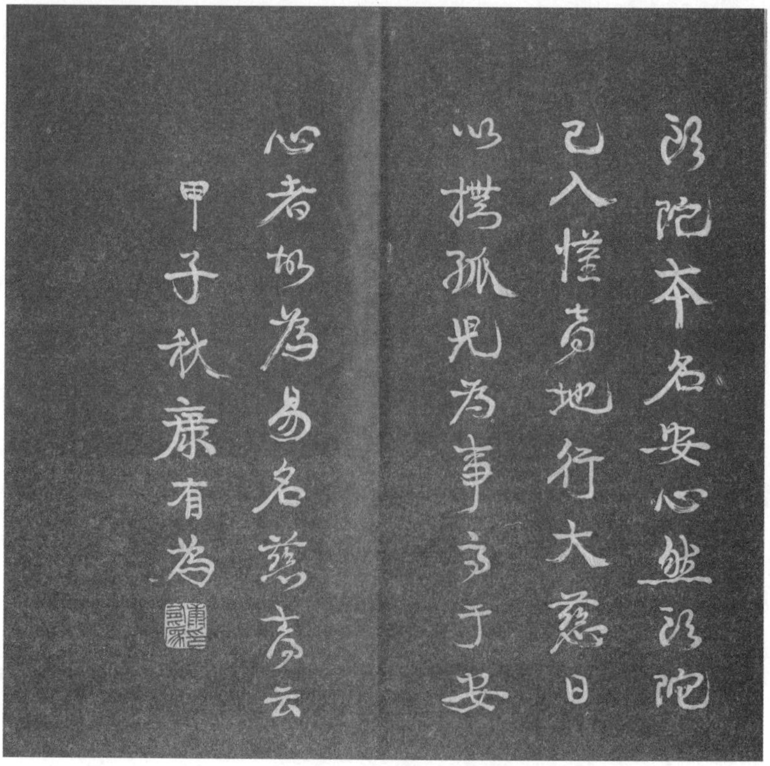
頭陀本名安心然頭陀
已入懽喜地行大慈日
以携孤兒為事予于安
心者故為易名慈喜云
甲子秋康有為

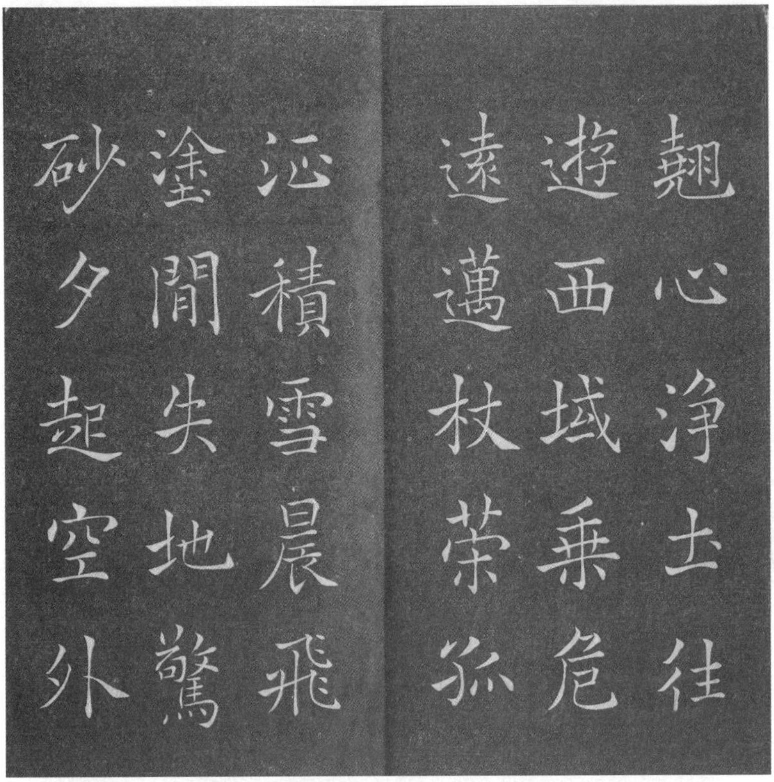

紹屬七邑同鄉會丙舍建築記

吾越之僑滬者衆矣，其出入而取道於甬者爲尤夥。夫以水陸之勞頓，寒暑之侵乘，卒然感觸，顛連中途，幾何不進退失據哉？不特此也。向日上海旅柩以帆船運甬，逗民船以歸葬於内局，相沿至今。顧帆船行必候風，且泊無定埠，以起落之多虞，航行之難準，當局苦之。往者寧紹公司航業産主胡董稑薌曾議陸續改由輪運，卒因甬乏支廠，議不果行。民國十三年，田董時霖及諸董等集資，購得寧波江北岸草馬路地七畝有奇，經始規畫，又格於時議而中止。今紹屬七邑旅甬同鄉會，因在江北岸浮石亭建築丙舍，由趙宇椿等諸君前來商同補助。當經雙方洽議，以其新成廠屋七間作滬柩經甬寄頓之舍，並認續建殮視廳三間，爲旅行萬一不測之備。旁舍三間，爲滬員辦公棲息之所。總此三項，由本堂提撥五千金以代所值。至或時届空閒，但期宗旨無背，當無畛域之見，則又一舉而兩得者。是爲記。

民國十七年十月，上海浙紹公所永錫堂總董田冰謹識。

按：碑原在浮石路紹屬同鄉會。高 162 釐米，寬 77 釐米。碑文楷書，共 11 行，滿行 32 字。

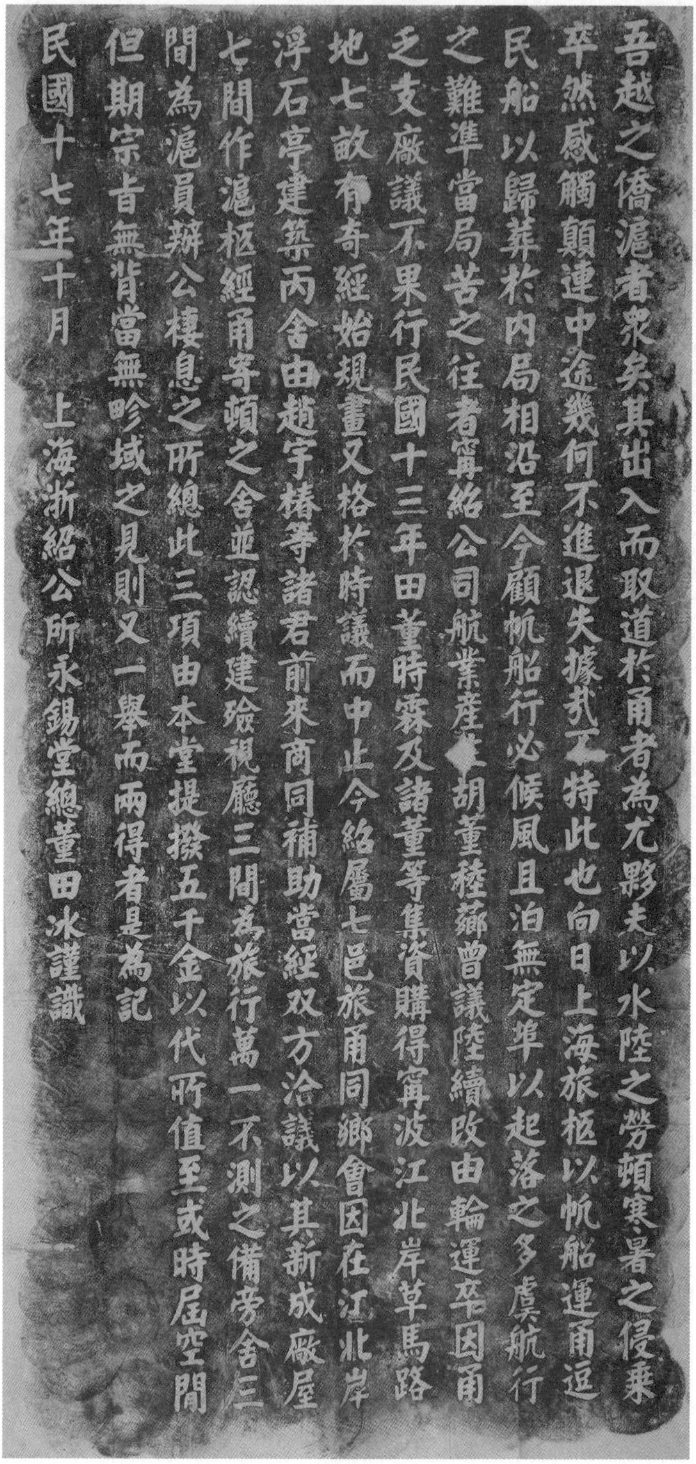
吾越之僑滬者衆矣其出入而取道於甬者爲尤夥夫以水陸之勞頓寒暑之侵乘
卒然感觸顛連中途幾何不進退失據哉不特此也向日上海旅柩以帆船運甬返
民船以歸葬於内局相沿至今顧帆船行必候風且泊無定準以起落之多虞航行
之難準當局苦之往者甯紹公司航業産[illegible]胡董稷蘇曾議陸續改由輪運卒因甬
乏支廠議不果行民國十三年田董時霖及諸董等集資購得甯波江北岸草馬路
地七畝有奇經始規畫又格於時議而中止今紹屬七邑旅甬同鄉會因在江北岸
浮石亭建築丙舍由越宇椿等諸君前來商同補助當經双方洽議以其新成廠屋
七間作滬柩經甬寄頓之舍並認續建殮視廳三間爲旅行萬一不測之備旁舍三
間爲滬員辦公棲息之所總此三項由本堂提撥五千金以代所值至或時屆空閒
但期宗旨無背當無畛域之見則又一舉而兩得者是爲記
民國十七年十月　上海浙紹公所永錫堂總董田氷謹識

鬼谷先師廟琉璃燈會捐資題名碑

竊維吾鄉立有先師廟，歷有數千年之久，神靈卓著，有求必應，遐邇求醫藥者踵相接。惟聖殿中尚少琉璃燈會，民等特發起燈會，以垂久遠。今將捐助人姓名開列於後。

計開：

置産業大小業，量計肆畝五分，坐落嫁子山，計貳則。

發起人梁傅氏、丁金初、金春陽、張發根同敬立。

樂沈氏，助洋叁拾元。張孝安，助洋叁拾元。張繼茂，助洋念貳元。趙坤房，助洋念□元。王時甫，助洋拾五元。方蘭庭，助洋拾五元。陸賡仙，助洋拾元。樂本□，助洋拾元。仇□貴，助洋拾元。張□芳，助洋拾元。鄔友□，助洋拾元。各棧友，助洋拾元。李虞氏，助洋拾元。李傅氏，助洋拾元。陸李氏，助洋捌元。無名氏，助洋柒元。陸祖賡，助洋六元。傅陳氏，助洋六元。傅豐□，助洋五元。傅其松，助洋五元。方祖年，助洋五元。方芝庭，助洋五元。養吾居，助洋五元。高阿春，助洋五元。王初□，助洋五元。張世榮，助洋五元。陳□□，助洋五元。袁繼香，助洋五元。袁潤德，助洋五元。張厚多，助洋五元。張如高，助洋五元。張阿品，助洋五元。張譪永，助洋叁元。張震生，助洋叁元。張氏，助洋叁元。傅氏，助洋叁元。張金□，助洋五元。張春林，助洋五元。張金法，助洋五元。李杏春，助洋五元。李金生，助洋五元。陸張氏，助洋五元。史□氏，助洋五元。王財根，助洋四元。張金□，助洋四元。陳信甫，助洋四元。□阿寶，助洋叁元。□鳳□，助洋叁元。陸祖高，助洋叁元。

衆姓名助洋壹百另七元正。止。以上統共收助洋四百六拾七元正。

付置産大小廿□貳則

付□□□

付夥田契。

付立碑新修墻

付放焰□□□□

付□□琉璃

共付洋五百六拾壹元正。

民國十七年戊辰歲孟冬丹上澣穀旦　□立

按：碑原在沙堰河頭鬼谷廟。高 127 釐米，寬 61 釐米。碑文楷書，前 3 行爲碑記，中有題名 4 列，後 1 行爲落款。

洪君益三墓誌銘

清故洪君益三墓志銘（篆蓋）

慈谿洪君銘　餘杭章炳麟撰文　同縣錢罣書丹　寧鄉程頌萬篆蓋

君諱德生，字益三，姓洪氏，浙江慈谿人。年十六，隨父服賈上海，爲松江黄翁、鎮海方翁所重，三十年未嘗易肆。錢肆之起，蓋放唐飛錢，自清道光、咸豐間始盛，以布政司寶幣及外來銀幣相角出入，取其奇羨，久更爲貨幣樞，諸商賴之，以備緩亟。上海綰轂華裔之交，其勢尤重，而諸錢肆無思次，有事猝不能集議。自餘姚陳翁規置會所，君贊之，不費而舉。由是得日月討論，其操制益神矣。君既善貿易，覩外來械器日盛，始營剛鐵，一見識良楛，弟次其直無所差，獲利自倍。又規設化學工場，遭火中廢。尤樂善喜施舍，清光緒中，義和團起，會陜西薦饑，集金十餘萬振之。而淮徐間又患水，民流亡者幾百萬，復集金十餘萬振之。清廷欲加賞，不受。晚還鄉里，劭農深耕，躬自督治。凡鄉里河渠、橋梁、道塗之役，皆引自任，常語人曰："世人多先私後公，我先公，私在其中矣。"少事母，以孝聞，有疾即涕泣治禳，遭喪毁廢，幾不自勝，忌日祭必泣，終其身。民國十年辛酉二月八日，以疾終於上海，春秋六十有二。元配葛，繼配梅。子男三：承祥、承祁、承祓。孫丕烈、丕善、丕照、丕明、丕熙。十七年，葬君於洪塘西原，承祥兄弟請志其事。余既諾之，且念慈谿古文行區也。當宋世楊文元、黄東發之倫，以德操治事，信於天下，明清之間猶不絶如繩芠，而晚世多善賈。觀君行事，所謂深藏若虚、盛德若愚者矣。斯亦鄉國善化，遺風餘澤之所暨也。乃申爲銘曰：

於粲泉志，文安筆也。奏復鼓鑄，期斠一也。祖所逮聞，金布律也。九府之權，總百物也。桐生茂豫，有仁術也。衞賜不命，外禄秩也。冥室之藏，代引紼也。

吴縣周梅谷刻。

按：墓在慈溪洪塘西原（今屬寧波市江北區）。蓋高 49 釐米，寬 47 釐米；誌高 55 釐米，寬 52 釐米。誌文楷書，共 26 行，滿行 27 字。

清故洪君益三墓志銘

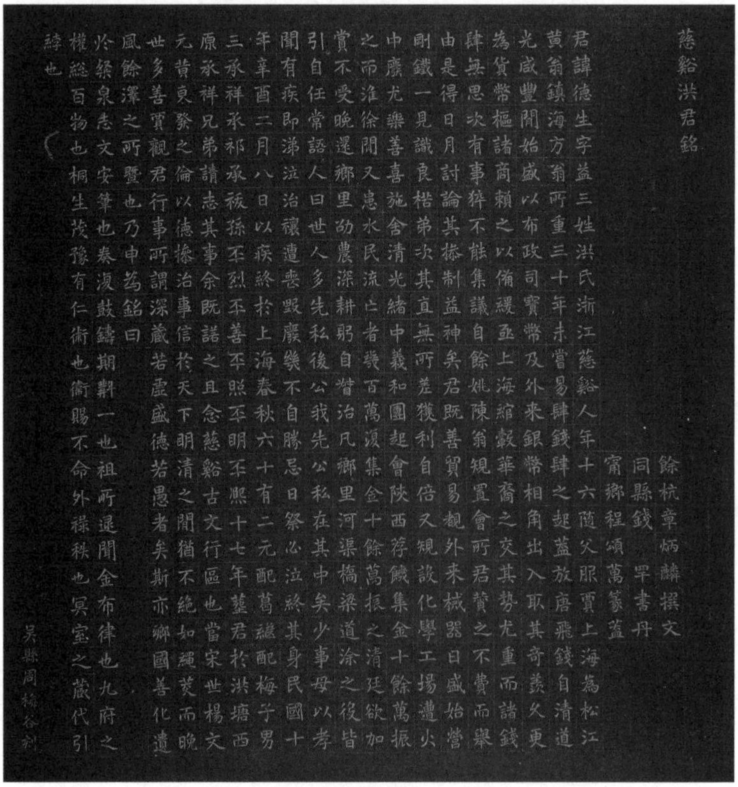

慈谿洪君銘

餘杭章炳麟撰文
同縣錢罕書丹
甯鄉程頌萬篆蓋

君諱德生，字益三，姓洪氏，浙江慈谿人。年十六隨父服賈上海，為松江黃翁、鎮海方翁所重，三十年未嘗易肆。錢肆之起，蓋放唐飛錢。自清道光、咸豐閒始盛，以布政司實帶及外來銀帶相角，出入取其奇羨。久更為貨幣樞，諸商賴之以備緩亟。上海縮㲄華裔之交，其勢尤重，而諸錢肆無思次，有事猝不能集議。自餘姚陳翁規置會所，君贊之，不費而舉。由是得日月討論，其搽制益神矣。君既善貿易，覩外來械器日盛，始營剛鐵，一見識良楛，弟次其直無所差，獲利自倍。又規設化學工場，遭火中癈。尤樂善喜施舍。清光緒中，義和團起，會陝西荐饑，集金十餘萬振之；而淮徐閒又患水，民流亡者幾百萬，復集金十餘萬振之。清廷欲加賞，不受。晚還鄉里，劭農深耕，躬自督治。凡鄉里河渠、橋梁、道涂之役，皆引自任。常語人曰：「世人多先私後公，我先公，私在其中矣。」少事母以孝聞，有疾即涕泣治禳，遭喪毀瘠幾不自勝，忌日祭必泣，終其身。民國十年辛酉二月八日以疾終於上海，春秋六十有二。元配葛，繼配梅。子男三：承祥、承祁、承祓。孫：丕烈、丕善、丕照、丕明、丕熙。十七年葬君於洪塘西原。承祥兄弟請志其事，余既諾之，且念慈谿古文行區也。當宋世，楊文元、黃東發之倫以德撟治事，信於天下。明清之閒，猶不絕如繩茭。而晚世多善賈，觀君行事，所謂深藏若虛、盛德若愚者矣。斯亦鄉國善化遺風餘澤之所暨也。乃申為銘曰：

於緐泉志，文安筆也。奏湲鼓鑄，期斠一也。祖所逞闓，金布律也。九府之權，緫百物也。桐生茂豫，有仁術也。衛賜不命，外祿秩也。冥室之藏，代引綍也。

吳縣周梅谷刻

故處士鎮海劉君咸良暨夫人王氏墓誌銘

故處士鎮海劉君暨夫人王氏墓誌銘（篆蓋）

故處士鎮海劉君暨其妻王夫人墓誌銘

蔣中正撰文　于右任書丹　張人傑篆蓋

處士諱咸良，字立三，姓劉氏，鎮海人。父諱豐盈，以煮海業起家，素事佛，仁慈好施。既老，盡散家儲，振濟其鄉之無告者，不遑恤。厥後生三子，處士最少，性端謹，不苟於取，家遂益落，至無以供朝夕。父歿，處士乃挈妻之滬，用醫自給，稍有餘又以資貧病，於是仁醫之名振，而其窮乃益奇，所居無宿粻，往往竈不舉火。會妻方蓐需孔亟，不得已出之戚友許告貸，無所獲。歸見遺金道上，處士曰："苟其人貧如我，不返將以累遺者。"因忍饑守之，候得其人，始去。《禮》曰："臨財無苟得。"處士當之矣。處士持己約嗇，愛人以誠。每行醫，出門不以車，雖疲必走赴之。晚年應人益繁，精力稍衰，嘗於沍寒風雪中視疾十數里外，往返徒步，勞甚，遂病不起，卒年五十有三，時光緒二十三年十一月十六日也。殯之日，遠近聞者涕泣來會無慮數百人。

夫人王氏。子一，灝。孫四：同詡、同福、同縝、同繹。夫人諱皈雍，同縣隱居王道通之女。道通信事先天教，推仁行惠，一時稱長者。處士父善其教義，從所請，毀家徇之，遂至貧困。劉氏族怨道通，疑其爲姦利，將訐之官。道通懼，知處士爲其族所重，乃僞與約婚以女妻處士。其族果憐處士而釋道通，女即夫人也。夫人七歲時即茹素，奉教律嚴，誓願終身清修不適人，至是道通不欲奪其女志，議毀約。夫人聞之曰："背誓背約，其爲非義一也。雖然，吾從其輕者，願屈己志以全父信。"於是夫人遂歸劉氏。劉氏既怨道通，夫人歸，亦懟視之。夫人不爲慊，惟益謹婦道，事上接屬，無或失禮，久之乃爲其族所賢。當處士行醫於滬也，不責償，日所入微。夫人乃庸女紅佐處士，盡瘁以從，二十年如一日，無怨色，且時以歡言慰薦處士。處士既歿，子灝猶未成立，教養所費不貲，夫人又年衰不復勝庸事，日惟爲人唪經取直，資灝游學。灝學成，有大志，數從四方豪傑游，而於余及吴興張人傑交尤深。余每過灝，登堂拜母，一接藹然慈愷之容，至今猶復之而起悚也。

民國十三年十二月卅一日，夫人以疾卒於滬寓，年七十有五，距處士歿已二十七年。又四年，灝始克葬其父母於慈谿香山獅峰之陽，以孫同詡、同福從，二孫者皆夫人所篤愛，而同詡尤能孝事夫人。先是，夫人以邁年持門户，傷一足，不良於行，飲食起居恒需人，同詡争承之不言勞，即廁牏澣滌事亦不假人手，遂以是致疾，後夫人一年殤，年僅二十歲。銘曰：

行義而貧難，貧而行義尤難。處難若易，夫惟其賢。兩世隱德，吾信之天。天不廢善，君子萬年。

錫山張石友刻。

按：墓原在慈溪香山寺後獅峰之陽（今屬寧波市鎮海區）。蓋高 73.5 釐米，寬 71 釐米；誌高 80 釐米，寬 87 釐米。誌文楷書，共 33 行，滿行 32 字。

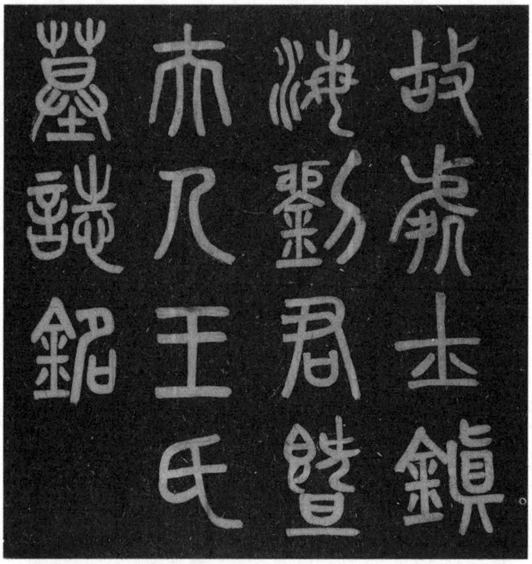

史氏宗長會議分派祀田便價合同議據碑

證碑

立合同議據。宗長史積聚、史善寶等。吾族自忠獻公分派以來傳至公福公，雖分兩族，仍是同宗一脉。近因緑野岙烟灶丁口多於下水，所有忠獻公便價洋不肯與下水人對分。因此，二族屢起争端，致傷和氣。爲此，邀集兩族房幹，特開大會，和平解决。自後，將忠獻公産業便價以及餘錢等項，一概兩族四六照分照存，緑野岙得六分，下水得四分，不得再争多寡。至於修理大寺、享亭費，亦由兩族四六担承。恐年長日久，後有反悔，特此立合同議據兩紙，各族一紙，併於大寺内設立石碑一通，永遠存照。

計開：如後日大寺兩傍大樹公拚其洋，緑野岙亦得六分，下水仍得四分。所有寺内與享亭春秋祭祀，照舊老規當辦，併照。

民國十八年己巳歲正月初六日，宗長史積聚、史善寶，房幹史善錫、史致松、史悠防、史久培，公立。

按：碑原在下水大慈寺。高127釐米，寬52釐米。碑文楷書，共10行，滿行31字。

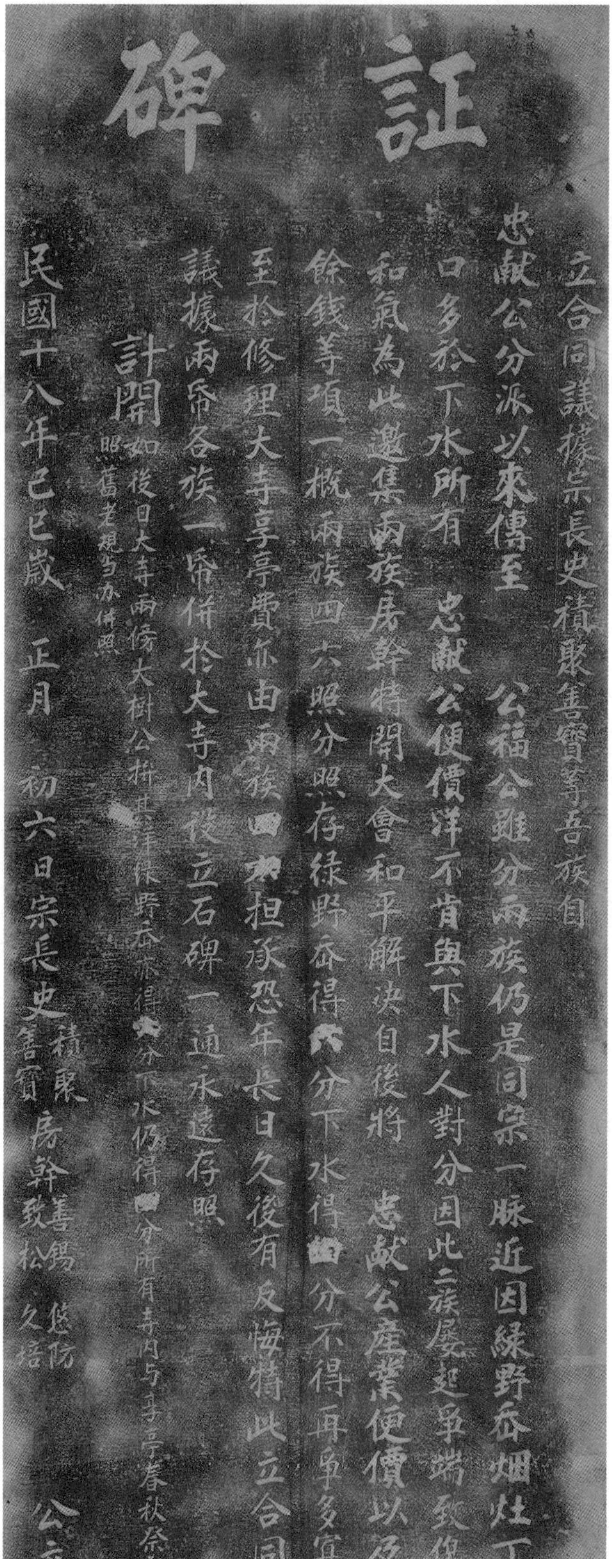

証碑

立合同議據宗長史積聚善寶等吾族自
忠献公分派以來傳至　公福公雖分兩族仍是同宗一脉近因緑野岙烟灶丁
口多於下水所有　忠献公便價洋不肯與下水人對分因此二族屢起爭端致傷
和氣為此邀集兩族房幹特開大會和平解決自後將　忠献公産業便價以及
餘銭等項一概兩族四六照分照存緑野岙得六分下水得四分不得再爭多寡
至於修理大寺亭亭費亦由兩族四六担承恐年長日久後有反悔特此立合同
議據兩房各族一房併於大寺內後立石碑一通永遠存照
計開 如後日大寺兩傍大樹公折其洋緑野岙亦得六分下水仍得四分所有寺内与寺亭春秋祭祀照舊老規当亦併照
民國十八年己巳歲　正月　初六日宗長史積聚 善寶 房幹 善錫 致松 悠防 久培　公立

袁紹濂生壙志

清授奉直大夫福建布政使經歷袁君仰周芝山生壙志

杭縣王壽祺撰文　慈谿洪守謙書丹

袁君紹濂，譜名家濂，字仰周，號蓮谿。世居鄞縣城南，先世系出南宋大儒諱燮，謚正獻。曾祖諱宏，祖諱承祖，邑庠生，仍世隱居，皆有清德。父諱震，錢塘訓導兼攝教諭，升任安徽直隸州知州，花翎，三品銜，授通議大夫。

君自少質敏體弱，乃父以獨子故，督課綦寬，而君不以親之憐愛，弛其勤劬。年十六隨侍訓導任所，而錢塘，而海寧，而新城，幾二十年，而留省垣最久。初至即與余訂交，恨相見晚，遂同謁吴左泉先生而請業焉。每會課角藝，輒偕同學友輯筆算速成法，以餉初學。旋充浙江全省營務處測繪員，以軍功由附貢生藍翎縣丞，議敘花翎五品銜布政使經歷，指分福建試用，以壓倒儕輩。雖連躓大小試，曾不少介於懷。會戊戌變政，新學涔興，旋即反汗，復令復舊。而風會所趨，殊難遏止，乃翻然就浙江高等學堂，研求有用之學，以疇人一術爲各科學秘鑰，鍥而不舍，各科即迎刃而解。辛丑業成，甄别授學位與附貢生。時科舉垂廢，乃父命入貲捐縣丞，使明習吏事，效用於世。嘗司鐸仁和縣學堂及安定中學，病算術課本數詳而理略，學者僅知當然而不明所以然，乃根據點綫面體之理，一一指明數之所由生。

老父臘漸高，延不赴省，依依左右，以盡色養。無何而母氏嬰疾，躬侍床蓐，衣不解帶者數月。彌留之際，恐增老父慟，背人泣不成聲。又備致老父雅好者，以解其憂。丙午春，老父將治任赴皖，以答保升知遇，君恐勞形損體，力請弗出，卒感其誠，優游林下以自適。奉諱後尤慎於營葬，偕堪輿家繭足山鄉六七年，始獲吉壤而葳事。性本恬澹，自政體改革以來即深自韜晦，每慨真風告逝，大僞朋興，益謹守乃父敦樸家法，矜式鄉里，絶不依草附木，以弋時譽。嘗踽踽獨行，衣冠樸野，望而知爲績學質行之君子，此豈無所得而然哉？

君生同治辛未八月初二。配盧宜人生同治辛未五月初三，卒光緒丙午十月十三。繼配李宜人生光緒丙戌三月十二。子三：傳棟、傳樑，盧宜人出；傳樾，李宜人出。女四：長適慈谿翁汝譜，次適同邑陳本厚，三字慈谿嚴智源，四字同邑勵承鴻。孫忠煒、忠燿、忠烺、忠燦、忠煇。今年才五十有八，在縣之西南鄉芝山距祖塋數百步黄泥嶺、黄龍潭之山麓，自治生壙，壙位坐乾向巽兼巳亥。謂百歲後歸侍重闈，仍無間天倫樂。其諸數典不忘其祖歟？辱相知之雅，勉詮梗概以壽石云。

民國己巳孟春吉旦上石。

按：墓原在芝山（今屬寧波市海曙區）。拓本高 34.5 釐米，寬 20 釐米。

清授奉直大夫福建布政使經歷袁君仰周芝山生壙志
杭縣王壽祺撰文
慈谿洪守謙書丹

袁君紹濂譜名家濂字仰周歸蓮谿世居鄞縣城南先世系出南宋大儒諱燮謚正獻曽祖諱宏祖諱承祖邑庠生仍世隱居皆有清德父諱震錢

姜炳生先生生壙記

姜炳生先生生壙記

慈谿葛恩元撰　同縣王禹襄書

滬上繁華地，酒食徵逐無虚日，而能不隨流俗，獨肆力於根本所在，立鄉序，建義莊，擴宗祠以隆祀典，創宗譜以正統系，事皆就緒，然後買山一區，自營生壙，更券墓地，爲族人聚葬所，如鄞邑姜君炳生者，良足多也。

君家窶，年十五棄儒，賈上海。始則所如輒左，繼則一往無前，忠信篤敬，行於蠻貊，不二十年，業以大殖，用能積資鉅萬，得散所有，以償夙願。雖曰天命，豈非人事哉？君五十而後，息影寓廬，不復馳逐商場，雖以多病攝養之故而知足知止，要亦可云見幾而作矣。天相吉人，病凡十稔而卒獲瘳。

家居多暇，不作無益之舉，其殫精竭慮，斥重資以赴之者，皆有益於宗族鄉黨者也。蓋君弱冠盡失怙恃，太翁在日，感君求學之艱，遺言以興學爲勖。故處境稍裕，即就宗祠設蒙塾，旋擴爲學校，陶成宗族、鄉黨子弟之失學者，承先志也。及義莊落成，遷學校於其側，教養兼施，益臻完備。復釐訂莊規，力矯流弊，俾闔族之顛連無告者咸得其所。先後所費無慮二十餘萬金，論者謂其規模宏遠，足與范氏義田並傳，非溢美也。

原有宗祠局於一隅，君以爲因陋就簡，不足以隆祀典也，諈諉於族人，擴建後進並東序、西序凡二十楹，而祠宇式崇。姜氏自始祖肇遷梅墟，歷十五傳迄無宗譜。君以爲支派紛淆，不足以正統系也，蓄志十餘載，創訂譜例，列世表、世傳凡六卷，而譜牒慶成。凡此特犖犖大者，其他一切行誼，蓋有不暇殫述矣。

君以年逾六十，雅志略酬，歲戊辰卜地於邑之東錢湖下水，與德配趙夫人同營生壙。告成之頃，復援公墓例，別置一地聚族而葬。其所規畫，無不從久遠著想，固非見小域近者所可同日而語也。夫人祇一心出於此則入於彼，君惟肆力於根本所在，故能澹泊自甘，不爲滬上繁華酒食征逐所累。昔史遷傳貨殖而終之曰："此皆誠一之所致也。"若君者，其誠一爲何如耶？今君起居矍鑠，耳聰目明，不異少壯，與德配偕老相莊，美意延年，正未有艾，乃慕東漢趙岐、張奂之規，不復拘守堪輿家言，可謂達矣。余知君之積德累行，不惟償所願且將大啓其後人，故於記生壙中詳述其事如此，以爲當世勸焉。

壙地廣半畝，面申背寅，參以艮坤，旁建享堂三楹，地一畝。是爲記。

歲在己巳仲春之月穀旦。

按：碑原在下水。拓片兩張，每張高100釐米，寬75釐米。碑文楷書，共36行，滿行23字。

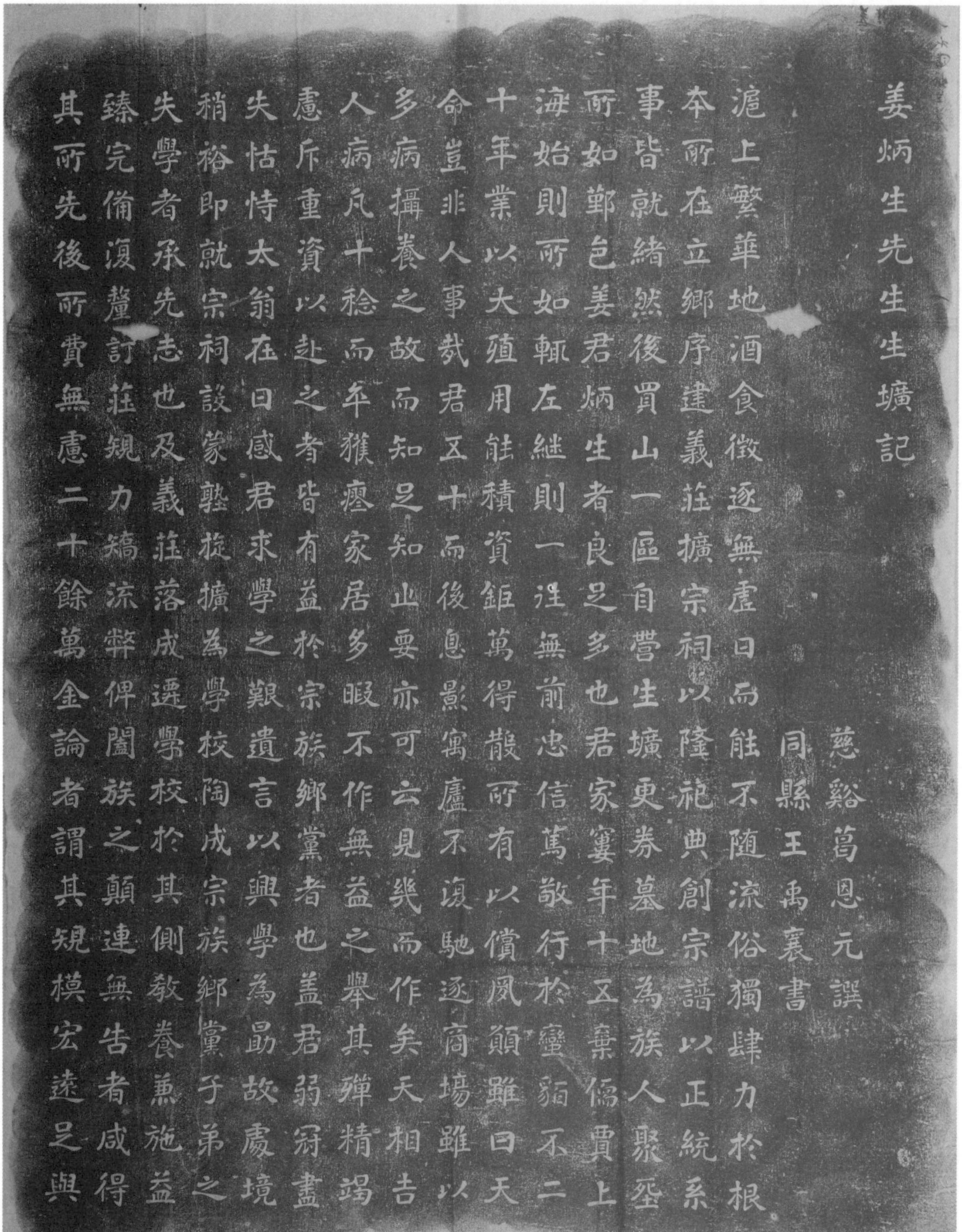

姜炳生先生生壙記

慈谿葛恩元譔

同縣王禹襄書

滬上繁華地，酒食徵逐無虛日，而能不隨流俗，獨肆力於根
本，而在立鄉序，建義莊，擴宗祠以隆祀典，創宗譜以正統系，
事皆就緒，然後買山一區，自營生壙，更券墓地爲族人聚瘞
所，如鄞邑姜君炳生者，良足多也。君家窶，年十五棄儒賈上
海，始則所如輒左，繼則一注無前，忠信篤敬，行於蠻貊。不二
十年，業以大殖，用能積資鉅萬，得散所有以償夙願，雖曰天
命，豈非人事哉！君五十而後，息影寓廬，不復馳逐商場，雖以
多病攝養之故，而知足知止，要亦可云見幾而作矣。天相吉
人，病夙十稔而卒獲瘳，家居多暇，不作無益之舉，其殫精竭
慮斥重資以赴之者，皆有益於宗族鄉黨者也。蓋君弱冠晝
失怙恃，太翁在日，感君求學之艱，遺言以興學爲勗，故處境
稍裕，即就宗祠設家塾，旋擴爲學校，陶成宗族鄉黨子弟之
失學者，承先志也。及義莊落成，遷學校於其側，教養兼施，益
臻完備，復釐訂莊規，力矯流弊，俾闔族之顛連無告者咸得
其所。先後所費無慮二十餘萬金，論者謂其規模宏遠，足與

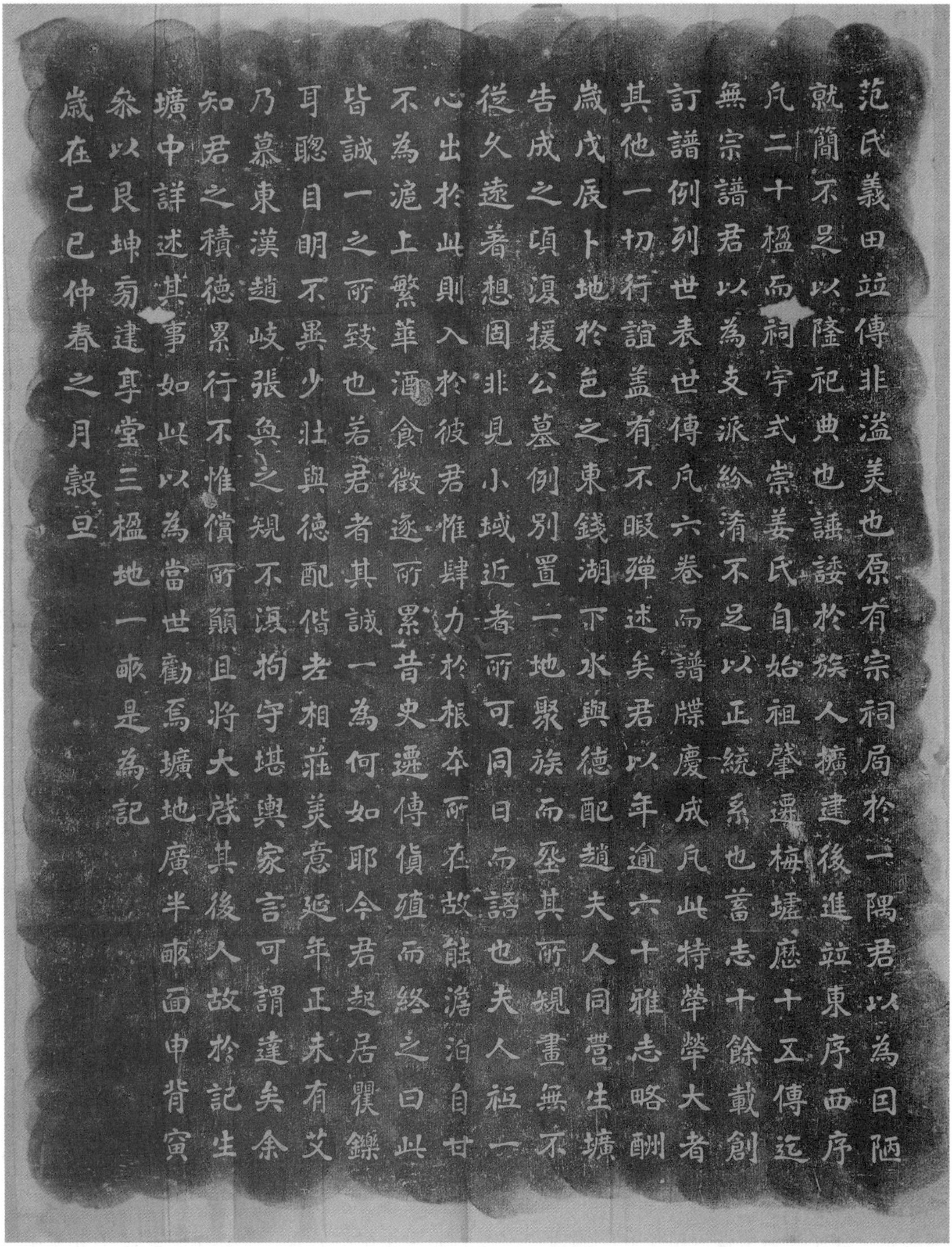

范氏義田竝傳非溢美也原有宗祠局於一隅君以為因陋
就簡不足以隆祀典也議諸於族人擴建後進竝東序西序
凡二十楹而祠宇式崇姜氏自始祖肇遷梅墟歷十五傳迄
無宗譜君以為支派紛淆不足以正統系也蓄志十餘載創
訂譜例列世表世傳凡六卷而譜牒慶成凡此特犖犖大者
其他一切行誼蓋有不暇殫述矣君以年逾六十雅志畧酬
歲戊辰卜地於邑之東錢湖下水與德配趙夫人同營生壙
告成之頃復援公墓例別置一地聚族而瘞其所䂓畫無不
從久遠着想固非見小域近者所可同日而語也夫人祇一
心出於此則入於彼君惟肆力於根本所在故能澹泊自甘
不為滬上繁華酒食徵逐所累昔史遷傳貨殖而終之曰此
皆誠一之所致也若君者其誠一為何如耶今君起居矍鑠
耳聰目明不異少壯與德配偕老相莊美意延年正未有艾
乃慕東漢趙岐張奐之䂓不復拘守堪輿家言可謂達矣余
知君之積德累行不惟償所願且將大啓其後人故於記生
壙中詳述其事如此以為當世勸焉壙地廣半畝面申背寅
叅以艮坤旁建享堂三楹地一畝是為記
歲在己巳仲春之月穀旦

黄泥嶺築路紀念碑

黄泥嶺築路紀念碑

戊辰之秋，族兄志田等倡議建築是路。第以經費竭蹶，後繼爲艱，乃囑予負責籌募，勉任艱鉅。予則中懷懔懔，如拱手承盈，懼稍欹溢。羌賴四方善士，慨解餘囊。又承忻君自樞熱心贊助，購辦材料，諸盡義務，乃得克觀厥成。路綫達三百餘丈，需費計千有餘金。回思昔之崎嶇突兀者，今則周道如砥矣。爰列芳名，永留紀念，庶後之人有所觀摩云爾。

榮和號，壹佰元。豐泰號，伍拾五元。許晉卿，肆拾元。史□順，肆拾元。余琛睿，叁拾元。□□□，叁拾元。長源行，叁拾元。敦仁堂，叁拾元。余忠鏈，念伍元。余誠彩，念伍元。美生行，念伍元。源大行，念貳元。余銘來，念元。忻福生，念元。王萬利，念元。合利號，念元。忻蓮卿，念元。吴錫山，念元。忻顯煌，念元。忻顯煒，念元。和泰行，念元。成昌號，念元。余誠源，念元。余錦才，念元。余阿洪，念元。忻阿林，拾伍元。余瑞榮，拾伍元。王榮卿，拾伍元。新椿茂，拾伍元。余寶仁，拾伍元。余愛房，拾伍元。慎泰號，拾元。王慎德，拾元。余廉清，拾元。資新廠，拾元。余安才，拾元。夏榮生，拾元。余春泉，拾元。協記棧，拾元。源順行，拾元。潤大行，拾元。協順棧，拾元。忻顯康，伍元。陳如海，伍元。文進坊，伍元。源豐坊，伍元。東成坊，伍元。董順記，伍元。余文渠，伍元。余景棠，伍元。余傳薪，伍元。余武臣，伍元。吴濟永，伍元。朱寶鎮，伍元。長和行，伍元。長利號，伍元。忻筱康，伍元。德記號，伍元。昇源行，伍元。葉永生，伍元。春源行，伍元。祥元莊，伍元。忻自康，伍元。忻原華，伍元。忻洲薌，伍元。余文哲，叁元。王修永，叁元。侯全聖，叁元。王元斌，叁元。久和作，叁元。張季棠，叁元。范顯廷，叁元。曹堯裕，叁元。徐正科，叁元。顧葆相，叁元。吴義興，叁元。吴松甫，叁元。劉華廷，叁元。葉連生，叁元。夏子芳，叁元。余顯源，叁元。余桂才，貳元。葉春林，貳元。□欽祥，貳元。王炳釗，貳元。虞成義，貳元。馮禮品，貳元。黄錦德，貳元。許寶慶，貳元。虞和潮，貳元。顧安相，貳元。陳舫庭，貳元。史濟全，貳元。張榮桂，貳元。忻文堯，貳元。許積烈，貳元。潘超萃，貳元。陳寶章，貳元。順康行，貳元。陳昇行，貳元。鴻順行，貳元。夏華廷，壹元。朱鎮江，壹元。徐惠傳，壹元。忻瑞祥，壹元。張杏林，叁元。追遠堂，伍拾元。廟會祀，念叁元三角貳分八釐。余慶芳，叁拾七元零七分四釐。□□□，讓屋基地貳尺。余富仁，助糞缸基地壹尺。余緒沅，助糞缸基地壹尺。

中華民國十八年歲次己巳季春月吉旦，幹事余啓喬謹識。

按：碑原在陶公山黄泥嶺。高 167 釐米，寬 70 釐米。碑文楷書，共 20 行。

余氏五柳莊規約碑

重立禁碑

我祖，明相國文敏公是也，曾讀書於此，故名斯樓曰“余相書樓”，又改造五柳莊助田地百畝許。我祖生平學術品行，緯績豐功，昭垂國史，詳載家乘，炳日月矣，兹不具録。維是我祖聖像裝成於斯樓之西廡，歸寺外山與田地百餘畝，命住衲春秋供養，香火千秋。詎料年謰代遠，住衲不守清規，將田變賣，追查不及，只得從恕。又有寺外山與田地，每年計租洋貳元八角歸宗長收花。先父韶於宣統元年彙集房下諸老，重訂規式，命僧添塑聖像，修完舍宇。民國十七年戊辰歲，僧又不守清規，將山變賣墳地，爲此彙集房下諸老，重立禁碑，嗣此之後，寺外山與田地不許私行盜賣。凡殿宇損壞、春秋祭祀等情，俱係住衲承直。如不遵命，斥逐弗貸，特此立碑，永遠布告。

一議元旦、清明春祭虔備素餚十大碗。

一議冬至、七月秋祭虔備素餚十大碗。

一議余氏本派子孫參拜，宜備茶點素餚享餕。

一議每逢朔望，早晨奉净茶一鐘。

一議租洋每年宜元旦參拜交清。

民國十八年己巳歲三月，余氏宗長重立。

按：碑原在東錢湖月波寺。高 132 釐米，寬 61 釐米。碑文楷書，共 15 行，滿行 40 字。

重立禁碑

我

祖明相國文敏公是也曾讀書於此故名斯樓曰余相書樓又後建五[illegible]座[illegible]地百畝許我祖生

學術品行緯續豐功昭垂國史詳載家乘炳日月矣茲不具録雖是我 祖聖像裝成於斯樓之西廡

寺外山與田地百餘畝命住衲春秋供養香火千秋詎料年湮代遠住衲不守清規將田畝盜賣追查不[illegible]

得從恕又有寺外山與田地每年計租洋弍元八角歸宗長收花先父當於宣統元年彙集族衆諸老

重訂規式命僧添塑聖像修完金字民國十七年戊辰歲僧又不守清規將山蕩賣坟地為此彙集族衆

議老重立禁碑嗣此之後寺外山與田地不許私行盜賣凡殿宇損壞春秋祭祀等情俱係住衲承直[illegible]

不遵命斥逐弗貸特此立碑

永遠佈告

一議元旦 清明春祭

一議冬至 七月秋祭 要備素饍十大碗

一議余氏本派子孫參拜宜備茶點素饍享餞

一議每逢朔望早晨要淨茶一鍾

一議租洋每年宜元旦參拜交清

民國十八年己巳歲三月 余氏宗長重立

童士奇墓表

童君墓表（篆額）

童先生墓表

蘄春黄侃撰　歸安朱孝臧書　寧鄉程頌萬篆額

昔原涉爲輕俠，而恥其先人墳墓儉約，遂大起冢舍，開道立表，署曰“南陽阡”，以規曹氏，人不肯稱，稱曰“原氏阡”。由是觀之，人之求没世名，與夫致聲稱以榮其親，皆必有道矣。鄞童第德，今世之能文者也，又篤於行。既偕兄弟葬其考樹庠先生於鐸山，則爲文以記，筮宅卜日之有祥而歸功於天相。讀其文，即先生之德可知也。先生以積學棄諸生，又不及中身而歿。故澤無由遍施於人，名不出乎鄉國，而四明之師儒，無不稱道其學也，見推爲鄉正，而鄉之利無不興也。遣諸子游學四方，皆有成，然無漸漬薄俗者。第德以古文辭教人，尤謙抑温然君子，是先生義方之教也。冢地獲之適然，其鬻者即其族子，嘗受恩者也。烏虖！壽夭窮達不可必者也。積善有報，修之身而名章，不易之理也，先生其可以慰已。予讀第德所爲文，言赤堇之山，狀如覆甑，嵐氣隱見。鐸山者，赤堇之别也。環斯邱者，無非松柏。立埏道而望群山，宫之左側一峰，單椒孤秀，其下沃野數百畦。春時蕓薹作花，爛如散金，香氣苾馞。大谿流其間，清澄如鏡。幽宅之佳若是，宜第德兄弟以爲幸事，微先生之德，焉能得此吉卜乎？

先生諱士奇，樹庠其字，一字梅芳，鄞之童谷人。卒於丁巳八月二十八日，享年四十有九。孺人張氏亦有賢行，後先生一歲卒於戊午九月十三日，年五十有一。實合葬。子五人：第錦、第德、第榖、第周、第肅。第德，予爲北京大學教授時諸生也。先生之葬也，慈谿馮幵詳誌其世系行事，勒銘幽堂。陳訓正爲作家傳，遺詩數首，載《四明清詩略》。予因第德請爲文，以揭於墓門，雖不能形容全德，亦俾後之觀斯邱者，深其景慕之心，知非“原氏阡”比也。

己巳八月中澣上石，李良棟刻石。

按：墓原在大咸鄉鐸山（今屬寧波市鄞州區）。高220釐米，寬70釐米。碑文楷書，共15行，滿行46字。

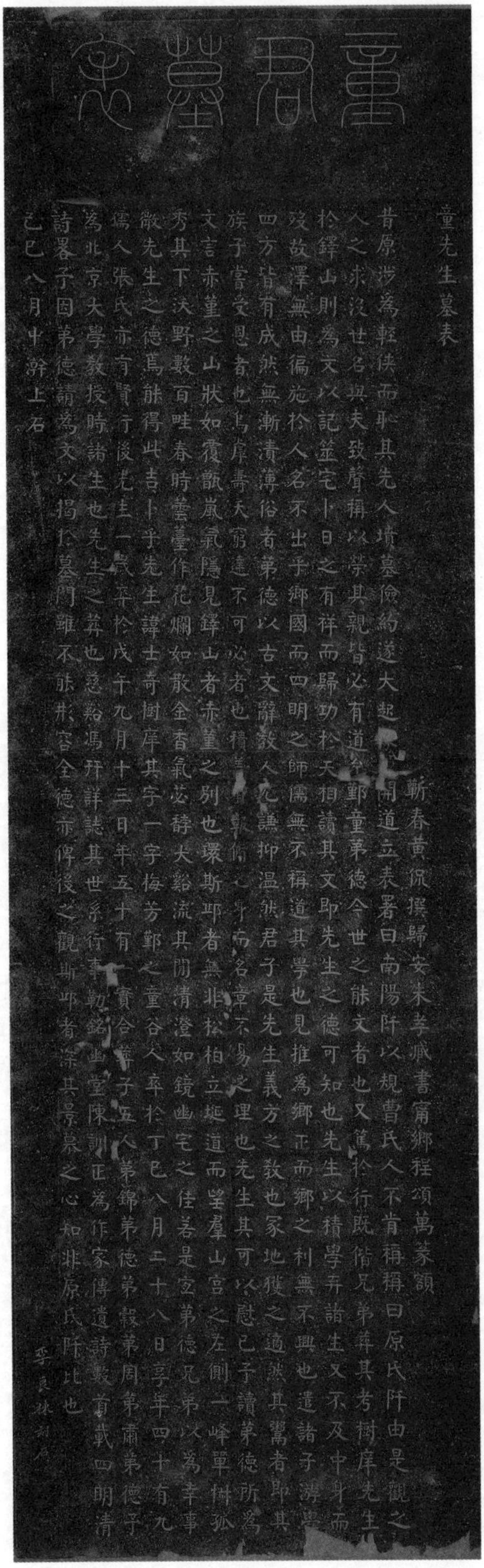

童君墓志

童先生墓表

蘄春黄侃撰　歸安朱孝臧書　甯鄉程頌萬篆額

昔原涉爲輕俠而恥其先人墳墓儉約遂大起[illegible]開道立表署曰南陽阡以規曹氏人不肯稱稱曰原氏阡由是觀之人之求沒世名與夫致聲稱以榮其親皆必有道矣鄞童第德今世之能文者也又篤於行既偕兄弟葬其考樹庠先生於鐸山則爲文以記筮宅卜日之有祥而歸功於天相讀其文即先生之德可知也先生以積學弄諸生又不及中身而歿故澤無由徧施於人名不出乎鄉國而四明之師儒無不稱道其學也見推爲鄉正而鄉之利無不興也遺諸子游學四方皆有成然無漸漬薄俗者第德以古文辭教人允讓抑溫然君子是先生義方之教也冢地獲之適然其嚮者即其族子嘗受恩者也焉庠壽夭窮達不可必者也積善[illegible]之乎而名章不易之理也先生其可以慰已予讀第德所爲文言赤堇之山狀如覆甑嵐氣隱見鐸山者赤堇之別也環斯邱者無非松柏立埏道而望羣山宮之左側一峰單峙孤秀其下沃野數百畦春時雲臺作花爛如散金香氣苾馞大谿流其間清澄如鏡幽宅之佳若是宜第德兄弟以爲幸事徵先生之德焉能得此吉卜乎先生諱士奇樹庠其字一字梅芳鄞之童谷人卒於丁巳八月二十八日享年四十有九孺人張氏亦有賢行後先生一歲卒於戊午九月十三日年五十有一實合葬子五人第錦第德第穀第周第肅第德予爲北京大學教授時諸生也先生之葬也慈谿馮幵詳誌其世系行事勒銘幽堂陳訓正爲作家傳遺詩數首載四明清詩畧予因第德請爲文以揭於墓門雖不能形容全德亦俾後之觀斯邱者崇其景慕之心知非原氏阡比也

己巳八月中澣上石

季良冰刻石

寧波市立女子中學募建校舍奠基銘

唯中華建國十八年之十一月，寧波市市立女子中學募建校舍，初基始奠，勒石爲銘。銘曰：

衆心成城，遹觀厥成。以屹立竹洲之泮、月湖之汀，維日蒸蒸。如竹苞矣，如月之恒。尚永固，爲女學之新黌。

徵募委員會委員長羅惠僑

徵募會總隊長王文翰

校長楊貽誠

按：碑原在湖西縣立女子中學。高85釐米，寬82釐米。碑文隸書，共11行，滿行12字。

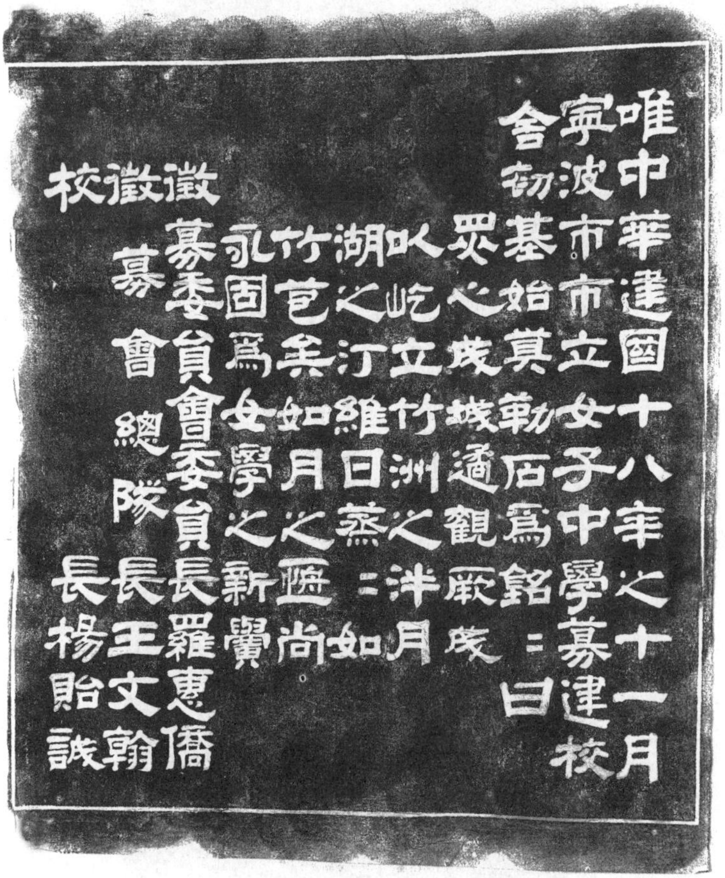

余氏宗祠碑記

宗祠記

粵稽吾族，系出青陽。傳至元末，有諱鼎字良貴公者，崛起西蜀，盛德所鍾，聲名昭著。於明成化中，來官鄮邑，卒葬於堇，子孫遂家焉。以故良貴公爲遷堇始祖，迄今已二十傳。間有支分鄮東石山衖一派，子姓繁衍，亦稱盛族，惜譜牒闕陋，引爲憾事。邑之南隅四府前舊有祠宇，年久失修，梁棟朽毀，瓦礫坍圮。煒忝居宗長，心存重建，力有未逮，幸胞弟用燮勤儉自勵，克振家聲，常以報本追遠、敬宗睦族爲己任。今年春，邀集族人倡捐重建宗祠、修輯譜牒，就原址建正廳三楹，奉良貴公爲遷堇始祖，則凡左昭右穆於以附祀。祠後有屋三楹，即以屋息以充祭費，輪流當辦。綜計斯祠之成，吾弟用燮出資獨多，其餘族人皆量力資助。願我後人繼吾弟用燮之志，逐年修葺，俾得廟貌常新，永垂不朽。是爲記。

中華民國十八年己巳歲秋月上澣，十八世孫宗長用煒謹誌。

按：碑原在白龍巷余氏宗祠。高56釐米，寬78釐米。碑文楷書，共20行，滿行16字。

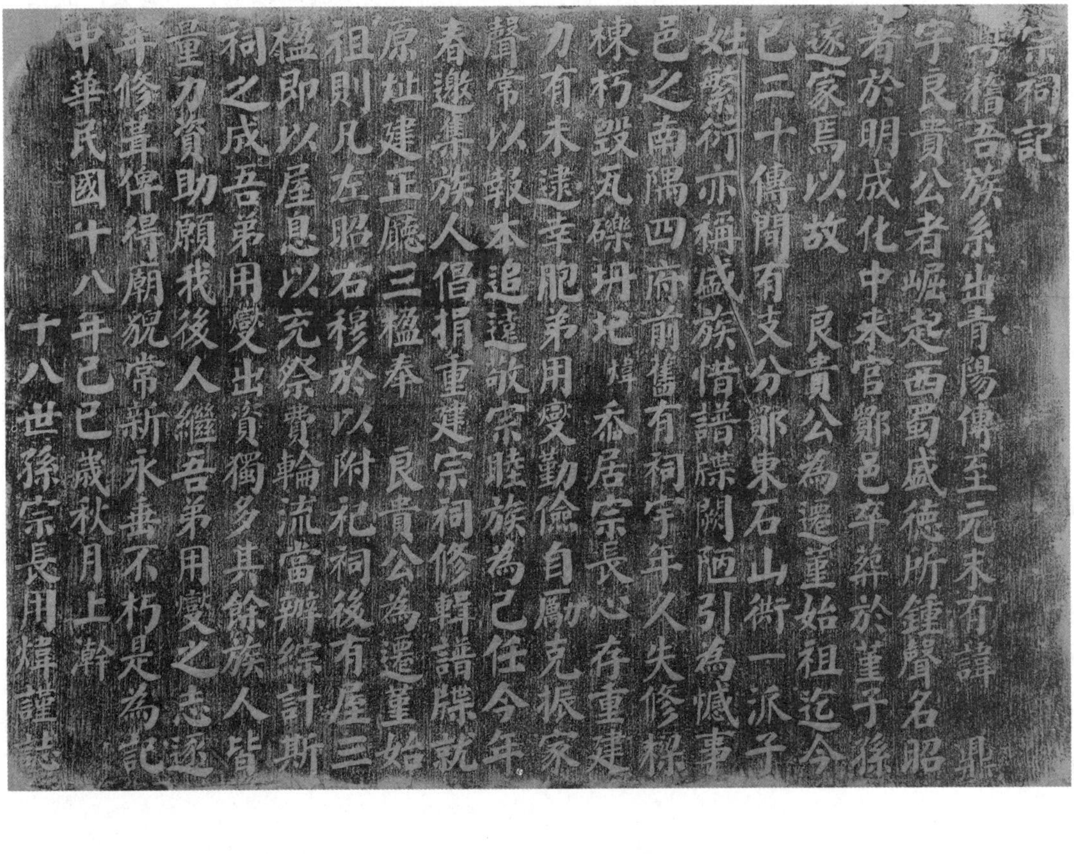

鎮海劉君咸良墓表

故處士鎮海劉君墓表（篆額）

故處士鎮海劉君墓表

浙江省政府常務委員陳屺懷撰文　河北省政府委員兼教育廳長沈尹默書丹　中國國民黨中央監察委員兼浙江省政府主席張人傑篆額

劉君諱咸良，字立三，鎮海人。其先有翊者，五代時進士，避吴越王諱，改氏金。入宋以省郎出官明州，卒，其子孫占籍慈谿，始復姓劉氏。自翊九傳至復卿，卜遷故定海貴駟橋，今爲鎮海地。又一十六傳至君考太翁。太翁諱豐盈，用鹽筴起家，慷慨好行惠。同縣有王道通者，先天教閩浙主教也，常抱其教義巡宣郡邑，太翁與之遇，心韙其言，篤信之。道通數教太翁散私財，赴義會。洪楊之役，鄉閭被兵久，又直歲儉，民流離無所得食，道通曰："此其時矣。"太翁遂傾所畜，振給其鄉諸無告者，不足，並斥鹽場田舍盡。太翁家由是浸墮，至不克自爲養。劉氏之族閔太翁以道通一言毁家，怨之，疑其爲姦利，將檢之官。道通急就太翁求解，乃僞約爲婚姻，以弱女妻君。君太翁少子也，自幼馴厚謹慤，爲其族所愛重，於是族人懼連君，遂罷議。既太翁老病且死，道通以女曾誓奉清修，不適人，欲如其志，議毁前約。女微得之，大驚，泣曰："此何事，亦可僞爲耶？吾誓死必爲劉氏婦。"劉氏聞之，遂逆女歸。

時劉氏益不振，君乃挈妻賃食滬上。君精醫，不自多，人有求者，不計酬出應，其貧無訾者，雖醻不受，或劑藥並貸之。夫妻處久困中，俱持義寡欲，不苟苟於取。嘗晨炊不繼，妻方蓐，君出告乏友人許，無所得。還見遺金道上，自計曰："舍之必爲他人簒，不得返將累遺者。"遂忍饑守之，日昃，候得其人，始去，其急人後己率如此。年五十三卒，君既旅死，遠近聞者走會，執紼送葬，老幼數百人，皆嘗受君藥惠者。

妻王氏，少君五歲，所遭艱苦刻嗇尤過君。生一子灝，君歿時僅十三歲，又多病眚，飲食調護一恃母。母素事佛，日爲人唪經，取其庸，資灝游學。灝學成，從諸豪傑游，將參與革命之役，請於母。母始告灝曰："吾父舅當日破家行教者，固爲此耳。"因激厲之。母耄年衰病，足偏患，行殊不良。其時灝方奔走國事，不恒歸，命子同詡侍養。同詡孝，盡心事大母，抑搔扶持，無須臾離，日常廁牏澣濯之細，皆躬執之，不以假人。久之，同詡以勞聞，母憂憐甚，病遂大漬。民國十三年十二月卅一日卒，年七十有五。後一年，同詡殤。更四年，灝始克葬其親於慈谿香山寺後獅峰之陽，以殤子同詡、同福瘞其傍。同詡殤年二十，同福九歲，皆有愛於其大母，故陪祔焉。

吴縣唐仲芳刻石。

按：墓原在慈溪香山寺後獅峰之陽（今屬寧波市鎮海區）。高 208 釐米，寬 96 釐米。碑文楷書，共 23 行，滿行 43 字。

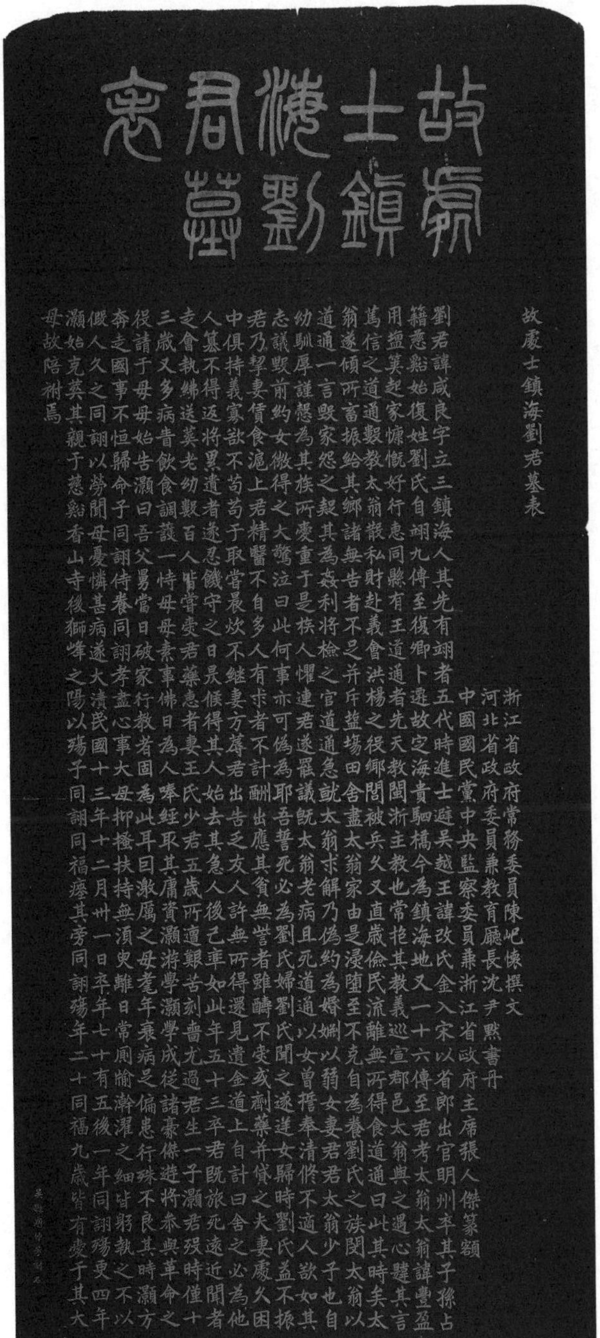

天童寺重禁青龍崗至玲瓏巖一帶不准造塔碑文

重禁青龍崗至玲瓏巖下一帶不准造塔碑文

鄞縣雲峰崔淩霄書

竊維天童爲十方叢林，浙東古刹，環山拱秀，形勢天然。豈惟佛家之靈跡所當欽崇，即歷史之遺踪亦應維護。查青龍崗至玲瓏巖下一帶，迺本寺最優勝之風景，爲保全貞璞，故禁止摧殘，經歷代垂訓，禁止造塔。是以自晉迄今，除宏覺禪師衣缽塔、林野奇、皈依和尚、幻首座四塔以外，絶無其他塔跡。蓋之四人者，或爲曠代名僧，可資後來之景仰，或爲有功本寺，不愧我道之干城，因是地靈人傑，相得益彰，而非後來之凡僧俗子可得援例以葬兹朽骨、污我名山者也。兩序有鑒於此，深恐世傳之禁例因歲久而廢弛，爰勒貞珉，重申禁令，斯亦杜漸防微之意乎。從此崗巒無恙，風景依然，山靈有知，亦當贊同斯舉。立此禁碑，以垂遠久，凡我緇徒，毋渝此約。

中華民國十九年二月　日，天童本寺兩序大衆公立。

按：碑在天童寺。高119釐米，寬68釐米。碑文楷書，共13行，滿行27字。

重禁青龍崗至玲瓏巖下一帶不准造塔碑文

鄞縣雲峯雀凌霄書

竊維天童為十方叢林浙東古剎環山拱秀形勢天然豈惟佛家之靈
然亦當欽崇即歷史之遺蹤亦應維護查青龍崗至玲瓏巖下一帶迺
本寺最優勝之風景為保全貞璞故禁止摧殘經歷代垂訓禁止造塔
是以自晉迄今除宏覺禪師衣鉢塔林野奇畈依和尚幻首座四塔以
外絕無其他塔照蓋之四人者或為曠代名僧可資後來之景仰或為
有功本寺不愧我道之干城因是地靈人傑相得益彰而非後來之凡
僧俗子可得援例以葬茲朽骨汚我名山者也兩序有鑒於此深恐[illegible]
傳之禁例因歲久而廢弛爰勒貞珉重申禁令斯亦杜漸防微之意乎
從此肯繼無違風景依然山靈有知亦當贊同斯舉立此禁碑以垂遠
久凡我緇徒毋偷此約

中華民國十九年二月　日天童本寺兩序大衆公立

約藏記

約藏記

約藏者，張約園先生預營藏骨之處也。約園平生無他嗜，積書數萬卷，而家人生産悉未之問。嘗欲闢地建屋，略樹花木，名曰約園，以爲書籍偃息之地。歷十餘年，願未償也。己巳冬，慨然營生壙於杭州洗馬湖之玉屏山，占地縱若干尺，横若干尺，名之曰“約藏”，且告余曰：“《易》云‘納約自牖’，《詩》云‘約之閣閣’，皆言始基也。小子謬承先王母苦節之賜，與夫先給諫清白之遺，由諸生膺鄉薦，浮沉宦途二十年，兢兢焉，懼始基之墜，未敢稍事放縱。今行年五十有五矣，‘人生不滿百，常懷千歲憂’，古詩所云者，其惕耶？其慮耶？吾未之知。然東坡有云‘自其變者觀之，雖天地曾不能以一瞬’。王逸少自號瀟灑，《蘭亭》一序，俯仰今昔，終之以悲，何其隘也。余爲斯藏，既自銘矣。藏之記，非君莫屬。”余曰：“唯唯。”

夫自其表而察之，約園之爲人，襄贊國計，綜理省賦，至繁也。有子女十六人，教養嫁娶，至繁也。然約園自筮仕至于今日，得失榮辱之見，未嘗動于中，豐儉貧富之境，未嘗累其心。日劻勷于財政，綜核于案牘，若無暇晷。及其退休一室，則仍丹鉛典籍，蕭然自得，舉紛紜擾攘之事，如浮雲之過太空，未嘗留于心目。而鞠育子女、料量米鹽，又得賢内助以董理之。飢而食，無隔宿之積，不知也；寒而衣，無可易之衣，不知也。噫！此蓋所御者繁，而所操者約矣。人之生也，上也者，名德羈之；次也者，功業累之；下也者，嗜欲賊之。盤旋顛頓六七十年中，如駕疲牛、牽笨車，行于泥淖，非牛斃車覆，所謂羈之、累之、賊之者，終不悟也。及其藏骨，猶且塍珠含玉、漆燈金椀，惟恐其不侈，庸詎知所藏者獨爲白骨耶？庸詎知德業、文章、勳名皆在藏之外，而非藏中所能容耶？至歸藏之際，尚不知約，則世人之愚也，可憫矣。夫約者，要也，少也。約園處世既要而不煩，今名其園，復名其藏，斯真能知約之義，得約之益者歟？約園喜讀性理書，尤好陸王之學，所著有《王學發揮》，更於古今治亂得失時時發爲議論，筆於書，曰《約園隨筆》。近則搜羅故鄉文獻，編《四明經籍志》，刊《四明叢書》，復輯所藏書目曰《約園藏書志》，此尤可見其志矣。雖然，約園之骨異日已有所歸，約園之書今尚無所寄也，深願約園當未藏之前，必且經營其園使成，庶百世之後，經此藏者，知所藏爲約園其人，而余亦將以記藏之筆復記其園也。

約園名壽鏞，字詠霓，浙江鄞縣人。配蔡氏，生子五：康源、康澐、康漢、康洞、康灃；女七。側室錢氏，生子一：康潮；女三。孫二：欽模、欽栻。斯藏也，約園之所自營且爲元配蔡夫人預營者也，而其側室錢氏之棺附焉。余並記之。

中華民國十九年二月　日，海寧張宗祥撰并書。

按：碑原在杭州留下玉屏山。高68釐米，寬91.5釐米。碑文行楷，共33行，滿行27字。

慈谿岑君庭芳墓誌

慈谿岑君庭芳墓誌（篆額）

吾慈谿之北，有賈其業而賢其行者曰岑君庭芳。君諱廷康，生於清光緒元年乙亥。甫五歲，從厥父讀書，敦而敏。年十六喪父，哀幾滅性。家故不豐，母命從其姊夫阮君至上海，操絲商業。主人鎮海大賈葉姓深器之，阮君卒，屬繼之經理。我國産絲，遠輸外域，出入數最鉅。君擘畫綦精，業以大振。歷十餘載，辛亥變起，君告主人曰：“可以止矣。”翌年，關東三省謙信靛油公司推君經理。所謂靛油者，可用以染，製自德意志，我國人需焉，德人藉以罔利甚厚。自君主其事，酌彼注兹，務使壟斷者不克大逞，人皆以君爲有幹才。然君所爲，悉本於誠信，未嘗專任智計，而其所規者終勝，蓋有道焉。清季主國計者始深拒外人，力屈而與之交，又或以譎而不以誠，適以自損而已，其未聞君之道歟。

君雖寄於賈，其内行修也。母方恭人疾，嘗刲股祈瘳，卒葬之白洋山之桃園。蓋君世居鳴鶴鄉，鄉有巨湖，名白洋湖，西南有山，名如湖，境絶勝。君祖諱栻，祖妣宓氏、華氏，考諱寶芬，皆葬兹山，故奉母祔焉。時光緒丙午歲也。先是，君以佐賑功，得獎同知職銜，賞戴花翎，並封二代如例。君晚築居上海，名其堂曰孝本。配葉氏，生男子五人，長曰堃，次型、堅、堡、垕。女子四人。嘗聚而訓之曰："毋忘吾名斯堂之意也。"君性好書，嗜吟詠，積詩百數十首，皆可觀。

民國十八年夏，卒於上海居宅，遺言歸葬先人墓側。越年春，堃與其諸弟將葬君，來乞允祥銘。允祥未面君，習聞君賢，觀其詩真摯有古詩人意，知道君賢者信也，乃銘之曰：

殖貨而賢首顓木，言詩迺軼西河卜。睨高蹠遠反之縮，有孚在中孚彼族。眷我舊鄉育以塾，白華孝思詩可讀。白湖之水澄不濁，永依先人故山麓，亘千百年奠玄谷。

太歲在上章敦牂律中姑洗之月穀旦，里人洪允祥謹撰，同縣錢罕謹書。

按：墓原在慈溪市鳴鶴鎮白洋山。高198釐米，寬75釐米。誌文楷書，共16行，滿行39字。

慈谿岑君庭芳墓誌

吾慈谿之北有賈其業而賢其行者曰岑君庭芳君諱廷康生於清光緒元年乙亥甫五歲從庶父讀書敦而敏年十六喪父哀毀滅性家故不豐母命從其姊夫阮君至上海操絲商業主人鎮海大賈葉姓深器之阮君卒屬繼之經理我國產絲遠輸外域出入數最鉅君擘畫綦精業以大振歷十餘載章交變起君告主人曰可以止矣翌年關東三省謙信靛油公司推君經理所謂靛油者可用以染製自德意志我國人需爲德人藉以罔利其厚自君主其事酌彼注茲務使壟斷者不克大逞人皆以君爲有幹才繼君所爲悉本於誠信未嘗專任智計而其所規者終勝蓋有道焉清季主國計者始深拒外人力屈而与之交又或以譎而不以誠適以自損而已其未聞君之道歟君雖寄於賈其內行脩也母方恭人疾嘗刲股祈瘳卒葬之白洋山之桃園蓋君世居鳴鶴鄉鄉有互湖名白洋湖西南有山名如湖境絕勝君祖諱栻祖妣宓氏華氏考諱寶芬皆葬茲山故奉母祔焉時光緒丙午歲也先是君以佐賑功得獎同知職銜賞戴花翎並封二代如例君晚築居上海名其堂曰孝本配葉氏生男子五人長曰埜次型堅堡亶女子四人嘗聚而訓之曰毋忘吾名斯堂之意也君性好書嗜吟詠積詩百數十首皆可觀民國十八年夏卒於上海居宅遺言歸葬先人墓側越年春埜与其諸弟將葬君來乞允祥銘允祥未面君習聞君賢觀其詩真摯有古詩人意知道君賢者信也乃銘之曰

殖貨而賢首穎木言詩迺軼西河卜睨高蹤遠反之縮有孚在中孚彼族眷我舊鄉育以墊白華孝思詩可讀白湖之水澄不濁永依先人故山鬱亘千百年奠玄谷

太歲在上章敦牂律中姑洗之月穀旦里人洪允祥謹撰同縣錢罕謹書

重建永安橋碑記

碑文記略

蓋聞建設之道首重路政，而路政之設則尤端賴橋樑，是故商賈行旅、舟楫往來莫不賴之以趨。本鄉之永安橋由來久矣，不圖於上年水患，被水冲刷，竟致片石無存。鄉人雖迭議興築，但以工巨費大，籌募非易，於是遂以中輟。陽鑒於是橋爲行人要道，豈可久任傾圮，則行道者紆迴曲折，多煩跋涉。乃延工程師來鄉估勘，全橋築以鋼骨水坭，縱計七丈，横亦一丈有二，計費銀四千八百有奇。陽雖竭努力，恐難致勝，幸爰就滬上諸友，輒動善舉，廣爲勸募，巨款立集，事乃厥成。更將距此三里之凌雲橋就原有橋基，加鋪鋼條，實以水坭，經此修築，其堅固當較前倍蓰。兩橋工竣，再就永安橋畔之土地祠，加以修葺，增設石欖、茶亭，以利行人，並於祠旁立碑，以資紀念而垂永久。陽雖不才，願與吾鄉人共勉焉。是爲誌。

發起人任水陽謹跋并誌。

陳世昌君本縣梅墟人、金廷蓀君本縣城内人、杜月笙君江蘇上海浦東人、馬祥生君江蘇常州人，同樂助洋肆仟陸佰元。餘外洋是任水陽君樂助 本縣南鄉大觳橋人。

中華民國十九年捌月吉立。

按：碑原在陳夾畚楊家。高156釐米，寬61釐米。碑文楷書，共14行，滿行30字。

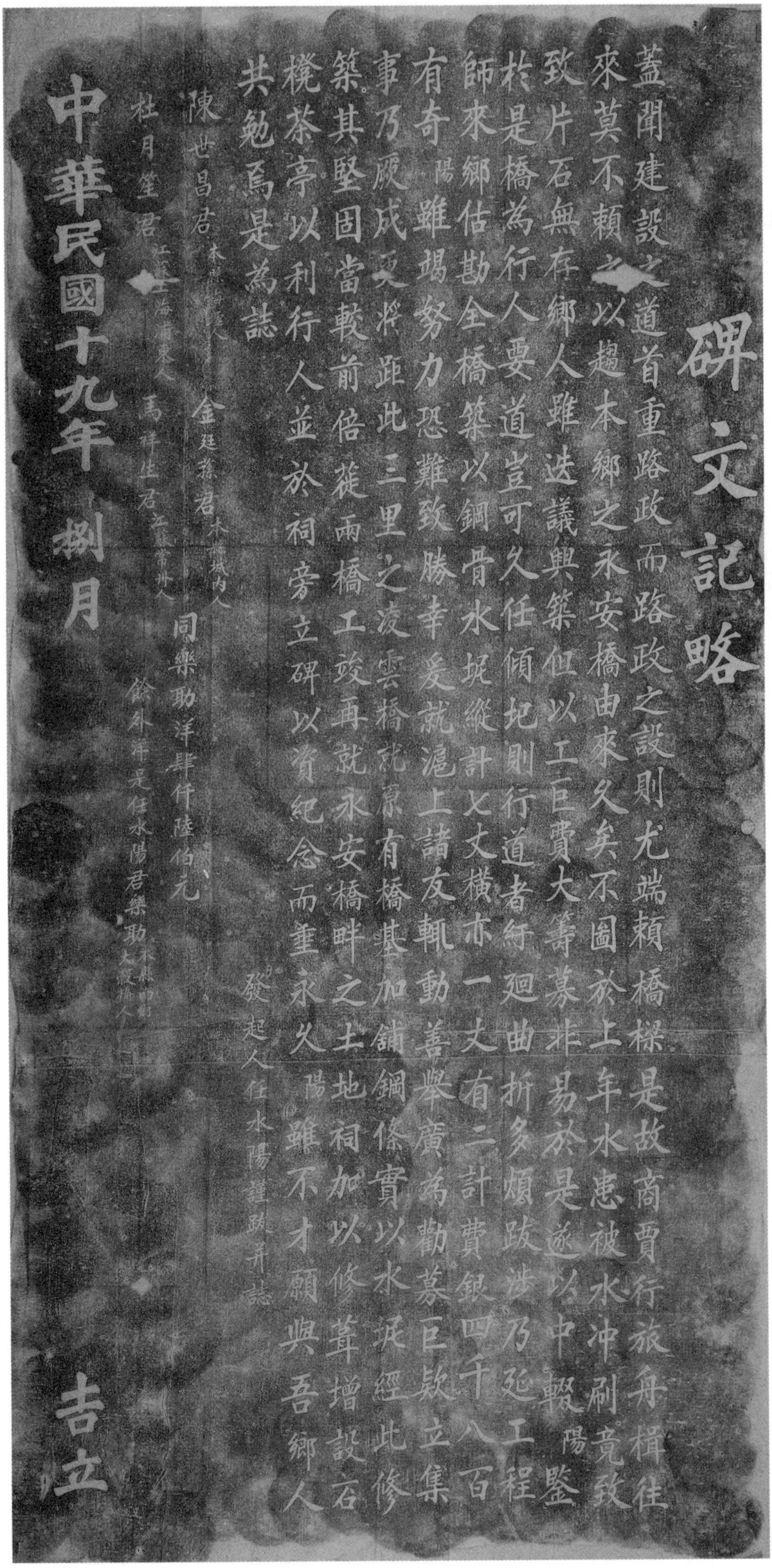

碑文記略

蓋聞建設之道首重路政而路政之設則尤端賴橋樑是故商賈行旅舟楫往來莫不賴之以趨本鄉之永安橋由來久矣不圖於上年水患被水冲刷竟致致片石無存鄉人雖迭議興築但以工巨費大籌募非易於是遂以中輟陽鑒於是橋為行人要道豈可久任傾圮則行道者紆迴曲折多煩跋涉乃延工程師來鄉估勘全橋築以鋼骨水泥縱計七丈橫亦一丈有二計費銀四千八百有奇陽雖竭努力恐難致勝幸爰就滬上諸友輒動善舉廣為勸募巨款立集事乃底成更將距此三里之淩雲橋就原有橋基加鋪鋼條實以水泥經此修築其堅固當較前倍蓰兩橋工竣再就永安橋畔之土地祠加以修葺增設石欖茶亭以利行人並於祠旁立碑以資紀念而垂永久陽雖不才願與吾鄉人共勉焉是為誌

發起人任水陽謹跋并誌

陳世昌君 本縣[illegible]人　金廷蓀君 本縣城內人　同樂助洋肆仟陸佰元

杜月笙君 江蘇上海浦東人　馬祥生君 江蘇常州人　餘外洋是任水陽君樂助 本縣[illegible]大嶴[illegible]人

中華民國十九年捌月　吉立

凌雲橋捐資題名碑

凌雲橋　樂助捐諸君姓名開列于右：

□□樑君助洋貳佰元。任水揚君助洋貳佰元。葉清和君助洋壹佰元。姚葛太太助洋壹佰元。曹炳泉君助洋壹佰元。姚桂生君助洋壹佰元。林雙全君助洋壹佰元。李祖蔭君助洋壹佰元。傅全貴君助洋壹佰元。陸世生君助洋壹佰元。張雲記君助洋壹佰元。王祥房君助洋壹佰元。秦采南君助洋壹佰元。葉李太太同上。胡清塵君同上。易雙禧君同上。朱繼良君同上。張顯民君同上。勤業堂同上。源通行同上。久記同上。陳昌坤君助洋壹佰元。泰和永君助洋壹佰元。蔣紀生君助洋伍拾元。李裕照君助洋伍拾元。林如松君助洋伍拾元。屠用圭君助洋念元。

共捐洋貳仟陸佰柒拾元。

發起人任水陽謹啓。

中華民國拾玖年十月　吉立。

按：碑原在陳夹嶴。高146釐米，寬78釐米。碑文楷書，共14行。

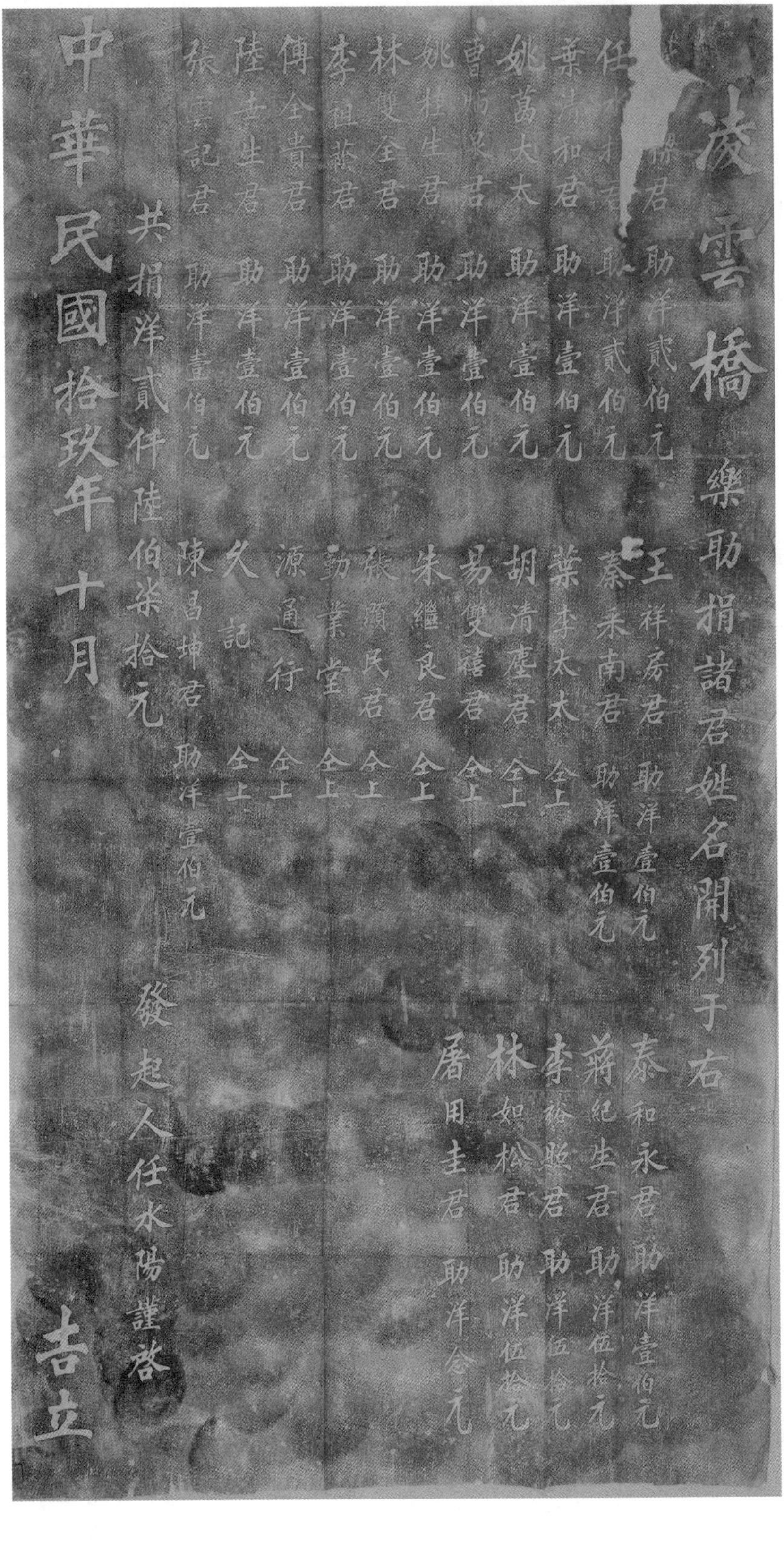

凌雲橋

樂助捐諸君姓名開列于右

[illegible]揚君 助洋貳伯元
任水揚君 助洋貳伯元
葉清和君 助洋壹伯元
姚萬太太 助洋壹伯元
曾炳泉君 助洋壹伯元
姚桂生君 助洋壹伯元
林雙全君 助洋壹伯元
李祖蔭君 助洋壹伯元
傅全貴君 助洋壹伯元
陸杏生君 助洋壹伯元
張雲記君 助洋壹伯元

王祥房君 助洋壹伯元
蔡禾南君 助洋壹伯元
葉李太太 仝上
胡清塵君 仝上
易雙禧君 仝上
朱繼良君 仝上
張顯民君 仝上
勤業堂 仝上
源通行 仝上
久記 仝上
陳昌坤君 助洋壹伯元

泰和永君 助洋壹伯元
蔣紀生君 助洋伍拾元
李裕熙君 助洋伍拾元
林如松君 助洋伍拾元
屠用圭君 助洋念元

共捐洋貳仟陸伯柒拾元

發起人任水陽謹啓

中華民國拾玖年十月 吉立

遺愛祠重修碑記

遺愛祠重修碑記（篆額）

蓋聞朱邑惠民，厥有桐鄉之祀；文翁化蜀，聿留成都之祠。峴山碑高，行人過而隕涕；浚儀社古，邑民爲之圖形。豈不謂循吏、循儒，自可合爲一傳；立功立德，固當禋祀千秋。見甘棠而思召公，霑膏雨而懷郇伯，人之情也，其能已乎？

吾郡遺愛祠者，本清巡道胡公承祖之生祠也。厥後年遠代湮，時移世易，丹青剥落，黝堊晻昏。無錫薛公福成來巡此邦，乃葺而新之，額題“古之遺愛”，旁設義塾，曰“養正”，取《易》“蒙以養正”之義，祠内祀胡公以外，復祔祀王公爾禄、段公光清、陳公中孚、李公可瓊四人。及薛公薨，乃復奉其主於其祠而合祀之，共六公。此六公者，蕭規曹隨，同合乎車轍；召父杜母，如叶夫塤篪。譬諸長離去而宛虹來，曜靈淪而望舒睇，並宣政績之美，咸增史晟之光。俎豆馨香，勿替奕世；冠裳肅拜，儼對神明。亦宜矣哉。

惟是秋霜春露，雖切謳思；物换星移，屢經變幻。青絲白馬，曾罹兵燹之災；滄海桑田，幾經市朝之政。訪永豐之故里，誰聞絃誦之聲；尋雲石之遺蹤，不勝蒼茫之感。而此祠者，靈光之遺蹟，雖巋然而猶存；吴興之故堂，幾岌然而難保。况乎政局迭變，訛言日興。假公濟私，思逞其虎視耽耽之欲；乘機射利，陰肆其蠅營逐逐之謀。里人聞而懼焉。守衛里長洪湝蓀，爰邀集同志，合謀築新。務使趙璧趙歸，勿爲他人覬覦；楚弓楚得，莫令豪强兼併。訴牒於官，俾立南山之案；揭碑於道，用繫後人之思。自輸千金，以爲人倡；復募四境，俾廣檀施。用是鳩工庀材，縮版揭土。翬飛鳥革，規模爲之一新；春禴秋嘗，享祀因以不忒焉。

雖然，表章先哲，固所以傾景仰之心；安妥神靈，豈徒崇肹蠁之祀？顧名思義，總當體愛民之心爲心；崇德報功，亦以見成人之美爲美。蓋此六公者，整飭官方，軫恤民隱。菁莪樂育，咸霑化雨之恩；枯槁得蘇，如施回春之術。故中廳供奉六公外，左設義務學校，右設診治所，即所以仰體六公之意也。今夫造就人才，固以興學校爲亟；而體恤寒畯，尤當盡義務爲先。假令徒頒誥誡之文，必以束脯是責，則窶人子弟、孤苦幼童，空有嚮學之心，不免向隅之歎，使卞和抱玉而泣，鏌邪躍冶而鳴，良可惜也。今興辦義務學校，既不出師資，又捐除書費，雖未遽登於道岸，亦可指示其迷津，其利一也。

抑聞有病必求醫，人情大率乃爾；委身以聽命，達者亦所不能。是以疾嬰夢厲，晉君使秦而聘醫；脈診支蘭，扁鵲至虢而施術。醫之爲用，自古然矣。然或阮囊羞澀，餬口惟艱，范釜騰飛，停炊告急。則纏綿牀蓐，束手待斃而誰憐；乞貸鄉鄰，舉目無親而莫助。

空呼麥麴，孰施刀圭？此診醫所之設，其利二也。

或者謂肇興水利，用次於河渠之書；追念前徽，未聞有疏鑿之事。則自流井之設，似於此祠不相涉者。不知使張渭於沔水，湖謚朗官；出李冲於鄭州，陂名僕射。亦未嘗經營溝洫，荒度土功，而民之懷思如沾其德水，恩之廣被若浴其湛波。六公遺愛，殆猶似之。且守衛里者，南北通衢，往來要道，屋瓦排如鱗次，市廛密若蜂房。倘使旱魃爲災，祝融肆虐，則西江縱能洩水，路遠不及灌輸；北道亦有主人，挈瓶何從汲取。望梅詎能止渴，噀酒焉可禦災？則自流井之設，其利三也。

興此三利，報答六公。惟願陟降神靈，於兹永護，輪奐丹雘，閲世猶新。光啓人文，盡被絃歌之化；福造黎庶，共躋仁壽之天。飲水思源，長此滂流而不竭，修綆汲井，咸來受福而無窮。是爲記。

奉化竺士康撰，鄞縣洪顯成書。

中華民國十九年十月十五日，守衛里里長洪湝蓀、里副孫瀏亭同啓。

按：碑原在公園路遺愛祠，現在天一閣博物院南園遊廊。高201釐米，寬76釐米。碑文楷書，共21行，滿行58字。

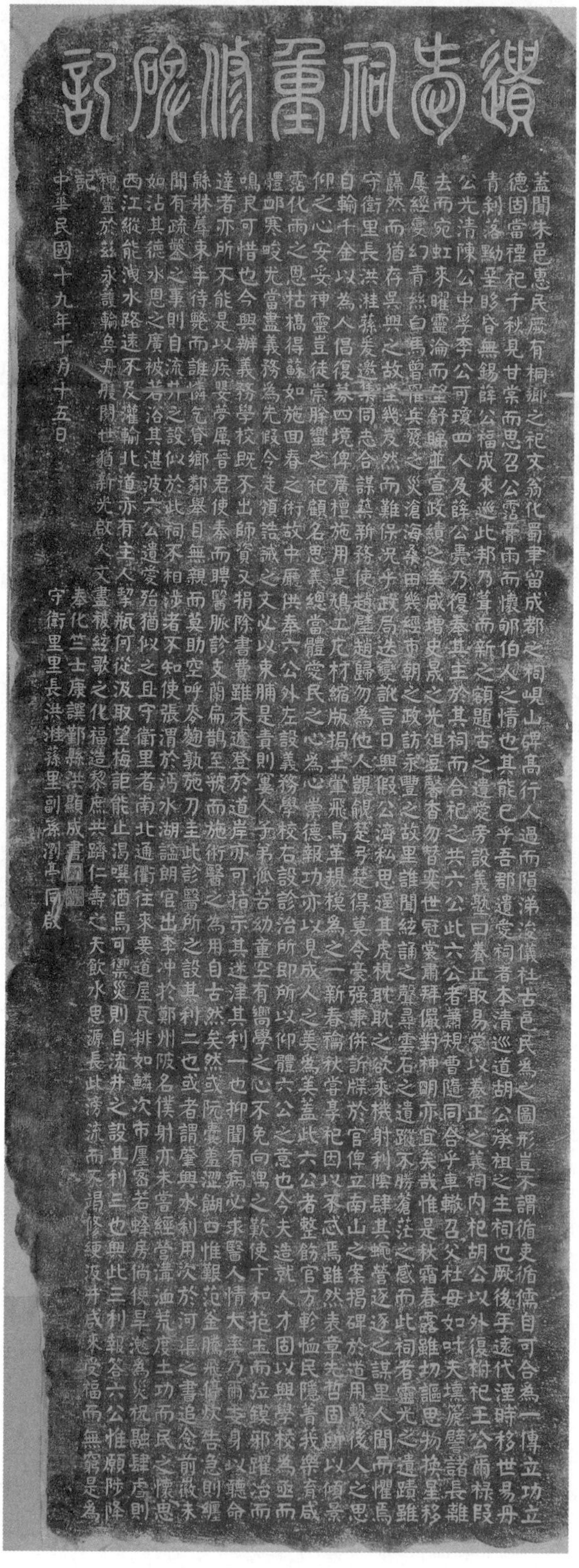

遺愛祠重修碑記

蓋聞朱邑惠民嚴有桐鄉之祀文翁化蜀聿留成都之祠峴山碑高行人過而隕涕浚儀社古邑民爲之圖形豈不謂循吏循儒自可合爲一傳立功立德固當禋祀千秋見甘棠而思召公霑膏雨而懷郇伯人之情也其能已乎吾郡遺愛祠者本清巡道胡公承祖之生祠也厥後年遠代湮時移世易丹青剥落黝堊盻皆無錫薛公福成來巡此邦乃葺而新之額題古之遺愛旁設義塾曰養正取易蒙以養正之義祠内祀胡公以外復祔祀王公爾祿段公光清陳公中孚李公可瓊四人及薛公歿乃復奉其主於其祠而合祀之共六公此六公者蕭規曹隨同合乎車轍召父杜母如時夫壇麗譬諸長離去而宛虹來曜靈淪而望舒繼並宣政績之美咸增史晟之光俎豆馨香勿替奕世冠裳肅拜儼對神明亦宜矣哉惟是秋霜春露雖切謳思物換星移屢經變幻青絲白馬曾罹兵燹之災滄海桑田幾經市朝之改訪永豐之故里誰聞絃誦之聲尋雲石之遺蹤不勝蒼茫之感而此祠者靈光之遺蹟雖巋然而猶存吳興之故堂幾岌然而難保况乎政局迭變訛言日興假公濟私思逞其虎視耽耽之欲乘機射利陰肆其蠅營逐逐之謀里人聞而懼焉守衛里長洪湛蒸爰邀集同志合謀禁新務使趙璧歸勿爲他人覬覦楚弓楚得莫令豪強兼併訴牒於官俾立南山之案揭碑於道用警後人之思自輸千金以爲人倡復募四境俾廣檀施用是鳩工庀材縮版揭土堂飛鳥革規模爲之一新春禴秋嘗享祀因以不忒焉雖然表章先哲固所以傳景仰之心安妥神靈豈徒崇肸蠁之祀顧名思義總當體愛民之心爲心崇德報功亦以見成人之美爲美蓋此六公者整飭官方軫恤民隱菁莪樂育咸霑化雨之恩枯槁得蘇如施田春之術故中廳供奉六公外左設義務學校右設診治所即所以仰體六公之意也今夫造就人才固以興學校爲亟而禮卹寒畯尤當盡義務爲先假令徒頒誥誡之文以以束脩是責則寠人子弟孤苦幼童空有嚮學之心不免向隅之歎使卞和抱玉而泣鏌鋣躍冶而鳴良可惜也今興辦義務學校既不出師資又捐除書費雖未遽登於道岸亦可指示其迷津其利一也抑聞有病必求醫人情大率乃爾委身以聽命達者亦所不能是以疾嬰夢厲晉君使秦而聘醫脈診支蘭扁鵲至虢而施術醫之爲用自古然矣然或阮囊羞澀餬口惟艱范金騰飛偏欣告急則纏綿牀蓐束手待斃而誰憐乞貸鄉鄰舉目無親而莫助空呼奈魏孰施刀圭此診醫所之設其利二也或者謂鑿與水利用次於河渠之書追念前徽未聞有疏鑿之事則自流井之設似於此祠不相涉者不知使張渭於汚水湖謚朗官出李冲於鄭州陂名僕射亦未嘗經營溝洫荒度土功而民之懷思如沾其德水思之廣被若浴其湛波六公遺愛殆猶似之且守衛里者南北通衢往來要道屋瓦排如鱗次市廛密若蜂房倘使旱潦爲災祝融肆虐則西江縱能決水路遠不及灌輸北道亦有主人挈瓶何從汲取望梅詎能止渴嘆酒焉可禦災則自流井之設其利三也興此三利報答六公惟願陟降神靈於茲永護輪奐丹雘閱世猶新光啟人文盡被絃歌之化福遺黎庶共躋仁壽之天飲水思源長此滂流而不竭修綆汲井咸來受福而無窮是爲記

奉化竺士康譔　鄞縣洪顯成書

守衛里里長洪湛蒸　里副孫瀏亭　同啟

中華民國十九年十月十五日

萬緣社茶會碑記

吾鄉之西有市集曰韓嶺，每以月之五日、十日爲期，自嶺以東聚落二十餘，其土之所出材木若他食用之物咸會於是。諸聚落近者七八里，遠者三四十里，多山，舟楫所不通。或險嶺艱阻，恐後期，未明而起，晨星寥落，即聞邪許之聲，前後連續不絶。既至，鬻諸人，得錢易米以歸，飢渴頓憊。竭一日之力，有所獲不足一金者，有貨滯不售、空手而反者，而市中囂雜，無憇息茗飲之所。錢君、華君故常業是，憫之，與其同儕十餘人，募金四千餘，爲萬緣社。買屋一間，田九畝，收其息以供用。介吾伯兄請爲記。

余惟天下之事，爲吾身所經歷者知其甘苦，獨至諸君之所爲，自他人視之，以爲瑣瑣不足紀。不知負販者氣盡力竭，得一杯水，心身愉快。雖瓊漿甘露之賜，無以過此。野人食芹而美，欲獻諸吾君，不知君之不以是爲甘，所見小也。然欲以吾之所甘加諸吾君，亦君子錫類之道。聖人者，蓋善推斯心以及四海已耳。諸君以同類之所苦，思以拯救之，既已遂其志矣！雖所施未廣，然天下之大，人人能致力於吾群，智者竭慮，能者竭力，疾痛既去，祥和自至，國家何憂不治！兹事雖小，仁之端也，不可以不記。余故推而論之，以復於吾兄，且以視鄉之人云。其出資助成斯舉者，例得附書如他碑。

民國十九年十二月，里人童第德撰，童第錦書。

董事錢全祥、華節鑑、華孝枝、錢生元、葉杜來、葉寶善、蔣富鑑、錢曉儉、陸孝美、周啓南、施宣謨立石。

按：碑原在韓嶺。高 156 釐米，寬 61 釐米。碑文楷書，共 13 行，滿行 37 字。

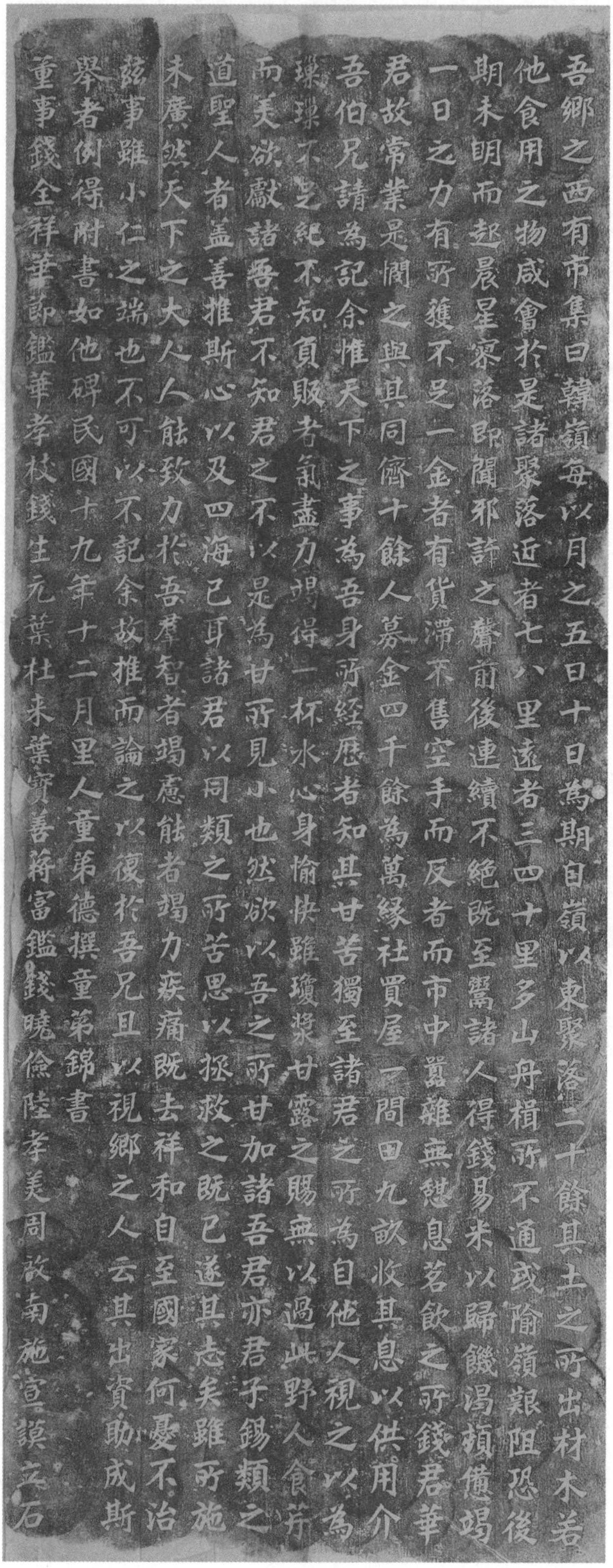

吾鄉之西有市集曰韓嶺每以月之五日十日爲期自嶺以東聚落二十餘其土之所出材木若他食用之物咸會於是諸聚落近者七八里遠者三四十里多山舟楫所不通或踰嶺艱阻恐後期未明而起晨星寥落即聞邪許之聲前後連續不絕既至鬻諸人得錢易米以歸饑渴頓憊竭一日之力有所獲不足一金者有貨滯不售空手而反者而市中蕞雜無憇息茗飲之所錢君華君故常業是慨之與其同儕十餘人募金四千餘爲萬緣社買屋一間田九畝收其息以供用介吾伯兄請爲記余惟天下之事爲吾身所經歷者知其甘苦獨至諸君之所爲自他人視之以爲瑣瑣不足紀不知負販者氣盡力竭得一杯冰心身愉快雖瓊漿甘露之賜無以過此野人食芹而美欲獻諸吾君不知君之不以是爲甘所見小也然欲以吾之所甘加諸吾君亦君子錫類之道聖人者蓋善推斯心以及四海已耳諸君以同類之所苦思以拯救之既已遂其志矣雖所施未廣然天下之大人人能致力於吾群智者竭慮能者竭力疾痛既去祥和自至國家何憂不治茲事雖小仁之端也不可以不記余故推而論之以復於吾兄且以視鄉之人云其出資助成斯舉者例得附書如他碑民國十九年十二月里人童第德撰童第錦書

董事錢全祥華節鑑華孝校錢生元葉杜来葉寶善蔣富鑑錢曉僉陸孝美周啟南施宣謨立石

清故徵仕郎楊君墓表

清故徵仕郎楊君墓表

君諱臣勳，字竹書，號文蕉，姓楊氏。其先當宋紹興中有煒者，知黄巖縣，自越州遷鄞東櫟溪。十三傳至大名，明季官慈利縣知縣，始居西成橋。君其八世孫也。曾祖宗義，祖濂，父楨，同知銜，封贈二代如例。君生未逾月而母朱卒，賴繼母吴鞠育成立。家無期功之親，謹事父祖，朝夕無方，下帷誦習，靡閒寒暑。體素清羸，以國學生一應鄉試，歸得嗽上氣疾，恒杜門謝客。逮移家西郭，值風日清淑，與二三友生載酒河濱，臨長流，望西山，裵回俛仰，賦詩言懷。以民國元年壬子九月十七日遘疾卒。春秋四十有九，例授中書科中書銜。妻張孺人，生二子，道寬、純鄰。母慈子孝，克守其家。女四：適吕，適張，適屠，適袁。孫男九人，孫女八人。君潛德勿曜而守節可貞，保世滋大，則君之内刑於妻、下施於孫子者可知也。越十九年七月，道寬葬君於縣西桃源鄉芙蓉山之麓。道寬與予有連，先期來匄辭，乃序其略，俾鑱石墓門，以諗方來。

中華民國二十年六月，慈谿馮貞群表，慈谿錢罕書。

按：碑原在七里堰。高63釐米，寬315釐米。碑文楷書，共32行，滿行11字。

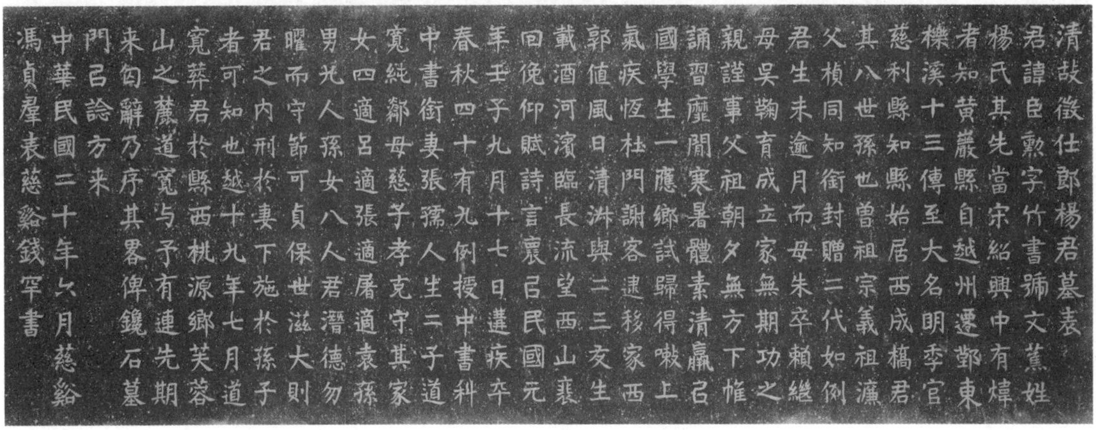

太白廟前施茶水記

太白廟前施茶水記

夫物質生滅，交變滄桑，造化密移，迭更寒暑。世界如此，人孰不然？唯有至善，則不被物之所遷矣。天童街太白廟前舊有南薫亭，夏日乘凉，冬蔽風雪，以利行人，於民國初年被洪水冲壞。余久欲募緣修復，便於施茶，以濟渴乏。適募千有餘洋，買木石磚瓦，均已運到，擬欲興工，忽生别種因緣阻擾，而造亭作罷。余遂將石木磚瓦轉助本寺修法堂之用，下餘四百零洋，置田叁畝，坐落鳳下溪，契約交太白廟董經手，每年收花永供廟前施茶水之費。如此非但不負檀越之心，且有利他自利之福。庶乎供者飲者俱獲無上醍醐，財施法施共登仁壽之域云爾。民國廿年秋，天童退隱叟釋如幻述，住持圓瑛書，廟董陳一元等泐石。

按：碑原在天童街。高 39 釐米，寬 78 釐米。碑文楷書，共 21 行，滿行 12 字。

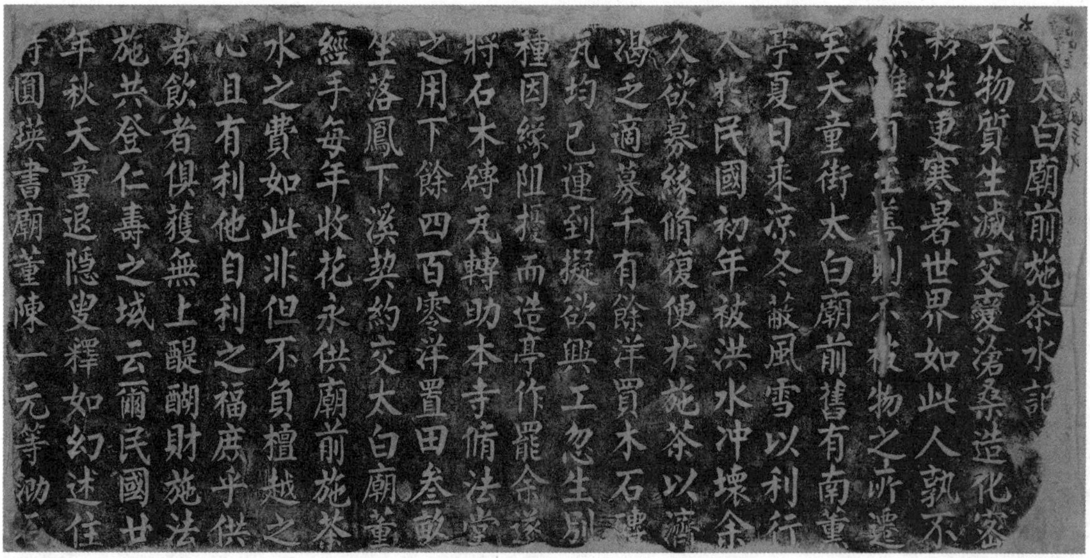

鄭君馥才之墓志銘

鄭君馥才之墓志銘（篆蓋）

鄭君墓志銘

慈谿馮貞胥撰　鄞沙文若書　海門王賢篆蓋

君諱福潮，字馥才，姓鄭氏。其先鄞籍，宋時有若容者，始自鄞徙奉化，逮於君二十一世矣。曾祖清照，祖武耀，父定賢，仍世樂善，著美譜諜。君生而凝定，稍長以力行自勵，淳實謹厚，恥爲嵬瑣儻蕩之行。家故贍田，庸人以耨，甿隸犢豎，手指纍百，君推誠周納，務爲懇摯，展器授方，事無不飭。身先勞苦，遲明即興，緣巡甽畮間，拊其勤者。每暝色下積，程作未畢，君慮力不周，即帣褰裳韝，躬與輓犂，霑體塗足，曾不訾省。由是佃庸兼功互厲，莫爲憻孏。夙昔究心埶植，隣墟瘠土多所劵置，峻者隤之，窪者坏之，蕪穢沮洳者，芟夷而薀崇之，雖甚墊隘之地，經君平治，率有以改其初，歲致羨粟，衣食滋殖，鄉人以是服其精能也。

君稟資開敏，既習農事，不復涉覽經史，得間唯藉手技巧，以自抒渫。奉化故饒林竹，君取而礱斵之，笵爲日御玩好之屬，瓏玲炫麗，得者矜異。平居坦率，不立崖岸，市井儈駔謂君愿慤易撼，寖以詐道弋其資帑，情得則遠颺，君婁蒙欺紿，爣焉自適，高致雅度，靡得睎已。

以民國十年辛酉五月十七日告終家衖，春秋六十有二。君天性純竺，孝於事親，季父蚤世亡子，君兼爲之後，事叔母猶母也。自奉至約，屏絶紛華，顧好施周急，困而無怨。戚族里黨聞其歿，蓋爲之悼傷亡等云。

元配袁。繼配夏，後君九年卒。男子子四：祥生、祥麟，袁出；象坤、祥第，夏出。女子子一：秋蓮，夏出。孫：男六，女一。曾孫：男一，女二。夏歿之數日，祥生亦卒。祥麟、秋蓮皆前殤。民國二十年十一月，象坤、祥第兄弟卜葬君於縣北金雞山之麓。於是慈谿馮貞胥爲之銘曰：

於穆鄭君，仁質雍容。捐勢削迹，安道於庸。恒歲勤動，憔悴爾躬。胡德聿修，而命不崇。未及下壽，傫幽告終。天嗇之報，孰歆其豐。有子嶷嶷，翔洽和通。繼美繩武，庶亢厥宗。我銘玄石，下諗無窮。千秋萬禩，式此幽宮。

吴縣周梅谷鐫字。

按：墓原在奉化縣北金雞山麓。蓋高 51 釐米，寬 51 釐米；誌高 51 釐米，寬 51 釐米。誌文楷書，共 26 行，滿行 26 字。

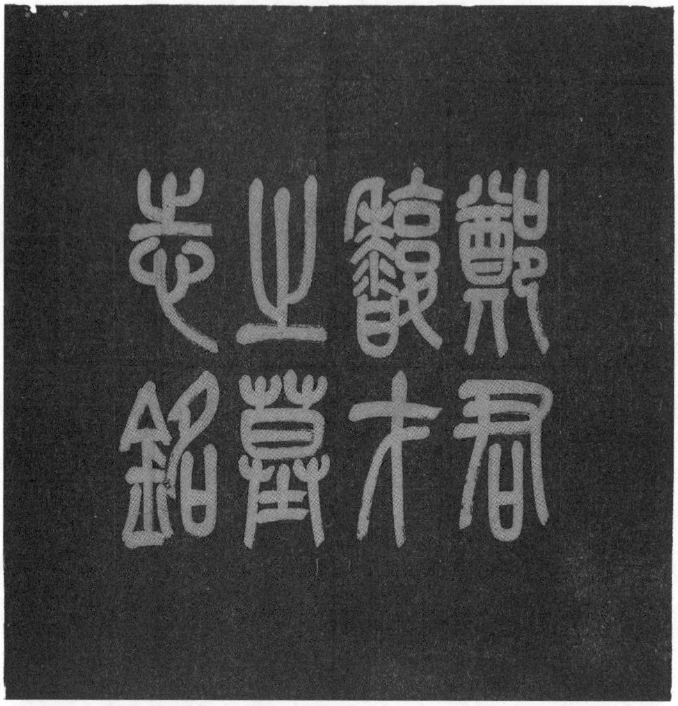

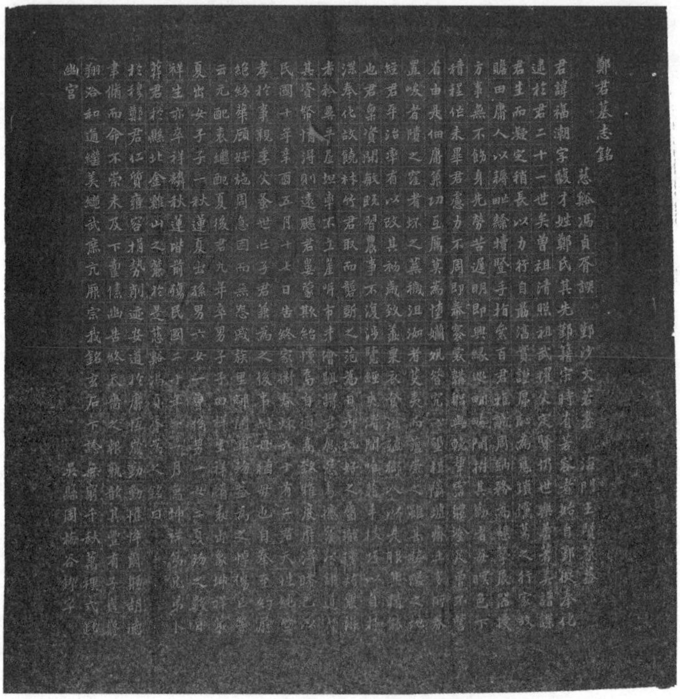

改建鄞奉跨江橋碑記

改建鄞奉跨江橋碑記

十八年秋，鄉人有發議改建跨江橋者，走上海以諮於余。余鄉居距橋二十里許，而余友何君紹裕、紹庭昆季，孫君梅堂其居尤近是橋，且均夙以好義聞。余因以鄉人之議請，既得諾，則相與奔走集資，製笵選工，就橋之原址建鋼鐵水泥橋，凡九洞。經始於十八年十月，竣工於十九年五月，工所任金爲銀元二萬四千圓有奇。復爲設員管理，遴鄉之賢者任之，俾以時司其潔治修葺之役。部署既竟，乃屬余爲文以記之。

余讀《奉化縣志》載跨江橋俗名徐家渡橋，明成化初知府張瓚命李存誠募建，凡二十四洞。厥後時修時圮。以余所知，清光緒間曾大舉募修，而上游各鄉因石樑多柱，阻水爲病，以民國元年集衆毀之。當時識者爲兼籌水利交通計，有廢棄石樑改用鋼鐵水泥之議，以需費綦巨，因循以迄於今。今兹之役，何君昆季斥鉅金爲倡，余與孫君乃求助鄉之樂善者附益以成之。吾鄉人二十年來昕夕之所蘄求，幸告成於一旦。繼自今行人無病涉之嗟，而江水有安瀾之慶，此可告慰於我鄉父老者也。兹伐石題名，用誌助款諸君之賜，而殿以發議諸君暨現司管理之江、駱二君，併及是橋現有之公産，俾後之人有考焉。

中華民國二十年十一月，鄞張傳保記。

按：碑原在徐家渡橋。高 139 釐米，寬 67 釐米。碑文楷書，共 14 行，滿行 34 字。

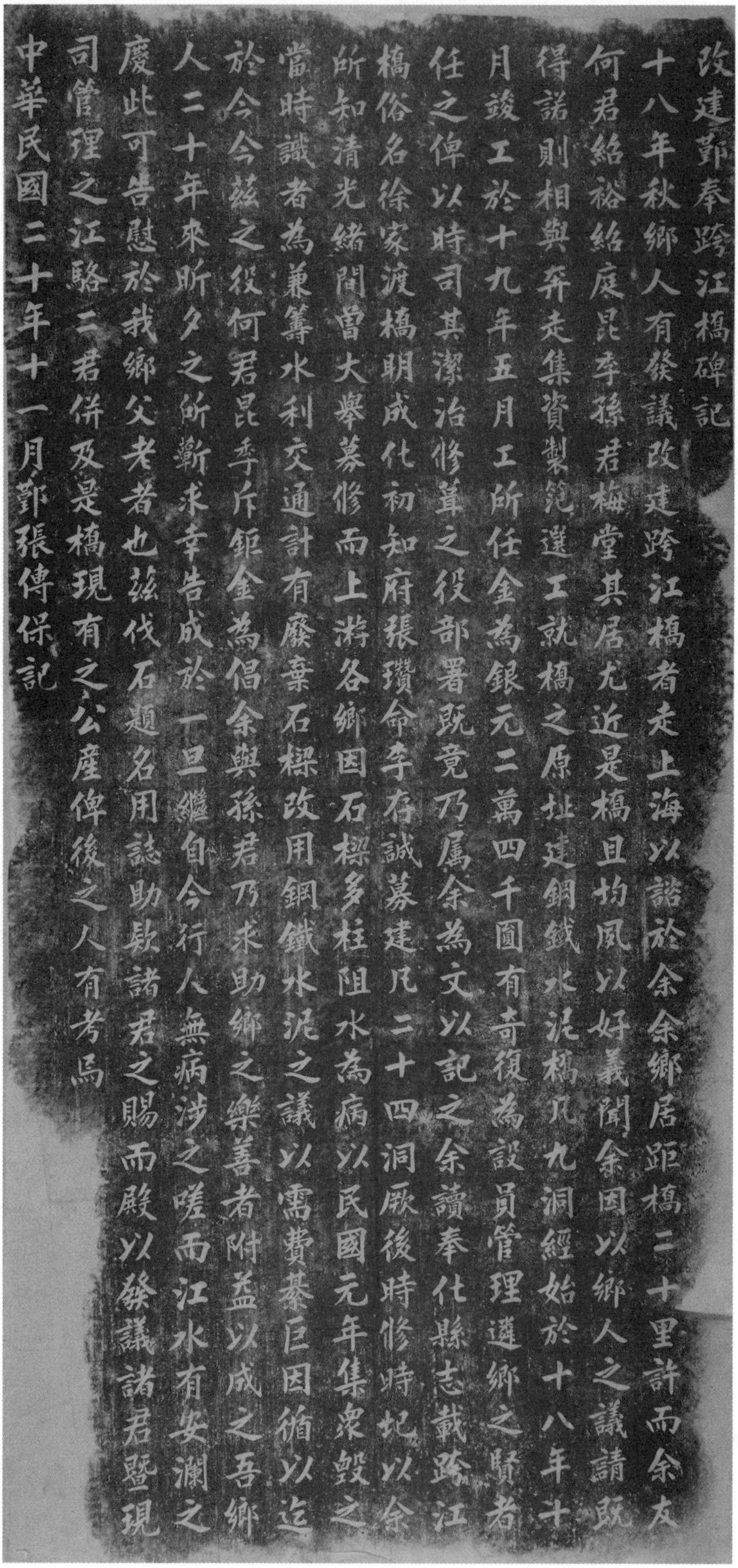

改建鄞奉跨江橋碑記

十八年秋鄉人有發議改建跨江橋者走上海以諮於余余鄉居距橋二十里許而余友何君絡裕絡庭昆季孫君梅堂其居尤近是橋且均夙以好義聞余因以鄉人之議請既得諾則相與奔走集資製範選工就橋之原址建鋼鐵水泥橋凡九洞經始於十八年十月竣工於十九年五月工所任金為銀元二萬四千圓有奇復為設員管理遴鄉之賢者任之俾以時司其潔治修葺之役部署既竟乃屬余為文以記之余讀奉化縣志載跨江橋俗名徐家渡橋明成化初知府張瓚命李存誠募建凡二十四洞厥後時修時圮以余所知清光緒間曾大舉募修而上游各鄉因石樑多柱阻水為病以民國元年集衆毀之當時識者為兼籌水利交通計有廢棄石樑改用鋼鐵水泥之議以需費綦巨因循以迄於今今茲之役何君昆季斥鉅金為倡余與孫君乃求助鄉之樂善者附益以成之吾鄉人二十年來昕夕之所蘄求幸告成於一旦繼自今行人無病涉之嗟而江水有安瀾之慶此可告慰於我鄉父老者也茲伐石題名用誌助款諸君之賜而殿以發議諸君暨現司管理之江駱二君併及是橋現有之公產俾後之人有考焉

中華民國二十年十一月鄞張傳保記

改建余氏宗祠徵信録

徵信録

茂甫助洋壹百元，光鰲助洋捌拾元，德財助洋捌拾元，世錄助洋七拾元，世根助洋伍拾元，蘭房助洋四拾元，茂蘭助洋叁拾五元，世俊助洋叁拾元。

德興助洋念元，世美助洋念元，來法助洋念元，謁忠助洋拾元，茂孝助洋拾叁元，茂樟助洋拾元，順根助洋拾元，祖惠助洋拾元。

盛榮助洋五元，夏林助洋五元，根林助洋五元，寶裕助洋五元，光瑢助洋五元，來生助洋五元，榮根助洋五元，世木助洋叁元。

裕堯助洋貳元，金來助洋貳元，升發助洋壹元，謁才助洋壹元五角，久元助洋壹元五角，寶才助洋壹元，寶華助洋壹元，榮生助洋壹元。

共收洋貳千零九拾九元。

付福食洋貳百六拾八元七角貳分，付譜紙洋壹百七拾五元角貳分四釐，付譜面洋五拾六元四角八分六釐，付譜箱洋七拾貳元，付印譜洋貳百七拾七元，付川費洋壹百叁拾壹元壹角五，付申水洋念貳元八角六分壹釐，付雜項洋壹百念七元壹角貳分。

共付洋貳千四百拾六元八角六分一。

付彫屏門洋貳百七拾貳元，付薪水洋壹百九拾六元七角六分，付上樑菜洋九拾貳元零叁分四釐，付雜項洋捌拾元零叁角叁分一，付川費洋四拾九元八角叁分一釐。

共付洋貳萬零九百五拾壹元零乙分六。

付上高歌詩、菊花臺洋貳百〇五元壹角叁分九，付迎匾接主洋壹百念四元叁角五分五，付酒烟米柴洋貳百〇五元貳角七分四，付演戲二日夕洋貳百叁拾四元叁角〇六，付代席抽豐洋壹百拾七元九角八分，付保衛、幫工、值堂洋叁百〇八元九角叁分五，付雜項、轎船洋叁百八拾九元壹角四分五。

共付洋叁千叁百九拾貳元四角叁分。

收申水洋貳百七拾元零壹角零五，五共收洋貳萬六千七百六拾元〇叁角〇七。

共付：

付修譜開支洋貳千四百拾六元八角六分一，付建築開支洋貳萬〇九百五拾壹元〇乙分六，付賀譜開支洋叁千叁百九拾貳元四角三分，三共付洋貳萬六千七百六拾元〇叁角〇七釐。

吾族於己巳年續修譜牒，編纂告成，因鑒於宗祠創建越時寖久，材木朽蠹，若徒事修葺，殊難完善，乃於庚午年召集房衆提議重建，選用材料改爲鋼骨水泥，以期永固。惟修譜建祠繼續舉行，需款浩大，僅取費於丁口，實無濟於百一，幸得茂芳、盛煜等慷慨解囊，認助巨款，始得尅期從事，告厥成功。紋忝居宗長，自慚力薄，今得賢子弟之佽助，而敬宗收族之盛典，及吾身而次第樂成之，實與有榮焉，爰將各項收支、捐助户名勒諸碑石，以資證信云爾。

民國二十年十一月　日，宗長光紋謹勒。

按：碑原在余徐鄉余隘。高 193 釐米，寬 63 釐米。碑文楷書，共 15 行，左側 5 行爲題記，滿行 39 字。

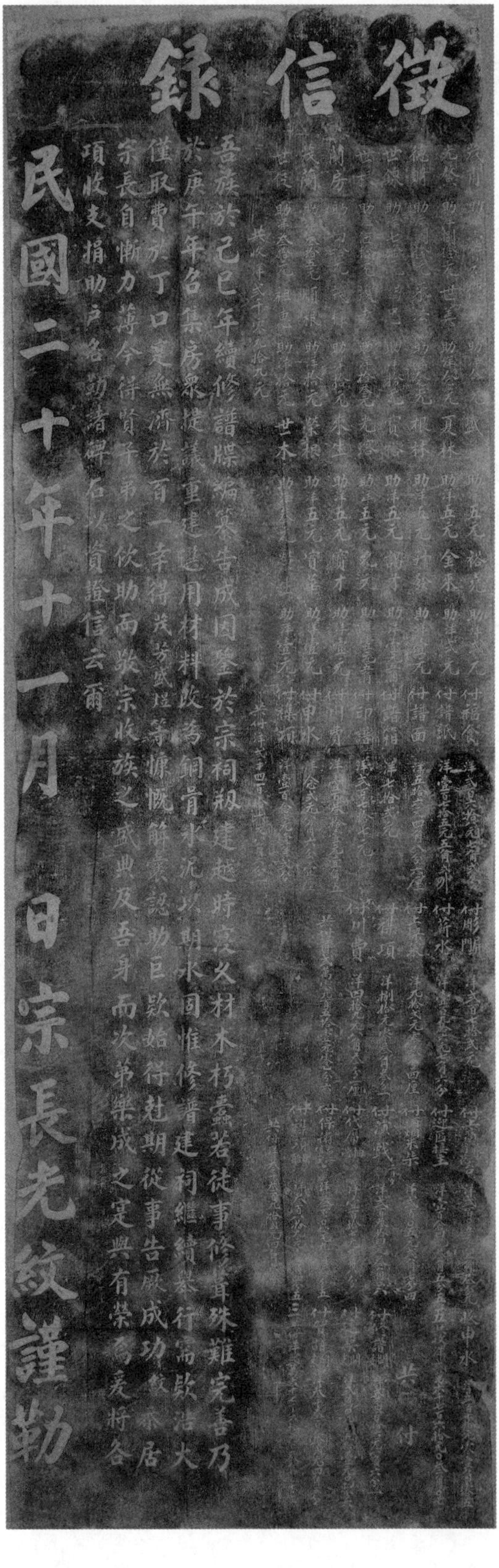
徵信録
吾族於己巳年續修譜牒編纂告成因鑒於宗祠剏建越時寔久材木朽蠹若徒事修葺殊難完善乃
於庚午年召集房衆提議重建選用材料改爲鋼骨水泥以期永固惟修譜建祠繼續舉行需款浩大
僅取費於丁口實無濟於百一幸得茂芳武垣等慷慨解囊認助巨款始得赴期從事告厥成功敘亦居
宗長自慚力薄今得賢子弟之佽助而敦宗收族之盛典及吾身而次第樂成之寔與有榮焉爰將各
項收支捐助户名勒諸碑石以資證信云爾
民國二十年十一月　日宗長光紋謹勒

東吴里委員會公禁堆泥築堤斷流捕魚告示碑

禁碑

鄞縣東吴里委員會公告第十二號

爲勒石公禁事。案查本里西畔邵家山頭地方溪身淤塞，影響農田灌溉，爲害殊甚。迭經查究，實爲春夏二季無知農民堆泥築堤、斷流捕魚所致，本委員會有鑒於斯，爰於民國二十年度第十六次常會決議，禁止斷流漁捕，以順溪流而利灌溉。自禁之後，不准再蹈前轍，如仍違犯，送局究辦，決不寬貸。特此通告。

村長陳介眉，村副俞葆御。

中華民國二十年　日立。

按：碑原在東吴邵家山頭。高112釐米，寬55釐米。碑文楷書，共8行，滿行23字。

委員會公告第
爲嚴禁公布事案查本里西畔邵家山頭地方溪
沿岸田灌溉爲害殊甚迭經查究實爲春夏二季無知愚民
禁
築堤斷流捕魚所致本委員會有鑒於斯爰於民國二
十年度第十六次常會決議禁止斷流捕魚以順溪流而利
灌溉自禁之後不准再蹈前轍如仍違犯遂行究辦決不寬
碑
貸特此通告
村長
副村長
中華民國二十年
日立

寧波商會碑記

寧波商會碑記（篆額）

寧波商會碑記

張原煒撰文　沙文若書丹　趙時棡篆額

有清末葉，朝廷厲行新政，奬厲農民。各行省諸大都會以次設商務會，蘄上下相更始，首起者上海，而吾甬繼之。上海始曰“商務公所”，尋改今名。吾甬則稱“商務總會”，已曰總商會而冠以郡名。郡道制廢，它郡率易稱，獨吾寧波猶襲舊名者，以其地通海，夙無中外人士孰於口也。寧波之有商會，事在清光緒三十一年，於時王君月亭澄、湯君仲盤嗣新及吴君葭窗傳基，以吾甬故以商著稱，非設會無以資棣通，於郡城東舊茶場廟側，賃民房若干楹爲會所。方事之朔，規制草創，諸所設施，未遑云備。及世會嬗移，人事益繁賾，隸會籍者日加，舊所設會所地小，不足以容，又偏局不適中，僉弗之便，謀所以闢新之。今主席陳君南琴賢凱持尤力，顧迄不果行。

先是，東南諸省擁重兵者，互爲長雄，一旦據其地，則檄下商會供軍乏，名曰“軍事借款”，顧無所取償。十六年春，國軍蒞吾浙，主省帑者有所屬，陳君曰:“此其時矣。”既持券詣省争之，亟得白金三萬餘版以歸。繼又疏募諸會衆，得三萬版。貲用既集，衆議更新，度地庀工，次第具舉。會郡人士有事於中山公園，乃與主者謀割園地餘羨，得六畝有奇，用營繕爲會所。會中設議事廳二，會員休憩室二，會客室一，膳室一，自會長以下諸執事於會者，乃至徼巡及諸夫役，皆各有室。廳之外，闢爲園，長廊曲檻，邃如洞如，園卉蓊翳，四時而有。蓋吾浙七十有五縣，縣各置商會，論其規制，未有若斯之完飭者也。

張原煒曰：凡事之成有機，機至矣，無人以持之，無當也。吾甬號殷庶，列肆千萬，顧自軍興以來，先之以供億，重之以征斂，商力亦殫矣。賴總理之靈，諸醜殄除，黨國底定。曩所逋於民者，積十餘年之久，一旦乃還諸吾民，斯機之不易遭者也。顧非有陳君之奔走盡瘁，及諸會衆之樂輸其後，安望能底於成耶？會制，主者先曰“總理”，繼曰“會長”，委員制行，乃稱主席，自設會汔今二十有八年。自吴君葭窗首立會務，其後若鄭君鍔笙、余君芷津、費君冕卿、屠君鴻規、袁君端甫、俞君佐庭、陳君南琴、孔君馥初，先後得若干人。

是役也，經始於十六年十二月，越明年六月汔工，爲時凡七閲月，用白金六萬版有奇。舊所集不足，則由錢肆及諸商肆奏其成。監工者自主席陳君外，陳君如馨蘭、林君琴香潤芬皆有勞，例得附書。

中華民國二十一年一月上石。

鄞縣李良棟刻石。

按：碑原在寧波商會。該會址原在中山公園側，2000 年興建中山廣場時拆除，此碑移至中山公園小花廳側。高 190 釐米，寬 75 釐米。碑文楷書，共 22 行，滿行 45 字。

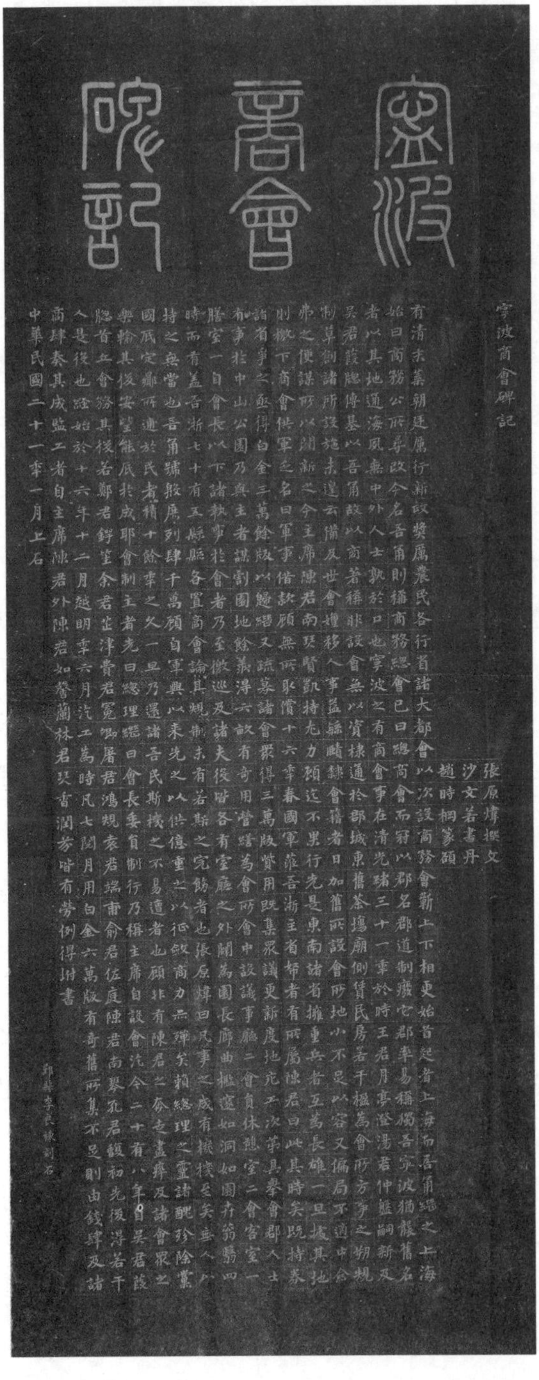

劉正康先生五十九歲贈言

劉子正康五十九歲贈言

予心服劉子之爲人，距今八九年已。然及今始以文贈之者，以劉子年五十九矣，循世俗常例，伸祝延之義，冀劉子之長與邦人相依也。惟夫劉子之功德入邦人之心也深，顧口耳相傳，日月易逝，不爲文以永之，則邦人爲負劉子。予拙於文，然不苟作，兹不待邦人之諈諉而自爲之辭，無取乎瓌瑋連犿，而使邦人百禩以下，猶想見劉子風概，感激興起，則予此文之作爲不虚耳。

劉子名敬禳，浙之鎮海縣人，先世以文儒孝行聞於鄉。二十來吴爲木商，垂四十年。其邑人陳君居綸嘗爲蘇州寧波會館塔記，敘劉子行事至詳。其犖犖大者，如興復會館、立同鄉會、劑商情、安旅殯，又助吴人設救火會、市民公社、練商團、保衛團，創游民乞丐習藝所、閶門外半濟粥廠，救災周急，皆有實效。其所以稱述劉子，則日持躬謹畏，與人交無町畦，市政之興革、民治之弛張，下至乾餱雀鼠之争，津要徒隸沓進而折衷焉。苟中理法，靡不贊助。不則直折婉諷，解其紛紜。吴自昔爲名都，冠蓋搢紳甚盛。劉子以客籍賈人，無要結，無憑藉，而使群倫推重，引以爲閭里榮云。夫君子之樂，道人善也，豈徒侈聲施以歆流俗哉？必闡發是人所以致此之道，以矜式後進。若吾劉子者，癸亥以前猶貨殖游俠之傳人，太史公所謂“其言必信，其行必果”，“勸其業，樂其事，若水之趨下也”。世變日亟，劉子病瘘且聾，而日進於道，莊子所謂“審乎無假而不與物遷，命物之化而守其宗”，“才全而德不形者也”。吴雖二十年不被兵，然江海兵事頻仍，駭機伏於隱微，隨處可觸而踣。二三士夫艱難回斡，錯綜繁賾，資劉子以濟。

予里居，罕接人事。洎甲子蘇浙之戰，見驕軍悍將過蘇，驛騷宣索無藝，長吏輒以委劉子。劉子從容談笑，詔其客及官中掾吏，若給芻秣，若具漿糗，若司款接，若筦度支，薄犒而善遣之，戒勿擾廛市。受命者既奔走恐後，軍將亦帖然去，更番至者數十，戢服無異動。心愯然異之，以劉子羈旅而忠於吾土乃爾，遂稍稍從諸君子後，與群醜周旋矣。直皖遼瀋之渠帥迭爲消長，則蘇浙之鎮將亦迭爲起滅。吴以財賦繁雄，受根括虓虒最甚。如偏將某劫文武符印帑銀六萬元，自立爲臺使也，某之曹偶在外者不欲爲之下，礮戰於近郊也；某之部曲又夜譁於閶門大索，某不得發槍縱掠，有别校間道至定之。未幾，鎮將以兵來討某，某遁兵入城，圍司隸署脅取器仗，吴人恂恂然，卒無事。固官吏搢紳以剛柔互爲闔闢，而機牙四應，劉子功爲多。方事之殷，危坐不動，横逆之來，氣彌定而辭彌和。智足以燭逆萌，信足以孚異類，警敏貞固，多能鄙事，而又濟以聲氣，吾未見其匹也。邦人未識劉子者，殆以爲言論風采必甚異於衆，而豈知頹然病廢，拳曲於方丈之室，如槁梧瘦柳，久不中匠石程式耶。威弧弛弦，汔無寧歲，群兒相賁又相斫，以東南爲俎上肉，其姓名曾不足汙予筆。來如震霆，去如飄風，水陸所經必於吴。大抵勝捷者猶整練，敗逃者必暴横。將敗未敗，徵發必甚急；將潰未潰，窺伺必甚切。劉子逆以人陰詗之，及其將校造謁，劉子隱几與語，善爲鉤距，彼有所乞，可否緩急之間，動中窾要，物力不費而事畢辦。嗟乎！劉子之習於若曹宴飲狎洽，非得已也。

凡以邦人故官錢義捐，帳案明白，未集則以身任，不足則以私益。邦人之寓滬者，嘗醵金巨萬，請劉子主濬閶門、胥門外諸河，居者亦輦金助役。劉子乘小車歷四郊，視水流上下曲直以定先後設施，旁通溝瀆，起水門提閼，凡十數處。雖爲水利學者，亦歎爲精當。

戊辰秋，粤軍取湘楚，蘇帥擁兵不敢掠，而鉤黨急。有鄉校某，崇尚新説，結盟而覬一當事，漸洩主者，與生徒數人被逮縶司隸，按册將窮治諸生。劉子會諸薦紳，營解百端，諸生賴以免。事定，退抑若無所與。以是新陳代謝之交，鉗網密而矰繳急，卒於劉子無間言。

劉子自傷積瘁，欲絶去一切，以病不能出游，痀僂塊坐，雜賓滿前，亭午至夜分不休，厭苦之甚，别闢一花圃，爲息游地，鍵户偃仰，欲與世相忘。而日人寇我上海，我有孤軍屢戰敗之。東南之民喜我軍能殺敵守土，以牛酒襦袴犒軍。軍中以蘇爲重地，所句當多，軍民咸望劉子助我。劉子語："駐蘇將領戰地流亡，宜拯恤。"併力以車船迎護，適館授餐，存活無算。諸將外禦彊寇，内誠氓庶，沈毅樸誠，秋毫不犯。吴之義士跋疐於烽火冰雪，救死扶傷，困而彌奮。逾月，而我軍以苦戰無援引却，寇盡略閘北、吴淞、瀏河，取嘉定、逼太倉，於是崑山、蘇州大震。寇日以飛機瞰蘇州，毁我機場。邦人間關避徙者十九。長吏、軍將、二三士夫與劉子謀防守綏輯，設治安會，鉅細率會議而決。迹之粗者，如療傷兵、振災民、調市舶、集竹木瓴甓，瑣屑非人所堪，劉子竭其思慮，指揮井井，事集民弗擾。至若會泉幣之通，勸素封出饒羡紓難，協和軍民，彈壓姦慝。心之精微，非盡人喻。邦人携孥載橐裝奔者，日聒劉子濟以輕舟，劉子不爲忤，隨宜應之。故邦人無智愚勇怯，莫不暱劉子。

予嘗以退廬顔其室，蓋節取《游俠傳》中語，劉子心是之，比以甚憊小極，戲語"予退恐無日"。予曰"自其異者言之，則進苦而退甘；自其同者言之，進亦退也。子之於世，已深得順物自然而無容私之妙矣，而何以有形之退爲。"予北行詣别，聞郎君賡華言生辰在仲秋，既抵舊都，就所記憶者爲篇，乞章先生霜根書之，以寄劉子。綜其一身與鼎革以還，吴中大事，至有系屬，雖不欲自表襮，而異日方志記載所宜及，謰謱言之，亦時事得失之林也。人生惟晚節不易保，昔人歎褚彦回明德不昌，遂有期頤之壽。吾輩生丁陽九，偶一磋跌，萬事瓦裂。劉子以養生主爲德充符，雖期頤何加損，願更以此勉其友朋，共爲歲寒之圖。明歲，劉子六十，邦人瓊琚之辭以侑康爵，必更補予所未及，予願爲前馬焉。南望罣然，曰劉子自此遠矣。歲在玄黓涒灘壯月，吴江愚弟費樹蔚拜手謹撰，時在京西暘臺山齋。

宣統辛亥後，鈺以故里無家，僑居於天津北郊。計自壬子春正兵變，至辛未秋杪倭釁，此二十年間，凡夫内戰之迭仆迭起者，以北郊密邇車站，軍隊用爲根據地，游行街市，佔住民居。鈺寓五尺短墻外，皆悍隊流彈洞入隣壁，以無力遷徙、無方控訴，鍵户聽命者屢矣。甲子以來，則又飽聞吾吴中危局時時皆可爆發，實賴鎮海正康劉君搘柱應付其間，用免慘禍。蓋今之各標主義以民生供其犧牲者，衹可歸諸刼數，而當喫緊關頭，盡一分救濟，減一分苦痛，此万不得已之辦法，吾人所應尸祝之也。執友章齋北來，有文贈君，屬爲繕正。梁家養虎，既收馴猛之功；瘻丈承蜩，益廣達生之趣。造福既偉，食報奚窮。敬附數行，與韋齋印證之，且與君爲將來相見之資云。壬申六月朔，長洲章鈺舊京織女橋僦舍寫記。

按：拓本高 33 釐米，寬 16 釐米。

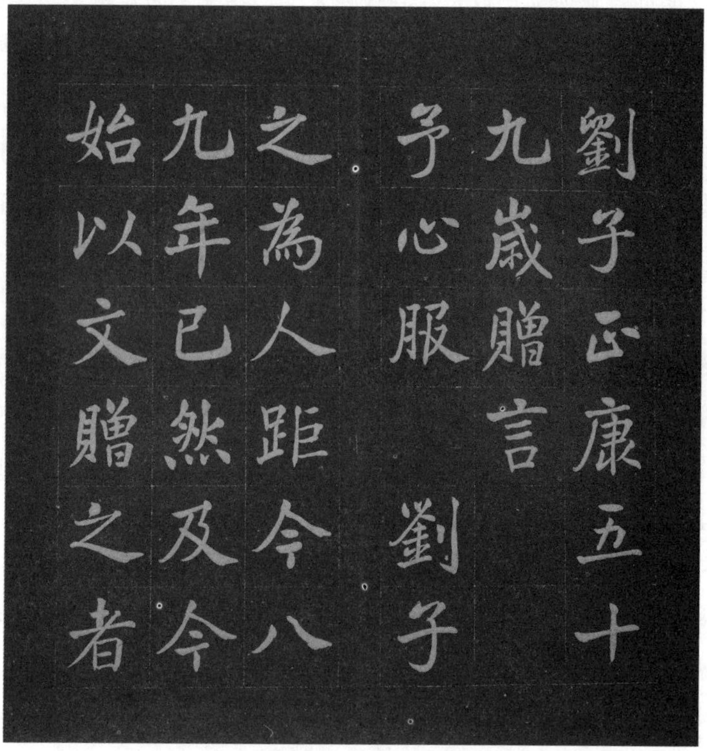

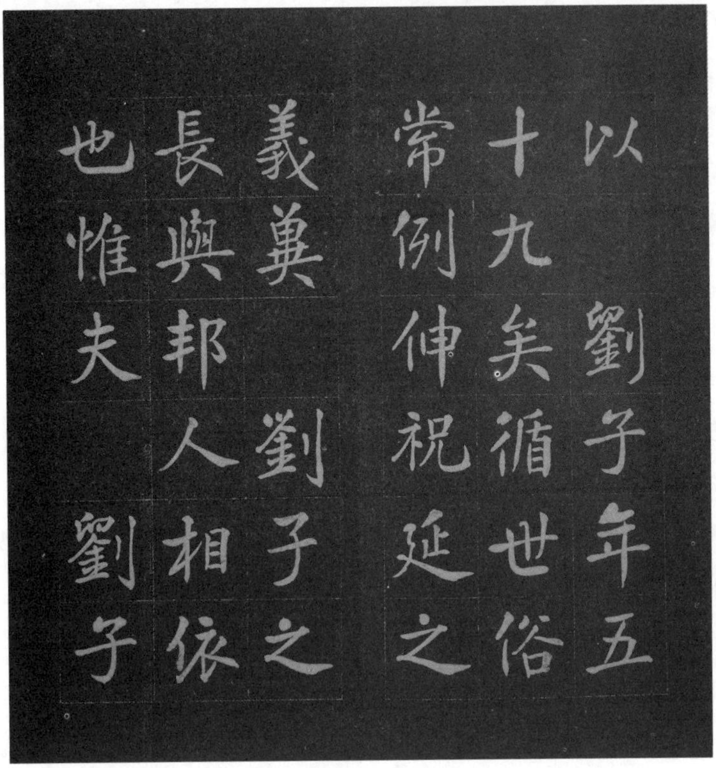

寧波仁濟醫院碑記

寧波仁濟醫院碑記

馮貞胥纂　沙文若書

海通已還，人事接構，日即於繁賾，而疾疢疕瘍之孳衍亦愈紛不可得辨，執醫業者自非周知浹曉，毋達幽眇，將無繇紾變而膺治。泰西醫術夙尚參驗，一證之微，必窮思極考焉，正其蘄嚮而後以藥，即有所創獲，則人宣户諭，箸爲恒例。蓋能藉棣通資發詡，而非有墨守閉距之心存乎其間，故爲術易進而展效亦稍弘矣。我邦人士服厥功緒，寖事規摹，繇是醫院之制方興。顧以致才之匪易，庀具之未可，以簡約椓，經營動需大萬，財貨不充羨，往往中道頓踣，乘時弋利之徒乃得以薄受窳操，輕相詐燿，謀之不臧，轉滋弊害。其號稱恢亭醇備者，迫於肇始綢繆之所絀，率不能無贏取於病黎。膏粱之子葆愛體魄，小增負荷，要非厝意，唯是編户細氓，衣褐未完，一旦爲寒暑怫戾所中，而乏資以饘湯藥，不填委乎淵壑，亦顛頓於吟呻，斯非人生之極痛也與？

吾甬人口户號數萬，寒素者居其泰半，扶傷振困，呴沫未周。金君廷蓀，伉俠士也，回翔海上，以楙遷稱贏，性故樂弛舍，竺念舊鄉，尤殷勤致賂遺。值秋癘盛行，隸卒斯養罹疫，不時謁醫，輒朝發夕死，櫬榰相屬於道。君臨睨，歎曰："是非吾閭閻之人乎？□奈何不爲之所也。"遽斥家財創所謂"臨時時疫醫院"者，廣庇疾𤵸而蠲其納，所濟活無算。疫平院且廢，君懲艾已往，欲遂擴醫院而永之，慮單己有不勝，走商於杜君月笙。杜，上海人，好義俶儻，亦猶君之儔，既諾爲君輔，益傅以從臾語，君氣驟壯，即就城北券地鳩工，鋭圖構築。役始於十九年七月，汔於二十年十一月，長廡邃寢，廣舍穹廬，次弟具蕆，乃聘董君鼎松主院政而一切委制焉。董君懇摯將事，無辟勞勩，藉手敂設，曲致綿密，舉凡醫院之所宜有，不數月間蔚焉贍備，略無滯礙。先後秏金絫五十萬版，胥惟杜、金二君是力。榜院額曰"仁濟"，昭義舉也，落成之日，風清日晏，洋洋輿誦，歸美二君。周君枕琴等多其風概，懼日久湮鬱，無以諗來許，屬貞胥爲之記。

竊惟生人之義，淑群爲鵠，杜、金二君席豐履厚，不自飫適，獨深矜乎衆庶之顛沛，有若疢忒之在躬，旁皇顧復，必圖尉薦之而後紓，固仁人君子之用心也。董君浸淫西學，根柢有自，剸精厲意，靡替始終，其所以光大斯院者將未有艾。導敭懿美，吾其無辭，輒述都凡，箸之貞石。

中華民國廿一年六月，周駿彦、孫雈臯、蔣鼎文、王文翰、李文浩、陳逸風、袁禮敦、張繼光、周乾康、張棨伯、梁晨嵐、謝葆生、孫梅堂、張延齡、梁祖惠、繆振董、蔡同瑺敬建。

蘇州周梅谷刊石。

按：碑原在新馬路仁濟醫院。拓片共四張，每張高 92 釐米，寬 50 釐米。碑文楷書，共 40 行，滿行 22 字。

寧波仁濟醫院碑記　馮貞胥養沙文若書
海通已還人事棲構日即於緐賾而疾疢死傷之孳衍
亦愈紛不可得彌執醫業者自非周知洞曉毋達幽眇
將無綜紾竅而濟治泰西醫術夙尚參驗一證之徹必
窮忽極致焉正其斷鬻而後以藥即有所拊獲則人宣
戶諭箸爲恆側益能藉棣通貿發謝而非有壘守閉距
之心存乎其間故為術易進而屢效亦稍弘矣我邦人
士服厥功緒瀆事規摹綜是醫院之制方興顧以致才
之匪易庀具之未可以簡約椽經營動需大萬財貨不
克益往往中道頓踣棄時弋利之徒乃得以薄受瘉擾

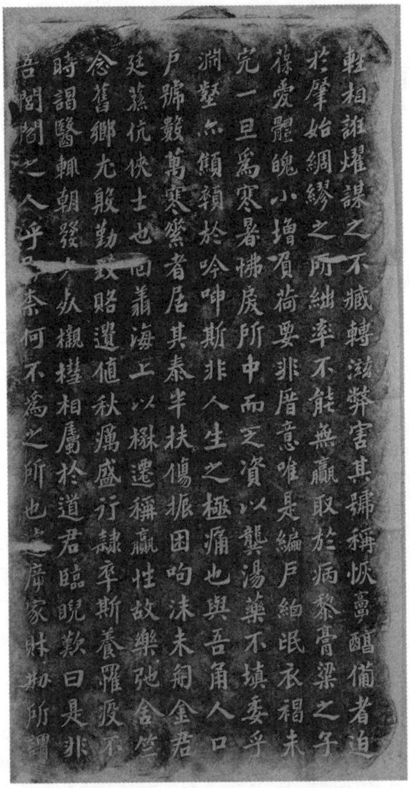
輕相詆燿謀之不臧轉滋弊害其號稱慨亶醞備者迫
於聲始綢繆之所絀率不能無贏取於病黎膏粱之子
孫愛體魄小增頁荷要非屑意唯是編戶細民衣褐未
完一旦爲寒暑拂戾所中而乏資以糴湯藥不填委乎
淵壑亦傾頹於吟呻斯非人生之極痛也與吾甬人口
戶號數萬寒窶者居其泰半扶傷振困呴沫未匱金君
廷蓀伉俠士也向義海上以樂遷稱贏性故樂弛舍竺
念舊鄉尤殷勤致賂遺值秋癘盛行隸率斯養羅疫不
時謁醫輒朝發夕殂櫬槥相屬於道君臨睨歎曰是非
吾閭閻之人乎柰何不爲之所也乃席家財拊所謂

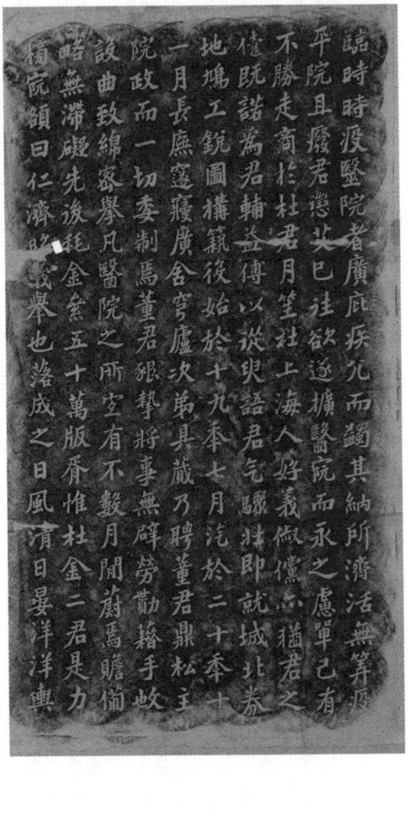
臨時時疫暨院者廣庇疾允而蠲其納所濟活無算疫
平院且癈君戀焉已往欲遂擴醫院而永之慮單己有
不勝走商於杜君月笙杜上海人好義倜儻亦猶君之
儔既諾爲君輔益傳以從臾語君氣騰壯即就城北券
地鳩工銳圖構築役始於十九年七月汔於二十年十
一月長廡邃寢廣舍穹廬次第具蔵乃聘董君鼎松主
院政而一切委制焉董君張孰將事無辟勞勸藉手畯
設曲致綿密舉凡醫院之所宜有不數月閒蔚焉瞻備
略無滯礙先後耗金錢五十萬版爭惟杜金二君是力
楯院額曰仁濟㫺誠舉也落成之日風清日晏洋洋輿

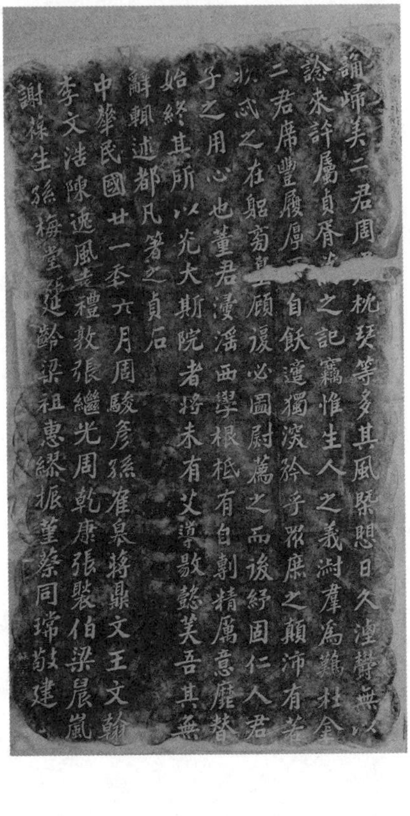
論歸美二君周□枕琹等多其風槩愳日久湮替無以
詒來許屬貞胥為之記竊惟生人之義澍庠為難杜金
二君席豐履厚□自飫遼獨滾矜乎眾庶之顛沛有若
狄戚之在躬菊□顧瞏必圖尉薦之而後紓固仁人君
子之用心也董君浸淫西學根柢有自劃精厲意靡替
始終其所以光大斯院者將未有艾導歎懿美吾其無
辭輒述都凡箸之貞石
中華民國廿一季六月周駿彥孫崔泉蔣鼎文王文翰
李文浩陳逸風袁禮敦張繼光周乾康張鬈伯梁晨嵐
謝蘅生孫梅堂□延齡梁祖惠繆振董蔡同瑞敬建

浙江外海水上警察局長王公文翰惠政記

浙江外海水上警察局長王公惠政紀

王公問涵長水警局既五年，奸宄屏跡，滌蕩一新，日者以乏頓辭官去，縣人犇走驚相告，敕籲留勿獲，滋用戚皇。蓋吾縣位大澥中，島若嶼以千百數，民多業魚鹽，遵海濱而處，良者莠者相錯，驍桀不逞之流隨在而是，所恃以填撫者，獨官耳。宜乎聞公之將行，恍焉若一旦徹屋而露宿也。縣人既勿得請，乃相與謀致其私，以某月日張席鎮海梓山公園祖公行。

是日也，自吾商會會衆以外不期而集者達數百人。於是酒酣，有酌而言者曰："官民之隔閡久矣。曏者民慴於官，莫繇一望見顔貌，不幸遘罹事變，非極痛不可忍，毋敢以白於官。官持一紙文告，通行僚吏，苟以張聲威、資涂餙而已，於吾民之痛癢無與也。公以鄉人官於鄉，稔悉其窾要，其視吾民若一家父子兄弟然。蓋公既不以官自居，民亦且忘其爲官，斯前乎此所未有者也。"

又有言者曰："吾縣陸少而水多，港汊坌歧，奸黨窟其中，兵至即鳥獸散，陸勦則竄之海，海勦乃又遁於陸，其蹤跡至隱詭。舊時海盜最横者若馮虞廷、張雲卿、尹小眼、沙龍寶之流，省府嘗下令通緝矣，顧積久勿有所獲。公始至，廣設爲偵刺，窮跡巢穴，草薙而禽獮之。若玉環披山之役，若馮家炮臺以及黄巖郎几山之役，若温屬鳳尾山之役，若五寶嶼之役，若黄礁山之役，兵士人人殊死戰，追犇逐北，喋血漲流，先後斃其渠魁徒衆，或數十人，多者乃至二三百人，以次殲平，斯又前此所未有也。"

又有言曰："水警設局，其先曰水警廳，歷年以來更迭既久，弊亦滋甚。器械之腐窳，兵額之不足數，其不肖者，或與匪黨通聲息，朋比狼狽，肆爲暴奸，諸航旅於海者吞冤飲泣，匪之患什二三，兵之患乃什六七。公隨總理及前總司令仁湖蔣公治軍夙有聲，自長水警增饟糈以養其廉，嚴科條以杜其弊，繕兵艦以壯其威稜，以故隸公麾下者，無不奮厲競守法，兵旅所莅，靡有擾啓，斯則前此所未見未聞也。"

言未既，蒓舲則揖賓客而進之曰："公莅斯土久，今雖行矣，其不恝然於吾民也可知，且遺榮利如弊屣，公之高蹈也，稱述輿誦，以覘至公，以風來者，又吾民之職也。無已，則試摭今者諸君所陳，用爲刻辭，可乎？"僉曰"善"，乃屬鄞人張原煒著於篇。

共和廿又一年十月，定海縣商會主席王蒓舲，常務委員龔學懋、錢子耀、賀善康、宋佐夔，定海縣沈家門商會主席劉錫榮，常務委員王霖佐、陳文榮、謝仰甫、朱賡巘謹上。

鄞張原煒撰并書。

予草此文竟，王君蕤舲勒石爲刻辭已，以衙署向習新舊代任，遷變不常，擬仿前人廳壁記例，移置涵盧中，主人辭勿獲，乃爲搨之壁間。越一月原煒又記。

按：碑原在惠政巷王氏涵廬。拓片共兩張，每張高32釐米，寬86釐米。碑文楷書，共70行，滿行12字，另有小字3行。

鄞縣縣立女子中學新建學舍碑記

鄞縣縣立女子中學新建學舍碑記（篆額）

鄞縣縣立女子中學，前曰“寧波市市立女子中學”，又前曰“舊寧屬縣立女子師範學校”。地當月湖之竹洲，蓋宋真隱觀、清辨志精舍故址。城南一隅，水木清華，累代作人育士所也。中華民國十七年八月，楊菊庭先生來爲校長。鑒於吾鄉女子中等教育之式微，而環市七縣人口數百萬，女子完全中學僅此一所，每春秋始業，應試者踵屬，録取率不過什四五，先生患之。顧欲加以擴充，莫亟於學舍之增建。以資無所出，乃集鄉人士爲徵募委員會，推羅東里先生爲委員長，王問涵先生爲總隊長，徐燮臣、周子材兩先生主出納，林孔植、王頌孚兩先生董工程。諸鄉人及校之教員、職員、畢業肄業學生分執徵募之役，都得銀二萬八千八百四十四圓强。而蔣介石、徐慶雲、王問涵、金廷蓀、杜月笙、周宗良、周枕琴、陳布雷、胡叔田、陳蓉館諸先生及蔡琴孫、王逢年兩先生之母夫人輸財最多，贊助最力。計先後增建樓舍三重者一、二重者二、橋一，其他門、垣、庖、湢之屬稱是，孫總理紀念堂、體育場胥拓而大之。以二十一年十月工訖。吾國女學，自宋以後無所聞，清季瀛海交通，始稍稍規效西人而爲女子立學。迄於今，玆男女平等之義，亦既家喻而户曉矣。顧自男女共學制行，女子專校幾無復有，所踵立男校固不盡兼納女生，其兼納者，女生恒居甚少數。名爲平等，適減少女子升學之途耳。且女子教育自有特性。適於男者，不皆適於女，並世學者多能言其故。然則謂女子專校不需要於今代者，是目論也。斯校當十六年政革之際，弦誦亦幾幾罷輟矣。楊先生至，焕然乃合鄉人士之力，規度而光大之，爲斯校樹百年之基趾，玆足爲吾鄉女子教育前途慶矣。於是乎記。

中華民國二十一年十一月上石，縣人沙文若撰并書。

按：碑在寧波第二中學西北側。高184釐米，寬80釐米。碑文楷書，共18行，滿行37字。

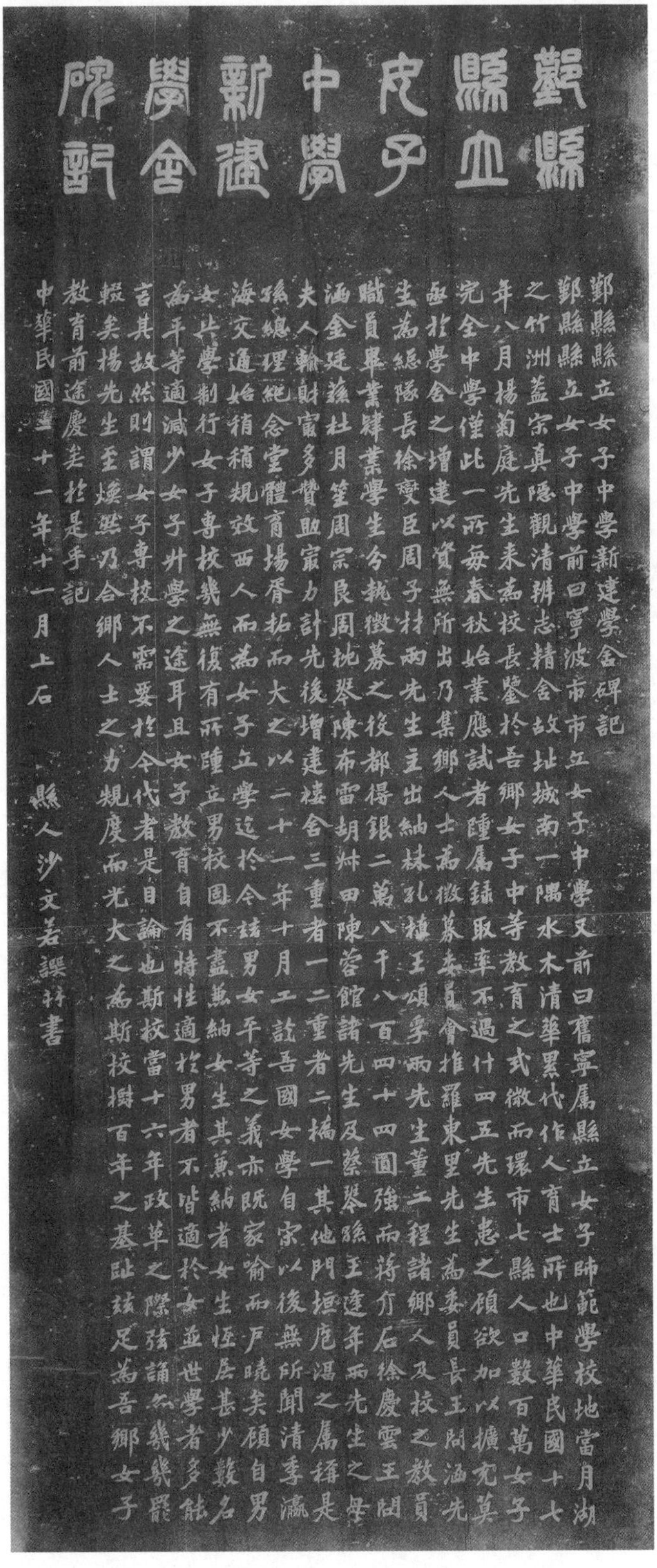

鄞縣縣立女子中學新建學舍碑記

鄞縣縣立女子中學新建學舍碑記

鄞縣縣立女子中學前曰寧波市市立女子中學又前曰舊寧屬縣立女子師範學校地當月湖之竹洲蓋宗真隱觀清辨志精舍故址城南一隅水木清華累代作人育士所也中華民國十七年八月楊菊庭先生來爲校長鑒於吾鄉女子中等教育之式微而環市七縣人口數百萬女子完全中學僅此一所每春秋始業應試者踵屬録取率不過什四五先生患之頗欲加以擴充莫亟於學舍之增建以資無所出乃集鄉人士爲徵募委員會推羅東里先生爲委員長王問涵先生爲總隊長徐變臣周子林兩先生主出納林孔植王頌年兩先生董工程諸鄉人及校之教員職員畢業肄業學生分執徵募之役都得銀二萬八千八百四十四圓强而蔣介石徐慶雲王問涵金廷蓀杜月笙周宗良周枕琴陳布雷胡炑田陳蓉館諸先生及蔡琴孫王達年兩先生之母夫人輸財寔多贊助寔力計先後增建樓舍三重者一二重者二橋一其他門垣庖湢之屬稱是孫總理紀念堂體育場胥拓而大之以二十一年十月工訖吾國女學自宋以後無所聞清季瀛海交通始稍稍規放西人而爲女子立學迄於今茲男女平等之義亦既家喻而戶曉矣顧自男女共學制行女子專校幾無復有所踵立男校固不盡兼納女生其兼納者女生恆居甚少數名爲平等適減少女子升學之途耳且女子教育自有特性適於男者不皆適於女並世學者多能言其故然則謂女子專校不需要於今代者是目論也斯校當十六年政革之際弦誦幾幾罷輟矣楊先生至燠然乃合鄉人士之力規度而光大之爲斯校樹百年之基趾茲足爲吾鄉女子教育前途慶矣於是乎記

中華民國二十一年十一月上石　縣人沙文若譔并書

浙江外海水上警察局局長奉化王公文翰去思碑

浙江外海水上警察局局長奉化王公去思碑（篆額）

鄞張原煒撰文　鄞張琴書丹　鄞沙文若篆蓋

王公問涵長水警局既五年，日者辭官歸，公之屬廣南黄君家齊輩思慕之不能弭，屬予爲之記。國家既鼎新，官吏任期更迭尤弗一定，朝升擢而夕降遷者比比。是爲之上者懼禄位之不能自保，惟以文具塗飾耳目爲務，在下者則尤而效之，上下相蒙塞而官事乃不可問。嘗試言之，士從田間來，一旦在位，疇不欲自奮厲，匪獨躋巍顯、擁權重也，即爲其部屬者，亦奚爲不然。今以政令之坌歧，當軸喜怒之不可窺伺，縱有材且異者亦扼腕俯首而莫可如何，甚者任事愈忠謹，獲戾亦愈蚤，欲人之效力，其可得乎？公自莅警局，未嘗察察爲明，賞罰黜陟，悉本乎至當，諸吏隸公部下者亡慮數十百人，無資歷久暫，無鄉里名籍之疏戚遠邇，壹以至誠待之，平居相處若一家然。疾痛苛養未嘗不相問，糾曲紛擾未嘗不相平亭。寬不至撓法，嚴不至矯情。有兄弟二人爲公佐治，公未嘗私其兄弟，諸兄弟亦勉思職事，蕲自效。廉平持大體類如此，其得衆心也固宜。黄君又言，諸吏從公久，初時亦猶是耳，公去官才數月，乃益繫人思。予聞其言，益嘆公之善馭吏也。今夫陽和敷布，卉木向榮，此日之功也。日功萬物，物未嘗功日也。洎乎霜露既隊，其氣肅清，榮者以衰，衰者以落，由是而陽和之功乃始見，公之於諸吏亦若是焉矣。公名文翰，字問涵，奉化人，以保定軍官學校生積勞洊至陸軍中將。

紀元二十一年十一月　日，部屬黄家齊、謝中、邢國鸞、鮑觀清、唐庚、陳朝傑、章翔綬、曹天戈、孫顯和、葉有梅、徐超歐、吴瑞麟、葉度、芮元琨、周秉誠、葉艇、金燮光立。

十二月下澣上石，李良楝刻。

按：碑原在惠政巷王氏涵廬。高192釐米，寬80釐米。碑文隸書，共18行，滿行36字。

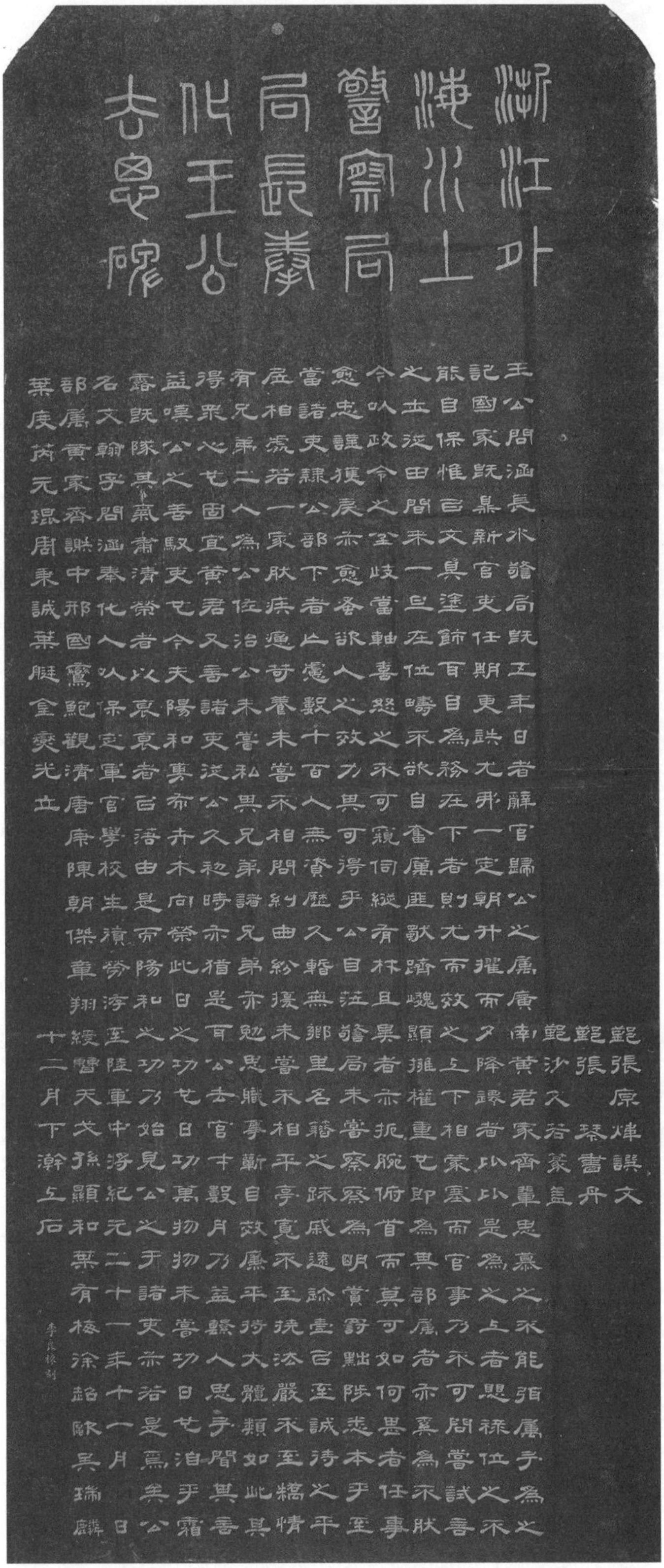
浙江外海水上警察局局長奉化王公去思碑
王公問涵長水警局既五年日者辭官歸公之屬廣南黄君家齊輩思慕之不能循屬予為之
記國家既梟新官吏任期更詵尤弗一定朝升擢而夕降還者以以是為之上者思祿位之不
能自保惟已文具塗飾百自為務在下者則尤而效之上下相蒙以塞而官事乃不可問嘗試善
之去從田間未一旦在位疇不訴自奮屬匪獻蹄巍顯揣權重也即為其部屬者亦冀為不肰
令以政令之至歧當軸書怒之不可窺伺縱有林且異者亦扼腕俯首而莫可如何愚者任事
愈忠謹獲庚亦愈番訴人之效力異可得手公自莅譥局未嘗察察為明賞罰黜陟悉本乎至
當諸吏隸公部下者上憊數十百人無資歷久軺無鄉里名籍之跡戚遠訟壹以至誠待之平
居相恤若一家肰病癒苛養未嘗不相問約由紛擾未嘗不相平亭寬不至撓法嚴不至矯情
有兄弟二人為公佐治公未嘗私異兄弟諸兄弟亦勉思職事靳自效廉平持大體賴如此其
得眾心也固宜黃君又善諸吏從公久起時亦猶是有公去官十數月乃益蘇人思予聞其善
益嘆公之善馭吏也今夫陽和專亦卉木向榮此日之功也日功萬物物未嘗功日也泊于霜
露既隊其氣肅清榮者以衰衰者已落由是而陽和之功乃始見公之于諸吏亦若是焉矣公
名文翰字問涵奉化人以保定軍官學校生積勞洊至陸軍中將紀元二十一年十一月　日
部屬黃家齊譔中邢國鷹鮑觀清唐康陳朝傑章翔纓譬天戈孫顯和葉有梅涂超歐吳瑞麟
葉度蔚元琨周秉誠葉艇金燮光立
十二月下澣上石
鄞張原煒譔文
鄞張琴書丹
鄞沙久若篆蓋
李良棟刻

捐建鄞縣縣立女子中學校舍褒奬等第表

捐建鄞縣縣立女子中學校舍褒奬等第表

蔣介石君捐現洋一千元，面約不請奬。

徐慶雲君捐現洋一千元，得四等奬狀。

王逢年君母楊太夫人捐洋八百元，蔡琴孫君母董太夫人捐洋六百廿五元强，王問涵君捐洋六百元，金廷蓀君捐洋五百五十元，杜月笙君捐洋五百元，周宗良君捐洋五百元，本校校友會捐洋八百廿元强，楊菊庭君經募洋六千一百七十元强，以上均得五等奬狀。

李立房捐洋四百元，得一等褒狀。

汝南氏捐現洋三百元，得二等褒狀。

蔣介卿君捐洋二百五十元，孫鶴皋君捐現洋二百元，竺梅先君捐洋二百元强，周枕琴君捐現洋二百元，邵聲濤君捐洋二百元，善積記捐洋二百元，善福記捐洋二百元，積記捐洋二百元，秦頤壽堂捐洋二百元，以上均得三等褒狀。

羅東里君經募洋一千八百三十元强，蔡衣雲君經募洋一千二百七十元强，蔡雨潮君捐洋一百廿元，蔡岷江君母翁太夫人捐洋一百十元，莊蓉洲君捐現洋一百元，張肇元君捐現洋一百元，金潤庠君捐現洋一百元，孫義漢君捐現洋一百元，葛吉生君捐現洋一百元，，葉叔眉君捐現洋一百元，俞飛鵬君捐現洋一百元，義泰興號捐現洋一百元，蘇州電氣廠捐現洋一百元，胡可莊君捐現洋一百元，屠康侯君捐現洋一百元，沈達卿君捐現洋一百元，餘記捐洋一百元，陳子塤君捐洋一百元，朱守梅君捐洋一百元，蔡仁初君捐洋一百元，鮑哲英君捐洋一百元，孫祥簋君捐洋一百元，陳蓉館君捐洋一百元，張蕁馥君捐洋一百元，何紹庭君捐洋一百元，梁晨嵐君捐洋一百元，何紹裕君捐洋一百元，李大綱君捐洋一百元，嚴康懋君捐洋一百元，柴文鎂君捐洋一百元，魏伯楨君捐洋一百元，王子瑞君捐洋一百元，董杏生君捐洋一百元，莊智焕君捐洋一百元，永記捐洋一百元，李霞城君捐洋一百元，善慶記捐洋一百元，李詠裳君捐洋一百元，潘尚林君捐洋一百元，戚變林君捐洋一百元，本校學生自治會捐現洋一百三十九元，以上均得四等褒狀。

凡奬狀均由省政府發給呈報教育部備案，凡褒狀均由縣政府發給呈報教育廳備案。

寧波市女子中學徵募委員會會務記要

工程項目：
三層大洋房一座；
二層洋房一座；
二層樓房一座；
水泥大橋一座；
大門連門房一座；
紀念廠擴大；
體育場擴大；
圍墻、走廊、浴室等全。
工程帳略：
收捐款連現升利息洋二萬八千八百四十四元四角八分八釐。
付新義記營造廠洋二萬二千二百元；
付監工徐如生洋三百七十三元三角二分七釐；
付張金記營造廠洋一千八百元内二百元作捐款；
付張慶記木作連木行漆工洋二千五百七十三元八角六分二釐；
付周法記泥作洋一千八百九十七元二角九分九釐。
徵募會經費：
楊菊庭君捐助徵募經費洋三百二十六元一角一分二釐；
又捐助新建校舍碑一座。

中華民國二十一年十二月，鄞縣蔡梅英書。

按：碑原在女子中學。高184釐米，寬81釐米。碑文楷書，上半部分爲《捐建鄞縣縣立女子中學校舍褒獎等第表》，共36行，滿行27個字；下半部分爲《寧波市女子中學徵募委員會會務記要》，共20行，滿行23字。

捐建鄞縣縣立女子中學校舍褒獎等第表

蔣介石君　捐現洋一千元
面約不請獎
徐慶雲君　捐現洋一千元
得四等獎狀
王達年君母楊太夫人　捐洋八百元
蔡琴孫君母董太夫人　捐洋六百廿五元強
王問涵君　捐洋六百元
金廷蓀君　捐洋五百五十元
杜月笙君　捐洋五百元
周宗良君　捐洋五百元
本校校友會　捐洋八百廿元強
楊菊庭君　經募洋六千一百七十元強
以上均得五等獎狀
李立庵　捐洋四百元
得一等褒狀
汝南氏　捐現洋三百元
得二等褒狀
蔣介卿君　捐洋二百五十元
孫獻廉君　捐現洋二百元
竺梅先君　捐洋二百元強
周枕琴君　捐現洋二百元
邵聲濤君　捐洋二百元
善積記　捐洋二百元
善福記　捐洋二百元
植記　捐洋二百元
泰頤壽堂　捐洋二百元
以上均得三等褒狀
羅東里君　經募洋一千八百三十元強
蔡永雲君　經募洋一千二百七十元強
蔡雨湖君　捐洋一百廿元
蔡岷江君母翁太夫人　捐洋一百十元
莊蓉洲君　捐現洋一百元
張肇元君　捐現洋一百元
金潤庠君　捐現洋一百元
孫義濮君　捐現洋一百元
葛吉生君　捐現洋一百元

葉叔眉君　捐現洋一百元
俞飛鵬君　捐現洋一百元
義泰興號　捐現洋一百元
蘇州電氣廠　捐現洋一百元
胡可莊君　捐現洋一百元
屠康侯君　捐現洋一百元
沈達卿君　捐現洋一百元
餘記　捐洋一百元
陳于埸君　捐洋一百元
朱守梅君　捐洋一百元
蔡仁初君　捐洋一百元
鮑哲兵君　捐洋一百元
孫祥蓋君　捐洋一百元
陳蓉館君　捐洋一百元
張尊禎君　捐洋一百元
何紹庭君　捐洋一百元
孫晨嵐君　捐洋一百元
何紹裕君　捐洋一百元
李大綱君　捐洋一百元
嚴康懋君　捐洋一百元
柴文鎮君　捐洋一百元
魏伯楨君　捐洋一百元
王子瑞君　捐洋一百元
董杏生君　捐洋一百元
莊智煥君　捐洋一百元
永記　捐洋一百元
李霞城君　捐洋一百元
善慶記　捐洋一百元
李詠裳君　捐洋一百元
潘尚林君　捐洋一百元
戚愛林君　捐洋一百元
本校學生自治會　捐現洋一百三十九元
以上均得四等褒狀
凡獎狀均由省政府發給呈報教育
部備案凡褒狀均由縣政府發給呈
報教育廳備案

寧波市立女子中學徵募委員會會務記要

工程項目
三層大洋房　一座
二層洋房　一座
二層樓房　一座
水泥大橋　一座
大門連門房　一座
紀念廳擴大
體育場擴大
圍牆走廊浴室等全

工程帳畧
收捐款（連現廿利息）　洋二萬八千八百四十四元四角八分八釐
付新義記營造廠　洋二萬二千二百元
付監工徐如生　洋三百七十三元三角二分七釐
付張金記營造廠　洋一千八百元（內二百元作捐款）
付張慶記木作（連木行漆工）　洋二千五百七十三元八角六分二釐
付周法記泥作　洋一千八百九十七元二角九分九釐

徵募會經費
楊菊庭君捐助徵募經費洋三百二十六元二角一分二釐
又捐助新建校舍碑一座

中華民國二十一年十二月鄞縣蔡梅英書

重建開明庵關帝殿碑記

重建開明庵關帝殿碑記

鄞縣開明庵重建關帝殿緣啓

夫如來出世，無非欲暢宏法度，生之本懷，伽藍像設，蓋乃聲光之所寄寓。然道本無形，沿時隆替，欲求萬古之常然，端賴護持之願力。夫伽藍神者，乃護法神衆之謂也。教所稱名，十有八位，嘗考世典，謂關帝昔在當陽玉泉寺皈依聖僧，發願擁護法門，是故乃其一焉。本邑開明庵向供關帝神像，創始於宋，迨至前清嘉咸年間，里人張道鑑等曾二度重修，有碑可考。今者殿宇倒塌，像設傾圮。貧尼發心將重行而建築之，以壯觀瞻，永維香火。伏望諸大護法、清信善人慷慨輸將，踴躍幫助，俾千古伽藍不泯，勝蹟常存。伏仰佛光照燭，萬家沐清化之緣，神力庇庥，四境荷恩威之錫。

劉頤漳助洋壹百元。

劉紀生助洋念四元。

楊順昌助洋念元。

楊永昌助洋念元。

陸紀生助洋念元。

洪福房助洋拾伍元。

楊門朱氏助洋拾元。

楊明水助洋拾元。

楊門陳氏助洋拾元。

楊日章助洋拾元。

楊門馮氏助洋拾元。

楊祥富助洋拾元。

錢蒲氏貴全助洋拾元。

孫門倪氏助洋拾元。

王志清助洋拾元。

陳馬氏仁福助洋拾元。

大吉洋傘廠助洋拾元。

信士王長根助洋拾元。

應王氏聖流洋念元。

應升南拾四元。

應志濤拾貳元。

余家駟拾元。

謝竹英拾元。

王宏富念元。

劉陳氏拾元。

陳大章助洋拾元。

馮陳氏助洋拾元。

陳悦豐助洋拾元。

徐師母助洋拾元。

王張氏全福助洋拾元。

吴李氏善明助洋捌元。

張吴氏慧性助洋陸元。

許裕綏助洋陸元。

善記拾四元。

劉鎮泰拾元。

舒其昌、柴海記、高雲豹、周徐氏、李阿堯、晉和、泰生莊、陸馮氏福仙、吴正房、勵門王氏、陳門董氏、朱雲海、朱金德、侯松齡、老生元、沈成茂、沈門楊氏、趙大有，各助洋伍元。

曾馥、裕生祥、潤康、俞祥和、章王氏、朱宏記、陳祖恩、恒春莊、姚永興、孫劉氏、陳姜氏、傅周氏、應畢氏、楊月桂、江忻氏、李蔡氏，各助洋叁元。

劉孟房，五元。

蔡應氏、郁萬泰、新立成、林周氏、王方能、王陳净善、徐門陳氏、薛壽房、源潤、汪慎記、泉潤、范順和、史兆泰、王來記、王德元、四明新、趙竺氏全福，各助洋貳元。

蔡紹周、瑞和號、廣興、中和廠、金茂榮、協隆號、史慶記、祥記莊、元和號、徐葆華、瑞泰、任綸官、張仁貴、屠用康、趙大德、東義昌、林和房、張祺祥、雙桐花館、元成莊、張蓮記、太豐行、李同慶、天章、同福昌、黄恒泰、張福記、陳森祥、王門楊氏、孫增才、俞永興、邱姓、蔡雙庭、王合興、正茂寧莊、趙周氏、大昌、聚興祥、新順記、崇德堂、大鴻樓、戴興泰、包錦昌、樓云官、源豐祥、餘興隆、范正泰、陳門曹氏、趙大興、伍復泰、劉振興、鄭復生、任春山、樓阿淼，各助洋壹元。

周元琛、嚴榮興、葉生茂、復興隆、源順興、同大興、夏文元、華雲堂徐、范壽房、徐乾大、蔡姓、周門施氏、周門陳氏、張源興、陳妙良、王泉通、仁泰祥、張順興、張順記、趙淼榮、徐繼銘、陳源順、沈錦章、洪源莊、恒隆寧莊、茂昌、惠中禪師、屠用福、石樹棠、毛根德、張榮昌、協隆、王茂章、趙祖安、王水琯、廣大阿昌、陳姓、方欽忠、方懷仁、方懷義、莊貞祥、腳板下處、陳萬生、祥興館、同義園。

中華民國二十一年冬月日立，住持尼諦參募建。

按：碑原在開明庵。高137釐米，寬67釐米。碑文楷書，共27行。

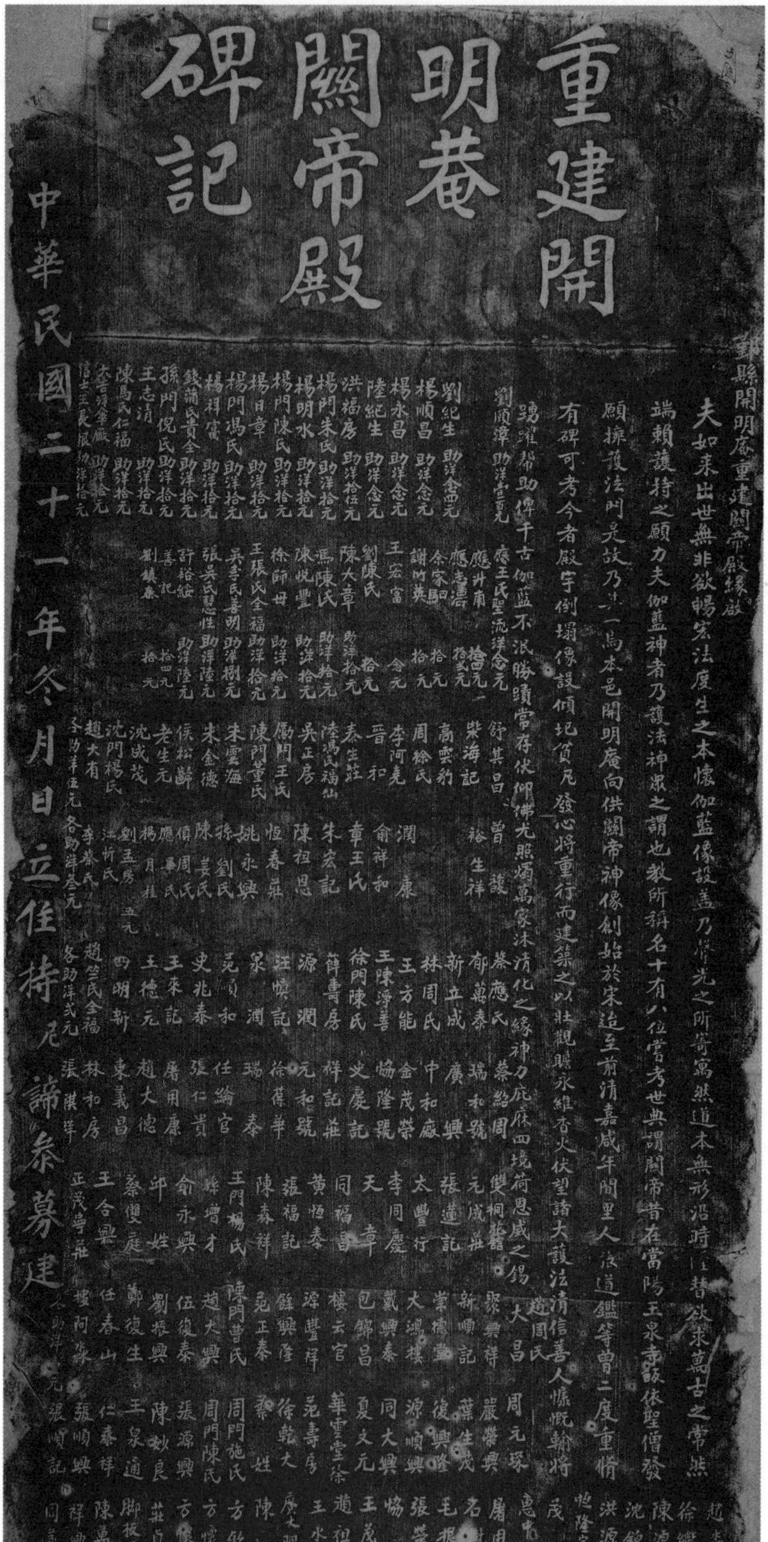
重建開明菴關帝殿碑記
鄞縣開明庵重建關帝殿緣啟
中華民國二十一年冬月日立住持尼諦参募建

吴錢兩姓使用埠頭息争合同議據

立合同議據，代表吴厚桂、錢杏坤。兹爲上年使用埠頭互相争執，致傷二姓之感情，現二代表鑒於上述情事，若無妥善辦法，兩族恐難永久安全，今欲消除意見、增進好感起見，爰特邀集兩族協議善後辦法共計□條，記録於後，俾將來得無擁擠而免相争事。恐後發生異議，立此合同二紙，各執一紙存照。

一議錢姓在鍾家橋前後洋漕地方擇定相當地點，建築埠頭各一個，以便上落；

一議新建埠頭命名曰“錢家埠頭”；

一議建築埠頭之工料等費，均由錢姓獨出其資；

一議鍾家橋普光寺附近造有祖墳，子孫祭掃及營葬所出入必經之路。將來修之時，應盡量力樂助之義務以補助之；

一議錢家山係錢氏世業，子孫每歲掃墓以及身後歸葬該處。其祭品、墳料進山，任憑錢姓從前後洋漕到埠上船直進該山，無阻；

一議錢姓造葬所有墳料上山，其抬料任憑錢姓自己主裁，吴姓子孫不得持强攬包，錢姓子孫亦不得指價强包。至於行路、埠頭概屬官地，本可自由出入，錢姓有墳料、山木進出之路，上落埠頭吴姓不得阻執；

一議山上樹木倘有被風吹倒，其根株在錢姓界内，吴姓子孫不得截取；

一議錢姓於路過田地種植禾苗草子等物，不得有意躪踏，如有損壞，估價賠償，吴姓不得藉此索詐，倘有吴姓己地經過之處，必須面議酌允；

一議錢姓過路，所有吴姓車盤水車不得故意碰壞，吴姓亦不得故意作難；

一立此議據一式兩紙，各執一紙，俾兩姓子孫永遵勿忘。

中華民國二十二年二月　日，立合同議據代表吴厚桂、錢杏坤，參加房長錢朝清、錢朝標，參加副房長吴紀林，依代李志堅。

按：碑原在鐘家橋錢氏墳莊。高 52 釐米，寬 112 釐米。碑文楷書，共 38 行，滿行 18 字。

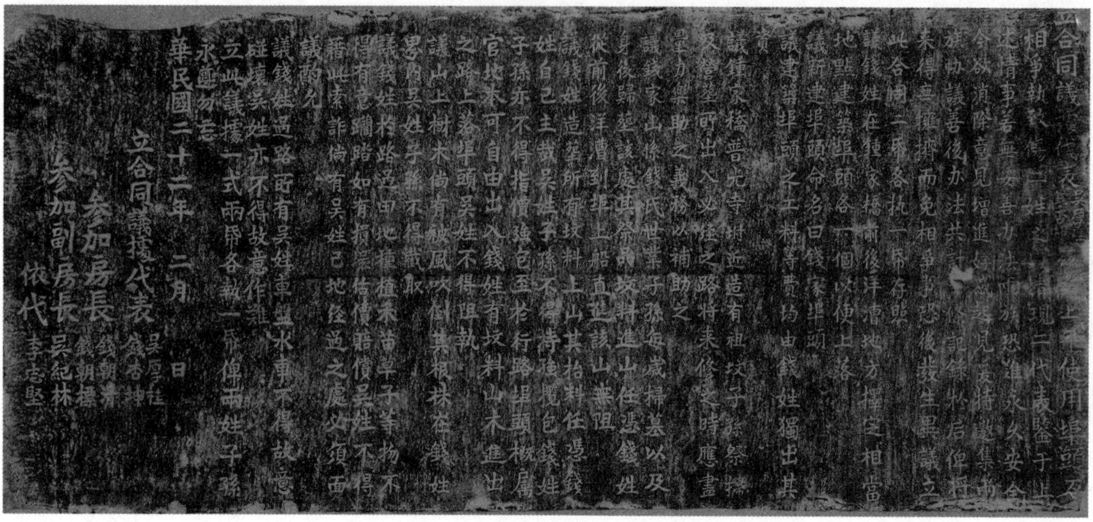

新豐橋碑記

新豐橋碑記（篆額）

奉化東南之水曰“白溪”，源出於石樓山杉樹嶺，北流三十餘里至溪汪，折而東向，又如干里，與朱溪合注，入奉江。新豐橋當流之東折處。顧溪汪之名而思其義，蓋溪之汪洋處也。鄉無橋，偶經天雨，澗水漲流，行路者望而興嘆。七八月之間，雨集源泉滚滚，恒經旬不能達彼岸。服疇者多歉其西成。昔歲壬戌，霪霖爲災，出洪暴發，以懷山襄陵之勢衝其隄，昏墊殊甚，鄉之人病焉。傍溪而處者爲唐氏，有胡太君憫鄉人之害及田事，命令器了未先生曰：“昔者，祖若父嘗留意及此，以費之不濟，終未之舉。汝其思夏后溺己，鄭僑濟人，勉竟斯功，以承先人之志。”先生謹受命，相其土地，度其陰陽，經始於癸亥三月，鳩工以固其防，有淤淺湍急者，濬之疏之，俾水得歸流。翌年甲子，據其津要，砌石作墩，列洞三，一勞而永逸。墩之上排以木，平鋪版石以爲梁，如古人所謂徒杠然者，非因陋就簡也，亦以艱於費而麄具其形，爲之基耳。去歲壬申，太君當六十之年，又命先生曰：“慶壽匪禮，古有明訓，國難時際，尤所非宜，其移稱觥之資完固是橋，吾之志也。”先生乃仍其故址，屏舊之木石，條鐵作骨而笵以黏土，前之以寸計者，則尺而倍之。故其形之寬廣、質之堅固，視前有加，命名曰“新豐”者，以先世集合義舉，故有是稱，仍其名而名之，即所以承先之意。北麓一亭葺而新之，瀏覽其間，南望發源諸山，岡巒起伏，隱隱可見阮峰在北，俯仰千古，尚或有隱君子乎？其東則梅山，與西之燕壘隔溪對峙，則有如旗鼓相當者。據此足以攬溪山之勝，而今而後，鄉居者無病涉之虞，而又得休憩之所，行道之人，交口稱頌焉。

又從而歌曰：群山蒼蒼，溪水泱泱。母之流澤，山高水長。

共和紀元二十二年二月初吉，鄞張琴譔并書。

李良棟刻。

按：碑原在奉化尚田溪汪村。高170釐米，寬75釐米。碑文隸書，共17行，滿行36字。

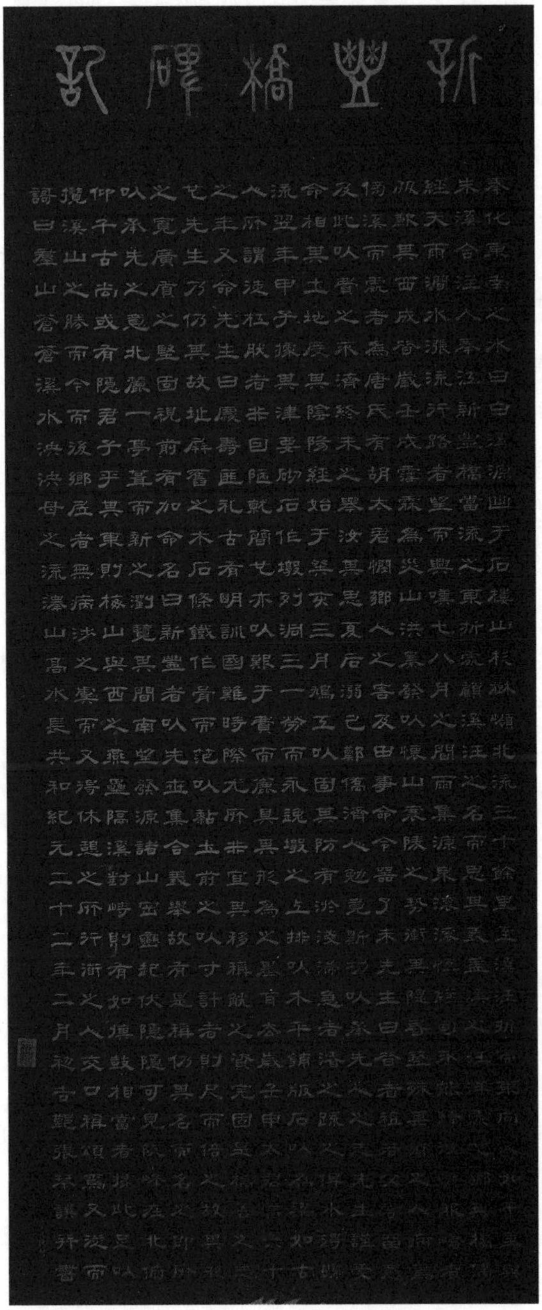

鄞縣佛教會呈請都神殿撥充辦理小學及佛教圖書館佛教通俗講演學所准予照辦告示碑

鄞縣縣政府布告第一六號

爲布告事。案據鄞縣佛教會主席委員智圓，常務委員本舟、寶静、指南、金夢麟等呈稱：呈爲呈請事，案據東岱庵住持僧修清書稱：竊修清於本年一月三十一日奉鄞縣政府通知書第二六號内開，奉民政廳第八五零號指令，本府呈復，令查都神殿廢址詳細情形，祈鑒核由，内開呈件均悉。查此案業經本廳審查決定，兹將決定書、送達證書暨原卷一併隨文令發，仰即分别查收送達，並將送達證書呈繳備查，此令，等因。並發決定書二本、送達證書一紙，縣卷四宗、分書一本下縣。奉此，除縣卷、決定書抽存外，合行檢同決定書暨原送分書，飭仰該住僧知照，特此通知，並附發決定書一本、分書一本，等因。奉此，查都神殿地址前以前寧波市政府先後借撥獅橋里委員會辦公處所，及建設臨時小菜場之用，僧不服前寧波市政府處分所爲，一再呈請鈞會，情願將該都神殿地址移轉與佛教會興辦平民工廠，並狀訴鄞縣地方法院，暨向浙江省民政廳請願，將該都神殿地址依照監督寺廟條例確定産權，各在案。現蒙鄞縣陳縣長呈奉民政廳令開決定歸修清管理，數年苦心，一旦解決，誠感政府莫大功德也。惟是修清一介貧僧，既蒙政府恩厚，自應如何建設社會事業以圖上報於萬一，無如棉力薄弱，心與願違，今爲謀社會事業發展起見，願將該殿全部管理權移轉與鈞會接收管理，作爲會所及興辦公益慈善教育等事業，以昭大公而免誤會，懇轉呈鄞縣政府立案，給示曉諭，永垂不朽，頂德靡涯，所有都神殿舊契三紙並抄本決定書一份，一併送呈，仰祈察收保存。再鈞會日後如有遷移他處，仍歸修清自行管理，合併聲明，等情。並附送舊契三紙、決定書抄本一份到會。據此，查該都神殿本屬寺産，現在既奉民政廳決定由修清管理，則産權已明確規定，惟修清志願宏大，爲謀社會事業發展起見而限於棉力薄弱，自願將該殿全部管理權移轉與屬會，作爲會所及興辦公益慈善教育事業，準諸法理，尚無不合。但屬會以興辦公益慈善教育事業極爲繁多，兹特擇其重要者，先行擬辦覺民初級小學及佛學圖書館、佛教宏法通俗講演所等，現正積極籌備，一俟籌備完竣，另案呈報外，據稱前情，理合備文呈請鈞府鑒核備案，並請給示曉諭，俾資勒石，以垂不朽，實爲公便等情。據此，查都神殿撥充辦理小學及佛學圖書館、佛教宏法通俗講演所之用，事尚正當，應即准予備案。除指令外，合行布告周知，仰各知照。此布。

縣長陳寶麟

中華民國二十二年三月四日

按：碑原在靈橋路佛教會。高 140 釐米，寬 73 釐米。碑文行楷，共 21 行，滿行 51 字。

延芳橋碑記

延芳橋碑記（篆額）

縣人張琴撰并書

吾鄞東南二鄉交會之要津，自横石橋至鎮安橋約三里許，爲金峨、福泉諸山之水分注浹江而朝宗於海者必經之所。故凡往來城鄉航行之船，日以數百計。舊有橋曰“嘉慶”，適當其間。洞既狹隘而河身又紆折，甚且橋内外不相見，前衝後突，無時無之，風雨晦冥，其患尤甚。邇者二鄉又各設機船，尾聯野航，魚貫而進，宛若游龍。維繫之船愈多，撞擊之患亦愈烈，於船於橋兩受損害，猶其小焉者也。地方人士愍焉憂之，謀所以改築而擴大者。先事預計坭鐵、木石之材，以枚數之三萬有奇，用人之力以工計至千餘，非五千金不克蕆事。擬由金君廷蓀、張君繼光勸募從事。時有鎮海蕢君延芳者，年五十，將於生辰開縣弧之會。二君因而進言曰：“慶壽非禮，古有明訓。國難時際，尤所非宜。其移稱兕之資改建是橋，君其許之乎？”經蕢君履勘，忻然而許諾，解其槖金，鳩工庀材。經始於去秋之末，越百日告厥成功。移其址，張大其門，舟行者得洞然可見。易舊之梁石，條鐵作骨而笵以黏土，故其身之寬廣、質之堅牢，視前有加。北麓一亭葺而新之，河心之淤積者，復濬之使深。計費金六千餘，皆蕢君義囊所自出也。縣之人以爲難能可貴，爲之請於當道，即以君之名名之曰“延芳橋”。工既訖功，相與共落其成，行道之人咸交口而頌，爲書而紀之於石。既所以志有功，亦所以示來茲耳。是役也，成人之美者，金、張二君，監厥工者，蔡君玉祺、卓君殿英，皆縣人，例得書。

共和紀元二十二年二月初吉，陳寶麟、虞和德、杜鏞、張繼光、金廷蓀、袁禮敦、孫鵬、竺梅先、張傳保、烏人垚、吴經熊、周乾康、王文翰、余鋆、蔡玉祺、卓殿英、蔡同瑞、屠用楨、周大烈、項士鎮、洪紹箕立。三月上石。

李良棟刻。

按：碑原在舊嘉慶橋。高186釐米，寬88釐米。碑文隸書，共21行，滿行36字。

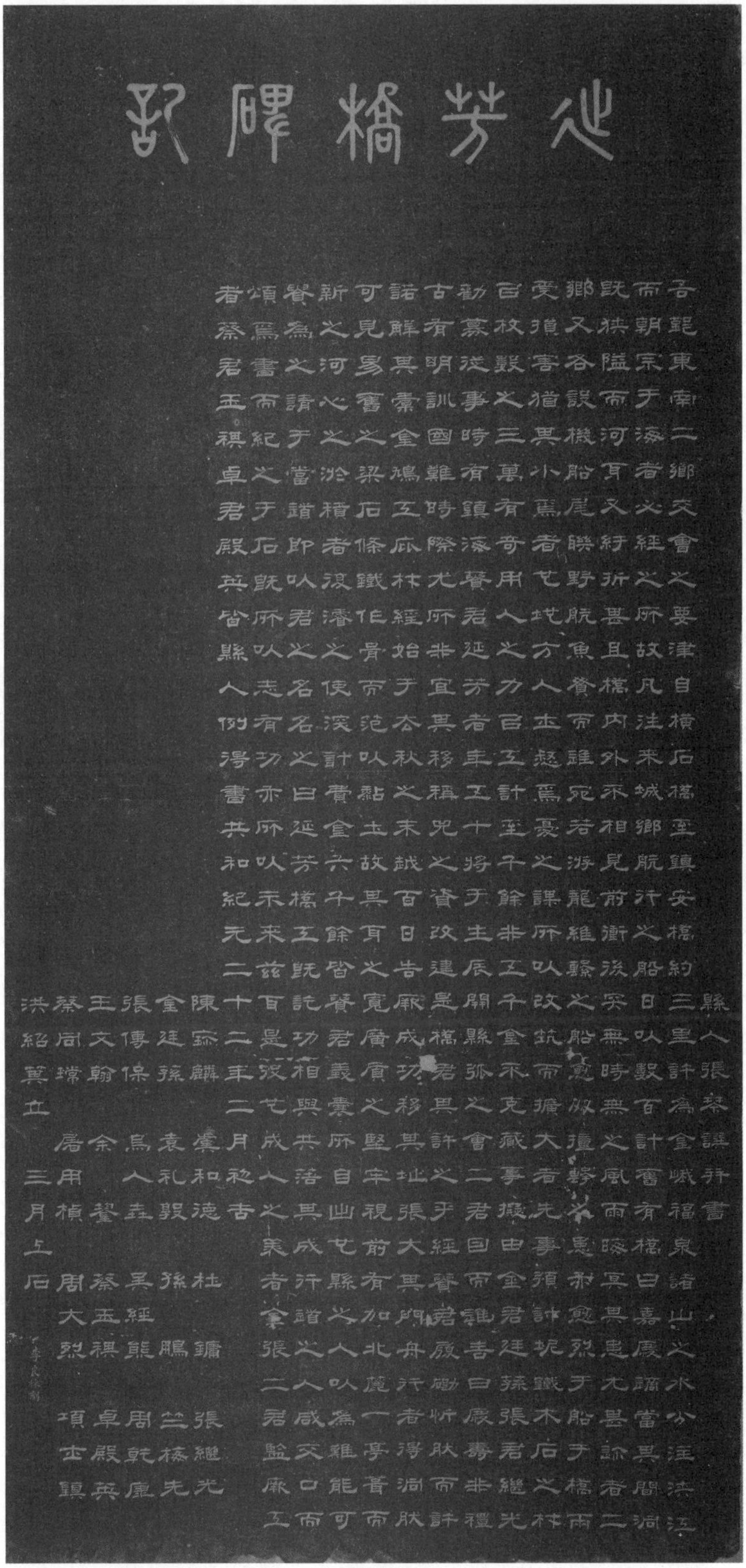

延芳橋碑記

縣人張琴譔幷書

吾鄞東南二鄉交會之要津自橫石橋至鎮安橋約三里許爲全城福泉諸山之水分注洪江而朝宗于海者必經之所故凡往來城鄉航行之船日以數百計舊有橋曰嘉慶橋當其閘洞既拱隘而河身又紆折甚且橋內外不相見前衝後突無時無之風雨晦冥其患尤甚診者二鄉又各設機船尾聯野航魚貨而雖宛若游龍維繫之船[illegible]激撞擊[illegible]患亦愈烈于船于橋兩受損害猶其小焉者也地方人杢愁焉憂之謀所以改抗而擴大者先事預計坑鐵木石之材以枚數之三萬有奇用人之力以工計至千餘工非千金不克藏事擬由全君廷孫張君繼光勸募從事時有鎮海贊君延芳者年五十將于生辰開縣弧之會二君因而說告曰慶壽非禮古有明訓國難時際尤所非宜其移稱兕之資于改建是橋君其許之乎經贊君廢勵忻然而許諾解其橐全鳩工庀材經始于本秋之末越百日告厥成功移其址張大其門舟行者得洞然可見易舊之梁石條鐵作骨而范以黏土故其身之寬廣質之堅牢視前有加北麓一亭舊而新之河心之淤積者復濬之使深計費金六千餘皆贊君義囊所自出也縣之人以爲難能可貴爲之請于當道即以君之名名之曰延芳橋工既訖功相與共落其成行道之人咸交口而頌焉書而紀之于石既所以志有功亦所以示來茲且是役也成人之美者全張二君監厥工者蔡君玉祺卓君殿英皆縣人例得書

共和紀元二十二年二月初吉

陳宗麟　全廷孫　張傳保　王文翰　蔡同璟　洪紹萁　立

虞和德　袁禮敦　烏人圭　余鑾　屠用楨

杜鏞　孫鵬　吳經熊　蔡玉祺　周大然

張繼光　竺楳先　周乾康　卓殿英　項杢鎮

三月上石

天台教觀第四十三祖諦公碑

天台教觀第四十三祖諦公碑（篆額）

諦閑大師碑

仁和葉爾愷，柏皋氏，法名觀澄篆額

大師諱古虚，字諦閑，號卓三，浙江黄巖朱氏第三子，父度潤，母王氏。師九歲入塾，聰穎異常。未幾，父病歿，家貧，奉母命隨舅氏習藥業。舅氏精岐黄，一日有壯者就診，師素稔其康健，忽以微疾不起，因知人命無常，問舅氏曰："藥能醫命乎？"舅氏曰："藥祇治病，安能醫命？"師大悟，遂有出世之志。年二十，乃遯入臨海縣之白雲山，就成道師薙度。不數日，兄踵至，逼令還家。逾二歲，兄亦歿，仍復入山。

二十四歲受具於天台國清寺，得戒後在寺參究"念佛是誰"，精勤不息。會冬日打七，某午，方坐定止静，三扳剛越耳際，忽覺身心脱落，一刹那即聞開静之聲。私問鄰單曰："今日不坐香耶？"鄰曰："頃一枝大板香才畢，云何不坐？"乃自知在定境中固應爾爾。年二十六，至平湖福臻寺敏曦老法師座下聽講《法華經》，敏公命充侍者。初聽講茫然不知所謂，維那授虚法師以《法華會義》示之，開卷了然，如覩故物，遂竟夕不寐，潛心研究旬餘，玄解頓開。每以所悟就正於虚師，虚師爲之驚歎。時大座宣講《法華》僅及半卷，至"五千退席，暨諸佛唯以一大事因緣，故出現於世"一段，爲全經之綱領，虚師請於敏公，以師復講小座，敏公不許，堅請再四，始勉允之。師就座，一啓口即滔滔不絶，敏公方退座歸寮，登樓甫半，駐足聽之，至小座竟，亟招師入寮，詢以所得，師亦不自知其故。

年二十八，遂升大座，於杭州六通寺開講《法華》。某日講至《舍利弗授記品》，寂然入定，默不一言，逾時出定，則舌燦蓮花，辯才無礙。一世説法利生，其端實肇於此。師自審年齒未尊，不願多升大座受衆禮拜，講畢即回國清寺掩關。翌年，迹端融祖爲上海龍華寺方丈，命師出關，相助任庫房事。師在寺一方供職，一方聽瑞芳法師講《禪林寶訓》、大海法師講《彌陀疏鈔》，旋由融祖授記付法，傳持天台教觀第四十三世。年三十一，辭庫房職，留寺閲藏。越歲，在龍華開講《法華》，聽衆至二千餘人。期滿即往金山江天寺參禪，留二年，至慈谿蘆山聖果寺掩關。而金山同參數十人追蹤叩關，啓請指示，乃在關中講《法華》。逾年出關，至龍華寺講《楞嚴經》。旋復掩關於永嘉頭陀寺，三年出關。年四十六，即爲頭陀住持。越歲，朝五臺，入都請龍藏。三年退席，專力宏教。年五十三，又住持紹興戒珠寺，兼上海龍華寺主席。

民國紀元，最後住持於寧波觀宗寺。寺爲宋延慶寺觀堂舊址，元豐中，四明五世孫介然法師按照《觀無量壽佛經》建十六觀堂以修觀行，故名“觀宗”。自宋迄清，興廢靡常。自師任住持，遵四明遺法，以三觀爲宗，説法爲用，改稱“觀宗講寺”，募建大殿、天王殿，及念佛堂、禪堂、藏經閣，規模焕然，蔚爲東南名刹。

民國四年，孫毓筠承政府之命，於北平設講經會，延師講《楞嚴經》，士大夫及都城四衆赴會聽講者雲集，雖列廣座爲之不容。師自二十八歲初升大座以後，江浙各叢林之禮聘講經者，歲無虚席，至是年已五十有八，始爲士大夫宣講，其教化乃普被南北焉。時國内有毀廟興學之議，地方廟産多生糾葛，内務總長朱啓鈐擬訂《寺廟管理條例》，咨詢於師，而著爲令。總統袁世凱題額贈師曰“宏闡南宗”。都中籌安會正籌備帝制，授意各界勸進，且及方外。師語人曰：“僧人惟知奉持佛法，不知有民主君主。”講經期滿，即振錫南歸。

民國六年冬，北平復設講經會，請師開講《圓覺經》。七年春，都人士公推徐文霨南下，迎師航海北上。既抵北平，日則手編講義，夜則升座宣説。顯覺得親近吾師，實在此時。師稱性而談，於講義外多所發揮，遂約江妙煦、黄顯琛二子，每夕各爲筆記，歸，妙煦整理，翌日呈師印正。師訝然曰：“余昨夕尚有爾許言説？實不自知也！”其始咸以爲吾師獎進學人，故作斯語，厥後歷次呈藁，都如是云云。因切問曰：“師自身説法，果不自知歟？”師曰：“然。”顯覺等皆以爲異。師乃舉昔時講《法華》至《舍利弗授記品》忽焉入定故事，詳碻見告，乃恍然於師之講經，深得語言三昧，與專恃記誦者不同。筆記編定，師特錫名“親聞記”。

先是，師以振興佛法，首在造就人材，故於民元前二年，就南京僧師範學堂監督招青年僧徒，分班講授，解行並進。會光復軍興，相機中止，遂就觀宗寺設研究社以竟其志。至是講畢將歸，爲葉公綽、蒯壽樞二居士言及之，二君慨任鉅資，專備培養講師之用。師歸而籌備，於民國八年成立觀宗學舍，自任主講，羅致學僧，授以台宗大小諸部，由是人材蔚起，至今法徒分座四方者不下數十人。十七年，改併爲宏法研究社，承傳弗替。

民國十年，浙省當局目擊時艱，人心日下，延師講《仁王護國經》於海潮寺，軍民長官、地方紳耆皆列席肅聽，其盛況亦前所未有也。東省哈爾賓地居邊遠，伊古以來，罕見沙門蹤迹。比年關外善信創建極樂寺，師門倓虚實爲住持。民國十八年就寺傳戒，請師爲得戒和尚。維時吾師壽已七旬有二，間關跋涉，不憚煩勞，及期授比丘戒，賡續百餘壇，自下午四時升座，至翌日上午十時圓滿，諸執事暨兩阿闍黎雖更香休憩，無或逾時。吾師指引攸宜，始終罔懈，祝延趺坐，純任自然，歷十八小時有餘，略無倦意。見者咸肅然稱奇，而不知師之常在定中也。

夫大教興替，會有其時，然得人則興，古今一轍。師生於末法時代，一人精修，化及天下，微特天台一宗賴以中興，於全體佛教亦有扶衰起敝之功，因緣時節，夫豈偶然？且弘揚自宗，排斥他宗，歷代諸師間有此習。而我師雖宗天台，對於他宗絶無門户之見，有非古人所能及者。至若師之密行，尤非淺學所知，就其可見者言之，則日誦《普賢行願品》《金剛經》《圓覺經》《觀無量壽佛經》，念佛萬遍，以爲常課，朔望加誦《梵網經》，菩薩大戒，終身無少間。自行化他，老而彌篤。民國二十年，猶應上海玉佛寺之請，開講《楞嚴》。高年矍鑠，自春徂夏，凡四閲月，絶未請人代座。已而復應無錫居士之請，爲講《省庵祖師勸發菩提心文》，然後返甬。

壬申年夏五月，自知塵緣垂盡，往生不遠。電促弟子寶静回寺，付以法命，爲觀宗住持兼宏法研究社主講。七月初二日上午，忽向空合掌良久，云："佛來接引，老僧將從此辭。"唤侍者香湯沐浴，更衣，索楮筆寫偈云："我經念佛，净土現前，真實受用，願各勉旃。"寫畢，命全寺僧衆念佛，趺坐蓮龕，含笑而逝。師生於戊午年正月初六日丑時，圓寂於壬申年七月初二日未時，世壽七十有五，僧臘五十有五。於是年冬，塔於慈谿五磊山之旁，舉龕之日，遠近來會者數千人。

遺著有《大佛頂首楞嚴經序指味疏》一卷、《圓覺經講義》二卷、《金剛經新疏》一卷、《普賢行願品輯要疏》一卷、《觀經疏鈔演義》一卷、《始終心要解》一卷、《觀世音普門品講義》一卷、《二玄略本》一卷、《念佛三昧寶王論義疏》一卷、《水懺申義疏》一卷、《八識規矩頌講義》一卷，皆已刊行於世。銘曰：

宋明以來，禪净盛行。余宗衰敝，惟是天台。一脈相傳，至今弗替。前有慈雲，後有靈峰。我師繼起，如象如龍。説法利生，四十八年。示寂伊邇，猶講楞嚴。自南自北，結集法會，百數十所。若經若論，塵説刹説，二十餘部。振興大教，首重育才。弘法社啓，義學朋來。法乳流衍，光光相望。分主講席，遍於十方。教宗法華，行在彌陀。應化事畢，離此娑婆。歲次玄黓，鶉尾之辰。安詳坐逝，高謝天人。五磊之山，密藏之居。色身如幻，果證無餘。皈依四衆，十餘萬人。無邊悲仰，泐此貞珉。

民國二十二年，歲在癸酉春三月吉日，弟子蔣維喬竹莊氏法名顯覺敬撰，江陰莊慶祥翔聲氏法名了于謹書，弟子沙守中法名聖密襄校，觀宗寺寶静暨性宗監造，寧城李良棟鎸石。

按：碑在觀宗寺天王殿後廊。高223釐米，寬90釐米。碑文隸書，共32行，滿行85字。拓片所缺文字據1942年《佛教雜誌》載《諦閑大師碑》補全。

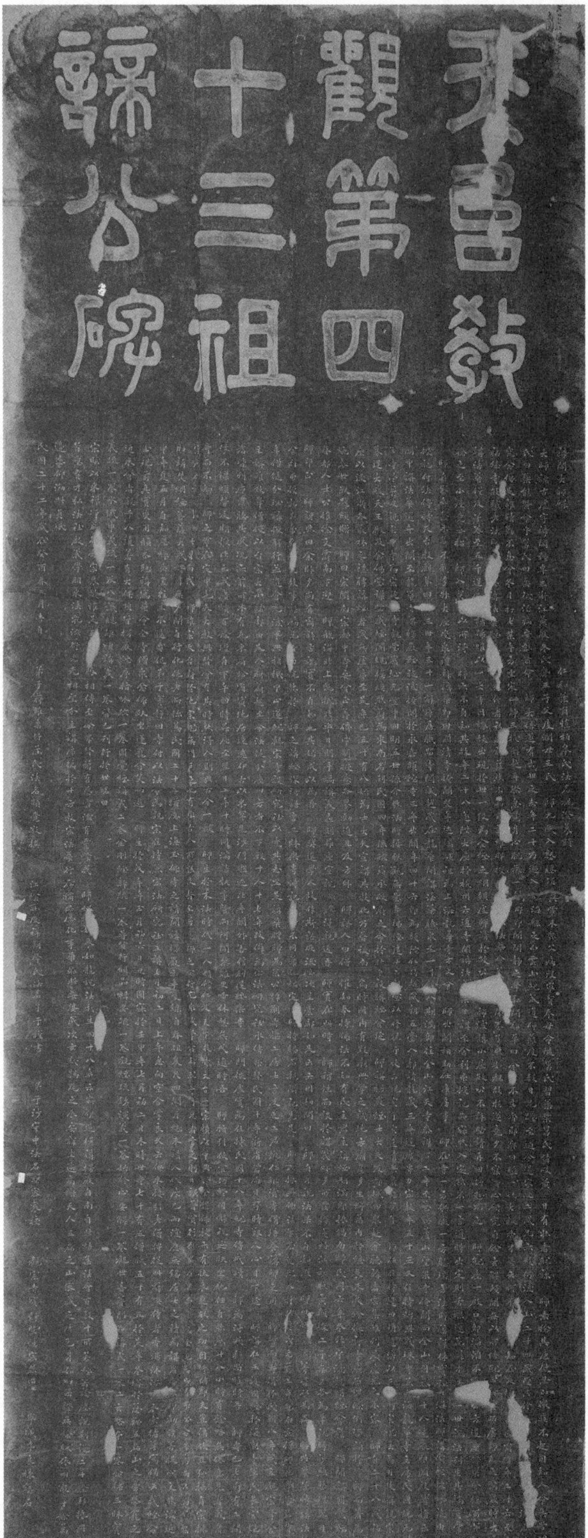

月湖金氏祠堂記

月湖金氏祠堂記

吾鄞月湖金氏在有清康雍之際曰大英公，以服賈繇金華來遷，蓋二百有餘年矣。考金華金氏南渡之季，有大儒金履祥，籍蘭溪，稱仁山先生，從祀文廟。今曰自金華來，或即其苗裔與？鄉無祠宇，所賴以委先靈者曰世濟堂，屋貳楹，傍月湖，建碑橋。創自何人，建于何年，代遠時湮，欲問遺事而故老無復存者。入視其間，楝桁門闑之撓折敗壞者，蓋瓦級甎之破缺者，赤白之漶漫不鮮者，在在皆是。孝子慈孫每思改築，輒以費無所出而議遂中止。去春三月，有廷蓀先生者以商滬起家，邑中義舉多樂爲輸將，兹以祠宇故，願以萬金爲拓地營建之資，俾托幽有所。于是，宗之長約宗之人會于堂，當衆而言曰："堂宇之傾圮日甚，而又（又）狹隘。六世廷行有蓀者，擴其基、新其宇，其可乎？"僉曰："善。"又言曰："予忝長于宗有年，耄老不能肩厥重，土木之興，必得有經驗者董之，事克有濟。復有蕃者，亦廷行，營木業三十年，使之供奔走之役，當乎？"又曰："得其人。"僉議克諧。廷蓀先生因即解囊，購左之地二丈，右丈餘，後且及五丈。廷蕃先生亦出而任事，就其故址仍南鄉，預擬建廳三楹，面南處裝置宗祏，計級九，狀如梯，安昭穆之位于其上。楣間則仍舊稱曰世濟堂。增築後扆如前廳之數。飲食有厨，儲藏有室，勞役寢處有所。先事預計非萬金不濟。規畫既定，以六月十九日召匠氏相材，越三日，撤舊宇，徙祀火于別室。構新之期，授人時者蕳十一月十六日。先之以楹桁，繼之以梁楝，終之以榱桷門臬，而梓人之事備。令版築氏鱗次其瓦，復甃甓於前後左右，而垣墉以成。殿白者黝之、垩之、丹雘之，九越月而工始訖功。是役也，購地二千金，築室至六千餘，外此復別儲三千爲擴充祀事之用。美輪美奂，景象一新。宗之人交口稱頌曰："設非慨解巨金，巧婦不能爲無米之炊。又非有擘畫者任此，巨萬之資行將擲於虚牝。二先生之功，均不可没也。"因駢而書之。抑又有進，鄞距金華未及千里，以今舟車之□捷，不難朝發而夕至，于此盡木本水源之意□認其宗，儻，亦仁山先生所樂許乎，金氏諸君子盍興乎來。

二十二年三月，同縣張琴譔并書。

按：碑原在月湖金氏祠堂。拓片共八張，每張高124—134釐米不等，寬42釐米。碑文隸書，共40行，滿行18字。

月湖全氏祠堂記
吾鄞月湖全氏在有清康雍之際曰大宗公以
服賈蘇全革未議盡一百有餘年矣芳全美全
氏南渡之季有大儒全履祥籍蘭谿稱仁山先
生從祀文廟今曰自全美來或即其苗裔與鄉

無祠宇所賴以妥先靈者曰西濟堂屋弋楹傷
月湖建碑樯創自何人建于何年代遠時湮歆
問鄰事而故老無復存者人視其間棟桁門閭
之撓折敗壞者蓋瓦級甎之破缺者天日之漏
漏不鮮者在在皆是孝子慈孫每思改築甎以

貴無所出而議遂中止去春二月有廷孫先生
者以高德起家邑中義舉輒樂為輸將爰以祠
宇故願以萬金為拓地營建之資俾託幽有所
于是宗之長約宗之人會于堂當眾而言曰堂
宇之傾圮日甚而又又狂臨六西廷行有孫者

擴其址新其宇其可乎僉曰善又善曰予忝長
于宗有年老者不能肩廊重土木之興必得有
經驗者董之事克有濟復有蕃者亦廷行嘗從
業三十年使之供奔走之役當乎又曰得其人
僉議克諧廷孫先生曰即解囊購左之地二丈

石文餘波且及王文廷蕃先生亦出而任事就
其故址仍南鄉預擬建廳三楹面南彙裝置宗
祏計級九狀如梯安昭穆之位于其上楣間則
仍舊榜曰孟濟堂增築後寢如前廳之數飲食
有廚儲藏有室勞役寢處有所先事預計非萬

全不濟規畫既定以六月十九日召匠氏相材
越三日撤舊宇遷祀人于別室構新之期援人
時者簡十一月十六日先之以楹桁繼之以梁
棟終之以椽桷門臬而梓人之事備命版築氏
鱗次其瓦復甃甓於前後左右而垣墉映成殿

者勤之塈之丹艧之九越月而工始訖功是
役也賸地二千金築室至六千餘外此復別儲
三千為擴充祀事之用美輪美奐景象大新宗
人交口稱頌曰設非慨解巨金巧婦不能為
無米之炊又非有碩畫者任此巨萬之資亦將

於虛兆二先生之功均不可沒也因駢而書
之抑又有進說距全美未及千里以今舟車之
捷亦難朝發而夕至于此盡木本水源之意
認其宗倪亦仁山先生所樂許于金氏諸君
予盍興乎來二十二年三月同縣張琴謹并書

鎮邑尚潔義務小學碑記

鎮邑尚潔義務小學碑記（篆額）

鎮邑尚潔義務小學碑記

學校設立，始於清季。入民國後，朝野益以興學爲當務之急，公私分設，每縣多至百餘，可謂盛矣。顧以言教育普及尚不免有遺憾者，則以入學需費，貧寒子弟每苦力有未逮，非别設義務學校不爲功。以義務故，致辦學之費益多，非厚集基金，不克成立。即成立矣，或以款絀而中止，此亦勢之無如何者也。

鎮邑節孝祠内設立義務小學一所，係民國十九年節孝祠諸董事所發起，定額五十名。命名“尚潔”，蓋校由節孝祠而興辦，寓顧名思義之意。即以舊董事任校董。全年經費，約需六百餘金。自籌款開辦以來，業已具呈省縣備案，惟基金無所出，尚不克維持永久。邑紳方君式如，亦校董之一。因與同事述及本生庶祖母朱太夫人生前嘗抱育才之願，臨歿遺言欲辦本縣義務學校，苦無適宜地點，因循不果，今得諸君在祠内興辦，正可仰成先志。基金一項，即由朱太夫人名下捐助公債券洋八千元，由校董公同保管，年將息金充作經費。諸同事皆大喜，常款有著，可永無後顧之虞矣。

朱太夫人青年守節，民國六年曾以節孝請旌，由省長頒給“節勵松筠”扁額。又以助款興學，示意後人。方君禀承遺訓，以表揚節操之區爲造就孤寒之地，事固有相得而益彰者。前此節孝祠基址狹隘，民國十年，方君獨出鉅資爲之改建，規制焕然一新，余曾爲文以紀其事。今小學設於祠内，嘉惠後學，即以仰妥先靈，用意尤善。使世之處境如方君者，悉效君之所爲，教育普及，或終可達到希望之一日歟。同事諸君謂事關興學，不可無文以垂久遠，又援前例，屬爲之記。余與方君雅，故書其事，亦使後來者有所觀感而興起也。

中華民國二十二年春　月，慈谿楊敏曾撰，西神王藴章書。

按：碑原在鎮海節孝祠。高 206 釐米，寬 85 釐米。碑文楷書，共 16 行，滿行 40 字。

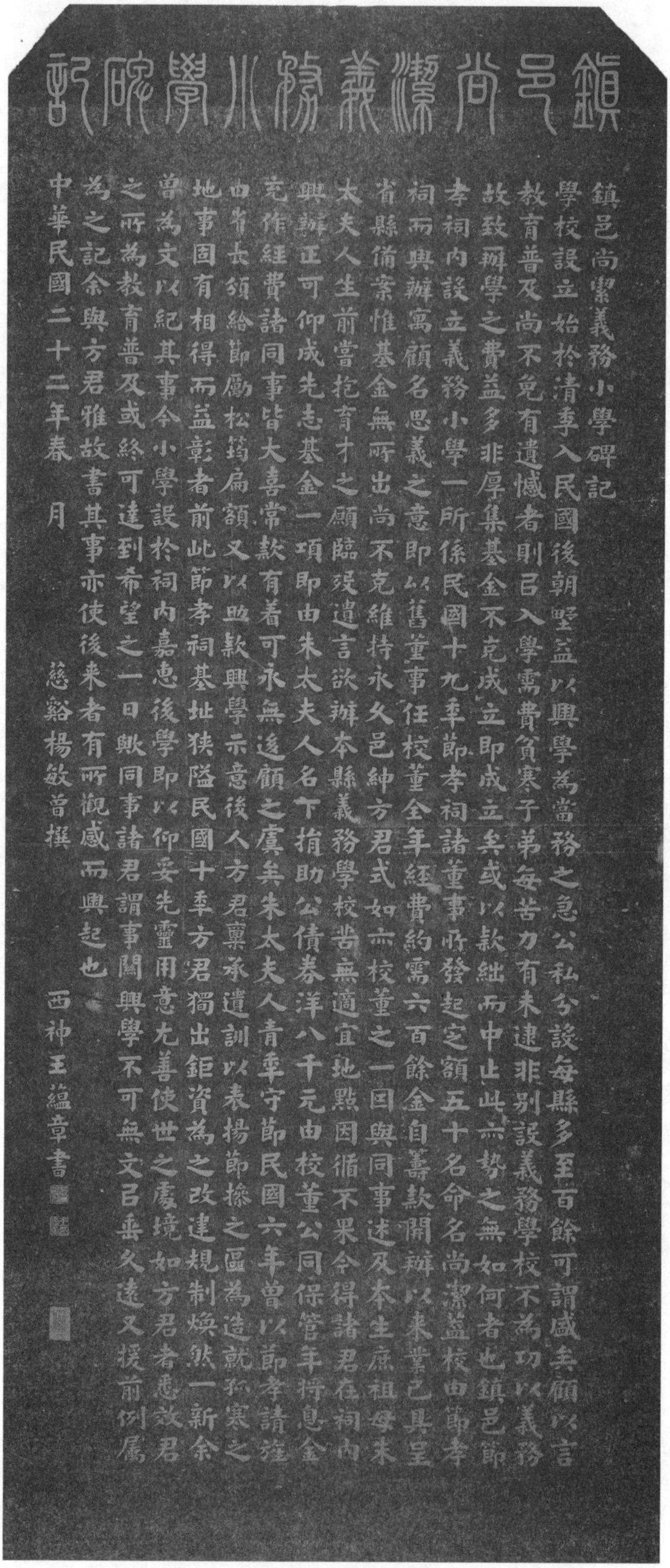
鎮邑尚絜義務小學碑記

鎮邑尚絜義務小學碑記

學校設立始於清季入民國後朝野益以興學為當務之急公私分設每縣多至百餘可謂盛矣顧以言教育普及尚不免有遺憾者則已入學需費貧寒子弟每苦力有未逮非別設義務學校不為功以義務故致辦學之費益多非厚集基金不克成立即成立矣或以款絀而中止此亦勢之無如何者也鎮邑節孝祠內設立義務小學一所係民國十九年節孝祠諸董事所發起定額五十名命名尚絜蓋校由節孝祠而興辦寓顧名思義之意即以舊董事任校董全年經費約需六百餘金自籌款開辦以來業已具呈省縣備案惟基金無所出尚不克維持永久邑紳方君式如亦校董之一因與同事述及本生庶祖母朱太夫人生前嘗抱育才之願臨歿遺言欲辦本縣義務學校苦無適宜地點因循不果今得諸君在祠內興辦正可仰成先志基金一項即由朱太夫人名下捐助公債券洋八千元由校董公同保管年將息金充作經費諸同事皆大喜常款有着可永無後顧之虞矣朱太夫人青年守節民國六年曾以節孝請旌由省長頒給節勵松筠扁額又以出款興學示意後人方君稟承遺訓以表揚節操之區為造就孤寒之地事固有相得而益彰者前此節孝祠基址狹隘民國十年方君獨出鉅資為之改建規制煥然一新余曾為文以紀其事今小學設於祠內嘉惠後學即以仰妥先靈用意尤善使世之處境如方君者悉效君之所為教育普及或終可達到希望之一日歟同事諸君謂事關興學不可無文以垂久遠又援前例屬為之記余與方君雅故書其事亦使後來者有所觀感而興起也

慈谿楊敏曾撰

中華民國二十二年春　月　　西神王蘊章書

清贈徵仕郎范邦周墓表

清贈徵仕郎國學生范君墓表

君諱邦周，字衮美，姓范氏，登仕郎上庾之元子也。先世自宋尚書右僕射忠肅公宗尹，高宗南渡，扈蹕至明州，遂家於鄞，歷八百年，簪纓弗替，爲郡右族。祖懋忠。世父上庠無子，君奉父命嗣焉。生而穎異，八歲入塾，數月之間，即通字義，讀書過目不忘。尋以貧輟學，佐丱工伐山採石。崖崩，群及於難，君獨跳而免，若有援之出者。由是改業爲商。肆燬於火，簿籍蕩然，君冥索默記，盡還其舊，無少訛脱。市衆驚異，胥服其才。及長，遠賈揚州，操奇贏術，億則屢中，所業日益豐而家始裕。内行敦篤，入孝出弟，人無間言。敬宗恤族，盡力勉任。而又任俠好義，濟人之急，傾囊弗吝，終無德色。出爲人排難解紛，得其一言，靡不翕服。故其歿也，揚之人聞赴率爲位而哭，盛德之感人有如是也。自以少失學，暇即手一編，研精竭慮，歷數十年如一日，雖老師宿儒，無以過之。尤邃岐黄家言，間爲人治病，恒多神悟。晚喜爲詩，篇什既出，士林傳誦，咸以爲非所及也。春秋六十有九，以光緒二十四年四月十六日疾歿家衖。元配陸，繼配丁，妾蔡。子賡治。孫二：長輅，次軾。初君以輸粟助邊功奬國子監生，及賡治貴，贈徵仕郎，陸氏、丁氏并贈孺人如例。君歿之明年，既葬諸縣東鄉櫟斜矣。閲三十五年，墓爲水齧，乃遷葬奉化黄泥嶺鷹山之麓。積善必昌，潛德終耀。次其事實，表之於碣，使後之人有所觀感焉。

歲次癸酉閏五月，同縣鄭希亮撰，項崇聖鎸。

按：碑原在奉化黄泥嶺鷹山山麓。高 196 釐米，寬 67 釐米。碑文楷書，共 12 行，滿行 46 字。

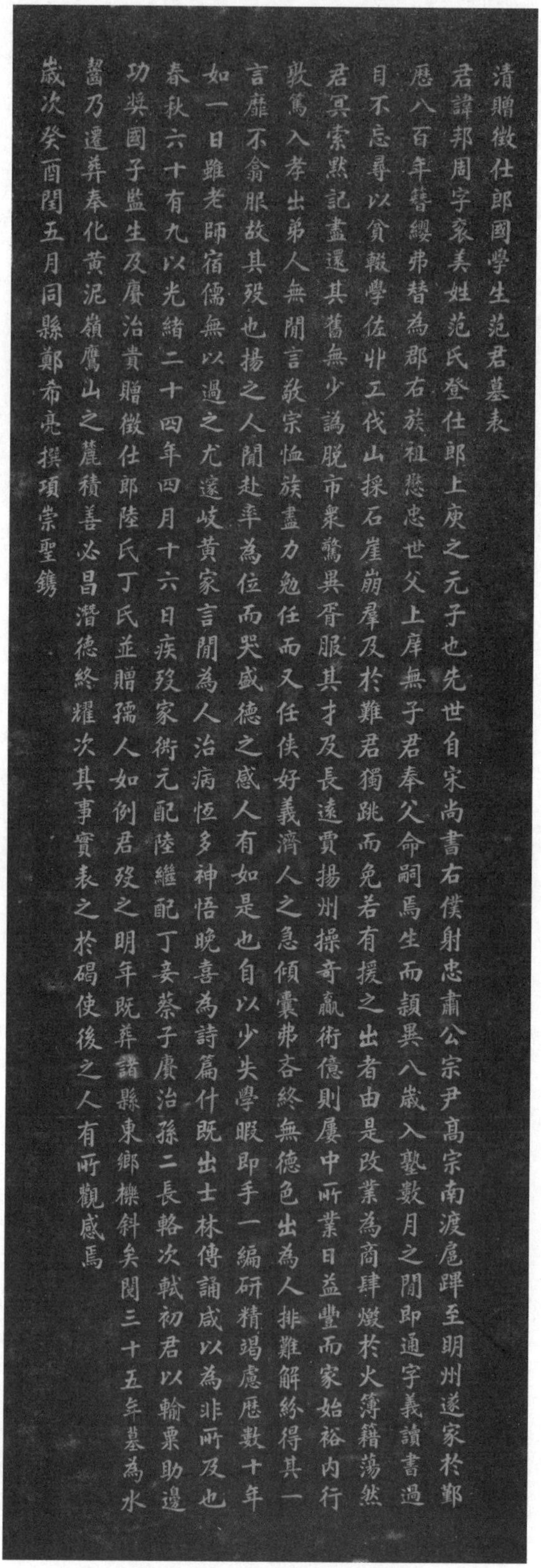

清贈徵仕郎國學生范君墓表

君諱邦周字裒美姓范氏登仕郎上庚之元子也先世自宋尚書右僕射忠肅公宗尹高宗南渡扈蹕至明州遂家於鄞歷八百年簪纓弗替為郡右族祖懋忠世父上庠無子君奉父命嗣焉生而頴異八歲入塾數月之間即通字義讀書過目不忘尋以貧輟學佐卝工伐山採石崖崩壓及於難君獨跳而免若有援之出者由是改業為商肆燬於火簿籍蕩然君冥索黙記盡還其舊無少譌脫市衆驚異胥服其才及長遠賈揚州操奇贏術億則屢中所業日益豐而家始裕內行敦篤入孝出弟人無閒言敬宗恤族盡力勉任而又任俠好義濟人之急傾囊弗吝終無德色出為人排難解紛得其一言靡不翕服故其歿也揚之人聞赴率為位而哭盛德之感人有如是也自以少失學暇即手一編研精竭慮歷數十年如一日雖老師宿儒無以過之尤邃岐黃家言閒為人治病恆多神悟晚喜為詩篇什既出士林傳誦咸以為非所及也春秋六十有九以光緒二十四年四月十六日疾歿家衖元配陸繼配丁妾蔡子賡治孫二長輅次軾初君以輸粟助邊功奬國子監生及賡治貴贈徵仕郎陸氏丁氏並贈孺人如例君歿之明年既葬諸縣東鄉櫟斜矣閱三十五年墓為水齧乃還葬奉化黃泥嶺鷹山之麓積善必昌潛德終耀次其事實表之於碣使後之人有所觀感焉

歲次癸酉閏五月同縣鄭希亮撰項崇聖鐫

永愛樓記

永愛樓記

邑城東隅，予家有隙地數畝，束髮時曾隨園丁見隄北具池沼，仿佛亭榭，歸以告先君。先君曰：噫！小子未知乎，此六世祖乾三五湖亭府君所築永愛樓址也。府君性至孝，嫡母王安人抱疾，醫勿能瘳。遍購岐黄家言，讀之得神解，閱兩寒暑不怠，母病霍然，而公遂精醫，著《傷寒燭途》等書行世。王安人臨終以白鏹百餘賜之，府君泣拜受，既而曰："禮有之，父母愛之喜而不忘，臨没之賜，母愛存焉。"顧家鮮儲蓄而性復不善守囊中物，倘遇戚黨有緩急，出以應之，何以永親之愛，乃度地新橋之東南築是樓，以志親賜。窗闥洞開，面面皆見，故又稱八面樓。府君生母朱安人葬東郭外，於東偏築一臺，時登望之，侍御顔公爲題"凝雲臺"者也。圃中蒔藥苗以療病者，鄉人德之，呼曰"藥圃"。初由居廬達圃路拗折，府君捐東鎮橋左廛舍爲通衢，又建橋以便往來，今橋南大道及新橋是也。先君述梗概如此。

比長，檢先世遺籍，得震豫兩代析券，知藥圃爲地甚寬，廣輪皆五十丈。樓之後有百花居、灝氣樓、頫濠亭、漱芳池，其南竹籬外爲平畦，卉木爛然。邑人士眺覽，號勝景焉，今則與樓俱廢。嗟乎！百年世事滄桑更變，彼平原之賜莊、洛陽之名園，數傳之後，蕩然無有，何況此樓？顧樓之興廢不可知，而府君之志親愛於不忘者，固不與樓而俱廢也。是樓也，府君授之仲子震廿七秦望府君，易簀時猶諄屬子孫謹守。秦望府君授之豫十一心隱府君，上奉湖亭府君於樓中，以爲家廟，則府君愛之所存，固宜永永而勿替耳。余故亟爲之記以諗後人，並以見樓成於府君之孝而能繼府君之孝者且將復府君之舊，予日望之矣。

癸酉四月吴縣吴湖帆書。

右族祖士豪公撰十二世祖湖亭府君所築《永愛樓記》也。緬懷先德，心嚮往之，惜故址失治，復舊彌難。辛未秋，就宅傍築抹雲樓，藏書數架，樹梅百本，迎養老母，長承色笑。詎樓甫成而母遽棄養。陟屺之悲有同湖亭公之所經者，爰録記書石，鎸諸壁間，不敢謂仰承先緒，亦聊以永湖亭公之愛，並志祖澤之痛云。癸酉仲夏秦祖澤謹録并識。

吴縣孫伯淵刻。

按：碑原在慈城東城。高 40.5 釐米，寬 80 釐米。碑文楷書，右爲碑記正文，共 32 行，左邊小字 6 行，滿行 29 字。

袁母李恭人墓誌銘

清封恭人袁母李恭人墓誌銘（篆蓋）

清封恭人袁母李恭人墓誌銘

同縣黄兆麒撰文　如皋鄭振蔚篆蓋　鎮江解朝東書丹

友人袁子家濂嘗治生壙於芝山之麓，祔元配盧恭人於左，自爲表以悼其卓行，虚其右爲繼室李恭人壽藏，又自爲志以述其質行。去冬就余諗曰：“吾又喪偶垂半載矣，晚景落拓，情難自遣。”因唏歔以銘幽文爲言。余方澄心寂照，筆墨久疏，因袁子數過從趣之勤，乃括所志之犖犖大者，以塞其請而抑其悲。

按袁氏自正獻公後，世有令德，至家濂復能以清節亢其宗。李氏自砌里三子以忠孝氣節負藝林重望，代有知名之士。合二族之美，於是恭人爲淑女、爲賢婦、爲慈母，而婦德以備。父孝廉公諱植棶，早喪，恭人事母綦孝。既嬪，事舅尤善色養，晨昏定省，朝夕甘旨，不使前室專美於先。其撫前子二男一女，與己出一男三女，愛無偏私。雖生長素封，而治家之道寧儉毋奢，故於婚嫁諸務，莫不稱家有無，允執厥中。嘗以甬市金融摇動，恭人恐波及家業，亟出奩資相挹注，始轉危爲安。其内助類多如此。方今國人醉心歐化，每因皮相而入於歧途者比比皆是，恭人之教養子女，恒擇其學説之不偏不倚者，循循而善誘之，致子女言行悉納於正軌，不爲習俗所轉移，鄉里人士至今猶稱道之。恭人心尤寬厚，喜賙親，故推愛及物，長齋繡佛，數十年如一日，未嘗破戒，其仁民愛物有如此者。於壬申七月三十日令終，享年四十有七。自是袁子内外家政叢集一身，始覺心力交瘁，不匝歲而雙鬢已皚皚添雪矣。乃爲之銘曰：

簡靖率素，有超世志。式好偕隱，家聲孔歸。長宜子孫，考德純懿。

民國癸酉歲孟秋月吉旦。

古吴周梅谷刻石。

按：墓原在芝山（今屬寧波市海曙區）。拓本高30釐米，寬13釐米。

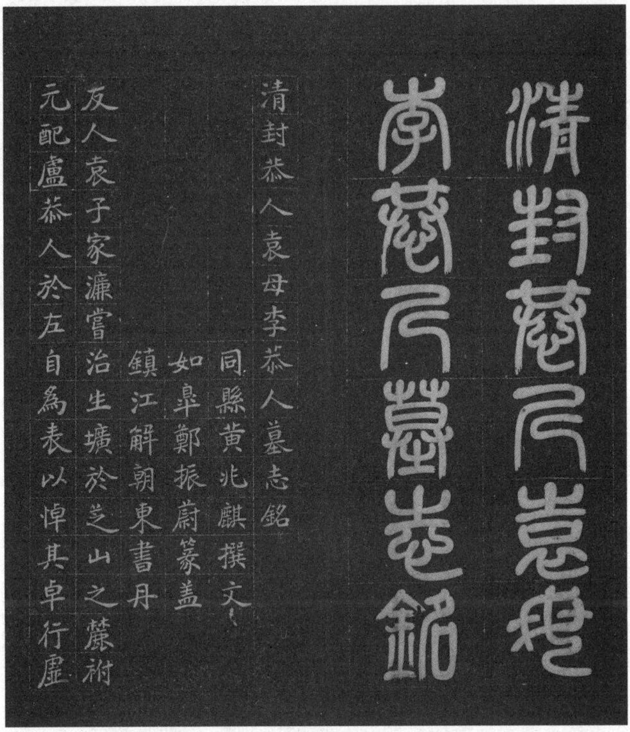

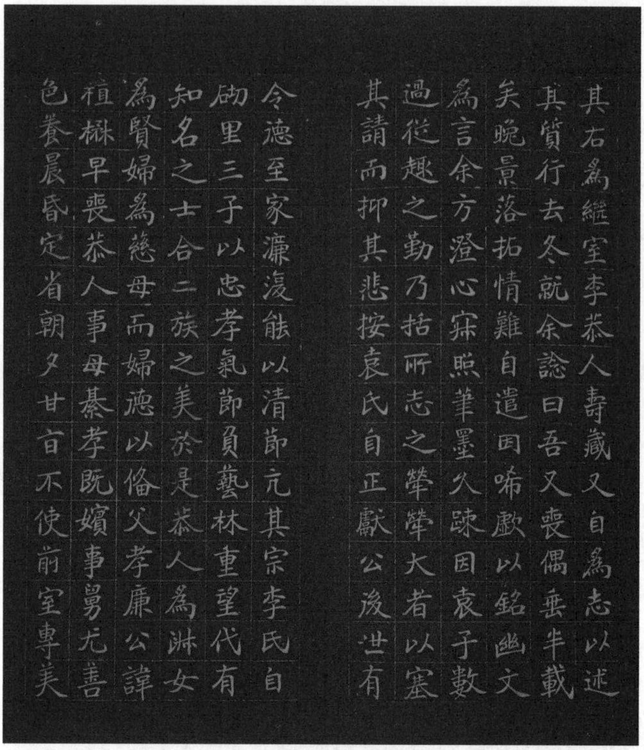

其右爲繼室李恭人壽藏又自爲志以述其質行去冬就余諗曰吾又喪偶垂半載矣晚景落拓情難自遣因唏歔以銘幽文爲言余方澄心寐照筆墨久疏因袁子數過從趣之勤乃括所志之犖犖大者以塞其請而抑其悲按袁氏自正獻公後世有令德至家濂漫能以清節元其宗李氏自励里三子以忠孝氣節負藝林重望代有知名之士合二族之美於是恭人爲淋女爲賢婦爲慈母而婦德以偹父孝廉公諱桓楙早喪恭人事母綦孝既嬪事舅尤善色養晨昏定省朝夕甘旨不使前室專美

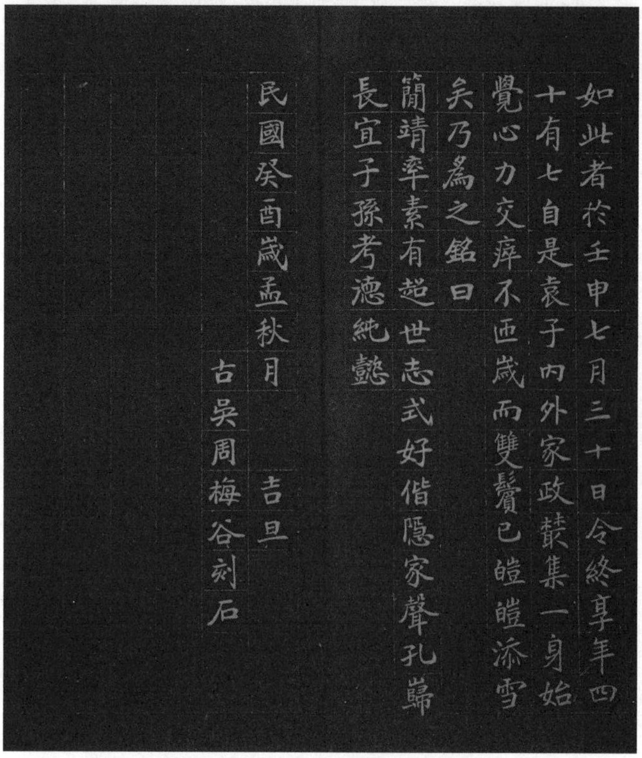

如此者於壬申七月三十日令終享年四十有七自是袁子內外家政蝟集一身始覺心力交瘁不匝歲而雙鬢已皚皚添雪矣乃爲之銘曰

簡靖率素有超世志式好偕隱家聲孔嘏長宜子孫考德純懿

民國癸酉歲孟秋月　吉旦

古吳周梅谷刻石

清忻繼善墓柱文

先府君墓柱文

通議大夫花翎侍講銜翰林院編修年愚姪高振霄拜填諱

先府君之葬也，埏道之石未具，遷延及今三十年矣。不肖自以修名不立、言不徵信，未敢以狀求有道之文。而放廢餘生，奄忽將盡，一二舊聞懼遂泯滅，以重不孝，乃輒書之墓柱，且以貽吾後焉。

府君諱繼善，譜諱禮約，字簡齋。寧波府學廩膳生，少受業王實夫先生之門。先生篤行有道士也，事寡母極懽，家居動必以禮。喜讀宋五子書，其學以誠實不欺爲主。府君事之謹，所居隔一水，月日造請，契合異尋常師弟。晚年，恒舉本師行義，詔子弟曰:“讀聖賢書，難在實踐。如先生真足爲後輩法，吾僶俛焉而弗逮也。”鄉邑之士，及事王先生者，則交口稱府君似先生云。

不肖生十七年而孤，所嘗習十一經，皆府君指授，而於其學行之至者，茫乎未有聞知。既居喪，吾母陳太恭人泣語諸子曰:“汝曹知汝父之爲人乎？吾家故貧也，汝父資館穀以養。室廬庳隘，置生徒外舍，一椽之庇，吾與吾姑共之。姑所居室裁容膝，晨夕省視，意蹙然不安。而其時群從有不慊吾家者，相侵益甚，乃奉母他徙。歲入僅給養，不能豐而意有餘也。女弟之寡者，竭誠撫之，俾孤甥有立。葬祖、父及殤弟三世爲一塋，屏當以濟，皆吾姑所念釋在兹者也。居嘗語余:‘讀書期有益吾身，吾狷急不容物，時而有得，則涣然焉，積久而怡然焉，而獨於事親，常觖然也。’此汝父省身之學，而吾第舉其事之易見者也。自吾來汝家，未嘗見汝父有惰慢之容、安肆之行。祭祀必齋遬，言動必檢攝，設置必整齊，燕居如臨師保，繩諸生必於禮法。盛夏常褐衣，冬一綈袍，十年不易。今吾得敬蚤莫，以有吾家，汝父教也。汝父之學，吾不能知，其行亦不能悉數也。不没汝父，勉事吾言。”不肖兄弟涕泣謹受教。自府君殁後十數年中，諸子或儒或賈，循循軌轍，幸免於戾。

及不肖作宰皖中，太恭人因事勖勉，務以經術爲治，毋渝先人誠敬之行，以此得不獲辠於上下。旋遭國變，棄職杜門。既亡長兄，又失我恃，不肖以愆尤叢集之身，尚復偷生視息，門庭依舊，子姓且增，非吾府君盛德之留貽，曷以有此？我後人敬念哉。仰瞻先壟，僾然肅然，永奉爲家法，以長吾世，則府君與太恭人懃懃誥誡之遺志也。

府君卒於光緒戊子六月十七日，年五十有二。宣統元年，覃恩以不肖同知階，贈奉政大夫、安徽桐城縣知縣，嗣不肖加四品銜，例得晉階朝議，以國變未及請。元配史太恭人生兄欽典而卒，實同治己巳四月六日，年三十有一。繼配陳太恭人卒以辛酉六月四日，年七十有五。不肖前爲家傳，述所聞懿訓，以當面命，玆特著其以身教者，明吾府君學有本原，匪直言教而已。我後人其敬念哉。

癸酉冬十月，第二子江明謹述，孫燾謹書。

按：墓柱原在忻簡齋墓前江陸。拓片兩張，每張高148釐米，寬41.5釐米。柱文隸書，共20行，滿行46字。

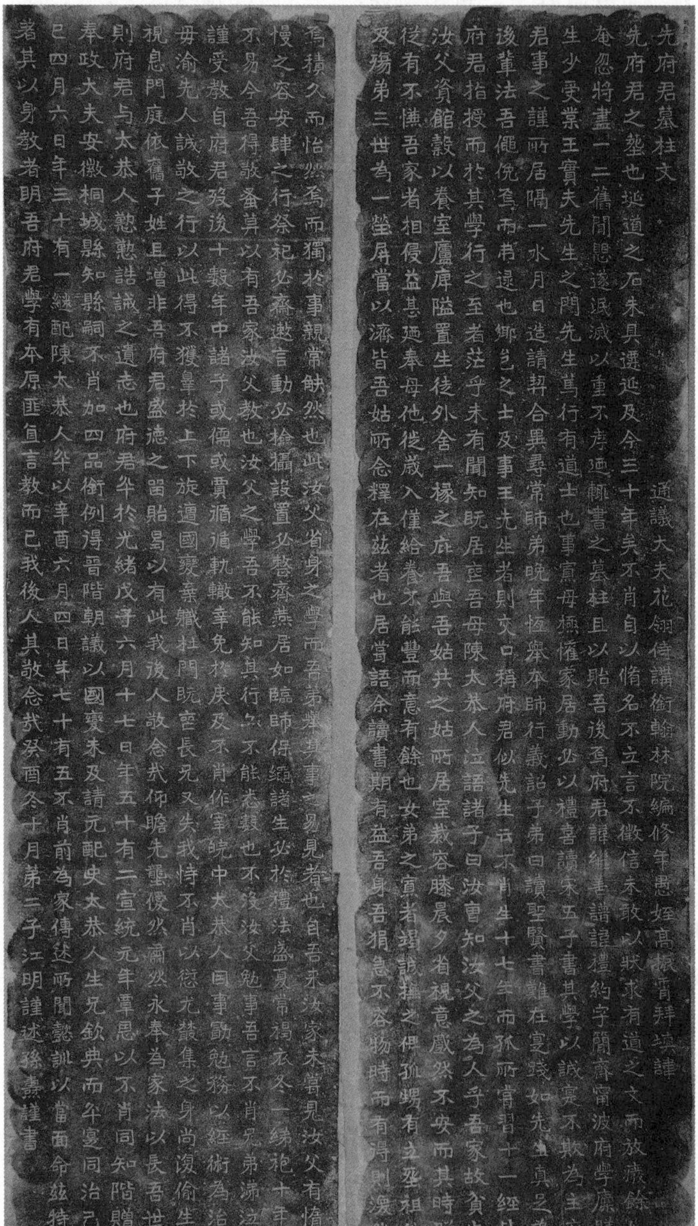

八指頭陀敬安畫像並自贊石刻

小影自贊

六十餘年夢幻身，幾多歡喜幾多嗔。儘容篋戾車成隊，轉與阿修羅結隣。青鳳山前聊葬骨，白蓮花裏且栖神。髑髏擊碎渾無事，大地何曾有一塵。

八指頭陀

癸酉敬和前韵乙亥重録

太虚

夢幻身原是法身，怨親平等化貪嗔。弘宗獨挽頽流起，護教真堪古德隣。於昔七年隨杖履，而今廿載隔形神。白梅明月俱無忘，腦後靈光迥絶塵。

閑雲

按：碑在天童寺大鑒堂。高 164 釐米，寬 74 釐米。贊文行楷，共 10 行，滿行 7 字。

曹赤鏜赤鋐生壙記

曹赤鏜赤鋐二先生壙記

赤鏜先生名慎餘，字藏甫，鄞縣曹蘭全公之第三公子也。生具英才，立身商業，精習税務，操奇計贏，能重義疏財，故聲譽日隆。性孝友，事親有禮，得親歡。兄弟五人，友愛逾恒，出貲營造公墓，合葬一方，創此盛舉，是亦可稱也夫。

民國廿二年，同縣陸仰淵撰。

赤鋐先生名薌生，字廣甫，爲蘭全公之第五公子。曾畢業於滬上復旦大學政治系，成績斐然。近兼習計然，將來發展，寧有涯涘？君生清光緒三十年六月二十日亥時，配孫氏，早世；繼配余氏。

民國廿二年，慈谿馮度撰書。

按：碑原在下水。拓片兩張，每張高63釐米，寬100釐米。碑文楷書，共26行，滿行8字。

同縣陸仰淵撰
赤鋐先生名薌生字
廣甫為蘭全公之第
五公子曾畢業於滬
上復旦大學政治系
成績斐然近兼習計
然將來發展寧有涯
涘君生清光緒三十
年六月二十日亥時
配孫氏早世繼配余
氏
民國廿二年
慈谿馮度撰書

曹赤銘赤鈞赤鏌墓記

曹君赤銘、赤鈞、赤鏌墓記

赤銘先生名順生，字鼎甫，爲鄞縣東鄉人。蘭全公生丈夫子五人，君居長，生有奇才，卓犖不羈。初業賈，不得志。生於光緒甲申歲三月二十八日申時，卒於民國十七年戊辰陰曆十二月十七日。配許氏，合葬。生子一，名光裕；女一，適許姓。

赤鈞先生名順發，字秉甫，爲蘭全公次子。爲人幹練，精於航業。生於光緒十二年丙戌歲三月初十日寅時，卒於民國十九年庚午歲陰曆五月二十二日。配余氏，有子一，名信芳；女一，年尚幼。

赤鏌先生名善根，字聲甫，爲蘭全公之四子。生於光緒十九年癸巳歲三月初十日寅時，卒於民國十二年陰曆六月廿七日。配忻氏，生子一、女一。

族弟國華謹識。

按：碑原在下水。高 63 釐米，寬 100 釐米。碑文楷書，共 16 行，滿行 16 字。

王蓮舫先生墓表

王蓮舫先生墓表

君名文照，世居鄞縣。祖諱方琳，父諱廷才。君年九歲而孤，賴其母教，以成學業。十四習爲商，弱冠授室，即負重任，爲其業師經理出納十年，胥有盈而無絀。顧念國計民生，惟農與工足救貧弱，乃致意於棉織一途，以謀立己立人。丙辰之歲，行年三十，小試其端，設廠於甬。翌年丁巳，其母棄養，遂動遠志，於己未東渡，不憚勞苦，躬自執役，以窺秘奥，歷十晝夜，而有心得。亟回國，與陳、吴、傅、沈諸君合資創設棉織廠於滬上，經十五年之奮鬬，以挽外溢利權，在我中國棉織業中，洵可謂爲先覺者矣。君於樂育人材尤抱宏願，辛酉之歲，與其鄉族發起植本學校。越歲，赴南洋群島及英、法、荷三屬考察所需學識，取道於暹京，更以心得而資體用。其爲學無涯之志，蓋又足以多焉。生於光緒丁亥六月五日。其夫人姓應氏，生於己丑正月二十二日，來歸於君，奉姑以孝，鄉黨之間僉稱爲賢内助云。民國二十二年，君營生壙於鹿山，爰述生平略歷，屬予爲志。予以爲表率後人，宜於昭示，故爲表彰如上。君有丈夫子一，女子子四，子名明裕，女長適張，季適畢，餘尚待字。君有隱德，其後必昌。善慶之徵，豈賴風鑑。然承世習必誌山向，因並誌，爲坐亥向巳兼壬丙云。

天虚我生撰文，杭縣董晳香書。

按：碑原在石家弄馮家。高 40 釐米，寬 116 釐米。碑文楷書，共 44 行，滿行 10 字。

奉化中山公園記

奉化中山公園記（篆額）

奉化中山公園記

鄞縣王禹襄書并篆額

自民牖寖啓，積晦嚮明，於時中國萌庶始破荄揭蔀而出於冤詘之域。世胄之天下，一變爲齊民，再進爲大同，大同不可驟幾，而昔之九天九淵，高庳之視瞻，固已人人泯厥分際矣。人情體欲滿適之求，常殷於其恒度，生活廛完，而跅蕩游敖之事以起。革政而後，俗變尤無鄂，茅茨百家之邨，磽确不毛之地，淫風所被，枵壤返觀，土木唐飾，輒忍死須臾而爲之。夫與衆樂樂，仁政先務，其名固甚美也，然余每過鄉扁墟市間，見夫趶甈煨燼之餘，有廣場焉，莫不曰公園。園之中，草木欣欣向榮，而與行道者菜色之面相暎而成碧，謂爲樂乎？雖曰樂焉，顧非吾齊民之謂也。獨奉化中山公園則異乎吾所見。

奉化，山縣也。其俗僿而不倪，其材散扇而少息，其民忍堅卓苦而好力嗇，其文章黯墨無譁而壹致乎内美。此惟艱生則然，惟艱生故乃能攻其所勿任，作其志氣，相激相盪，於人海澒洞中，一羽得風，扶摇彌天矣。昔之槁鄉，今爲錦里，豈鑿空而得也？以辛瘽築其基，其基鞏；以篤塞發其光，其光普。有諸内而形諸外，自與夫踵侈好姱者不同。此其風爲尚，蓋必如是而後乃謂之公。不則一園之拓，又惡足爲齊民解愠哉？園在奉化城北偶，結趺於錦屏之山，盡山之勝以爲竟。其麓有溪曰"青錦"，旁溪有壖地，横絙園之外，障籞以爲邑人習勤之所，曰"體育場"。場與園皆以公名，明非私娱也。園曰"中山"者，示先獻之德不可忘，且以識所宗也。園以内有崇構翼翼，拔地出於山腋者曰"中山堂"，先後陪而拱者曰"淡游山莊"、曰"中正圖書館"。邑有駿良，山川生色，所以名也。且二公者疇學於先獻，在黨倫爲魁紀，家尸户誦，胥於四海，况其在生長之鄉而慭無述乎。循是故也，是園之建，不惟爲齊民共優游，且兼爲證謚聖彦地也。

園之役經始於民國四年，董之者曰戴君乾、周君鈞棠、周君駿彦、俞君飛鵬、俞君嘯霞、凌君景棠、丁君祖庚、周君從聖、方君濟川、汪君從龍，而朱君孔陽輸獨多，所手呼而集者亦稱是。月有所就，歲有所將，凡積十八寒暑而大成。都其中高下曲肤不一勢，經營久乍不一時，疏者蔽之，沓者豁之，窊者規之以爲沼，垤者壘之以爲臺，峙而督者覆之亭，坳而隱者辟之涂。四矚之窗，戴皁而敞，則麗婁多明。百肘之楯，繚垣而樹，則披離益趣。每當夕陽在山，牛羊下來之際，勞扈釋耒以出嬉，負版寫儋而相過，山之阿，水之曲，人景濈濈，喁于相屬，若不知人世尚有愁苦之聲者，其爲樂也誠何如？夫以忍耆寡欲之力萌，而有糰俗博聞之動迪，則尚乎此者，其大齊可知矣。

廿二年七月，剡上故老以余曾游其地來徵言，余因籀所見之異乎旁邑者，文而歸之。他日者，政舉俗成，民有餘樂，一隅不足以龔衆，則雖盡括龍津、鳳麓、瑞峰、封山、夫人巖諸勝而爲一靈囿，無不可也，跂余望之。慈谿陳訓正屺懷記。

中華民國二十有三年一月建。

吴郡黄慰萱刻。

按：碑原在奉化中山公園。高160釐米，寬80釐米。碑文楷書，共23行，滿行44字。

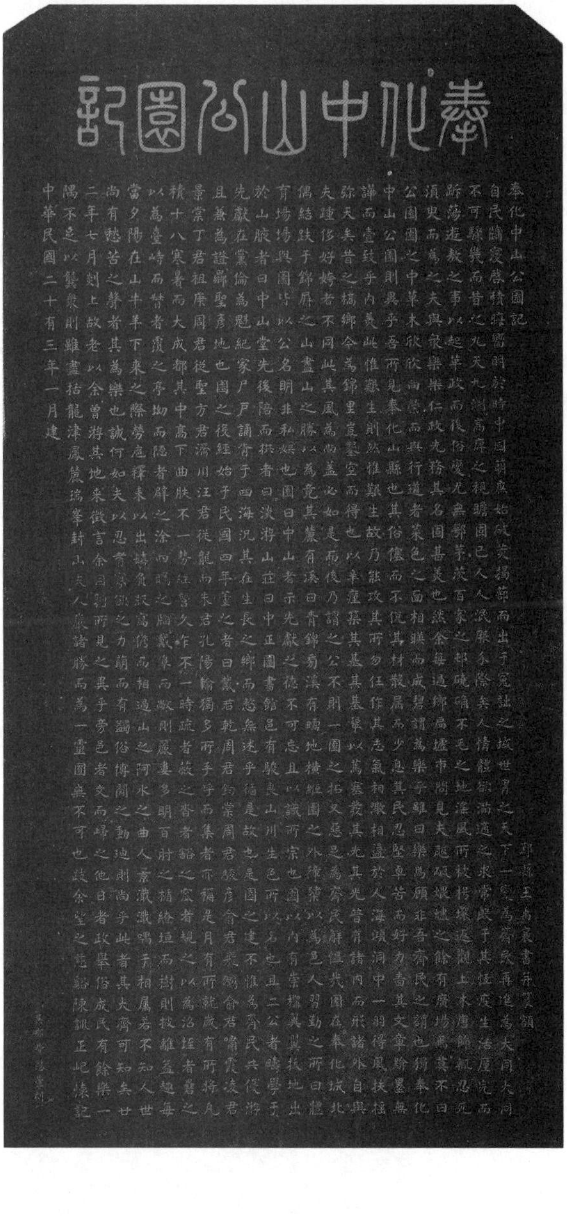

鄞縣地方法院看守所碑記

鄞縣地方法院看守所碑記

鄞張原煒撰文　慈谿錢罕書丹

吾邑之有看守所尚已。所故當縣署西偏舊監獄址也，歷祀綿遠，荒陋窳敗，亡以容囚者。履其地，小則瘍疾，大者乃以隕生。奉化王君文翰、俞君濟民暨縣人金君廷蓀、東光陳君寶麟蠹焉閔之，謀於今法院院長紹興王君秉彝，蘄所以更新者。會浙省府以甬頻海，議增置高等分院，若民事、若刑事案且視舊有加。於是，王、金諸君大會邑人士，咨於衆曰：“原夫立法之本意，所以益人，匪以毒人。國家將納民於正軌，有不帥教者，亦既爲刑法以裁制之矣。灋於文從廌從水，廌言其猛，水言其平，寓平於猛之中，法之所由立也。今使民未受制於法，而先受制於罪讞未決之地，束縛之、禁閉之，食飲起居使不與恒民齊，斯亦事之至不平矣。且吾甬夙號大都會，頃歲以還，鄉土諸政日月以舉，獨此人命之重，囚繫人犯之建置缺焉弗之修，詎非邦人羞乎？”衆曰：“善。”則謀即舊城西校場官地闢以爲新所。議既定，僉具詞籲請省府，省府報曰可。於是有籌備建造委員會之設。委員都得八十有五人，會設主席二，王君文翰、王君秉彝任之；常務委員十有五，二王君以外，則有俞君濟民、陳君寶麟、陳君賢凱、陳君蘭、俞君煌、毛君崇坊、卓君殿英、王君詩城、左君洵、倪君維熊、黄君榮昌、鄭君澧、梁君文溥。分組三，曰總務，曰財務，曰工務。其設計監工者，則施君求臧、李君志青也。是役也，用白金六萬四千版有奇，滬與甬分募之。金君廷蓀募自滬，得三萬五千版；寧波商會及諸委員募自甬，得二萬六千餘版；不足，請於省，撥補三千版。其地廣袤七畝一分九釐六毫，其室大若小五十七楹，若工場、若浴室、若疾病治療室，凡人生所需者咸備。經始以民國二十三年一月，越八月乃訖工。工事既竣，僉謂不可無以記，屬縣人張原煒爲之辭。原煒既爲列其原委，且仿六朝人造塔例，凡與於斯役諸委員及醵金佽其成者，皆爲題名其後，用以紀烈，且爲來者風。

民國二十三年三月。

按：碑原在地方法院。高165釐米，寬83釐米。碑文楷書，共19行，滿行42字。

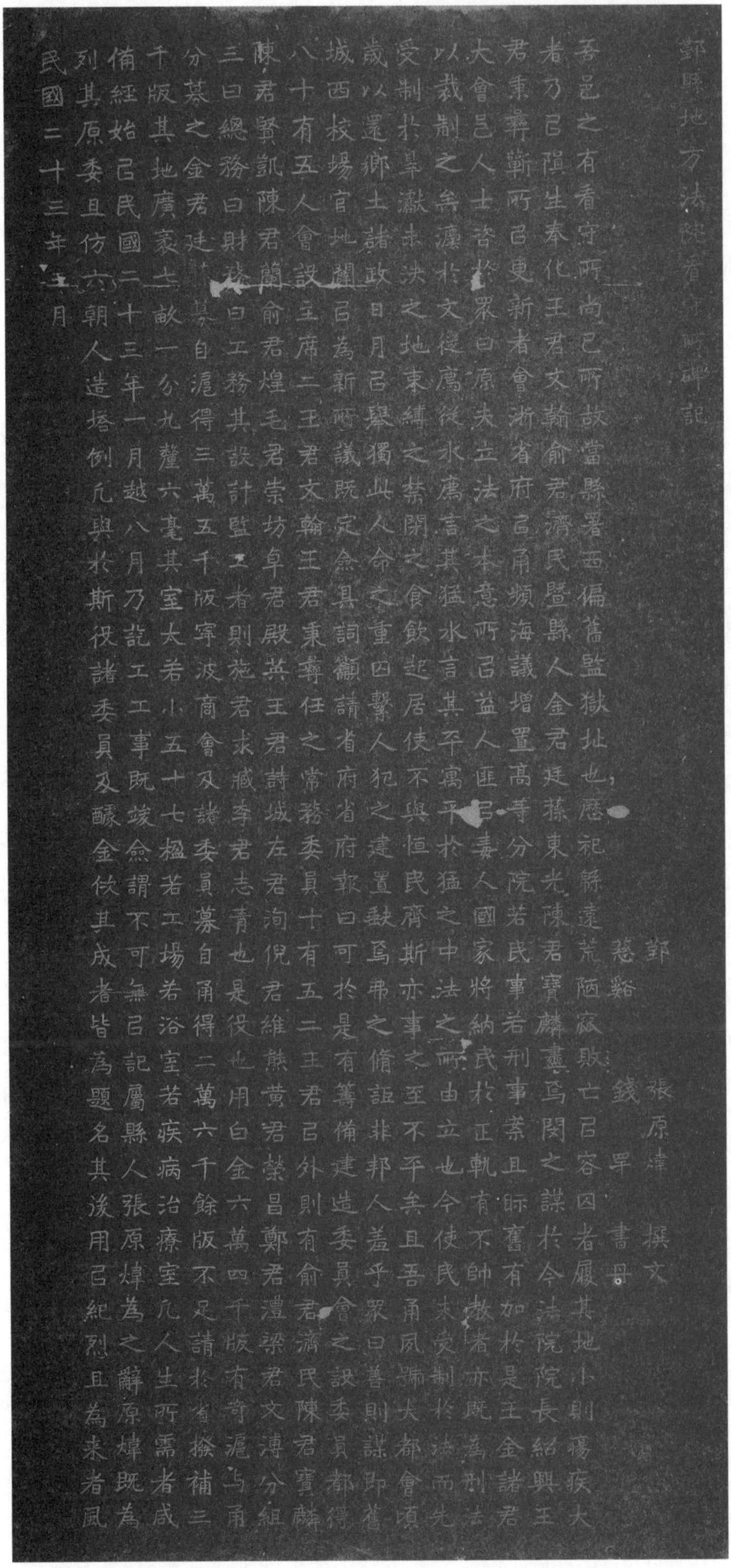

鄞縣地方法院看守所碑記

鄞　張原煒撰文

慈谿　錢罕書丹

吾邑之有看守所尚已，所故當縣署西偏舊監獄址也，歷祀綿遠，荒陋窳敗，亡以容囚者屢，其地小則穢，疾大者乃以阻生。奉化王君文翰、俞君濟民暨縣人金君廷蓀、東光陳君寶麟盡爲閲之，謀於今法院院長紹興王君秉彝，靳所以更新者。會浙省府以甬頻海，議增置高等分院，若民事若刑事案且眂舊有加，於是王、金諸君大會邑人士，咨於衆曰：原夫立法之本意，所以益人，匪以毒人，國家將納民於正軌，有不帥教者，亦既爲刑法以裁制之矣。灋於文從廌從水，廌言其猛，水言其平，寓平於猛之中，法之所由立也。今使民未受制於法，而先受制於皋獄未決之地，束縛之，禁閉之，食飲起居使不與恒民齊，斯亦事之至不平矣。且吾甬夙號大都會，須歲以還，鄉士諸政日月以舉，獨此人命之重，四繫人犯之建置猷爲弗之備，詎非邦人羞乎？衆曰：善。則謀即舊城西校場官地，闢以爲新所。議既定，僉具詞籲請省府，省府報曰：可。於是有籌備建造委員會之設，委員都得八十有五人，會設主席二，王君文翰、王君秉彝任之，常務委員十有五，二王君以外則有俞君濟民、陳君寶麟、陳君賢凱、陳君蘭、俞君煌、毛君崇坊、阜君殿英、王君詩城、左君洵、倪君維熊、黄君榮昌、鄭君澧、梁君文溥，分組三，曰總務，曰財務，曰工務，其設計監工者則施君求臧、李君志青也。是役也，用白金六萬四千版有奇，滬與甬分募之，金君廷蓀募自滬，得三萬五千版，寧波商會及諸委員募自甬，得二萬六千餘版，不足請於省撥補三千版。其地廣袤七畝一分九釐六毫，其室大若小五十七楹，若工場，若浴室，若疾病治療室，凡人生所需者咸備。經始以民國二十三年一月，越八月乃訖工。工事既竣，僉謂不可無以記，屬縣人張原煒爲之辭。原煒既爲列其原委，且仿六朝人造塔例，凡與於斯役諸委員及醵金佽其成者，皆爲題名其後，用以紀烈，且爲來者風。

民國二十三年[illegible]月

鄞縣大咸鄉澮災後記

鄞縣大咸鄉澮災後記（篆額）

大咸鄉澮災後記

鄉人沙文若撰　龍游余紹宋書　杭縣高豐篆額

余既爲澮災碑記，童君次布告余曰："是役也，鄉人共攻之。料匠主進，用力多寡久暫雖殊，要皆有勞足録。題名之記，不可闕也。"乃列書諸嘗有勞者名姓抵余，俾序而刻之。韓嶺則金士顯、金開琅；俞家塘隩則俞寶裕、俞志青；華家隩則華賢元；陳家隩楊家則陸孝美、楊正理；北隩則屠芳仁、陳信寶；葉公山則葉吉春、葉昌鏘；錢家山則錢汝雯、錢全釴、錢全杏、錢士蘭、錢祖興；吴家山則吴祖賡；芝山則徐三槐、徐才林；上陳則黄鹿生；管江則杜廷光、杜彭壽、杜恒烺、杜遇春；塘頭街則傅茂錬；施家橋則施相銘、施作霖；蛤山則張謁榮；鄒溪則張志義、張睦九、張睦信、張睦琳；沙邨則沙鏡清、沙松壽、沙雲礽、沙賢玨；童家隩則童書恩、童書寬、童慶和、童第錦、童第德、童中蓮；上周隩則周二南、周銀民；童家夏家則童書梅、童吉生、童吉羽；上水下水則史柏齡、史悠祺；東陶隩、西隩則張良棟、王槐卿；大碧浦則周仲慧；鶴山則朱受程；犢山則蔣舒堂；蘆浦則舒廷珊；周湖塘則王槐庭；大嵩所則桑堅春、徐丕然、徐企勉；咸祥則干旌德、王增壽；瞻埼則周睦震、謝偉翰、楊鏡湖；都三十三村六十有四人。世衰亂，吏治缺，吾鄉介海嶠間，去縣治且百里，民安習本業，累世不聞政令得失。有大繇役，邨各推如干人相合謀，知者陳其筴，勇者效其勤，事雖劇恒辦。今人侈言地方自治，尚矣。夫鄉里間固猶有鄉遂鄰保遺俗，守望扶持之義，家喻而人曉，當仁而無所讓。若是役，父老子弟不召而自集，規爲定，然後得道縣一援手耳。故曰"觀於鄉而知王道之易"也。長保此質厚，繼之以教育，於自治其庶幾乎。民國十八年浙江重行地方自治制，鄉邨名婁易，蓋大咸鄉今爲鄞縣第九區，次前事，故因前稱云。

中華民國二十三年三月上石。

吴縣劉鈞仲刻。

按：碑原在鄞西塘頭街。拓片其一爲額，高 31 釐米，寬 31 釐米；其二高 121 釐米，寬 61 釐米。碑文楷書，共 18 行，滿行 38 字。

鄞縣大咸鄉澹災後記

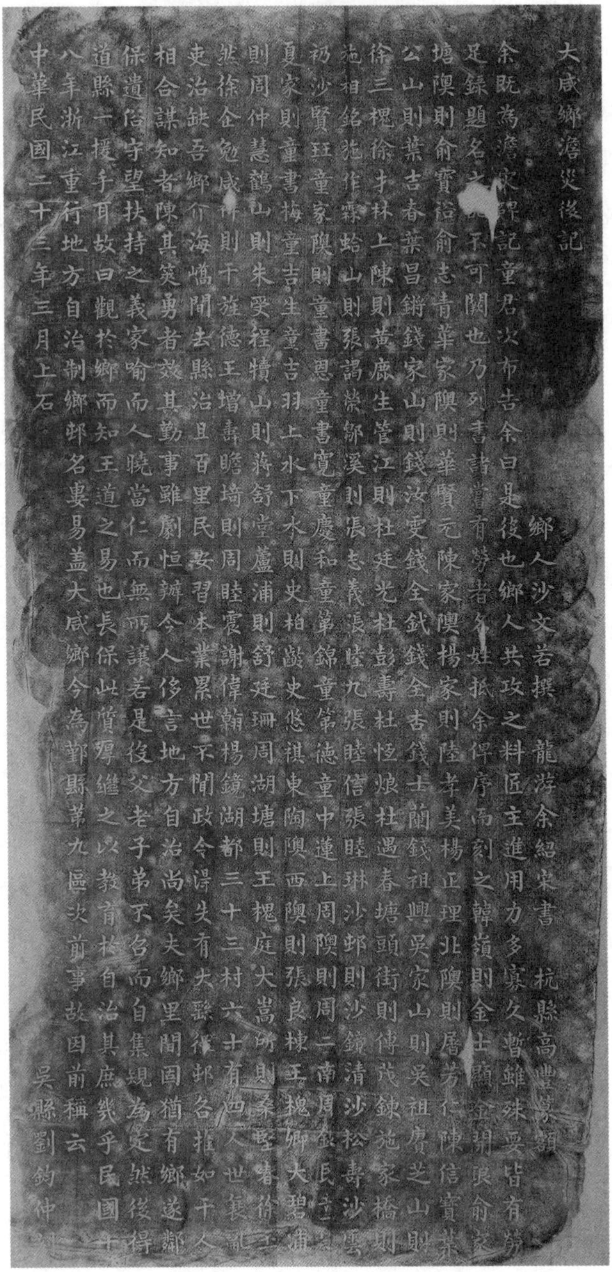
大咸鄉澹災後記　鄉人沙文若撰　龍游余紹宋書　杭縣高豐篆額

余既為澹災碑記，童君次布吉余曰：是役也，鄉人共攻之，料匠主進，用力多寡久暫雖殊，要皆有勞足錄，題名之[illegible]不可闕也。乃列書諸嘗有勞者名姓，抵余俾序而刻之。韓嶺則金士顯、金朝琅、俞[illegible]，塘隩則俞寶裕、俞志青，華家隩則華賢元，陳家隩、楊家則陸孝美、楊正理，北隩則屠芳仁、陳信賓、葉公山則葉吉春、葉昌鏘，錢家山則錢汝雯、錢全鉞、錢全杏、錢士蘭、錢祖興，吳家山則吳祖賡，芝山則徐三槐、徐才林，上陳則黃鹿生，管江則杜廷光、杜彭壽、杜恆煥、杜遇春，塘頭街則傅茂鍊，施家橋則施相銘、施作霖，蛤山則張謁榮，鄒溪則張志義、張陸九、張睦信、張睦琳，沙邨則沙鏞清、沙松壽、沙雲礽、沙賢珏，童家隩則童書恩、童書寬、童慶和、童第錦、童第德、童中蓮，上周隩則周二南、周鎰民、[illegible]夏家則童書梅、童吉生、童吉羽，上水、下水則史柏齡、史悠祺，東陶隩、西隩則張良棟、王槐卿，大碧浦則周仲慧，鶴山則朱受程，犢山則蔣舒堂，蘆浦則舒廷珊，周湖塘則王槐庭，大嵩所則桑堅著、俞[illegible]然、徐企勉，咸[illegible]則干旌德、王增壽，瞻埼則周睦震、謝偉翰、楊鏡湖，都三十三村六十有四人，世襄[illegible]吏治缺，吾鄉介海嶠間，去縣治且百里，民安習本業，累世不聞政令得失。有大翳，往郵各推如干人相合謀，知者陳其筴，勇者效其勤，事雖劇恒辦。今人侈言地方自治尚矣，夫鄉里閭閻猶有鄉遂鄰保遺俗，守望扶持之義，家喻而人曉，當仁而無所讓，若是役父老子弟不名而自集，規為定然後得道縣一援手耳。故曰觀於鄉而知王道之易也。長保此質，殫繼之以教育，於自治其庶幾乎。民國十八年浙江重行地方自治制，鄉邨名更易，蓋大咸鄉今為鄞縣第九區，次前事故因前稱云。　吳縣劉鈞仲[illegible]

中華民國二十三年三月上石

重建報德觀記

重建報德觀記（篆額）

重建報德觀記

老子曰：“有物混成，先天地生，寂兮寥兮，獨立而不改，周行而不殆，可以爲天下母。吾不知其名，字之曰‘道’。”蓋道者，太極也。太極含三，爲元神、元氣、元精，道家所謂混洞太無元化生天寶君、赤混太無元化生靈寶君、冥寂玄通元化生神寶君，崇之爲三清，奉之爲祖元。精、氣、神，物也，天、地亦道中之一物耳。太極渾然，其凝結者爲元精，其所以能凝然者爲元神，流行者爲元氣，神氣發皇而有天地。天地未分，乾坤統於太極，闔户謂之坤，闢户謂之乾，合爲一元。如人心之在先天純乎性，孟子以謂人性皆善；在後天雜乎情，孔子以謂“性相近”。故人於天命之性，莫不皆善。感於心，則有五常；應乎事，則敦五倫。天地既分，乾坤相交，陰陽互宅，變爲坎離。坎離者，日月也，天地無功，以日月爲功，天地無日不交，坎離無時不會，雖爲後天而仍先天也。凡人未生以前爲先天，及嬰兒墮地，落爲後天，哇然一聲，太極既破，先天乾元之性轉爲離中物欲之情，先天坤元之命轉爲坎中氣質之性，乾坤顛倒，拘於氣質，蔽於物欲，心浮動而邪妄，性沈伏而陰濁，梏之既久，夜氣不存，其不爲禽獸也幾希矣。故聖人教人收其放心，存於天理之竅，以養復其天命本善之性，即老子所謂“常有欲，以觀其竅”。及至仁熟義精，歸根復命，從心不踰，美大而聖神，即老子所謂“常無欲，心觀其妙”是已。坎拆離填，優游於乾元性天。乾爲金，爲大赤，剛健中正，純粹精也，道家喻之曰“金丹”。金丹既成，大道以凝，復我三清祖元，則全受全歸，可以報天地父母之大德，用畢大丈夫之能事也。

吾郡報德觀在和義門内，郡學之宫巍然於其前，藺江之水浩然於其後。始建於宋淳祐八年，當刺史黄公築城之際，後燬於元，至元十九年既重建之，至泰定三年丹客戴善復爲修葺，明正德七年邑人倪君又拓新之，有清一朝載修載葺，以至於人民建國之十三年乙丑冬，殿宇復災，蕩焉無存。適羽士林理梅駐鶴觀中，不忍丹鼎無煙、玉爐生塵，胼胝手足，慘淡經營，再樹霞城，以復舊觀，供奉三清聖尊於寶殿，俾玄侶有所□，法派有所延。新宇既成，請余一言，以諗多人。余慨世之學者往往穿鑿支離，探索大道於影響之間，是謂侮道，非崇道也，是謂欺道，非學道也。且觀名“報德”，寧復知存心養性，歸根復命，所以全受全歸，爲報天地父母之大德也乎？得吾説而求其放心焉，則亦庶乎知所以入大道之門，修金丹之理也已。

太歲在閼逢閹茂立夏後一日，劍陽子李鑫謹撰并書。

按：碑原在報德觀。高198釐米，寬90釐米。碑文隸書，共22行，滿行40字。碑文中該觀始建年代有失實之處。

釋迦文佛舍利寶塔

釋迦文佛舍利寶塔

大覺世尊本三界導師，四生慈父，爲我等故，舍身手足，甚修難行，得證菩提。昔成佛已來，甚大久遠，常住不滅，爲悲憐群迷，同歸覺路，故應跡於周昭王二十四年甲寅四月初八日午時，從兜率而降迦毗羅國，於摩耶夫人右脅誕生。其中應現度生，轉大法輪，神通妙相，算數難知。及至穆王五十三年壬申二月十五日子時，於雙林間而入涅槃，爲利人天，瞻禮獲福，故入金剛三昧，碎身骨成末，舍利分布天上、龍宫，一分於人間八萬四千。百年後，西天竺有阿育王，承宿因願，取佛舍利，役使鬼神，碎七寶末建八萬四千塔，一夜交竣。時有羅漢耶舍尊者，於手五指放八萬四千光，照四天下，命諸夜叉，承光照處八吉祥地，安供舍利。至西晉太康三年，并州有劉薩訶，弋獵爲業，遇病身亡，見一梵僧謂曰："汝罪應入地獄，吾憫汝，故赦汝回陽，當作沙門。丹陽，會稽有釋迦如來舍利寶塔，可詣勤求禮懺，得免斯苦。"語已蘇醒，受教出家，法名慧達。南行求覓，至寧波鄮山，敬禮懇禱，忽聞地下鐘聲。復禮三日，寶塔從地湧出，光明殊勝，高一尺四寸，方廣七寸，露盤五層，四角挺然，中懸金色小鐘，舍利綴於鐘下，圓轉不定，繞塔四周，俱有佛天、金剛神祇擁護之像。寶塔從斯應現於世，迄今二千餘載。東震旦土十有九處，惟斯最爲靈應。若人發心敬禮寶塔者八萬四千拜，功成一藏，或薦宗親，及自求懺，從無量劫，十惡忤逆，及重罪障，悉皆消滅。願生西方者，更以念佛回向，定生極樂，花開見佛，或升忉利兜率天宫，或祈現世福果，隨願感格，古今瑞應，神通妙相，讚莫能窮，普願人人信受瞻禮，能離五濁之苦，得獲涅槃聖果。

釋迦文佛應世二千九百六十一年四月，佛誕良辰，鄮山釋宗亮謹刻立石。

願以此功德，普及於一切，我等與衆生，皆共成佛道。

歲次甲戌，縣人荼叟王禹襄敬書。

按：寶塔現在阿育王寺舍利單。拓片4張，每張高50釐米，寬37釐米。文楷書，共36行，滿行18字。

大覺世尊本三界導師四生慈父為我等故捨
身手足甚修難行得證菩提昔成佛已来甚大
久遠常住不滅為悲憐群迷同歸覺路故應跡
於周昭王二十四年甲寅四月初八日午時從
兜率而降迦毗羅國於摩耶夫人右脅誕生其
中應現度生轉大法輪神通妙相算數難知及
至穆王五十三年壬申二月十五日子時於雙
林間而入涅槃為利人天瞻禮獲福故入金剛
三昧碎身骨成末舍利分布天上龍宮一分於
人間八萬四千百年後西天竺有阿育王承宿
因顯取佛舍利役使鬼神碎七寶末建八萬四
千塔一夜交竣時有羅漢耶舍尊者於手五指

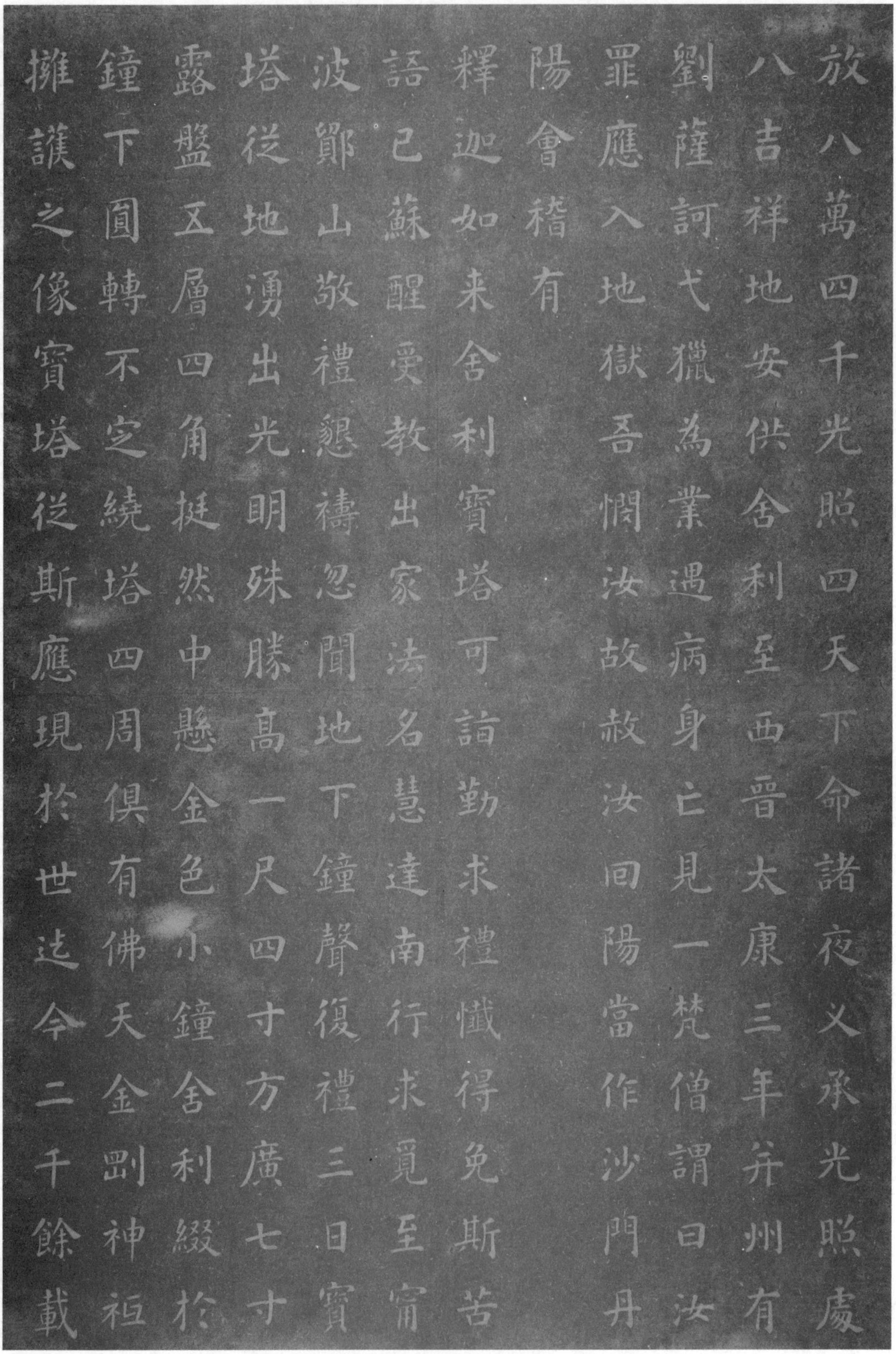
放八萬四千光照四天下命諸夜义承光照處
八吉祥地安供舍利至西晋太康三年并州有
劉薩訶弋獵為業遇病身亡見一梵僧謂曰汝
罪應入地獄吾憫汝故赦汝回陽當作沙門丹
陽會稽有
釋迦如来舍利寶塔可詣勤求禮懺得免斯苦
語已蘇醒受教出家法名慧達南行求覓至甯
波鄮山敬禮懇禱忽聞地下鐘聲復禮三日寶
塔從地湧出光明殊勝高一尺四寸方廣七寸
露盤五層四角挺然中懸金色小鐘舍利綴於
鐘下圓轉不定繞塔四周俱有佛天金剛神祗
擁護之像寶塔從斯應現於世迄今二千餘載

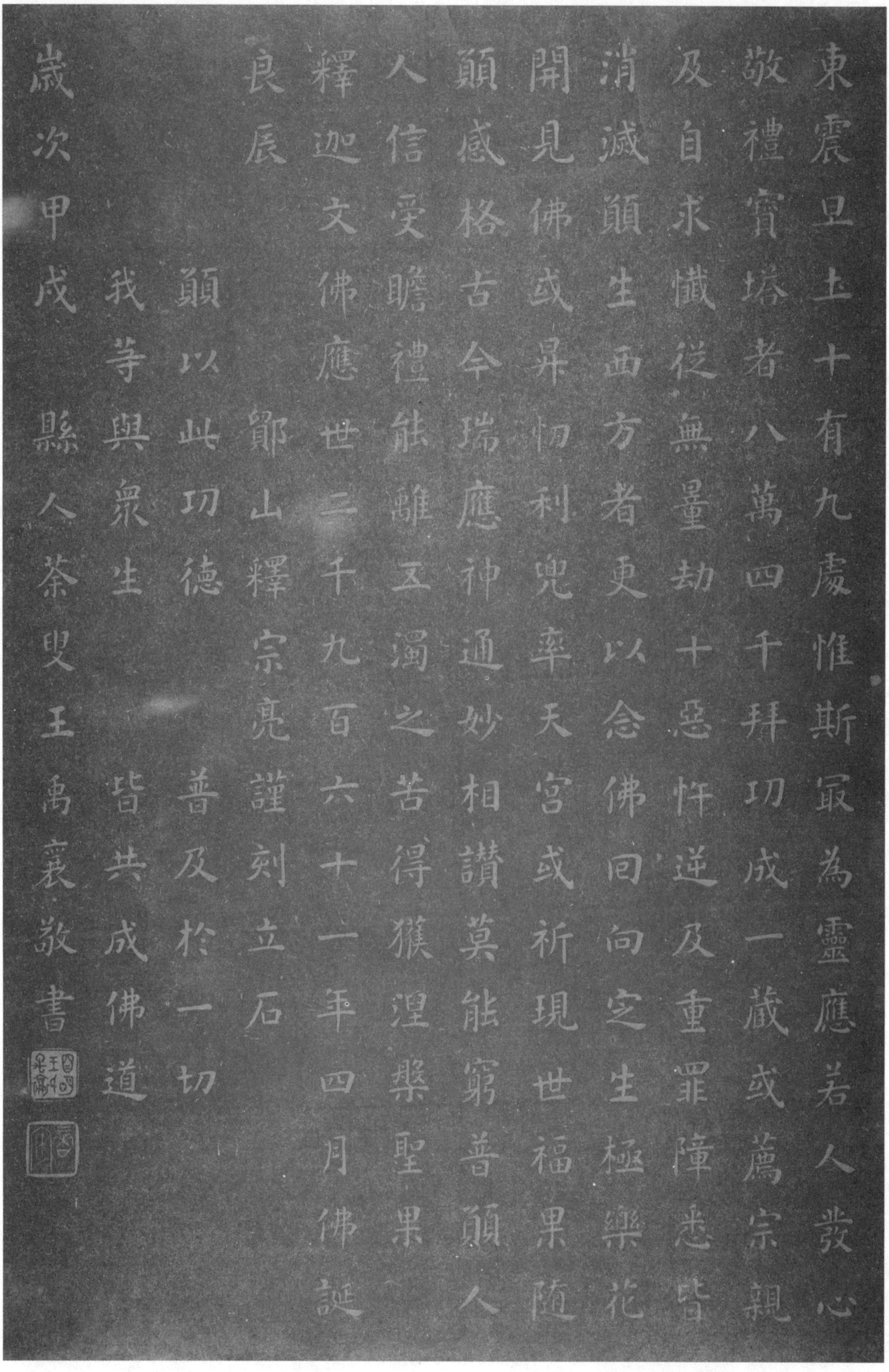
東震旦土十有九處惟斯最為靈應若人發心
敬禮寶塔者八萬四千拜功成一藏或薦宗親
及自求懺從無量劫十惡忤逆及重罪障悉皆
消滅願生西方者更以念佛回向定生極樂花
開見佛或昇忉利兜率天宫或祈現世福果隨
願感格古今瑞應神通妙相讚莫能窮普願人
人信受瞻禮能離五濁之苦得獲涅槃聖果
釋迦文佛應世二千九百六十一年四月佛誕
良辰　鄮山釋宗亮謹刻立石
願以此功德　普及於一切
我等與衆生　皆共成佛道
歲次甲戌縣人茶叟王禹襄敬書

重建天童街彩虹橋碑記

重建天童街彩虹橋碑記

吾鄉距縣治東五十里有山曰太白，其麓有寺曰天童寺，街曰天童街，街之南有大溪，太白諸山水流所必經，跨溪而南，迤邐達鳳下溪、瞻峙、峽嵜，諸處大小邨十百數。溪上架橋一，舊時支石爲之，往來者接踵不絶，是即彩虹橋也。先是，壬戌、癸亥間，山洪暴發，橋亦旋毁於水。時俊寶方任江浙水災急振會查災委員，急振會者上海華洋義振會所倡設也，俊寶既得請於會，始獲以義振公款修復是橋，邇來又十年於兹矣。橋與諸山相偪邇，甚雨湍急輒亡幸，鄉人徑其地往往涉足而過，冬令戒寒，苦又加甚。今春三月，俊寶遄里掃墓，與寧君同游天童寺，途次遇鄉人，告予以歷受苦狀。予計是橋工程惟植以鋼骨，笵以水遲乃可。方躊躇間，寧君問所需若干，予謂若得四千金足矣。寧君即慨然願獨任厥事。是役也，經始以今年五月，越三月乃訖工。自此，橋工無傾圮之虞，鄉人無病涉之苦矣。寧君名松泉，安徽青陽籍，客游中一念惻隱，以訪勝始，以行善終，時節因緣，可謂至難。予與君有姻誼，其弟五女愛珍，予第三子柏榮之婦也。橋工既竟，爲述顛委，勒之於石，且以紀寧君福澤，當與斯橋永永長留吾鄉也。是爲記。

中華民國二十三年歲在甲戌八月，鄞溪鄉人樂俊寶撰文。邑子張原煒謹書。

按：碑原在天童街。高184釐米，寬77釐米。碑文楷書，共13行，滿行40字。

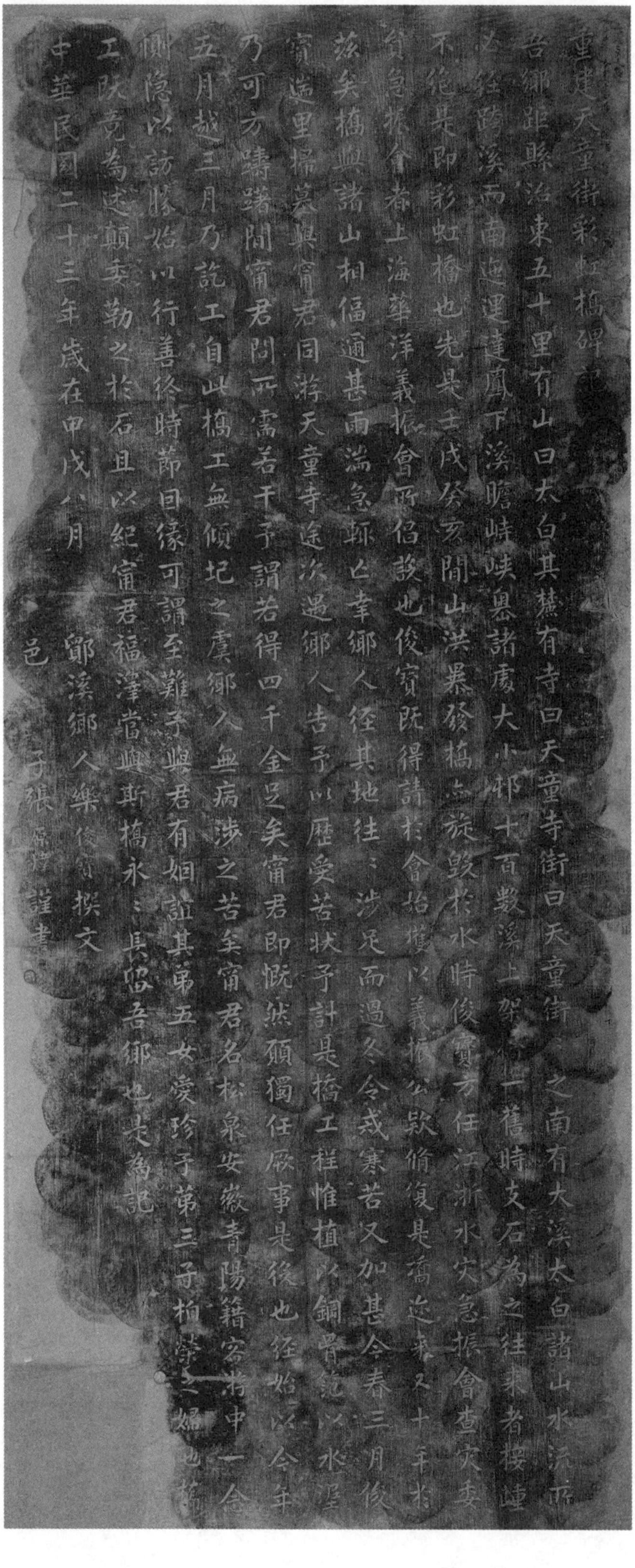
重建天童街彩虹橋碑記
吾鄉距縣治東五十里有山曰太白其麓有寺曰天童寺街曰天童街之南有大溪太白諸山水所
必經跨溪而南迤邐達鳳下溪瞻岐峡奥諸處大小都十百數溪上架一舊時支石為之往來者樓嶁
不絕是即彩虹橋也先是壬戌癸亥間山洪暴發橋亦旋毀於水時俊賓方任江浙水災急振會查災委
貸急振會者上海華洋義振會所倡設也俊賓既得請於會始獲以義振公款脩復是橋迄今又十年來
孩矣橋與諸山相偪逼甚雨湍急輒亡幸鄉人經其地往往涉足而過冬令戎寒苦又加甚今春三月俊
賓遊里歸葬與甯君同游天童寺途次遇鄉人告予以歷受苦狀予計是橋工程惟植以鋼骨築以水泥
乃可方躊躇間甯君問所需若干予謂若得四千金足矣甯君即慨然願獨任厥事是役也經始以今年
五月越三月乃訖工自此橋工無傾圮之虞鄉人無病涉之苦矣甯君名松泉安徽青陽籍客居申一念
惻隱以訪勝始以行善終時節因緣可謂至難予與君有姻誼其第五女愛珍予第三子柏蓀之婦也稱
工既竟為述顛委勒之於石且以紀甯君福澤當與斯橋永永共留吾鄉也是為記
鄞溪鄉人樂俊賓撰文
中華民國二十三年歲在甲戌八月　邑子張□□謹書

慈谿馮幵墓誌銘

慈谿馮先生墓志銘（篆蓋）

慈谿馮君墓志銘

義寧陳三立撰　同縣錢罕書　海門王賢篆蓋

馮君諱幵，字君木，浙江慈谿人。曾祖諱應齹，祖諱夢香，考諱允騏。君少孤，從母俞受《詩》，上姿天挺，不督而成。年十五六，已斐然有箸作意。二十補諸生，旋食廩餼。光緒丁酉，以拔貢試於朝，列二等。故事當得知縣，君自言銓曹，願爲儒官，授麗水縣學訓導。居一歲，調宣平縣學教諭，辭疾不赴。年甫三十，歸不復出，篤意書史，廣覽博涉，擷菁含英，包孕典略。故其爲文，華實相資，麗則以遒，匣鍔弢鋌，與爲優游。詩出入杜、韓、黄、陳，醖釀萬有，鎔冶以情性，兼工倚聲。嘗與同邑陳鏡塘諸子結剡社，用道義術業相切劘。晚客上海，四方承學之士問業者踵至，析義答難，竭盡無隱，誘掖後進，因材曲成，所造就甚衆。與人交，隆久要之誼，雖居貧，未嘗不急人之急也。不翕翕聲氣，而耆儒宿學、年少才俊，咸樂與游，安吉吴昌碩、吴興朱孝臧、桂林況周頤、寧鄉程頌萬交尤篤。不幸得疾，以辛未四月二日卒旅次，年五十有九。所箸有《回風堂文》若干卷，《詩》若干卷，《詞》一卷，《日記》若干卷，雜箸若干種，藏於家。初娶俞，再娶陳，三娶李。子貞胥、貞用。女貞俞。孫男、女各二。方君寢疾，門弟子日夜走視不絶，有留侍達旦者。既歿，皆哭失聲，遠近會吊者數百人。其孤將以甲戌八月二日葬君西嶼鄉上午里之原，以君友人陳訓正所爲述，門人童第德、沙文若所爲傳、狀來徵銘，乃序而銘之。銘曰：

窮一世而無所覬兮，惟斯文之是躭。慕前修之隆軌兮，掉六轡與驂驔。謂今之人莫子知兮，休聲溢虖江之南。名不朽其可願兮，偃大室而長酣。

無錫王開霖刻石。

按：碑在寧波市江北區文物管理所。蓋高 43 釐米，寬 46.5 釐米；誌文高 52 釐米，寬 50 釐米。誌文楷書，共 25 行，滿行 24 字。

慈谿馮先生墓志銘

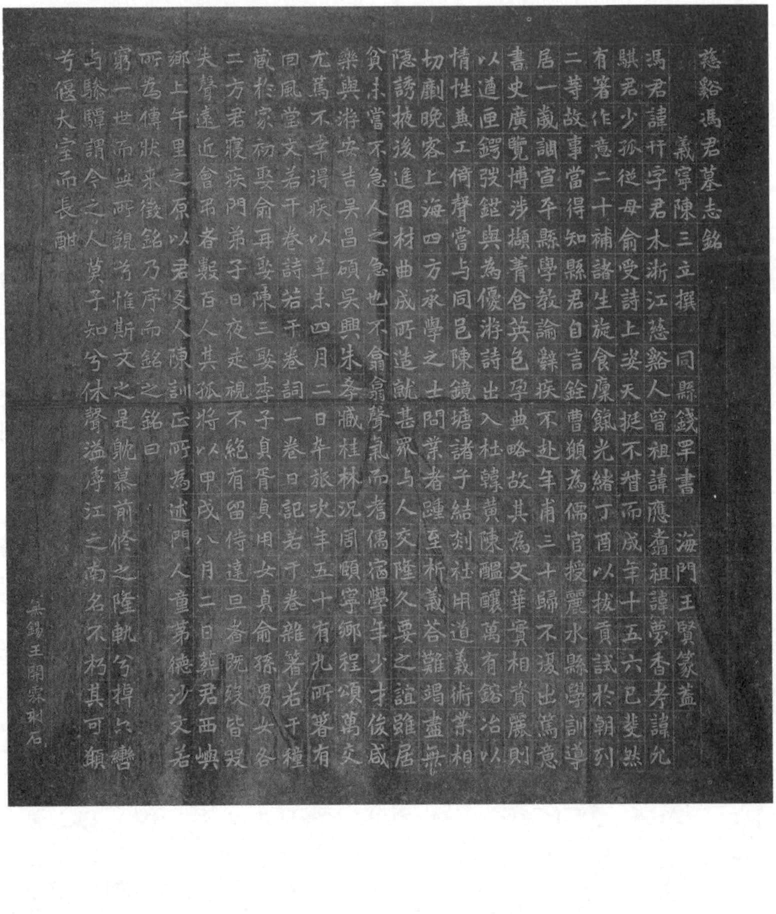
慈谿馮君墓志銘
義寧陳三立撰　同縣錢罕書　海門王賢篆蓋
馮君諱幵字君木浙江慈谿人曾祖諱應翥祖諱夢香考諱允
騏君少孤從母俞受詩上姿天挺不揩而成年十五六已斐然
有著作意二十補諸生旋食廩餼光緒丁酉以拔貢試於朝列
二等故事當得知縣君自言銓曹頗為儒官授麗水縣學訓導
居一歲調宣平縣學教諭辭疾不赴年甫三十歸不復出篤意
書史廣覽博涉擷菁含英色孕典略故其為文華實相資嚴則
以道亘鍔弢鋩與為優游詩出入杜韓黃陳醞釀萬有銘治以
情性兼工倚聲嘗与同邑陳鏡塘諸子結剡社用道義術業相
切劘晚客上海四方承學之士問業者踵至析義荅難竭盡無
隱誘掖後進因材曲成所造就甚眾与人交隆久要之誼雖居
貧未嘗不急人之急也不翕翕聲氣而耆儒宿學年少才俊咸
樂與游安吉吳昌碩吳興朱孝臧桂林況周頤寧鄉程頌萬交
尤篤不幸得疾以辛未四月二日卒旅次年五十有九所著有
回風堂文若干卷詩若干卷詞一卷日記若干卷雜著若干種
藏於家初娶俞再娶陳三娶李子貞晉貞用女貞俞孫男女各
二方君寢疾門弟子日夜走視不絕有留侍達旦者既歿皆毀
失聲遠近會弔者數百人其孤將以甲戌八月二日葬君西嶼
鄉上午里之原以君友人陳訓正所為述門人童第德沙文若
所為傳狀來徵銘乃序而銘之銘曰
窮一世而無所覬兮惟斯文之是躭慕前修之隆軌兮掉以譽
与騶驛謂今之人莫予知兮休聲溢溥江之南名不朽其可顛
兮偃大室而長酣
無錫王開霖刻石

四明公所甬北支所碑記

四明公所甬北支所碑記（篆額）

四明公所甬北支所碑記

鄞忻江明撰文　慈谿錢罕書丹　鄞趙時棡篆額

四明公所者，吾郡人客死叢殯之所，建於滬上，綿歷久遠，曰“四明”者，標地望以名之者也。吾郡之續建公所，始自光緒八年，仍其名者，内外不嫌同辭也。兹繫以甬北者，記事必實其地，曰支所，明有統也。

先是，滬上公所地爲外人所侵，吾郡人之僑滬者出全力與争，事乃寢。鎮海方黼臣觀察，其先世固嘗有造於公所者，既幸兹壤之獲保，又念首邱之義，俾死者歸骨於鄉，不可以無所。爰采衆議，相地甬江之北，建丙舍，置義山，歲運柩還，戒期趣葬，無主愆期者瘞之，表次立碣，男女異兆，著爲例。上海，東南一都會也。郡人衣食兹土者日益衆，公所規模日益展拓，吾甬共給之事亦日益繁，而國中海口商步及各行省之旅居者，凡有四明公所若會館，運柩歸葬，率傳於滬，以達甬。丙舍不容，則以時加闢慈谿小隱山義冢，不敷則益置網灘山廣之。於是觀察之子明經積鈺繼任滬事，以兼攝非計，諈諉於鄉之賢者，分營並進，别爲會以董其成，諸所設施漸規遠大。逮前六年戊辰，厚集群力，爲一勞之計，相之度之，捄之築之，基阯曠如，屋舍翼如。蓋自支分後，遞嬗至今，譬之建國，初爲附庸，繼列小侯，終則位於甸服，儼然會歸之極焉。尾間之輸，濫觴於涓流。岱宗之峻，積纍於土壤。始事之功，衆擎之效，至是迺大著。

吾四明故多義舉，然以余所見，後先疏附，一唱百和，不憚罄其力，以竟其施，莫兹所爲盛。蓋死喪之威，在原之痛，人子泚顙，鄉鄰急難，情之至也。動之以至誠，要之以可久，事皆衆著，款不虚糜，治理之至也。以故十數年間，滬公所所屬之南廠、北廠、東廠與四明醫院先後告成，集資不下五六十萬，且以餘力佽助於鄉，鄉之人亦集資十一萬有奇，以成斯舉。昔孟子以養生喪死無憾，爲王道之始，因民之利，而使民資以死生，其趨令也如流水；取鄉之財，而使隸於鄉者資以死生，其響應也若桴鼓。吾觀於鄉，而知王道之易易也。既訖工，主所事者林上舍植暘，具圖籍來請爲記，因備著其顛末，而並爲推本言之如此。

所之制，四周爲廠以厝柩，凡爲間三百二十。中爲舍，稍前爲堂，區爲三等，其數如廠四之一。後爲停柩處，用以頓舍，凡十所。有社祠，有先董祠，有祀室，有治事室，門垣、廊廡、庖湢咸備。章程、條例具於册。所外隙地及義山若干，别有籍。而所之前迆左築室，曰歸復處，爲郡人病殁於外偰斂之所，亦隸屬焉。

見董其事者：方積鈺、顧釗、余鋆、陳道域、毛雍祥、徐秀祥、張濂、卓葆亭、俞煌。已故者：費紹冠、梁秉年、袁彌通、徐方來、蔣能保、董嘉、陳聖佐、陳俊伯、嚴英。皆郡人，並有勞於兹所，例得附書。甲戌日南至。

鄞項崇聖鎸石。

按：碑原在白沙四明公所。高182釐米，寬100釐米。碑文楷書，共26行，滿行41字。

高尚澤釣臺記

高尚澤釣臺記（篆額）

高尚澤釣臺記

鄞全祖望撰　慈谿馮貞群書並篆額。

唐賀秘書之故居在吾鄞城南馬湖，故其地曰賀家灣，有池曰洗馬，以秘書族祖德仁故也。去馬湖不數里爲響巖，秘書之别墅，其澤曰高尚，蓋取明皇御賜詩句，澤之上有秘書釣臺焉。城南之山水皆屬東四明一帶，所磅礴無不奇者，至響巖益清越。蕙江九曲，澄碧無際，瀕江石壁横厲如屏風，水北作聲，水南應之，嘹亮如石鐘。而寥天淡蕩，時見空中色相如佛影。巖下有洞，槎頭鯿之所聚，漁人終歲取之不竭，殆《文選》所云"丙穴"者也。江東産鯿之富，莫過於浦陽，顧其風味遠遜是間數倍。巖上篔簹數萬，蔽天拂日，長有雲氣護之，又有鸕鷀千群往來沚中，而北巖則有頻伽飛鳴其間。此釣臺之大概也。當日秘書御風仙履，朝游剡曲，暮宿石梁，浙東洞天都歸嘯傲，是臺特游息之一區耳，而其勝絶如此。環臺左右而居者，爲葛氏吾友巽亭之祖宅也，山中更無庶姓。巽亭致疑於其家譜，言："遠祖有官太尉者，實偕秘書居此，顧何以不見舊志？"予考葛氏原籍潤州之丹陽，其居鄞始於宋慶曆中贈都官郎中旺，實自處州之麗水來，則太尉之説非也。都官爲鄞江先生高弟，以多學稱，隱居不出，故世遂以高尚澤稱"高尚宅"，屬之葛氏。都官之子度支暨度支之子主簿，皆荆公爲作志。世德如此，何事遠稱太尉，以蹈沈約、魏收之失。巽亭曰："然。吾固疑之，得子言而益信也。"予嘗游桐廬江上，縱觀嚴公東西二臺，其地勢良寥廓，山高水長，令人興一絲九鼎之感。然是臺之秀，則别自有不可掩者，今葛氏收之筆牀茶竈之間，何其幸也。因語巽亭令修復其故址，臺下别爲祠三間，祀秘書而配之以都官。予將棄人間事，來作祠下史，看山看竹，日哦詩佛影中，飢則啖青鯿以爲糧，雖萬户侯不易也。

劉璋瓚以高尚澤舊有賀秘監釣臺久荒不治，乃鳩金刊全謝山《釣臺記》於石碑陰，勒秘監畫象，上覆以亭，表章先賢，以資景行。貞群記。

中華民國二十三年十二月，鄞縣文獻委員會第七區分會建造。

按：碑在鄞州區鄞江鎮它山廟。高157釐米，寬67釐米。碑文楷書，共18行，滿行42字。

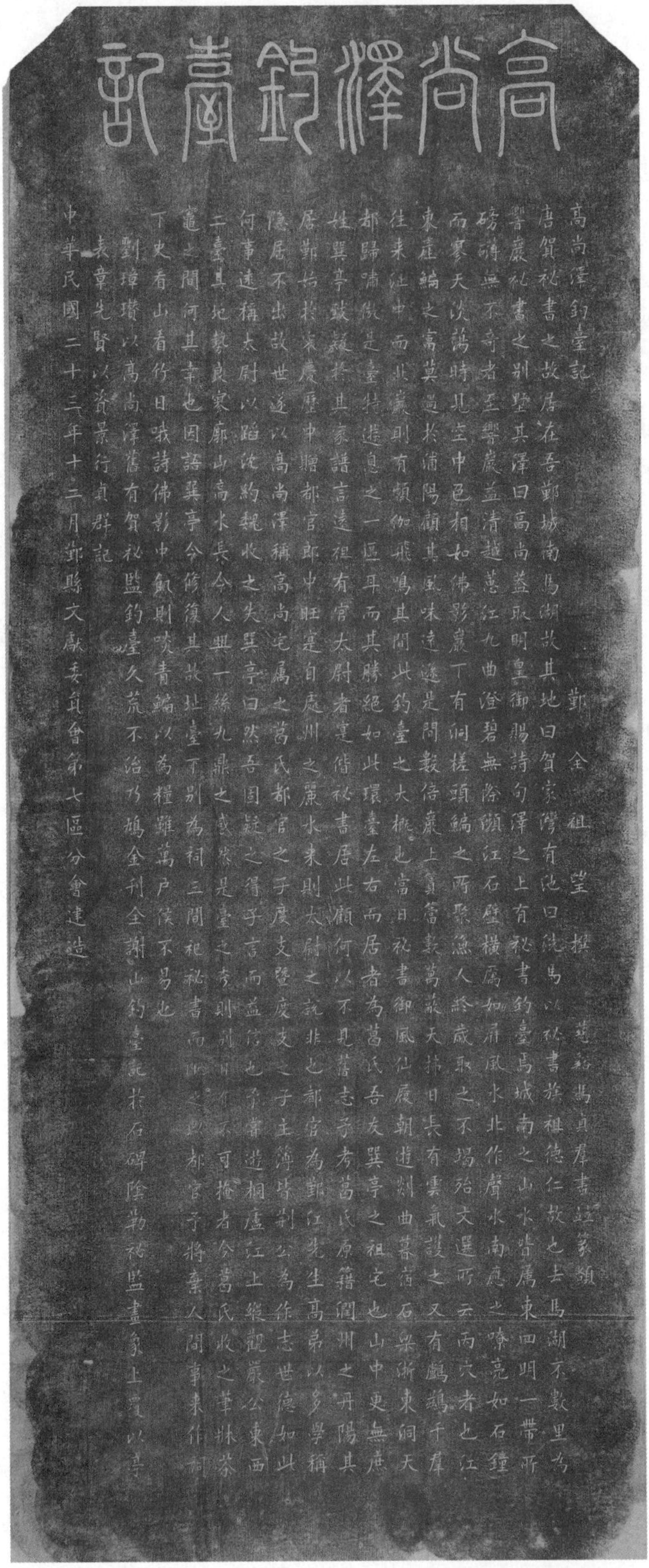

高尚澤釣臺記

高尚澤釣臺記　鄞全祖望撰　慈谿馮貞羣書並篆額

唐賀祕書之故居在吾鄞城南馬湖故其地曰賀家灣有池曰洗馬以祕書族祖德仁故也去馬湖不數里為響巖祕書之別墅其澤曰高尚蓋取明皇御賜詩句澤之上有祕書釣臺焉城南之山水皆屬東四明一帶所磅礴無不奇者至響巖益清越惠江九曲澄碧無際瀕江石壁橫屬如屏風水北作聲水南應之嘹亮如石鐘所而寥天淡靄時見空中色相如佛影巖下有洞槎頭編之所聚漁人終歲取之不竭殆文選所云兩穴者也江東產鯿之富莫過於浦陽顧其風味遠遜是間數倍巖上篔簹數萬蔽天揜日長有雲氣護之又有鸜鵒千羣往來池中而北巖則有頻伽飛鳴其間此釣臺之大概也當日祕書御風仙屐朝遊剡曲暮宿石梁浙東洞天都歸嘯傲是臺特遊息之一區耳而其勝絕如此環臺左右而居者為葛氏吾友巽亭之祖宅也山中更無庶姓巽亭致疑於其家譜言遠祖有官太尉者實偕祕書居此顧何以不見舊志予考葛氏原籍潤州之丹陽其居鄞始於宋慶歷中贈都官郎中旺遷自處州之麗水來則太尉之說非也都官為鄞江先生高弟以多學稱隱居不出故世遂以高尚澤稱高尚宅屬之葛氏都官之子度支暨度支之子主簿皆劉公為作志世德如此何事遠稱太尉以蹈沈約魏收之失巽亭曰然吾固疑之得子言而益信也予嘗遊桐廬江上縱觀嚴公東西二臺其地勢良寬廓山高水長令人興一絲九鼎之感然是臺之奇則嚴州不可掩者今葛氏收之華林茶竈之間何其幸也因語巽亭今修復其故址臺下別為祠三間祀祕書而附之以都官予將棄人間事來作祠下史看山看竹日哦詩佛影中飢則啖青鯿以為糧雖萬戶侯不易也

劉璋瓚以高尚澤舊有賀祕監釣臺久荒不治乃鳩金刊全謝山釣臺記於石碑陰勒祕監畫象上覆以亭表章先賢以資景行貞群記

中華民國二十三年十二月鄞縣文獻委員會第七區分會建造

盛君仰瞻墓誌銘

盛君仰瞻墓誌銘

鄞縣趙時棡撰并書

盛生斌字仰瞻，一字彦匡，浙江慈谿人。其大父士廉先生以醫名海上。父洲舲公，於仰瞻生甫周歲見背。母氏厲，定海慕韓觀察孫虞卿拔萃女也。柏舟矢節，鬻子閔斯。仰瞻幼即聰慧，舉止異常兒。稍長，事母孝，温凊定省不懈。好文藝，能自得師。嗜書畫，嘗問業於余。余方嘉其年少志學，不謂志長命短也。癸酉十月二十八日，病歿於滬寓，年才二十有一。此子不得永年，悲夫！翌歲，葬有日，其母來，泣述仰瞻病時語，謂："兒不幸而死，母若哀兒，必乞師銘碣。兒言如是，敢請，死而有知，庶足慰九京矣。"余諾而銘之，銘曰：

蘭以秀而摧，玉以瑱而折。悲哉阿孈，死矣長吉。非慟誰爲，泣嗟何及。晨露俄晞，夜臺永寂。

無錫王開霖刻石。

按：高 62 釐米，寬 60 釐米。誌文楷書，共 17 行，滿行 17 字。

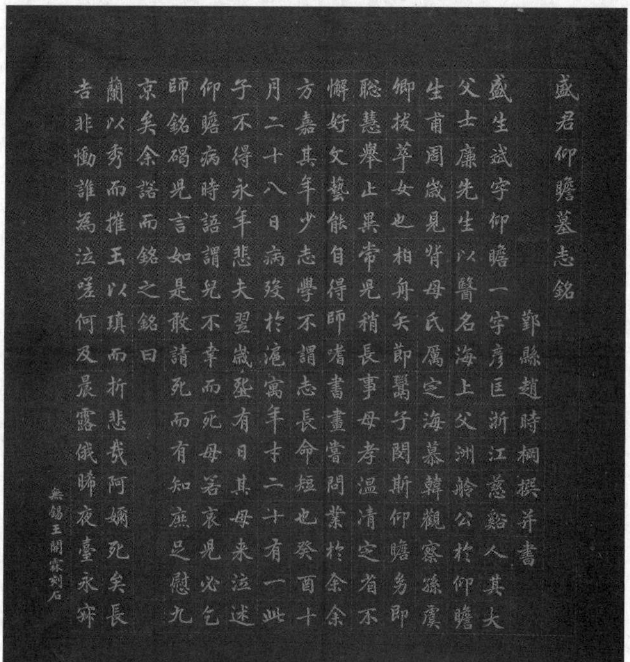

總理遺囑石刻

總理遺囑

余致力國民革命凡四十年，其目的在求中國之自由平等。積四十年之經驗，深知欲達到此目的，必須喚起民衆及聯合世界上以平等待我之民族，共同奮鬥。現在革命尚未成功，凡我同志，務須依照余所著《建國方略》《建國大綱》《三民主義》及《第一次全國代表大會宣言》，繼續努力，以求貫澈。最近主張開國民會議及廢除不平等條約，尤須於最短期間促其實現。是所至囑。

中華民國十四年二月二十四日孫文。

按：碑在中山公園。高194釐米，寬61釐米。碑文楷書，共8行，滿行25字。此碑爲沙孟海書。

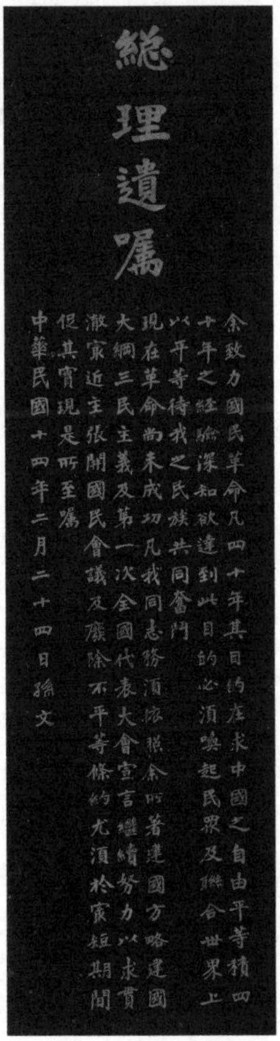

天童寺重禁明堂搭棚凉亭擺攤碑

天王殿外上下明堂至伏虎亭一帶不准搭棚，各凉亭内亦不許擺攤，此規原按光緒三十年寄公和尚奉憲示禁。因至甲子年春，執事失察，發生事端。文公和尚同首領、執事重禁，此後各宜遵守，不得破壞。

民國乙亥二月，住持圓瑛重鐫。

按：碑在天童寺。高37釐米，寬98釐米。碑文楷書，共16行，滿行6字。

三江亭碑記

三江亭碑記（篆額）

竊我南鄉鄞奉各埠航船，向在鄞縣外濠河爲停泊之所，乘船旅客遠及新嵊，交通頗稱發達。惟無埠屋建築，致乘客上落無地憩息，貨物起卸無處安放，一遇雨雪，困苦尤不堪言，而外侮亦因之迭起。迨孫清宣統年間，奉化公民江五民等目擊斯狀，不忍坐視，遂集資築埠，並建三江亭於其上。於是乘船旅客均慶得亭之庇護，有駐足頓貨之所，無風霜雨雪之苦，不可謂非官紳之加惠於民也。今年三月間，駱德元等將三江亭緣起情形向浙江清理鄞慈鎮奉定沙田處專員唐稟請保留，蒙轉呈浙江財政廳奉令照准，爲特遵令擬具碑文勒石，以志不諼，因懇奉化公民駱傳家請記於予，予亦奉人也，遂志之如此。

中華民國二十四年四月　日，王文翰撰文并書。

按：碑原在外濠河三江亭。高 156 釐米，寬 62 釐米。碑文隸書，共 11 行，滿行 26 字。

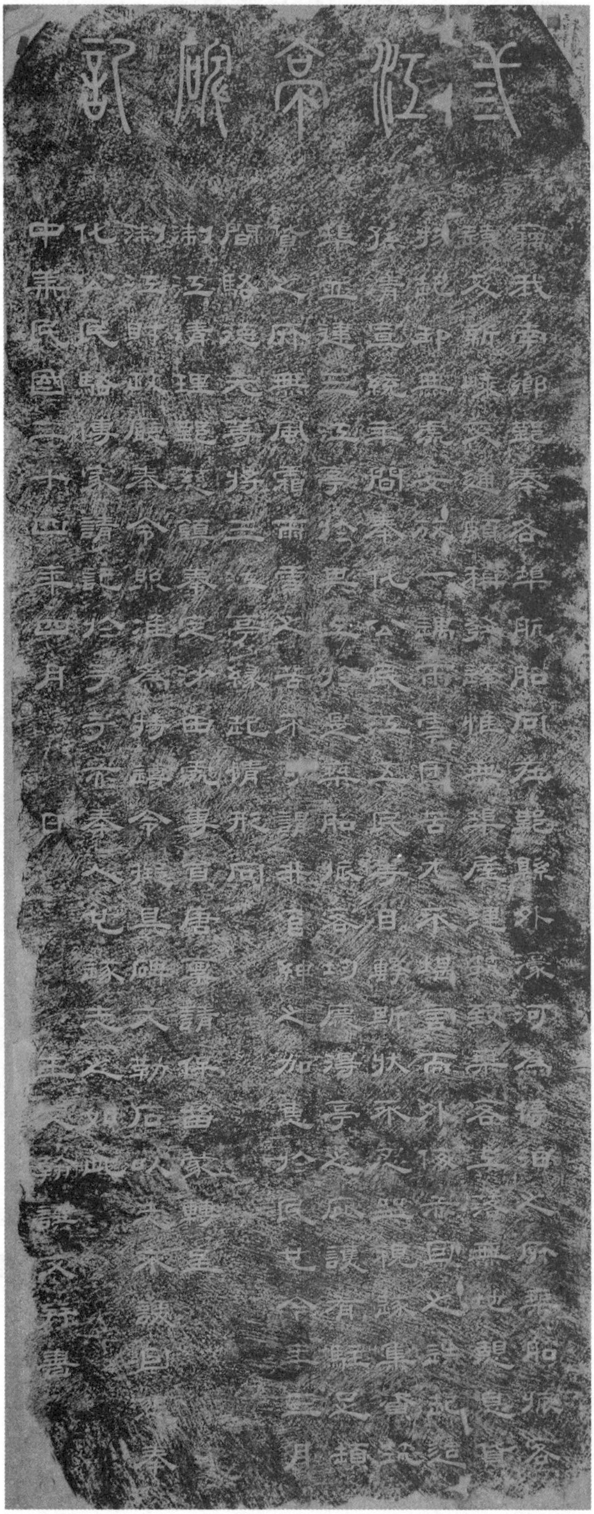

生榮戚公墓碑

生榮戚公墓碑

公諱德祥，字生榮，鄞縣梅墟人，故恒康醬園創業人諱茂源之冢子也。年五歲，母沈太夫人卒，育於繼母王太夫人。年十四，習父業，經營園務者垂三十載。家業既立，得以小康。其事父母也，凡被服飲食玩好之物，苟可以愜二老之意者，雖艱窘亦必力致之，以故純孝之譽著於鄉里。而遇弟以愛，教子以嚴，襄埊方之善舉，篤戚黨之睦誼，又其次也。戊午閏七月九日卒，年四十有五。配宋氏。子二：長正成，滬江大學文學士，今長華華中學；次正梱，亦能世其祖業。冢子婦李，次子婦陳，均出名門。女三：長適王，次適王，次適陸。銘曰：

於戲榮公，天秉厚豐。澤遺子孫兮振厥宗，坐子向午兮鬱葱蘢，兼丁癸兮安新宫。

陳慰祖撰并書。

民國二十四年四月穀旦。

按：碑原在鍾家鄉龍山。高40釐米，寬82釐米。碑文隸書，共24行，滿行11字。

戚渭章生壙自志

渭章生壙自志

愧予涼德，蔭祖父之福澤，恃長兄之誘掖，幸有今日。歷閲煤、錢、棉紗諸業，而卒籍醬業以支持門户者，無非欲繼承先志而已。居恒自省爲善，亦惟恐後人，顧限於經濟，每興力不從心之感。雖己巳之歲續修宗譜，癸酉風水爲災，重修家廟殿宇，去夏旱魃，則濬河修磡，開塘頭碶，以興水利，近歲施衣米以周窮嫠。凡此初非貪天之功，聊以宏我父兄德澤而已。飲水思源，長兄之助力實多，爰當卜營生壙之際，亟謀與兄接壤，庶幾九原有侶，而亦可稍解鴒原之痛於今日也。配張氏、吴氏，皆出名門。女一，尚幼未字。幸弟姪衆多，類能自立，善守先業，爲可慰耳。斯壙坐子向午兼丁癸，并記。

中華民國二十四年四月，梅江渭章戚德麟氏志，時年四十又五歲。

秀水陳慰祖書。

按：碑原在鐘家鄉龍山。高 40 釐米，寬 87 釐米。碑文隸書，共 24 行，滿行 12 字。

萬子公擇墓誌銘

萬子公擇墓誌銘

餘姚黄宗羲撰

昔者徐曰仁死，陽明每臨講席，酬答之間，機緣未契，則曰：“是意也，吾嘗與曰仁言之，年來未易及也。”一日講畢，環柱而走，歎曰：“安得起曰仁於泉下而聞斯言乎？”乃率諸弟子至其墓所，酹酒而告之。嗟乎！知言之難也，從古皆然。

余老而無聞，然平生心得爲先儒之所未發者，則有數端。其言性也，以爲陰陽五行一也，賦於人物，則有萬殊。有情無情，各一其性，故曰各正性命，以言乎非一性也。程子言“惡亦不可不謂之性”是也。狼貪虎暴，獨非性乎？然不可以此言人，人則惟有不忍人之心，純粹至善，如薑辛荼苦，賦時已自各别，故善言性者莫如神農氏之《本草》。

其言太極也，統三百八十四爻之陰陽，即爲兩儀；統六十四卦之純陽純陰，陽卦多陰，陰卦多陽，即爲四象；四象之分布，即爲八卦：故兩儀、四象、八卦，生則俱生，無有次第。人生墮地，分父母以爲氣質，從氣質而有義理，則義理之發源，在於父母。陽明言以此純乎天理之心，發之事父便是孝。不知天理從父母而發，便是仁也。嚴父配天，非崇高之也。吾之於天，渺不相屬，藉嚴父在天之靈，通其陟降。而先儒疑於郊鯀，以功德言，不以感召言，非也。

河圖洛書，先儒多有辨其非者。余以爲即今之圖經地理志也。其言河洛者，周公定鼎於洛。四方之人户盛衰，道里之阨塞險易，諸侯貢於天王，故謂之河圖洛書。

其他異同甚多，見者皆爲郢書燕説。一二知己勸余藏其狂言，以俟後之君子。惟公擇涣然冰釋，相視莫逆，以爲聖人復起，不易吾言。余何以得此於公擇哉！今公擇死矣，余之思公擇，寧不殊陽明之思曰仁乎？

公擇諱斯選，萬氏，余友履安先生之第五子也。其世系詳《履安誌》中。公擇生平不應科舉，出而教授，自武林、語水以至淮上，故亦不專舉業。《通鑑》則手録，二十一史則句讀丹鉛，不遺一字。其在語水，得余所評羅念庵、王塘南二先生集讀之，不以口耳從事，默坐澄心，恍然如中流之一壺，證以蕺山，意爲心之主宰而愈信。從此卓犖讀書，不爲舊説所錮，三十年如一日也。淮上之門人，如唯一、西洮皆能興起於學，使蕺山之流風餘韻北漸而不墜者，信公擇之立身不苟耳。世苦於貧，多不持士節，三三兩兩相習於機械之途，以苟得爲才。公擇痛惡之。即在久故者，未嘗肯假借一語，令其自容。有以講學自命者，諸儒無不受其彈駁，衆皆惑之。公擇曰：“誠使彈駁皆是也，而獨不彈駁燒金關節，身與之乎！”筇在，名家子，逃而爲僧，見人即以布施强聒，公擇面數之曰：“儒佛皆君子，曾有君子而不知廉恥一道？”筇在不覺愧屈。交游間，闡隱微之善，貶纖芥之惡，古之所謂隘人也。公擇既不爲世用，事功無所表見，又不著書以自炫耀。然余直信其爲黄叔度、吴康齋路上人，非阿私所好也。

生於崇禎己巳五月十九日，卒於康熙甲戌八月初十日。娶董晉公之女，無子，以兄子世祺縣丞爲後。一女，適王文三之子錫仁。余三年病榻，知交斷絶，公擇自館歸，必再三過余，以工夫相證，始得破涕一笑。今年正月二十二日，雪浪兼天，公擇扁舟觸險，信宿而去，余以爲一年之别，執手悽愴，苟知其死别，悲又當何如也！知公擇者，家人未必如余，故不俟其請而銘之。銘曰：

世之講學，僅以口耳。高者清談，卑者無恥。羌郎之丸，時文批尾。惟公擇甫，静坐窮理。數十年功，識一是字。不泥古説，不隨時徙。膠漆盆中，震雷破底。吾傷孤零，愈思其美。

中華民國二十四年四月令旦，浙江省第五特區行政督察專員趙次勝書，鄞縣文獻委員會立石。

按：碑在白雲莊墓前西首。高 185 釐米，寬 69 釐米。碑文楷書，共 22 行，滿行 60 字。

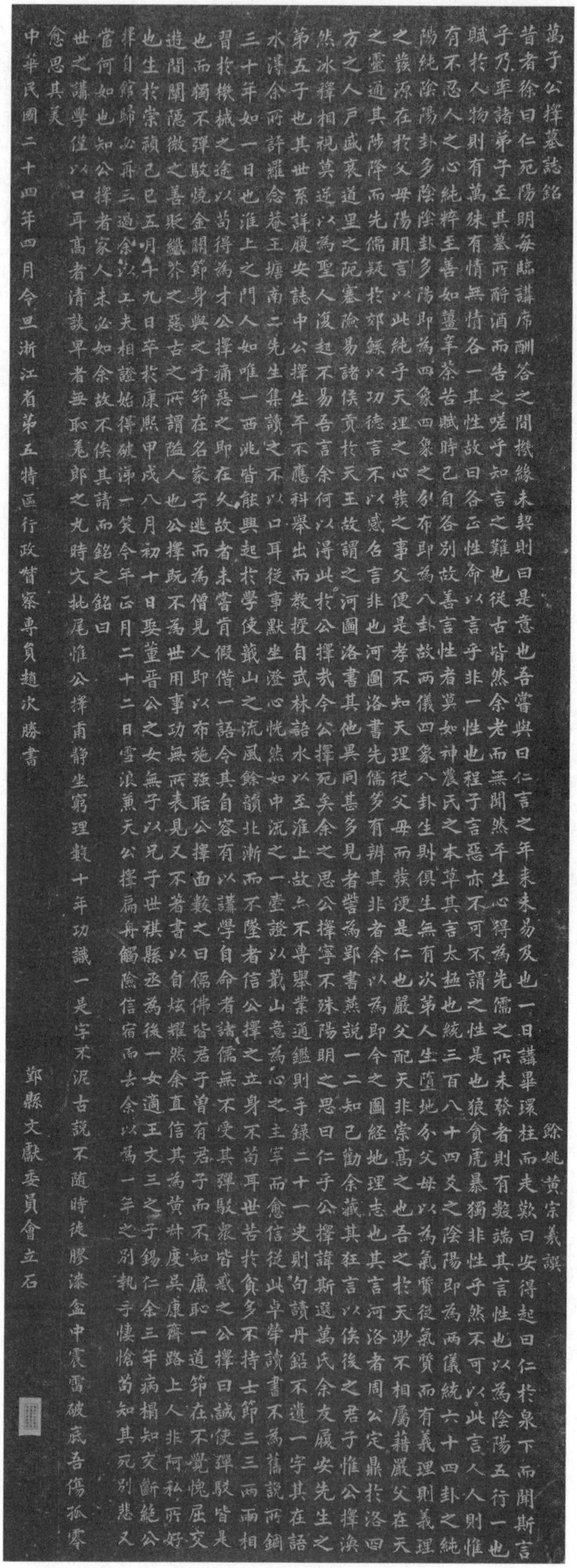

萬子公擇墓誌銘　餘姚黃宗羲譔
昔者徐曰仁死陽明每臨講席酬答之間機緣未契則曰是意也吾嘗與曰仁言之年來未易及也一日講畢環柱而走歎曰安得起曰仁於泉下而聞斯言
乎乃率諸弟子至其墓所酹酒而告之嗟乎知言之難也從古皆然余老而無聞然平生心得為先儒之所未發者則有數端其言性也以為陰陽五行一也
賦於人物則有萬殊有情無情各一其性故曰各正性命以言乎非一性也程子言惡亦不可不謂之性是也狼貪虎暴獨非性乎然不可以此言人人則惟
有不忍人之心純粹至善如薑辛荼苦賦時已自各別故善言性者莫如神農氏之本草其言太極也統三百八十四爻之陰陽即為兩儀統六十四卦之純
陽純陰陽卦多陰陰卦多陽即為四象四象之分布即為八卦故兩儀四象八卦生則俱生無有次第人生墮地分父母以為氣質從氣質而有義理則義理
之蘗源在於父母陽明言以此純乎天理之心發之事父便是孝不知天理從父母而發便是仁也嚴父配天非崇高之也吾之於天渺不相屬藉嚴父在天
之靈通其陟降而先儒疑於郊鯀以功德言不以感名言非也河圖洛書先儒多有辨其非者余以為即今之圖經地理志也其言河洛者周公定鼎於洛四
方之人戶盛衰道里之阨塞險易諸侯貢於天王故謂之河圖洛書其他異同甚多見者嘗為郢書燕說一二知己勸余藏其狂言以俟後之君子惟公擇渙
然冰釋相視莫逆以為聖人復起不易吾言余何以得此於公擇哉今公擇死矣余之思公擇寧不殊陽明之思曰仁乎公擇諱斯選萬氏余友履安先生之
第五子也其世系詳履安誌中公擇生平不應科舉出而教授自武林語水以至淮上故亦不專舉業通鑑則手錄二十一史則句讀丹鉛不遺一字其在語
水潯余所許羅念菴王塘南二先生集讀之不以口耳從事默坐澄心恍然如中流之一壺證以蕺山意為心之主宰而愈信從此卓犖讀書不為舊說所錮
三十年如一日也淮上之門人如唯一西洮皆能興起於學使蕺山之流風餘韻北漸而不墜者信公擇之立身不茍耳世苦於貧多不持士節三三兩兩相
習於機械之途以茍得為才公擇痛惡之即在久故者未嘗肯假借一語令其自容有以講學自命者諸儒無不受其彈駁衆皆惑之公擇曰誠使彈駁皆是
也而獨不彈駁燒金關節身與之爭節在名家子逃而為僧見人即以布施強聒公擇面數之曰儒佛皆君子曾有君子而不知廉恥一道節在不覺愧屈交
遊間闔隱微之善賊纖芥之惡古之所謂隘人也公擇既不為世用事功無所表見又不著書以自炫耀然余直信其為黃叔度吳康齋路上人非阿私所好
也生於崇禎己巳五月十九日卒於康熙甲戌八月初十日娶董晉公之女無子以兄子世祺縣丞為後一女適王文三之子錫仁余三年病榻知交斷絕公
擇自館歸必再三過余以工夫相證始得破涕一笑今年正月二十二日雪浪兼天公擇扁舟觸險信宿而去余以為一年之別執手悽愴詎知其死別悲又
當何如也知公擇者家人未必如余故不俟其請而銘之銘曰
世之講學從以口耳高者清談卑者無恥羗郎之丸時文批尾惟公擇甫靜坐窮理數十年功識一是字不泥古說不隨時徙膠漆盆中震雷破底吾儕孤零
愈思其美
中華民國二十四年四月令旦浙江省第五特區行政督察專員趙次勝書　鄞縣文獻委員會立石

萬斯選傳及入祀寧波府學鄉賢祠批語

清史儒林傳

萬斯選，浙江鄞縣人。學於黄宗羲，嘗謂學者須驗之躬行，方爲實學，於是切實體認，知意爲心之存，主非心之所發；理即在氣中，非理先氣後，涵養純粹。年六十卒，宗羲哭之慟曰：“甬上從游，能續蕺山之傳者，惟斯選一人。”

清故布衣公擇萬先生入祠寧波府學鄉賢祠

看得萬斯選安貧樂道，服古著書，理學接姚江之真傳，淵源爲梨洲之都講，閭里奉以矜式。月旦久愜，輿評行學，置主入祠，以示風勵。繳。康熙三十七年學使張希良批。

民國二十四年四月，鄞縣縣長陳寶麟書，鄞縣文獻委員會立石。

按：刻前碑之陰。碑文行楷，共 10 行，滿行 25 字。

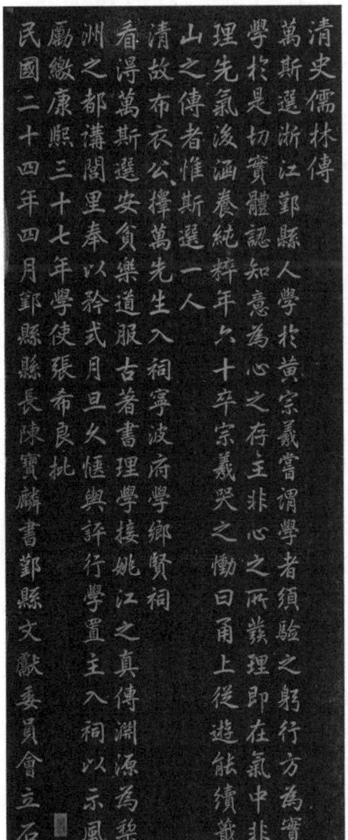
清史儒林傳
萬斯選浙江鄞縣人學於黃宗羲嘗謂學者須驗之躬行方爲實
學於是切實體認知意爲心之存主非心之所發理即在氣中非
理先氣後涵養純粹年六十卒宗羲哭之慟曰甬上從遊能續蕺
山之傳者惟斯選一人
清故布衣公擇萬先生入祠寧波府學鄉賢祠
看得萬斯選安貧樂道服古著書理學接姚江之真傳淵源爲梨
洲之都講閭里奉以矜式月旦久愜輿評行學置主入祠以示風
勵繳康熙三十七年學使張希良批
民國二十四年四月鄞縣縣長陳寶麟書鄞縣文獻委員會立石

卓葆初葆亭兄弟生壙記

卓先生葆初、葆亭兄弟生壙記（篆額）

余曩應童子試，識卓君葆亭。其時，君年甫弱冠，文名藉甚，知寧波府萍鄉喻公兆蕃亟賞之，拔諸冠軍。光緒乙巳，受知於學使者貴陽陳公兆文，與余同補博士弟子員。科舉既罷，各謀所以自處之道，不相聞問者逾二十年。歲壬申，余承乏寧波商會秘書，君爲執行委員，過從益密。閲四年乙亥，君年四十有九，將與兄葆初合營生壙，屬余爲文記其事。余既佩君作達，而尤羨君之能自全其生也，復何敢以不文辭。

謹按，君考俊升府君，諱忠秀，世居鄞縣東鄉萬齡村，業商，德行敦篤，有聲於時，親族故舊多蒙其惠，卒於宣統辛亥正月二十二日，春秋七十有七，葬於其鄉小白竹灣山之麓，妣陶氏、江氏祔焉。子二，葆初、葆亭。葆初名希顔，葆亭名殿英。君兄弟幼穎異，攻舉子業。科舉廢，同入寧波府中學堂。君復考取浙江高等學堂，肄業，嗣丁外艱，遂棄儒習賈，奔走四方，壹志貨殖，爲儕輩所稱道。國民革命軍底定東南，寧波成立市政府，君適於其時倦遊歸，市長羅東里惠僑與君兄弟有同學誼，知君尤深，乃任君爲第四區區長。政制屢更，蟬聯迄今，凡所措置，悉洽民意，於以見君之抱負不凡，而跼蹐一隅，未展所長，爲可惜也。君兄葆初豐於學而嗇於遇，自以懷才不偶，嘗咄咄書空，不知者幾疑其有心疾，顧君獨窺其隱微，事之惟謹。今年春，合營生壙於俊升府君墓旁，自題一聯云："葬地何須論風脈，重泉猶得敘天倫。"蓋不惑於堪輿之説，而以父子兄弟同葬一處爲安，益見君兄弟孺慕之誠、友于之愛，雖百年如一日，洵足以風末世而勵薄俗也已。葆初配陳氏，子一，志鴻。葆亭配戎氏，子五，志紹、志和、志元、志偉、志鈞。

昔顧仲英行年五十，豫營壽藏，并自誌其生平，立之藏旁；司空表聖作生壙，春秋佳日邀賓友游詠其上。今君年未及艾，顧汲汲焉爲藏身計，其猶仲英、表聖之雅意歟。將遇勝日，邀二三知友，銜觴賦詩，以爲樂歟。吾知木拱石爛，而君兄弟猶無恙也。是爲記。

中華民國二十四年四月，邑人錢玉麒謹撰，董思謹書。

按：高135釐米，寬60釐米。碑文楷書，共18行，滿行38字。

卓老生葆初葆亭兄弟生壙記

余曩應童子試識卓君葆亭其時君年甫弱冠文名藉甚知寧波府萍鄉喻公兆蕃亟賞之拔諸冠
軍光緒乙巳受知於學使者貴陽陳公兆文與余同補博士弟子員科舉既罷各謀所以自處之道
不相聞問者逾二十年歲壬申余承乏寧波商會秘書君為執行委員過從益密閱四年乙亥君年
四十有九將與兄葆初合營生壙屬余為文記其事余既佩君作達而尤羨君之能自全其生也復
何敢以不文辭謹按君考俊升府君諱忠秀世居鄞縣東鄉萬齡村業商德行敦篤有聲於時親族
故舊多蒙其惠卒於宣統辛亥正月二十二日春秋七十有七葬於其鄉小白竹灣山之麓妣陶氏
江氏祔焉子二葆初葆亭葆初名布顏葆亭名殿英君兄弟幼穎異攻舉子業科舉廢同入寧波府
中學堂君復考取浙江高等學堂肄業嗣丁外艱遂棄儒習賈奔走四方壹志貨殖為儕輩所稱道
國民革命軍底定東南寧波成立市政府君適於其時倦遊歸市長羅東里惠儕與君兄弟有同學
誼知君尤深乃任君為第四區區長政制屢更蟬聯迄今凡所措置悉洽民意於以見君之抱負不
凡而跼蹐一隅未展所長為可惜也君兄葆初豐於學而嗇於遇自以懷才不偶嘗咄咄書空不知
者幾疑其有心疾顧君獨窺其隱微事之惟謹今年春合營生壙於俊升府君墓旁自題一聯云葬
地何須論風脈重泉猶得敘天倫蓋不惑於堪輿之說而以父子兄弟同葬一處為安益見君兄弟
孺慕之誠友于之愛雖百年如一日洵足以風末世而勵薄俗也已葆初配陳氏子一志鴻葆亭配
戎氏子五志紹志和志元志偉志鈞昔顧仲英行年五十豫營壽藏并自誌其生平立之藏旁司空
表聖作生壙春秋佳日邀賓友游詠其上今君年未及艾顧汲汲焉為藏身計其猶仲英表聖之雅
意歟將遇勝日邀二三知友銜觴賦詩以為樂歟吾知木拱石爛而君兄弟猶無恙也是為記
中華民國二十四年四月　邑人錢玉麒謹撰　董思謹書

明萬君子熾墓表

明萬君子熾墓表（篆額）

嗚呼！是爲有明萬君之墓。君諱斯昌，字子熾，一字孝先，鄞人，户部主事泰第四子也。少負奇氣，勇力過人。明季兵起，避地鄉村，獨持短戈，往來捍衛，里人群謂不愧名將家子。卒於監國魯八年十二月，春秋二十有九。妻趙氏，無出，以兄子善爲後。合葬於其祖都督邦孚墓旁，鄞西管家岸之原。

民國二十四年五月，慈谿馮貞群表，鄞蔡和鏗書。

按：碑在白雲莊墓前東首。高 191 釐米，寬 67 釐米。碑文楷書，共 7 行，滿行 19 字。

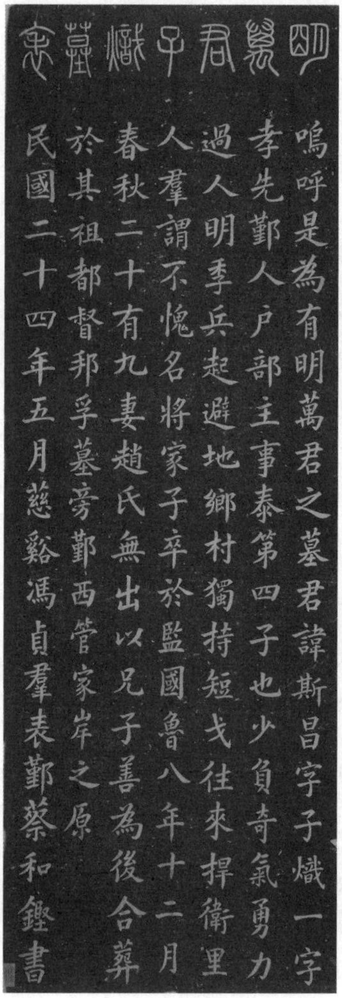

萬子熾傳碑

萬子熾傳

餘姚黄宗會撰

萬子熾者，吾友履安先生之第四子也，名斯昌。生有氣力，忼慨重氣節，論事激昂奮發，無所畏避。疏於財利，家無儲粟，有入即給予困乏。履安平居與余品第諸子，以子熾少文采，獨不之喜。余曰："君家名將，此真將種，得時則駕矣，何憂爲？"迨丙戌，虜兵渡江，遍地皆亂。民避難剡溪，而子熾獨以一人間關百里，持短兵扞衛，一無所失，履安以爲諸子所不及也。妻趙氏，先子熾死，無所出。子熾語人曰："吾觀世人碌碌争利於市者，大都爲其妻子耳。家貧妻死，不能再娶。今禍亂方興，四海無主，孑然一身，吾得自由矣。"於是父兄皆鄉居避亂，而子熾常往來城市。馮京第舉兵山中，往回風洞，日捕田間人，索其軍需，民多怨之。子熾從迂道走百數十里，語之曰："民本怨虜，公爲安民，故興義滅虜也。今也，民之怨虜不如怨公，敗亡之道也。"虜酋金礪大舉搜山，民皆爲之向導。月餘，京第大將袁文虎被擒，子熾復徒步夜走，語曰："虜迫矣，公曷歸所，以圖再舉。"京第不聽，卒爲虜所擒。子熾常往來吴門，凡履安平昔交游，無不稱履安有子。後竟隱西山桃源鄉，與兄斯程以賣藥爲業。癸巳十二月病瘧，往市肆取截瘧丹，服之果驗，其夜與兄弟劇飲，醉卧火盆上，夜半聞喘聲，起視之而絶矣。履安哭謂余曰："吾向不喜此子，子稱之，未嘗不以子言爲是，今死矣，痛之未能置也。曷就子平昔所知一二，爲我傳之，斯昌不死矣。"余悲其言，爲作《萬子熾傳》。

贊曰：萬氏自明威將軍起兵滁陽，隨高皇帝定天下，遂世爲名將。十傳至履安，始以孝廉知名當世，其諸子亦稱文學士。獨子熾倜儻多智，崇尚氣節，不欲以章句自困，蓋其家風然云。

不獲展其才而遘疾以死，其可痛也哉！

民國二十四年五月慈谿馮貞群書，鄞縣文獻委員會立石。

按：刻前碑之陰。高 184 釐米，寬 68 釐米。碑文楷書，共 16 行，滿行 45 字。

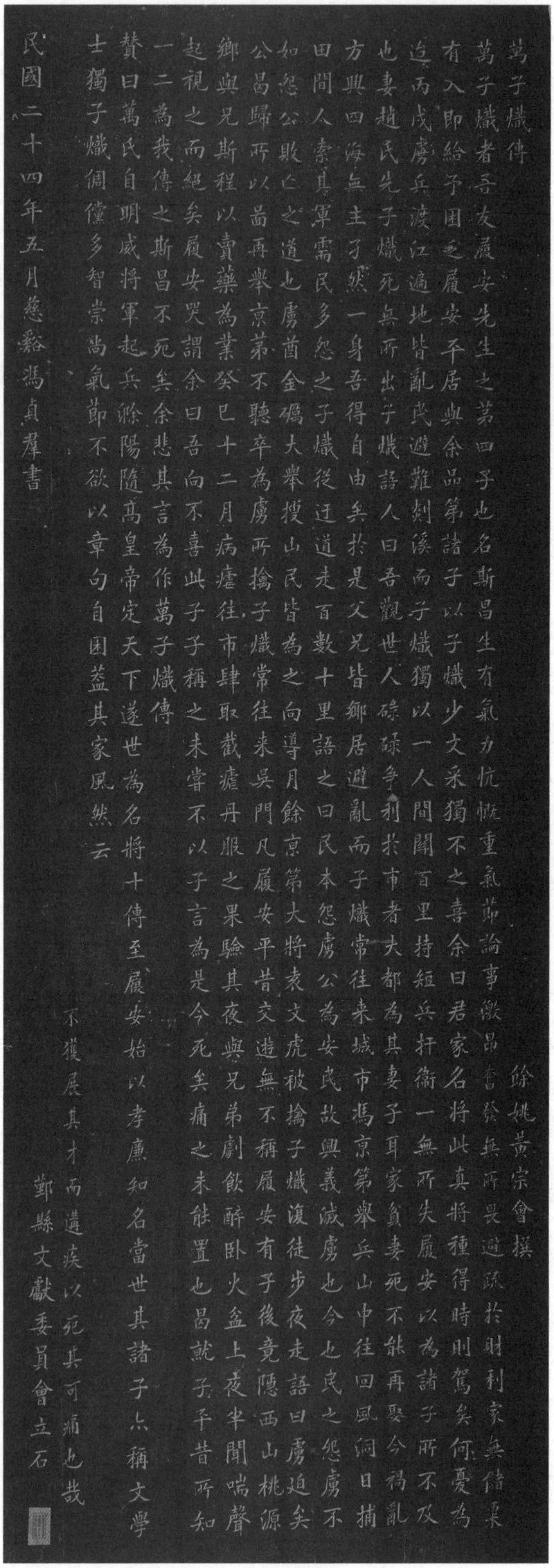

萬子熾傳　　餘姚黃宗會撰

萬子熾者吾友履安先生之第四子也名斯昌生有氣力忼慨重氣節論事激昂奮發無所畏避疏於財利家無儲粟有入即給予困乏履安平居與余品第諸子以子熾少文采獨不之喜余曰君家名將此真將種得時則駕矣何憂為迨丙戌虜兵渡江遍地皆亂民避難剡溪而子熾獨以一人間闗百里持短兵扞衛一無所失履安以為諸子所不及也妻趙氏先子熾死無所出子熾語人曰吾觀世人碌碌爭利於市者大都為其妻子耳家貧妻死不能再娶今禍亂方興四海無主孑然一身吾得自由矣於是父兄皆鄉居避亂而子熾常往來城市馮京第舉兵山中往回風硐日捕田間人索其軍需民多怨之子熾從迂道走百數十里語之曰民本怨虜公為安民故興義滅虜也今也民之怨虜不如怨公敗亡之道也虜酋金礪大舉搜山民皆為之向導月餘京第大將袁文虎被擒子熾復徒步夜走語曰虜追矣公曷歸所以畱再舉京第不聽卒為虜所擒子熾常往来吳門凡履安平昔交遊無不稱履安有子後竟隱西山桃源鄉與兄斯程以賣藥為業癸巳十二月病瘧往市肆取截瘧丹服之果驗其夜與兄弟劇飲醉卧火盆上夜半聞喘聲起視之而絕矣履安哭謂余曰吾向不喜此子子稱之未嘗不以子言為是今死矣痛之未能置也曷就子平昔所知一二為我傳之斯昌不死矣余悲其言為作萬子熾傳

贊曰萬氏自明威將軍起兵滁陽隨高皇帝定天下遂世為名將十傳至履安始以孝廉知名當世其諸子亦稱文學士獨子熾倜儻多智崇尚氣節不欲以章句自困蓋其家風然云不獲展其才而遘疾以死其可痛也哉

民國二十四年五月慈谿馮貞羣書　　鄞縣文獻委員會立石

天一閣圖石刻

天一閣圖

鄞范氏天一閣藏書之富甲於海内，閣之締造尤有精意，宜其歷劫巍然也。同治庚午，余來修鄞志，幸得登覽，又十三年，獲覩此圖，恍如重叩嫏嬛矣。圖爲湖北頌平祝君所作，凡二幀，一爲全圖，一爲閣南亭樾。祝君名永清，精句股，擅西學，故鉤勒之工細入毫芒，蓋名筆云。光緒壬午四月廿九日會稽孫德祖彦清識。

民國二十四年七月大暑節，慈溪馮貞群孟顓録。

天一閣重修落成，訪得是圖，工細，難以奏刀，爰屬袁建人寅橅寫一本，復補作閣南亭樾圖，並勒之石。乙亥六月貞群題記，李良楝刻。

按：碑在天一閣博物院内。高28釐米，寬67釐米。

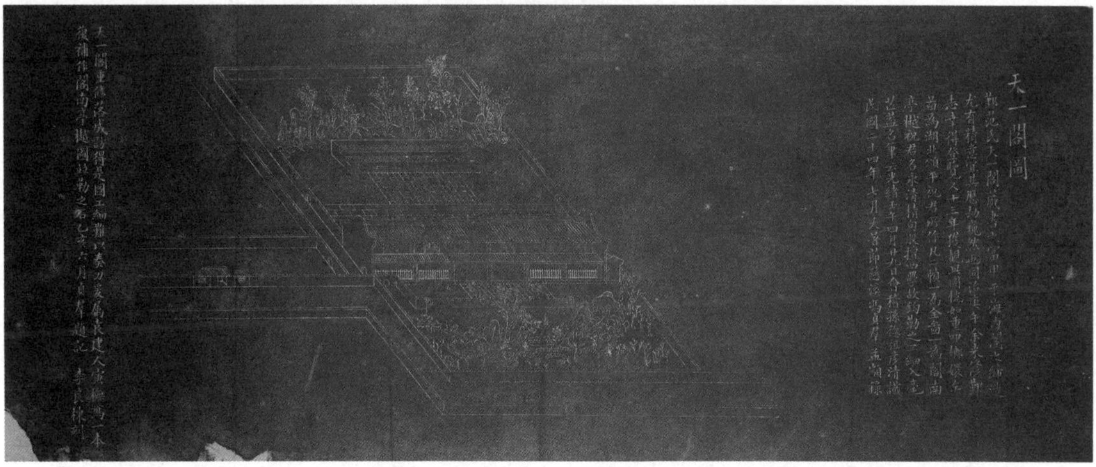

寧波防守司令部重修大門記

寧波防守司令部重修大門記

吾國沿海北有大沽、青島、吴淞，南有厦門、虎門，鎮海居其中，皆要塞，國家命疆臣置兵備焉。甲申之役，法人既墮福州，必欲得寧波。其時祁陽歐陽軍門以計拒之，始議款，故鎮海尤爲重視。自是以還，海宇寧息，軍事機關安其所習者垂五十年。二十年，東北事亟，今軍事委員會委員長蔣公命皞南防守是間，撥寧波舊提署爲司令部，建制宏於昔者，以禦侮而毖後關。於寧屬之國防建設，如造林、交通、通信以及步兵各種工程，薄有進展，惟經濟艱於斡旋，故設施不盡如所期。雖然，猶賴地方人士竭誠翼助，始迺蕆事。不然，效率猶無此速也。未幾，命兼攝乍浦、澉浦海防事宜，負責益重。三年以來，鞠躬之意，不敢妄比武侯，而於總理“各盡所能”之訓，無日忘之。顧環視友邦，軍器迭有發明，《樸資茅士和約》既定，尤爲鋭進，利鈍之數，成敗以之。鎮海礮臺舊有存者，整飭刷新，以應時勢。蓋人趨而我趨之，人馳而我馳之，亦《大易》“窮變通久”之義，匪曰菲薄前人也。鄞饒財富，縣政喜進取。城南北幹路既竣工，支路通部門北讓丈有奇。門舍易位，參錯者整之，朽蠹者堅之，丹雘既塗，閈閎斯大，蹲獅繫馬，移棄有差。此役也，土木之工斥金累千，而牆宇之修葺不與焉。除封建之殘，一善也；振士卒之氣，二善也。聞之談體制者，嘗曰以壯觀瞻。唐蕭嵩草制不稱意，元宗謂虚有其表。甚望部屬慨念時艱，整頓能力，效忠黨國，不愆於章，勿務觀瞻，先培根本，元宗之誚庶幾免夫。門西舊有碑亭，前人以紀余軍門之去思者，今並移建於此而附記於其陰。

陸軍中將寧波防守司令兼乍澉浦防守司令黄巖王皞南記。

中華民國二十四年七月吉旦。

按：碑在天一閣明州碑林。高169釐米，寬95釐米。碑文楷書，共18字，滿行35字。

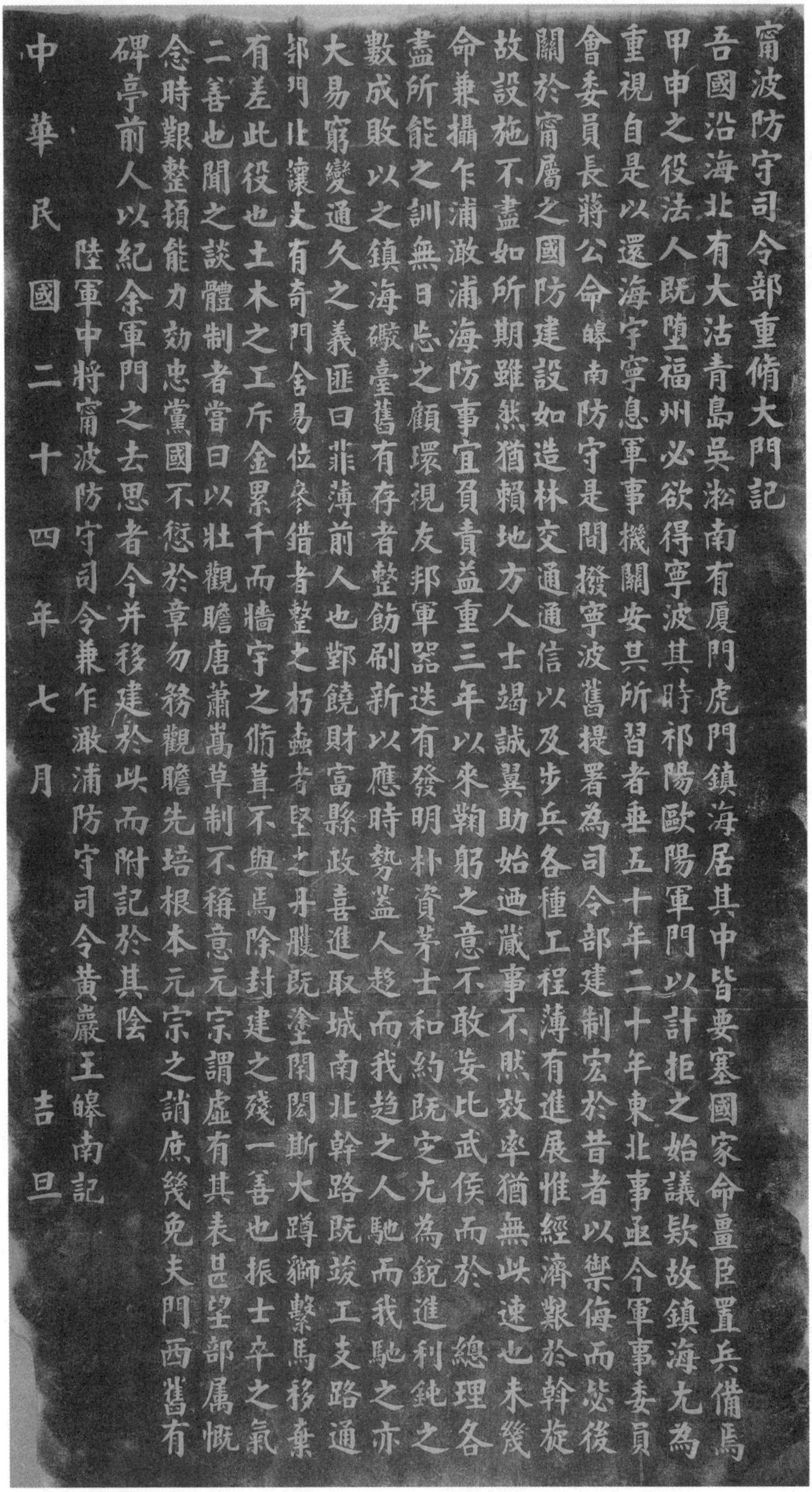

甯波防守司令部重脩大門記

吾國沿海北有大沽青島吳淞南有厦門虎門鎮海居其中皆要塞國家命疆臣置兵備焉
甲申之役法人既墮福州必欲得寧波其時祁陽歐陽軍門以計拒之始議欵故鎮海尤為
重視自是以還海宇寧息軍事機關安其所習者垂五十年二十年東北事亟今軍事委員
會委員長蔣公命皞南防守是間撥寧波舊提署為司令部建制宏於昔者以禦侮而毖後
關於甯屬之國防建設如造林交通通信以及步兵各種工程薄有進展惟經濟艱於斡旋
故設施不盡如所期雖然猶賴地方人士竭誠翼助始迺藏事不然效率猶無此速也未幾
命兼攝乍浦澉浦海防事宜負責益重三年以來鞠躬之意不敢妄比武侯而於總理各
盡所能之訓無日忘之顧環視友邦軍器迭有發明朴資茅士和約既定尤為銳進利鈍之
數成敗以之鎮海礮臺舊有存者整飭刷新以應時勢蓋人趨而我趨之人馳而我馳之亦
大易窮變通久之義匪曰菲薄前人也鄞鐃財富縣政喜進取城南北幹路既竣工支路通
郛門圮壞夫有奇門舍易位參錯者整之朽蠹者堅之丹雘既塗閈閎斯大蹲獅繫馬移棄
有差此役也土木之工斥金累千而牆宇之脩葺不與焉除封建之殘一善也振士卒之氣
二善也聞之談體制者嘗曰以壯觀瞻唐蕭嵩草制不稱意元宗謂虛有其表甚望部屬慨
念時艱整頓能力効忠黨國不愆於章勿務觀瞻先培根本元宗之誚庶幾免夫門西舊有
碑亭前人以紀余軍門之去思者今并移建於此而附記於其陰

陸軍中將甯波防守司令兼乍澉浦防守司令黃巖王皞南記

中華民國二十四年七月吉旦

寧波中山公園碑記

寧波中山公園碑記（篆額）

寧波中山公園碑記

鄞縣張原煒撰　鄞縣沙文若書并篆額

人之樂奚自乎？曰自乎苦。苦樂者，相因而成者也。人飢則思食，渴則思飲，飲食亦樂也。然非飢渴則無由得，其飢渴之苦尤甚者，樂亦倍焉。由是言之，與其謂飲食之樂，毋寧言飢渴之樂之爲愈矣。十六年春二月，國軍既南莅，江浙諸省以次奠乂。值兵燹之餘，更革伊始，梗頑敖不逞之徒乘巇抵隙，假□□爲群害，農輟芸，士輟課，工戲於肆，商賈游於市，相屬也。四月，王公俊防守浙東，駐節吾甬，會國府下清黨之令，公處之以斷，濟之以權，囚其魁桀，宥其脅從，曾不浹旬，群以大定。明月某日，公會郡中耆老子弟，觴之署齋，酒酣，公酌而言曰：“嘻！吾民苦矣。自春徂夏，惴惴不保。旦莫賴總理之靈，撥亂反正，轉險爲夷。在昔召伯所茇，黎庶歌其甘棠。鄭僑云亡，宣聖泣其遺愛，愷澤所流，稱到於今，矧兹大德而無以稱。”僉曰：“然。報之莫如公園宜。”乃咨於衆，謁於官府，即舊寧紹台兵備道署及寧波府署故址，葺而新之，凡得地六十畝，廣袤若干丈，以經以營，規制犄具矣。又明月，王公奉檄去，代者今奉化王公文翰，賡續前緒，廣鳩金貲成之。園中凡爲樓、廳事、亭若干，别室若干。舊有薛樓奉無錫薛公，有喻齋奉萍鄉喻公，二公者，郡人士所繫思，故位造象其中。自始事既於竟，凡費時三載，用白金六萬版有奇。工事既訖，光氣煥新，卉木鳴禽、臺榭池沼之屬，往往而有。郡之人士來游兹地，相與太息告語，追懷總理之烈及二王公締造之勤，無不額手欣尉，謂不圖今兹幸覯斯盛，及回憶曏者□□之横恣，流離奔走之慘，痛定思痛，又未嘗不驚心動魄，相顧而嘻也。是役也，自二王公以下，有委員五十有一，而陳君蘭終始其事，勞尤多。於是園之成九年矣，日者，陳君來海上告予碑以記之，值時多艱，外患告亟，憂憤填溢，遑言驩游？雖然，苦樂者相因而成，吾曩者嘗言之，游兹園者，苟能樂其樂，又奚有飢渴飲食之判哉？《蟋蟀》之詩曰“今我不樂，日月其邁”，又曰“好樂無荒，良士蹶蹶”，請爲吾郡人士誦之。

共和紀元後二十有四年乙亥小雪日。

鄞縣謝葵生采石。

按：碑原在中山公園。高196釐米，寬82釐米，碑文楷書，共20行，滿行41字。

版築里至前戎建築公路捐款題名碑

公路紀念石碑

茲因吾村道路狹窄，行人艱難，戎雲初等發起伊始，荷蒙諸大善士襄助，改築由版築里起經聚福橋，過聚奎橋，直達黄泥墩，至前戎范姓屋邊爲止，計路面闊八尺，丈計叁百五十餘丈。今將諸大善士信女台銜開列於後備注。

祥慶永號，洋貳百元。好吃來號，洋貳百元。戎公記，洋壹百柒拾元。戎榮卿君，洋捌拾元。戎積康君，洋陸拾元。戎寅生君，洋叁拾元。戎慶梅君，洋叁拾元。戎善堅君，洋叁拾元。戎雲初君，洋念元。戎性立君，洋念元。戎才廷君，洋拾五元。戎鎮撫君，洋拾五元。戎積功君，洋拾五元。戎順法君，洋拾五元。戎阿毛君，洋拾五元。戎惟恂君，洋拾元。戎善才君，洋拾元。戎積良君，洋拾元。戎□□君，洋五元。戎金土君，洋五元。戎叔書君，洋五元。戎積厚君，洋五元。

戎維岳君，洋五元。戎賡和君，洋五元。戎善學君，洋五元。戎東根君，洋五元。戎春才君，洋叁元。戎積行君，洋叁元。戎振元君，洋貳元。戎升開君，洋二元。戎才元君，洋貳元。戎富生君，洋一元。戎福賢君，洋一元。戎金才君，洋一元。戎金生君，洋一元。張來根君，洋十一元。張厚甫君，洋五元。張承恩君，洋五元。張東癸君，洋貳元。竺渭浩君，洋貳元。張□□君，洋貳元。張鶴林君，洋貳元。張金泉君，洋一元。張乾房，洋一元。

張阿毛君，洋一元。陳雲全君，洋叁十元。陳阿炳君，洋五元。陳□元君，洋貳元。陳小寶君，洋貳元。陳寶林君，洋貳元。陳介法君，洋貳元。陳徐氏，洋貳元。陳瑞興君，洋一元。陳春華君，洋一元。徐文甫君，洋十元。徐志湘君，洋十元。徐林氏，洋五元。徐津荃君，洋四元。徐阿仁君，洋叁元。徐福祥君，洋貳元。徐茂泰君，洋貳元。徐友霖君，洋一元。徐世祥，洋一元。周學根君，洋念元。周祥生君，洋五元。周鶴臯君，洋五元。

周芝慶君，洋貳元。周渭濱君，洋貳元。周和才君，洋貳元。周寶珊君，洋貳元。葉童氏，洋十五元。葉老太太，洋十元。葉少奶奶，洋十元。葉老太太，洋十元。葉斌章君，洋貳元。葉根富君，洋一元。林鎮棠君，洋十五元。林丁氏，洋五元。林陳氏，洋五元。林鶴峰君，洋叁元。李振元君，洋叁十元。李老太太，洋十元。李泉生君，洋五元。李慶生君，洋貳元。李仁寶君，洋一元。潘陳氏，洋念五元。潘芝生君，洋五元。潘大興號，洋一元。

陸耀邵君，洋五元。陸生江君，洋五元。陸應祥君，洋一元。陸尚達君，洋一元。陸全慶君，洋一元。夏章斌君，洋十元。夏榮昌君，洋五元。范尚達君，洋五元。范秀章君，洋貳元。范戎氏，洋貳元。丁太太，洋五元。丁李氏，洋叁元。丁林氏，洋貳元。桂姚氏，洋五元。桂林氏，洋五元。王正元君，洋念元。王和安君，洋五元。王慎生君，洋叁元。王步才君，洋貳元。戴陳氏，洋十元。戴振華君，洋貳元。華彰廠，洋十元。

洪東海君，洋一元。洪祥春君，洋一元。吴開壽君，洋貳元。吴少奶奶，洋貳元。吴正榮君，洋一元。吴孝德君，洋一元。高大興號，洋貳元。高順興號，洋一元。殷炳章君，洋念元。殷祖安君，洋一元。鄭意心君，洋一元。鄭順來君，洋一元。萬國桑房，洋十五元。萬順園號，洋五元。繆正□君，洋五元。繆桂寶君　洋一元。施美汝君，洋貳元。施寶興君，洋貳元。康梅海君，洋五元。康洪氏，洋一元。傅泉根君，洋貳元。傅興根君，洋貳元。

鄔林友君，洋叁元。鄔小晶君，洋一元。盛春方君，洋五元。盛增華君，洋一元。俞振□君，洋五元。俞韋順君，洋一元。德昌行，洋四元。德泰成號，洋貳元。魏阿記，洋一元。田錫祥君，洋一元。戚阿七君，洋一元。耿駿發君，洋一元。穆□楣君，洋一元。黄海安君，洋一元。邱錦黄君，洋一元。順泰號，洋一元。韓阿黄君，洋貳元。湯維興君，洋貳元。柳馬氏，洋一元。金蘭生君，助字碑一座。聚興廠，助石栓一根。章功亮君，洋一元。沈臣山君，洋一元。史永興君，洋一元。柴師母，洋一元。馬伯壽君，洋一元。謝銀根君，洋一元。

勵戎氏，洋拾元。豫康棧，洋捌元。永泰豐號，洋五元。元泰和號，洋五元。計正春君，洋五元。秦史卿君，洋叁元。源泉號，洋四元。顧森泰號，洋貳元。王連生君，洋貳元。賈謝氏，洋貳元。邵信泰君，洋貳元。鍾鈺龕君，洋貳元。金益寶君，洋貳元。郭有才君，洋貳元。楊鴻裕君，洋貳元。莒阿裕君，洋貳元。

付石礅洋捌百柒拾捌元叁角。付石礅傭洋拾叁元五角。付路工洋伍百零貳元叁角。付雜料洋叁拾貳元叁角。付雜工洋玖元貳角。付川費叁拾□元。付莊息洋拾六元五角。付刻字碑洋四拾柒元玖角。

備注：聚福橋東第二坵，昔依角尺公路爲界，現今改築直路，致該田劃分二坵，用此載明。

共收洋壹仟五百玖拾叁元，共付洋壹仟五百叁拾五元，餘丈洋以作叁年内修路費。范晉祥書。

民國二十四年雙十節，江東清潔鎮聚奎橋公路委員會啓。

按：碑原在江東地母殿。高187釐米，寬74釐米。碑文楷書，共26行。

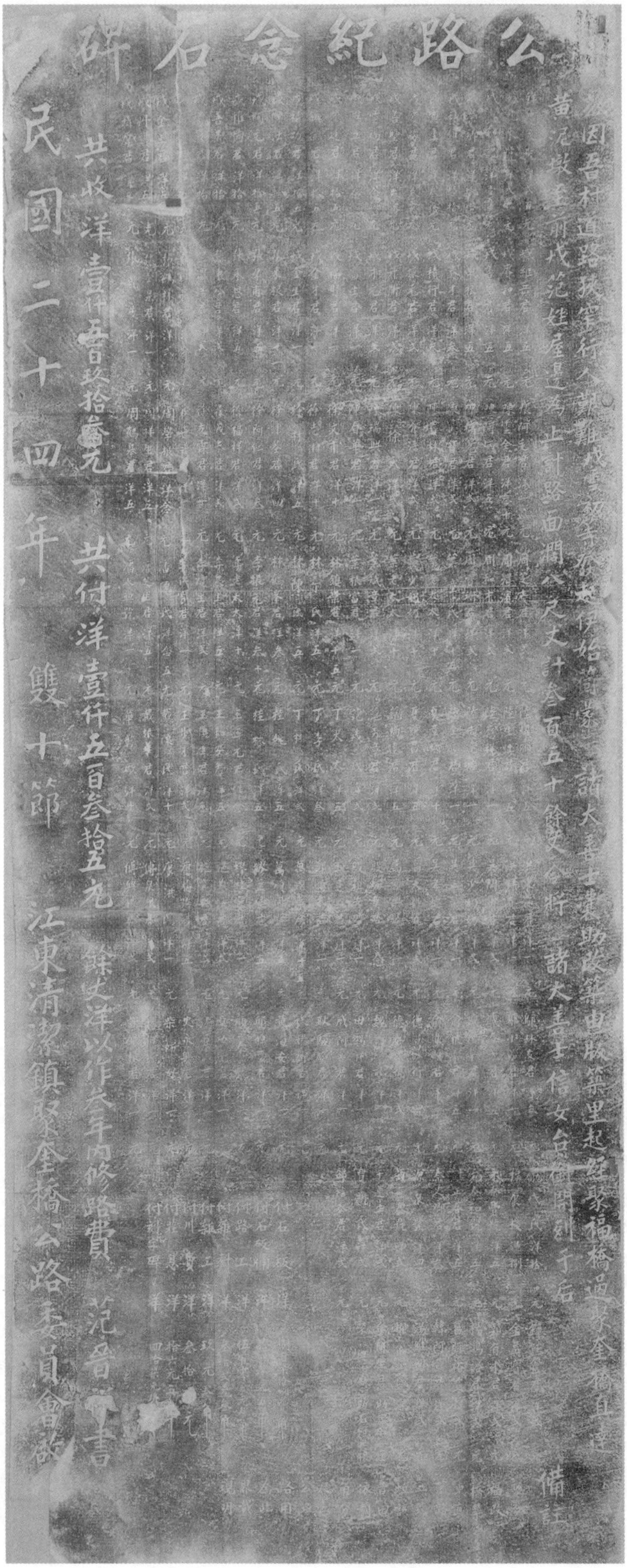
公路紀念石碑
共收洋壹仟五百玖拾壹元
共付洋壹仟五百叁拾五元
餘存洋以作六年內修路費
范晋
民國二十四年
雙十節
江東清潔鎮聚奎橋公路委員會敬

建築中國國民黨鄞縣縣黨部記

建築中國國民黨鄞縣縣黨部記

中華民國十六年，國民革命軍底定浙江。中國國民黨鄞縣縣黨部及寧波市黨部始公開設立，以舊鄞縣學宫之半爲部址。十八年，縣、市二黨部合而爲一，正其名爲中國國民黨浙江省鄞縣縣黨部，將舊有堂宇門垣加以修葺。然地域太窄，非擴而充之尚不足以蕆事。於是，鄞縣執行委員會乃有籌建之決議。聘王文翰、陳寶麟、俞濟民、倪維熊、馮蒓館、左洵、姜伯喈、楊菊庭、張先履、林建中、沈友梅、汪焕章、陳伯昂、葉友益諸同志及則民爲委員，組織籌建鄞縣縣黨部永久部址。委員會於二十二年九月成立，二十三年十月，則民繼任執委會常務委員，提議加聘鄭宗賢、斯旺、王寧濤爲委員，並買學宫左側公地一方爲部址，乃差度成功，興構築、庀儲偫，惟求整潔，不事浮誇。經始於二十四年五月，至同年八月而工訖，計成二重樓，舍二，需銀陸千陸百圓有奇，由各同志募集之，不足則撥本縣黨部積餘充之。於是，辦公廳、會議室、宿舍、書報室、卷宗室皆備而規模乃粗具。是皆各委員經營擘畫之功，而沈委員敦匠事，賢勞尤足多焉。

中華民國二十四年十一月，中國國民黨浙江省鄞縣黨部執行委員會常務委員吴則民記，執行委員汪焕章書。

按：碑原在鄞縣學宫（今縣學街附近）。高30釐米，寬55釐米。碑文楷書，共27行，滿行16字。

建築中國國民黨鄞縣縣黨部記
中華民國十六年國民革命軍底定浙江
中國國民黨鄞縣縣黨部及寧波市黨部
始公開設立以舊鄞縣學宫之半為部址
十八年縣市二黨部合而為一正其名為
中國國民黨浙江省鄞縣縣黨部將舊有
堂宇門垣加以修葺然地域太窄非擴而
充之尚不足以蕆事於是鄞縣執行委員
會乃有籌建之決議聘王文翰陳寶麟俞
濟民倪維熊馮蒓館左洵姜伯喈楊菊庭
張先履林建中沈友梅汪焕章陳伯昂葉
友益諸同志及則民為委員組織籌建鄞
縣縣黨部永久部址委員會於二十二年
九月成立二十三年十月則民繼任執委
會常務委員提議加聘鄭宗賢斯旺王寧
濤為委員並買學宫左側公地一方為部
址乃差度成功興構築庀儲偫惟求整潔
不事浮誇經始於二十四年五月至同年
八月而工訖計成二重樓舍二需銀陸千
陸百圓有奇由各同志募集之不足則撥
本縣黨部積餘充之於是辦公廳會議室
宿舍書報室卷宗室皆備而規模乃粗具
是皆各委員經營擘畫之功而沈委員敦
匠事賢勞尤足多焉
中華民國二十四年十一月
中國國民黨浙江省鄞縣黨部執行委員會常務委員吴則民記
執行委員汪焕章書

宋冀國夫人葉氏太君墓碑

民國乙亥年冬月

宋冀國夫人葉氏太君墓

涓公支餘姚閏二、一房重建

按：碑原在下水。高 92 釐米，寬 55 釐米。碑文楷書，共 4 行。

伏跗居士壽藏記

馮君孟顓之墓

中華民國廿三年十月

餘杭褚德彝題

伏跗居士壽藏記

居士馮氏，名貞群，字孟顓，别署伏跗。其先慈谿人，遷鄞自大父始也。曾祖諱夢香，候選典史。祖諱允騤，鹽運使司運同銜。考諱啓瑞，贈承德郎。兼祧所生父諱鴻薰，附貢生，封儒林郎。大父治華亭婁縣鹺務，以鹽（莢）〔筴〕起家，故居士生於松江，清光緒十二年九月二十三日也。幼孤，好讀書，不妄交游。年十七，補寧波府學生。爲寧波軍政分府参議、鄞縣文獻委員會委員長。性誠慤寡慾，介直少通，不同流俗。承先人餘業，謹身節用，處家簡儉。箸有《晏子》《新序》《列女傳》集注。彙次之書：《會稽典録》、《錢忠介公年譜》《春酒堂外紀》、《帖目》、《賀秘監》《馮簟溪遺書》。生平喜搜羅典籍，得三萬册，稍窺門徑。而歲不我與，行年五十有一矣，營壽藏於鄞同谷魚山之陽，聘妻吴氏、元配陳氏祔焉。子男一，昭適。女二：長紓，次綽。陳本初、秦偉棣，其壻也。孫男二人，孫女四人。壽藏既成，迺備列行事於石，以示子孫。

民國二十五年丙子閏三月，伏跗居士記，慈谿錢常謹書。

按：碑原在庾山嶺。高185釐米，寬86.5釐米。碑陽爲馮孟顓墓碑，碑陰爲《伏跗居士壽藏記》，正文楷書，共12行，滿行30字。

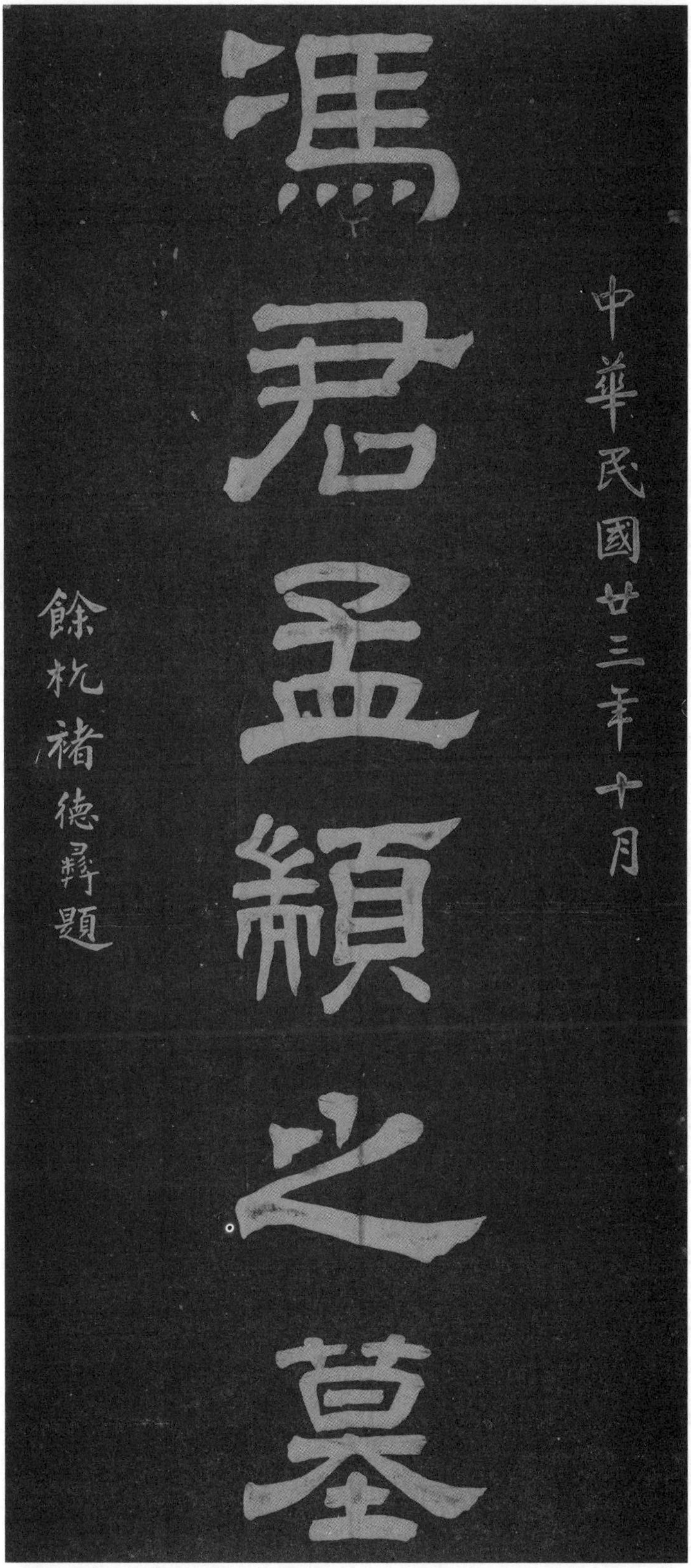
馮君孟穎之墓
中華民國廿三年十月
餘杭褚德彝題

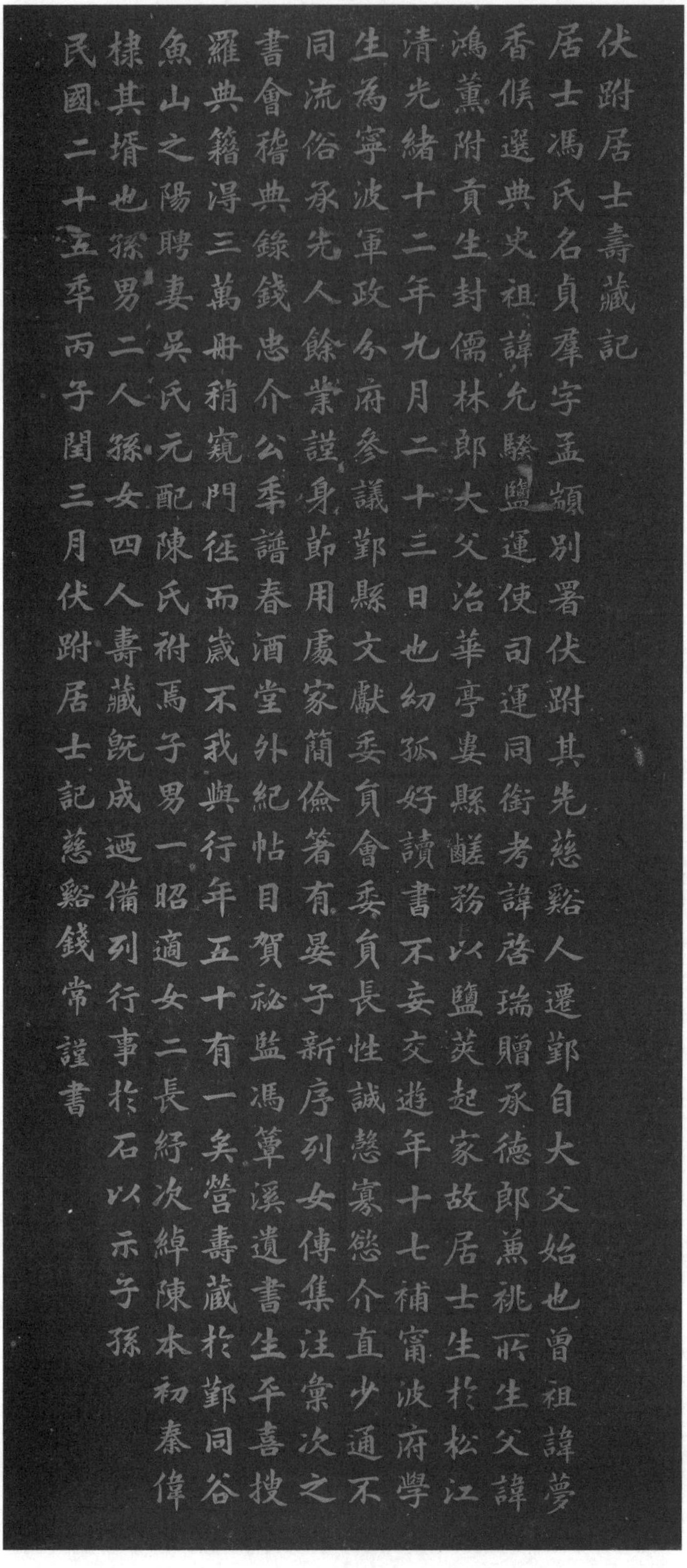

伏跗居士壽藏記

居士馮氏名貞羣字孟顓別署伏跗其先慈谿人遷鄞自大父始也曾祖諱夢香候選典史祖諱允騤鹽運使司運同銜考諱啓瑞贈承德郎兼祧所生父諱鴻薰附貢生封儒林郎大父治華亭婁縣鹺務以鹽筴起家故居士生於松江清光緒十二年九月二十三日也幼孤好讀書不妄交遊年十七補甯波府學生爲寧波軍政分府參議鄞縣文獻委員會委員長性誠愨寡慾介直少通不同流俗承先人餘業謹身節用處家簡儉箸有晏子新序列女傳集注彙次之書會稽典錄錢忠介公秊譜春酒堂外紀帖目賀祕監馮簞溪遺書生平喜捜羅典籍得三萬冊稍窺門徑而歲不我與行年五十有一矣營壽藏於鄞同谷魚山之陽聘妻吳氏元配陳氏祔焉子男一昭適女二長紓次綍陳本初秦偉棣其壻也孫男二人孫女四人壽藏既成迺備列行事於石以示子孫

民國二十五秊丙子閏三月伏跗居士記慈谿錢常謹書

重建靈橋碑記

重建靈橋碑記（篆額）

重建靈橋碑記

鄞縣縣長東光陳寶麟撰文　縣人沙文若書丹　縣人趙時棡篆額

鄞縣城域，奉化江環其東，慈谿江繞其北，東匯於浹江，入於海。城東商賈林列，魚鹽蜃蛤，海之所出於是乎聚。江水湍悍激匯，民病涉焉。唐長慶間，刺史應彪始造十六舟，比爲浮梁，列板舟上，鎔鐵數十尋爲纜，兩岸連綰之。橋成，上有虹景見雲表，遂名曰“靈橋”。五季以來，歷宋元明清，因而修之。橋之壞也屢矣，大抵費嗇而工儉，故耳目涣而歲月不能久也。寶麟涖鄞八載於兹矣，當夏秋之交，山洪暴發，颶風驟至，靈橋之索輒敗，横決而不可禦，覆溺者踵相接。會邦人王君問涵、陳君如馨、俞君佐宸、應君鳴和，及旅滬鄉人樂君振葆、張君繼光、金君廷蓀、孫君衡甫等，創議重建。僉以浮梁不適時用，於是舍其舊而新是謀。笵金凝土，厥質爲堅，先後延名工師測勘橋梁，易爲鋼骨，外傅水泥，式取其新，質期其固。議定，迺籌款興築，經始二十三年五月，越二年一月告成。憧憧往來，履道坦坦，誠百世之利也。是役也，用幣七十萬有奇，不費公帑，悉輸於民。斯邦之人，累多弘毅，縣有大建築，若公園、若馬路、若監獄，靡勿舉者。邦人之急公好義，實非他鄉所能及。抑有進者，江北新浮橋亦有改作之議。願邦人乘其餘勇，力任其艱，無使靈橋專美於前也，吾日望之矣。

中華民國二十五年五月。

縣人項崇聖刻石。

按：碑原在平政祠。高 114 釐米，寬 73 釐米。碑文楷書，共 17 行，滿行 35 字。

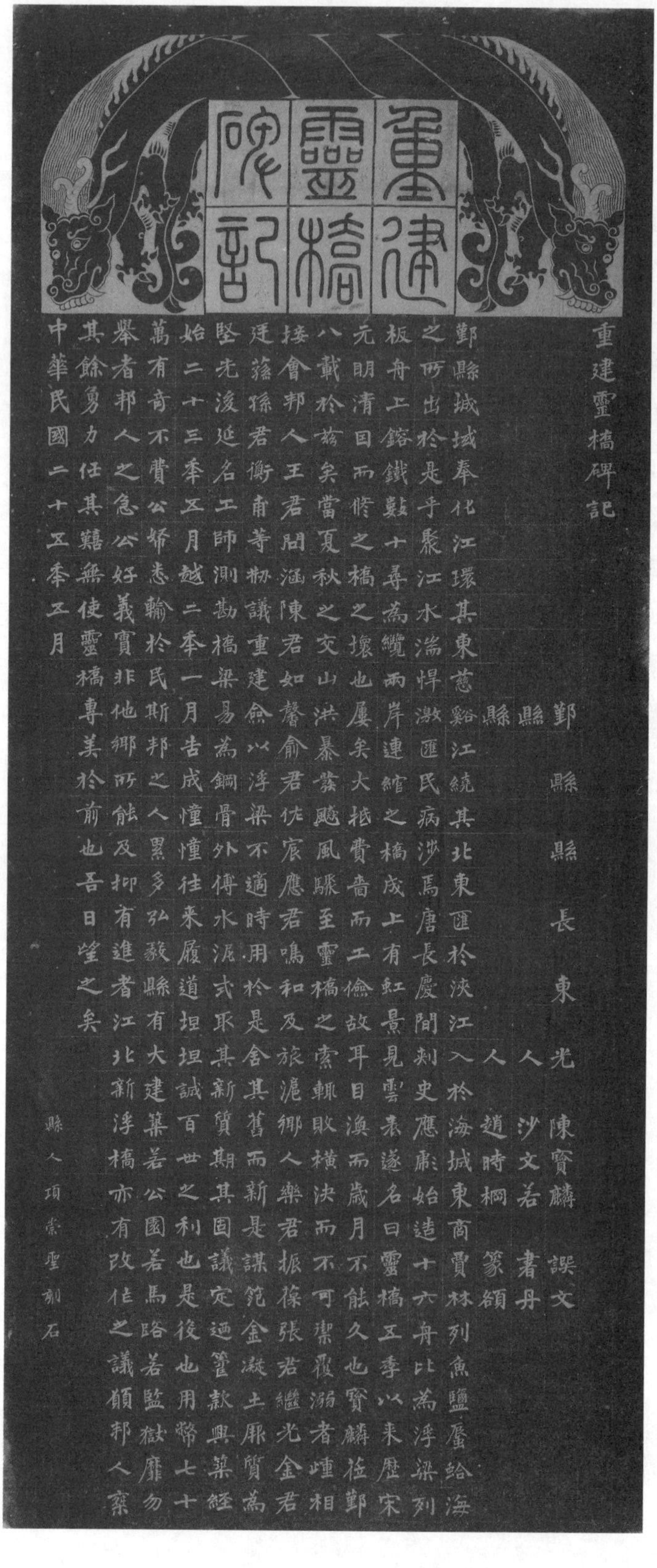

重建靈橋碑記

重建靈橋碑記

鄞縣縣長東光陳寶麟譔文
縣人沙文若書丹
縣人趙時棡篆額

鄞縣城域奉化江環其東慈谿江繞其北東匯於浹江入於海城東商賈林列魚鹽蜃蛤海之所出於是乎聚江水湍悍激匯民病涉焉唐長慶間刺史應彪始造十六舟比為浮梁列板舟上鎔鐵數十尋為纜兩岸連絙之橋成上有虹景見雲表遂名曰靈橋五季以來歷宋元明清因而脩之橋之壞也屢矣大抵費嗇而工偷故耳目渙而歲月不能久也寶麟蒞鄞八載於茲矣當夏秋之交山洪暴發颶風驟至靈橋之索輒敗橫決而不可禦覆溺者踵相接會邦人王君閣涵陳君如馨俞君佐宸應君鳴和及旅滬鄉人樂君振葆張君繼光金君廷蓀孫君衡甫等劻議重建僉以浮梁不適時用於是舍其舊而新是謀範金凝土賡質為堅光後延名工師測勘橋梁易為鋼骨外傅水泥式取其新質期其固議定通籌款興築經始二十三年五月越二年一月告成憧憧往來履道坦坦誠百世之利也是役也用幣七十萬有奇不費公帑悉輸於民斯邦之人累多弘毅縣有大建築若公園若馬路若監獄靡勿舉者邦人之急公好義實非他鄉所能及抑有進者江北新浮橋亦有改作之議願邦人察其餘勇力任其籍無使靈橋專美於前也吾日望之矣

中華民國二十五年五月

縣人項崇聖刻石

當地長官題名碑

當地長官題名

鄞縣縣長陳寶麟，河北東光人。

寧波公安局局長俞濟民，浙江奉化人。

鄞縣建設科科長倪維熊，浙江嘉善人。

鄞縣建設科技正施求臧，浙江鄞人。

吾甬之有東津浮橋，自唐長慶三年明州刺史應彪創建東渡門外，後遷今地。《寶慶志》言：方經始時，雲中有形見如虹，映其上，故名“靈橋”，俗稱“江橋”，其曰“老江橋”者，別於新言之也。宋元以還，代有修葺，官長及紳耆名氏爵里，志乘備焉。二十一年春，甬人士有改建是橋之議，請於官，得可。自始事至於訖工，縣長陳君寶麟、公安局長俞君濟民皆有勞。其設計、施工、督察、稽核者，則建設科長倪君維熊及技正施君求臧也。它若邦人士與於是役及自釀貲若告募者人若干，金若干，別刊於石，玆不著。謹題當事長官名氏若籍里如右方。

中華民國二十有五年六月二十七日，改建寧波老江橋籌備處依紀念章程第五條第二項立石。

按：碑原在靈橋。高96釐米，寬73釐米。碑文楷書，共16行，滿行21字。

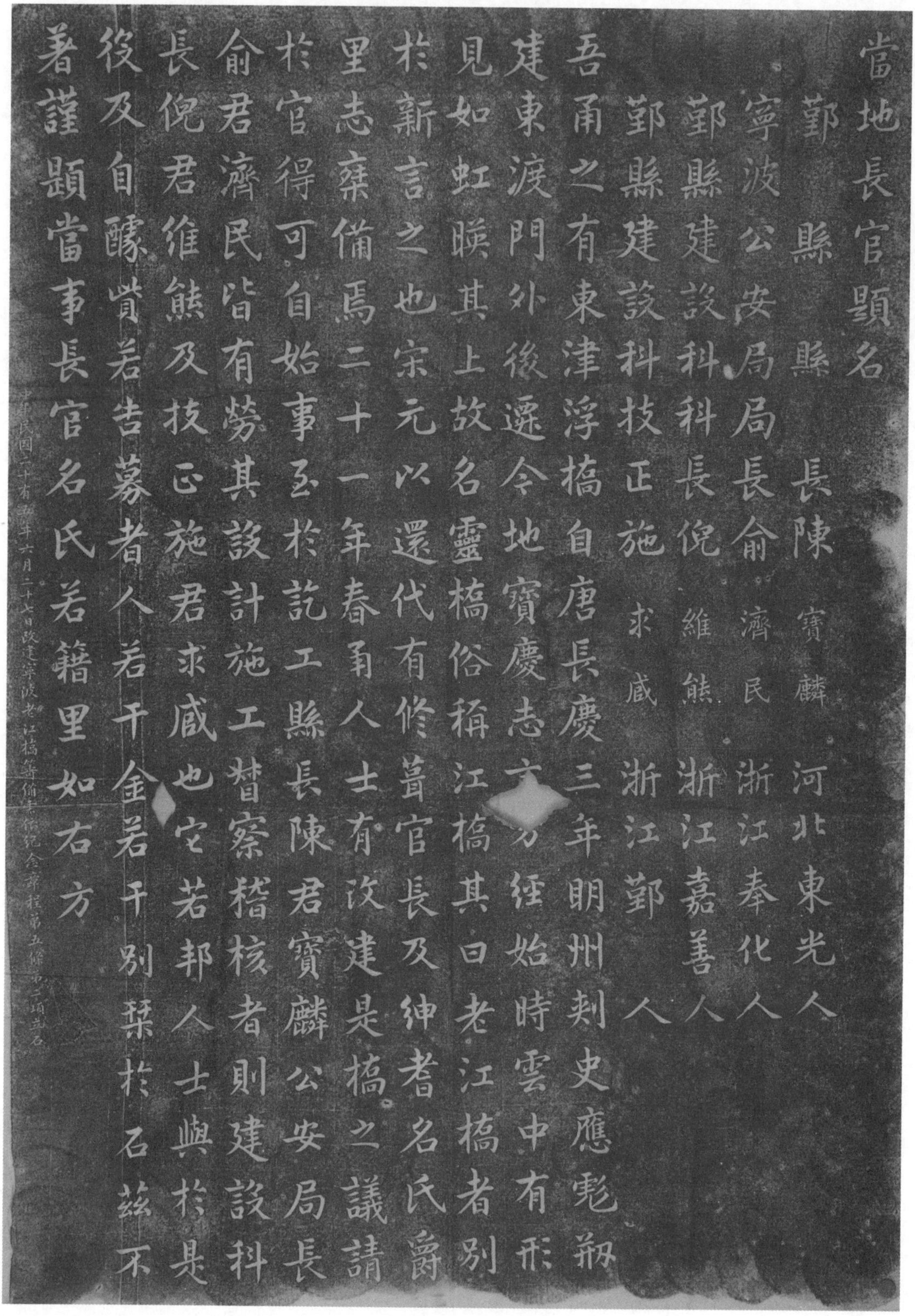
當地長官題名
鄞縣縣長陳寶麟 河北東光人
寧波公安局局長俞濟民 浙江奉化人
鄞縣建設科科長倪維熊 浙江嘉善人
鄞縣建設科技正施求葳 浙江鄞人
吾甬之有東津浮橋自唐長慶三年明州刺史應彪剏
建東渡門外後遷今地寶慶志云方經始時雲中有形
見如虹蜺其上故名靈橋俗稱江橋其曰老江橋者别
於新言之也宋元以還代有修葺官長及紳者名氏爵
里志乘備焉二十一年春甬人士有改建是橋之議請
於官得可自始事至於訖工縣長陳君寶麟公安局長
俞君濟民皆有勞其設計施工督察稽核者則建設科
長倪君維熊及技正施君求葳也它若邦人士與於是
役及自醵貲若告募者人若干金若干别𥂕於石茲不
著謹題當事長官名氏若籍里如右方
中華民國二十有五年六月二十七日改建寧波老江橋籌備委員會紀念章程第五條第二項立石

建橋勞績者之姓名及事實

建橋勞績者之姓名及事實

寧波東津浮橋一名“靈橋”，俗稱爲“老江橋”。舊制，編木爲筏，聯絡鐵鍊，隨時啓閉，既易朽壞，一遇風潮，動輒僨事。辛酉、壬戌間，連年水浸，遭滅頂者更時有所聞。民國十一年，旅滬同鄉諸君與甬上老江橋董事倡議改建。經鄞縣縣議會議決，方擬舉辦，因軍事未果。至十五年冬，同鄉諸君繼續進行，於滬甬分設籌備處：滬籌備處主任樂振葆君，副主任陳蓉館君，籌備員虞洽卿、周炳文、錢雨嵐、謝蓮卿、趙滄蓉、勵建侯、張繼光、何紹庭、董杏蓀、穆子湘、陳子壎、樓恂如、孫梅堂、袁履登、方樹伯、余葆三、徐永炎諸君；甬籌備處主任張申之君，副主任嚴康懋君、徐鏞笙君，籌備員蔡芳卿、郁樨庵、俞佐庭諸君。時逾半載後，以南北戰事中止。

十六年以後，時局漸定。二十年春，同鄉諸君重申前議，於是滬甬兩籌備處始正式成立。滬處主任樂振葆君，籌備員虞洽卿、何紹庭、蕢延芳、張申之、孫衡甫、金廷蓀、秦潤卿、樓恂如、俞佐庭、徐慶雲、張繼光、袁履登、方樹伯、孫梅堂、王皋蓀、余葆三、穆子湘、徐永炎、竺泉通諸君；甬處主任陳蓉館君，籌備員沈景樂、周炳文、徐鏞笙、蔡芳卿、周巽齋、陳南琴、袁端甫、烏子英、洪宸笙、應鳴和、毛稼笙、卓葆亭、陳如馨、俞佐宸、徐瑞章、金臻庠諸君，合詞具呈鄞縣縣政府備案，並延請上海工部局工程師茄姆生測勘，決議建造新式純鋼水泥江橋。估計工料及購地各費需七十萬圓左右，滬處認募三分之二，甬處認募三分之一。

滬處分總務組、捐募組、工程組、會計組，募捐方法大率注重於殷富，其間號召奔走之功以金君廷蓀、張君繼光爲最。金君尚俠義、廣交游，發蹤指示，燭照數計，登高一呼而人自樂輸。張君素精營造學，又勇於任事。其募款也，輒挾册登門造謁，捐額既定，隨即徵收。因之，不二年而款大集。其施工也，往來滬甬，寒暑罔間，視若家事，在在以不糜公帑爲念。共事諸君，蓋靡不心折焉。甬處分總務股、工程股、會計股、宣傳股，捐款以商捐房捐爲大宗。籌備主任陳蓉館君病故，繼之以陳南琴君。陳南琴君因職務離甬，王文翰君繼之，徵集捐資，督促進行。橋堍兩旁購地、拓基與夫勘視工程，多方規畫，勞勩尤著。

至於工程則由西門子行承包，越二十四月告竣。同鄉諸君集群策群力，擘畫辛勞，經數度停頓而再接再厲，俾行人利涉如履康莊，開吾甬建設之新紀録，垂諸久遠，盛矣偉矣，用述崖略，以誌勿諼。

中華民國二十有五年六月二十七日，改建寧波老江橋籌備處依紀念章程第五條第二項立石。

按：碑原在靈橋。高 113 釐米，寬 71 釐米。碑文楷書，共 23 行，滿行 38 字。

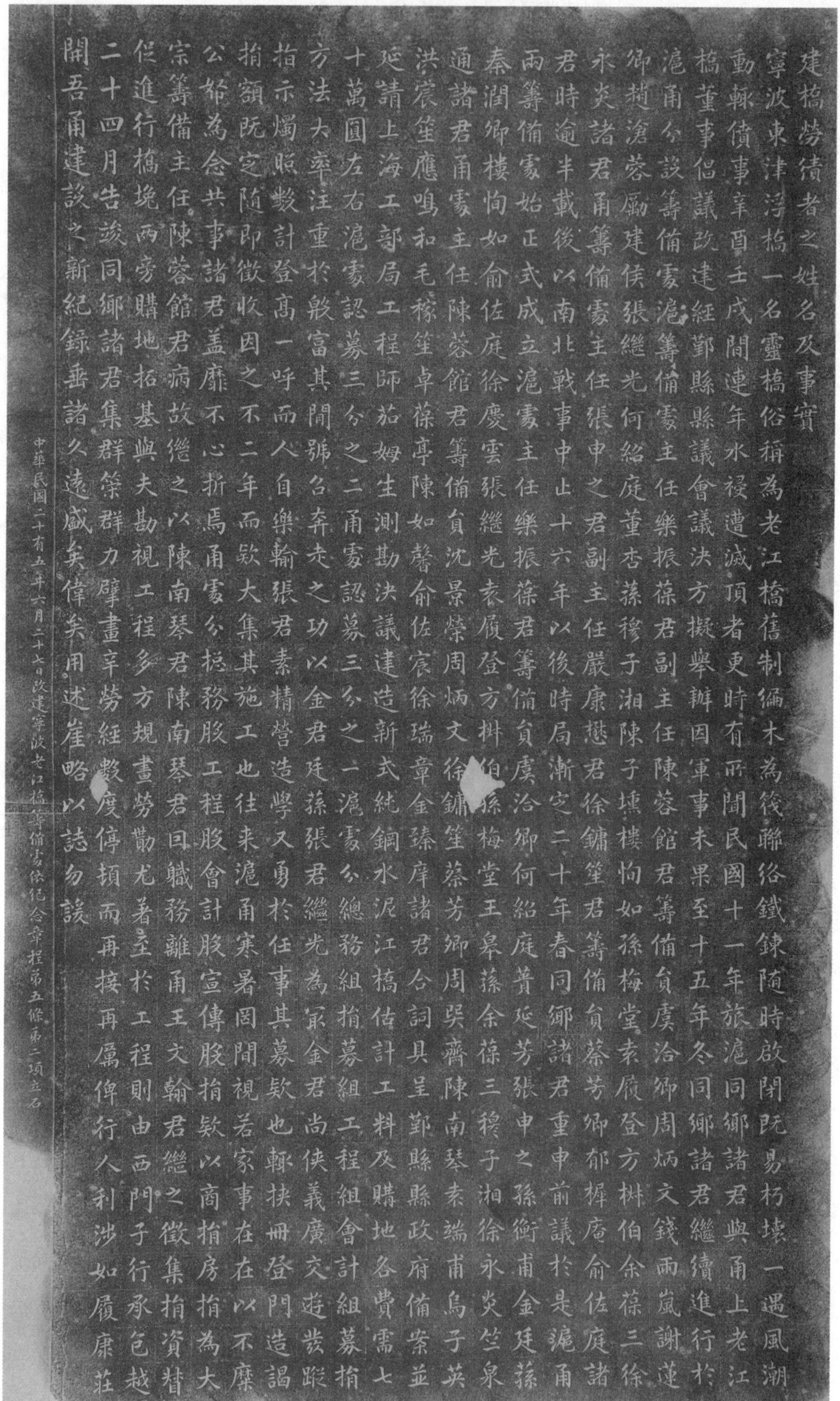
建橋勞績者之姓名及事實
寧波東津浮橋一名靈橋俗稱為老江橋舊制編木為筏聯絡鐵鍊隨時啟閉既易朽壞一遇風潮
動輒僨事辛酉壬戌間連年水禍遭滅頂者更時有所聞民國十一年旅滬同鄉諸君與甬上老江
橋董事倡議改建經鄞縣縣議會議決方擬舉辦因軍事未果至十五年冬同鄉諸君繼續進行於
滬甬分設籌備處滬籌備處主任樂振葆君副主任陳蓉館君籌備員虞洽卿周炳文錢雨嵐謝蓮
卿趙滄蓉厲建侯張繼光何紹庭董杏蓀穆子湘陳子塤樓恂如孫梅堂袁履登方椒伯余葆三徐
永炎諸君甬籌備處主任張申之君副主任嚴康懋君徐鏞笙君籌備員蔡芳卿郁屏庵俞佐庭諸
君時逾半載後以南北戰事中止十六年以後時局漸定二十年春同鄉諸君重申前議於是滬甬
兩籌備處始正式成立滬處主任樂振葆君籌備員虞洽卿何紹庭黃延芳張申之孫衡甫金廷蓀
秦潤卿樓恂如俞佐庭徐慶雲張繼光袁履登方椒伯孫梅堂王皋蓀余葆三穆子湘徐永炎竺泉
通諸君甬處主任陳蓉館君籌備員沈景樑周炳文徐鏞笙蔡芳卿周巽齋陳南琴袁端甫烏子英
洪宸笙應鳴和毛稼笙卓葆亭陳如馨俞佐宸徐瑞章金臻庠諸君合詞具呈鄞縣縣政府備案並
延請上海工部局工程師茄姆生測勘決議建造新式純鋼水泥江橋估計工料及購地各費需七
十萬圓左右滬處認募三分之二甬處認募三分之一滬處分總務組捐募組工程組會計組募捐
方法大率注重於殷富其間號召奔走之功以金君廷蓀張君繼光為最金君尚俠義廣交遊芸蹤
指示燭照數計登高一呼而人自樂輸張君素精營造學又勇於任事其募款也輒挾冊登門造謁
捐額既定隨即徵收因之不二年而款大集其施工也往來滬甬寒暑罔間視若家事在在以不靡
公帑為念共事諸君盖靡不心折焉甬處分總務股工程股會計股宣傳股捐款以商捐房捐為大
宗籌備主任陳蓉館君病故繼之以陳南琴君陳南琴君因職務離甬王文翰君繼之徵集捐資督
促進行橋堍兩旁購地拓基與夫勘視工程多方規畫勞勩尤著至於工程則由西門子行承包越
二十四月告竣同鄉諸君集群策群力擘畫辛勞經數度停頓而再接再厲俾行人利涉如履康莊
開吾甬建設之新紀錄垂諸久遠盛矣偉矣用述崖略以誌勿諼
中華民國二十有五年六月二十七日改建寧波老江橋籌備處依紀念章程第五條第二項立石

靈橋題名碑

自捐伍萬圓以上者之傳記

孫衡甫君捐助伍萬圓

孫君名遵法，字衡甫，慈谿人。恢廓有大度，從事金融界有年，卓著聲譽。四明銀行自君總主其事，百廢具舉，業以大振。久僑滬，疏財好義。一切善舉如學校醫院、辦平糶、修杠梁、濬川渠、治道路，凡資利濟而益民生者，或創或因，靡不斥鉅金以成之。自改建老江橋之議起，君知工程宏大，需費浩繁，首先提倡，以孫貽經堂名義，慨捐五萬金。繇是當事者有所藉手，繼續募資，源源而集，俾得以竟大功。君年方周甲，精神矍鑠，積善餘慶，正未有量。並勒諸石，以風當世。

徐慶雲君捐助伍萬圓

徐君名維訓，字慶雲，慈谿人。年十六，從父執俞安德君學業上海。俞君治紗業，器君才，任以機要，居六七載，盡得其利病。乃與俞君合肆曰“福泰”，家日饒。與同業穆藕初、吴麟書、榮宗敬設華商紗布交易所，又以餘力營錢肆，業益駸駸上。顧勇於爲義，生平所捐貲，如平糶、助建模範獄、振各省水患、濟豫災、救上海市銀荒，前後以數十萬計。二十年冬，以疾卒，遺命撥五十萬圓於故鄉立學校、醫院、養老院、孤兒院各一所，而别以十萬圓爲其它善舉，改建老江橋捐五萬圓，其一也。先世本業紗，中落，君起孤寒，馴致高資，恢復舊業，急公好義，聚財而能散，可謂難矣。爰勒諸石，昭示來兹。

自捐壹萬圓以上者之姓名：

秦餘慶堂	捐助貳萬伍阡圓	忠恕堂	捐助貳萬圓
吴啓藩君	捐助貳萬圓	華成烟草公司	捐助貳萬圓
吴啓鼎君	捐助貳萬圓	王伯元君	捐助貳萬圓
方梧春軒	捐助壹萬柒阡圓	傅筱庵君	捐助壹萬圓
善通氏	捐助壹萬圓	周炳文君	捐助壹萬圓
姜炳生君	捐助壹萬圓	倪挺枝君	捐助壹萬圓
務滋堂應	捐助壹萬圓	静廉居李	捐助壹萬圓
金廷蓀君	捐助壹萬圓	張繼光君	捐助壹萬圓

中華民國二十有五年六月二十七日，改建寧波老江橋籌備處依紀念章程第四條一二兩項立石。

自捐伍千元以上及經募壹萬伍千元以上者題名：

杜月笙君捐助伍千元，虞洽卿君捐助伍千元，王老太太（王問涵君太夫人）捐助伍千元，蔡老太太（蔡琴蓀君太夫人）捐助伍千元，何紹裕君捐助伍千元，何紹庭君捐助伍千元，徐樹滋堂捐助伍千元，徐樹德堂捐助伍千元，張逸雲君捐助伍千元，賁延芳君捐助伍千元，厲樹雄君捐助伍千元，周乾康君捐助伍千元，梁星智房捐助伍千元，王子廷君捐助伍千元，陳思本堂捐助伍千元，王皋蓀君捐助伍千元，曹蘭彬君捐助伍千元，邊瑞馨君捐助伍千元，何積璠君捐助伍千元，項頌如君捐助伍千元，王養安君捐助伍千元，寧紹商輪公司（水脚回帳）捐助伍千元。

自捐叁千元以上及經募玖千元以上者題名：

茄姆生君 A.F.GIMSON.ESQ. 捐助肆千元，劉景韓君捐助叁千元，邵榮春君捐助叁千元。

自捐壹千伍百元以上及經募肆千伍百元以上者題名：

徐楊全福捐助貳千元，徐楊善慶捐助貳千元，徐永炎君捐助貳千元，李朱清心女士捐助貳千元，朱守梅君捐助貳千元，慶安會館捐助壹千捌百玖拾元，陳楚湘君捐助貳千元，徐永炎君經募伍千伍百元，劉聘三君經募伍千元，葉氏經募伍千元，俞佐庭君經募伍千元，秦潤卿君經募伍千元。

自捐伍百元以上及經募壹千伍百元以上者題名：

倪志濤君捐助壹千元，三德上人捐助壹千元，徐垂裕君捐助壹千元，范桂馥君捐助壹千元，吴梓堂君捐助壹千元，林傳信君捐助壹千元，傅義房捐助壹千元，俞國光君捐助壹千元，吴金記捐助壹千元，棉業同人捐助壹千元，南山七濟捐助壹千元，恒巽莊俞佐庭君捐助壹千元，福源莊秦潤卿、徐文卿、顧雪薌君捐助壹千元，竺梅先君捐助壹千元，竺泉通君捐助壹千元，邵景甫君捐助壹千元，范恒德君捐助壹千元，信裕莊傅松年君、王桂馥君捐助柒百元，順康莊李壽山君、應芝庭君捐助柒百元，通利源榨油廠捐助柒百元，樂振葆君捐助伍百元，孫梅堂君捐助伍百元，余葆三君捐助伍百元，穆啓鴻君捐助伍百元，王静記捐助伍百元，袁振公祀捐助伍百元，胡瑞華君捐助伍百元，朱世恩君捐助伍百元，益昌莊捐助伍百元，鄭秉權君捐助伍百元，毛順慶君捐助伍百元，虞鶴亭君捐助伍百元，姜陳氏捐助伍百元，寅泰莊捐助伍百元，鴻祥莊捐助伍百元，同慶莊捐助伍百元，恒賚莊捐助伍百元，敦餘莊趙松源君、陳魯琛君捐助伍百元，恒祥莊邵兼三君捐助伍百元，慎源莊林榮生君捐助伍百元，恒隆莊林友三君捐助伍百元，滋康莊傅佐臣君捐助伍百元，賡裕莊盛筱珊君捐助伍百元，鄞奉長途汽車公司捐助伍百元，通商領券商號聯合辦事處捐助伍百元，朱永思堂捐助伍百元，裘良圭君捐助伍百元，鄭叔平君捐助伍百元，徐瑞甫君捐助伍百元，陳子廉君捐助伍百元，俞維惠君捐助伍百元，王厚甫君捐助伍百元，王智榮君捐助伍百元，謝仲笙君暨謝孫芝馨捐助壹千元，穆子湘君經募貳千元，樂振葆君經募貳千元，王問涵君經募貳千元。

中華民國二十有五年六月二十七日，改建寧波老江橋籌備處依纪念章程弟四條三、四、五、六項立石。

按：碑原在靈橋。拓片其一高132釐米，寬86釐米，碑文楷書，共24行，满行40字；其二高126釐米，寬78釐米，碑文楷書，共38行。

自捐伍萬圓以上者之傳記

孫衡甫君捐助伍萬圓

孫君名遵濂字衡甫慈谿人恢廓有大度從事金融界有年卓著聲譽四明銀行自君揔主其事百廢具舉業以大振久僑滬瀆財好義一切善舉如學校醫院辦平糶修杠梁濬川渠治道路凡資利濟而益民生者或創或因靡不斥鉅金以成之自改建老江橋之議起君知工程宏大需費浩繁首先提倡以孫貽徑堂名義慨捐五萬金繇是當事者有所藉手繼續募資源源而集俾得以竟大功君年方周甲精神矍鑠積善餘慶正未有量並勒諸石以風當世

徐慶雲君捐助伍萬圓

徐君名維訓字慶雲慈谿人年十六從父執俞安德君學業上海俞君治紗業器君才任以機要居六七載盡得其利病乃與俞君合肆曰福泰家[illegible]饒與同業穆藕初吳麟書榮宗敬設華商紗布交易所又以餘力營錢肆業益騐騐上頎勇於為義生平所捐貲如平糶助建模範獄振各省水患濟豫災拯上海市銀荒前後已數十萬計二十年冬以疾卒遺命撥五十萬圓於故鄉立學校醫院養老院孤兒院各一所而別以十萬圓為其它善舉改建老江橋捐五萬圓其一也先世本業紗中落君起孤寒馴致高資恢復舊業急公好義聚財而能散可謂難矣爰勒諸石貽示來茲

自捐壹萬圓以上者之姓名

秦餘慶堂　捐助貳萬伍阡圓
吳啟藩君　捐助貳萬圓
吳啟鼎君　捐助貳萬圓
方梧春軒　捐助壹萬柒阡圓
善通氏　捐助壹萬圓
姜炳生君　捐助壹萬圓
務滋堂應　捐助壹萬圓
金廷蓀君　捐助壹萬圓

忠恕堂　捐助貳萬圓
華成烟草公司　捐助貳萬圓
王伯元君　捐助貳萬圓
傅筱庵君　捐助壹萬圓
周炳文君　捐助壹萬圓
倪挺枝君　捐助壹萬圓
靜廉居李　捐助壹萬圓
張繼光君　捐助壹萬圓

中華民國二十有五年六月二十七日改建寧波老江橋籌備會依紀念章程第四條一二兩項立石

甬北四明公所盂蘭社醵資同人題名碑

甬北四明公所盂蘭社醵資同人題名碑

鄞縣黄兆麒菉邨甫謹識

中元盂蘭會行於吾鄉最盛，按《盂蘭盆經》，目蓮尊者見母在餓鬼中涕泣，白佛求超拔，佛言“非汝一人之力可以得度，必仗十方三寶威神及大德僧伽之力，乃能度脱。當於七月十五佛歡喜日、僧自恣日，建設盂蘭盆供”。目蓮如法修供其母，即於是日得脱苦趣。自是十方信徒，歲以中元宣揚佛教，普利冥界，踵行至今。吾鄉每届七月，幾於靡日不舉，蓋俗之相沿久矣。甬北四明公所，鎮海方氏實創之。自前八年戊辰集資增拓，規制大備，有廠，有舍，有堂以停柩，有先董祠、崇德祠、淑德祠以報功。靈爽之所憑依，新鬼故鬼之所棲托。歲祭之典雖舉，而中元之供闕如。林君芝浦主辦是所，爰於壬申之秋，糾合同人醵資爲社，人各輸三十金，凡二十有二人，共得銀幣六百六十圓爲基本，歲取其息以給用。每值夏正七月二十一日，延僧伽施食説法，爲公所内外幽魂滯魄聊結勝緣。諸祠亦各有供薦，仿百味五果之設，無飴蠟翦綵之繁，借彼慈燈，闡揚大法，庶幾仗佛威力，普度幽冥，鼓舞懽欣，咸登覺路，此同人設社之微意也。凡諸規式載在簿正，雖曰從宜從俗之文，亦合求陰求陽之義。記曰：有其舉之，莫敢廢也。公所長存，斯社勿替，垂之無極，宜托貞珉。題名先後，謹以年齒爲序如左方：

徐棣蓀（鄞縣）、費瑚卿（慈谿）、董仁賚（鄞縣）、林芝浦（鄞縣）、傅洪水（鄞縣）、李純徵（鎮海）、陳富潤（鄞縣）、丁仰高（鄞）、陳星輝（鄞縣）、周慎甫（鄞縣）、沈覲舜（鎮海）、胡慶元（鎮海）、陳曾佑（鄞縣）、王漁笙（鄞縣）、王子端（鄞縣）、王子瑞（鄞）、徐禾載（鄞縣）、陳來孫（鄞縣）、王萼輝（鄞縣）、蘇經田（鄞縣）、王石君（鄞縣）、吴啓元（鄞縣）。

共和紀元二十五年丙子歲夷則月，鄞縣陳士彬曉麓甫謹書。

按：高170釐米，寬80釐米。碑文楷書，共16行，滿行39字。

新建中國國民黨總理紀念堂記

新建中國國民黨總理紀念堂記

中國國民黨浙江省鄞縣縣黨部永久部址落成之翌日，鄞縣執行委員會各同志復擬籌建總理紀念堂。蓋總理致力革命，實與《春秋》撥亂反正同此職志，其學説之精深、思想之卓越、人格之足資欽仰、精神之永垂不朽，實並孔子而師表萬世。今祀孔之典遍國中，本縣孔廟亦復豐堂奐宇，規模大備，而紀念總理之堂闕如，奚其可？於是，衆議聘趙次勝、陳寶麟、俞濟民、王秉彝、馮蕤館、倪維熊、楊菊庭、葉友益、王文翰、張先履、朱啓金、王詩城、金晉卿、馮度、鄭宗賢、汪焕章、斯旺、王寧濤、蔡雲湄、林建中、姜伯喈、沈友梅諸同志，王皞南、俞佐宸、毛秀生、洪宸笙、周大烈、袁端甫、陳如馨、毛稼生、邊文錦諸先生及則民爲籌備委員，專任其事。相地部址之南，闢爲堂址。經始於二十五年四月，竣工於同年十月，計銀二萬五千圓强，皆出縣黨部及各委員之籌募。堂之大，足容二千人；堂之壁，遍鎸總理遺教；堂之外，簷牙高啄，堂皇富麗，追踪古制；堂之内，窗户明敞，既完且美，咸與惟新。其雄偉莊嚴，實爲浙東諸紀念堂之冠。俾登斯堂者，緬總理之豐功偉烈，當資景仰於無窮也。於是乎記。

中華民國二十五年十一月，中國國民黨浙江省鄞縣縣黨部執行委員會常務委員吴則民謹撰。

按：碑原在鄞縣學宫（今縣學街附近）。高30釐米，寬55釐米。碑文隸書，共27行，滿行16字。

天童太白山十景詩

天童太白山十景

深徑迴松

開青闢翠兩行松，夏續春陰雪斷冬。未見梵天樓閣露，深深先有出雲鐘。

清關噴雪

最宜雨後看清關，百道泉歸一噴間。滚滚雪濤翻不盡，大開龍口響空山。

雙池印景

池清外内合胸襟，容得千峰倒插深。蕩月磨風如鏡裏，從無痕迹著浮沈。

西磵分鐘

鉢盂峰下落匆匆，溪竹交流曲轉東。聽得滿山風雨夜，鐘聲又在月明中。

玲瓏天鑿

西巘高豁有窗軒，雲見真根水見源。卧雪膽寒離夜虎，攀藤臂斷墮秋猿。

太白生雲

晴時爲淡雨爲濃，村外先占此一峰。我只在山看畫法，妙於染處靄重重。

東谷秋紅

太白山中東谷秋，夕陽紅樹晚雲樓。好春别有霜天外，早是梅華接上頭。

南山晚翠

南山翠拱北峰寒，覿面招呼向晚看。流水隔橋春尚在，竹扶松老萬千竿。

平臺鋪月

月光鋪滿一臺平，皎皎黄昏到五更。何處不逢山夜好，對人無此十分明。

鳳岡修竹

青鳳岡頭日日來，黄鸝囀處坐青苔。好風引入天然閣，竹下春蘭秋又開。

天童之景似不必限而有十，以爲妙盡於斯也。余嘗見夫列景成詠，必遠借映帶之迹，强捏名目，湊合一處，實非是中之所固有者，或欲余題，俱不足應。今住此山，因侍者乳宗、統莾、秀松等十餘人，禪寂之餘，好爲韻語掄勝，每題各有十詠，呈余覽之，乃喜其眼中所觸，意中所適，略舉山中至現成處，得無窮受用有如此。噫！近日擔囊負鉢之徒，朝東暮西，足跡靡定，孰克同乳宗輩識此山面目之真？余則自笑老懶，失鼓舞於前而亦獨行遲遲，頗覺未倦，短笻畫苔，草草落句。乳宗、統莾互相記出，遂索余書。

康熙五十二年歲次癸巳中秋月，偉載乘並跋。

丙子冬月，住山晦谷重鎸石於古松堂。

鄞李良棟刻。

按：碑在天童寺。拓片兩張，每張高32釐米，寬106釐米。碑文行書，共63行，滿行10至13字。

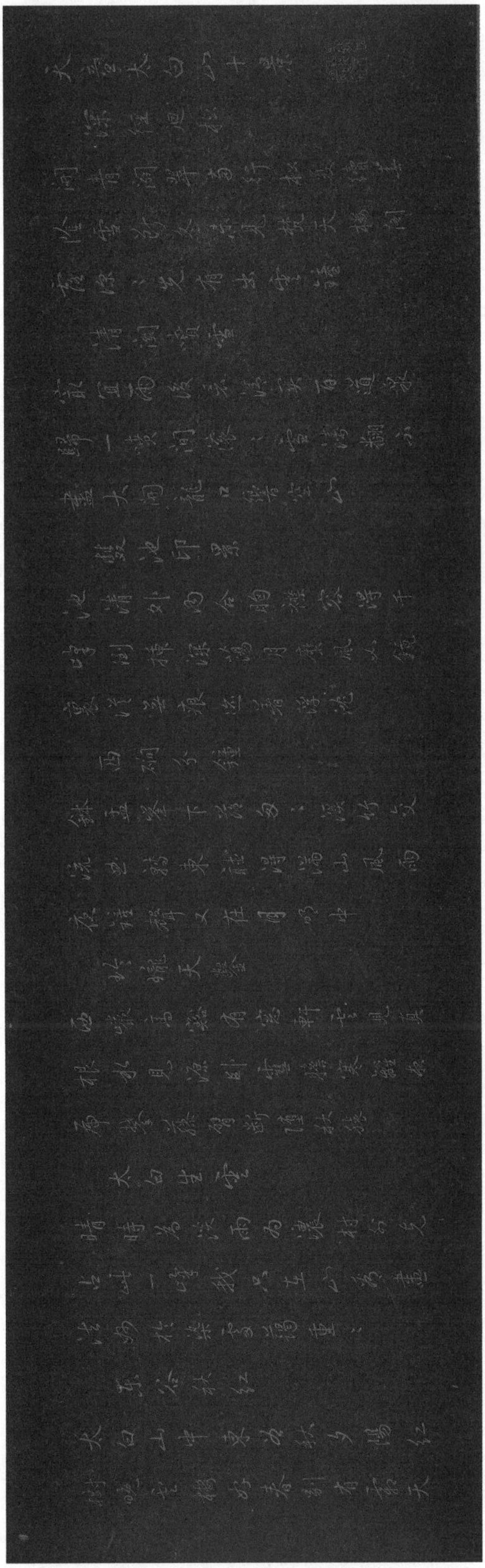

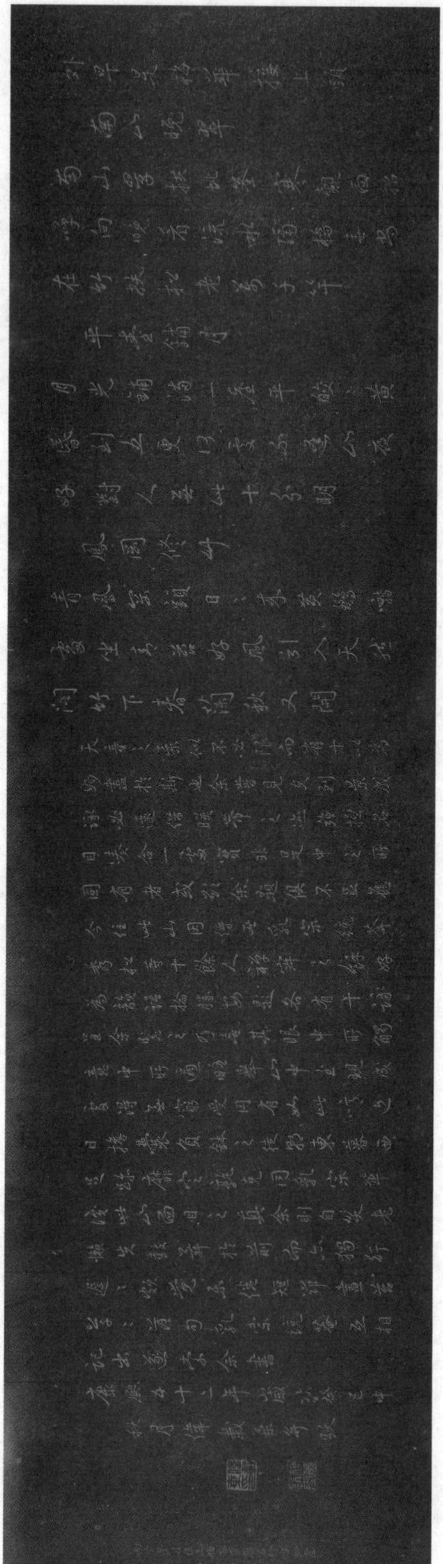

荪湖六胜石刻

蓀湖六勝

蓀湖舊游地，葑滿水湮，惘然今昔，而環湖諸山邑乘中所歷歷稱道者，幽阩如故，乃選勝題詠，遂成六解。

戊阿洪日湄。

鳳皇臺上憶吹簫（美人山）

風掠羸鬟，月梳蟬鬢，蛾眉深鏁愁煙。認驚鴻縹渺，夢想容顏。前度春風乍見，迴暖曆、弄景增妍。何爲者，一篏塵黦，銷瘦年年。　誰憐，韶光遲莫，縱深顰有恨，顧我嫣然。對盈顛霜雪，氣味蓀荃。若許商量私語，蘅皋夢、留補情天。伴良夜，明蟾三五，長照嬋娟。

壺中天（石榻）

蓮萼碎瓣，是何年吹落，未鞭成赭。當日仙人留韻事，曾道嘯歌其下。緣訂三生，化成一片，不詡陳蕃挂。偶來領略，自知風月無價。　若個大夢沈沈，瞢騰一覺，便是希夷亞。且喜禽平塵願了，衹管雨婚煙嫁。瓊屑嗽餘，清流枕得，滑比桃笙藉。儘容鼾睡，醒來堪共清話。

秋霽（蓮華巖）

巖岫玲瓏，儼湧出樓臺，無數金碧。青眼横波，翠眉凝霧，捲簾近呵蓀壁。佛頭秀挹。座前好證如如説。認木末。還到、妙高峰上辨顔色。　淒黯夕照，淚粉盈盈，蕊仙瓊宫，和夢重疊。結盟鷗、明璫翠羽，沈吟多少故園客。欲寄遠情南浦隔。此中邱壑，除非霽月光風，濂溪懷抱，许探銷息。

水調歌頭（勺泉）

乳竇石根出，窈窕引清流。涓涓噴薄，不已潭古幾春秋。到此扶筇閒眺，徑自持瓢孤酌，身世等浮漚。亭下一抔土，老子已菟裘。　文章事，湖海氣，總荒邱。掬來一盞，清些秋菊薦靈脩。若使眼前寒洌，許作尊中芳醞，與婦不須謀。斟飲日長嘯，好署醉鄉侯。

珍珠簾（玉屏山）

煙巒嵐嶂如飛宇。把仙鞔、羽蜕團團圍住。只在此山中，指翠微高處。圖畫天張雲錦燦，與狂客，揮毫題句。來去。看陗壁雕鎸，驚人風雨。　　悵望天半脩眉，且闌干徙倚，簾櫳凝佇。排闥送青來，到眼前如許。斜對明瓊妝鏡暗，恐孏畫、美人眉嫵。容與。會倒影樓臺，凌波微步。

洞仙歌（蛤蚧山）

平分水竹，四面開明鏡。山色湖光近相映。似蟾蜍、昂首作勢驚人。須讓我、飽看雨昏煙暝。　　頻來尋舊蹟，廢甃積垣，十二闌干杳無影。極目水中央，蔓草荒蕪，金仙去，玉娥深恨。待一片銀塘縠紋平，問问萍底鴛鴦，湔裙應肯。

洪丈戍阿留意故鄉山水，每以蒸湖蕪廢深爲耿耿，招賦六闋，情見乎詞。忻爲手寫一通，以視同好。吾知一唱百和，將益爲湖山生色焉。

丙子重九後五日錢罕并識。

鄞李良棟鎸。

按：拓片兩張，每張高55釐米，寬70釐米。碑文行草，上下兩列，每列共22行，每3—10字不等。

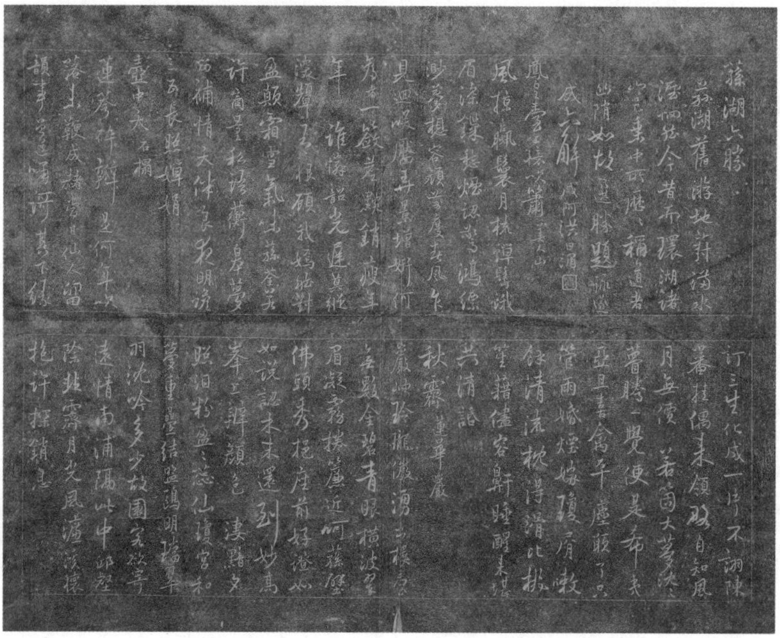

喬蔭堂屠氏兩世墓誌銘

喬蔭堂屠氏兩世墓誌銘

鄞張壽鏞撰　慈谿葛暘書　鄞沙文若篆蓋

余以四女妻屠伯系，甫十二年而伯系遽卒。伯系之卒也，在庚午夏，其春方謀葬其嗣父子業先生，孰知事方始而身先亡，豈非天耶？余哭之慟，非慟伯系也，慟仁人之不永其年也。昔柳柳州爲獨孤子重作墓碣曰：“烏乎！有唐仁人獨孤君之墓，蓋子重居父喪，未練而没，方二十七歲耳。以爲行道之日未久，故其道信於友而未信於天下。”因記其友之姓名於墓。今子業先生年二十八而卒，伯系年二十九而卒，且伯系欲葬其父而未果，與獨孤君喪父未練幾相若，不重可哀也耶？四女既痛伯系之逝，又念其舅浮葬者三十七年，思竟夫志。是年冬，隨其本生舅康侯先生遍覓山壤，爰卜吉於仲夏鄉王山頭之原。明年辛未四月，葬子業先生暨配方夫人，而以伯系祔焉。昔獨孤君祔於其父太子舍人諱助之墓之後，仁人不忘其親，其志一也。

屠氏先世居汴之尉氏縣敦仁里，宋開慶間，諱季，字邦彦，自無錫徙鄞，卜宅桃花渡北，是爲一世祖。至教授諱珙，自號秉彝老人，即以秉彝顔其堂，堂至今存，是爲六世祖。洎諱之震，字鳴夏，以諸生游粵歸，始遷鑒橋，實儀部赤水公娑羅館故址，是爲十五世祖。

之震生可標，榜諱可材，道光辛巳舉人，官湖南龍山縣知縣；可棟，官諱棟，號芸譜，官山西介休縣典史，慷慨多大節，又復慈祥愷悌。琅琊牟公衍駿誌其墓，是爲十六世祖，即嘯篔廉訪之父也。廉訪諱繼烈，以父命兼承從伯諱可權，官署廣東督糧道按察使。既解組，承父志，仿范文正公遺規，置田贍族，規畫粗具而卒。其配王夫人，爲吾鄉大儒艭軒先生女也，與其嗣子宗增、宗基踵成之，事詳《屠氏宗譜》暨廉訪自撰《創建喬蔭堂義莊記略》《張公恕義莊記》。宗增生用鏄，字子業；宗基生用錫，字康侯。子業生十五歲而孤，母與繼母先後亡，賴祖母王太夫人以養以教。天性孝而材不羈，廣交游，復輕財好施。然繩以禮法則唯唯，從祖母命無或違。生女二，長適同邑李慶坊，次適慈谿葉問研。配方氏，與子業同歲，子業卒之日，方氏泣不欲生，王太夫人命侯用錫生子，以長者爲之後，於是痛稍抑焉。

壬寅伯系生，名曰潤規，蓋宗增公原諱宗潤，期其規隨之也，字曰伯系，即唐虞公世南出爲叔寄之後字曰伯施意也。伯系秉性篤厚，孝於親，復能好學，委以事，處之敏捷而安詳。年二十二，赴德入柏林大學工程科。留德四年，以父召歸，自以學未深造，家復多累，一試漢口建築工程，再就江海關及交通銀行職，非其志也。居恒鬱鬱，且嘗謂世風澆薄，巧取豪奪，衆醉我醒，難乎爲今之人矣。故其待友接物，一本於誠。余往往嘉其志，而歎其不諧於俗也。没之日，友之受其賜者多哭臨之。烏乎！孰知其仁而不壽，竟止於斯？子二，長柄恒，次校恒。余嘗以獨孤子重年雖不壽，能信於友，又得柳州者爲之文，其名長存於世，子業父子道信於友，獨余未能望柳州萬一。然子業之配方夫人者，持苦節二十二年，不負子業矣。余四女有待而守者，既踰於方夫人，其責愈重，而其自勉也，宜愈力信於朋友，行於妻子，其道尤可推而知者也。

子業生同治六年丁卯正月二十六日，卒光緒二十年甲午十月四日。方氏褒揚節孝，生同治六年丁卯十二月三十日，卒民國四年乙卯十一月三日。伯系生光緒二十八年壬寅九月二十六日，卒民國十九年庚午閏六月十九日。先是康侯乞余誌其墓，余哀不能文，忽忽八年矣。四女復請之堅，爰銘曰：

烏乎！是亦仁人之幽宮，莫謂壽厄於厥躬。此之嗇，彼必豐。義田贍族，肇廉訪公。髧髧大儒之女，王夫人爲之終。況《詩》三百，《周》、《召》以後，再録《柏舟》，冠《邶》、《鄘風》，威儀棣棣，靡他靡慝，以利其嗣，冲佳城之安固，其水長而山崇。

李良棟鐫石。

按：碑原在仲夏鄉王山頭。高 35 釐米，寬 93 釐米。碑文楷書，共 61 行，滿行 21 字。

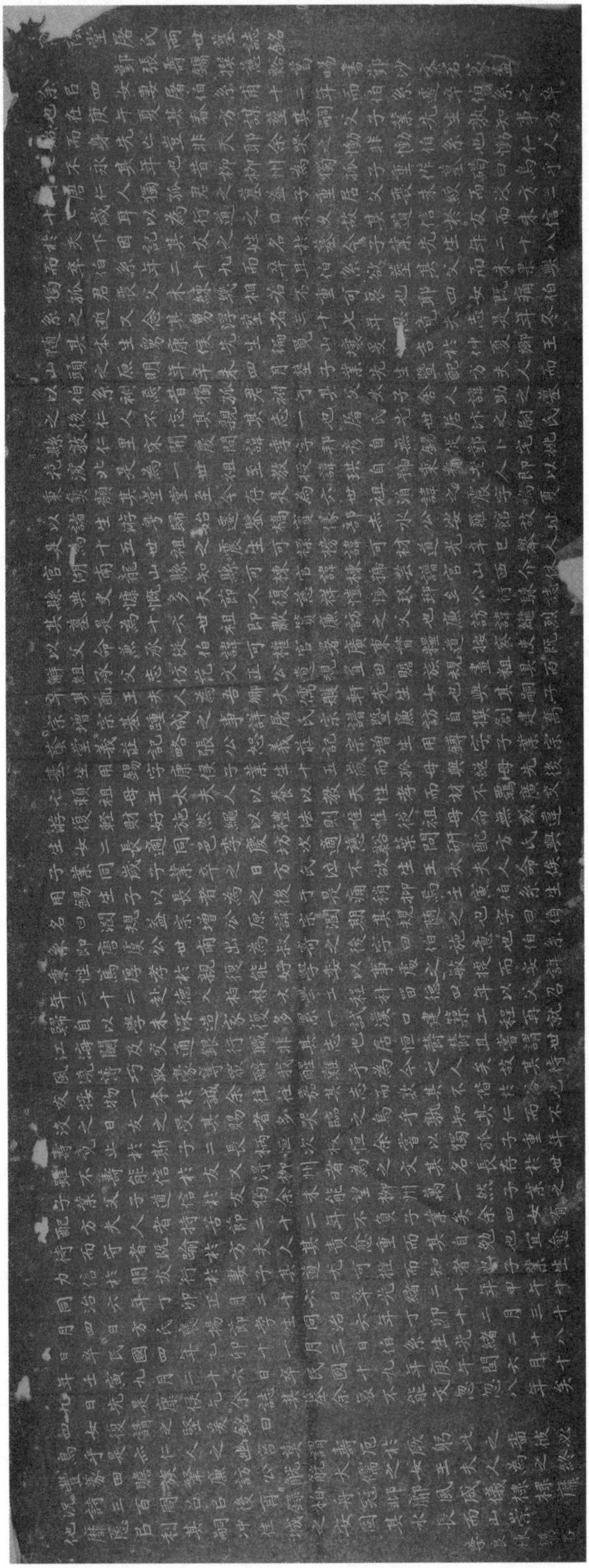

鄞縣收復學山碑記

鄞縣收復學山碑記

寶麟治鄞之五年，春游寧波府學，見明汪尚書鏜、范侍郎欽《寧波府查復學山碑記》云：“鄞西南七十里灌頂山，宋天禧二年，撥隸府、鄞兩學，有普净禪院歲納學租。自元訖明，寺僧攘爲己有。諸生樓燦、朱勳輩陳狀當路，卒釐復之。”問之父老，無能道其事者。迺考圖志、稽故牒，歲納租銀僅百餘版。官失其守，爲民所據，蓋已久矣。於是，躬登灌頂山，反覆察勘，始得其實，遂請於省政府，設立整理學山辦事處，聘繆德渭爲主任，沈友梅、林德祺、馮中璽、楊貽誠、錢玉麒、凌愷、毛節瑩、沈祖修、吴則民、俞煌爲委員。先召佃農登記於籍，復令測繪生入山清丈，釐定疆界，計得學山二萬七千八百畝有奇，區爲七類，曰山雜、曰山雜農、曰山農、曰山田、曰山地、曰山宅、曰山墳。租之高下，視其類以爲差，年以五月輸租，租幣所入仍充鄞縣教育款産。是役也，寺僧冒爲故業，轉相契券，佃農抗訴，土豪詰難，訛言朋興，賴德渭等之力得以收復，凡歷七載而竣事。爰次其略，仿前例刻石，以諗來世。

中華民國二十八年四月，鄞縣縣長東光陳寶麟記。

按：碑原在舊鄞縣縣政府，現在天一閣博物院内。高192釐米，寬99.5釐米。碑文楷書，共14行，滿行28字。碑陰刻鄞西學山全圖。

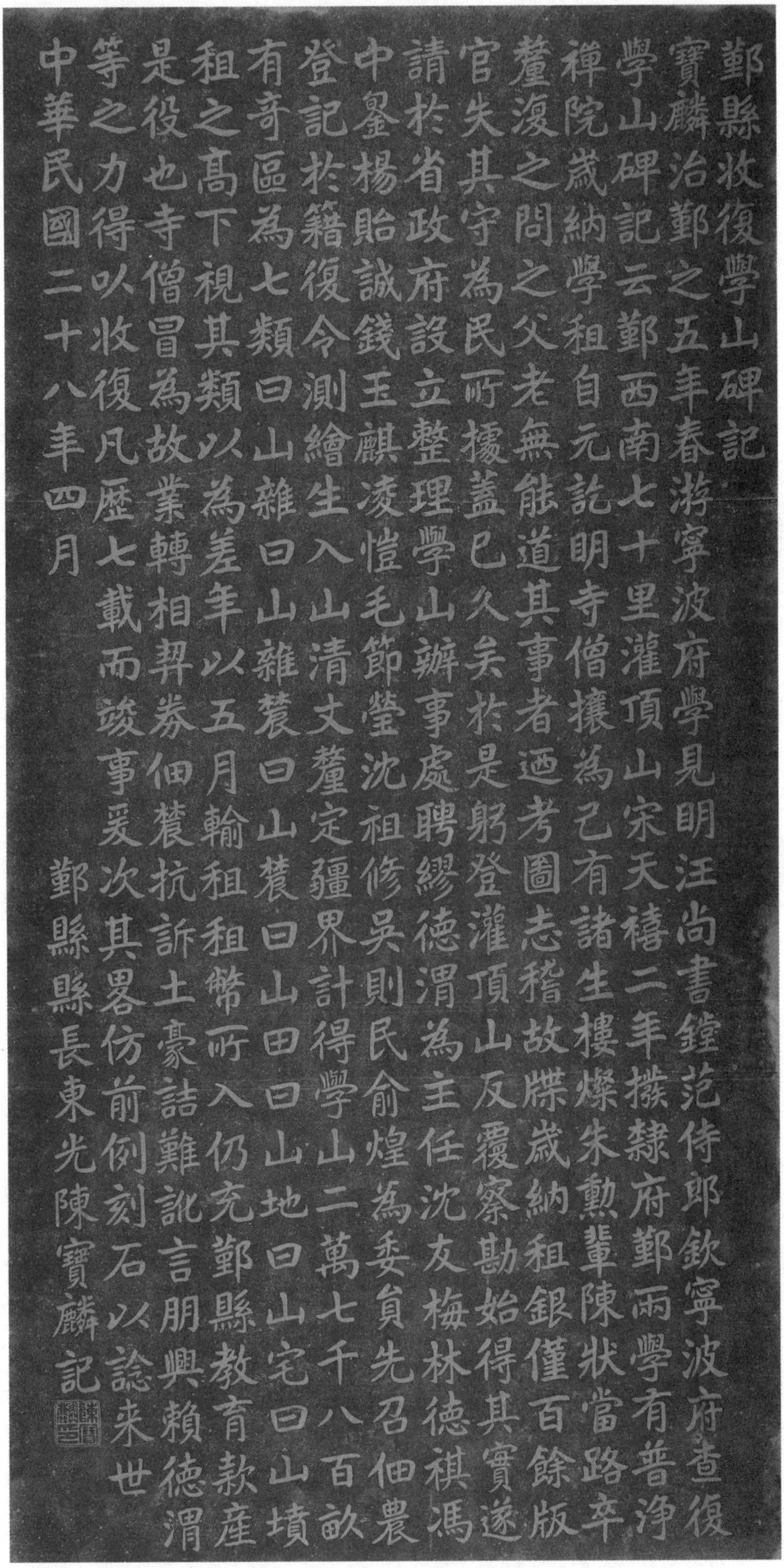

鄞縣收復學山碑記

寶麟治鄞之五年春游寧波府學見明汪尚書鏜范侍郎欽寧波府查復學山碑記云鄞西南七十里灌頂山宋天禧二年撥隸府鄞兩學有普淨禪院歲納學租自元訖明寺僧攘為己有諸生樓爍朱勳輩陳狀當路卒釐復之問之父老無能道其事者迺考圖志稽故牒歲納租銀僅百餘版官失其守為民所攘蓋已久矣於是躬登灌頂山反覆察勘始得其實遂請於省政府設立整理學山辦事處聘繆德渭為主任沈友梅林德祺馮中壘楊貽誠錢玉麒淩愷毛節瑩沈祖修吳則民俞煌為委員先召佃農登記於籍復令測繪生入山清丈釐定疆界計得學山二萬七千八百畝有奇區為七類曰山雜曰山雜蕽曰山蕽曰山田曰山地曰山宅曰山墳租之高下視其類類以為差年以五月輸租租幣所入仍充鄞縣教育款產是役也寺僧冒為故業轉相契券佃蕽抗訴土豪詰難訛言朋興賴德渭等之力得以收復凡歷七載而竣事爰次其畧仿前例刻石以諗來世

中華民國二十八年四月 鄞縣縣長東光陳寶麟記

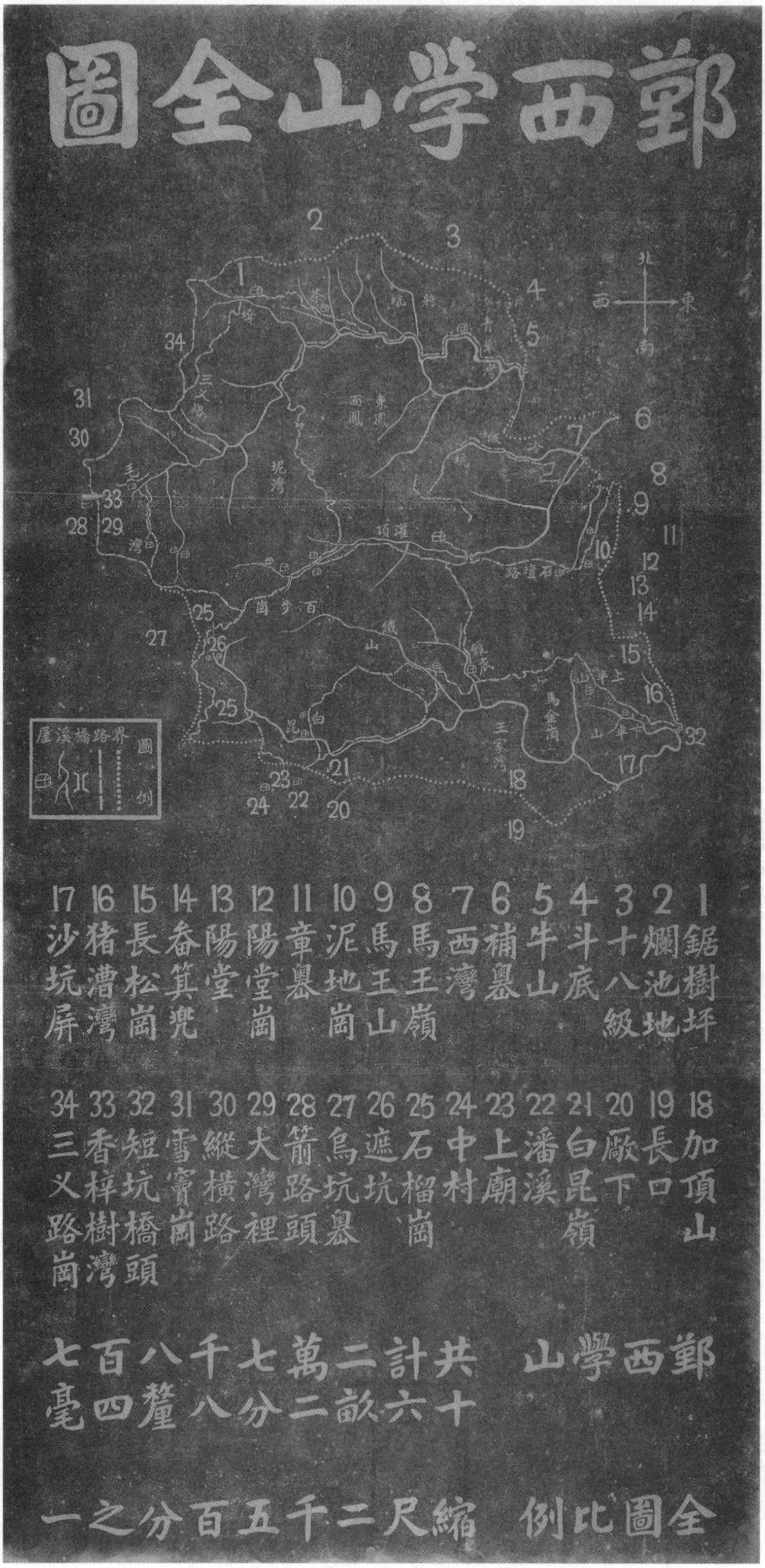
鄞西學山全圖
北
東
南
西
圖例
界
路
橋
溪
屋
1 鋸樹坪　2 爛池地　3 十八級　4 斗底　5 牛山　6 補碶　7 西灣　8 馬王嶺　9 馬王山　10 泥地崗　11 章碶　12 陽堂崗　13 陽堂　14 畚箕兜　15 長松崗　16 猪漕灣　17 沙坑屏
18 加項山　19 長口　20 廠下　21 白昆嶺　22 潘溪　23 上廟　24 中村　25 石榴崗　26 遮坑　27 烏坑碶　28 箭路頭　29 大灣裡　30 縱橫路　31 雪竇崗　32 短坑橋頭　33 香樟樹灣　34 三义路崗
鄞西學山　共計二萬七千八百七十六畝二分八釐四毫
全圖比例　縮尺二千五百分之一

儒行童先生貴和墓表

儒行童先生墓表

同縣張原煒敬撰　吴興沈尹默敬書　吴縣汪東篆額

門下士童生第德經明而行修，自少漸擩家教，視聽言動衷乎正，比長矣，未嘗一日愆常度也。前年秋，自蜀中貽書來，述其大父清太學生貴和先生行狀，屬爲樹墓之文，予諾之，未有以報也。今歲八月又以請，則爲次辜較於篇。

先生諱書禮，貴和其字，居鄞東之童谷。方清季葉，士汩於科第功利，風骨益隤矣。先生爲學，獨壹以閑邪存誠爲本，隱處童谷數十年，足不出户庭，不皇計名利，不與流俗人同趨，以此律己，亦以教子孫，子孫習而化之，迄於久弗衰。

第德狀言："大父教人，不務爲速化。自先君子成諸生，一試於鄉不售，歸則告之曰'窮達，命也，富貴不可希。若勉之矣！它日即幸獲乙科，於旁郡補一校官足矣'。第德四歲，王父抱於懷，授以《孝經》。翌年入塾，誦《春秋左氏傳》，每夜歸，必令背誦一日中所習書，無一躓字乃已，如是以爲常。比少長，所以期望之者厚，然其勉第德出處一如所以勉先子者。家居於書無所不讀，喜瀏覽稗官小説，晚歲病目眚，命家人坐几旁奏誦之。嚴於邪正之辨，痛斥某説部尤力，某説部者出名士手，其書汗漫數萬言，而以一夢結之，清乾嘉間尤盛行，自薦紳先生、學士大夫，罔不家置而户誦矣。王父獨曰：'此導婬之書耳，其爲害匪直洪水猛獸比，而猥云足以警醒世，其誰信之？漢武好神仙，司馬相如奏《大人賦》諷之。帝讀之，飄飄有淩雲氣游天地間意。以武帝之雄才大略，相如之主文譎諫猶無當也，況其下焉者乎？'蓋夙所持論如此，其它行誼亦無不皆然。"第德狀如是。昔孟子論儒士嘗曰"窮則獨善其身，達則兼善天下"，獨善者非顓顓爲一身計已也，非忘情民物之謂也。巖居穴處之士闇然躬行，視若與人世無與，然一言一行，實萌之視聽集焉。卒其所沾被，頑者於以立，懦者於以廉，世衰道微，移風易俗之效，往往不在上而在下，窮達不同，其善之及人一也。

先生以宣統二年十一月廿五日告終家衖，春秋六十有二。配氏施。子一，士奇，縣學生員。女二，適太學生朱積光、縣學生杜遇春。孫男五，第錦、第德、第穀、第周、第肅。女孫三，適杜培榮、葉昌鏘、朱錦瑞。曾孫男十一，中燾、祖安、祖謨、祖楹、祖康、大中、慎中、孚中、宜中、時中、明中。曾孫女八，適謝文鍠、段錚，餘未字。其葬在塘頭鄉傅盧頭之原。自先生歿至今三十餘年，里中人言家法之善者必首童氏，諸長老及見者咸言先生在日，門以内聲無譁，凡摴蒱、博塞之具毋敢入其家，游閑僧道及里中諸亡賴見先生至，輒逡遁辟去。其威重如此。然則先生一身，其繫乎風俗人心之重豈淺鮮哉！

中華民國三十有五年二月吉日上石。

按：碑原在塘頭鄉傳盧頭之原，高105釐米，寬60釐米。碑文楷書，共24行，滿行40字。

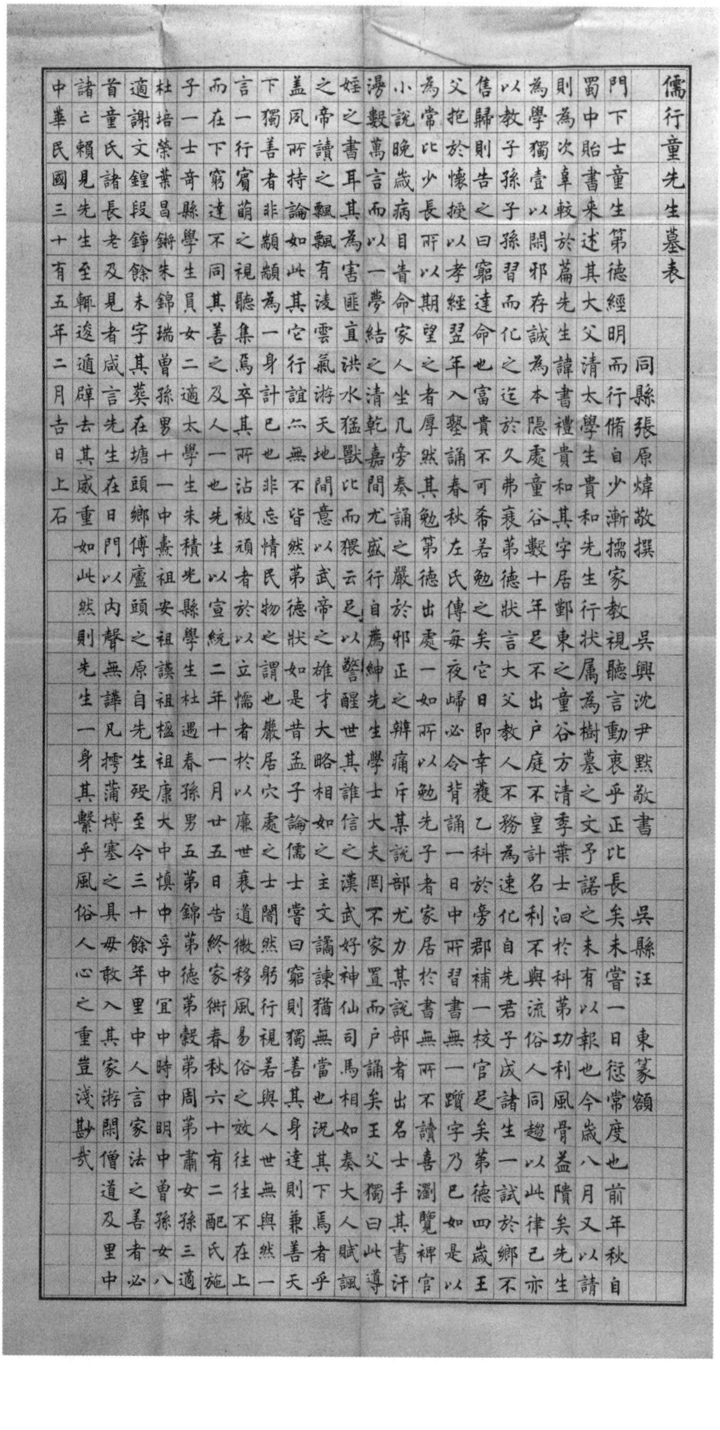

儒行童先生墓表　同縣張原煒敬撰　吳興沈尹默敬書　吳縣汪東篆額

門下士童生第德經明而行脩自少漸擩家教視聽言動衷乎正比長矣未嘗一日愆常度也前年秋自蜀中貽書來述其大父清太學生貴和先生行狀屬為樹墓之文予諾之未有以報也今歲八月又以請則為次章較於薦先生諱書禮貴和其字居鄞東之童谷方清季業士汩於科第功利風骨益隤矣先生為學獨壹以闢邪存誠為本隱處童谷數十年足不出戶庭不皇計名利不與流俗人同趨以此律己亦以教子孫子孫習而化之迄於久弗衰第德狀言大父教人不務為速化自先君子及諸生一試於鄉不售歸則告之曰窮達命也富貴不可希若勉之矣它日即幸獲乙科於旁郡補一校官足矣第德四歲王父抱於懷授以孝經翌年入塾誦春秋左氏傳每夜歸必令背誦一日中所習書無一躓字乃已如是以為常比少長所以期望之者厚然其勉第德出處一如所以勉先子者家居於書無所不讀喜瀏覽稗官小說晚歲病目眚命家人坐几旁奏誦之嚴於邪正之辨痛斥某說部尤力某說部者出名士手其書汙湯褻萬言而以一夢結之清乾嘉間尤盛行自薦紳先生學士大夫罔不家置而戶誦矣王父獨曰此導婬之書耳其為害匪直洪水猛獸比而猥云足以警醒世其誰信之漢武好神仙司馬相如奏大人賦諷之帝讀之飄飄有淩雲氣游天地閒意以武帝之雄才大略相如之主文譎諫猶無當也況其下焉者乎蓋夙所持論如此其它行誼亦無不皆然第德狀如是昔孟子論儒士嘗曰窮則獨善其身達則兼善天下獨善者非顓顓為一身計已也非忘情民物之謂也巖居穴處之士闇然躬行視若與人世無與然一言一行賓萌之視聽集焉卒其所沾被頑者於以立懦者於以廉世衰道微移風易俗之效往往不在上而在下窮達不同其善之及人一也先生以宣統二年十一月廿五日告終家衖春秋六十有二配氏施子一士奇縣學生員女二適太學生朱積光縣學生杜遇春孫男五第錦第德第穀第周第肅女孫三適杜培榮葉昌鏘朱錦瑞曾孫男十一中燾祖安祖謙祖楹祖康大中慎中孚中宜中時中明中曾孫女八適謝文鍠段錥餘未字其葬在塘頭鄉傳盧頭之原自先生歿至今三十餘年里中人言家法之善者必首童氏諸長老及見者咸言先生在日門以內聲無譁凡樗蒲博塞之具毋敢入其家游閒僧道及里中諸亡賴見先生至輒逡遁辟去其感重如此然則先生一身其繫乎風俗人心之重豈淺尠哉

中華民國三十有五年二月吉日上石

蔣金紫園廟碑

蔣金紫園廟碑（篆額）

蔣金紫園廟碑

城南競渡湖之支流爲小湖，其西爲竹湖，有廟焉，蓋宋金紫光禄大夫蔣公浚明之園，神而後遂以爲里社之祀。故其巷曰蔣金紫巷，其水曰蔣家帶，其橋曰蔣家橋。其東有坊曰連桂，亦蔣氏物也。吾鄉里社之神，多出自前代巨室之甲第園亭，歲久遂享居民之祀。如握蘭坊廟以趙公善湘家中所奉坊神，寶奎廟以史公守之宸奎閣中之閣神，梅園廟以樓氏園中梅麓之園神，蓋不可指屈也。昆明歷劫，文獻脱落，遂有妄傳。而蔣園訛而爲茹園，以字相近也。茹園又訛而爲殳園，以音相同也。蓋自南山、東沙二志去古未遠，已有此失。於是橋名改爲殳家橋，而廟名則曰茹園廟。不知吾里中之世家，自宋以來歷然可考，並無茹氏、殳氏。猶幸蔣金紫巷、蔣家帶之名未泯。及自明中葉以後，始稱曰聚福。乾隆戊午，湖上賢者葛君木人留心考古，予爲據舊聞以告之："嗟夫！故國世臣，喬木蒼蒼。蔣氏之爲此里重者多矣，而里之人莫之知，則前此圖乘之失也。蔣氏自唐時實由天台來居奉化，已而遷湖上。金紫爲豐清敏所薦士，官尚書金部員外郎，抗疏排新法被斥，將謫遠州，母老，清敏力争之而免。金紫之子中奉大夫璿、宣奉大夫琉最有名。是時陳忠肅公來鄞，金紫即遣二子事之，未幾成進士。忠肅爲書'連桂'二字，以表其坊。中奉知江陰歸，猶及與潘公良貴倡和三江亭上，其詩至今存。而宣奉以忤蔡京自劾去，師傳家學，俱爲不負。蓋蔣園之取重於里中者，正以此，不徒以踞重湖之勝也。嗣是以還，太學存誠，爲慈湖先生講學之友，聞歌有省，德性清明，金紫少子琚之後也。尚書峴以館閣重臣事穆陵，有珥變大功，雖其少年不無物議而晚節可稱，宣奉之後也。將作主簿曉，鴻文博學，宋亡，守柴桑之節，杜門不出，尚書之猶子也。其餘登科甲列仕籍者，前後相望。故清容謂吾鄉士族之最先者有四，而蔣氏居其一。有《三徑聯珠集》，有《續三徑聯珠集》，七世志幽之文，盡出巨公之手，則當日園中過從之盛，可想見也。然蔣氏先籍奉化，其科第之貫守而不易，故圖乘亦皆列之奉化，而莫知其爲湖上之望。予讀慈湖所作太學墓志及清容、將作墓志，乃知蔣氏於湖上爲世居，是以其坊、其巷、其園咸在焉。園之築，蓋在金紫歸田之後，故舒信道《嬾堂集》中已有詩，或以爲始於將作，誤也。湖上之甲第園亭，如趙侍郎之水閣、高使君之竹墅、陳少師樓輅院諸家，當時孰不連甍接瓦、去天尺五，今皆澌滅殆盡。而蔣氏尚存一椽，巋然如魯靈光無恙，七百年之舊德，實鑒臨之，其可以褻視哉？而奈何又移之于不知誰何之氏也。"木人曰："善，明年當重新是廟焉。

子曷爲文以記之，以表彰昔賢之遺？”予以爲明德如金紫，里中之典型也。古人制禮必求其所自，以不忘其始。苟於廟中爲別室以祀金紫，亦禮意之不可闕者。更數百世而遥，無復訛傳之患矣。抑是禮也，推而行之，詎止蔣園廟爲然哉。因即詮次其語復之。

按：拓本高32.5釐米，寬21.5釐米，爲俞飛鵬旧藏。碑文根據全祖望《鲒埼亭集》補全。碑文楷書，爲吴敬恒（字稚暉）所書。

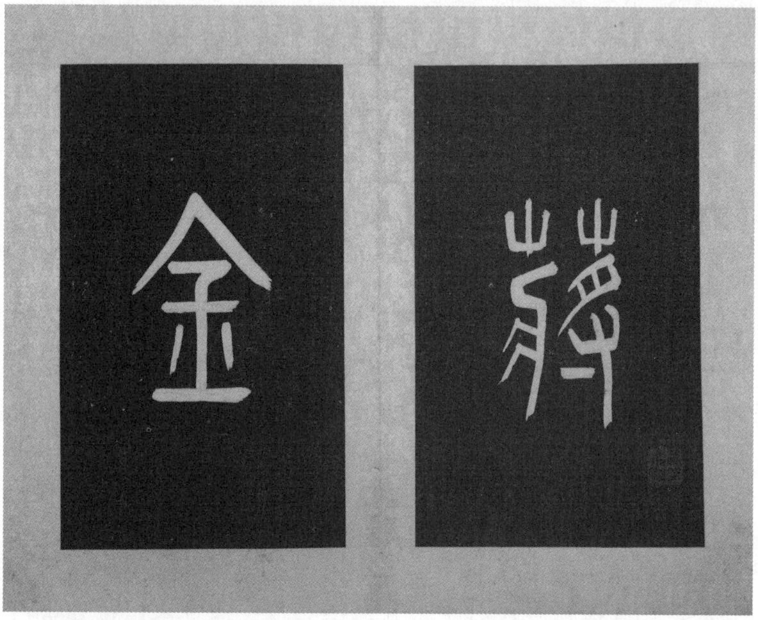

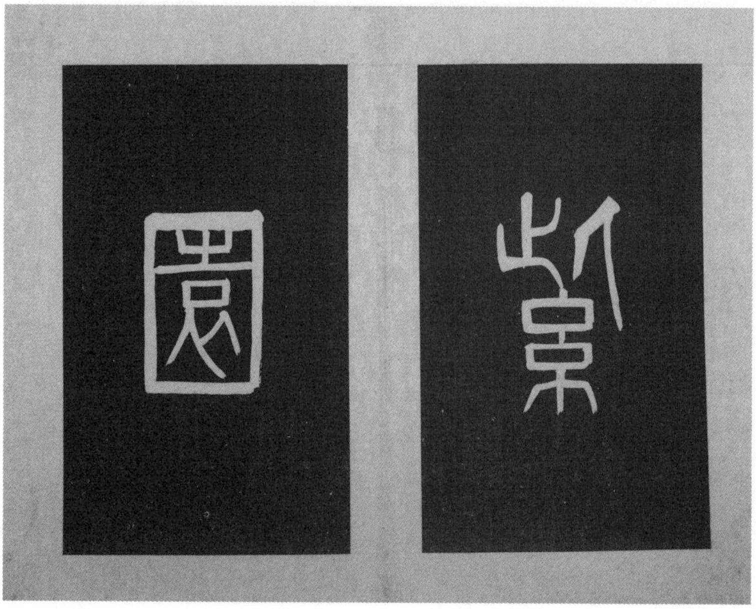

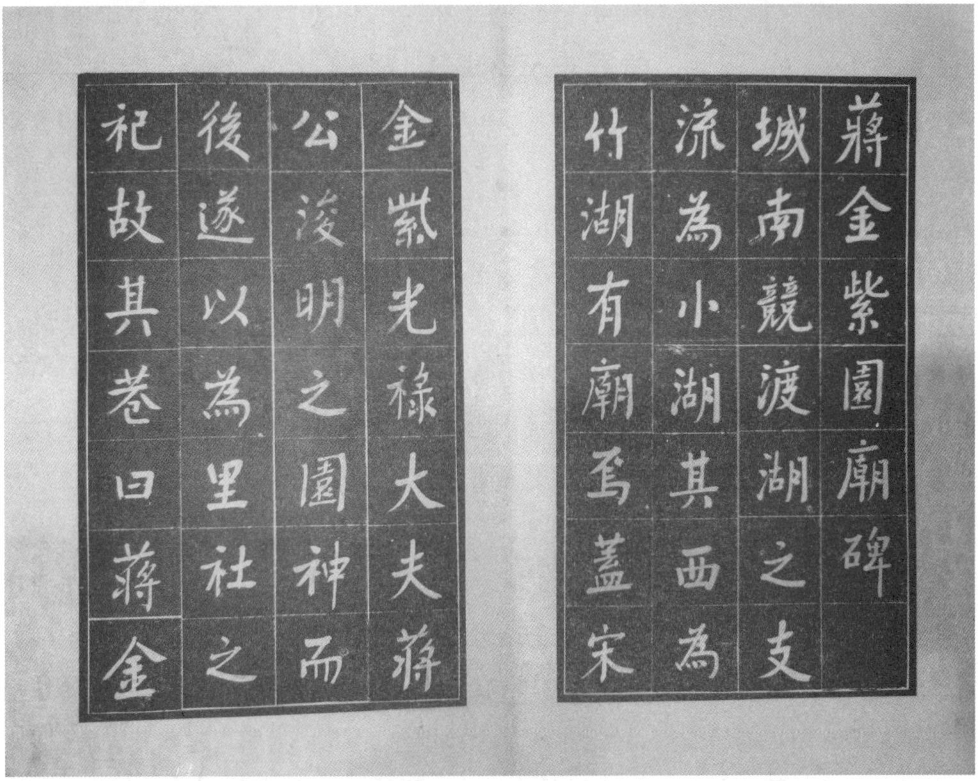
蔣金紫園廟碑
城南競渡湖之支
流為小湖其西為
竹湖有廟焉蓋宋
金紫光祿大夫蔣
公浚明之園神而
後遂以為里社之
祀故其巷曰蔣金

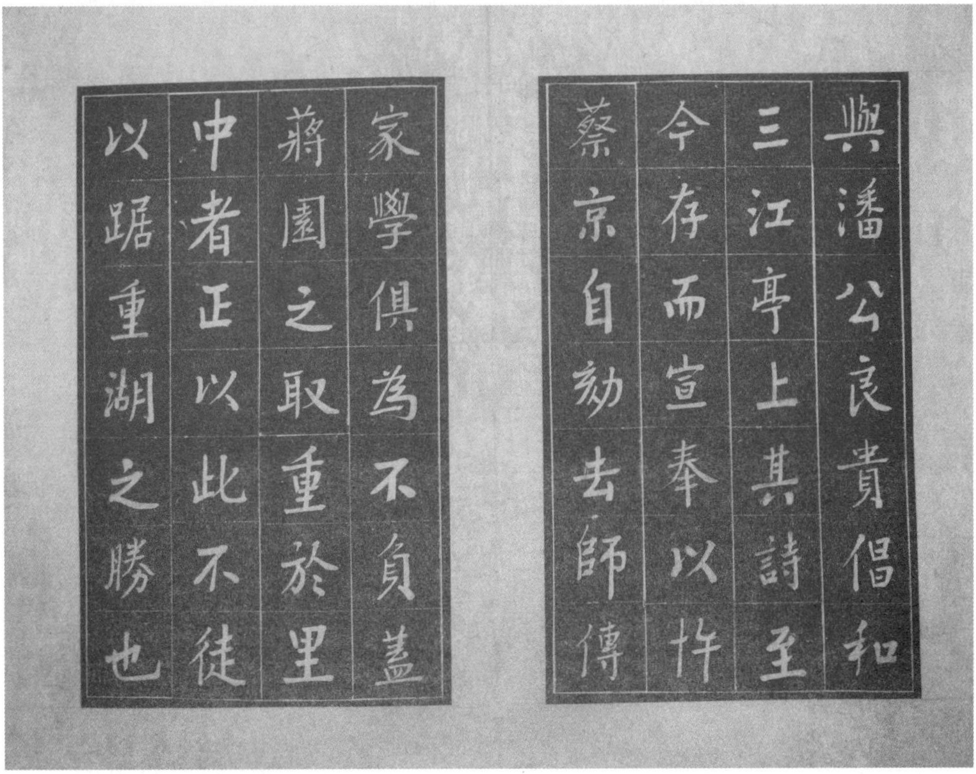
與潘公良貴倡和
三江亭上其詩至
今存而宣奉以忤
蔡京自劾去師傳
家學俱為不負蓋
蔣園之取重於里
中者正以此不徒
以踞重湖之勝也

卓君志元殉職空軍記

卓君志元空軍殉職記（篆額）

卓君志元殉職空軍記

鄞縣楊貽誠撰文　同縣高廷汲書丹　上虞馮鐵生篆額

吾甬自海通以還，瓌貨山積，闤闠喧闐，轂折輻湊，蔚爲重鎮。聰穎子弟習於所見，不憚遠游，足跡所至，宇内幾遍。或奮志學術，或致力貿遷。然而謹持者易流於文弱，浮誇者幾溺於奢靡，慷慨悲歌之士闃焉無聞。迨夫國事蜩螗，忠義激發，有志之士扼腕太息，攘臂而起，思馳騁疆埸以扞衛家邦，如卓志元其人者，蓋彌可欽矣。

君爲吾友葆亭先生之第三子，生於福建，長於甬上，讀書效實中學，成績超儕輩。民國二十九年選入成都空軍學校肄業。三十二年，游學美國馬拉那航空學校，三十四年七月修業畢。時聯合國際在郤納脱航空學校舉行空軍示威表演，君以材萩踔卓膺選競技，九月二十四日，駕機僨事，遂而殞命。溯各國空軍之建立爲時尚蹔，茂材異等不數數覯，況閩浙濱海，無燕趙强悍之風，顧君獨以飛行勇武著聞異域，如天假之壽，其所造當無萩。而賫志以歿，年僅二十有六。雖公葬郤納都，航空委員會復贈恤褒旌。而白虹貫日，甬水長流，天馬行空，壯士不還，亦足悲夫！今者日寇全殲，國勢鼎盛，敵愾之士已張，忠藎之志得伸，風聲所樹，廉頑立懦，一掃文弱、奢靡之習，廓而清之，君之有造於吾甬，尤是多焉，夫復何憾。葆亭先生聞耗慟哭，戚里故舊謀所以表章而慰薦之，相與醵貲，立石於卓氏之祠而徵文於余，爰述君殉職始末，著之於篇，以諗當世而垂末葉。

中華民國三十六年六月樹此貞珉。四明李良棟子民權仝刻。

按：碑原在邱隘上萬令村卓氏祠堂。高185釐米，寬75釐米。碑文楷書，共16行，滿行43字。

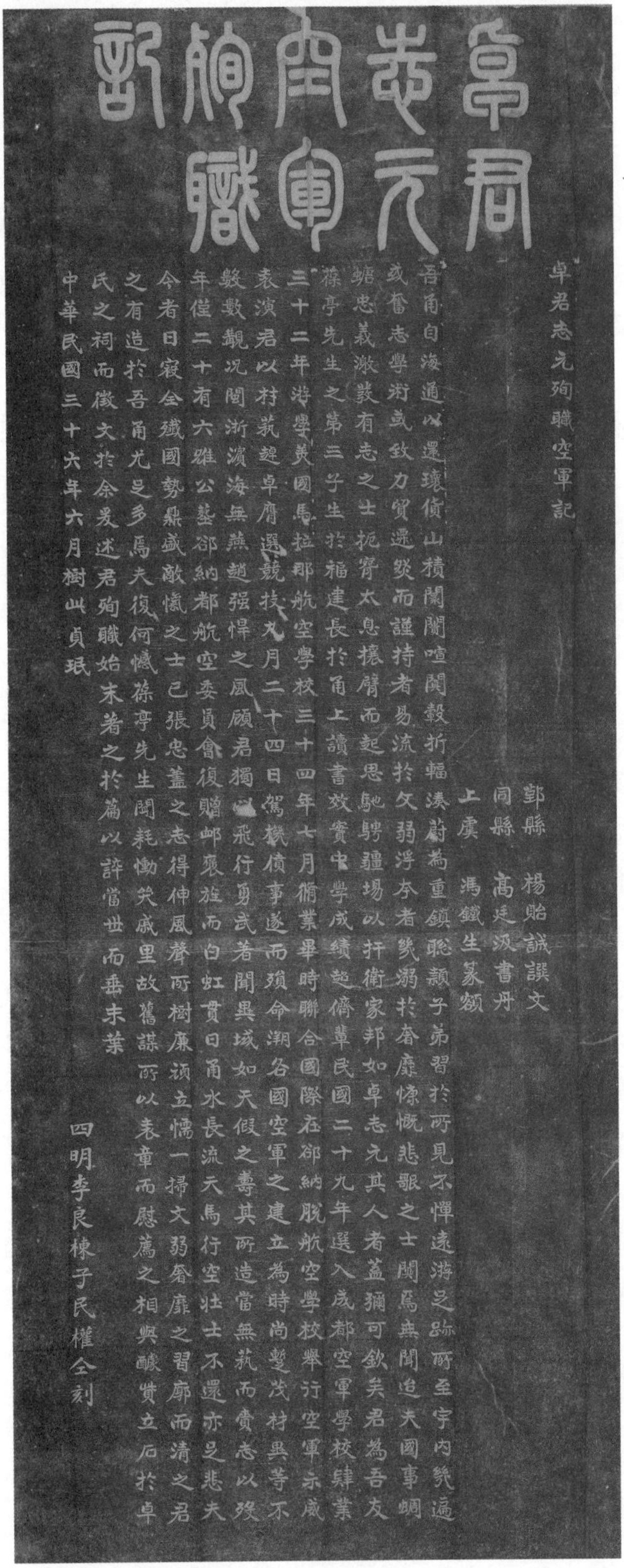

卓君志元空軍殉職記

卓君志元殉職空軍記

鄞縣楊貽誠譔文

同縣高廷汲書丹

上虞馮鐵生篆額

吾甬自海通以還瓌貨山積闤闠喧闐轂折輻湊蔚爲重鎮聰穎子弟習於所見不憚遠游足跡所至宇内幾遍或奮志學術或致力貿遷然而謹持者易流於文弱浮夸者幾溺於奢靡慷慨悲歌之士闃焉無聞迨夫國事蜩螗忠義激發有志之士扼腕太息攘臂而起思馳騁疆場以扞衛家邦如卓志元其人者蓋猶可欽矣君爲吾友蓀亭先生之第三子生於福建長於甬上讀書效實中學成績超儕輩民國二十九年選入成都空軍學校肄業三十二年游學美國馬拉那航空學校三十四年七月術業畢時聯合國際在鄧納脫航空學校舉行空軍示威表演君以材藝超卓膺選競技九月二十四日駕機偵事遂而殞命溯各國空軍之建立爲時尚暫茂材異等不數數覯况閩浙濱海無燕趙强悍之風顧君獨以飛行勇武著聞異域如天假之壽其所造當無艱而貴志以殁年僅二十有六雖公葬鄧納都航空委員會復贈卹褒旌而白虹貫日甬水長流天馬行空壯士不還亦足悲夫今者日寇全殲國勢鼎盛敵愾之士已張忠蓋之志得伸風聲所樹廉頑立懦一掃文弱奢靡之習廓而清之君之有造於吾甬尤足多焉夫復何憾蓀亭先生閔耗慟哭戚里故舊謀所以表章而慰薦之相與醵貲立石於卓氏之祠而徵文於余爰述君殉職始末著之於篇以詒當世而垂來葉

中華民國三十六年六月樹此貞珉

四明李良棟子民權仝刻

震蔭堂記

震蔭堂記

甬江之北，離市廛不遠有西式樓廈一楹，巋然突峙，雄踞馳道旁，據地三畝許。樓銳且卓，略仿泰西峨特式建築物，喬皇輪奐，臺構崇閎，俛瞰遼坰，遥挹澄瀨，蓊蔚交碧，濃緑扶疏，雖略近薪市而塵囂不染。應君彭年購自西人，爲追紀其先德廷震公，故顔之曰震蔭堂焉。應君世居湖下，應氏鄞東望族也。家世業儒，至乃祖佐國公始習醫，以其術活人頗衆，安貧樂道，人皆敬之。生五子，廷震公字教泗，行四。少習舉子業，稍長棄而習賈，尋以家累積勞病殁，春秋三十有二。君方沖齡，賴母氏張太夫人鞠育成人，期望殷摯，嘗爲述公之遺訓云："逸豫亡身，憂勞興國，古之明訓也。凡富貴之子早登高第者，以未歷憂患，往往濩落，無所大就，宜教子力學，奉行朱柏廬先生治家格言，以資履踐。若是者，雖無功名，亦可自立於世，無忝所生。"以是太夫人昕夕教誨，不令稍怠。雖或饔飧不繼，仍遣之就傅，弗吝脩脯。逾數載，太夫人復棄養，諸世父亦先後謝世，君遂輟學就賈，執業錢肆，恪恭將事，夤夜不倦。主者深契之，擢升要職。君處闤闠，仍奉慈訓，日誦格言不輟。人或哂其迂，君不以爲病，厥後由工廠而銀行而交通事業，垂三十餘年，勤奮謹慎，盡瘁措籌，頗有奇羨，家亦蒸蒸以起。平居於邦邑善舉，如修塗架杠、興学校、建醫院，靡不悉力資助。念父母早逝，不獲覩其盛，言念風樹，涕輒泫然，爰於今年八月廷震公七十冥誕日，節約筵資，屏斥迷妄，以新購震蔭堂及其基址，慨助於浙東中學，以地處毗連也。於是椿蔭長留，庇寒如願，所以竟先人樂育好善之遺志，其用意深至，亦足稱已。近世風俗澆漓，士大夫重名利而輕禮義者比比皆是。其豐於自奉，嗇於濟衆，卒致踰閑敗德、自詒伊戚者亦數覯不尟。今應君幼失怙恃，廁身闤闠，肆力泉刀，獨能急公好義，孜孜爲善，復能錫類勸孝，嘉惠多士，洵錚錚佼佼，難能可貴，所謂歲寒松柏、風雨雞鳴者非歟？而廷震公之潛德幽光、遺風餘緒，亦將永爲学子所矜式，垂千禩而不斁。仁人早世，後嗣必昌，信不誣也。應君既涕泣詣前，屬爲一言，鐫諸堂碑。余雖羸老不文而嘉其志，爰泚筆誌其涯略如是云爾。

中華民國三十六年八月，二等大綬嘉禾章、浙海關監督兼外交部寧波交涉員、第一届國會衆議院議員、浙江諮議局議員、光緒壬寅補行庚子辛丑併科本省鄉試舉人同縣張傳保謹撰，勝利勳章三等景星勳章、教育部簡任秘書同縣沙文若謹書。

按：影印本高 26.5 釐米，寬 19 釐米。碑文楷書。

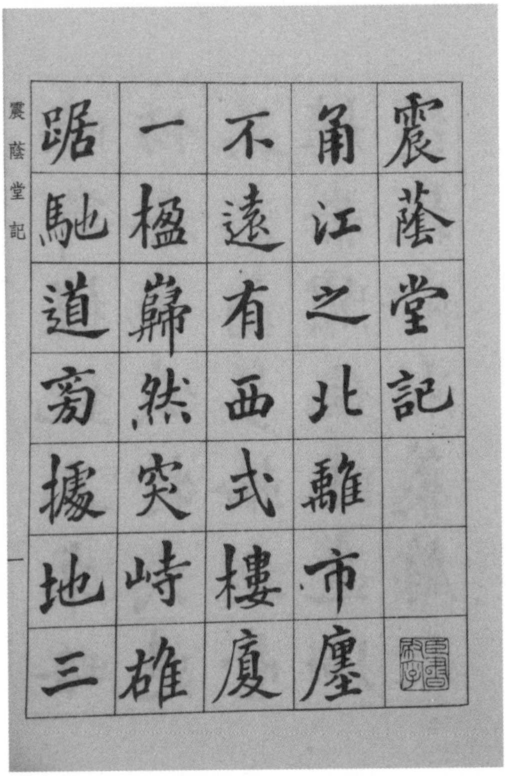
震蔭堂記
甬江之北離市廛
不遠有西式樓廈
一楹巋然突峙雄
踞馳道旁據地三
震蔭堂記

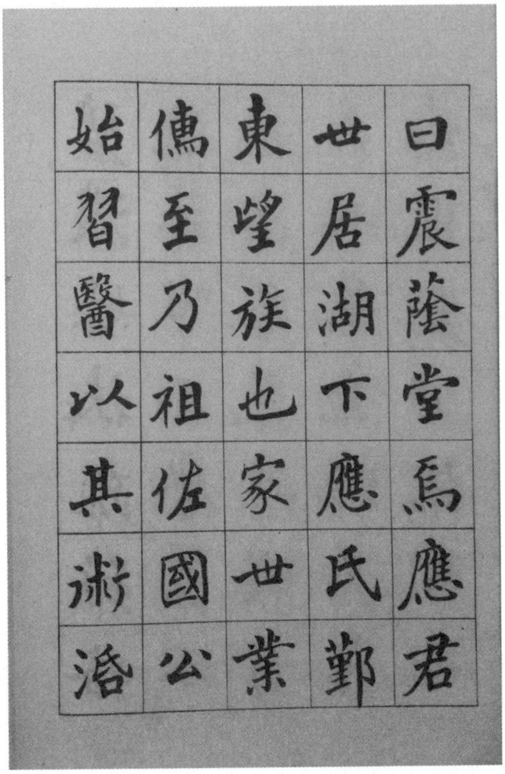
曰震蔭堂爲應君
世居湖下應氏鄞
東望族也家世業
儁至乃祖佐國公
始習醫以其術活

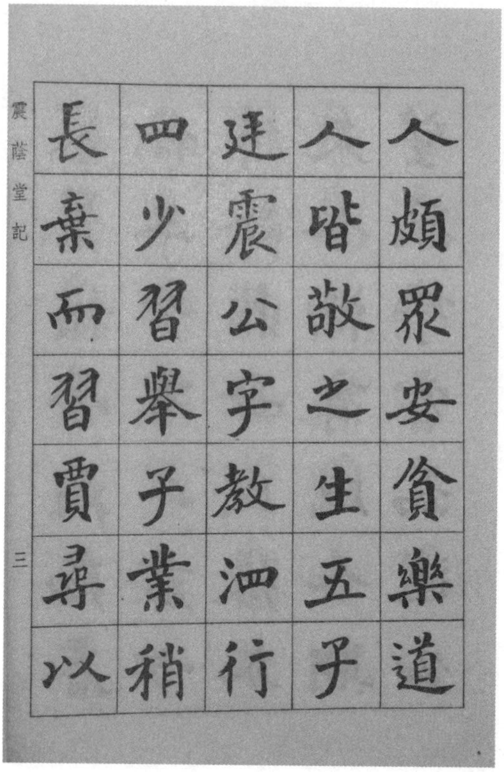
震蔭堂記 三

人頗衆安貧樂道人皆敬之生五子廷震公字教泗行四少習舉子業稍長棄而習賈尋以

中興雲龍寺紀念碑

性覺字見雲，浙之樂清人。幼入空門，嚴精戒律，處己嚴、待人寬，融融可親，見事勇爲，不避艱險。初長是寺時，頹墻敗壁，觸目荒涼，戒律廢弛，幾斷人跡。今則光華奪目，金壁輝煌，緇素雲集，大洗舊觀。其慘澹經營，誠如來之肖子、同志之模範也。余與交久，欽君之爲人，非敢故爲褒揚，藉博個人之榮譽。良□苦心毅力，功在教國，欲後之居於斯、食於斯、衣於斯，有所省惕，作爲千載之紀念，則是寺既無衰廢之日，而君之功與是寺俱永，而該碑亦奚可已歟。邇君心力交瘁，時患氣噎，尚兼縣教會幹事，犇走呼號，不惜身命。其見事勇爲，於斯可見一班矣。

浙江平陽葛民氏達凡。

按：碑原在龍山雲龍寺。高63釐米，寬50釐米。碑文隸書，共13行，滿行20字。

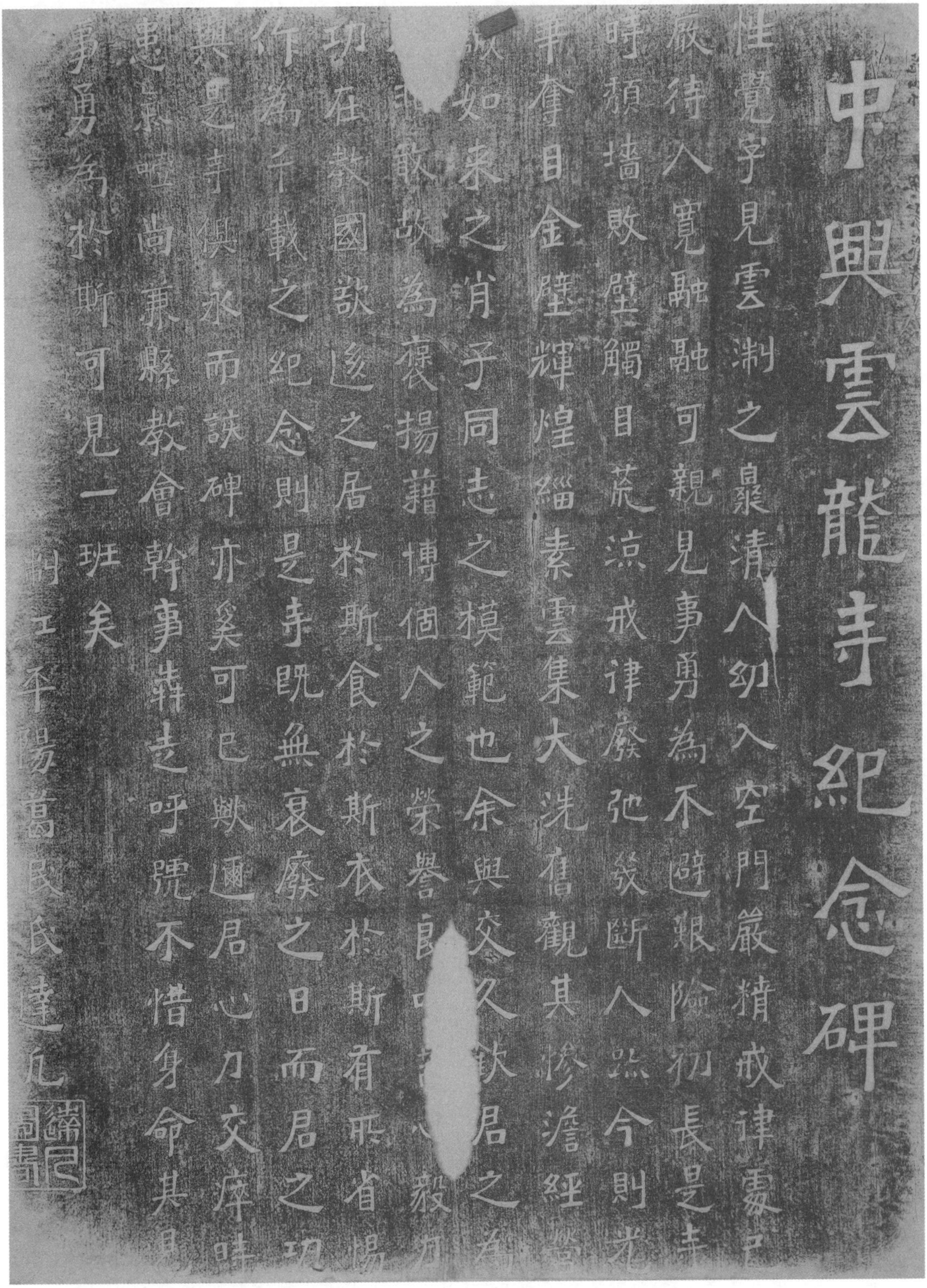
中興雲龍寺紀念碑
性覺字見雲淛之梟清人幼入空門嚴精戒律靈
厳待人寬融融可親見事勇為不避艱險初長是寺
時頹墻敗壁觸目荒涼戒律廢弛發斷人悲今則光
華奪目金壁輝煌緇素雲集大洗舊觀其慘澹經營
敬如來之肖子同志之模範也余與交久欽居之為
歆故為褒揚藉博個人之榮譽良
毅力
功在教國歆羨之居於斯食於斯衣於斯宿於斯省揚
作為千載之紀念則是寺既無衰廢之日而居之功
與是寺俱永而該碑亦奚可已歟邇居心力交瘁時
患氣喘尚兼縣教會幹事犇走呼號不惜身命其
事勇為於斯可見一班矣
制工平陽葛民氏達凡

許君士廉生壙誌

許君生壙誌

君名士廉，字兆昌。上世福建之厦門人。祖文榮公來甬設糖行，父爲政公承其業，歷數十年乃卜居於甬，是爲鄞人。爲政公有子五人，君爲第四子，性伉直，喜與人交，胸無城府。幼讀書，未弱冠，父卒，因就商於己行，志在繼述。越數載，鑒於糖業不甚盛旺，商戰之世，非别圖發展不可，乃遠賈於外，今十餘年矣。妻金氏，同邑諱蕚樓公幼女，稟性灑脱，念君久客不歸，擬建營藏爲其壽，併以自壽，因卜地於鄞東龍山之麓，擇今庚九月落成。其内兄錫麟囑余爲志，故爲之敘述如次。

同邑林紹楷撰書。

按：墓原在鄞州區龍山之麓。高55釐米，寬148釐米。碑文隸書，共23行，滿行9字。

阿育王寺水池禁碑

禁碑

此曲水池，費工淘掘。洗菜洗衣，闔寺受益。一濯穢物，水不清潔。勸存好心，永除陋習。糞桶尿壺，切勿可入。互相告誡，隨時查察。傭工人等，違者議罰。常住勒石。

按：碑在阿育王寺。高113釐米，寬38釐米。碑文楷書，共4行，滿行16字。

天童寺三世因果經石刻

三世因果經

今生富貴是何因，前世舍財裝佛金。今生貧賤是何因，前世不肯濟窮人。今生長壽是何因，前世戒殺多放生。

今生短命是何因，前世殺害衆生靈。今生端正是何因，前世香燈供佛尊。今生醜陋是何因，前世污身佛前行。

今生聰明是何因，前世誦經勸化人。今生智慧是何因，前世印送諸經文。今生愚癡是何因，前世奸巧欺善人。

今生獃漢是何因，前世昏迷酒醉人。今生好髮是何因，前世將綫布施人。今生耳聾是何因，前世不聽經典文。

今生瞽目是何因，前世假物哄騙人。今生眼赤是何因，前世指人路不清。今生音啞是何因，前世戲駡念佛人。

今生缺鼻是何因，前世假香花賣人。今生缺唇是何因，前世惡口亂駡人。今生好音是何因，前世鑄造法器人。

今生缺手是何因，前世途中奪搶人。今生腰痛是何因，前世嘻笑拜佛人。今生腳殘是何因，前世釘鞋佛殿行。

今生多病是何因，前世鞭打衆生身。今生無病是何因，前世妙藥濟病人。今生多財是何因，前世齋僧布施人。

今生無財是何因，前世刻薄衆苦人。今生好衣是何因，前世裝嚴三寶人。今生無衣是何因，前世剥金賣錢人。

今生長大是何因，前世修塔並布金。今生矮小是何因，前世輕慢卑幼人。今生曲背是何因，前世受拜妄爲尊。

今生孤獨是何因，前世賤謗妻子身。今生女子無夫者，前世作賤丈夫人。今生安樂是何因，前世恭敬修善人。

今生夫婦多和順，前世善緣早結成。今生兒女多孝順，前世皆因受重恩。今生忤逆是何因，前世冤孽對頭人。

今生雷打是何因，三世不孝二雙親。騎馬乘轎是何因，修橋補路衆人行。身背肩抬是何因，拆毁橋梁斷人行。

官事橫禍是何因，欺壓良善忠厚人。合家長壽是何因，同結善緣放生靈。合家同住華堂屋，同修佛殿蓋山門。

六親和合是何因，前世同結善緣人。官刑牢獄是何因，關鎖飛禽走獸身。虎咬蛇傷是何因，前世大惡對頭人。

今生男女破家者，定是討債到你門。爲官爲相是何因，積功積德積善人。沿街乞食不全者，作賤五穀壞良心。

要知今生現前報，但看三世因果經。要問前生因果事，但看今世享福人。要明後事因果理，今世修行保來身。

自身作孽自身受，苦楚萬般前世因。有人肯信因果經，身近彌陀禮世尊。有人肯寫因果經，飛災横禍不臨身。

有人肯講因果經，就是龍華會上人。一報天地蓋載德，二報日月照臨恩。皇王水土恩難報，父母劬勞恩更深。

爲人宜早修善道，皇天不負苦心人。叫醒迷人行正道，如何不早辦前程。家家户户都勸到，年年歲歲樂太平。

先賢有首普勸詞，普勸詞上勸愚癡。騙騙騙，要你騙，若不騙，牛羊犬馬無人變。修修修，要你修，如不修，西方佛地無人游。

惡惡惡，要你惡，你不惡，刀山劍樹用不著。兇兇兇，要你兇，若不兇，兒孫怎得敗門風。貪貪貪，要你貪，你不貪，家財怎得盡消删。

氣氣氣，要你氣，如不氣，萬頃良田怎敗的。忍忍忍，要你忍，若不忍，穀米成倉難積囤。善善善，要你善，若不善，富貴榮華無人占。

按：碑在天童寺。高86釐米，寬48釐米。碑文隸書，分上下6列，共23行。

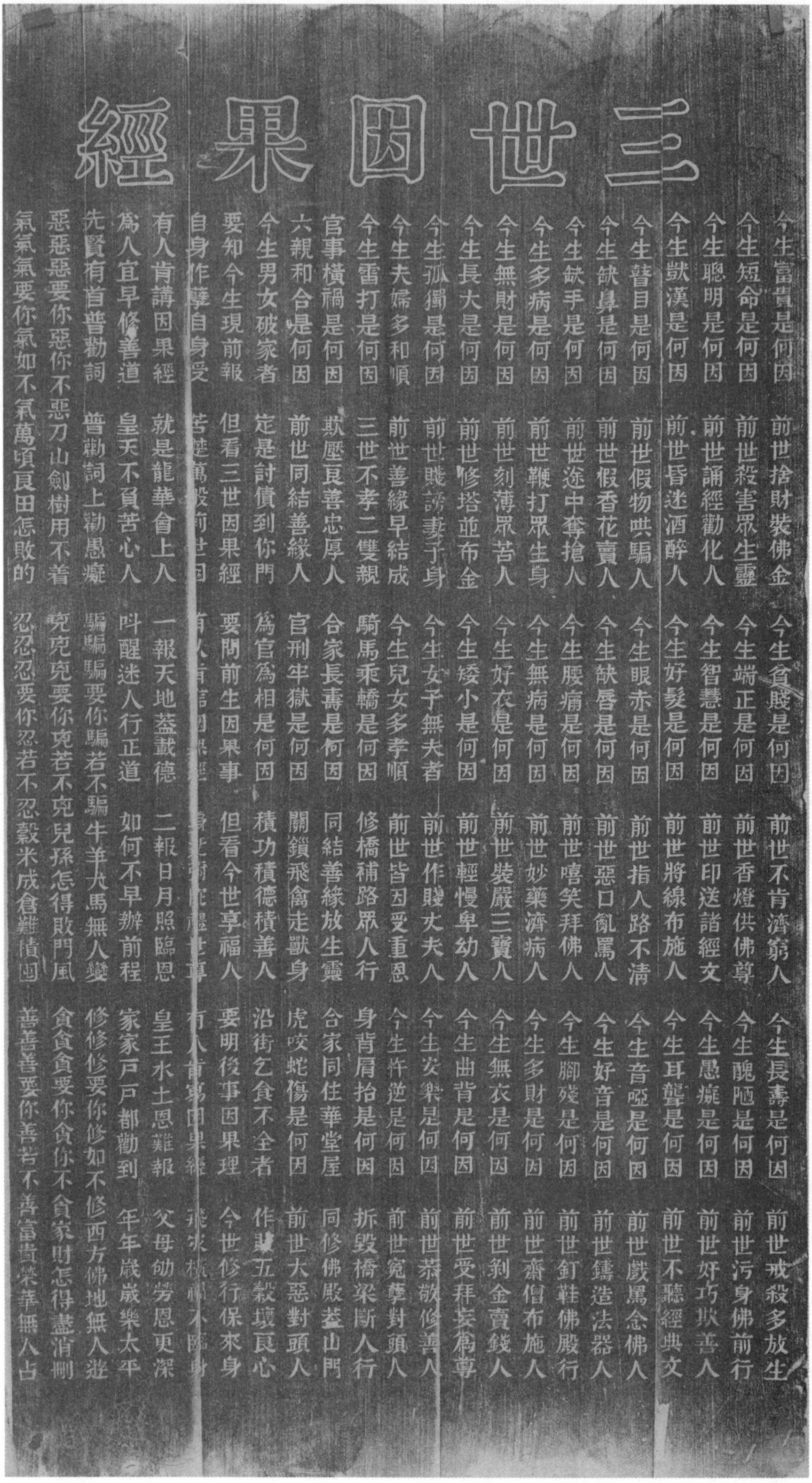

三世因果經

今生富貴是何因　前世捨財裝佛金　今生貧賤是何因　前世不肯濟窮人　今生長壽是何因　前世戒殺多放生
今生短命是何因　前世殺害眾生靈　今生端正是何因　前世香燈供佛尊　今生醜陋是何因　前世污身佛前行
今生聰明是何因　前世誦經勸化人　今生智慧是何因　前世印送諸經文　今生愚癡是何因　前世奸巧欺善人
今生獃漢是何因　前世昏迷酒醉人　今生好髮是何因　前世將線布施人　今生耳聾是何因　前世不聽經典文
今生瞽目是何因　前世假物哄騙人　今生眼赤是何因　前世指人路不清　今生音啞是何因　前世戲罵念佛人
今生缺鼻是何因　前世假香花賣人　今生缺唇是何因　前世惡口亂罵人　今生好音是何因　前世鑄造法器人
今生缺手是何因　前世途中奪搶人　今生腰痛是何因　前世嘻笑拜佛人　今生脚殘是何因　前世釘鞋佛殿行
今生多病是何因　前世鞭打眾生身　今生無病是何因　前世妙藥濟病人　今生多財是何因　前世齋僧布施人
今生無財是何因　前世刻薄眾苦人　今生好衣是何因　前世裝嚴三寶人　今生無衣是何因　前世剝金賣錢人
今生長大是何因　前世修塔並布金　今生矮小是何因　前世輕慢卑幼人　今生曲背是何因　前世受拜妄自尊
今生孤獨是何因　前世賤謗妻子身　今生女子無夫者　前世作賤丈夫人　今生安樂是何因　前世恭敬修善人
今生夫婦多和順　前世善緣早結成　今生兒女多孝順　前世皆因受重恩　今生忤逆是何因　前世寃孽對頭人
今生雷打是何因　三世不孝二雙親　騎馬乘轎是何因　修橋補路眾人行　身背肩抬是何因　拆毀橋梁斷人行
官事橫禍是何因　欺壓良善忠厚人　合家長壽是何因　同結善緣放生靈　合家同住華堂屋　同修佛殿蓋山門
六親和合是何因　前世同結善緣人　官刑牢獄是何因　關鎖飛禽走獸身　虎咬蛇傷是何因　前世大惡對頭人
今生男女破家者　定是討債到你門　為官為相是何因　積功積德積善人　沿街乞食不全者　作賤五穀壞良心
要知今生現前報　但看三世因果經　要問前生因果事　但看今世享福人　要明後事因果理　今世修行保來身
自身作孽自身受　苦楚萬般前世因　有人肯信因果經　[illegible]世尊　有人肯寫因果經　飛來橫禍不臨身
有人肯講因果經　就是龍華會上人　一報天地蓋載德　二報日月照臨恩　皇王水土恩難報　父母劬勞恩更深
為人宜早修善道　皇天不負苦心人　叫醒迷人行正道　如何不早辦前程　家家戶戶都勸到　年年歲歲樂太平
先賢有首普勸詞　普勸詞上勸愚癡　騙騙騙要你騙若不騙牛羊犬馬無人變　修修修要你修如不修西方佛地無人遊
惡惡惡要你惡你不惡刀山劍樹用不着　克克克要你克若不克兒孫怎得敗門風　貪貪貪要你貪你不貪家財怎得盡消删
氣氣氣要你氣如不氣萬頃良田怎敗的　忍忍忍要你忍若不忍穀米成倉難積囤　善善善要你善若不善富貴榮華無人占

清李承蓮傳

李翁傳

慈谿陳訓正撰　錢罕書

李翁，名承蓮，鎮海人。所居地曰小港，當大小浹入海水，三面若縈帶，驚濤中，其居人皆習海。海之利用，鹽筴著，而李氏族尤大，故郡人談鹽利者必曰小港李氏。翁生六月而父歿，母哭泣喪明，家貧，就養於叔父。年十四，泛海貿魚鹽，稍稍立計取贏，久乃益知其便，惡所取棄，罔不當於算。榷鹽者廉翁才，因以公賣事屬翁。洪楊亂已，煮海之權不復操自上，小民竊販穴利，往往與吏伍作難。翁既夙於此，精心批治，幾三十年，而翁亦老矣。性伉俠能勞，雖衰年，日常事力所堪者，必躬之，不以役人。蓋自浮海作家至謝業歸，盡事而勤，不稍解。既退居，喜排解人紛紜，有貧乏者援尤力，曰："吾少時非依人而食邪？"故人皆曰翁厚德人也，遂以高年終。

陳訓正曰：鹽之有公賣，其意殆昉乎常平法。及其敝也，官與商相據爲姦，弊亦故矣，而適以厲民。夫厲民之政有不自便民始哉。得其人乃得其政，如翁者其庶可乎？余不識翁，翁之子鏡第，余與之久。其人也，渾渾然有德量，余因有以知翁矣。

按：高 36.5 釐米，寬 55 釐米。碑文楷書，共 21 行，滿行 20 字。

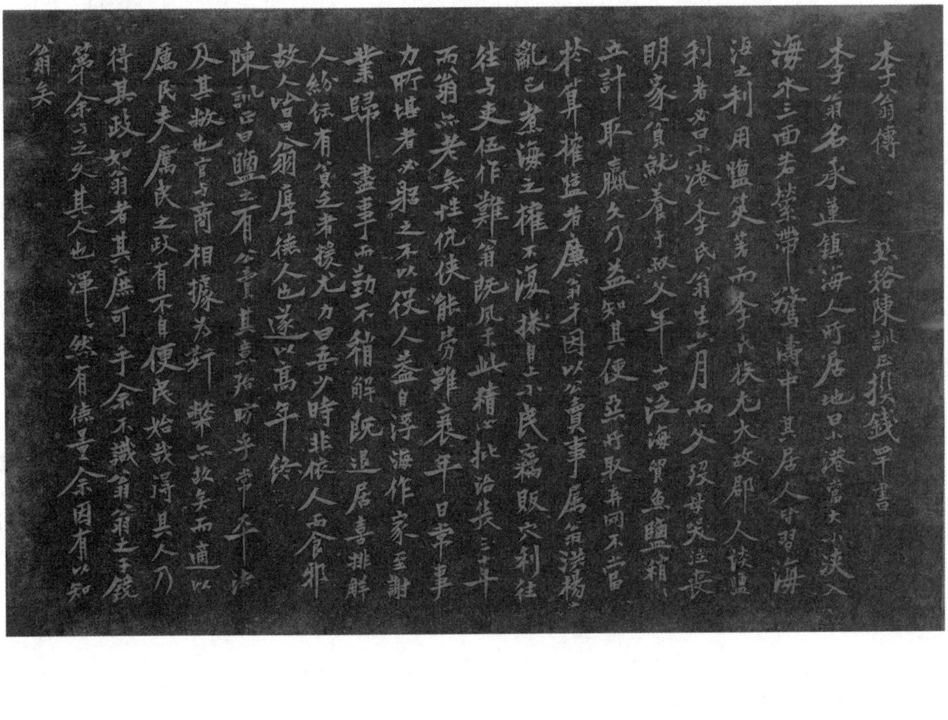

謝氏支祠碑記

謝氏支祠碑記

義寧陳三立撰　閩縣鄭孝胥書

古者天子七廟，諸侯五廟，大夫三廟，適士二廟，官師一廟，庶人薦於寢。夫喪禮五服，始禰終高，自天子達於庶人，不以尊尊之誼奪親親之情也。獨於廟而有隆殺等差之辨，何哉？天子以天下，諸侯以其國，大夫以采邑，適士、官師各以其禄爲差。庶人無禄故無廟，誠以其力也。且天子七廟，惟始封之祖及受命有功德者不祧。諸侯五廟，亦惟始封之祖，其餘四廟，所祀皆至高祖而止。而大夫以下或三廟，或一廟，或寢，亦未嘗不可同宫異室以祀四世之親，後世宗法既亡，世禄亦廢，雖代有品官，家廟之制行之者蓋罕。於是，各以其族爲宗祠以祀遠祖，而别立支祠以祀其所親。國家不爲之制，聽民之所自盡，蓋禮緣情起，事以義立，古今異宜，因時損益。苟於情而安，於義而宜，則君子不以爲非。秦漢以來至於今日，先王之禮樂、政刑，放失崩壞，無復有存者矣。獨宗祠、支祠之制猶有先王之遺意在焉。豈非天命之性、民彝之貴與生俱來者，終不可泯滅，不待教督而能者歟。

謝君蘅窗，自鎮海遷於鄞，既奠厥居，曰："吾家宗祠在鎮海，族人所聚，勿可以遷也。而自吾高祖以下之伯叔、昆季咸相率而家於鄞，歲時祀事又勿克與也。吾聞之，古之人將營宫室，必先宗廟。吾兹已後時矣，曷其可以緩。"於是，出巨貲度地於所居之江北岸，得若干畝，建支祠三楹，中祀考以上至於高祖及兼祧之曾祖，凡五室，而别祀高祖以下伯叔祖考妣於東西楹，凡伯叔昆季之家於鄞者，咸得與祭於祠，齋宿有舍，庖湢備具，花木環列，苾馥芬馨，落成將事，長幼咸集，鐘鼓既嚴，筐篚畢陳，牲肥酒香，粢盛潔蠲，左右駿奔，登降俯仰，秩如儼如，神用格歆，子姓大和，分餕受福，乃申乃誡，曰："吾家世貧也，邀福於祖宗之靈，至於天賜之身業，乃克丕宏。匪余小子之能，惟先人之勤，余其敢忘。維祠之成，不可無儲，以逸後人，永其嘗蒸。梅墟之田若干畝，財若干萬□□□□我子孫世守之。又田若干畝，財若干萬，吾不敢有愛，以畀吾高祖以下伯叔、昆季之子孫，永永與吾子孫以有此祠也。吾□於商久矣，行將息焉。治菟裘於祠之右，命之曰'蘅圃'，遠室家，依祠宇，爲老圃，以終吾之志也。雖然，不可以無記。"則□□請其碑之文於三立。

三立曰：世方爲墨者後其親，兼愛於天下，儒者推本追遠之説，幾不屑道，謝君獨力矯而躬行之。嗚呼，謝君豈今之人哉。輒爲陳述古義，以明人類之不息者將於是乎在，非謝君一人一家之私而已也。

□□□平月。

按：高 192 釐米，寬 90 釐米。碑文楷書，共 21 行，滿行 48 字。

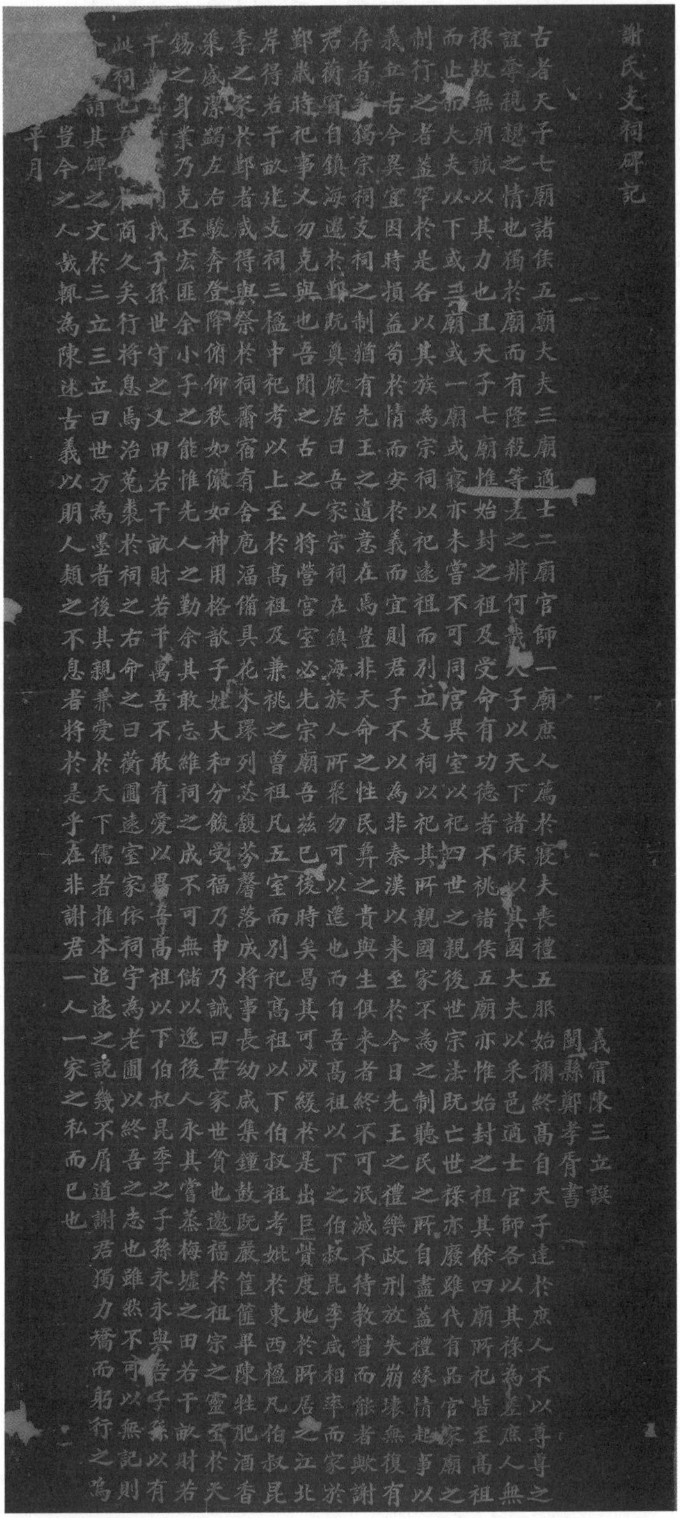

謝氏支祠碑記

古者天子七廟諸侯五廟大夫三廟適士二廟官師一廟庶人薦於寢夫喪禮五服始禰終高自天子達於庶人不以尊尊之
誼奪親親之情也獨於廟而有隆殺等差之辨何哉天子以天下諸侯以其國大夫以采邑適士官師各以其祿為差庶人無
祿故無廟誠以其力也且天子七廟惟始封之祖及受命有功德者不祧諸侯五廟亦惟始封之祖其餘四廟所祀皆至高祖
而止而大夫以下或二廟或一廟或寢亦未嘗不可同宮異室以祀四世之親後世宗法既亡世祿亦廢雖代有品官家廟之
制行之者蓋罕於是各以其族為宗祠以祀遠祖而別立支祠以祀其所親國家不為之制聽民之所自盡蓋禮緣情起事以
義立古今異室因時損益苟於情而安於義而宜則君子不以為非秦漢以來至於今日先王之禮樂政刑放失崩壞無復有
存者[illegible]獨宗祠支祠之制猶有先王之遺意在焉豈非天命之性民彝之貴與生俱來者終不可泯滅不待教替而能者歟謝
君蘅宿自鎮海遷於鄞既奠厥居曰吾家宗祠在鎮海族人所聚勿可以遷也而自吾高祖以下之伯叔昆季咸相率而家於
鄞歲時祀事又勿克與也吾聞之古之人將營宮室必先宗廟吾茲已後時矣曷其可以綏於是出巨貲度地於所居之江北
岸得若干畝迮支祠三楹中祀考以上至於高祖及兼祧之曾祖凡五室而別祀高祖以下伯叔祖考妣於東西楹凡伯叔昆
季之家於鄞者咸得與祭於祠齋宿有舍庖湢備具花木環列苾馥芬馨落成將事長幼咸集鍾鼓既嚴筐篚畢陳牲肥酒香
粢盛潔蠲左右駿奔登降俯仰秩如儀如神用格歆子姓大和分餕受福乃申乃誠曰吾家世貧也邀福於祖宗之靈至於天
錫之身業乃克丕宏匪余小子之能惟先人之勤余其敢忘維祠之成不可無儲以逸後人永其嘗蒸梅墟之田若干畝財若
干[illegible][illegible][illegible][illegible][illegible]我子孫世守之又田若干畝財若干萬吾不敢有愛以畀吾高祖以下伯叔昆季之子孫永永與吾子孫以有
此祠也[illegible][illegible][illegible]商久矣行將息焉治菟裘於祠之右命之曰蘅圃遠室家依祠宇為老圃以終吾之志也雖然不可以無記則
[illegible][illegible]請其碑之文於三立三立曰世方為墨者後其親兼愛於天下儒者推本追遠之說幾不屑道謝君獨力矯而躬行之焉
豈今之人哉輒為陳述古義以明人類之不息者將於是乎在非謝君一人一家之私而已也

義甯陳三立譔
閩縣鄭孝胥書

[illegible]年[illegible]月

圖書在版編目（CIP）數據

天一閣藏寧波地區石刻史料集録．民國卷 / 劉曉峰，沈芳漪，朱瑩毅編著．— 上海：上海古籍出版社，2024.3

ISBN 978-7-5732-1009-8

Ⅰ．①天… Ⅱ．①劉… ②沈… ③朱… Ⅲ．①石刻—匯編—寧波—民國 Ⅳ．①K877.4

中國國家版本館 CIP 數據核字（2024）第 008123 號

天一閣藏寧波地區石刻史料集録（民國卷）

劉曉峰　沈芳漪　朱瑩毅　編著

上海古籍出版社出版發行

（上海市閔行區號景路 159 弄 1-5 號 A 座 5F　郵政編碼 201101）

（1）網址：www.guji.com.cn

（2）E-mail：guji1@guji.com.cn

（3）易文網網址：www.ewen.co

啓東市人民印刷有限公司印刷

開本 787×1092　1/16　印張 31　插頁 5　字數 616，000

2024 年 3 月第 1 版　2024 年 3 月第 1 次印刷

ISBN 978-7-5732-1009-8

K·3535　定價：158.00 元

如有質量問題，請與承印公司聯繫